디자인 아이디어를 생성하는

포토샵 with AI

이문형 지음

이문형(LEE MOONHYUNG) aima@aima.co.kr
미디어/인터렉티브 아트, 전시인테리어, 로봇 콘텐츠 개발 분야에서 일했습니다.
성균관대학교에서 박사학위를 취득했고, 현재 한양여자대학교에서 UI/UX 및 웹개발 관련 강의를 하고 있습니다.

주요 경력
현재 : 한영여자대학교 소프트웨어융합과 교육중점부교수
이전 : 한양여자대학교 인터넷정보과 겸임교수

학력
성균관대학교 디자인학과 환경디자인전공 디자인학 박사
성균관대학교 디자인학과 디자인학 석사
성균관대학교 산업디자인과 학사

디자인 아이디어를 생성하는

포토샵 with AI

초판 1쇄 발행 • 2024년 12월 31일 | **지은이** • 이문형 | **발행인** • 이종원 | **발행처** • (주)도서출판 길벗 | **브랜드** • 길벗캠퍼스
출판사 등록일 • 1990년 12월 24일 | **주소** • 서울시 마포구 월드컵로 10길 56(서교동) | **대표 전화** • 02)332-0931 | **팩스** • 02)323-0586
홈페이지 • www.gilbut.co.kr | **이메일** • gilbut@gilbut.co.kr |
기획 및 책임편집 • 신유진(backdoosan@gilbut.co.kr) | **표지·본문 디자인** • 강은경 | **제작** • 이준호, 이진혁
마케팅 • 박성용(psy1010@gilbut.co.kr) | **유통혁신** • 한준희 | **영업관리** • 김명자 | **독자지원** • 윤정아
편집진행 • 앤미디어 | **전산편집** • 앤미디어 | **CTP 출력 및 인쇄** • 예림인쇄 | **제본** • 예림인쇄

ISBN 979-11-407-1183-3 93000(길벗 도서번호 060134)
정가 28,000원

쉽고 빠르게 사진을 편집하는 방법!
어도비 생성형 AI를 활용한 포토샵 스킬업

4차산업혁명의 시대에 사는 우리에게 가장 크게 다가온 AI 기술은 상상만 하던 AI에서 매우 빠르게 우리에게 다가오고 있습니다. 특히 생성형 AI 기술은 어렵게만 느껴지던 인공지능을 쉽고 빠르게 사용할 수 있도록 제공하기에 이르렀습니다. 대표적인 이미지 저작 편집 도구인 어도비 포토샵에도 생성형 AI가 도입되어 여러분이 AI 기술과 함께 포토샵을 이전보다 빠르고 쉽게 사용할 수 있도록 집필하였습니다.

생성형 AI를 활용한 포토샵

어도비 포토샵은 생성형 AI를 품은 뒤로 복잡하고 어려운 도구의 사용 방법을 익히지 않고도 전문가가 하던 작업과 비슷하게 만들 수 있습니다. 포토샵은 생각보다 어려운 도구이나 다양한 기능을 지속적으로 업데이트하고 사용자의 생각을 명령 프롬프트를 통하여 빠르게 구현할 수 있습니다. 이 책은 생성형 AI를 활용하여 포토샵을 통하여 이미지를 편집하고 생성할 수 있는 이론, 예제와 실습을 제공합니다.

학교와 실무에서 적용할 수 있는 생성형 AI를 활용한 포토샵 스킬

포토샵은 여러분의 생각을 표현하고 반영할 수 있는 도구로 가장 기본적으로 많이 사용하는 도구라 할 수 있습니다. 다양한 표현이 가능한만큼 기능이 많고 매우 어려운 도구일 수 있습니다. 그러나 단계별로 여러분의 생각을 표현할 수 있도록 실습하고 학습한다면, 여러분의 포토샵 스킬이 향상된 것을 경험할 수 있을 것입니다.
이 책이 포토샵을 처음 시작하는 분과 포토샵을 이미 학습한 분들, 모두에게 도움이 되기를 바라며, 더 쉽지만 강력해진 포토샵으로 여러분의 상상력을 더 높게 펼칠 수 있는 기회가 되길 바랍니다.

THANKS TO

이 책이 출간될 수 있도록 기회를 주시고 같이 고민해 주신 길벗과 앤미디어 담당자분들에게 감사의 말씀을 전해드리며, 포토샵 책을 집필하면서 시간이 소요되었음에도 기다려주시고 같이 고민하면서 도움을 주신 담당자분께도 감사의 말씀을 전합니다.

목차

WEEK 02
생성형 AI를 활용한 이미지 수정 (1)

WEEK 03
생성형 AI를 활용한 이미지 수정 (2)

WEEK 04
포토샵의 기본, 빠른 작업을 위한 선택

WEEK 08
다양한 색상 적용과 보정 (2)

WEEK 09
레이어로 활용하는 포토샵

WEEK 13
포토샵을 활용한 디자인 포트폴리오 제작

포토샵 with AI는 추가로 학습하면 좋은 내용들을 온라인 PDF로 구성하였습니다.

책 내용을 따라할 수 있는 실습 파일과 온라인 제공 PDF는 길벗 홈페이지를 통해 제공됩니다. 길벗 출판사 홈페이지(www.gilbut.co.kr) 검색란에 '포토샵 AI', '디자인 아이디어'를 검색 → 해당 도서 자료실의 '실습예제' 항목 → 실습에 필요한 예제 소스를 다운받습니다.

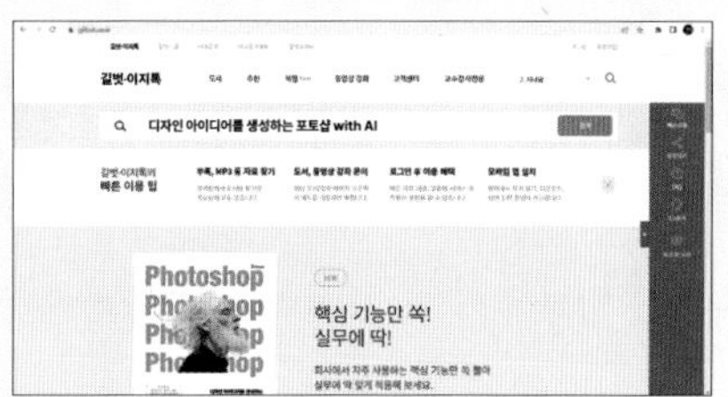

강의 계획서

1. 학습 개요

이 책은 포토샵의 주요 기능을 위주로 생성형 AI를 활용하여 다양한 표현을 할 수 있도록 포토샵을 활용하도록 과정이 구성되어 있으며, 13주 동안 진행되는 수업 커리큘럼에 맞춰 단계별로 학습할 수 있도록 설계되었습니다. 주차별 실습을 통하여 이론과 실습을 병행하면서 여러분 스스로 다양한 응용을 할 수 있도록 하여 포토샵의 다양한 기능을 접하도록 구성되어 있습니다. 단순 기능보다 예제 위주로 진행되므로 실무 능력에 한 걸음 다가가는 데 도움이 될 것입니다.

2. 학습 목표

포토샵 기본 이해	포토샵 기본 작업 환경과 인터페이스를 익히고 포토샵이 할 수 있는 영역을 이해합니다.
생성형 AI 활용	생성형 AI를 활용하여 다양한 효과를 만듭니다. 포토샵의 새로운 기능과 트렌드에 맞춘 최신 기술을 습득합니다.

3. 수업 계획

주차별	챕터	주제
0주	0장	포토샵 학습 전 포토샵에 관한 이론과 활용 방법 및 디자인 소스를 구하는 방법을 익혀서 포토샵을 최대한 활용할 수 있는 준비를 합니다.
1주	1장	포토샵의 시작이라고 할 수 있는 문서를 생성하고 관리하는 방법과 나만의 작업 환경을 만들고 포토샵을 통한 이미지 편집 작업을 시작합니다.
2주	2장	생성형 AI 기능을 활용하여 복잡하고 어려웠던 과정을 명령 프롬프트로 쉽고 빠르게 처리하여 만드는 방법을 학습합니다.
3주	3장	포토샵에 포함된 다양한 생성형 AI 기능을 활용합니다. 또한, 기능 확장을 하여 더 넓은 영역의 생성형 AI 기능과 파이어 플라이 기능을 통한 이미지 생성을 학습합니다.
4주	4장	포토샵으로 조금 더 빠른 작업을 알아봅니다. 다양한 기능의 생성형 AI를 활용하여 포토샵이 익숙하지 않더라도 진행할 수 있는 기능을 학습합니다.
5주	5장	포토샵은 이미지 편집 프로그램으로 원하는 형태로 수정 및 변형하는 프로그램입니다. 크기 조정에서부터 이미지 일부분을 변형하는 방법까지 학습합니다.

6주	6장	생성형 AI를 활용하여 이미지를 쉽고 빠르게 합성하고 변형하는 방법을 통해 다양하게 응용할 수 있는 방법을 학습합니다.
7주	7장	이미지는 색을 통하여 인지할 수 있습니다. 다양한 색상을 통해 포토샵에서 활용하는 방법을 학습합니다.
8주	중간고사	
9주	8장	색에 따라서 다양한 분위기를 만들고 변형할 수 있습니다. 적용된 색상을 효과적으로 보정하고 다양하게 활용하는 방법을 학습합니다.
10주	9장	포토샵은 다양한 레이어의 적층을 통한 이미지 표현입니다. 레이어의 활용 방법과 응용하여 다양한 효과를 적용하는 방법을 학습합니다.
11주	10장	일러스트레이터의 벡터 개념을 포토샵에서도 활용하여 표현의 영역을 확장할 수 있고, 문자를 활용하여 정보를 전달할 수 있습니다. 포토샵에서 패스와 문자를 활용하여 표현하는 방법을 학습합니다.
12주	11장	포토샵을 활용한 결과물을 만들기 위해 여러 효과를 응용하여 다양한 분야의 유화, 심볼, 포스터를 만드는 방법을 학습합니다.
13주	12장	포트폴리오를 만들기 위한 응용 작품을 만들어 봅니다. 효과 적용을 위하여 펜 도구와 레이어 스타일 등을 활용하는 방법을 학습합니다.
14주	13장	모바일 UI/UX를 고려한 결과물을 제작합니다. 대지 활용 방법과 응용하는 방법을 학습하여 포트폴리오를 만듭니다.
15주	기말고사	

WEEK 00

포토샵을 학습하기 전에

학 습 목 표

포토샵을 시작하기 전에 알아두면 좋을 기본적인 내용을 살펴봅니다. 포토샵을 이해하고 활용하는 데 도움이 되는 내용이며 포토샵을 효과적으로 활용하기 위한 소스를 구하는 방법과 생성형 AI에 대한 이해를 위한 포토샵의 기술을 알아봅니다.

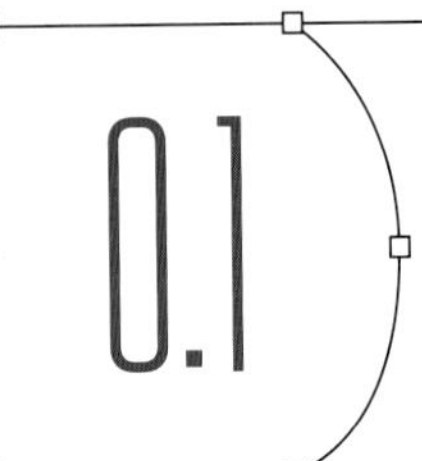

0.1 포토샵 활용을 위한 이미지 이해하기

포토샵은 다양한 이미지를 편집과 수정하는 프로그램으로서 기본적인 문서의 형식은 이미지입니다. 이미지의 종류와 확장자에 대한 이해를 통하여 최종적인 결과물을 저장할 방법을 선택할 수 있습니다.

어떤 색상 모드를 사용할까?

포토샵은 사진 편집 프로그램으로 모니터 작업에 적합한 RGB 색상을 기본으로 사용합니다. 반면, 일러스트레이터는 주로 인쇄 작업을 위해 CMYK 색상을 사용합니다. 이외에도 여러 컬러 모드가 제공되며, 포토샵에서는 메뉴의 〔Image〕 → Mode에서 컬러 모드를 원하는 선택 모드를 선택하여 변경할 수 있습니다.

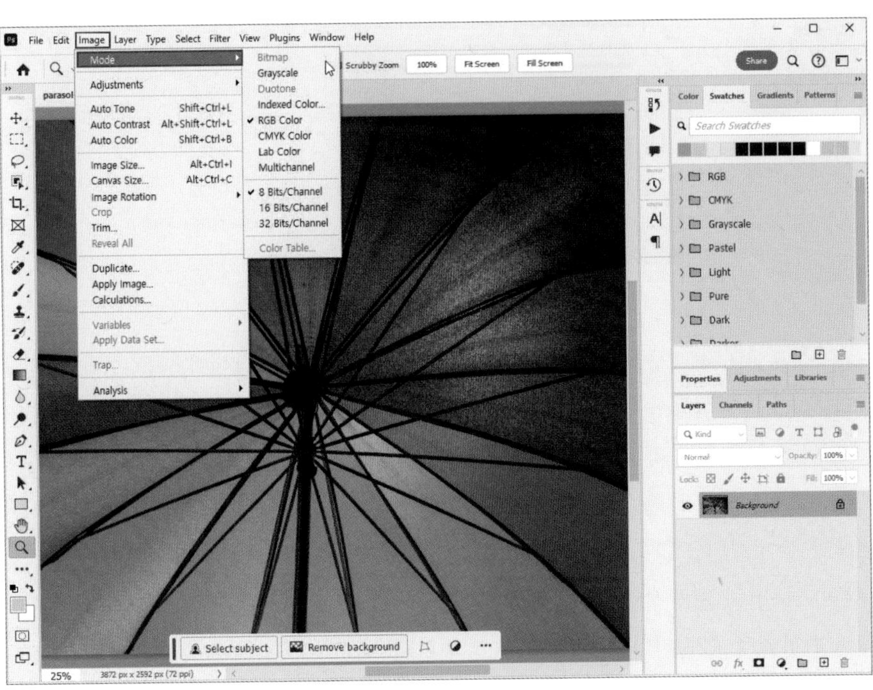

포토샵, 일러스트레이터 등 다양한 프로그램을 오가며 작업할 때, 자동으로 컬러 모드가 변경되는 경우가 있어, 컬러 모드에 대한 충분한 이해와 적절한 선택이 필요합니다. 특히, 개인용 프린터가 아닌 인쇄물로 출력할 경우에는 CMYK로 변환하지 않으면 흑백으로 인쇄될 수 있습니다. 따라서 현재도 가능한 경우 CMYK로 변환하는 것이 좋으며, 두 컬러 모드의 차이점에 대한 이해가 필요합니다.

RGB

RGB는 빨간색(Red), 초록색(Green), 파란색(Blue) 세 가지 색상을 원색으로 사용하는 컬러 모드로, 빛의 삼원색을 의미합니다. 빛과 관련된 색이므로 주로 모니터 같은 화면에서 사용됩니다. 공연장 등에서 사용되는 천장 조명 역시 이 세 가지 색을 기본으로 하며, 세 가지 색을 한 곳에 비추면 흔히 말하는 흰색 빛을 만들어 낼 수 있습니다. 최근에는 LED를 통한 조명도 있지만, 다양한 색 표현을 위해 RGB 색 혼합이 유리하여 여전히 많이 사용되고 있습니다. 이처럼 RGB 색을 섞어 흰색을 만드는 혼합법을 가산혼합이라고 합니다. RGB는 빛을 이용한 색이므로 형광색 같은 화려한 색 표현에 효과적이며, 기본적으로 0부터 255까지, 즉 256단계의 세 가지 원색 조합으로 색을 구성합니다. 포토샵에서도 Color 패널을 통해 RGB 값을 0에서 255 단계까지 조절하여 색상을 선택할 수 있습니다.

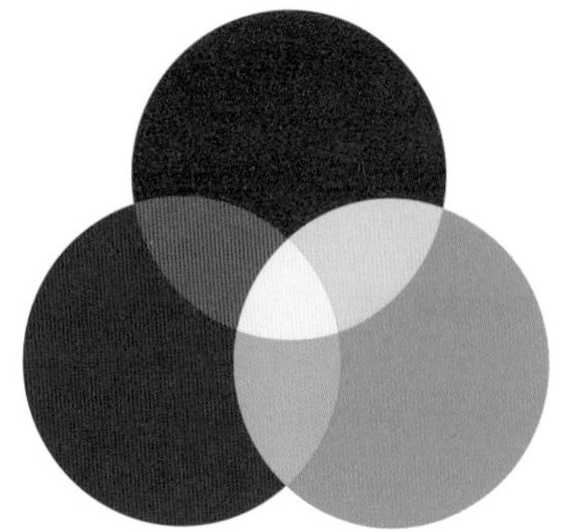

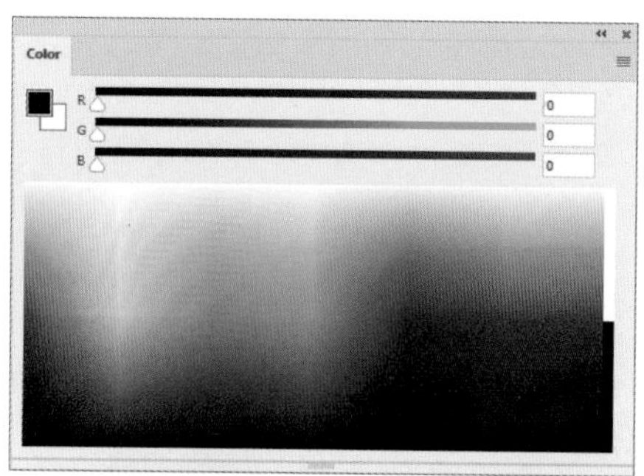

또한, RGB의 색상은 가산혼합이기 때문에 빨간색(R)과 파란색(B)을 섞으면 보라색이 되는 것이 아니라 분홍빛이 도는 마젠타(Magenta) 색상이 됩니다. 흔하게 이야기하는 색의 혼합은 물감, 즉 안료의 색상을 고려하기 때문에 RGB의 혼합은 생각과 다르게 표현됩니다. 일반적인 사진은 출력하기 전까지 디지털 상태로 보관되고 모니터를 이용하여 살펴보기에 RGB를 사용합니다. 인터넷이 주류가 된 요즘에는 대부분 모니터 또는 스마트폰과 같이 화면을 활용하므로 RGB에 최적화된 이미지 사용하는 것이 일반적입니다. UI 디자인과 같은 경우도 화면을 통해 작업을 확인하므로, 주로 RGB 모드를 사용하고 필요에 따라 다른 모드로 변경하는 것이 편리할 수 있습니다. 다만, CMYK로 변환된 색상을 다시 RGB로 변환하면 CMYK로 변환된 색상을 RGB로 보기 때문에 초기의 RGB 색과는 다르게 표시됩니다.

RGB

RGB → CMYK

CMYK → RGB

CMYK

CMYK는 일러스트레이터에서 기본으로 사용되는 컬러 모드로 인쇄에 사용하는 안료 또는 물감의 삼원색을 기반으로 만들어진 컬러 모드입니다. 교육 기관에서 주로 설명하는 색의 삼원색이 바로 CMY를 의미합니다. 그러나 우리가 흔히 배운 빨강, 노랑, 파랑은 교육적 이해를 돕기 위한 것으로, 실제로 빨간색은 Magenta(M), 파란색은 Cyan(C)입니다. 기본적으로 안료, 즉 잉크의 색이기 때문에 빛의 반사광을 통한 색을 표현한 것이며, 빛과 달리 감산 혼합이 적용되어 색의 채도가 낮아지고 어둡게 만듭니다.

그렇다면 왜 CMY가 아니고 CMYK일까요? 이론적으로 세 가지 원색을 혼합하면 검은색이 되어야 하지만, 실제로는 검은색이 되지 않습니다. 100% 순수한 안료가 존재하지 않고, 잉크나 안료가 매체에서 흡수되는 한계 때문에 실제로 완전한 검은색을 표현하기 어렵습니다. 이 때문에 별도의 검은색을 추가해 인쇄하며, 이는 검은색 표현을 더욱 선명하고 정확하게 해 줍니다. CMY에서 K는 Black을 의미하기도 하지만, 실제로는 검은색을 표현하는 'Key plate'의 K를 의미하는 것이 더 정확한 표현이라고 할 수 있습니다.

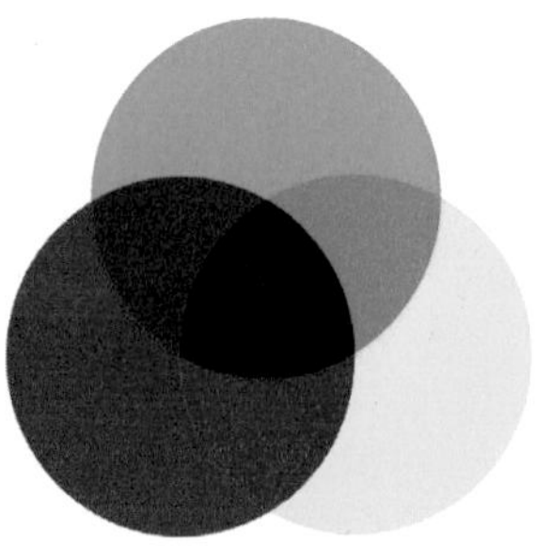

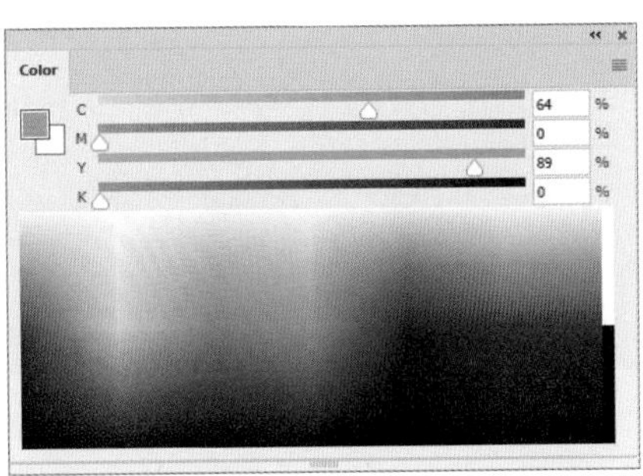

CMYK는 빛의 색상이 아니므로, 안료로 표현할 수 있는 색상에 제한이 있습니다. 또한 모니터의 종류에 따라 색상이 크게 달라질 수 있습니다. 물론 CMYK도 모니터의 색상에 영향을 받지만, RGB에 비해서 차이가 덜할 수 있습니다. 인쇄물을 제작할 경우, 처음부터 CMYK 모드를 사용하면 표현할 수 없는 색상이 제한되기 때문에 모니터 화면과 인쇄물 간의 색상 차이를 줄일 수 있습니다. 개인용 프린터는 RGB 색상을 자동으로 인쇄 가능한 CMYK로 변환해 출력하지만, 전문 인쇄 기기는 여전히 CMYK만 인식하는 경

우가 많습니다. 따라서 인쇄 작업 시에는 처음부터 CMYK 모드로 설정해 작업하는 것이 좋습니다. 최근 일부 전문 인쇄 기기에서도 RGB 인쇄가 가능하지만, 컬러 모드 변환에 따른 색상 차이가 발생할 수 있어, 인쇄용 이미지는 CMYK 모드로 작업하는 것이 권장됩니다.

Bitmap

Bitmap은 디지털 이미지를 저장하기 위해 사용되던 모드로, 각각의 점으로 구성된 이미지 저장 방식입니다. 포토샵에서는 이 모드가 비활성화되어 있는 경우가 많습니다. Bitmap은 흰색과 검은색으로만 표현되므로, 먼저 이미지를 Grayscale로 변경한 후 Bitmap을 선택해야 합니다.

Bitmap은 검은색 점을 이용해 점묘화처럼 표현되기 때문에 거칠게 보일 수 있지만, 기본적으로 병치 혼합 방법을 사용하여 점을 많이 찍으면 어두워지고, 적게 찍으면 밝아지는 원리로 이미지를 표현합니다. 다음 그림은 전구를 찍은 사진입니다. 오른쪽은 왼쪽의 전구를 확대한 이미지로, 작은 점들의 양과 위치에 따라 형태와 색이 표현된 것을 확인할 수 있습니다.

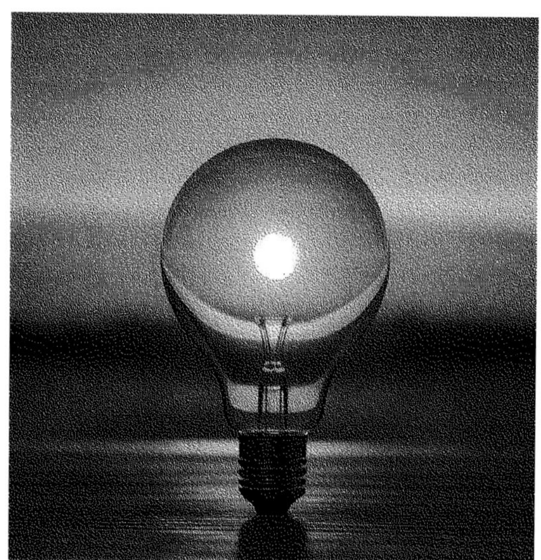

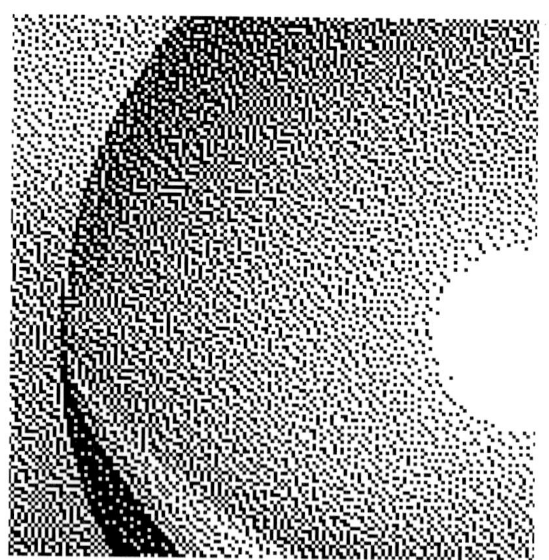

그러나 Bitmap 모드는 개별 점으로 이미지를 표현하는 방식으로, 대부분의 작업에서는 잘 사용되지 않습니다. 이 방식은 색상 표현이 제한적이기 때문에 주로 인쇄 작업이나 단순한 이미지를 필요로 하는 특수한 경우에 사용되며, 픽셀 아트와 같은 특정 분야에서 활용되기도 합니다.

Grayscale

Grayscale은 쉽게 말해, 흑백 모드라고 생각하면 됩니다. 우리가 보는 사진이 흑백으로 보일지라도 실제로는 흑백이 아닌 경우가 많습니다. 흑백 모드는 이미지를 구성하는 각각의 픽셀이 오직 무채색으로만 구성된 경우를 의미합니다. RGB나 CMYK와 같은 컬러 사진을 Grayscale로 변환하면 색채 정보가 제거되고 명도만 남게 됩니다. 같은 명도를 가진 빨간색과 파란색이 있을 때, Grayscale에서는 동일한 명도의 무채색으로 변환되므로 색상 대비로 구분되던 형태가 사라지고 동일한 형태로 합쳐집니다. 예를 들어, 태극 문양이 명도에 따라 색으로 구분되었다면, Grayscale에서는 회색 원으로 변환되는 것입니다.

RGB 모드

Grayscale 모드

두 이미지를 살펴보면 모두 흑백으로 보이지만, 왼쪽은 색상 정보가 포함된 RGB 모드, 오른쪽은 색상 정보가 사라진 Grayscale 모드입니다. 아래 그림과 같이 확대된 사진으로 보면 좀 더 차이를 확연하게 느낄 수 있습니다.

따라서 특별한 의도가 있지 않다면, 흑백 사진도 RGB 모드에서 Grayscale을 통해 보정하는 것이 좀 더 풍부한 표현을 줄 수 있습니다. Bitmap이나 Duotone 등을 사용하기 위해 변환하려면 반드시 Grayscale로 변경하고 각 모드로 변경해야 합니다.

Duotone

Duotone은 흑백 이미지를 지정된 1~4개 색상으로 표현하는 방법입니다. 사진 촬영 시 세피아 모드와 같은 분위기를 만들 수 있으며, 흑백 이미지의 명도 단계를 활용하여 색을 지정하기 때문에 독특한 분위기 사진을 만들 때 활용됩니다. 왼쪽부터 원본 RGB, Duotone, Grayscale 모드입니다.

RGB Duotone Grayscale

Indexed Color

Indexed color는 최대 256 색상으로 이미지를 구성하는 픽셀의 색상을 제한하는 것으로 GIF 파일 형식에서 사용되는 컬러 모드입니다. 지정된 색상이 아닌 이미지에 최적화된 색상으로 표현하기 때문에 원본과 유사한 색상으로 표현되지만, 포토샵에서 기능을 구현할 때 기능 제한이 있어 최종적으로 파일을 저장할 때 변환하는 것이 좋습니다.

Lab Color

Lab은 Luminosity(L) 명도, a는 Red와 Green의 보색, b는 Yellow와 Blue의 보색 축으로 구성되어 있으며 눈으로 보면 모니터, 프린트에 따라서 색의 차이가 있습니다. 이러한 색의 차이가 결과물에 영향을 줄 수 있기 때문에 사용되는 모드로, 색상 보정 시에 효과적으로 사용할 수 있는 장점이 있습니다.

Multichannel

Multichannel 모드는 여러 채널로 색상을 분리하여 활용할 수 있습니다. 일반적으로 사용되는 RGB나 CMYK 모드에서는 각각 Red, Green, Blue와 Cyan, Magenta, Yellow 등의 채널로 분리되며, Lab 모드에서는 Alpha1, Alpha2, Alpha3 채널로 분리됩니다. 예를 들어, 원본 사진을 포토샵에 불러오면 컬러 모드에 따라 채널이 분리된 상태로 확인할 수 있습니다. 이 상태에서 Multichannel 모드로 전환하면 Channel 패널에서 각 채널이 분리되어 표시되며, Lab Color 모드에서 Multichannel 모드로 변경했을 때 각 채널별로 색상 보정에 활용할 수 있게 됩니다.

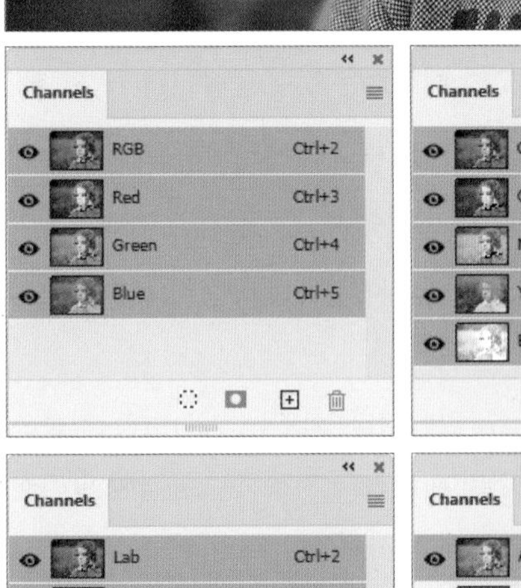

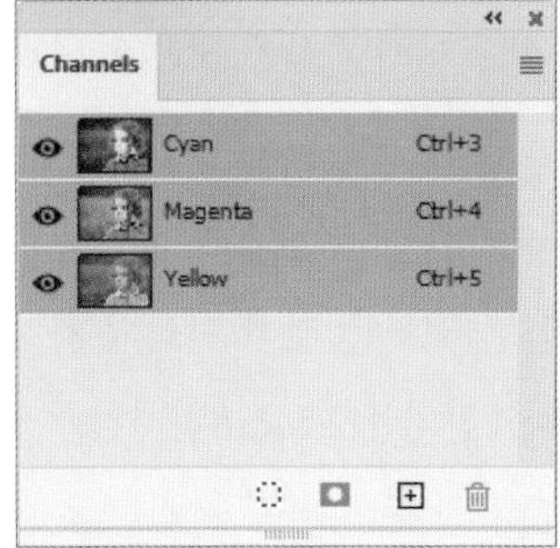

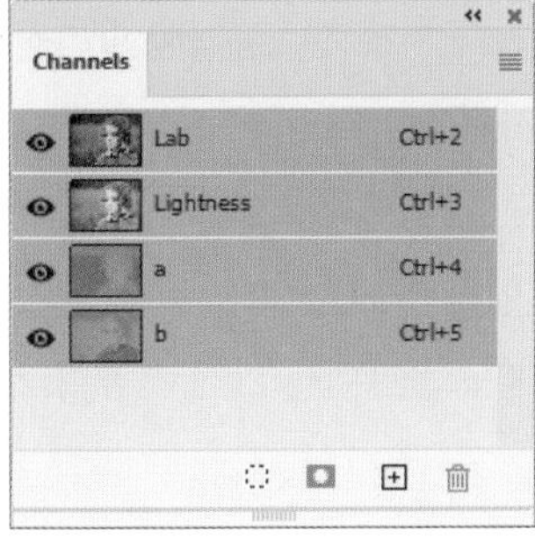

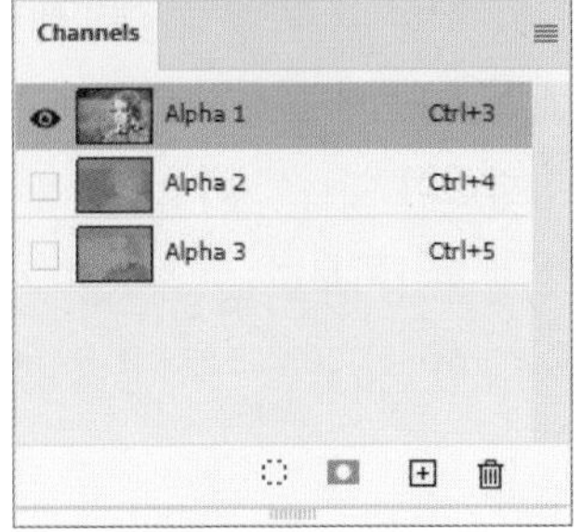

이미지를 구성하는 화소(Pixel)

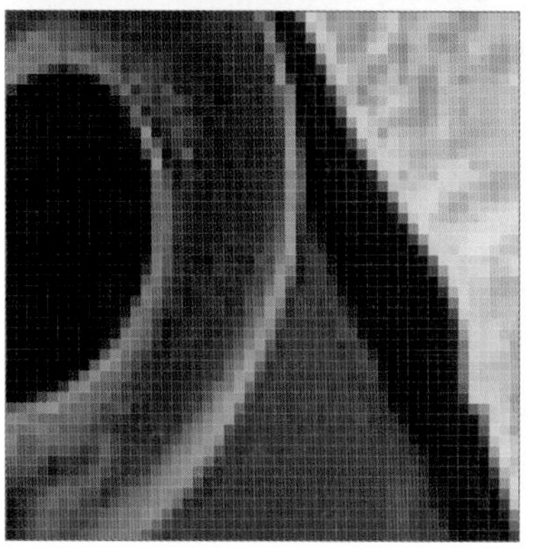

화소의 영문 표현인 픽셀(Pixel)은 화면을 구성하는 최소 단위로, 디지털 이미지나 그림에서 기본적인 요소가 됩니다. 화소 수가 많을수록 선명한 화질을 표현할 수 있지만, 화소가 높다고 해서 무조건 고화질은 아닙니다. 고화질 이미지를 위해서는 높은 화소 수가 필요하지만, 화소가 많아질수록 파일 용량도 커지므로, 용도에 맞는 적절한 해상도를 설정하는 것이 중요합니다.

픽셀은 포토샵에서 활용하는 기본 단위라고 생각하면 되며, 일러스트레이터와 같은 프로그램은 벡터이기 때문에 화소의 개념이 없습니다. 다만 벡터라도 모니터로 본다면 결국 모니터를 구성하는 픽셀 점, 즉 각각의 화소를 통해서 우리 눈으로 인지할 수 있습니다. 예를 들어, 그림과 같이 흰동가리의 눈 부분을 확대하여 확인해 보면 각각의 사각형인 픽셀로 구성되어 있는 것을 확인할 수 있습니다.

최근 들어 그 이상의 해상도도 사용되지만, 우리가 모니터에서 많이 사용하는 해상도는 FHD입니다. FHD는 가로 1920개의 픽셀, 세로 1080개의 픽셀로 이루어진 모니터로 약 207만 개의 픽셀로 구성되어 있습니다. 포토샵에서는 문서를 생성할 때 DPI 개념을 사용하는데, Dot가 픽셀과 같다고 생각하면 됩니다. 실제로 같은 것은 아니기 때문에 같은 개념이라고만 이해하는 것이 좋습니다.

Dot는 인쇄를 할 때 사용하는 단위로 인쇄에 최적화된 화소는 300DPI 이상으로 이야기합니다. 최근에는 기술이 좋아지고 있어 그 이하의 DPI를 가진 경우도 고해상도 인쇄가 가능하기도 하지만, 300DPI 이상으로 문서를 설정하는 것이 인쇄에 최적화됩니다. 300DPI는 1인치당 300개의 픽셀로 이루어져야 한다는 의미로서 1인치는 2.54cm입니다.

그렇다면 화면에서 사용하는 해상도는 얼마일지 궁금증이 생길 수 있습니다. 화면은 72DPI를 기준으로 생성하기 때문에 화면용으로 만들 것인지, 인쇄용으로 만들 것인지에 따라서 지정하는 규격이 달라질 수 있습니다. 따라서 문서를 생성할 때는 해상도를 먼저 지정하고 문서의 사이즈를 설정하는 것이 좋습니다. 그리고 최근에는 모바일 환경이 주된 상황이기 때문에 PPI를 사용하는 경우도 있으며, Pixels per Inch의 약자로서 이미지 작업 환경에서 주로 활용하기보다는 모바일에서 이야기하는 PPI는 화면 집적도를 의미하는 개념으로도 많이 사용합니다. 즉, PPI가 높을수록 고해상도 디스플레이를 가진 제품이라 할 수 있습니다.

픽셀을 활용한 디자인 분야도 있으며, 과거 유명했던 싸이월드의 미니 룸, 미니미에서 표현하던 방식으로 픽셀 아트(Pixel Art)라고도 합니다. 픽셀을 활용한 다양한 표현 방법 및 응용 작품들이 있으므로 각자 활용해 보는 것도 좋은 방법입니다.

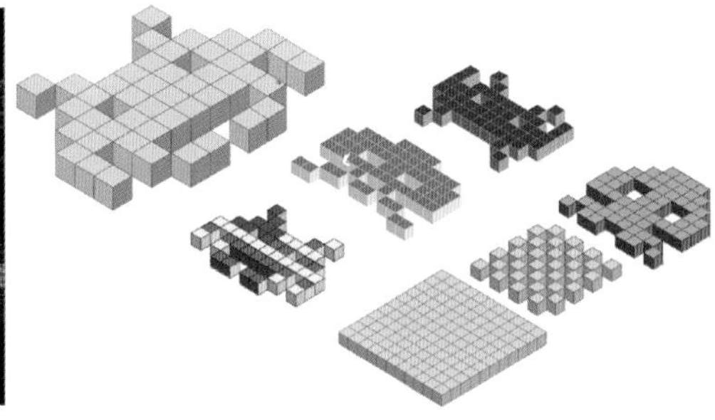

색의 표현 방식

눈으로 볼 수 있는 것들은 색을 가지고 있으며, 기본적으로 색은 시각적 경험을 통해 인지됩니다. 색은 모니터와 같이 직접 빛을 통해 표현되기도 하지만, 일반적으로는 가시광선의 특정 파장이 반사되어 색을 인지하게 됩니다. 만약 빛이 전혀 없다면 색을 확인할 수 없는 이유는, 해당 색의 파장을 반사할 가시광선이 존재하지 않기 때문입니다.

우리가 눈으로 인지할 수 있는 색에는 색상(Hue), 채도(Saturation), 명도(Brightness) 세 가지 속성이 있습니다. 포토샵에서는 이 세 가지 속성을 이용하여 색상 보정에도 활용하고 있으며 가장 기본적인 색의 세 가지 속성이기도 합니다.

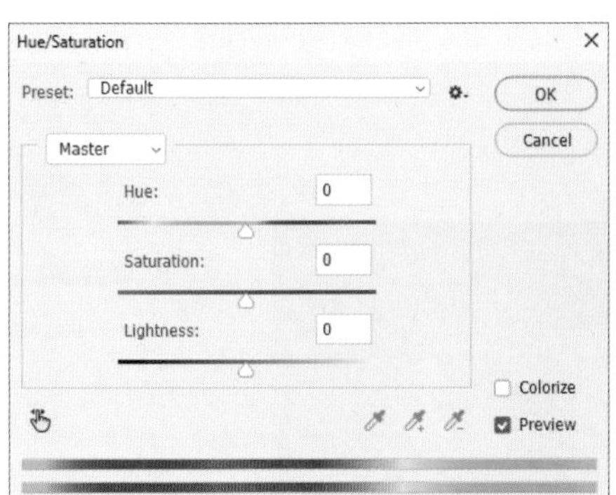

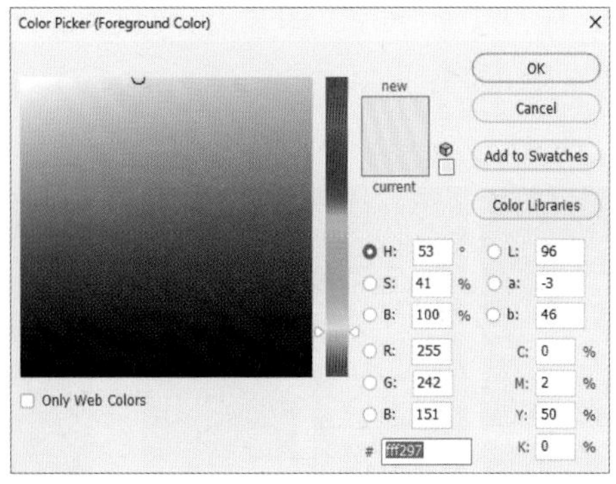

색상은 우리가 고유의 색명을 명명하여 부르고 구분할 수 있는 색의 고유한 특성을 의미합니다. 채도는 색의 맑고 탁한 정도를 이야기하며 채도가 높을수록 원색에 가깝습니다. 채도가 가장 높은 경우 순색이라고도 말하며, 채도가 낮아지면 무채색인 검정, 흰색이 됩니다. 명도는 색의 밝고 어두운 정도를 구분하게 되며 이 세 가지 속성을 통하여 색을 구분하게 됩니다.

포토샵 활용을 위한 디자인 소스 및 글꼴 구하기

포토샵을 활용하기 위해서 다양한 소스와 글꼴을 구하거나 참고해야 하는 경우가 있습니다. 다운로드하여 사용한다면 사용 범위에 따라 저작권에 문제가 있을 수 있기 때문에 저작권 없는 디자인 소스와 글꼴이 필요합니다. 효과적인 결과물을 위해 다양한 디자인 참고를 위한 사이트를 알아봅시다.

디자인 소스 구하기

디자인 소스를 구할 때, 무료로 제공된다고 해도 다운로드 가능 기간이나 횟수가 제한된 경우가 있으므로 반드시 확인이 필요합니다. 각 사이트의 저작권 관련 공지사항을 꼼꼼히 읽고 사용하는 것이 좋습니다. 다음과 같이 소개한 사이트 외에도 다양한 사이트가 있으니, 자신에게 맞는 사이트를 찾아 활용하는 것이 좋습니다.

❶ 픽사베이(Pixabay): 픽사베이(pixabay.com/ko/)는 사진, 비디오, 음악까지 무료로 제공합니다. 기본적으로 출처 표기를 권장하지만, 단순 재판매만 아니라면 출처도 밝힐 필요가 없습니다. 대부분의 상업 작업에 활용할 수 있기 때문에 고해상도의 고퀄리티 자료를 구할 때 효과적으로 사용할 수 있습니다. 이 책에서도 픽사베이의 이미지를 적극 활용하고 있으며, 필자도 픽사베이에 촬영한 사진을 업로드하여 무료로 공유하고 있습니다.

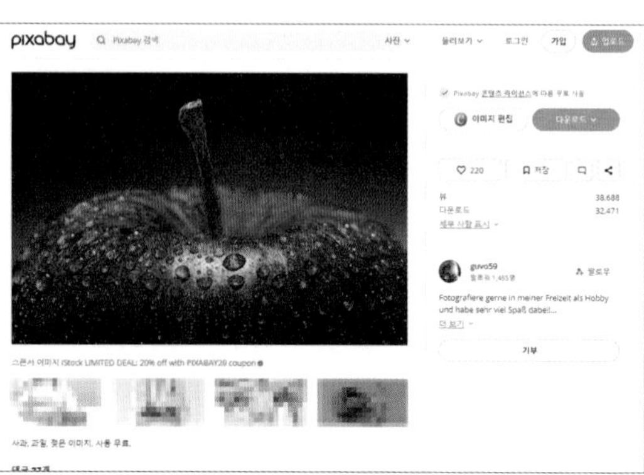

❷ 프리픽(FREEPIK): 프리픽(kr.freepik.com/)은 무료와 유료가 포함되어 있기 때문에 다운로드하기 전에 먼저 사용 범위를 확인해야 하며, 무료로 제공되는 이미지라도 출처 표기가 기본입니다. 따라서 사용할 때에 저작권 관련 공지를 확인하여 유의할 필요가 있습니다.

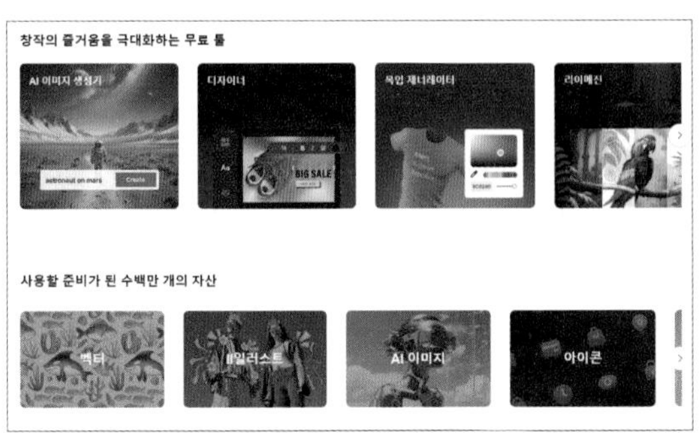

❸ 픽셀즈(Pexels): 픽셀즈(www.pexels.com/)는 픽사베이처럼 무료로 여러 크리에이터들이 업로드하여 무료 공유하는 사이트로 기본적으로 출처도 밝힐 필요 없습니다. 사진 외에도 동영상을 제공합니다.

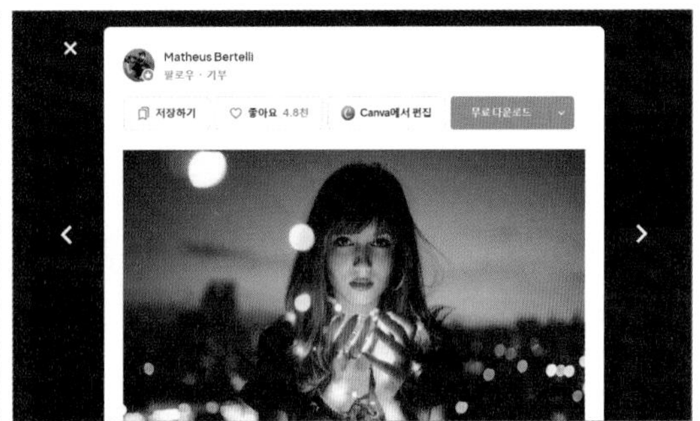

❹ 언스플래시(Unsplash): 언스플래시(unsplash.com/ko)는 무료로 소스를 제공하지만, 일부 고퀄리티 소스는 유료로 제공합니다. 기본적으로 무료 제공되는 소스가 많기 때문에 유용하게 사용할 수 있습니다.

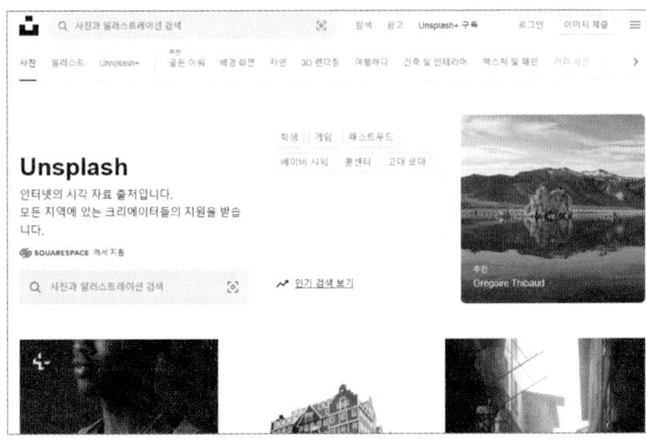

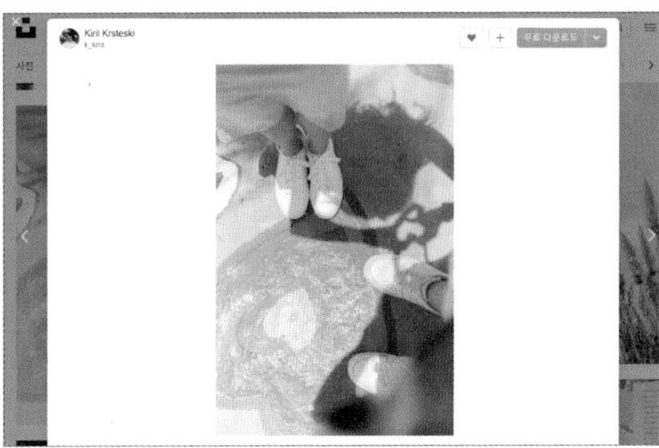

❺ 어도비 스톡(Adobe Stock) : 어도비 스톡(stock.adobe.com/kr/)은 포토샵, 일러스트레이터를 개발한 어도비(Adobe)에서 제공하는 디자인 소스 사이트로, 무료로 제공되는 소스가 많이 있습니다. 유료 소스도 많이 제공되나 체험판으로는 제한이 있습니다. 하지만 사진만 제공하는 것이 아니라 벡터, 일러스트레이션, 템플릿, 음악, 영상까지 다양하게 제공되고 있어 무료로 제공되는 소스만으로도 많은 부분에서 활용이 가능합니다.

무료 글꼴 구하기

특정 프로그램을 통해 다운로드된 글꼴은 해당 프로그램에서만 사용이 허가된 경우가 있습니다. 그러나 이를 인지하지 못하고 다른 곳에 사용할 경우, 저작권 문제가 발생할 수 있습니다. 무료로 제공되는 글꼴도 많으니, 저작권이 명확한 글꼴을 다운로드하여 사용하는 것이 좋습니다.

❶ 네이버 글꼴: 국내 대형 포털인 네이버(Naver)에서 무료로 제공하는 네이버 글꼴(hangeul.naver.com/font)은 나눔 글꼴을 시작하여 다양한 글꼴을 추가적으로 개발하여 제공하고 있습니다. 글꼴을 유료로 판매하지 않는 한 상업적인 사용까지 가능하기 때문에 편하게 사용 가능하며, 웹사이트 개발 시에도 구글에 웹 폰트로 등록되어 있어서 활용이 편리합니다. 다양한 손글씨 글꼴도 제공하고 있기 때문에 다양한 디자인 작업에도 활용 가능합니다.

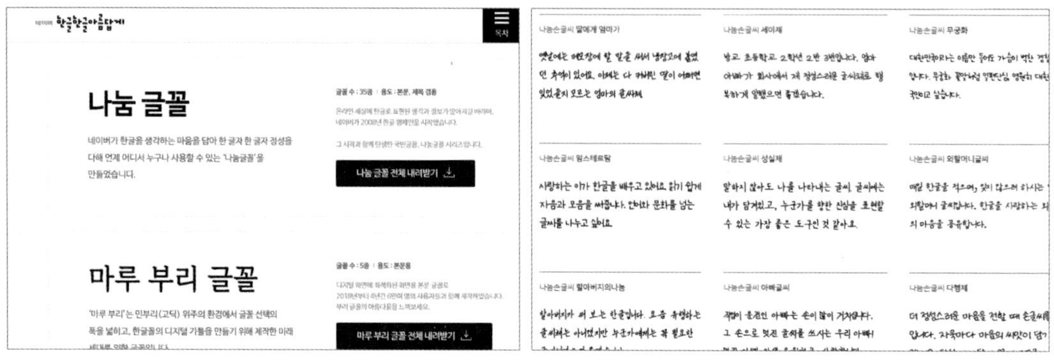

❷ 산돌구름 무료폰트: 산돌은 글꼴 회사로서 유려한 스타일의 산돌 글꼴을 디자이너들이 많이 활용하기도 합니다. 산돌구름(www.sandollcloud.com/freefonts)에서는 무료 글꼴을 확인할 수 있는데, 이는 한눈에 확인하고 원하는 필요한 글꼴을 다운로드할 수 있어 편리합니다. 글꼴 중에 일부는 제한 조건이 있을 수 있으므로 확인하고 사용해야 합니다.

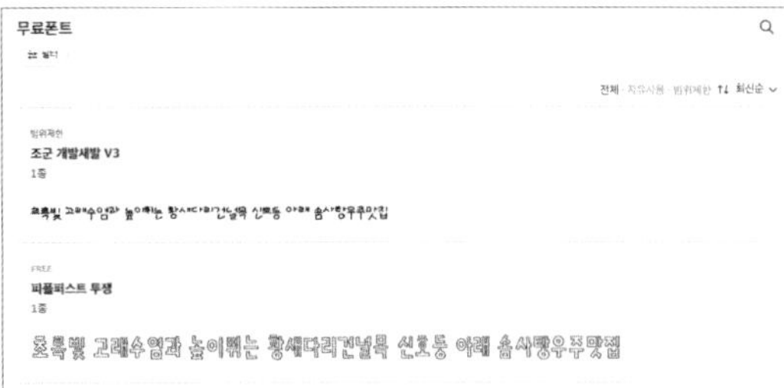

❸ 눈누 : 눈누(noonnu.cc/)는 여러 글꼴들을 소개하는 사이트로 각각의 글꼴별로 저작권을 확인해야 합니다. 하지만 대부분 상업적인 용도에서 무료로 사용 가능한 경우가 많고, 장식적인 글꼴이 많아서 개성적인 스타일을 표현할 글꼴을 찾는 경우 유리할 수 있습니다. 사이트에 광고가 많은 점은 불편할 수 있지만, 많은 글꼴을 볼 수 있다는 장점이 있습니다.

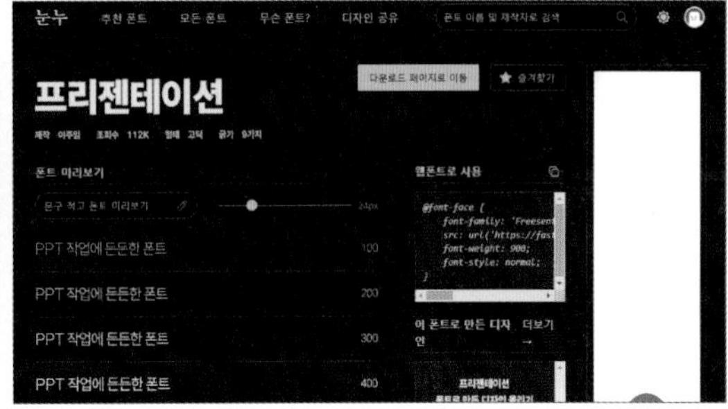

❹ 아모레퍼시픽 아리따 글꼴: 아모레퍼시픽(www.apgroup.com/int/ko/index.html)은 기업에서 직접 글꼴을 만들어 무료 공개한 기업으로 꽤 오래된 기업입니다. 2015년 레드닷 디자인 어워드도 수상하고 나눔의 가치를 실현하기 위해서 글꼴을 무료로 제한 없이 사용하도록 제공하고 있습니다.

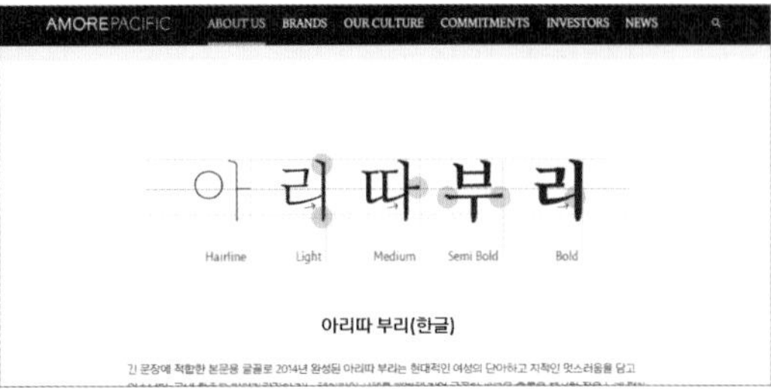

❺ **한국출판인회의:** 글꼴은 인쇄를 많이 하는 출판 관련된 기업에서도 문제가 되는 경우가 많습니다. 한국출판인회의(www.kopus.org/biz-electronic-font2/)는 출판에 효과적일 수 있는 글꼴을 직접 개발하여 무료로 배포하고 저작권 없이 사용할 수 있으며, 전자책에도 사용 가능하도록 개발되었습니다.

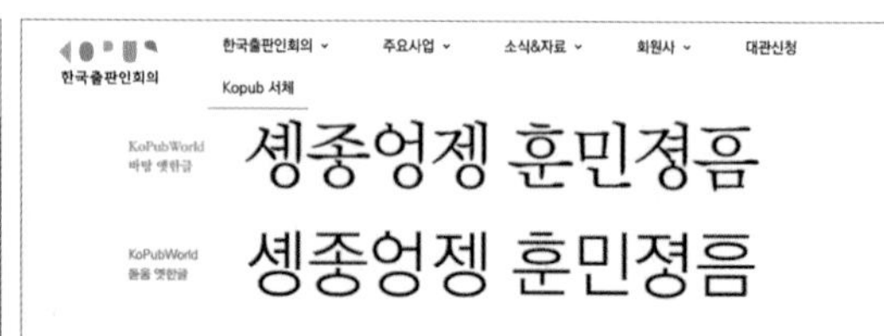

❻ **배달의 민족 글꼴:** 배달의 민족 글꼴(www.woowahan.com/fonts)은 우아한형제들에서 개발하여 배포한 글꼴로서 조금 색다른 관점에서 접근한 글꼴이라 의미가 크고, 재미있는 그림 형태의 글림체도 제공하고 있어서 재미있는 표현으로 이어지는 글꼴 개발은 회사가 추구하는 방향을 이해할 수 있다고 생각합니다. 디자인 등에 다양하게 활용할 수 있고 독특한 아이디어를 기반으로 한 글림체까지 직접적인 판매만 아니라면 제한 없이 사용 가능합니다.

배민 주아체 2014, 2nd
배민 한나체 2012, 1st

디자인 참고 자료 준비하기

포토샵과 일러스트레이터 등은 도구이기 때문에 효과적인 디자인 결과물을 만들기 위해서는 많은 작품들을 보고 분석하면서 자신만의 색으로 표현할 수 있는 능력이 필요합니다. 따라서 틈틈이 우수한 작품들을 보면서 표현 방법과 디자인에 대한 시각적 메시지를 익혀두고 자신의 작품에 표현할 수 있도록 준비하는 것이 좋습니다.

❶ **지디웹(GDWEB):** 지디웹(www.gdweb.co.kr/)은 웹과 모바일 디자인 중 우수한 작품들을 모아볼 수 있으며, 매년 우수 디자인을 수상하기 때문에 수상작들을 보면서 디자인 트렌드와 우수한 디자인을 보면서 디자인 결과물을 개선하는 데 도움이 됩니다. 또한 제공된 원본 이미지를 다운로드하여 디자인에 활용할 수 있습니다.

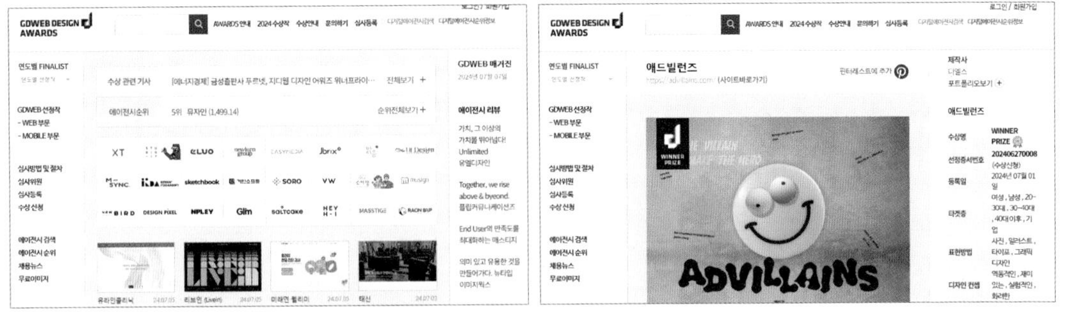

❷ 핀터레스트(Pinterest): 핀터레스트(kr.pinterest.com/)는 SNS를 활용한 이미지 공유 사이트로 다양한 관심사에 맞는 이미지와 동영상을 업로드하고, 자신의 관심사를 모아서 저장할 수 있는 관리가 가능하기 때문에 지속적으로 활용하고 참고하는 데 도움이 됩니다. 광범위하고 많은 자료가 있어 디자인을 참고할 때 크게 도움이 됩니다.

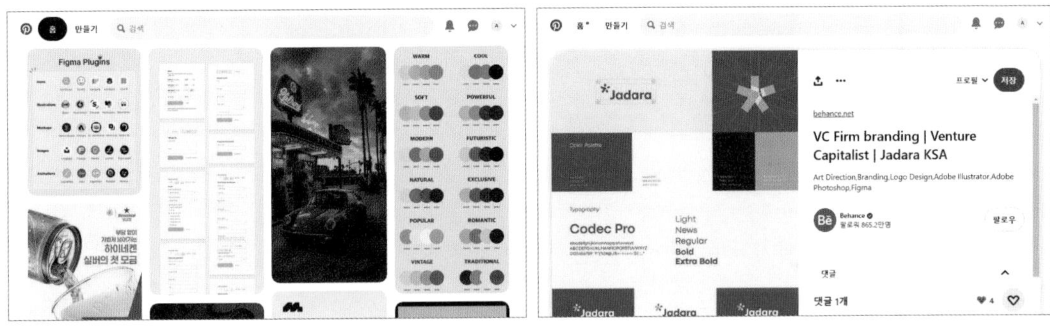

❸ 비핸스(Behance): 비핸스(www.behance.net/)는 어도비에서 핀터레스트처럼 운영하는 SNS 형태의 공유 사이트입니다. 핀터레스트처럼 마음에 드는 작품들을 저장하고 관리하면서 확인할 수 있고 공유된 결과물이 마음에 드는 경우 작업을 의뢰할 수도 있습니다.

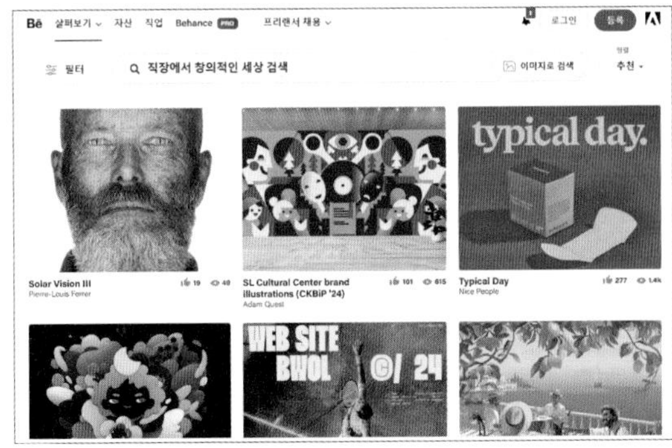

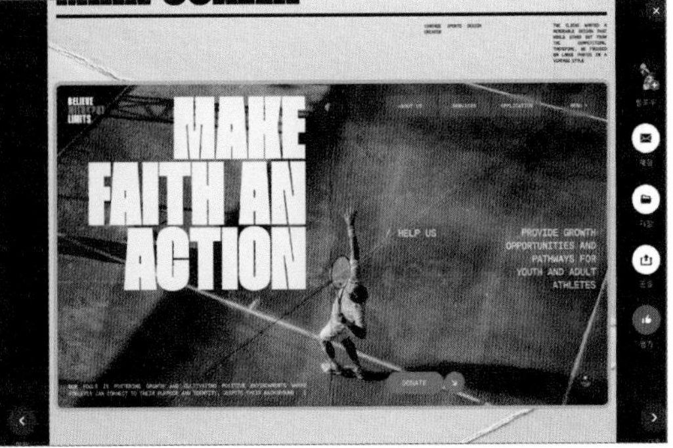

0.3 생성형 AI를 품은 포토샵 이해하기

4차 산업혁명 시대에 이르러 빅데이터, 인공지능이 발전하면서 다양한 분야에 인공지능이 도입되기 시작하였습니다. 인공지능 중에서도 특히 생성형 인공지능, 즉 생성형 AI는 이야기를 포함하여 이미지, 동영상, 음악 등 다양한 콘텐츠를 생성하고 아이디어를 도출할 수 있는 인공지능 활용 방법입니다. 인공지능은 학습한 데이터를 재사용하고 응용하여 새로운 데이터를 창조합니다. 이때 창조를 위해 사용자는 적절한 명령을 제시해야 합니다.

생성형 AI는 어도비에도 적용되어 포토샵 내에서도 활용할 수 있습니다. 생성형 AI가 어도비와 포토샵 내에서 어떻게 활용되는지 살펴봅시다.

생성형 AI

생성형 AI는 그동안 학습된 수많은 데이터를 활용하여 사용자의 명령, 즉 프롬프트에 대응하여 각종 콘텐츠를 생성하는 인공지능으로 빠르고 쉽게 새로운 콘텐츠를 생성하는 AI 기술을 말합니다. 생성형 AI는 다양한 분야에서 활용할 수 있는 장점을 포함하고 있으며, 특히 콘텐츠 생성에 큰 강점이 있습니다. 생성형 AI의 발전으로 다양한 크리에이터의 직업에 영향을 줄 가능성이 있다는 부정적인 시각도 있으나 많은 사람이 자신의 생각을 쉽고 빠르게 표현할 수 있다는 장점도 있습니다.

다음 그림들은 생성형 AI를 활용해 만든 이미지로, 픽사베이에 등록된 사진들입니다. 이처럼 고퀄리티의 AI 이미지를 제작하려면 프롬프트 입력과 수정 작업이 여러 차례 필요합니다. 이 과정과 비교해서 직접 그림을 그리는 경우를 가정하면, 창작물 완성을 위해 그림 실력을 쌓고 아이디어를 구체화하는 데 많은 시간과 노력이 필요하며, 지속적인 능력 개발도 필수적입니다. 이에 비해 생성형 AI를 이용하면 수작업보다 고품질의 이미지를 신속하게 제작할 수 있어 효율적으로 제작하는 데에 유리합니다.

생성형 AI는 콘텐츠 생성뿐만 아니라 코딩 작업도 직접 수행할 수 있습니다. 프로그래밍을 모르는 사람도 코딩을 배우지 않고 프롬프트 입력만으로 작동 가능한 코드를 생성할 수 있으며, 이는 콘텐츠 분야를 넘어 점점 더 넓은 영역으로 확장되고 있습니다. 물론 생성형 AI의 발전에 따른 부정적인 의견도 많지만, 그 성장을 막기는 어려울 것이며, 이에 따라 직업 세계에도 변화가 있을 것이라고 생각합니다.

최근 딥페이크 영상과 같은 불법적인 목적으로 생성형 AI가 악용되는 사례가 증가하고 있습니다. 이로 인해 생성형 AI와 실제 콘텐츠를 구분할 수 있는 능력이 점점 더 중요해지고 있습니다. 이러한 위험을 줄이기 위해서는 생성형 AI를 정확하고 윤리적으로 사용하는 것이 필수적입니다. 이를 위해 프롬프트 작성 방법을 배우고 효과적인 프롬프트 작성 노하우를 습득하는 것이 무엇보다 중요합니다. 이러한 접근은 생성형 AI를 보다 안전하고 효율적으로 활용할 수 있도록 하며, 원하는 결과를 정확하게 얻는 데 큰 도움이 될 것입니다.

어도비의 생성형 AI

어도비에는 생성형 AI를 응용하여 콘텐츠를 생성할 수 있는 어도비 익스프레스(Adobe Express)와 프롬프트 기반 이미지를 생성할 수 있는 어도비 파이어플라이(Adobe Firefly)가 있습니다.

❶ 어도비 익스프레스(Adobe Express): 어도비 익스프레스(www.adobe.com/kr/express/)는 다양한 형식으로 콘텐츠를 생성할 수 있으며 단순 이미지 생성이 아닌 수천 개의 템플릿, 어도비 스톡(Adobe Stock) 사진, 비디오, 음악 등을 활용하여 디자인을 완성합니다. 또한, 전문적으로 디자인된 템플릿을 제공하며 원하는 결과물 형태로 출력도 가능합니다. 포토샵, 일러스트레이터와 호환되지만 파워포인트 문서를 열어서 텍스트, 이미지, 애니메이션 등을 추가할 수도 있고, 모바일용 어도비 익스프레스를 제공하여 SNS에 제작된 콘텐츠를 공유할 수 있습니다.

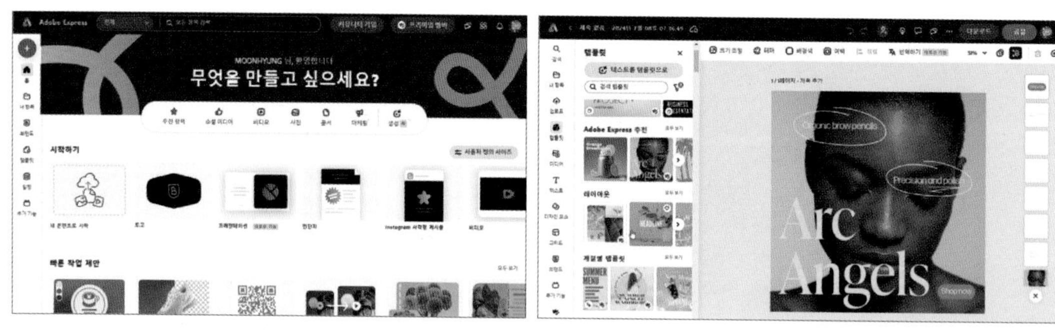

❷ 어도비 파이어플라이(Adobe Firefly): 어도비 파이어플라이(www.adobe.com/kr/products/firefly.html)는 이미지를 만들고, 필요한 부분에 생성형 AI로 만들어진 콘텐츠를 채우는 등 다양한 결과물을 생성할 수 있으며 입력된 텍스트 프롬프트로 제작됩니다. 따라서 효과적인 프롬프트를 입력해야 고퀄리티의 결과물을 생성할 수 있습니다. 프롬프트는 구체적으로 작성할수록 유리하며 서술적으로 작성을 하는 것이 좋습니다. 입력된 프롬프트도 독창성이 필요하며 무미건조한 이미지가 생성되지 않도록 공감을 불어넣어 생성형 AI 이미지를 보는 사람들도 같이 메시지로 읽을 수 있도록 제공하는 것이 좋습니다. 이미지 생성 외에도 일관된 분위기의 이미지를 만들거나 이미지에 개체를 추가 또는 삭제할 수도 있습니다. 생성된 이미지는 공유할 수 있도록 사이트 내에서 갤러리도 제공합니다.

포토샵의 생성형 AI

포토샵은 Adobe Firefly Image 모델을 기반으로 생성형 AI를 포함하고 있어, 생성형 AI를 이용한 채우기, 바꾸기, 확장 등 다양한 콘텐츠를 쉽고 빠르게 만들 수 있습니다. 또한, 파이어플라이를 이용한 생성형 AI이기 때문에 파이어플라이가 제공하는 기능을 포토샵에서 바로 사용할 수 있다는 장점이 있습니다. 사진을 변환하고 합성하기 위해 스타일을 참조하여 지정된 이미지처럼 콘텐츠를 생성할 수 있으며, 다양한 배경 이미지 생성이 가능합니다.

생성형 AI를 활용한 이미지 도구들

인공지능이 발전하면서 생성형 AI를 통한 다양한 이미지 저작 도구들이 출시되었습니다. 유명한 도구로는 OpenAI에서 개발한 DALL-E를 비롯하여 이미지 크리에이터, 다빈치가 있습니다.

❶ DALL-E: OpenAI에서 개발한 이미지 생성형 인공지능 도구로, 2021년 처음으로 출시되었습니다. 2022년에 DALL-E 2로 업그레이드되면서 다양한 분야에서 활용될 수 있는 고퀄리티 이미지를 생성할 수 있습니다.

❷ 이미지 크리에이터: DALL-E를 활용하여 사용자가 생성형 AI 이미지를 생성할 수 있도록 하며 Bing을 이용하여 쉽게 생성할 수 있습니다. 다양한 언어를 지원하고 마이크로소프트 계정으로 사용할 수 있습니다.

❸ 마이크로소프트 디자이너: 생성형 AI로 만든 다양한 이미지를 확인할 수 있고 입력되었던 프롬프트를 확인할 수 있습니다. 또한, 프롬프트 수정을 통하여 변형도 가능하기 때문에 생성형 AI를 이용하여 다양한 이미지를 만들고 효과적으로 만드는 방법을 학습하는 데에도 유용합니다.

WEEK 01

포토샵의 문서 관리

학 습 목 표

포토샵의 시작은 기존 문서를 수정하는 경우도 있지만, 직접 새로운 문서를 만들고 편집해야 하는 경우도 많습니다. 따라서 문서 생성 과정과 관리 방법은 포토샵에서 가장 먼저 익혀야 할 중요한 부분입니다. 포토샵에서 문서를 관리하고 수정하는 방법을 살펴보겠습니다.

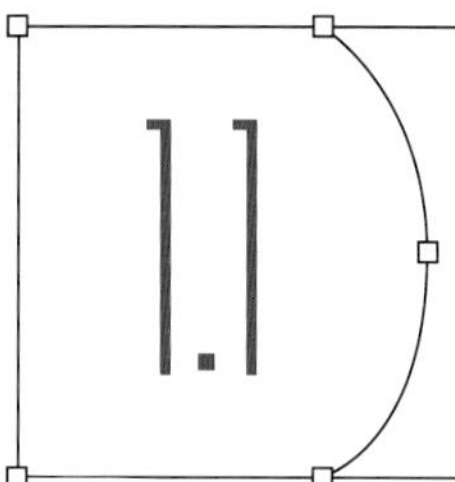

1.1 New Document 대화상자에서 문서 만들기

포토샵에서는 기존에 생성된 이미지나 문서를 활용할 수 있을 뿐만 아니라, 새로운 문서를 직접 생성하여 창작 작업을 진행할 수도 있습니다. 기본 제공 템플릿 외에도 빈 문서를 생성하여 원하는 크기와 환경에 맞게 설정할 수 있습니다. 포토샵은 다양한 문서 형식을 지원하므로, 이미지부터 동영상, 웹, 모바일에 최적화된 문서까지 폭넓게 제작할 수 있습니다.

New Document 대화상자 살펴보기

New Document(새 문서) 대화상자에서는 사진, 인쇄, 아트 및 일러스트레이션, 웹, 모바일, 필름 및 비디오용 템플릿을 선택해 문서를 만들 수 있습니다. 각 항목에는 자주 사용하는 다양한 문서 설정이 포함되어 있으며, 템플릿을 선택한 후 세부 설정도 조정할 수 있습니다.

각 항목이 어떤 기능을 하는지 알아보겠습니다.

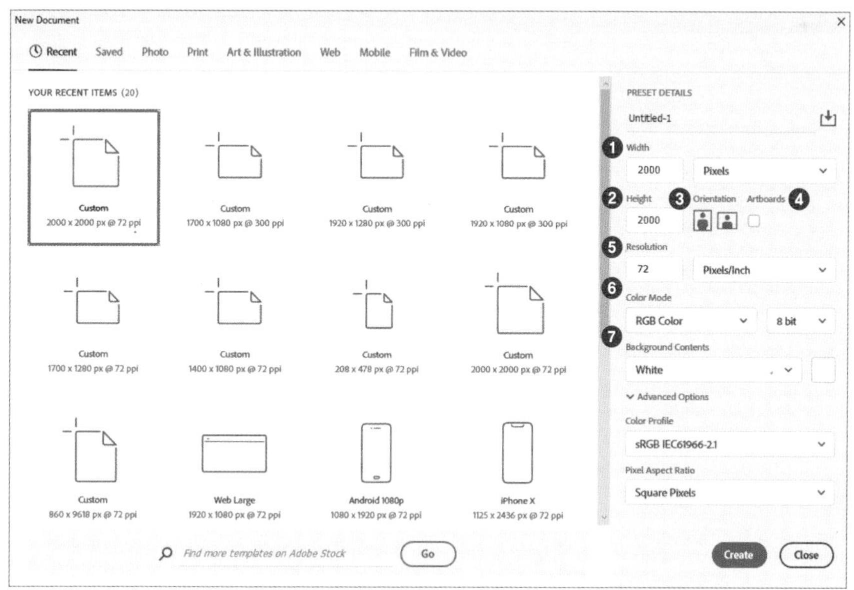

❶ **Width**: 문서의 폭을 설정할 수 있으며, Pixels, Inches, Centimeters, Millimeters, Points, Picas 단위를 사용할 수 있습니다.

❷ **Height**: 문서의 높이를 설정할 수 있으며 단위는 Width와 동일합니다.

❸ **Orientation**: 문서의 방향을 가로, 세로로 설정합니다.

❹ **Artboards**: 대지를 추가하여 한 문서에 여러 문서를 작업한 것 같이 활용할 수 있습니다.

❺ **Resolution**: 해상도를 설정할 수 있으며 inch 또는 centimeter 단위 픽셀 수로 결정됩니다.

❻ **Background Contents**: 배경 색상을 설정합니다.

❼ **Advanced Options**: 새 문서의 색상 프로필과 픽셀 비율 등 세부 설정을 추가로 조정할 수 있습니다.

- **Color Profile**: 문서에 대한 색상 프로필을 설정합니다.
- **Pixel Aspect Ratio**: 프레임에 있는 픽셀의 비율을 설정합니다.

문서 형식 사전 설정 만들기

자주 사용하는 문서 형식이라면, PRESET DETAILS의 'Save' 아이콘( )을 클릭하고 표시되는 <Save Preset> 버튼을 클릭하여 저장해 사용할 수 있습니다. [Saved] 탭에 저장됩니다.

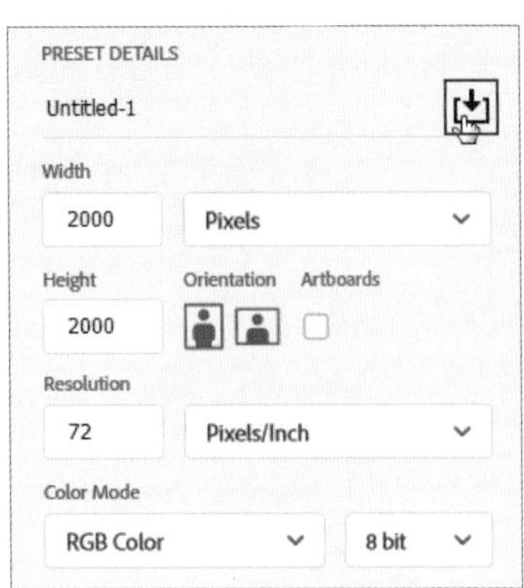

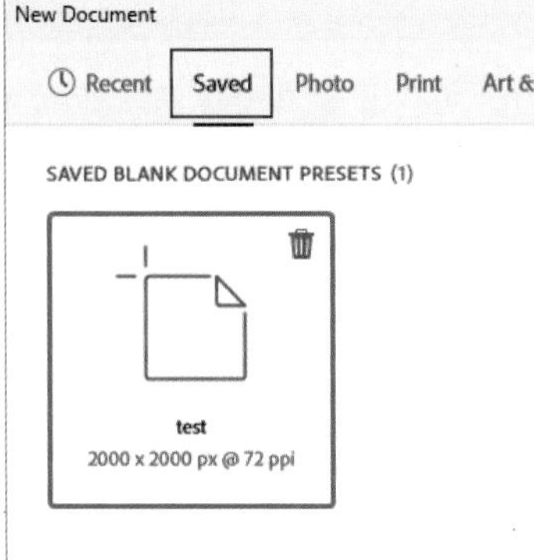

NOTE

사전 설정을 할 때 자주 사용하는 크기와 해상도, 적합한 색상 모드, 최적화된 해상도 등을 설정해 두면 작업을 시작할 때 반복 작업을 줄이고 워크플로를 간소화할 수 있습니다.

Stock 템플릿을 활용한 문서 만들기

새 문서 대화상자에서 Templates 항목을 보면 여러 템플릿이 제공되어 있으며, 이를 활용하여 문서를 쉽게 만들 수 있습니다. 각 문서 템플릿은 다운로드가 필요하며, 템플릿을 선택한 후 <Download> 버튼을 클릭하면 다운로드가 시작됩니다. 다운로드가 완료되면 <Download> 버튼이 <Open> 버튼으로 변경됩니다. 변경된 버튼을 클릭하면 해당 템플릿 문서가 생성되어 열립니다.

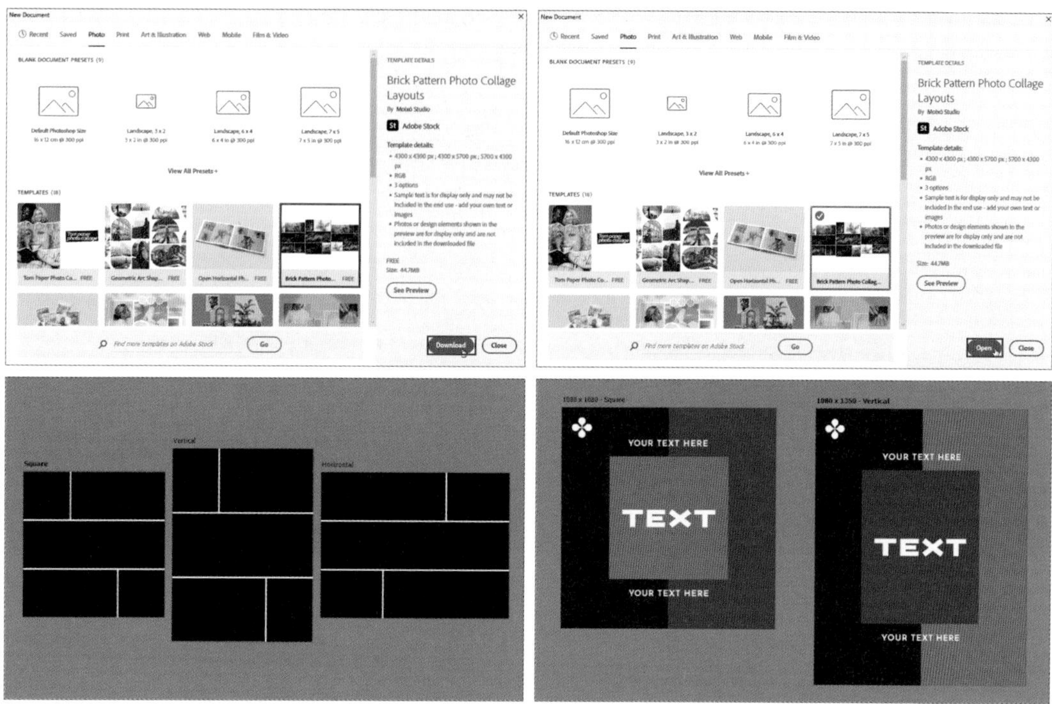

기본 템플릿 외에도 필요한 템플릿을 검색하여 활용할 수 있습니다. New Document 대화상자 하단의 검색창에 검색어를 입력하거나 검색어 없이 <Go> 버튼을 클릭하면 Adobe Stock 사이트가 열리며, 필요한 템플릿을 다운로드할 수 있습니다. 무료 템플릿 외에 유료 템플릿도 제공되니, 필요 시 내용을 확인 후 구매하여 사용할 수 있습니다.

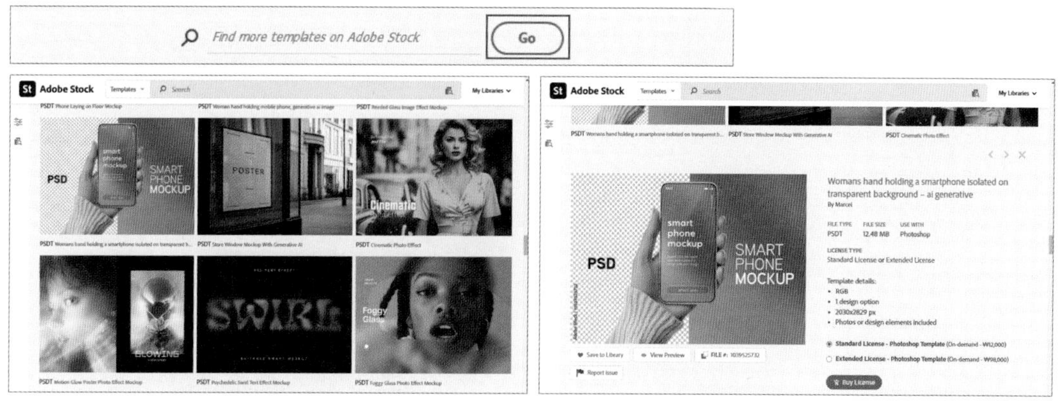

1.2 실습 예제 01 포토샵으로 디자인할 문서 불러오고 저장하기

• **예제 파일** : 01\01_01.jpg • **완성 파일** : 01\01_01_완성.psd

포토샵에서 필요한 문서, 즉 예제를 불러오고 저장하는 것은 기본적인 작업이며, 가장 많이 사용하는 기능입니다. 포토샵에서 문서를 열고 아웃포커싱 사진을 만들고 저장하는 방법을 진행합니다.

01 포토샵을 실행하면 그림과 같이 포토샵 홈 화면이 표시됩니다. 홈 화면에서 예제 파일을 불러오기 위해 <Open> 버튼을 클릭합니다.

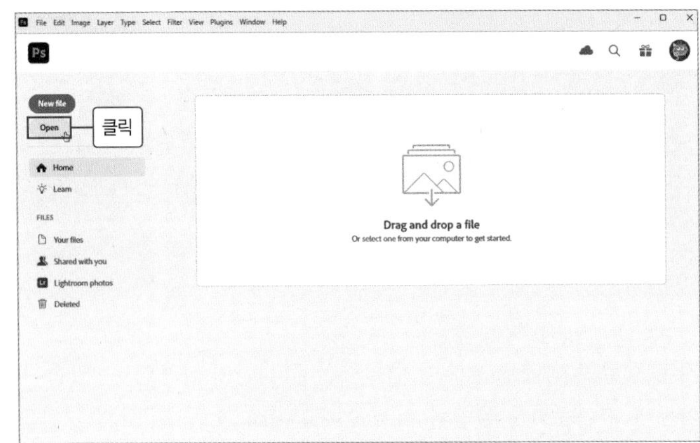

TIP **문서 여는 추가 방법**

❶ 포토샵의 메뉴에서 [File] → Open을 실행하거나 단축키 Ctrl + O를 눌러 문서를 선택하고 불러올 수 있습니다.
❷ 파일 탐색기에서 포토샵으로 드래그하여 원하는 문서를 열 수 있습니다.

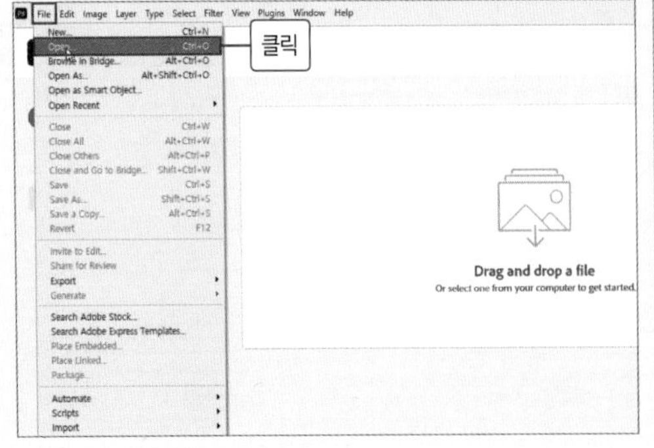

02 열기 대화상자가 표시되면 01 폴더에서 '01_01.jpg' 파일을 선택하고 <열기> 버튼을 클릭합니다.

03 예제 파일이 포토샵에 표시됩니다. 아웃포커싱 효과를 쉽고 빠르게 적용하기 위해 옵션바 오른쪽에서 '검색' 아이콘(🔍)을 클릭합니다.

NOTE

심도가 얕은 사진에서는 주요 피사체에 초점이 맞고, 나머지 부분은 흐릿하게 처리하여 피사체를 강조하는 아웃포커싱 촬영 기법이 사용됩니다. 이 기법을 적용하기 위해서는 낮은 조리개 값을 설정하고 피사체에 가까이 촬영해야 하지만, 이러한 조건이 어렵거나 불가능할 경우 포토샵을 이용한 후처리로 아웃포커싱 효과를 표현하는 경우가 많습니다.

04 Discover 창이 표시되면 검색 창에 'background'를 입력하고 Enter를 눌러 배경 이미지 관련 빠른 작업을 검색합니다. QUICK ACTIONS 항목을 보면 총 5개 배경 관련 작업 중 3개가 표시됩니다.

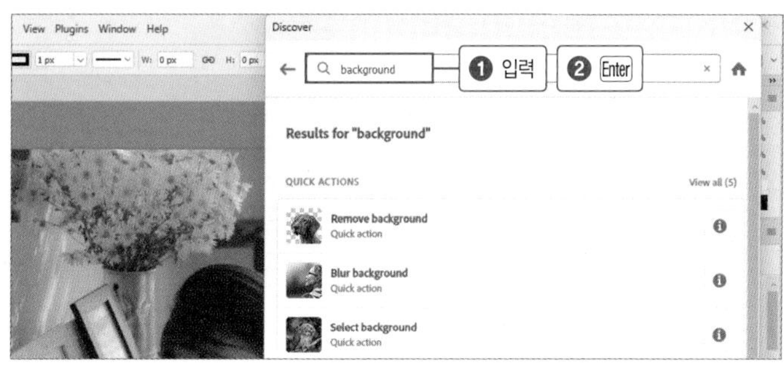

05 배경을 흐리게 하는 아웃포커싱 효과를 만들기 위해 'Blur background'를 클릭하여 배경에 흐림 효과 빠른 작업을 실행합니다. 이 기능은 AI를 활용하여 피사체를 자동으로 찾고 그 외 영역을 흐리게 처리합니다.

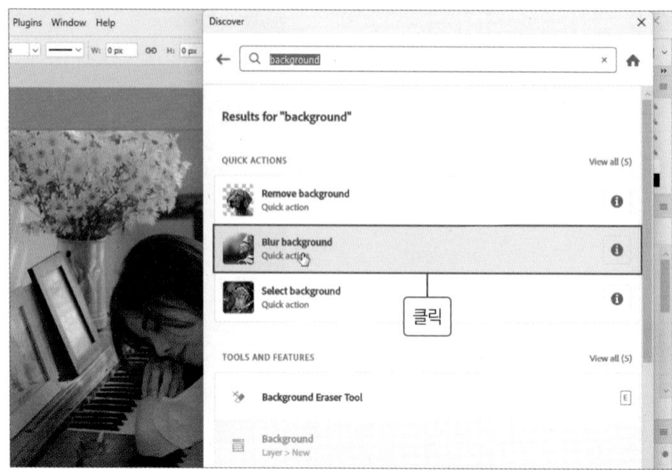

06 자동으로 배경에 흐림 효과가 적용됩니다. 빠른 작업이 완료되면 작업이 진행된 것을 표시하고 원본 상태로 돌릴 수 있는 <Revert> 버튼이 활성화됩니다. 빠른 작업이 완료되어 Discover 창을 닫기 위해 '닫기' 아이콘(×)을 클릭합니다.

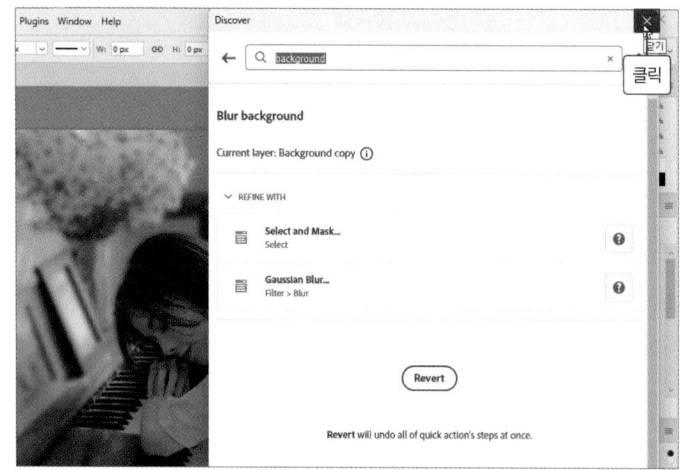

07 Layers 패널을 살펴보면 배경 레이어가 복사되면서 마스크 및 필터를 자동으로 적용하여 배경에 아웃포커싱 효과가 적용됩니다. AI를 활용하여 자동으로 사람을 주요 피사체로 추출하고 배경에 흐림 효과를 적용한 화면입니다.

08 문서를 저장하기 위해 메뉴에서 〔File〕 → Save(Ctrl+S)를 실행합니다. 현재 레이어는 2개 이상으로, 포토샵 파일 형식(PSD)으로 저장하면 이후에 본 파일을 다시 불러와 수정할 수 있습니다. Save As 대화상자가 표시되면 저장할 폴더를 지정하고 파일 이름에 파일명을 입력한 다음 <저장> 버튼을 클릭합니다. 기본적으로 설정되는 파일 형식은 Photoshop의 확장자인 PSD 파일로 저장됩니다.

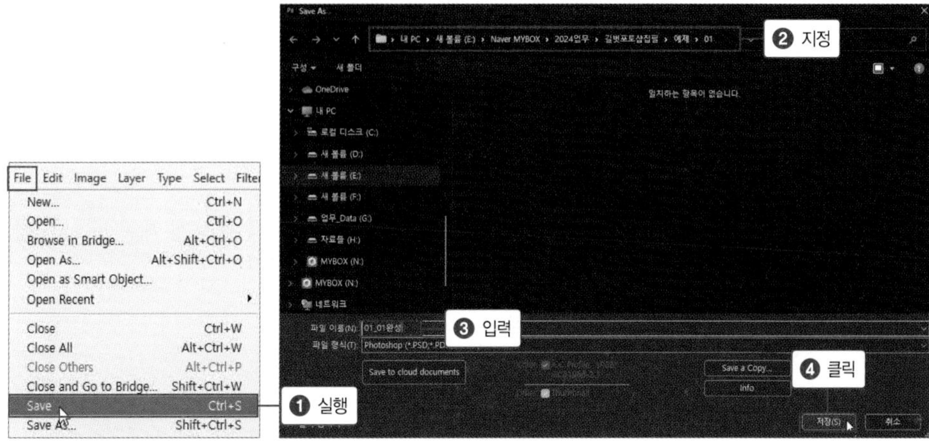

09 Photoshop Format Options 대화상자가 표시됩니다. 기본적으로 'Maximize Compatibility'가 체크 표시된 상태입니다. 이 기능은 호환성을 최대화하는 옵션으로 다른 프로그램이나 다른 버전 포토샵에서도 해당 문서를 저장할 수 있게 만들어 줍니다. 일반적으로 체크된 상태로 저장하는 것이 좋으며, 앞으로 저장할 때 이 대화상자를 나타나지 않게 하려면 'Don't show again'을 체크 표시합니다. 저장 과정을 완료하기 위해 <OK> 버튼을 클릭합니다.

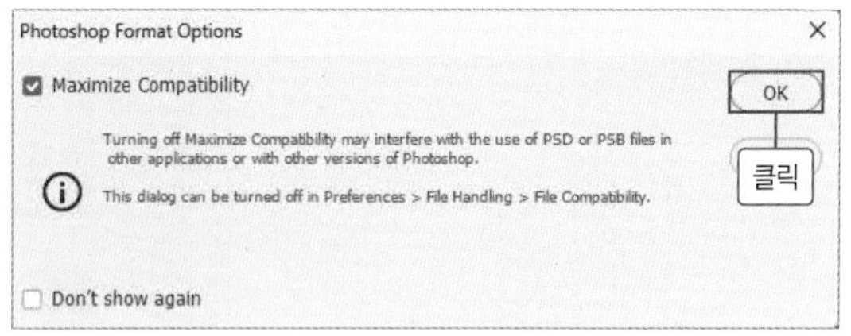

10 저장이 완료되면 〔문서〕 탭에서 저장된 파일명으로 변경되며, PSD 확장자로 저장된 것을 확인할 수 있습니다.

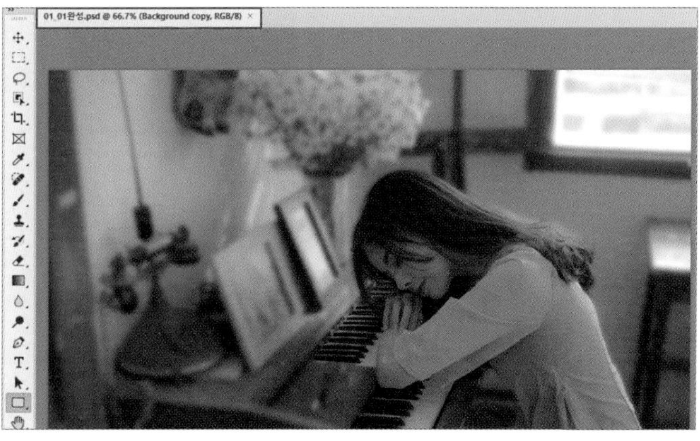

1.3 실습 예제 02 문서를 생성하고 문서 탭을 활용한 문서 관리하기

• **예제 파일** : 01\01_하늘배경.jpg, 01_하늘.jpg • **완성 파일** : 01\01_하늘배경_완성.psd

여러 문서를 동시에 열고 작업을 할 때 탭을 제공하여 문서간 이동을 편하게 제공합니다. 탭 기능을 이용하여 이미지의 일부분에 합성하는 방법을 학습하겠습니다.

01 포토샵을 실행하고 Ctrl + O를 눌러 01 폴더에서 '01_하늘배경.jpg' 파일을 불러옵니다. 캔버스에 아이와 아버지가 학교 가는 모습의 그림이 표시됩니다.

02 같은 방법으로 01 폴더에서 하늘 배경 사진인 '01_하늘.jpg' 파일을 불러옵니다.

03 새로운 문서를 만들기 위해 메뉴에서 [File] → New(Ctrl+N)을 실행합니다.

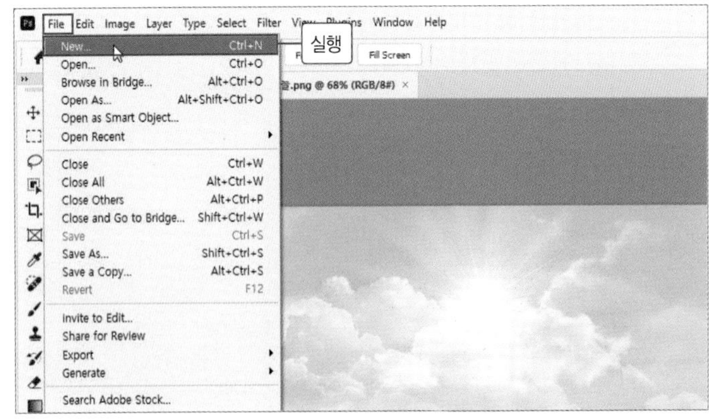

04 New Document 대화상자가 표시되면 오른쪽에 파일명을 '01_하늘배경합성'으로 입력하고 단위를 기본 설정인 'Pixels'로 지정한 다음 Width와 Height를 '1280'로 설정합니다. Color Mode를 'RGB Color', Background Contents를 'White'로 지정하고 <Create> 버튼을 클릭하여 가로세로 1280픽셀 크기의 정사각형 문서를 만듭니다.

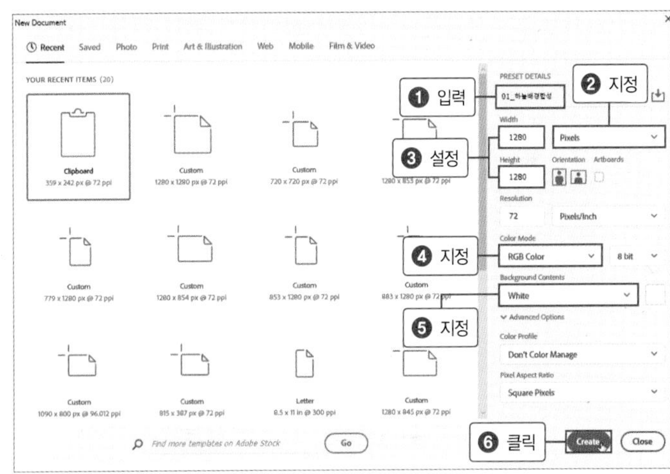

NOTE

문서를 만들 때는 단위부터 지정하고 크기를 설정합니다. 문서 크기를 입력하고 단위를 설정하면 크기도 바뀌는 경우가 있습니다.

05 지정된 크기로 흰색 배경의 문서가 만들어졌습니다. 포토샵 옵션바 하단에는 3개의 파일이 탭 형태로 존재하는 것을 확인할 수 있습니다.

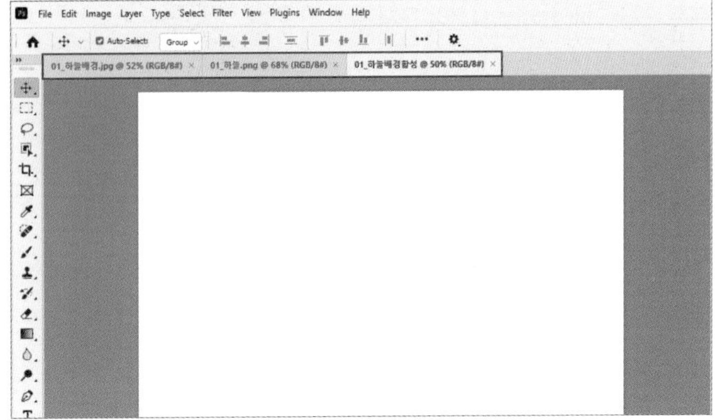

06 하늘 배경을 복사하여 새로 만든 문서에 붙여넣기 위해 〔문서〕 탭에서 '01_하늘.png'를 선택합니다. 메뉴에서 〔Select〕→ All을 실행하거나 Ctrl+A를 눌러 하늘 사진을 전체 선택하고 Ctrl+C를 눌러 복사합니다.

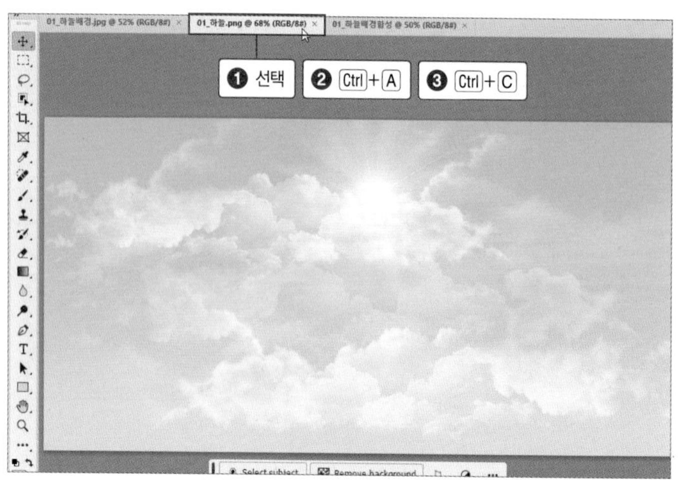

07 〔문서〕 탭에서 '01_하늘배경합성'을 선택하여 이동하고 Ctrl+V를 눌러 붙여넣기 합니다.

08 Tools 패널에서 이동 도구(✥)를 선택하고 Shift를 누른 상태로 위로 드래그하여 하늘 사진이 문서 상단에 맞도록 배치합니다.

09 첫 번째 예제에서 하늘 배경을 선택하기 위해 [문서] 탭에서 '01_하늘배경.jpg'를 선택합니다. 자동으로 하늘 부분을 선택하기 위해 옵션 바 오른쪽에서 '검색' 아이콘(🔍)을 클릭합니다.

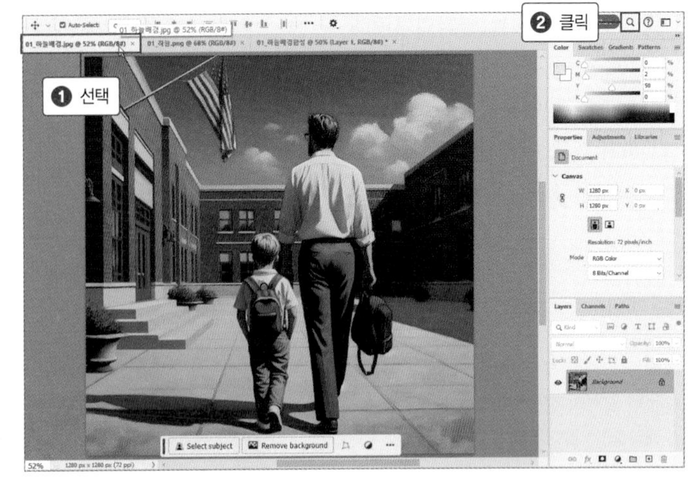

10 Discover 창이 표시되면 검색 창에 'background'를 입력하고 Enter를 누릅니다. 숨겨져 있는 배경 관련 빠른 작업을 보기 위해 'View all(5)'를 클릭합니다.

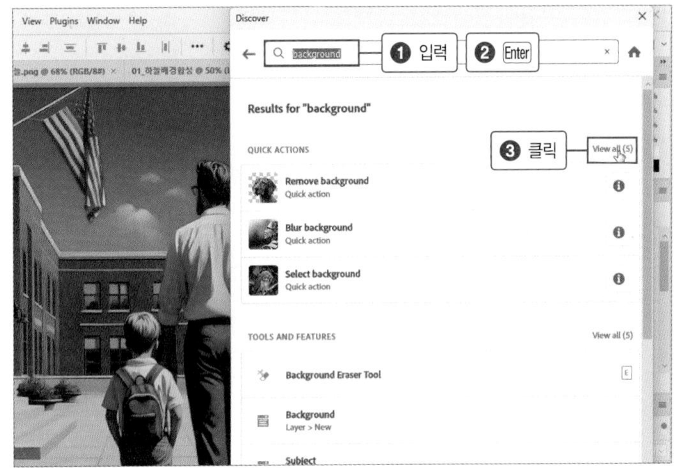

11 5개의 배경 관련된 빠른 작업 중에서 하늘 부분을 자동으로 추출하여 선택 영역을 만들어 주는 'Select sky'를 클릭합니다. 빠른 작업이 완료되면 Discover 창을 닫기 위해 '닫기' 아이콘(×)을 클릭합니다.

12 사진에서 하늘 영역이 자동으로 선택되어 현재 하늘이 선택되어 있습니다. 하늘을 제외한 부분을 선택하기 위해 메뉴에서 [Select] → Inverse(Ctrl+Shift+I)를 실행합니다.

NOTE

AI로 추출한 부분이라 정확하지 않은 선택 영역이 생성되면, 추가로 수정을 해야 합니다.

13 선택 영역이 반전되어 예제의 하늘 부분과 이미지 테두리 부분에 점선이 표시되어 선택 영역이 반전된 것을 확인할 수 있습니다. 선택 영역을 복사하기 위해 Ctrl+C를 누릅니다.

14 [문서] 탭에서 '01_하늘배경합성'을 선택하고 Ctrl+V를 눌러 붙여넣어 그림을 완성합니다.

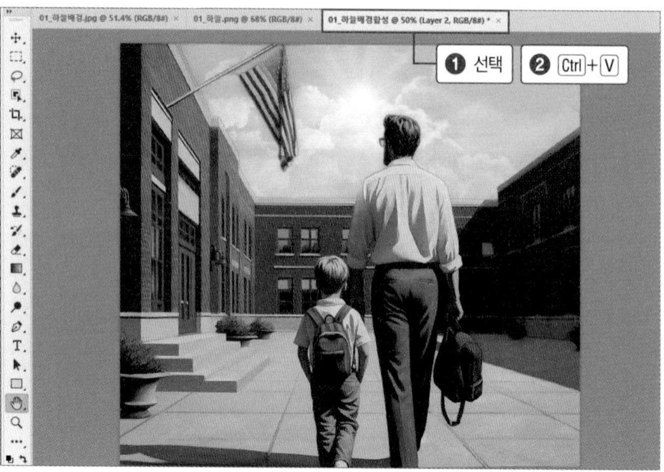

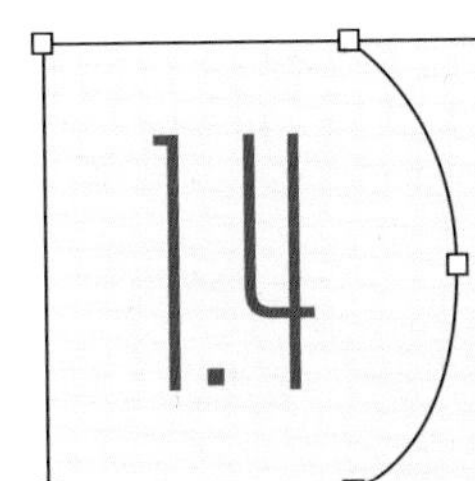

실습 예제 03

포토샵 작업 환경 설정으로 나만의 포토샵 만들기

• **예제 파일** : 01\사용자환경설정.jpg

포토샵을 자주 사용하다 보면 기본 패널 외에 자주 사용하는 패널을 활성화하거나 숨기는 등 사용자 맞춤형 환경 설정이 필요합니다. 지금부터는 작업 환경을 설정하는 방법을 살펴보겠습니다.

01 Ctrl + O를 눌러 01 폴더에서 '사용자환경설정.jpg' 파일을 불러옵니다. 환경설정만 할 예정으로 다른 파일을 불러와도 됩니다.

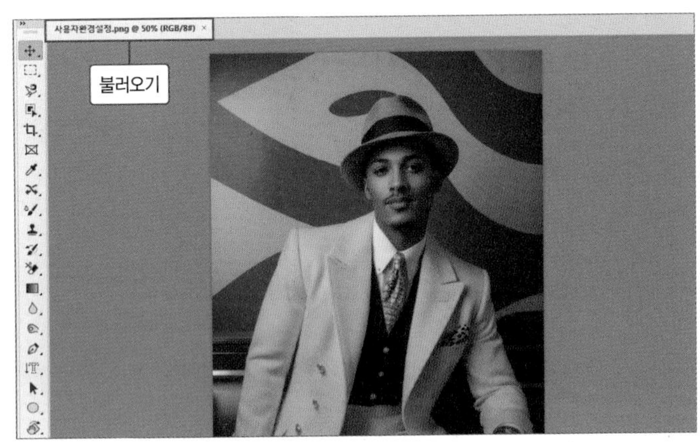

TIP 작업 환경 설정하기

메뉴의 [Window] → Workspace에서 작업 환경을 선택하여 주 작업에 맞춰 도구와 패널을 자동으로 배치할 수 있습니다.

❶ Core Tools: 주요 도구와 패널 위주로 작업 환경을 배치합니다.

❷ Essentials (Default): 기본 작업 환경으로, 자주 사용되는 도구와 패널이 배치되어 있고 일반적인 작업자에게 적합합니다.

❸ **Graphic and Web**: 그래픽 디자인 또는 웹 디자인 등에 적합한 도구들과 패널이 배치된 작업 환경입니다.

❹ **Motion**: 움직이는 이미지, 동영상 등의 편집과 제작에 적합한 작업 환경으로 타임라인이 하단에 배치됩니다.

❺ **Painting**: 그림 그리는데 최적화된 작업 환경으로 Swatches와 브러시 패널이 표시됩니다.

❻ **Photography**: 사진 편집에 적합한 도구와 패널 위주로 작업 환경이 배치됩니다.

02 패널들을 사용자에게 맞춰 정리하기 위해 오른쪽에 있는 Color 패널 이름 부분을 문서 쪽으로 드래그하여 분리합니다. 같은 방법으로 Layers 패널과 Paths 패널도 분리합니다. 추가로 분리할 때는 Color 패널 아래로 이동하고 연속하여 배치하면 1개의 그룹처럼 패널이 등록됩니다.

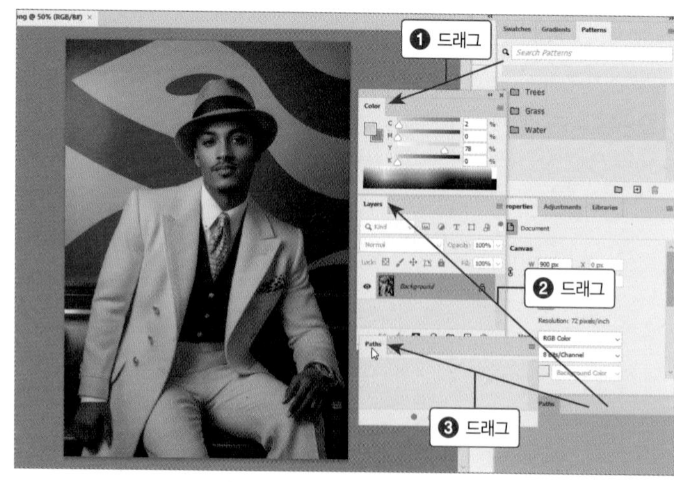

03 패널을 오른쪽 패널 그룹에 등록하기 위해 패널 그룹 상단 바를 오른쪽 패널의 경계선으로 드래그합니다.

04 패널 그룹에 등록하면 3번째 열로 가장 아래쪽에 배치됩니다. 나머지 패널들은 자주 사용하지 않는다면 삭제하거나 축소할 수 있습니다. 패널 그룹 상단에 있는 'Collapse to Icons' 아이콘(»)을 선택하여 축소합니다.

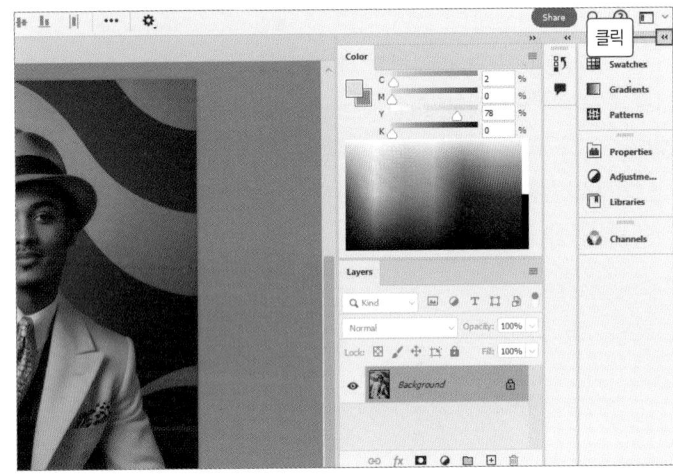

05 작업 환경을 저장하기 위해 메뉴에서 [Window] → Workspace → New Workspace를 실행합니다. New Workspace 대화상자가 표시되면 Name에 '나만의작업환경'을 입력하고 <Save> 버튼을 클릭합니다.

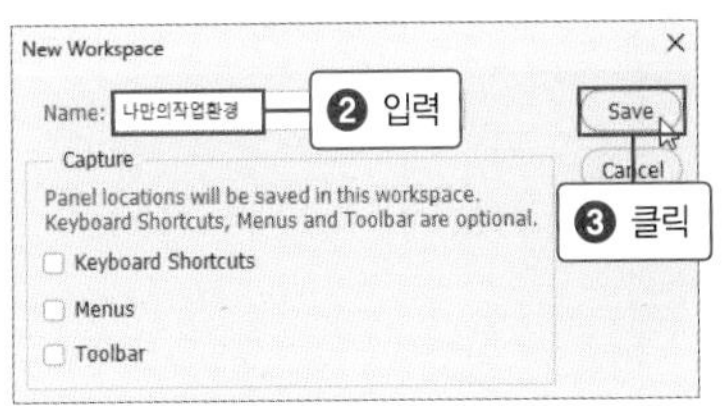

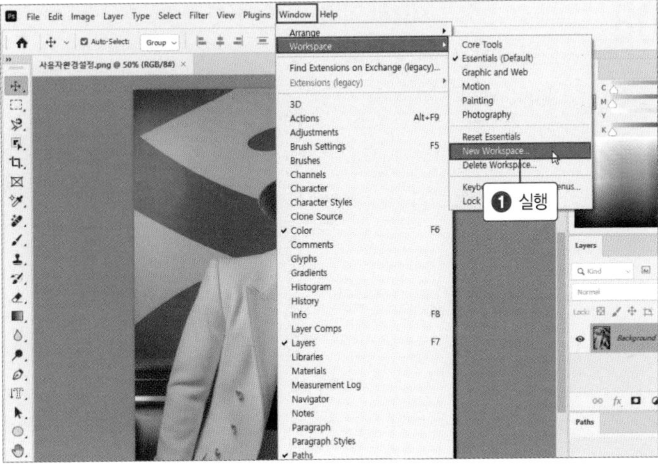

06 다시 메뉴에서 〔Window〕 → Workspace를 보면 저장한 작업 환경이 표시되고 설정되어 있습니다.

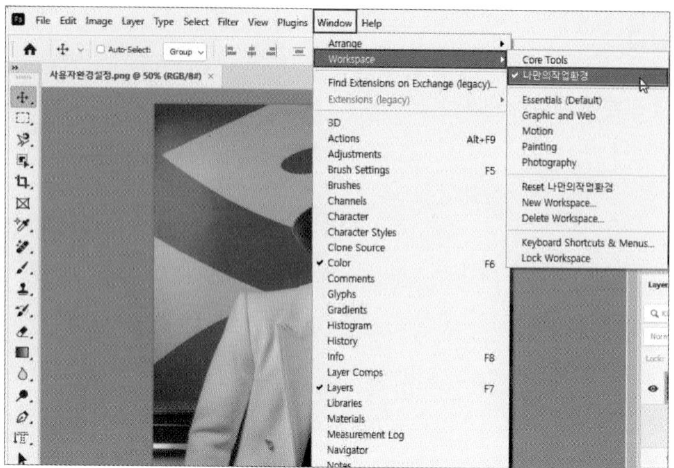

07 작업을 진행하다 보면 패널과 각종 도구가 어지럽게 배치되는 경우가 있습니다. 이럴 때는 〔Window〕 → Workspace → Reset 나만의 작업 환경을 실행하면 초기 상태로 재설정됩니다.

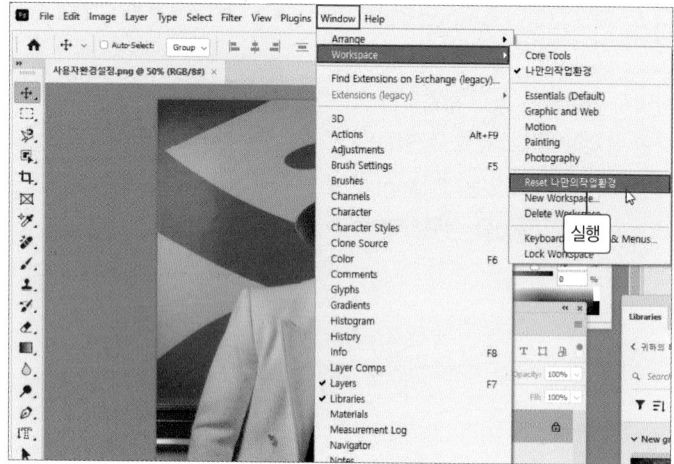

08 그림과 같이 초기 저장한 작업 환경으로 재설정되는 것을 확인할 수 있습니다.

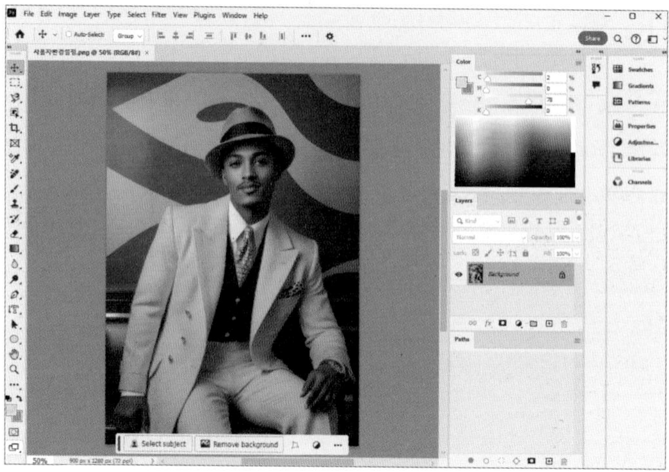

1.5 실습 예제 04 AI를 활용한 Neural Filters로 이미지 크기 조정하기

• **예제 파일 :** 01\사진확대.jpg • **완성 파일** : 01\사진확대_완성.psd

포토샵에서 사진 작업을 할 때 고해상도일수록 고퀄리티 결과물이 나옵니다. 하지만 용량이 작은 소스를 사용해야 한다면 단순히 픽셀 수만 늘리는 것이 아닌 많은 노력이 필요합니다. 이러한 작업을 Neural Filters로 확대하고 보정하여 고화질 결과물을 얻는 방법을 알아보겠습니다.

01 Ctrl+O를 눌러 01 폴더에서 '사진확대.jpg' 파일을 불러옵니다. 가로세로 250픽셀 크기의 작은 아기 사진을 확인할 수 있습니다. 이 이미지를 확대하기 위해 메뉴에서 (Filter) → Neural Filters를 실행합니다.

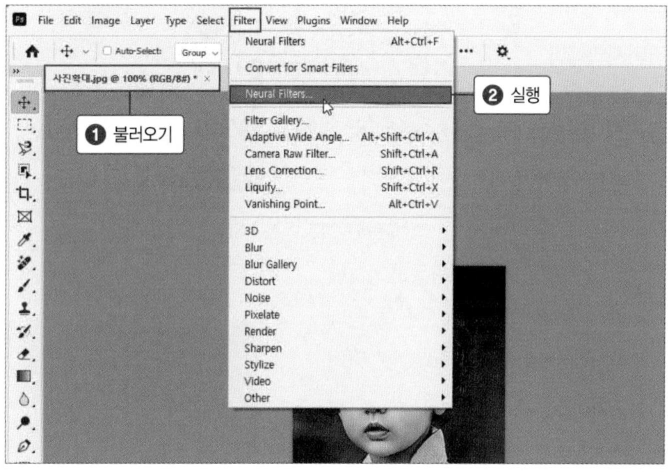

NOTE

확대할 크기는 4배 1,000픽셀이며, 원본도 1,000픽셀입니다.

02 Neural Filters 창이 표시되면 필터를 이용하여 수행할 수 있는 여러 기능들 중에서도 확대 기능을 하는 'Super Zoom'을 선택합니다. 만약 기능을 처음 사용한다면 다운로드를 해야 하므로 <Download> 버튼을 클릭합니다.

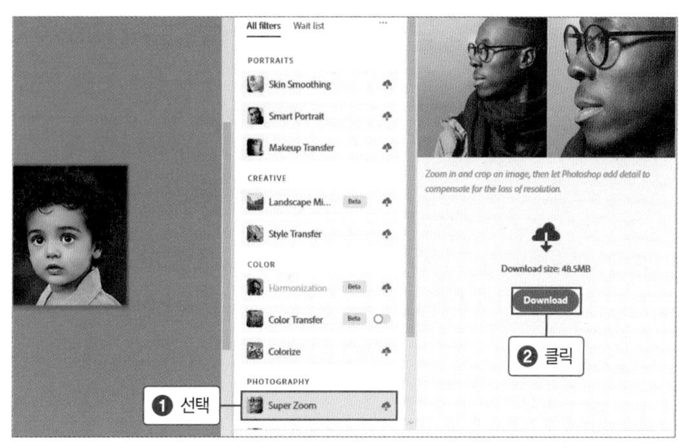

NOTE

Neural Filters는 AI의 기계학습(Machine learning)을 통하여 몇 번만의 클릭만으로 작업 과정을 획기적으로 줄일 수 있는 필터 라이브러리입니다. 과거에는 직접 여러 과정을 거쳐가면서 리터칭을 해야 하기 때문에 매우 어려운 작업이었지만, AI의 발달로 쉽고 빠르게 작업이 가능해졌습니다. 필터는 기본적으로 GPU를 우선 사용하며 고성능 GPU가 없는 경우, CPU를 사용하여 필터가 적용됩니다. 또한 기계학습을 통하여 계속적인 업데이트가 진행되기 때문에 이미 다운로드한 필터도 사용 시점에 따라서 업데이트를 통한 추가 다운로드가 필요할 수 있습니다.

03 다운로드가 완료되면 'Super Zoom'을 클릭하여 활성화합니다. 예제를 확인하기 위해 돋보기도구( )를 선택하고 이미지가 있는 캔버스를 클릭하여 400% 크기로 확대합니다. 해상도가 낮은 소스이기 때문에 픽셀이 확인될 정도로 낮은 해상도의 이미지입니다.

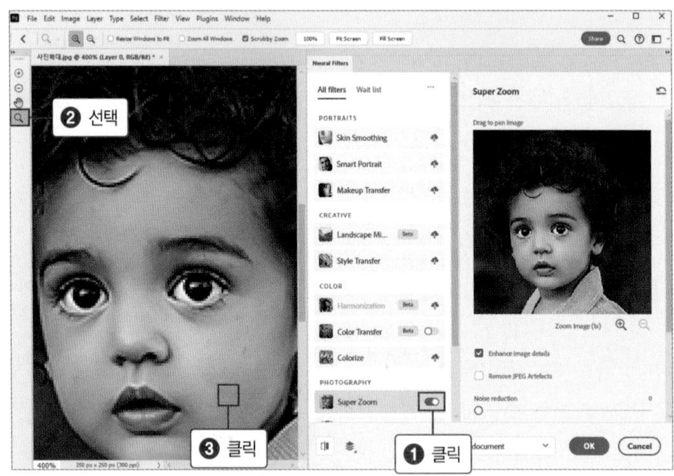

04 Super Zoom을 이용하여 4배로 확대하기 위해 오른쪽 섬네일 아래에 있는 'Zoom Image' 아이콘( )을 클릭하여 4배로 확대합니다. 원본 이미지의 배율이 400%에서 100%로 변경되고 픽셀로 보이던 이미지가 부드럽게 처리된 것을 확인할 수 있습니다.

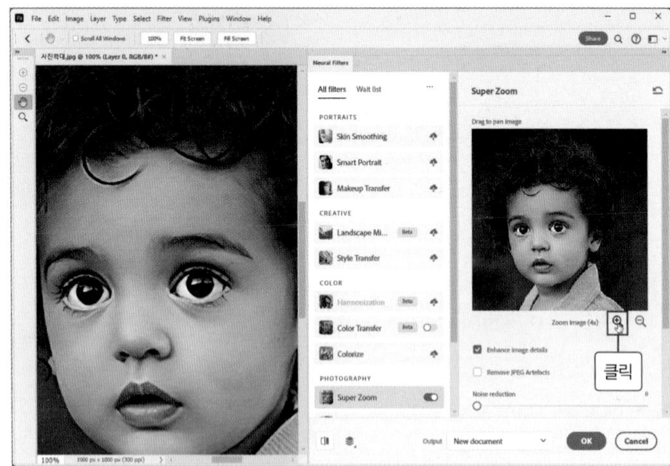

05 얼굴의 디테일을 향상시키기 위해 'Enhance face details'를 체크 표시하고 Sharpen을 '8'로 조절합니다. 설정이 완료되어 이미지가 확대되면 <OK> 버튼을 클릭합니다.

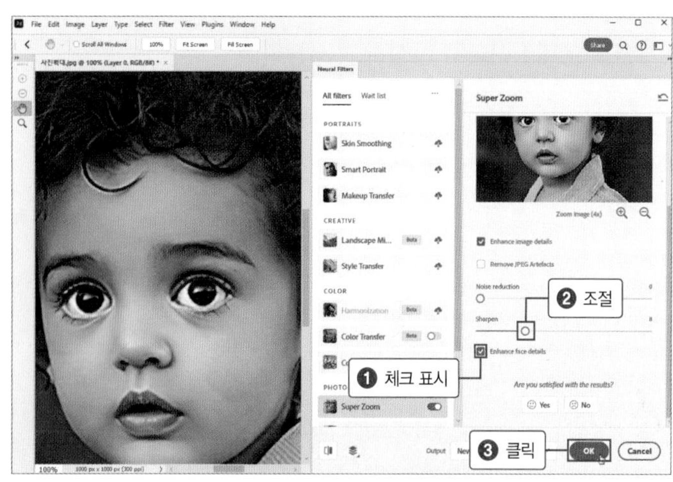

06 Output이 New document로 지정되었기 때문에 새로운 문서로 확대된 이미지가 열립니다. 새로운 문서로 저해상도였던 아이 사진이 고해상도로 변경된 것을 확인할 수 있습니다.

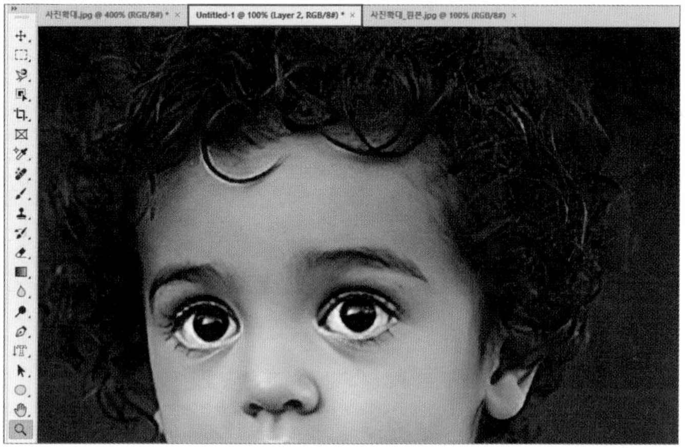

07 원본 이미지와 수정한 이미지를 400%로 확대하여 살펴보면 두 이미지의 해상도 차이를 확인할 수 있습니다. 단, 원본과 비교해 보면 디테일까지는 처리되지 못한 것을 확인할 수 있습니다. 이처럼 고해상도 이미지는 원본처럼은 불가능하나 우수한 퀄리티의 해상도 사진을 만들 수 있습니다.

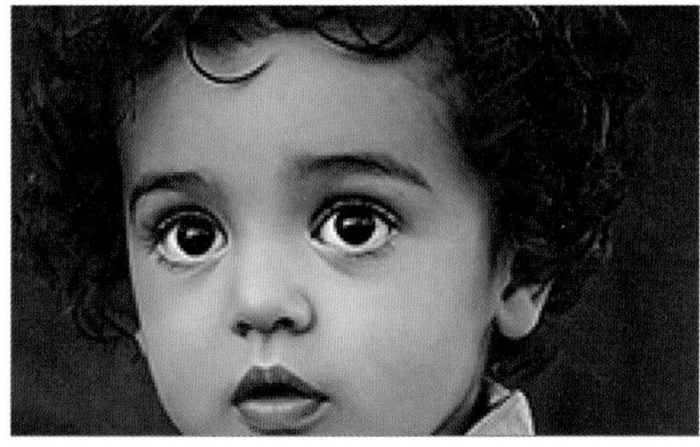

예제 소스 이미지 400% 확대

고해상도 원본 이미지

연습 문제 | 이미지 합성하고 저장하기

01 두 사진을 합성하여 만들고 원하는 형식으로 문서를 저장해 보세요.

• **예제 및 완성 파일** : 01\소스1-1.png, 소스1-2.png, 연습문제1.psd

before

after

HINT 오브젝트 선택 도구로 선택 영역 생성하기 → 배경을 야경으로 합성하기 → Curve(Ctrl+M) 기능으로 밝기를 어둡게 만들기

02 Make B/W background 기능으로 빠르게 흑백 배경으로 만들어 보세요.

• **예제 및 완성 파일** : 01\소스2.png, 연습문제2.psd

before

after

HINT 검색 기능 표시하기 → Background 클릭하기

WEEK 02

생성형 AI를 활용한 이미지 수정 (1)

학 습 목 표

포토샵은 인공지능 기술의 발전에 힘입어 다양한 생성형 AI 기능을 통합하고 있습니다. 기계학습(머신러닝)을 활용한 이 기능들은 지속적으로 개선되고 있으며, 새로운 기능이 추가되고 있습니다. 생성형 AI는 전문가들이 수행하는 고난이도 작업을 몇 번의 클릭으로 간편하게 처리할 수 있도록 도와줍니다. 이러한 생성형 AI 기능을 사용하기 위해서는 정품 포토샵 소프트웨어와 인터넷 연결이 필요합니다. 연결된 작업 환경에서 생성형 AI 기능을 사용하는 방법을 살펴보겠습니다.

2.1 포토샵 활용의 기본, Tools 이해하기

포토샵은 상단에 메뉴바와 옵션바, 좌측에 Tools 패널, 우측에 각종 기능이 포함된 패널 그룹들이 있어, 크게 3개의 영역으로 나눌 수 있습니다. 이 영역 중에서도 가장 중요한 역할을 하는 영역은 좌측의 Tools 패널이라고 할 수 있습니다. Tools 패널은 여러 기능을 수행할 수 있는 도구들이 모여 있는데, 이 도구를 선택하고 옵션바와 패널에서 세부 옵션을 설정하여 원하는 작업을 수행할 수 있습니다.

Tools 패널과 도구 살펴보기

Tools 패널의 도구들은 아이콘 형태로 구성되어 있으며, 비슷한 기능의 도구들이 그룹으로 묶여 있는 경우, 각 도구 아이콘의 오른쪽 하단에 작은 삼각형 표시가 있습니다. 삼각형 표시가 있는 아이콘을 길게 클릭하면 숨겨진 도구들이 표시되어 선택할 수 있고, 마지막으로 선택한 도구가 아이콘으로 표시됩니다. 필요에 따라 아이콘을 한 줄 또는 두 줄로 배치하여, 모니터 환경이나 작업 스타일에 맞게 Tools 패널을 조정할 수 있습니다.

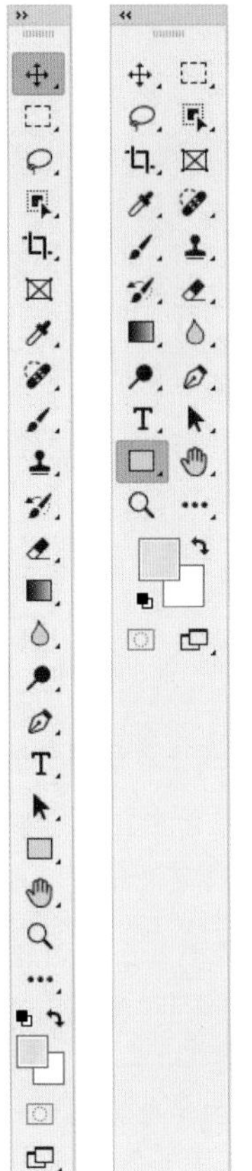

Tools 패널

이동과 선택 도구

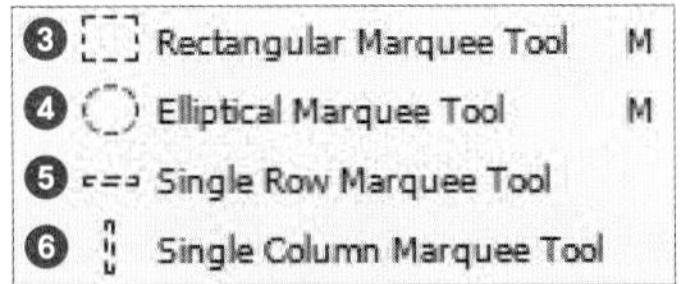

❶ 이동 도구(Move Tool, V)
선택된 영역 또는 레이어를 드래그하여 원하는 방향으로 이동할 때 사용합니다.

❷ 대지 도구(Artboard Tool)
일러스트레이터와 같이 문서 내에 여러 아트보드를 생성하여 작업할 수 있습니다. UI 디자인 등에서 효과적으로 사용할 수 있습니다.

❸ 사각형 선택 윤곽 도구(Rectangular Marquee Tool, M)
사각형 선택 영역을 생성합니다.

❹ 원형 선택 윤곽 도구(Elliptical Marquee Tool)
원형 선택 영역을 생성합니다.

❺ 단일 행 선택 윤곽 도구(Single Row Marquee Tool)
1픽셀 높이의 가로선 형태로 선택 영역을 생성합니다.

❻ 단일 열 선택 윤곽 도구(Single Column Marquee Tool)
1픽셀 너비의 세로선 형태로 선택 영역을 생성합니다.

선택된 영역이나 레이어를 선택하고 드래그하면 위치를 이동할 수 있는 이동 도구

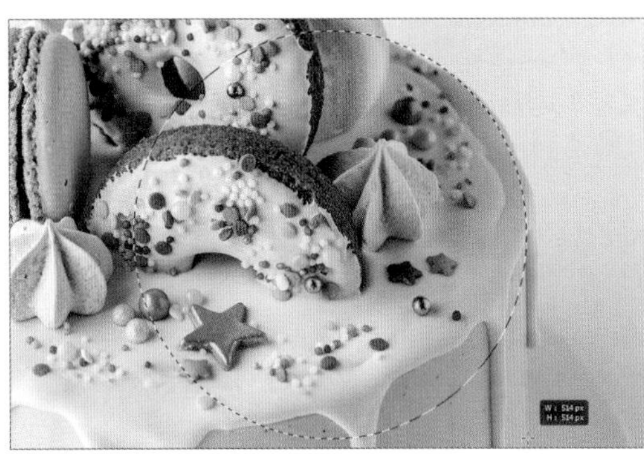

드래그한 영역만큼 선택 영역이 생성되는 선택 윤곽 도구

❼ 올가미 도구(Lasso Tool, L)
마우스의 움직임에 따라 자유로운 곡선 형태로 선택 영역을 생성합니다.

❽ 다각형 올가미 도구(Polygonal Lasso Tool)
마우스로 클릭하는 점을 기준으로 다음 클릭하는 점까지를 이은 다각형의 선택 영역을 생성합니다.

❾ 자석 올가미 도구(Magnetic Lasso Tool)
선택할 영역의 부분을 드래그하면 자동으로 경계선을 따라 선택 영역을 생성합니다.

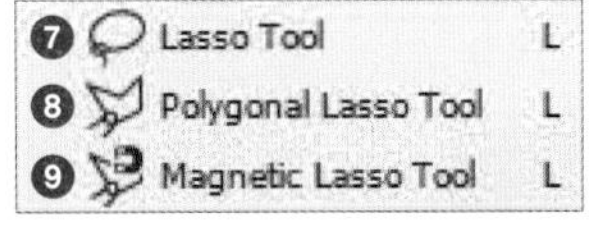

경계선을 따라 드래그하면 선택 영역이 지정되는 올가미 도구

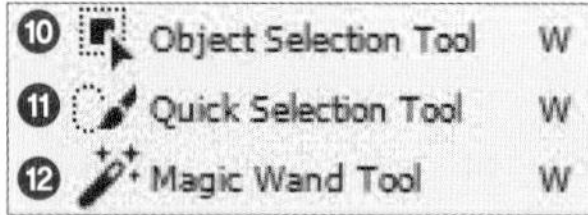

⑩ 오브젝트 선택 도구(Object Selection Tool, W)
자동으로 클릭 또는 드래그로 해당 영역의 오브젝트를 자동으로 선택 영역으로 생성합니다.

⑪ 빠른 선택 도구(Quick Selection Tool)
클릭하거나 드래그하는 영역을 기준으로 경계선 부분을 인식하여 빠르게 선택 영역을 만들 수 있습니다.

⑫ 자동 선택 도구(Magic Wand Tool)
클릭한 부분을 기준으로 유사한 색상을 선택 영역으로 생성합니다.

클릭 또는 드래그로 선택할 영역을 지정하는 선택 도구

자르기 분할 도구

❶ 자르기 도구(Crop Tool, C)
문서의 원하는 부분을 자르거나 배경의 크기를 조정할 때 사용합니다.

❷ 원근 자르기 도구(Perspective Crop Tool)
원근감이 표현되도록 문서를 자릅니다.

❸ 분할 영역 도구(Slice Tool)
웹 사이트에 분할된 이미지를 사용하기 위해서 문서를 분할합니다.

❹ 분할 영역 선택 도구(Slice Select Tool)
문서 내에 분할된 이미지를 선택할 때 사용합니다.

조절점을 이동하여 문서를 자르거나 배경을 확대, 자동 배경 채우기를 할 수 있는 자르기 도구

❺ ⊠

❺ 프레임 도구(Frame Tool, K)
사각형 또는 원형 프레임을 만들어 이미지를 프레임 내에 합성할 수 있습니다.

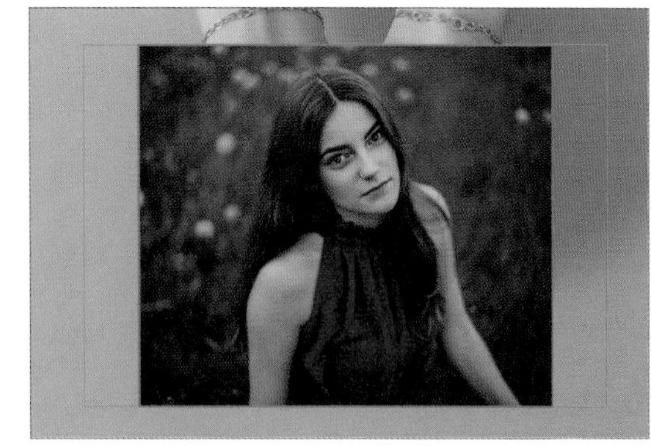

드래그하여 프레임 영역을 만들고 Libraries 패널의 이미지를 영역에 적용할 수 있는 프레임 도구

작업 편의 도구

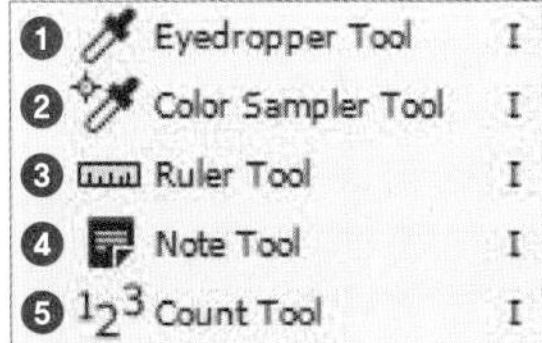

❶ 스포이트 도구(Eyedropper Tool, I)
클릭한 지점의 색상을 추출합니다.

❷ 색상 샘플러 도구(Color Sampler Tool)
Info 패널에 클릭한 지점의 색상 정보가 표시됩니다.

❸ 눈금자 도구(Ruler Tool)
Info 패널에 길이와 각도, 전체 크기, 시작 지점 좌표 등 정보를 제공하며 이미지 수평을 맞출 때도 사용됩니다.

❹ 메모 도구(Note Tool)
이미지의 필요한 부분에 메모를 남길 수 있습니다.

❺ 카운트 도구(Count Tool)
클릭한 지점을 1부터 시작하여 숫자를 표시하여 숫자를 세거나 표시할 때 사용합니다.

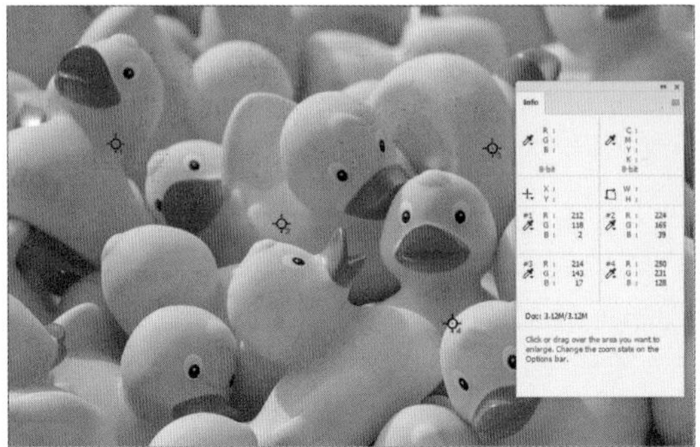

클릭하거나 드래그하여 정보를 습득할 수 있는 편의 도구

피드백이 가능한 메모 도구

이미지 수정 및 복구 도구

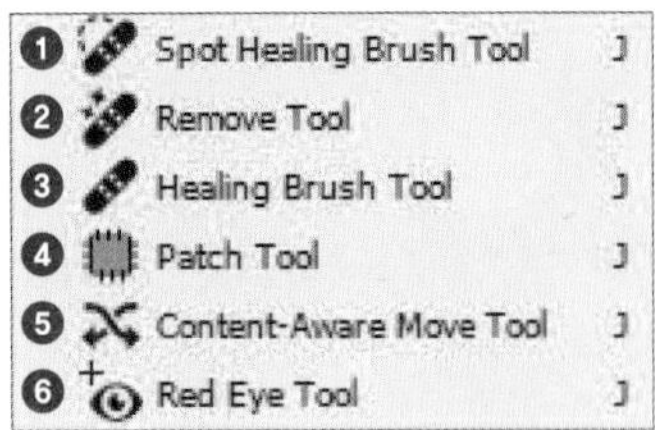

❶ 스팟 복구 브러시 도구(Spot Healing Brush Tool, J)
브러시 크기를 기준으로 작은 영역을 자동으로 수정 복구합니다.

❷ 제거 도구(Remove Tool)
드래그한 영역의 오브젝트를 자동으로 삭제하고 자연스럽게 복원합니다.

❸ 복구 브러시 도구(Healing Brush Tool)
복제 도장 도구처럼 Alt를 눌러 복구할 영역과 비슷한 원본 위치를 지정하고 드래그하면 해당 부분을 복구합니다.

❹ 패치 도구(Patch Tool)
수정하려는 부분을 선택 영역으로 만들고 복구하려는 부분과 비슷한 부분으로 드래그하면 참고하여 복구합니다.

❺ 내용 인식 도구(Content-Aware a Move Tool)
드래그한 부분을 영역으로 생성하여 이동합니다.

❻ 적목 현상 도구(Red Eye Tool)
사진 촬영 시 발생한 적목 현상을 수정합니다.

드래그하여 선택 영역을 만들거나 복구할 부분을 칠하여 빠르고 쉽게 복구할 수 있는 이미지 수정 및 복구 도구

NOTE

이미지 수정 및 복구 도구들은 사진의 완성도를 높이고 작업 시간을 단축하는 데 효과적입니다. 작은 결점과 불필요한 객체를 한 번에 정리한다던가, 큰 영역의 복잡한 수정에 유용하며, 시간을 크게 줄여주므로 작업 후 미세한 디테일만 다듬는 방식으로 활용하면 효율적인 효과를 얻을 수 있습니다. 또한, 인물 사진에서 즉각적인 교정도 가능해 사용 후 주위 색감만 조금 조정한다면 더욱 자연스러운 결과를 얻을 수 있습니다. 도구들을 조합해 작업하면 이렇게 세밀함과 속도를 동시에 잡을 수 있을 것입니다.

그리기 도구

❶	Brush Tool	B
❷	Adjustment Brush Tool	B
❸	Pencil Tool	B
❹	Color Replacement Tool	B
❺	Mixer Brush Tool	B

❶ 브러시 도구(Brush Tool, B)
원하는 색상과 브러시 종류에 따라서 전경색으로 색을 칠합니다.

❷ 조정 브러시 도구(Adjustment Brush Tool)
레이어 마스크가 있는 조정 레이어를 생성하고 옵션바에서 지정한 조정 옵션에 따른 칠하기를 수행합니다.

❸ 연필 도구(Pencil Tool)
드래그하면 연필로 그리는 효과를 적용합니다.

❹ 색상 대체 도구(Color Replacement Tool)
전경색으로 지정된 색으로 명도와 채도 등을 유지한 상태에서 드래그한 영역의 색상을 변경합니다.

❺ 혼합 브러시 도구(Mixer Brush Tool)
색상을 혼합하여 칠합니다.

드래그 영역과 브러시의 종류와 크기에 따라 색을 채우는 그리기 도구

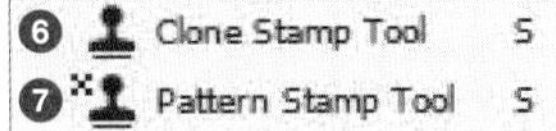

❻ 복제 도장 도구(Clone Stamp Tool, S)
Alt를 누른 상태로 클릭하면 원본 위치를 설정하고 원본 이미지를 드래그한 영역에 칠하기 형태로 복제합니다.

❼ 패턴 도장 도구(Pattern Stamp Tool)
패턴을 칠하듯 도장 도구로 패턴을 적용합니다.

쉽고 빠르게 이미지 또는 패턴을 칠하는 도장 도구

NOTE

그리기 도구는 질감 표현과 섬세한 디테일 작업에 유용하며, 특정 영역의 색상과 밝기를 빠르게 조정할 수 있어 작업의 효율성을 높여줍니다. 정교한 선 작업에 유리하고, 색감을 자연스럽게 변경하거나 사실감을 더할 수 있어 이미지의 완성도를 높이는 데 효과적입니다. 결점 제거나 디테일 복사 작업을 손쉽게 할 수 있으며, 배경에 패턴을 추가하거나 반복적인 요소를 빠르게 적용할 수 있어 작업 시간을 단축시킬 수 있습니다.

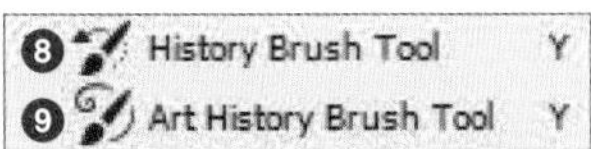

❽ 작업 내역 브러시 도구(History Brush Tool, Y)
드래그하는 영역을 원본 이미지로 복구합니다.

❾ 미술 작업 내역 브러시 도구(Art History Brush Tool)
드래그하는 영역을 회화적 효과로 칠합니다.

브러시로 칠하듯이 드래그하면 색이 아닌 원본이 적용되는 작업 내역 브러시 도구

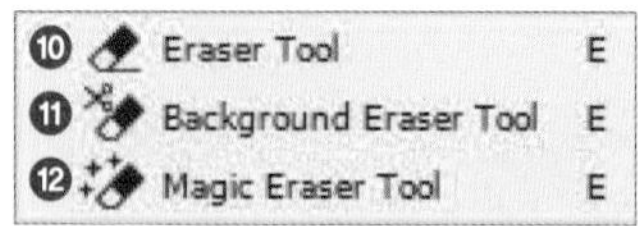

❿ 지우개 도구(Eraser Tool, E)
배경 레이어는 배경색, 레이어는 투명 상태로 브러시 종류나 크기에 따라 드래그하는 영역을 채웁니다.

⓫ 배경 지우개 도구(Background Eraser Tool)
배경 레이어인 경우도 투명하게 칠하여 드래그 영역을 채웁니다.

⓬ 자동 지우개 도구(Magic Eraser Tool)
비슷한 색을 기준으로 경계선 부분을 포함하여 자동으로 지워줍니다.

레이어와 배경 레이어별로 배경색 또는 투명 상태를 적용할 수 있는 지우개 도구

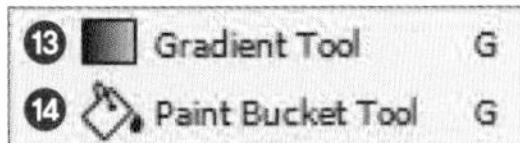

⓭ 그레이디언트 도구(Gradient Tool, G)
2개 이상의 지정된 색상으로 점진적인 색의 변화를 채웁니다.

⓮ 페인트 통 도구(Paint Bucket Tool)
지정된 색이나 패턴으로 채웁니다.

레이어 또는 선택 영역을 클릭이나 드래그하여 색을 채울 수 있는 도구

수정 및 보정 도구

❶ Blur Tool
❷ Sharpen Tool
❸ Smudge Tool

❶ 흐림 도구(Blur Tool)

브러시의 크기와 종류 모양에 따라서 드래그한 영역이 흐려집니다.

❷ 선명 도구(Sharpen Tool)

브러시의 크기와 종류 모양에 따라서 드래그한 영역이 선명해집니다.

❸ 손가락 도구(Smudge Tool)

브러시의 크기와 종류 모양에 따라서 드래그한 영역이 손가락으로 문지른 듯이 뭉개집니다.

색을 칠하듯 드래그하여 흐리거나 선명 효과를 적용할 수 있는 수정 및 보정 도구

벡터 도구

❶ 펜 도구(Pen Tool, P)

패스를 사용하여 다양한 도형 형태의 영역을 만들고 색을 채우거나 선택 영역을 만들 수 있습니다.

❷ 프리 펜 도구(Freeform Pen Tool, P)

자유롭게 드래그하는 영역을 따라 패스를 만들어 색을 채우거나 선택 영역으로 만들 수 있습니다.

❸ 곡률 펜 도구(Curvature Pen Tool, P)

베지어 곡선을 사용하지 않고 곡면의 패스를 만듭니다.

❹ 기준점 추가 도구(Add Anchor Point Tool)

패스에 기준점을 추가합니다.

❺ 기준점 삭제 도구(Delete Anchor Point Tool)

패스에 생성된 기준점을 삭제합니다.

❻ 기준점 변환 도구(Convert Point Tool)

기준점에 적용된 설정을 조정할 수 있습니다.

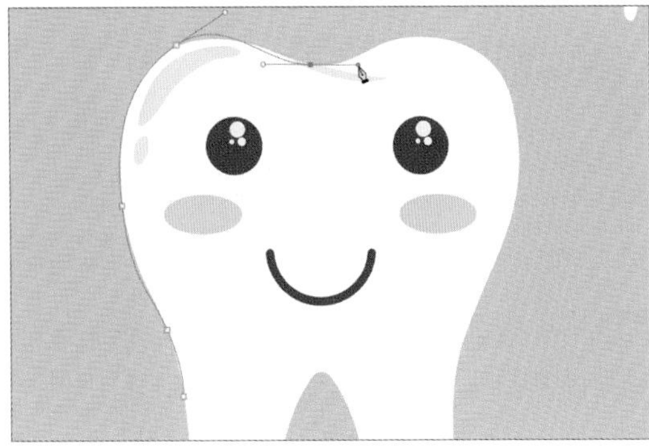

픽셀 단위가 아닌 벡터 형태의 도형을 생성하는 펜 도구

❼ T Horizontal Type Tool T
❽ T Vertical Type Tool T
❾ Vertical Type Mask Tool T
❿ Horizontal Type Mask Tool T

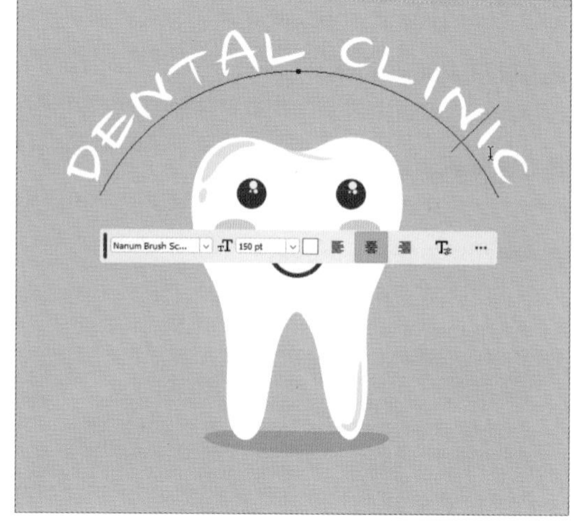

가로와 세로 방향으로 문자를 입력하고 활용할 수 있는 문자 도구

❼ 수평 문자 도구(Horizontal Type Tool, T)
가로 방향으로 문자를 입력할 때 사용합니다.

❽ 수직 문자 도구(Vertical Type Tool)
세로 방향으로 문자를 입력할 때 사용합니다.

❾ 수평 문자 마스크 도구(Vertical Type Mask Tool)
세로 방향으로 문자를 선택 영역으로 만듭니다.

❿ 수직 문자 마스크 도구(Horizontal Type Mask Tool,
가로 방향으로 문자를 선택 영역으로 만듭니다.

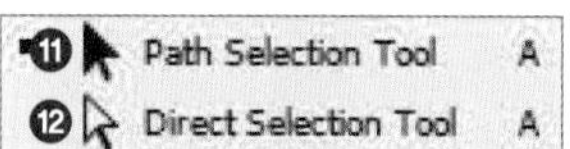

⓫ 패스 선택 도구(Path Selection Tool, A)
패스 전체를 선택할 때 사용합니다.

⓬ 직접 선택 도구(Direct Selection Tool)
패스 또는 기준점을 선택할 때 사용합니다.

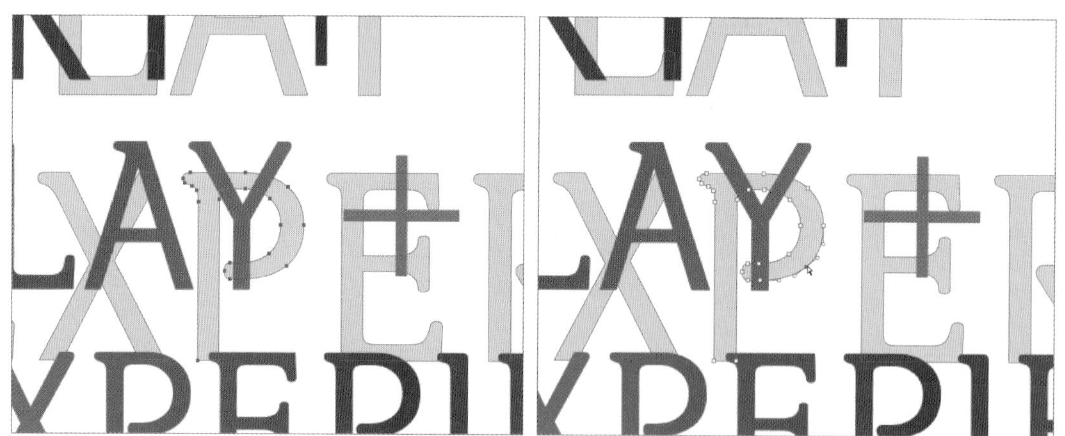

패스 전체 또는 일부를 선택하여 수정할 수 있는 벡터 선택 도구

NOTE

일반적으로 패스 선택 도구는 전체 경로를 선택해 이동하거나 크기를 조절할 때 유용하고, 직접 선택 도구는 개별 앵커 포인트나 경로를 선택해 세밀하게 수정할 수 있습니다. 두 도구를 함께 사용하면 정교한 경로 수정이 가능합니다.

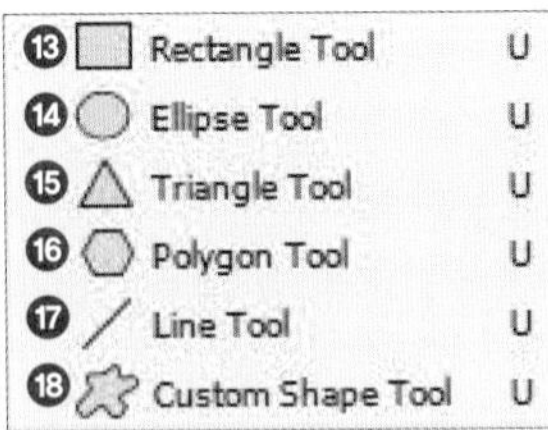

⓭ 사각형 도구(Rectangle Tool, U)
사각형 형태의 셰이프, 패스를 만듭니다.

⓮ 원형 도구(Ellipse Tool)
원형 형태의 셰이프, 패스를 만듭니다.

⓯ 삼각형 도구(Triangle Tool)
삼각형 형태의 셰이프, 패스를 만듭니다

⓰ 다각형 도구(Polygon Tool)
다각형 형태의 셰이프, 패스를 만듭니다

⓱ 선 도구(Line Tool)
선형 형태의 셰이프, 패스를 만듭니다

⓲ 사용자 정의 모양 도구(Custom Shape Tool)
라이브러리 또는 직접 등록한 셰이프를 선택하여 문서에 적용합니다.

각종 도형으로 셰이프 및 선택 영역을 생성할 수 있는 모양 도구

작업 보조 도구

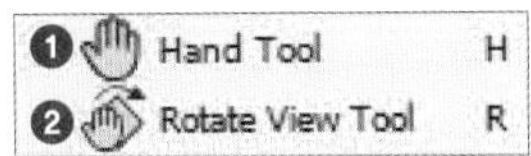

❶ 손 도구(Hand Tool, H)
문서의 다른 부분으로 이동하거나 문서가 화면에 꽉 차게 자동 설정할 때 사용합니다.

❷ 회전 보기 도구(Rotate View Tool, R)
문서를 회전할 때 사용합니다. 그림을 그릴 때 유용하게 사용됩니다. 더블클릭하면 원상태로 돌아갑니다.

문서의 캔버스를 이동하거나 회전할 수 있는 손 도구

NOTE

손과 회전 도구는 작업 화면을 효율적으로 이동하거나 회전시켜 더 편리한 작업 환경을 만들어 줍니다.

❸ **돋보기 도구(Zoom Tool, Z)**
문서를 확대 또는 축소하여 볼 수 있으며 더블클릭하면 화면비율이 100%로 변경됩니다.

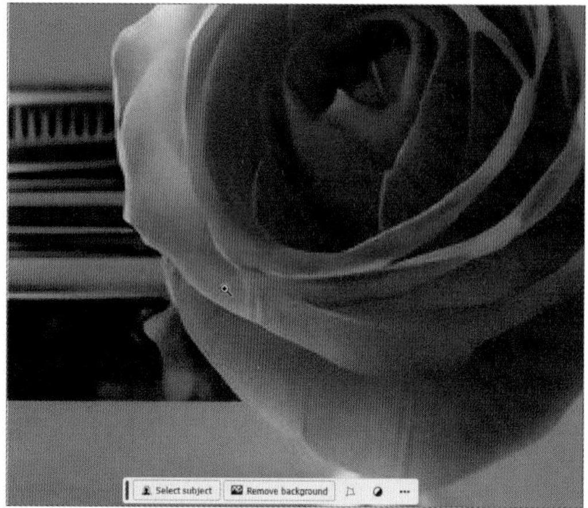

문서의 일부분을 클릭하여 확대하거나 축소할 수 있는 돋보기 도구

❹ ••• Edit Toolbar...

❹ **도구 모음 편집(Edit Toolbar)**
사용자가 주로 사용하는 도구를 사용자 스타일로 모아서 재설정할 수 있습니다.

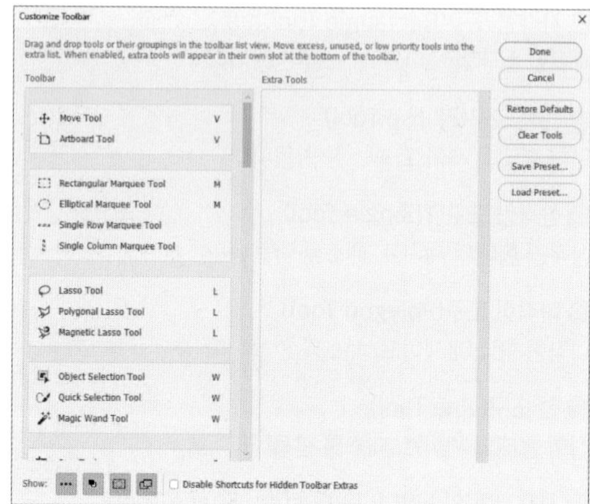

색상 선택 및 조정 도구

❶ **기본색 설정(Default Foreground and Background Colors, D)**
전경색을 검은색, 배경색을 흰색 상태로 되돌립니다.

❷ **전경색과 배경색 전환(Switch Foreground and Background Colors, X)**
전경색과 배경색의 위치를 서로 변경합니다.

❸ **전경색(Set foreground color)**
브러시, 채우기 등에 적용되는 전경색을 확인하고 변경할 수 있습니다.

❹ **배경색(Set background color)**
지우개 등에 활용되는 배경색을 확인하고 변경할 수 있습니다.

모드 도구

❶ 빠른 마스크 도구로 편집(Edit in Quick Mask Mode, Q)
빠른 마스크 모드로 화면을 변경하여 선택 영역이 아닌 곳은 지정된 색상이 표시됩니다.

선택 영역을 수정하거나 그림처럼 효과를 적용할 수 있는 빠른 마스크 모드

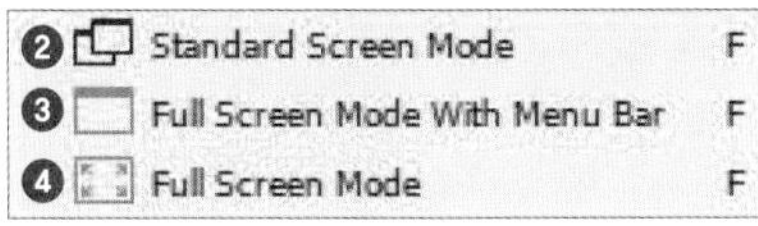

❷ 표준 화면 모드(Standard Screen Mode, F)
일반적으로 사용되는 포토샵 작업 화면입니다.

❸ 메뉴 막대가 있는 전체 화면 모드(Full Screen Mode With Menu Bar)
포토샵 작업 화면을 전체 화면으로 전환합니다.

❹ 전체 화면 모드(Full Screen Mode)
도구와 메뉴, 패널 등은 숨기고 작업하는 문서만 화면에 표시합니다.

미니 예제 : 오브젝트 선택 도구를 활용하여 빠르게 선택하기

예제 파일 : 02\오브젝트선택도구.jpg **완성 파일** : 02\오브젝트선택도구_완성.psd

01 Ctrl+O를 눌러 02 폴더에서 '오브젝트선택도구.jpg' 파일을 불러옵니다. Tools 패널에서 오브젝트 선택 도구( )를 선택하고 오브젝트로 선택할 영역인 손과 꽃 부분을 드래그하여 선택 영역을 지정합니다.

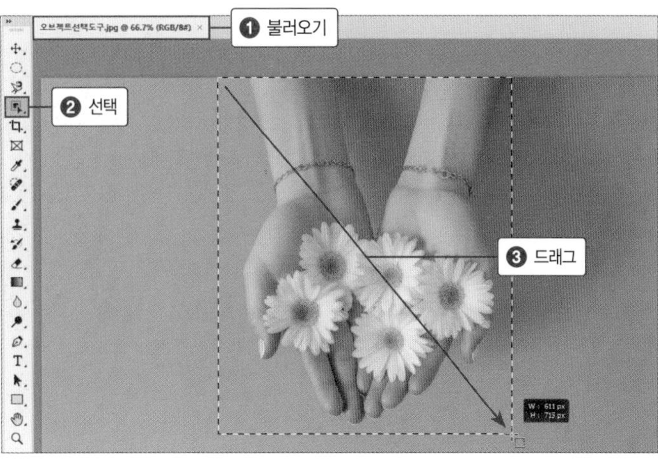

02 자동으로 선택 영역이 만들어집니다. 색상 차이가 클수록 정확하게 선택되고, 색이 유사한 경우에도 AI 기능이 도입되어 자동으로 영역 추출 기능의 정확도가 높아졌습니다.

NOTE

정확도가 높아졌지만, 선택 영역 수정이 필요한 경우도 있습니다.

03 배경에 그레이디언트를 적용하기 위해 Shift+Ctrl+I를 눌러 배경 영역으로 선택 영역을 반전시키고 Tools 패널에서 그레이디언트 도구(▣)를 선택합니다. 옵션바에서 그레이디언트 색상 상자를 클릭하고 Pink 폴더에서 'Pink_01'을 선택합니다.

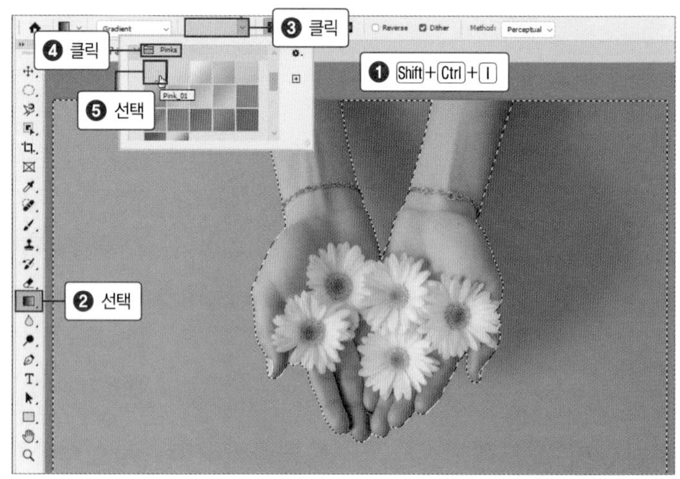

04 왼쪽 상단에서 오른쪽 하단으로 드래그하여 그레이디언트를 적용해 완성합니다.

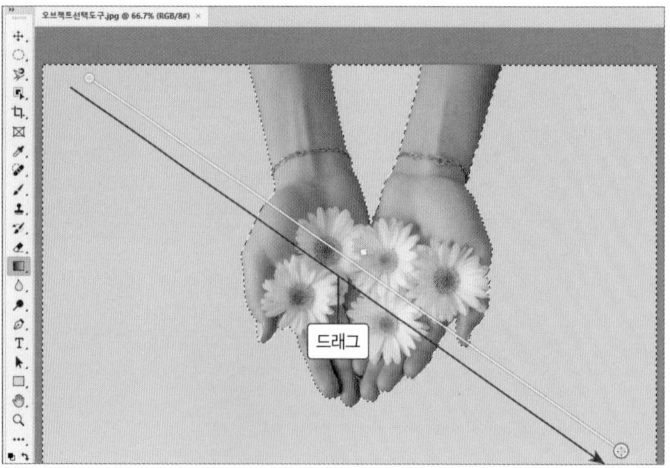

미니 예제 : 스팟 힐링 브러시 도구로 잡티 빠르게 제거하기

예제 파일 : 02\복구도구.jpg **완성 파일** : 02\복구도구_완성.psd

01 Ctrl+O를 눌러 02 폴더에서 '복구도구.jpg' 파일을 불러옵니다. 얼굴의 잡티를 제거하기 위해 Tools 패널에서 스팟 복구 브러시 도구()를 선택합니다.

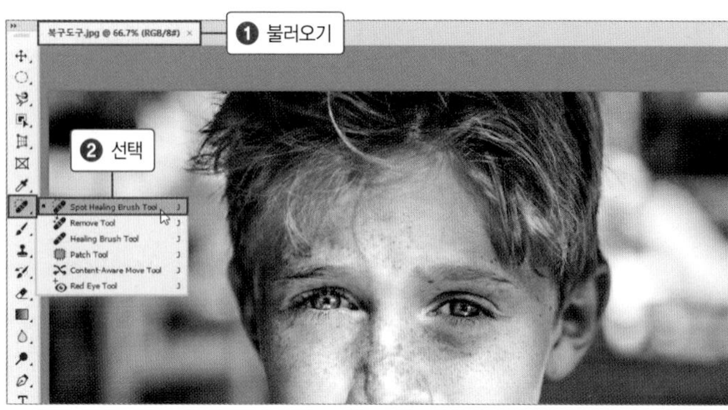

02 아이의 얼굴 중에서 턱 부분과 눈 주변에 있는 큰 점을 복구하기 위해 옵션바에서 점의 크기보다 조금 큰 브러시를 선택하고 복구할 부분을 클릭합니다.

NOTE

도구가 선택된 경우 키보드의 [,]를 누르면 브러시 크기가 조정됩니다.

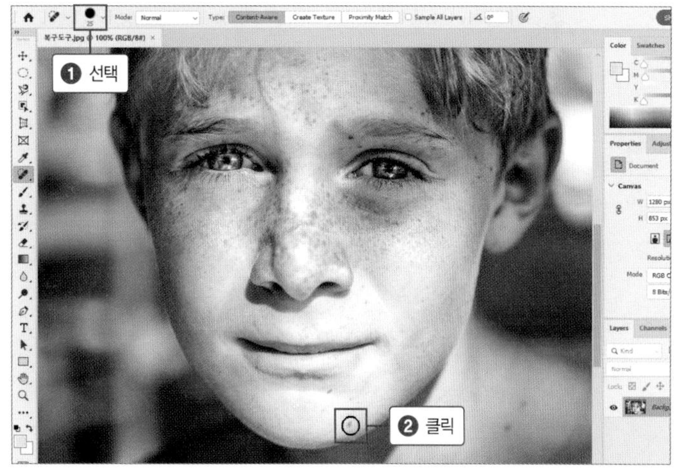

03 클릭만으로 얼굴에 있던 점이 사라진 것을 확인할 수 있습니다.

미니 예제 : 전경색 설정하고 저장하기

예제 파일 : 02\색설정.jpg

01 Ctrl+O를 눌러 02 폴더에서 '색설정.jpg' 파일을 불러옵니다. 색을 추출하여 전경색으로 적용하기 위해 Tools 패널에서 스포이트 도구(🖊)를 선택합니다.

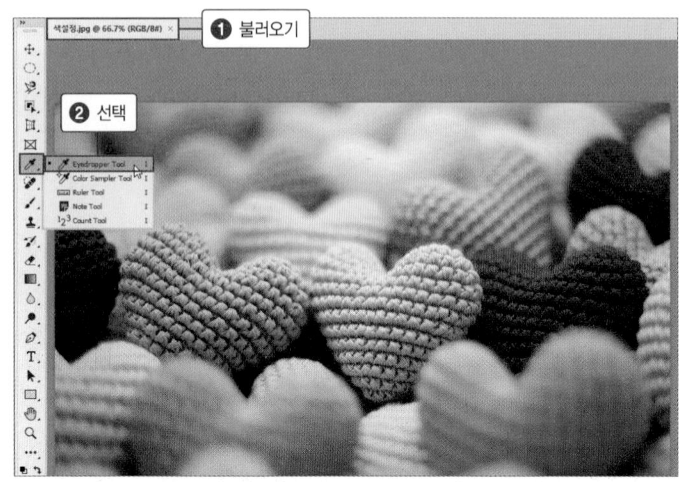

02 예제 이미지의 하단에 있는 분홍색 하트 부분을 클릭하면 클릭한 부분의 색이 표시되고 전경색에도 적용됩니다.

03 적용된 전경색을 확인하기 위해 Tools 패널에서 전경색(■)을 더블클릭합니다. Color Picker 대화상자가 표시되며 스포이트 도구(🖊)로 지정한 색상 정보가 표시됩니다. UI에서 사용하는 #으로 시작하는 HEX 코드도 표기되어 UI 디자인에 활용할 수도 있습니다.

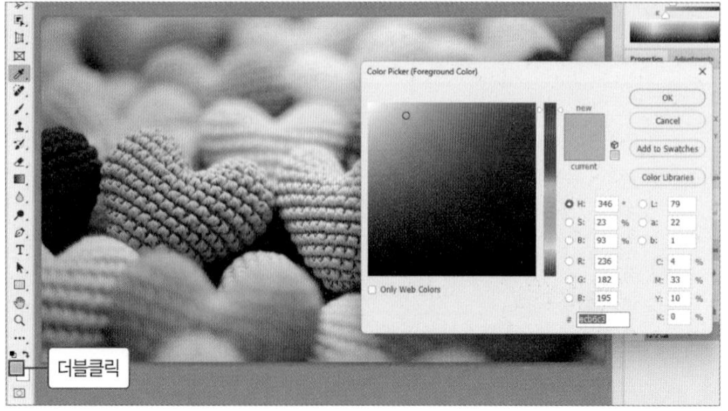

04 설정된 색을 저장하여 추후에도 계속 사용하기 위해 Color Picker 대화상자에서 <Add to Swatches> 버튼을 클릭합니다. Color Swatch Name 대화상자가 표시되면 Name에 '나만의 색상'이라고 입력하고 <OK> 버튼을 클릭합니다.

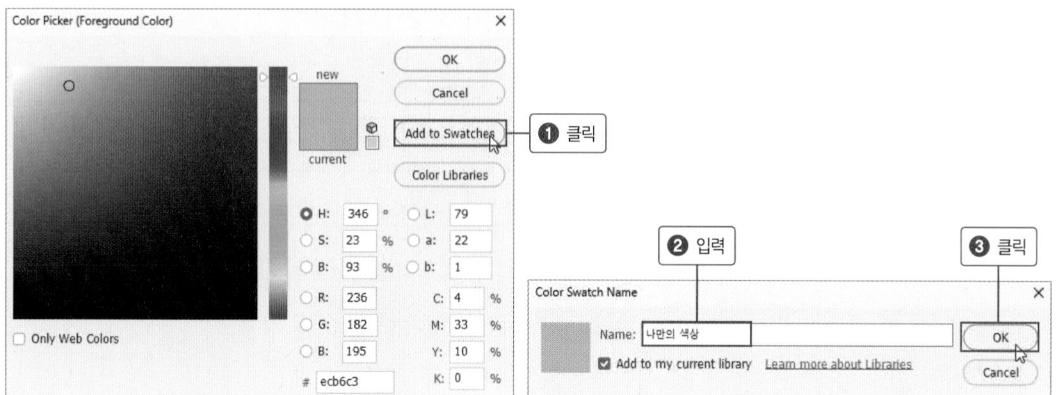

05 추가적으로 색상을 변경하려면 Color Picker 대화상자에서 변경할 수 있습니다. 직접 스펙트럼에서 선택하거나 각각의 색 설정 부분에서 선택하여 색을 변경할 수 있습니다. <OK> 버튼을 클릭하면 전경색이 지정된 색상으로 변경됩니다.

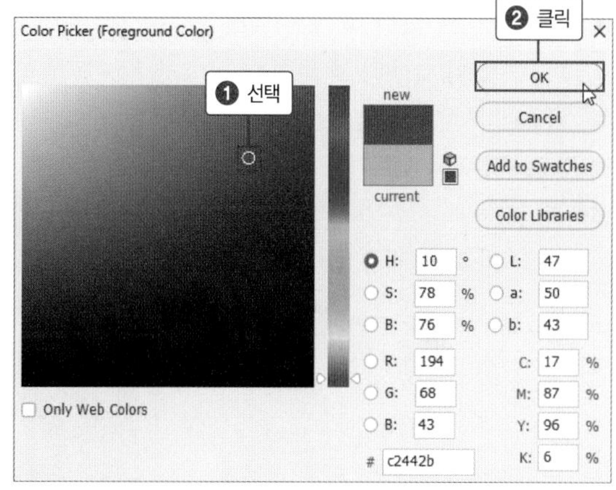

06 전경색이 지정한 색으로 변경되었습니다. Swatches 패널에서 스크롤을 내려보면 저장한 색이 팔레트 형태로 저장된 것을 확인할 수 있습니다.

실습 예제 01

2.2 생성형 AI로 배경 확장하기

• **예제 파일** : 02\sunrise.jpg • **완성 파일** : 02\sunrise_완성.psd

포토샵에서 생성형 AI를 활용한 기능 중 자동으로 배경을 확장하는 기능이 있습니다. 이는 이미지 촬영 시 적절한 구도를 만들거나 배경을 확대하여 다양한 자료로 활용할 수 있는 기능으로, 쉽고 빠르게 작업 효율을 높여줍니다.

01 Ctrl+O를 눌러 02 폴더에서 'sunrise.jpg' 파일을 불러옵니다. 석양 이미지의 배경을 확장하기 위해 Tools 패널에서 자르기 도구( )를 선택합니다.

02 이미지에 문서 크기를 조정할 수 있는 조절점이 표시됩니다. 왼쪽 상단 조절점을 드래그하여 이동해 그림과 같이 이미지가 오른쪽 하단에 위치되게 합니다.

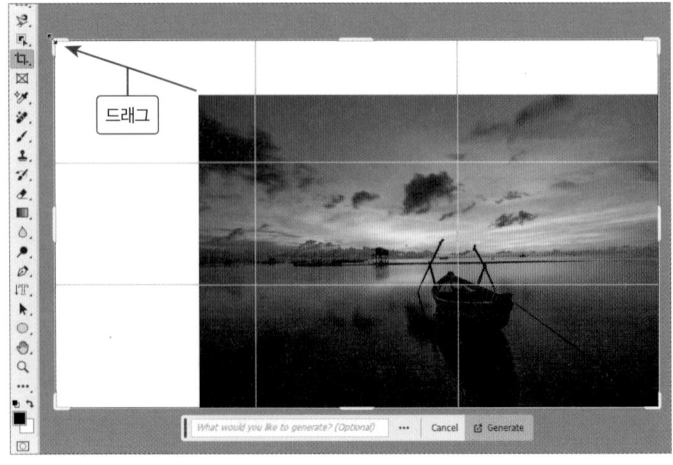

03 넓어진 배경 부분에 이미지를 생성하기 위해 상황별 작업 표시줄(Contextual Task Bar)의 프롬프트에 내용을 입력하지 않은 상태로 <Generate> 버튼을 클릭하거나 Enter를 누릅니다. 프롬프트를 입력하지 않더라도 자동 배경 채우기가 실행됩니다.

TIP **상황별 작업 표시줄이 보이지 않는다면?**

메뉴에서 [Window] → Contextual Task Bar를 실행하여 체크 표시되도록 합니다.

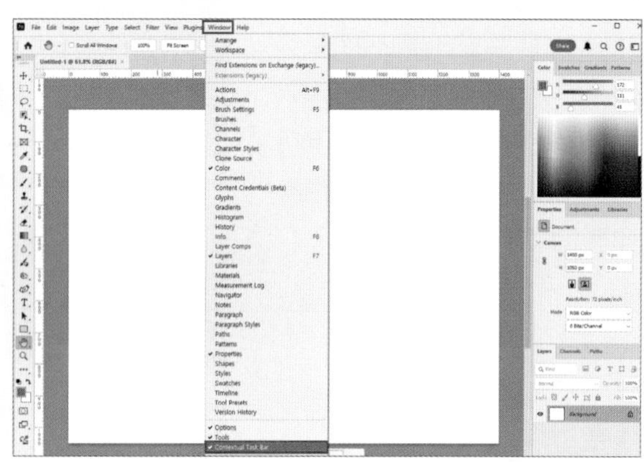

04 생성형 AI가 자동으로 넓어진 영역에 배경 이미지를 생성합니다. Properties 패널을 보면 총 3개의 이미지가 생성된 것을 확인할 수 있습니다.

NOTE

생성된 이미지가 마음에 들지 않는다면 <Generate> 버튼을 클릭하여 추가로 배경을 생성할 수 있습니다.

05 Properties 패널에서 생성된 3개의 이미지를 선택하거나 불필요한 이미지는 삭제할 수 있습니다. 각각의 이미지를 선택하여 생성된 배경 이미지를 확인합니다.

06 3개의 이미지 중에서 마음에 드는 이미지가 없다면, 추가로 이미지를 생성할 수 있습니다. 추가로 생성형 AI를 활용하여 이미지를 만들기 위해 Properties 패널의 생성된 이미지 상단에 있는 <Generate> 버튼을 클릭합니다.

07 Properties 패널을 보면 3개의 이미지가 추가되어 총 6개의 이미지가 있는 것을 확인할 수 있습니다. 마음에 드는 이미지가 없다면 같은 방법으로 이미지를 더 추가하고, 마음에 드는 이미지가 있다면 선택하고 저장합니다.

08 완성된 이미지를 확인하기 위해 Layers 패널에 새로운 레이어 'Generative Expand'가 생성된 것을 확인합니다. 레이어 마스크와 같은 형태로 생성형 이미지가 적용된 부분과 원본 이미지 부분을 확인할 수 있습니다.

09 레이어의 '눈' 아이콘(👁)을 클릭하여 숨김 상태로 만들면 원본 이미지 영역을 확인할 수 있습니다.

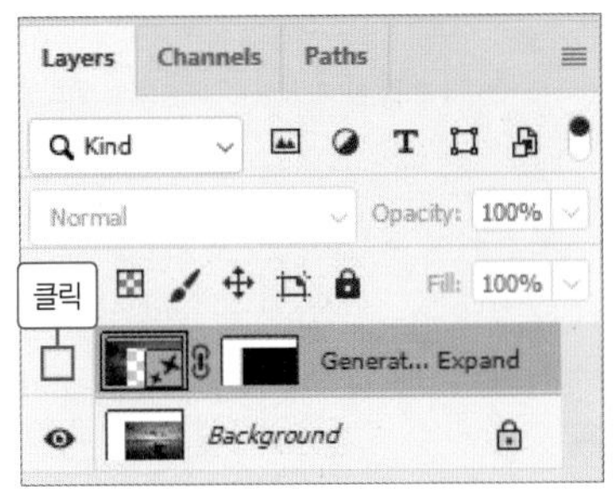

TIP **풍부한 도구 설명 숨기기**

포토샵에서 도구를 선택할 때마다 설명과 사용 방법을 알 수 있는 영상이 표시됩니다. 초보자에게는 도움이 될 수 있지만, 매번 도구 설명이 표시되기 때문에 불편할 수 있습니다.
도구 설명을 숨기기 위해는 환경 설정을 수정해야 합니다. 메뉴에서 (Edit) → Preference → Tools를 실행하고 표시되는 Preference 대화상자에서 'Show Rich Tooltips'를 체크 표시 해제한 다음 <OK> 버튼을 클릭하면 도구 설명을 숨길 수 있습니다.

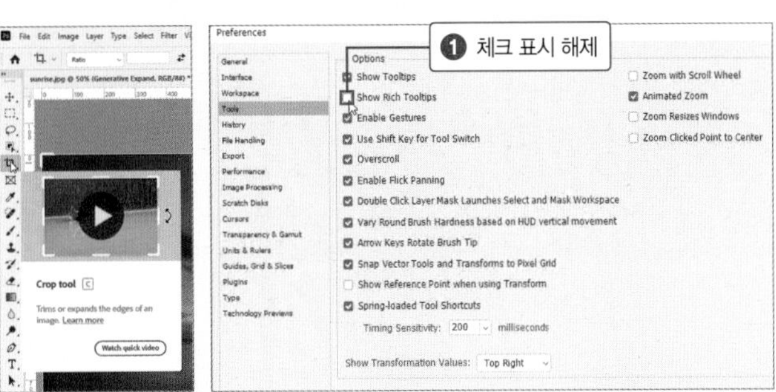

2.3 생성형 AI로 원하는 이미지 생성하기

실습 예제 02

• **완성 파일** : 02\ai생성_완성.psd

포토샵에서는 AI를 활용하여 입력된 프롬프트에 따라서 이미지를 생성합니다. 다양한 방법으로 쉽게 합성하기 위해 생성형 AI를 이용하여 원하는 요소를 추가해 합성하는 방법을 알아보겠습니다.

01 새로운 문서를 만들기 위해 Ctrl+N를 눌러 New Document 대화상자가 표시되면 Width를 '1280px', Height를 '860px'로 설정하고 <Create> 버튼을 클릭합니다.

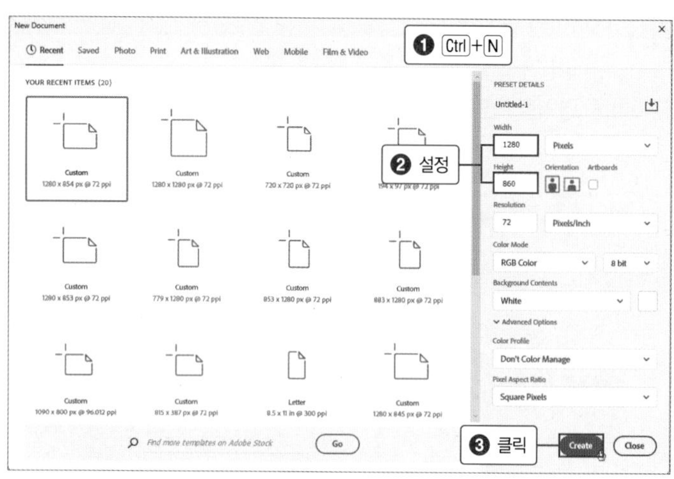

02 문서가 생성되면 전체 선택하기 위해 메뉴에서 [Select] → All을 실행하거나 Ctrl+A를 누릅니다.

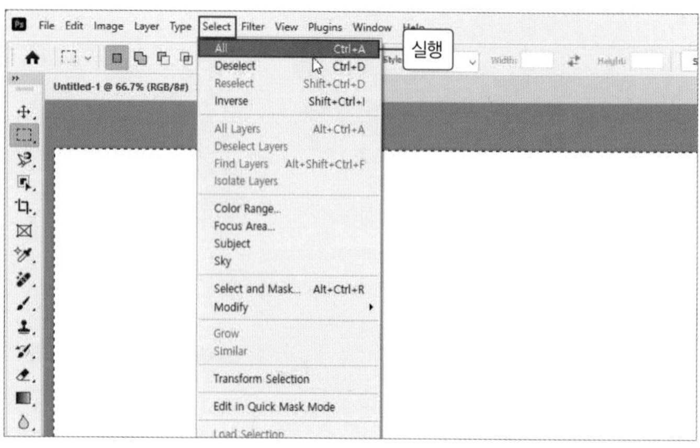

03 문서의 캔버스 전체가 선택되면 작업 표시줄에 '저녁 노을이 지는 바닷가를 만들어 줘'를 입력하고 <Generate> 버튼을 클릭합니다.

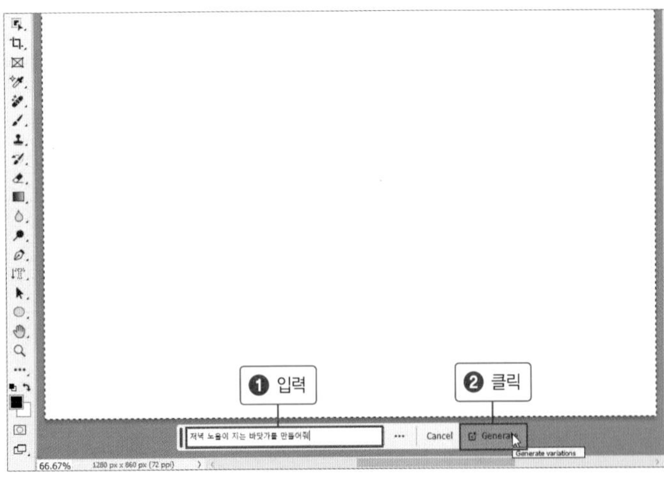

04 AI로 생성된 3개의 이미지를 Properties 패널에서 확인할 수 있습니다. 추가로 이미지를 생성하여 확인하기 위해 Properties 패널에서 <Generate> 버튼을 클릭합니다.

05 입력했던 명령어를 기준으로 이미지가 3개씩 추가됩니다. 추가된 이미지들을 확인하여 모래사장이 적절하게 배치된 이미지를 선택합니다.

명령 추가하여 생성 이미지 수정하기

Properties 패널에서 명령어를 수정하여 <Generate> 버튼을 클릭한다면 기존 생성된 이미지에 추가적으로 생성되는 것이 아니라 해당 레이어에 입력된 전체 명령어를 기준으로 새롭게 생성됩니다.

❶ 예제를 기준으로 명령어를 추가하기 위해 Properties 패널에서 '저녁 노을이 지는 바닷가를 만들어 줘. 바닷가에서 손을 잡고 걸어가는 남녀를 추가해 줘'를 입력하고 <Generate> 버튼을 클릭합니다.

❷ 그림과 같이 기존에 생성된 이미지 외에 추가적으로 입력된 명령어를 기준으로 새롭게 생성됩니다.

06 새로운 레이어에 생성형 AI를 활용한 이미지를 추가 적용하기 위해 추가할 이미지의 영역을 지정하겠습니다. Tools 패널에서 사각형 선택 윤곽 도구(⬚)를 선택하고 그림과 같이 아래로 긴 직사각형 형태로 드래그하여 선택 영역을 지정합니다.

NOTE

생성형 AI로 만들어진 이미지이므로 예제가 다를 수 있습니다. 가장 유사한 생성형 이미지를 선택하고 선택 영역을 생성하세요.

07 작업 표시줄에 '바닷가에서 손을 잡고 걸어가는 남녀를 추가해 줘'를 입력하고 <Generate> 버튼을 클릭합니다.

08 입력된 명령어를 기준으로 선택 영역에 다른 레이어가 추가되면서 생성된 이미지가 적용됩니다.

09 백사장에 이미지를 추가하기 위해 사각형 선택 윤곽 도구(⬚)를 이용하여 백사장 부분을 드래그해 선택 영역을 지정합니다.

10 작업 표시줄에 '모래성 만드는 아이들을 추가해 줘'를 입력하고 <Generate> 버튼을 클릭합니다.

NOTE

프롬프트에 꼭 동사형 명령으로 마무리하지 않고 '모래성 만드는 아이들'이라고 입력해도 비슷한 결과를 얻을 수 있습니다.

11 생성된 이미지 중에 적합한 이미지를 선택합니다.

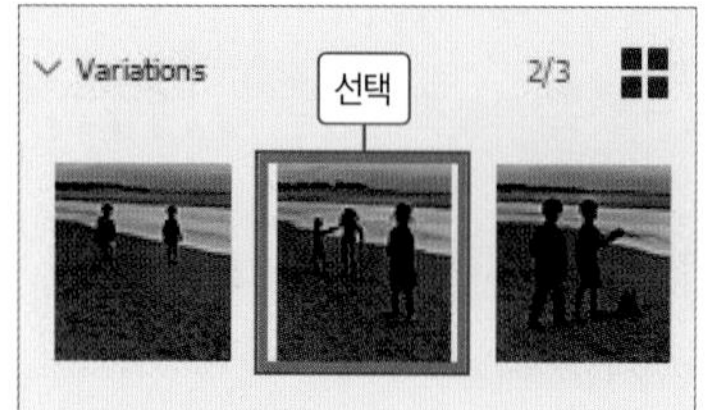

12 밤하늘처럼 별이 빛나는 모습으로 만들기 위해 사각형 선택 윤곽 도구(⬚)로 하늘 부분을 드래그하여 선택 영역을 지정합니다.

13 작업 표시줄에 '노을 진 하늘에 별이 살짝 보이게 만들어 줘'를 입력하고 <Generate> 버튼을 클릭합니다.

14 AI로 생성된 이미지 중 적합한 이미지를 선택합니다. 생성된 이미지 대부분이 자연스럽기보다는 조금 강한 느낌이 있어서 어색할 수 있습니다. 자연스럽게 만들기 위해는 추가 작업이 필요합니다.

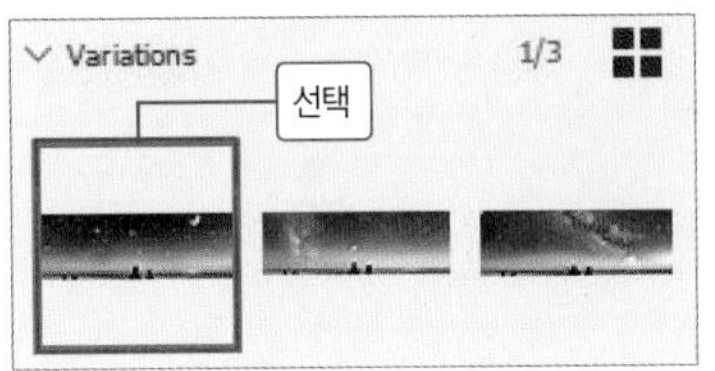

15 투명도를 조절하여 기존 하늘 배경과 합성되어 보이게 하겠습니다. Layers 패널에서 밤하늘이 생성된 레이어를 선택하고 Opacity를 '50%'로 설정합니다.

NOTE

Opacity는 투명도를 설정하는 옵션으로 선택한 레이어의 투명도를 조절하여 합성하는 기능으로 활용할 수 있습니다.

16 Layers 패널에서 이미지 오른쪽에 있는 사각형을 선택합니다. Tools 패널에서 돋보기 도구(🔍)를 선택하여 경계선 부분을 확대하고, 지우개 도구(⌫)를 선택하여 생성된 이미지의 끝부분을 지워 자연스럽게 합성합니다.

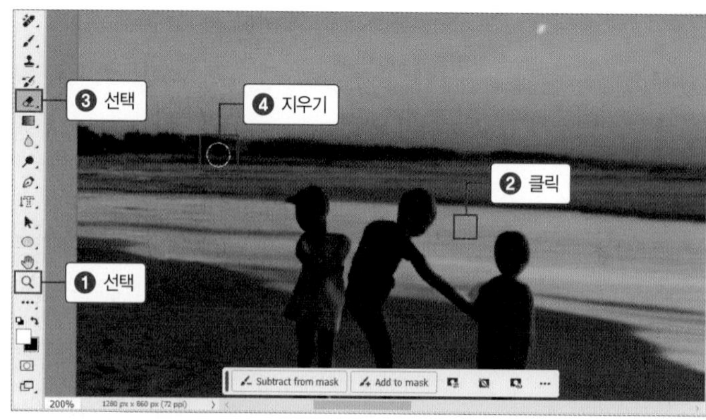

17 예제를 보면 얼굴 부분이 2개의 레이어에 모두 생성되었습니다. 앞서 Opacity를 '50%'로 설정했기 때문에 2개의 얼굴이 겹쳐 보입니다. 지우개 도구(⌫)를 이용하여 추가된 이미지를 삭제하면 자연스럽게 합성됩니다.

NOTE

지우개 도구(⌫)를 선택하고 [,]를 눌러 브러시 크기를 조정하면서 레이어 마스크 영역을 삭제해야 자연스럽게 적용됩니다. 지우개 도구 사용 시 색상은 기본 색상으로 설정되어 있어야 합니다.

18 Tools 패널에서 손 도구(✋) 또는 돋보기 도구(🔍)를 더블클릭하여 문서 전체를 확인합니다. AI를 이용하여 원하는 방향으로 반복해 합성하면서 완성합니다.

실습 예제 03

생성형 AI로 원하는 이미지를 자동으로 부분 적용하기

• **예제 파일**: 02\식탁.jpg • **완성 파일**: 02\식탁_완성.psd

기존 이미지를 활용해 원본의 느낌을 최대한 살리면서, AI를 부분적으로 적용해 자동으로 원하는 결과물을 만들 수 있습니다. 여러 번 생성한 결과물 중에서 가장 만족스러운 것을 선택해 작업을 진행합니다.

01 Ctrl+O를 눌러 02 폴더에서 '식탁.jpg' 파일을 불러옵니다. 배경을 확장하기 위해 Tools 패널에서 자르기 도구(⌗)를 선택합니다.

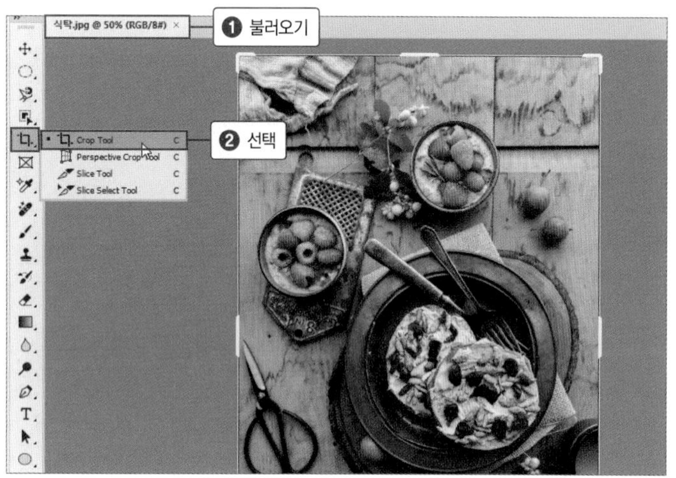

02 Alt를 누른 상태로 왼쪽 중앙 조절점을 왼쪽으로 드래그하여 캔버스의 크기를 확대합니다.

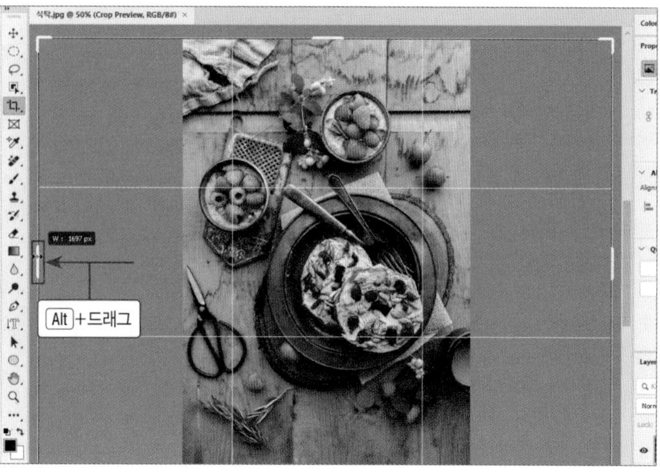

NOTE

Alt를 누르고 자르기 도구(⌗)를 사용하면 중심을 기준으로 반대쪽 조절점도 동일하게 조정됩니다.

TIP 단축키를 사용하지 않은 자르기 도구

Alt를 누르지 않고 조절점을 조절하는 경우 그림과 같이 조절점을 조정한 방향으로만 확대가 됩니다.

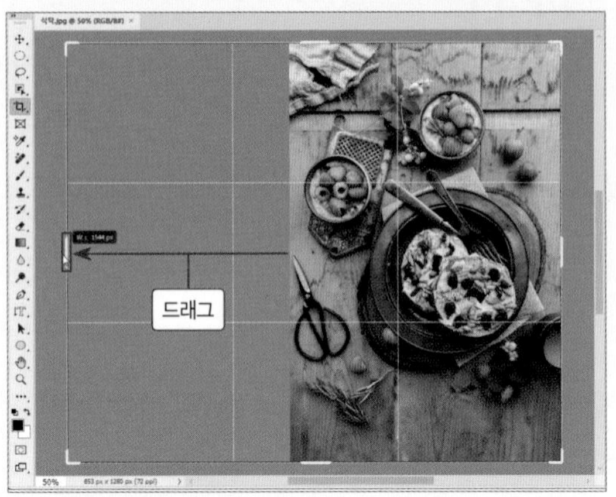

03 좌우로 문서가 확대되면서 확대된 영역에는 배경색으로 채워집니다. Layers 패널을 보면 배경 레이어와 별도로 'Crop Preview' 레이어가 추가되었습니다. 아직은 문서 크기를 확정하기 전 상태이므로 조절점이 표시되어 있습니다.

04 AI를 활용하여 자동으로 배경을 채우기 위해 작업 표시줄의 프롬프트에서 <Generate> 버튼을 클릭하거나 Enter를 눌러서 배경 확장 기능을 수행합니다.

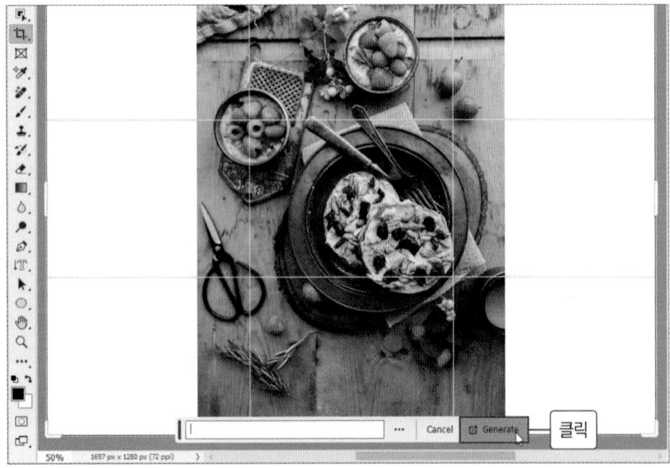

TIP **Canvas Size**

배경 확장 기능을 사용하지 않고 문서의 크기를 변경할 수도 있습니다. 메뉴에서 [Image] → Canvas Size를 실행하고 표시되는 Canvas Size 대화상자에서 캔버스 사이즈를 변경한 다음 생성형 AI 기능을 사용해도 됩니다.

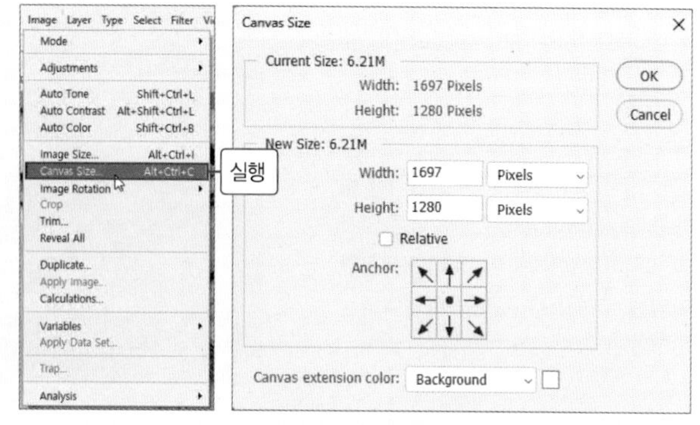

05 생성형 AI 기능으로 만들어진 이미지 중에서 가장 최적의 배경을 선택합니다. 예제에서는 나머지 영역에 어울리는 이미지를 추가로 생성하기 위해 약간의 장식이 있는 배경을 선택하였습니다.

06 Tools 패널에서 원형 선택 윤곽 도구(◌)를 선택하고 Shift를 누른 상태로 여백 부분을 드래그하여 그림과 같이 끝부분에 정원형의 선택 영역을 지정합니다.

NOTE

를 누른 상태로 드래그하면 정사각형 또는 정원 형태로 생성됩니다.

07 Properties 패널의 Prompt에 '신선한 과일이 있는 접시'를 입력하고 <Generate> 버튼을 클릭합니다.

NOTE

명령 프롬프트 입력 시 꼭 명령어가 필요하지는 않으며, 간단한 경우에는 명사만 입력해도 생성됩니다. 하지만 복잡한 작업에는 명령 문구를 함께 입력하는 것이 좋습니다.

08 생성된 이미지 중에서 가장 잘 어울릴 AI 이미지를 선택합니다. 접시 색상이나 과일의 크기가 유사한 이미지로 선택하였습니다.

09 왼쪽 상단에 있는 작은 접시의 사진 채도가 낮아서 맛있어 보이지 않습니다. 수정을 위해 Tools 패널에서 원형 선택 윤곽 도구(◌)를 선택하고 Shift를 누른 상태로 드래그하여 접시보다 조금 더 크게 선택 영역을 지정합니다.

10 Properties 패널의 Prompt에 '딸기 샐러드'를 입력하고 <Generate> 버튼을 클릭합니다.

11 생성된 이미지 중에서 가장 맛있고 신선해 보이는 이미지를 선택하여 배경과 어울리는 형태의 딸기 사진을 생성합니다.

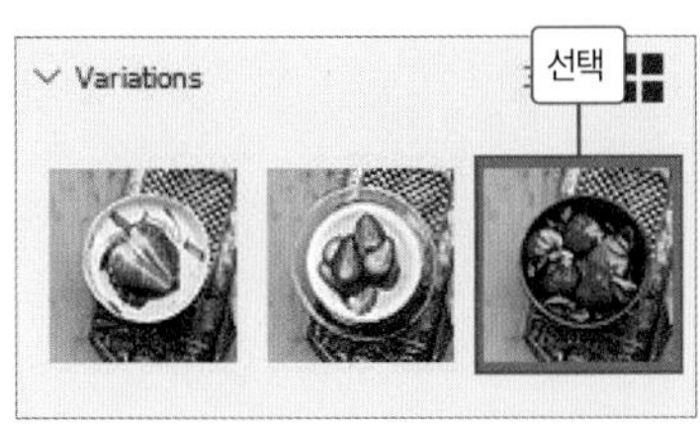

12 원형 선택 윤곽 도구( )를 이용하여 Shift를 누른 상태로 다른 배경 영역을 드래그하여 그림과 같이 화면 일부만 선택 영역으로 지정합니다.

13 Properties 패널의 Prompt에 '계란 후라이가 있는 접시'를 입력하고 <Generate> 버튼을 클릭한 다음 가장 잘 어울리는 계란 후라이 접시를 선택합니다.

14 Shift를 누른 상태로 오른쪽 아래를 드래그하여 원형 선택 영역을 지정합니다. Properties 패널의 Prompt에 '야채 샐러드 보울'을 입력하고 <Generate> 버튼을 클릭합니다.

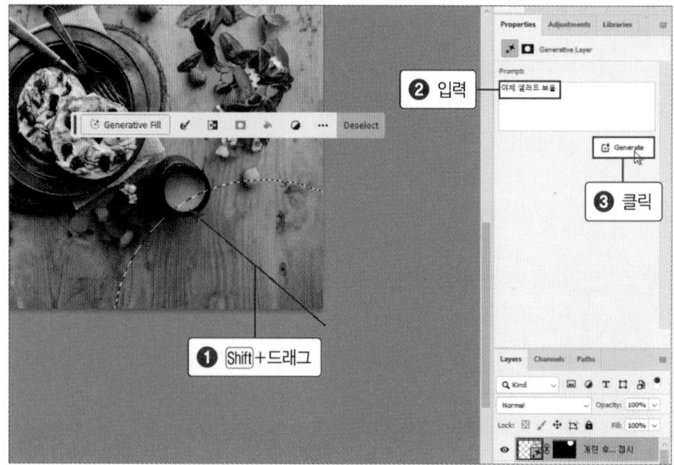

15 <Generate> 버튼을 클릭하여 이미지를 더 추가하거나 가장 잘 어울리는 이미지를 선택하여 이미지를 완성합니다.

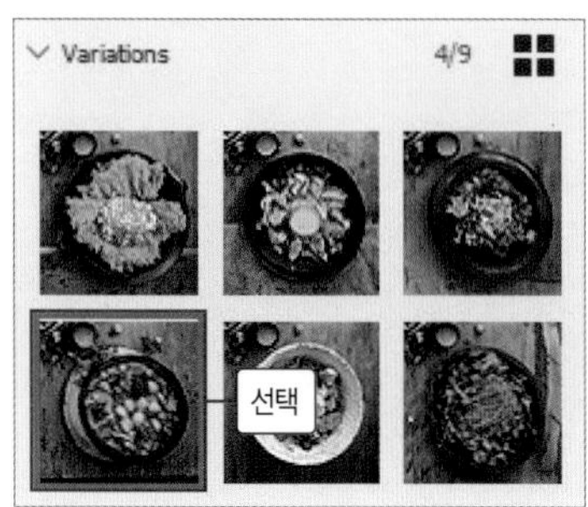

연습 문제 | 생성형 AI를 활용하여 이미지 편집하기

01 생성형 AI를 활용하여 배경을 빠르고 자연스럽게 확장해 보세요.

• **예제 및 완성 파일** : 02\소스1.png, 연습문제1.psd

before

after

HINT 자르기 도구(口) 사용하기 → 작업 표시줄 또는 Properties 패널 이용하기

02 생성형 AI를 이용하여 겨울 숲 사진에 숲속을 달리는 산타 할아버지의 썰매를 추가해 보세요.

• **예제 및 완성 파일** : 02\소스2.png, 연습문제2.psd

before

after

HINT 생성할 위치를 선택 영역으로 지정하기 → 명령 프롬프트 작성을 변경해 보면서 이미지 추가하기

WEEK 03

생성형 AI를 활용한 이미지 수정 (2)

학 습 목 표

생성형 AI를 이용하여 응용하기 위한 다양한 방법을 시도합니다. 사진의 일부를 생성형 AI로 수정하고, 새로운 설정을 만드는 과정과 파이어플라이로 이미지를 생성하는 방법을 알아보겠습니다.

3.1 파일 저장하고 내보내기

문서 생성하는 것처럼 저장 또한 매우 중요한 과정입니다. 문서는 기본적으로 PSD 파일 형식으로 저장하여 포토샵의 모든 속성을 유지하는 것이 좋으며, 이후 필요에 따라 다양한 출력 파일 형식으로 내보내기 하는 습관을 권장합니다. PSD 파일이 없으면 작업 속성들이 사라질 수 있는 단점이 발생되어 불편함이 있습니다. 저장은 Save로 파일에 직접 저장하거나, Save as를 통해 다른 이름으로 저장할 수 있으며, Save a copy로 사본 저장이 가능합니다. 저장 위치는 컴퓨터 외에 클라우드 저장도 지원하여 유연하게 활용할 수 있습니다.

Save와 Save as로 저장하기

메뉴의 기능보다 단축키를 활용하는 경우가 많으며 단축키를 외우는 것이 좋습니다. 〔File〕 메뉴에서 기능들을 확인할 수 있으며, 해당 파일을 바로 저장하는 Save는 Ctrl+S, 새로운 이름으로 파일을 저장하는 Save as는 Ctrl+Shift+S 단축키를 사용합니다. 작업 중에 〔문서〕 탭에서 파일 이름에 '*' 기호가 있는 경우가 있습니다. 이는 현재 파일이 저장되지 않은 상태이므로 수시로 Save를 이용하여 저장하는 것이 좋습니다.

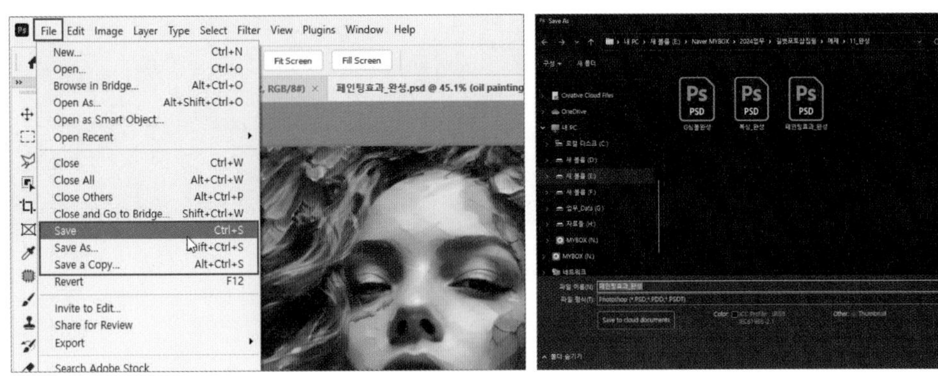

Save/Save as 대화상자에서 파일명 및 파일 형식을 설정할 수 있으며 <Save to cloud documents> 버튼을 클릭하면 클라우드에 저장할 수 있습니다. 저장 형식은 Photoshop(PSD, PDD, PSDT), Large

Document Format(PSB), BMP, Photoshop EPS, GIF, IFF Format, JPEG, JPEG 2000, JPG Stereo, Multi-picture Format, PCX, Photoshop PDF, Pixar, PNG, Portable Bit Map, Scitrex CT, Substance 3D Viewer, Targa, TIFF, Webp 등으로 저장할 수 있습니다.

기본 저장 위치 설정하기

기본적으로 파일 위치를 설정하려면 환경 설정을 통해야 합니다. 메뉴에서 〔Edit〕 → Preferences → File Handling을 실행하여 Preferences 대화상자가 표시되면 Default File Location에서 컴퓨터 또는 클라우드 환경에 대한 저장 설정을 할 수 있습니다.

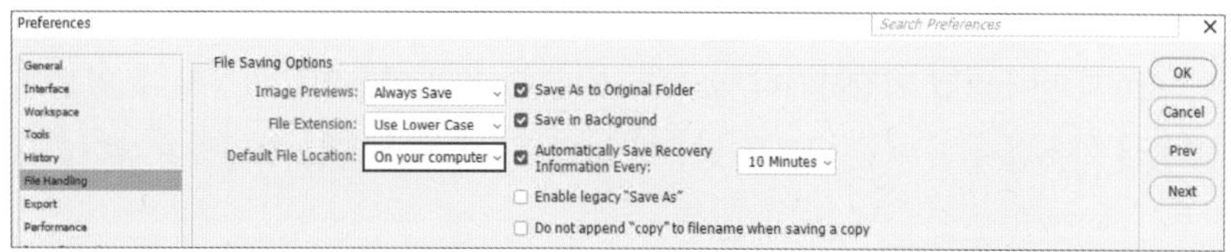

Save a Copy 대화상자 살펴보기

사본으로 만들어 저장할 수 있는 기능입니다. Save와 다르게 저장 옵션을 설정할 수 있으며 파일 형식에 따라서 사용할 수 있는 옵션이 다를 수 있습니다. 옵션 선택 유무에 따라 사본 저장 시 해당 내용의 포함 여부를 결정합니다.

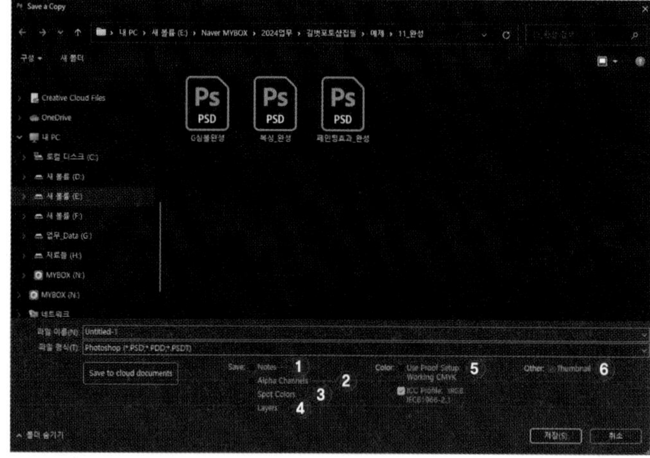

❶ **Notes**: 문서에 포함된 메모를 같이 저장하며 미선택 시 메모가 제거됩니다.

❷ **Alpha Channels**: 알파 채널 정보를 저장하며 미선택 시 알파 채널이 제거됩니다.

❸ **Spot Colors**: 별색 채널 정보를 저장하며 미선택 시 별색이 제거됩니다.

❹ **Layers**: 레이어를 유지한 상태로 저장되며 미선택 시 레이어가 하나로 병합됩니다.

❺ **Color**: 컬러 프로파일을 선택합니다.

❻ **Other**: 섬네일을 설정합니다.

Export 살펴보기

포토샵은 다양한 형식으로 출력할 수 있는 Export 기능을 제공하고 있습니다. 과거 버전에서 많이 사용하던 '웹용으로 저장' 기능도 〔File〕 메뉴의 Export로 이동하였습니다. Quick Export 기능을 통해 환경 설정에서 출력 포맷을 PNG, JPG, GIF 중 선택하여 빠르게 내보낼 수 있습니다.

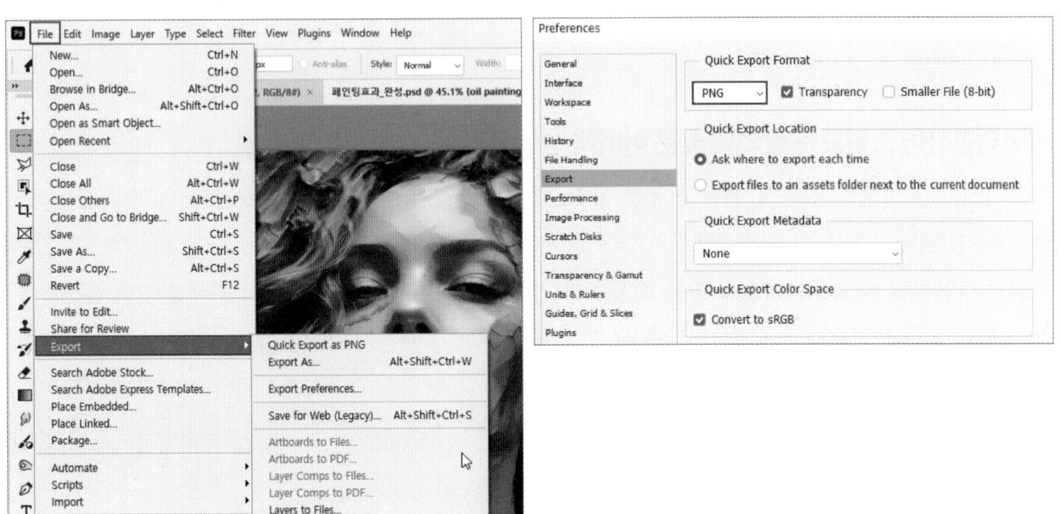

아트보드, 즉 대지를 파일이나 PDF로 저장하거나 레이어를 파일 또는 PDF로 만들 수 있으며, Export As를 이용하면 다양한 크기나 형식으로 내보낼 수도 있습니다.

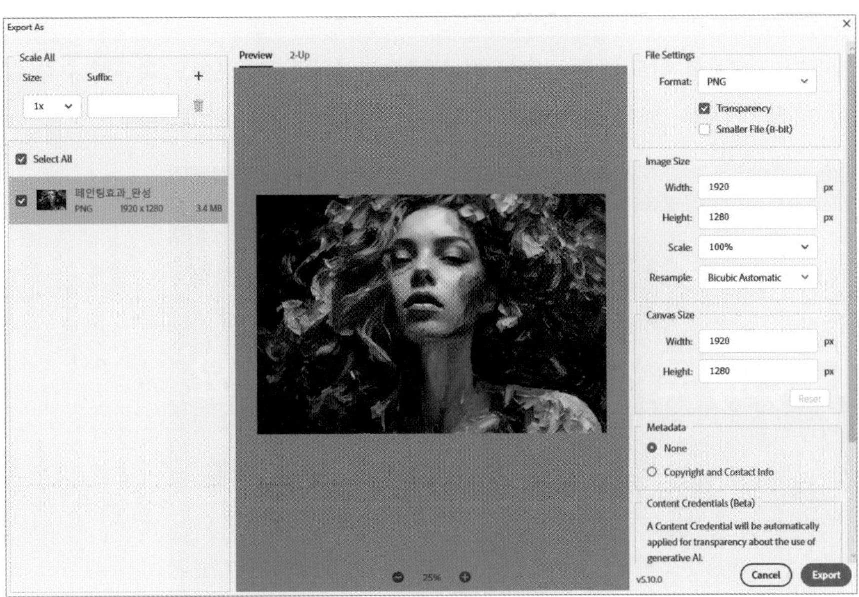

3.2 생성형 AI를 활용하는 파이어플라이 알아보기

파이어플라이로 만드는 창의력 높은 이미지 생성하기

어도비에서는 생성형 AI를 활용한 기능을 모아 사용자에게 제공하는 기능으로 어도비 파이어플라이(Adobe Firefly)와 어도비 익스프레스(Adobe Express) 등을 제공합니다. 파이어플라이는 텍스트 프롬프트로 다양한 스타일의 콘텐츠를 만들 수 있는 생성형 AI 기술로, 빠른 아이디어 구현과 맞춤 옵션을 통해 풍부한 효과를 적용할 수 있습니다. 웹사이트에서 구현되기 때문에 포토샵이 설치되지 않은 컴퓨터에서도 쉽게 사용할 수 있습니다.

익스프레스는 파이어플라이를 기반으로 소셜미디어, 비디오, 사진, 문서, 마케팅용 자료 등을 템플릿이나 프롬프트를 활용해 고퀄리티로 빠르게 생성할 수 있는 기능을 제공합니다.

파이어플라이는 프로그램 설치 없이 웹브라우저에서 바로 실행 가능하며, 웹브라우저에 'firefly.adobe.com'을 입력하여 접속하고 어도비 계정으로 로그인하면 됩니다. 무료 계정의 경우 월 25개 생성이 가능하며, 유료 플랜을 통해 더 많은 생성 크레딧을 사용할 수 있습니다. 또한, 포토샵 등 어도비 앱을 사용하는 유료 사용자에게는 월 500개의 생성 크레딧이 제공됩니다.

사이트에서는 많은 사용자가 생성형 AI로 만든 결과물을 공유하며, 입력된 프롬프트도 확인할 수 있습니다. 갤러리는 접속할 때마다 새로운 결과물을 보여 주어 다양한 작품을 감상할 수 있습니다.

갤러리에서 다양한 작품을 살펴보며 자세한 정보를 확인하려면, 마우스 커서를 이미지로 이동합니다. 그러면 마우스 커서가 위치한 이미지 위에 제작자와 입력된 프롬프트가 표시됩니다. 다만, 화면에 표시되는 문자 수에 제한이 있어 정확한 내용을 보려면 이미지를 클릭해야 합니다.

클릭하면 해당 결과물 페이지로 이동되어 생성한 프롬프트를 확인할 수 있습니다. 프롬프트를 수정하여 추가로 생성할 수도 있습니다.

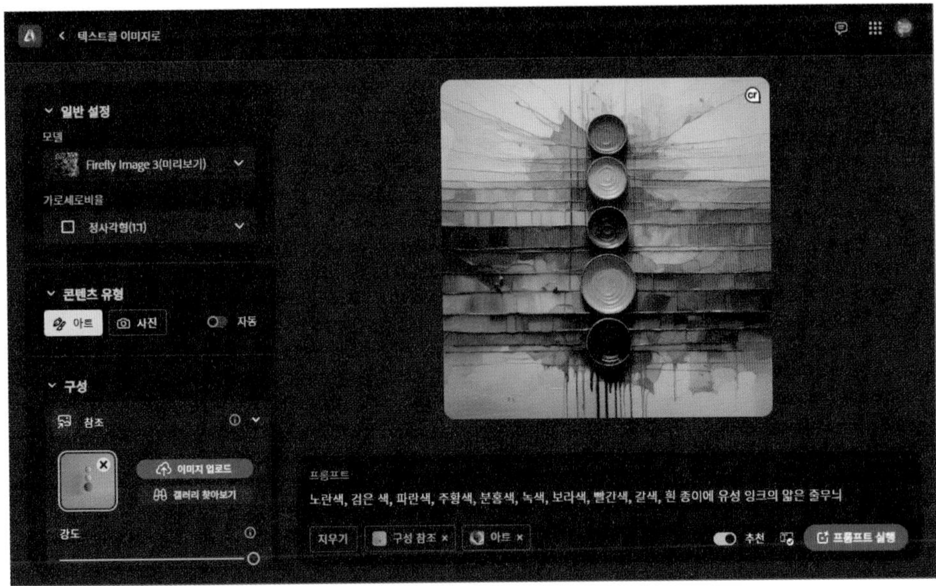

미니 예제 : 파이어플라이를 이용한 숲 속의 아기 동물원 만들기

직접 그림을 그릴 필요 없이 고퀄리티의 다양한 이미지를 생성할 수 있으며 사진뿐만 아니라 회화적 효과나 3D 이미지까지 만들어 볼 수 있습니다. 간단하게 따라하면서 활용해 보겠습니다.

01 웹브라우저에 'firefly.adobe.com'을 입력하여 파이어플라이에 접속하고 로그인합니다. 이미지를 생성하기 위해 화면에 있는 입력창에 '종이접기로 만든 아기 동물들이 가득한 동물원과 판타지한 배경의 숲에 예쁜 불빛이 가득하게 만들어 줘'를 입력하고 <생성하기> 버튼을 클릭합니다.

02 입력된 프롬프트에 맞춰 고퀄리티의 정사각형의 이미지가 생성됩니다. 약간의 시간이 소요되며 Firefly Image 3과 Firefly Image 2 방식으로 생성 가능합니다. 선택한 모델에 따라 생성되는 형태가 다를 수 있습니다.

03 비율을 변경하기 위해 가로세로 비율을 '와이드스크린(16:9)'로 지정하고 <생성하기> 버튼을 클릭합니다. 가로로 긴 아기자기하고 예쁜 숲 속 동물원 그림이 생성됩니다.

04 효과를 추가 적용하기 위해 왼쪽 패널 아래에 있는 〔효과〕 탭에서 '보케 효과'와 '겹겹이 쌓인 종이 효과'를 선택합니다. 프롬프트에도 선택한 효과가 추가되는 것을 확인하고 <생성하기> 버튼을 클릭합니다.

NOTE

보케 효과는 배경을 흐릿하게 처리하여 심도감을 추가하고 주제를 강조하며, 겹겹이 쌓인 효과는 여러 겹의 종이나 다른 재료들이 쌓인 것처럼 깊이를 추가합니다. 예제에서 사용한 효과 외에도 다양한 효과를 사용한다면 좀 더 원하는 느낌에 가깝게 이미지를 생성할 수 있습니다.

05 효과가 적용되어 원근감이 강하고 겹겹이 쌓인 듯한 효과가 추가된 4개의 이미지가 생성됩니다.

06 생성된 이미지를 확대하여 보기 위해 '단일 보기' 아이콘(■)을 클릭하고 각 이미지를 선택하여 4개의 이미지를 비교합니다.

TIP 부분 수정

이미지 왼쪽 상단에 있는 <편집> 버튼을 클릭하고 표시되는 팝업 메뉴에서 네 가지 기능 하나를 선택하여 실행하면 부분 수정이 가능합니다. 텍스트 추가나 그래픽 내용 등을 추가하여 작업을 이어갈 수도 있습니다.

07 이미지의 오른쪽 상단에 있는 <다운로드> 버튼을 클릭하면 선택된 이미지가 저장됩니다. 만약 4개의 이미지를 모두 저장하려면 <모두 다운로드> 버튼을 클릭합니다.

08 생성한 이미지를 좀 더 크게 확대하려면 생성형 이미지를 클릭하면 더 크게 확인할 수 있습니다. 확인이 완료되면 <닫기> 버튼을 클릭합니다.

09 완성된 이미지를 라이브러리에 저장하려면 '공유' 아이콘( )을 클릭하고 '라이브러리에 저장'을 선택합니다.

TIP Adobe Express에서 열기

팝업 메뉴에서 'Adobe Express'에서 열기를 선택하면 선택한 이미지가 열리면서 웹 브라우저에 새 창이 추가됩니다.

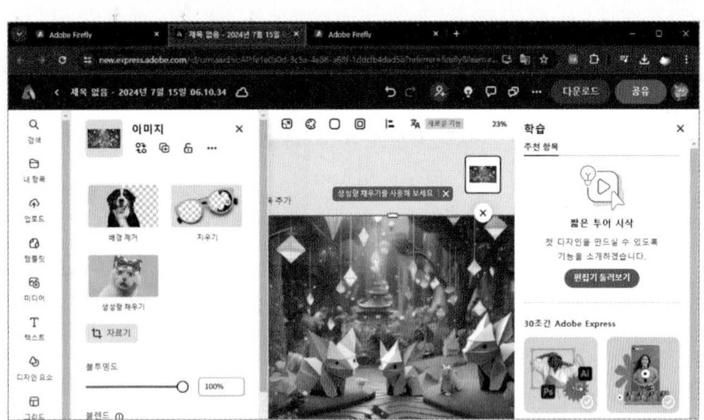

10 라이브러리에 저장하는 것을 확인하는 메시지가 추가적으로 표시되면 내용을 확인하고 <계속> 버튼을 클릭합니다. 라이브러리에 저장 화면이 표시되면 저장할 라이브러리를 선택하고 <저장> 버튼을 클릭하여 저장합니다.

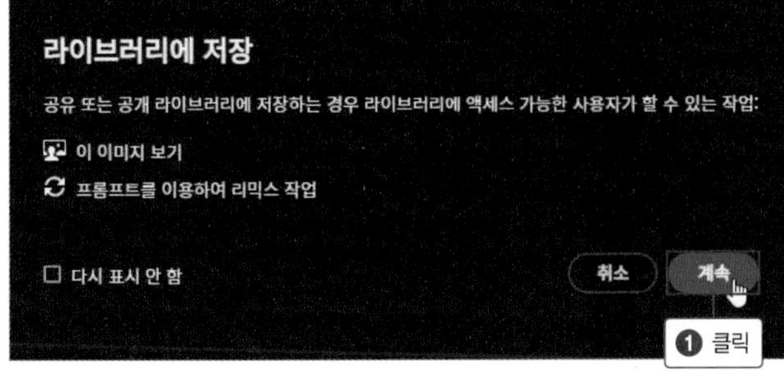

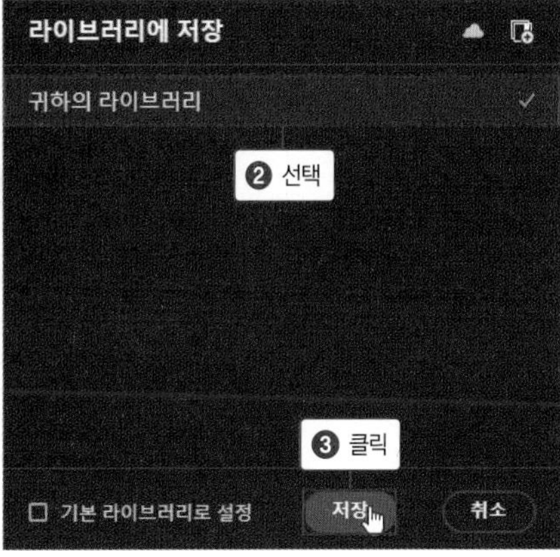

TIP **저장된 결과물 확인**

저장된 결과물은 Creative Cloud Desktop 프로그램에서 〔파일〕 탭 → '내 라이브러리'를 선택하고 저장한 라이브러리 폴더에서 확인할 수 있습니다. 〔홈〕 탭에도 라이브러리 빠른 경로가 포함되어 있어 일부 파일은 확인 가능합니다.

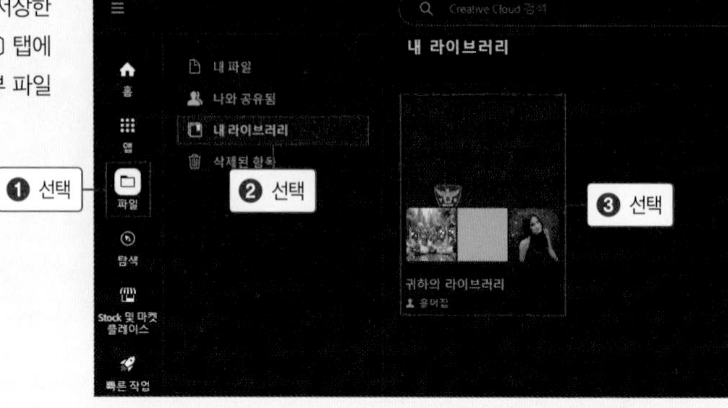

11 글로벌 내비게이션의 즐겨찾기에 저장하여 수시로 열람할 수 있도록 오른쪽 하단에 있는 '즐겨찾기에 저장' 아이콘(☆)을 클릭합니다.

12 파이어플라이 사이트에서 〔즐겨찾기〕 메뉴를 선택하면 저장한 즐겨찾기 결과물을 확인할 수 있습니다.

3.3 실습 예제 01 생성형 AI로 불필요한 배경 지우기

• **예제 파일** : 03\배경지우기.jpg • **완성 파일** : 03\배경지우기_완성.psd

포토샵은 생성형 AI를 통해 쉽게 배경의 불필요한 부분을 제거하고 자연스럽게 만듭니다. 이러한 기능은 작업에 드는 시간을 단축시켜 주며, 클릭 몇 번으로 쉽게 수정이 가능합니다. 예제와 함께 배경을 지우는 방법을 따라해 보겠습니다.

01 Ctrl+O를 눌러 03 폴더에서 '배경지우기.jpg' 파일을 불러옵니다. 배경에 불필요한 부분을 자연스럽게 제거하기 위해 사각형 선택 윤곽 도구(⬚)를 선택합니다.

02 횡단보도 끝에 서 있는 사람을 제거하기 위해 사람 부분을 드래그하여 선택 영역을 지정합니다.

03 작업 표시줄 또는 Properties 패널의 Prompt에 별다른 명령어 입력 없이 <Generate> 버튼을 클릭합니다.

NOTE

프롬프트에 명령어를 넣을 수도 있지만 간단하게 선택된 오브젝트 삭제나 변형을 자동으로 추천하여 만들기 때문에 명령어 없이 생성형 AI를 활용할 수 있습니다.

04 지정된 부분이 다른 사람이나 사물로 생성될 수도 있고, 사람이 사라지고 배경을 자연스럽게 만든 이미지가 생성될 수도 있습니다. 적합한 이미지가 없다면 <Generate> 버튼을 클릭하여 여러 이미지를 추가합니다. 그림과 같이 여러 이미지들 중에서 배경으로 만들어진 이미지를 선택하여 자연스러운 배경을 만듭니다.

05 추가적으로 신호등 아래쪽에 있는 사람들을 제거하기 위해 사각형 선택 윤곽 도구(⬚)로 드래그하여 선택 영역을 지정합니다. 이때 돋보기 도구(🔍)를 이용하여 화면을 확대해 기둥 좌우 사람들만 정확하게 선택하는 것이 좋습니다.

NOTE

돋보기 도구(🔍)를 이용하여 문서를 클릭하면 확대되고, Alt를 누른 상태로 클릭하면 축소됩니다.

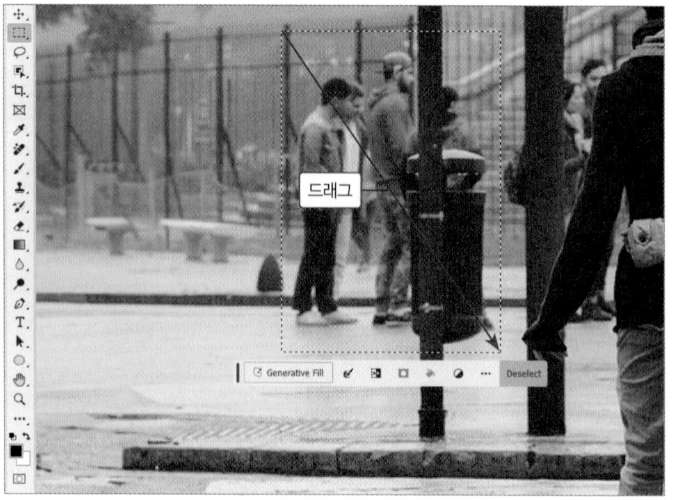

06 같은 방법으로 작업 표시줄의 <Generate> 버튼을 클릭합니다. 추가된 이미지 중에서 가장 자연스럽게 합성된 이미지를 선택합니다.

07 횡단보도를 건너는 사람들 왼쪽에 가려진 사람들이 있습니다. 제거할 대상만 지정하여 선택하는 것이 좋으므로 Tools 패널에서 올가미 도구(![])를 선택합니다. 기둥 왼쪽에 가방 부분을 드래그하여 선택 영역을 지정하고 Shift를 누른 상태로 사람 영역과 다리 부분까지 총 3개 부분을 선택 영역으로 지정합니다.

NOTE

올가미 도구(![])는 드래그하는 영역에 따라 선택 영역으로 만드는 기능입니다. 첫 번째 선택 영역을 생성하고 Shift를 누른 상태로 드래그하면 영역이 추가됩니다.

08 작업 표시줄의 <Generate> 버튼을 클릭합니다. 자연스럽게 사라지고 배경이 생성된 이미지를 선택합니다. 팔 부분과 기둥의 일부분이 선택되었기 때문에 일부 왜곡된 부분이 있을 수 있으므로 기둥이나 팔 부분이 최대한 자연스러운 이미지를 선택합니다.

09 Tools 패널에서 사각형 선택 윤곽 도구(⬚)를 선택하고 문서의 경계선 부분까지 드래그하여 오른쪽 사람을 선택 영역으로 지정합니다. 작업 표시줄의 <Generate> 버튼을 클릭하고 배경이 자연스러운 이미지를 선택합니다.

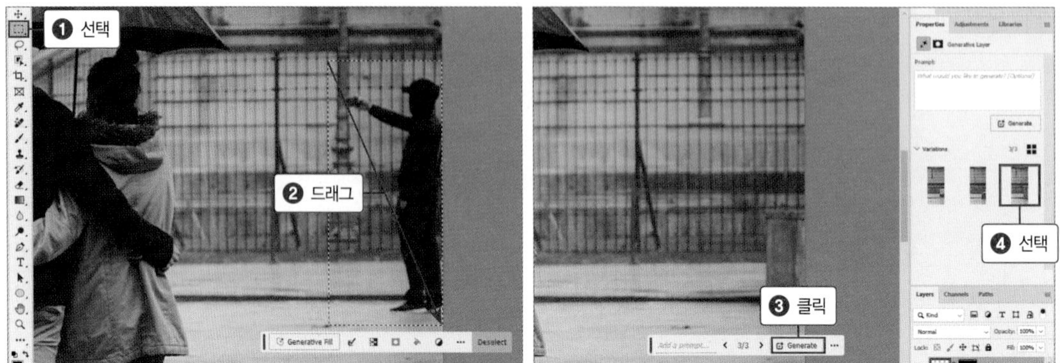

10 같은 방법으로 우산 부분을 선택 영역으로 지정하고 작업 표시줄에서 '노란색 우산'을 입력한 다음 <Generate> 버튼을 클릭합니다. Properties 패널에서 적합한 이미지를 선택하여 사진에 포인트를 적용해 볼 수 있습니다.

11 우산을 빨간색으로 만들기 위해 작업 표시줄에서 '빨간색 우산'을 입력하고 <Generate> 버튼을 클릭하면 노란색 우산이 빨간색 우산으로 변경됩니다. 빨간색 우산 중 가장 적합한 이미지를 선택하여 결과물을 완성합니다.

실습 예제 02

마술봉 도구를 이용하여 광고 사진 만들기

• **예제 파일 :** 03\마술봉도구.jpg, 마술봉배경.jpg, 문구.txt • **완성 파일** : 03\마술봉_완성.psd

빠르게 선택 영역을 만들기 위해 오래전부터 사용한 방법은 마술봉 도구를 사용하는 것입니다. 마술봉 도구는 클릭한 지점을 기준으로 유사한 색상과 명도를 가진 영역을 자동으로 선택해 주며, 문서 전체에서 선택하거나 연결된 영역만 제한적으로 선택할 수도 있습니다.

01 Ctrl+O를 눌러 03 폴더에서 '마술봉도구.jpg' 파일을 불러옵니다. Tools 패널에서 마술봉 도구( )를 선택합니다.

02 중앙에 있는 향수병을 선택하겠습니다. 객체를 직접 선택하는 방법도 있지만, 배경이 흰색 단일로 되어 있을 때는 배경을 선택하고 선택 영역을 반전하면 쉽게 선택할 수 있습니다. 배경을 선택하기 위해 마술봉 도구( )로 배경 부분을 클릭합니다.

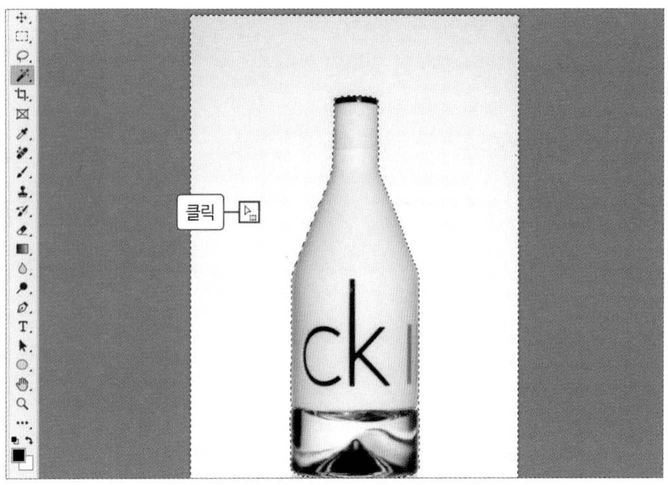

TIP **Contiguous 옵션**

문서 전체에서 동일한 색상과 명도 영역을 추출하려면 옵션바에서 'Contiguous'를 체크 표시 해제하고 마술봉 도구(![icon])로 선택할 부분을 클릭하면 됩니다. 이 경우, 문서 전체에서 비슷한 색상 영역을 추출하고, 값의 범위는 Tolerance 설정값에 따라 달라집니다.
색상이 비슷할수록 수치를 낮추고, 더 넓은 범위를 선택하려면 수치를 올리면 됩니다. 또한, 연결된 영역만 선택하려면 'Contiguous'를 체크 표시해야 하며, 기본 설정으로는 옵션이 활성화된 상태입니다.

03 선택 영역을 배경에서 향수병으로 변경하기 위해 Ctrl+Shift+I를 누르거나 작업 표시줄에서 'Invert Selection' 아이콘(![icon])을 클릭하여 선택 영역을 반전합니다.

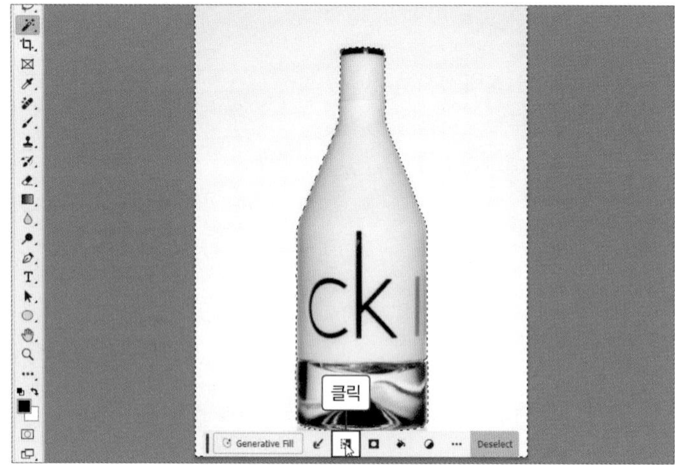

04 병의 모서리 부분들을 확대하면서 잘못 선택된 부분이 있다면 올가미 도구(![icon]), 빠른 선택 도구(![icon]) 등을 이용하여 선택 영역을 수정합니다.

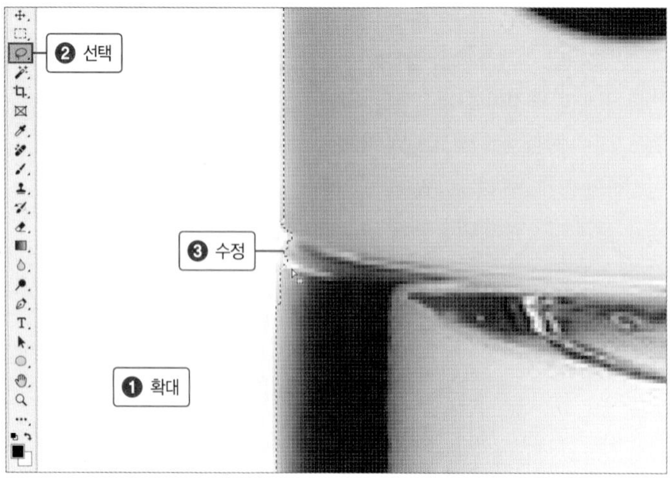

05 03 폴더에서 '마술봉배경.jpg' 파일을 불러옵니다. AI로 생성된 예제 이미지로 광고 이미지를 만들어 보겠습니다. Tools 패널에서 자르기 도구(![crop icon])를 선택합니다.

06 오른쪽 중앙 조절점을 오른쪽으로 드래그하여 캔버스를 가로로 길게 만듭니다. 확대된 배경에는 자동으로 생성형 이미지로 채우겠습니다.

07 생성형 AI로 배경을 만들기 위해 Enter를 누르거나 작업 표시줄에서 <Generate> 버튼을 클릭합니다.

08 Properties 패널에서 자연스럽게 확장된 배경을 선택합니다.

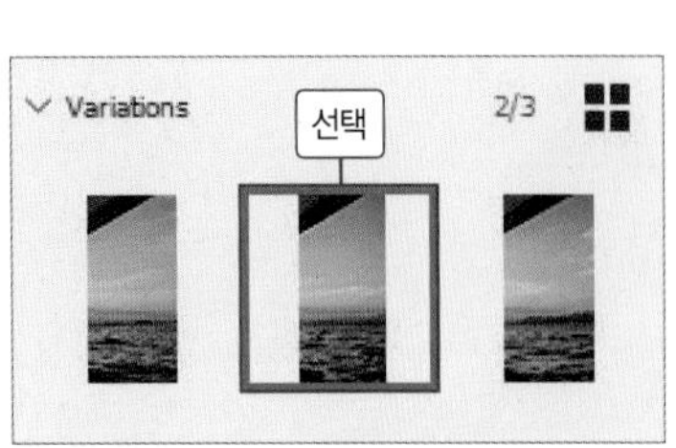

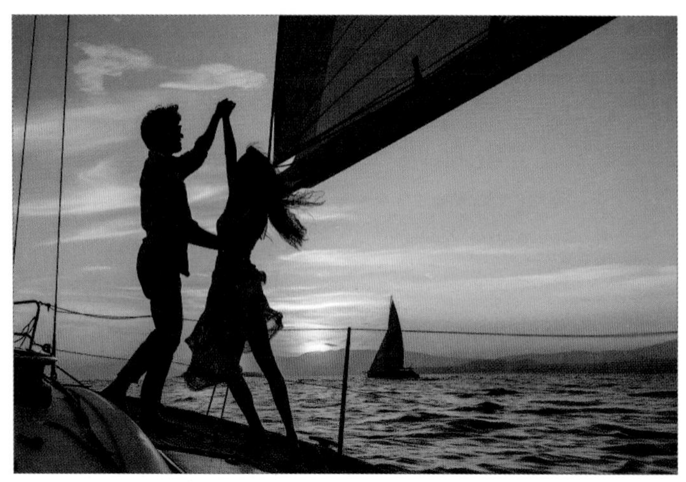

09 [문서] 탭에서 '마술봉도구.jpg'를 선택하고 Ctrl+C를 눌러 선택 영역을 복사합니다.

10 다시 [문서] 탭에서 '마술봉배경.jpg'를 선택하고 Ctrl+V를 눌러 복사한 향수병을 붙여넣습니다. Tools 패널에서 이동 도구(✥)를 선택하고 향수병을 오른쪽으로 이동하여 배치합니다.

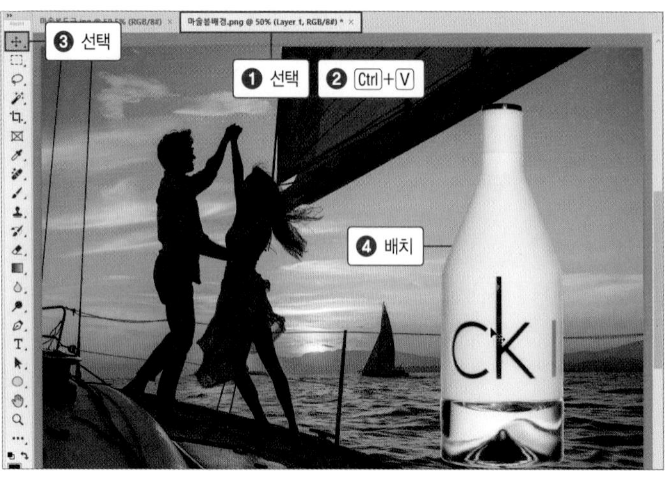

11 크기를 조정하기 위해 Ctrl+T를 누르고 조절점이 나타나면 모서리의 조절점을 드래그하여 크기를 문서에 어울릴 만한 크기로 조절한 다음 작업 표시줄의 <Done> 버튼을 클릭합니다.

12 문자를 입력하기 위해 Tools 패널에서 문자 입력 도구(T)를 선택합니다. 입력할 문구는 03 폴더의 '문구.txt' 파일을 참고합니다.

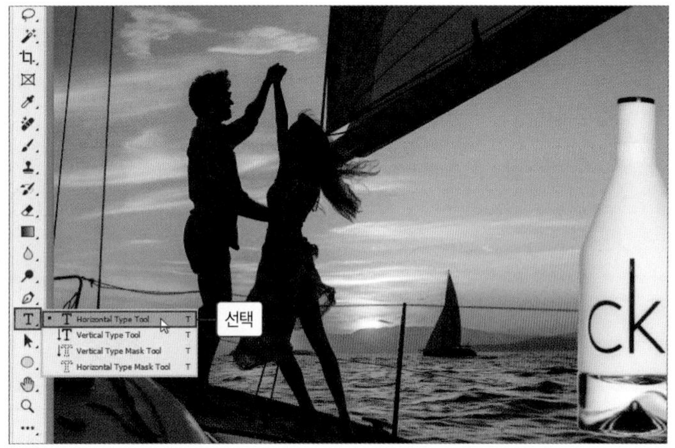

13 인물 부분을 클릭하여 문자 입력 상태로 만듭니다. '문구.txt'에서 타이틀 부분을 선택하고 Ctrl+C를 눌러 복사한 다음 포토샵에서 Ctrl+V를 눌러 붙여넣기 합니다.

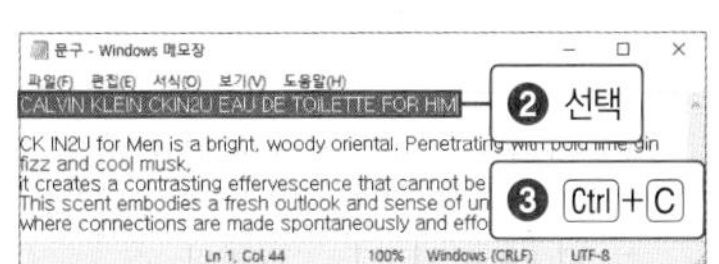

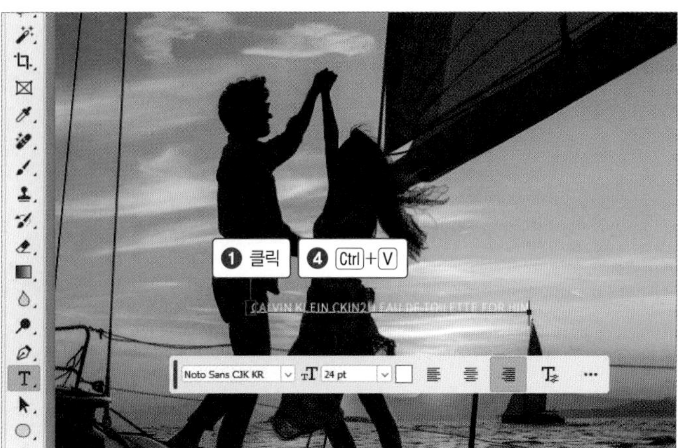

14 Tools 패널에서 이동 도구(✥)를 선택하고 작업 표시줄에서 글꼴 스타일을 'Noto Sans CJK KR', 글꼴 크기를 '36pt'로 지정합니다.

NOTE

문자 입력 도구(T)가 선택된 경우 입력한 텍스트를 드래그하여 선택하고 글꼴이나 크기를 변경해야 합니다.

15 같은 방법으로 나머지 텍스트도 문자 입력 도구(T)를 이용하여 붙여넣습니다. 입력된 문자의 글꼴 스타일을 같은 스타일로, 글꼴 크기를 '18pt'로 지정한 다음 'Left align text' 아이콘(≡)을 클릭하여 왼쪽으로 정렬합니다.

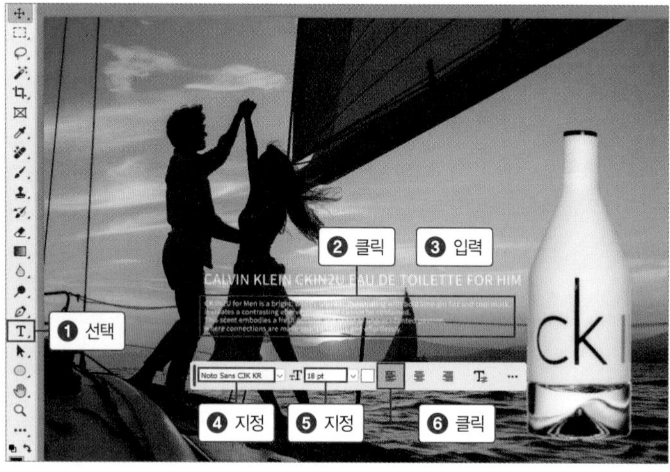

16 이동 도구(✥)를 이용하여 문구의 위치를 왼쪽에 배치해 완성합니다.

3.5 실습 예제 03 생성형 AI를 이용하여 사용자 브러시 설정하기

• **예제 파일** : 03\수평선.jpg • **완성 파일** : 03\수평선_완성.jpg

생성형 AI를 활용해 자연 형태의 브러시를 제작하고 적용해 보겠습니다. 최신 포토샵은 생성형 AI 기능으로 브러시와 패턴을 쉽게 만들 수 있어, 저작권 걱정 없이 다양한 브러시를 즉시 생성하고 활용할 수 있습니다.

01 Ctrl+O를 눌러 03 폴더에서 '수평선.jpg' 파일을 불러옵니다. 현재 이미지에서 하늘에 구름을 만들어 추가하겠습니다.

02 Ctrl+N을 눌러 New Document 대화상자가 표시되면 Width와 Height를 '1280'으로 설정하고 <Create> 버튼을 클릭하여 문서를 생성합니다.

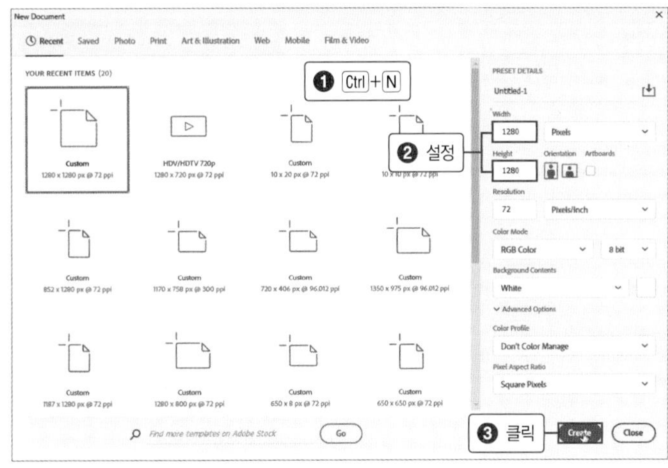

03 문서가 생성되면 구름 이미지를 만들기 위해 작업 표시줄에서 <Generate image> 버튼을 클릭합니다.

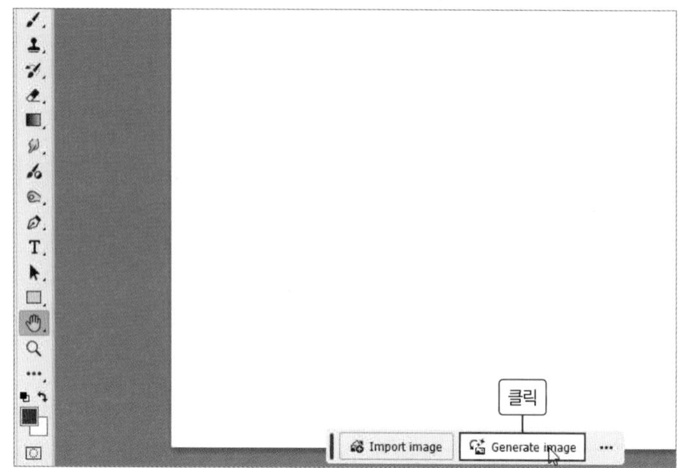

04 Generate image 창이 표시되면 입력창에 '흰 구름, 검정 배경'을 입력하고 Content type이 'Art', 'Photo'로 기본 지정되어 있는 것을 확인한 다음 <Generate> 버튼을 클릭합니다.

NOTE

만약 사진 형태나 일러스트 같은 형태로 생성하려면 Content type을 둘 중 하나로 지정하고 생성합니다.

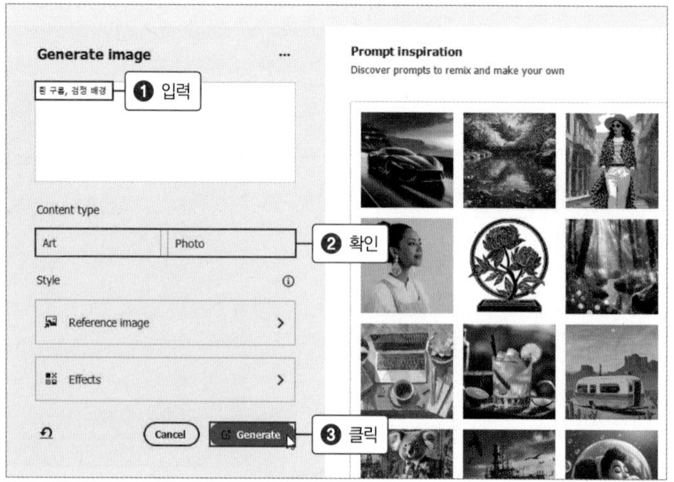

05 입력한 프롬프트를 기준으로 구름이 생성되었습니다.

Properties 패널에서 브러시 모양으로 사용할 적절한 이미지를 선택합니다.

NOTE

구름 이미지를 생성할 수 없는 경우 03 폴더에서 '구름소스.psd' 파일을 불러와서 브러시로 설정합니다. '구름소스.psd' 파일은 Invert 기능까지 설정된 파일입니다.

06 흑백을 전환하여 브러시로 만들기 위해 메뉴에서 [Image] → Adjustments → Invert를 실행합니다.

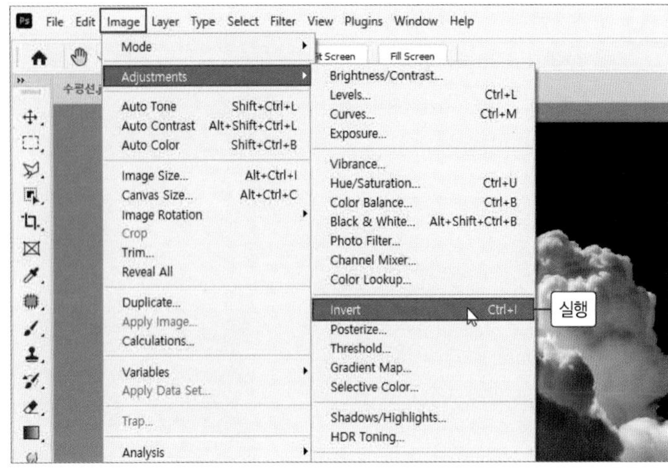

07 흑백이 반전되었습니다. 흰색은 투명하게 되며 명도에 따라서 브러시 모양으로 설정됩니다. 브러시로 만들기 위해 메뉴에서 [Edit] → Define Brush Preset을 실행합니다.

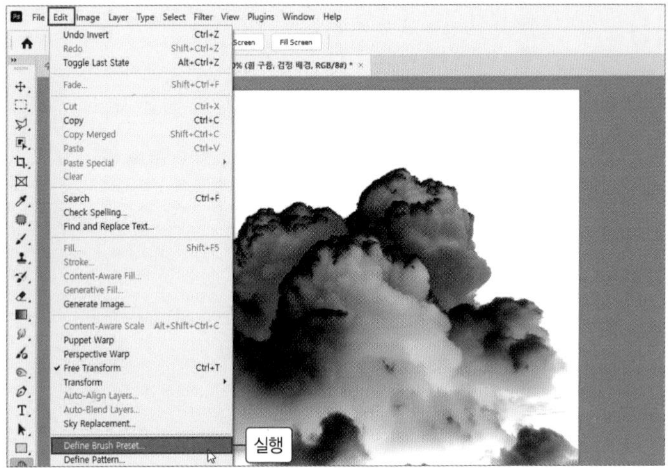

08 Brush Name 대화상자가 표시되면 저장할 브러시 이름을 '구름 브러시'로 입력하고 <OK> 버튼을 클릭합니다.

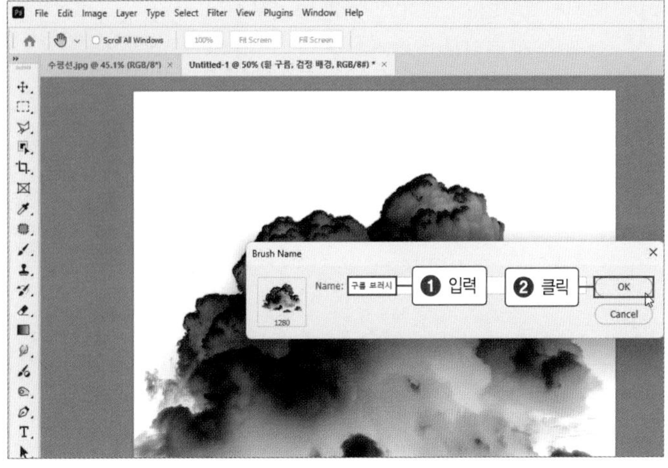

09 [문서] 탭에서 '수평선.jpg' 문서를 선택하고 Tools 패널에서 브러시 도구(![브러시 도구])를 선택한 다음 캔버스를 클릭하여 구름을 확인해 봅니다.

NOTE

전경색을 흰색으로 지정하고 문서로 이동하면 현재 설정된 문서의 크기 때문에 매우 큰 구름 모양의 구름이 표현됩니다.

10 Ctrl+Z를 눌러 그린 구름을 지웁니다. 옵션바에서 브러시 모양의 Brush Preset을 클릭하여 메뉴가 표시되면 Size를 '600px'로 설정하여 크기를 작게 만듭니다.

11 브러시 크기를 조정하면서 하늘 부분을 클릭하여 추가적으로 2~3개의 구름을 겹치듯 그립니다. 크기 조정은 옵션바에서 직접 크기를 지정하거나 [또는]를 눌러 조정할 수 있습니다.

12 〔문서〕 탭에서 구름을 생성한 문서를 선택하고 추가적으로 구름 브러시를 만들기 위해 생성된 구름 중 다른 이미지를 선택합니다.

NOTE

앞서 Invert를 설정했기에 자동으로 Smart Filters가 설정됩니다. 따라서 다른 구름 이미지도 흑백이 반전된 상태로 표시됩니다.

13 브러시로 만들기 위해 메뉴에서 〔Edit〕 → Define Brush Preset을 실행합니다. Brush Name 대화상자가 표시되면 Name에 '구름 브러시 2'를 입력하고 <OK> 버튼을 클릭합니다.

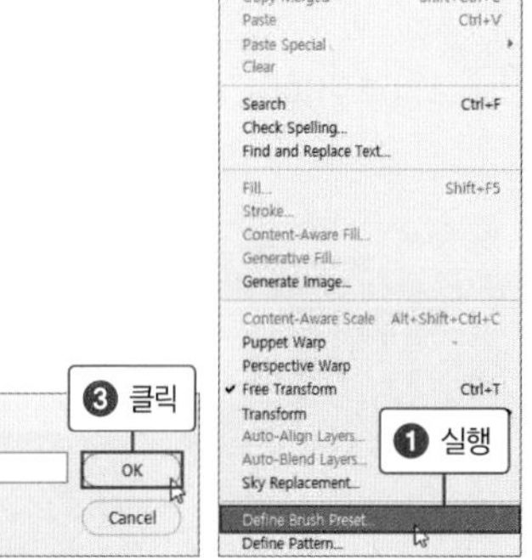

14 〔문서〕 탭에서 '수평선.jpg'를 선택하고 크기를 조정하면서 두 가지 구름 브러시로 구름을 그립니다. 크기 조정하면서 단조로워 보이지 않도록 만들어 완성합니다.

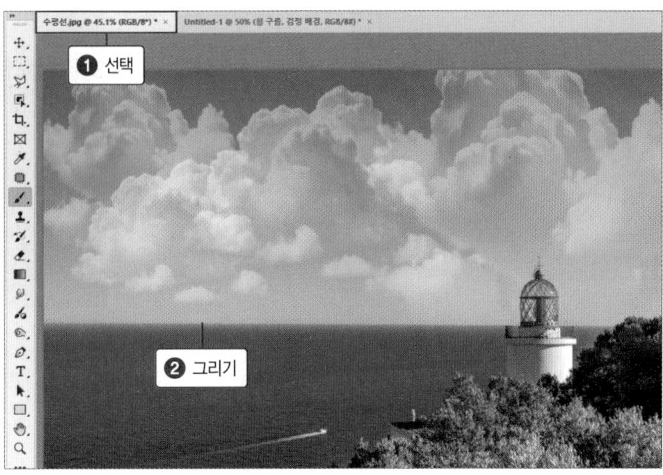

연습 문제 | 생성형 AI를 활용하여 이미지 편집 활용하기

01 파이어플라이를 이용하여 직접 다양한 이미지를 생성해 보세요.

• **예제 및 완성 파일** : 03\연습문제1~4.jpg

HINT 파이어플라이 사이트 접속하기 → 여러 번 프롬프트 수정을 반복하여 이미지 생성하기

02 그림과 어울리게 연출할 수 있는 브러시를 만들고, 브러시를 이용하여 효과를 합성해 보세요.

• **예제 및 완성 파일** : 03\소스2.png, 연습문제2.psd

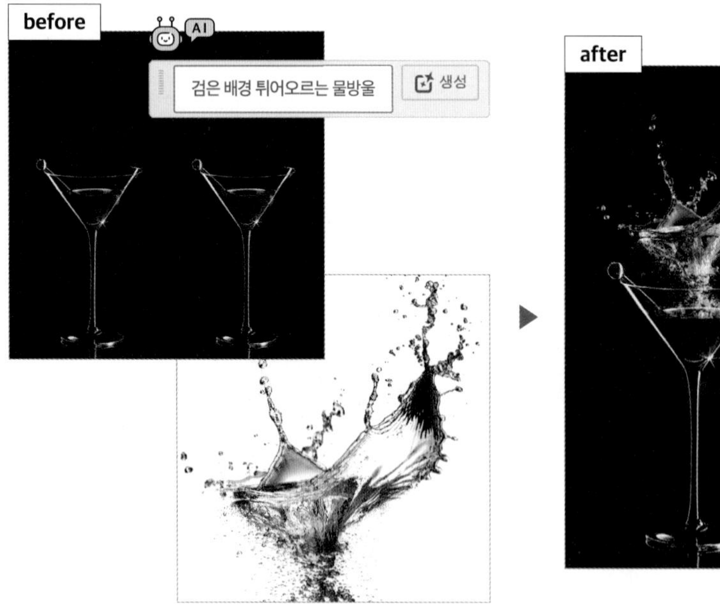

HINT AI로 브러시 이미지 만들기 → Define Brush Preset 기능으로 브러시 생성하기 → 이미지에 합성하기

WEEK 04

포토샵의 기본, 빠른 작업을 위한 선택

학 습 목 표

포토샵 활용의 기본적인 작업은 선택 영역을 만드는 것입니다. AI를 이용하여 자동으로 선택 영역을 만드는 기능도 있지만, 디테일한 작업을 위해는 직접 선택 영역을 생성하거나 수정해야 할 필요가 있습니다. 완성도 높은 작업을 위한 선택 도구 활용 방법을 알아봅니다.

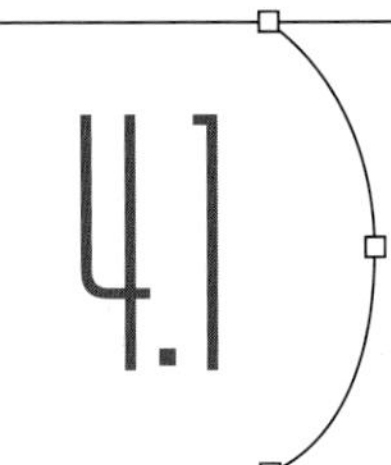

4.1 포토샵에서 문서 관리하기

포토샵 문서는 픽셀(Pixel)로 구성되어 있어 크기에 따라 용량과 해상도가 달라지며, 해상도는 문서의 크기와 선명도에 직접 영향을 미칩니다. 문서 크기가 크면 용량이 커지고 작업 속도가 느려질 수 있으므로 최적의 사이즈를 설정하는 것이 좋습니다. 일반적으로 웹용 문서는 72pixels/inch, 인쇄용 문서는 300pixels/inch 해상도를 기본으로 사용합니다.

Image Size 살펴보기

이미지 크기를 변경하는 기능으로, 이미지 전체를 조정할 수 있습니다. 절대 크기는 픽셀 단위로, 이미지 자체는 변형하지 않고 출력되는 크기만 상대적으로 조정할 수 있습니다. 메뉴의 〔Image〕 → Image Size(Ctrl+Alt+I)에서 조정할 수 있습니다.

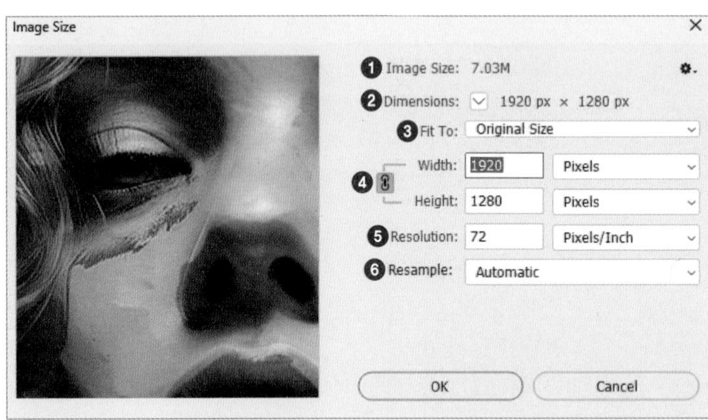

❶ **Image Size**: 현재 문서의 절대적인 크기로 저장되어 압축되면 표시된 용량과는 다릅니다.

❷ **Dimensions**: 절대적인 문서의 크기를 표시합니다. 기본 단위는 Pixel로, 단위 변경이 가능합니다.

❸ **Fit To**: 이미지 크기를 사전 설정에 맞춰 조정합니다.

❹ **Width/Height**: 이미지의 가로세로 크기를 설정합니다.

❺ **Resolution**: 해상도를 설정할 수 있습니다.

❻ **Resample**: 이미지 크기 및 해상도 변경 시 픽셀 수를 기준으로, 절대적인 크기 변경 없이 상대적으로 조정하는 것과 실제 문서의 크기를 변화하는 것을 선택합니다.

Canvas Size 살펴보기

문서의 크기를 변경할 때 사용하는 기능으로, 이미지의 크기는 유지한 상태에서 문서의 자체 크기를 변경하는 기능입니다. 메뉴의 〔Image〕 → Canvas Size(Ctrl+Alt+C)에서 조정할 수 있습니다.

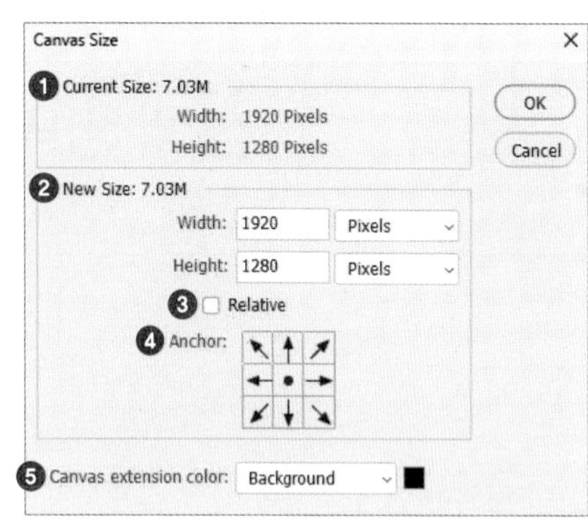

❶ **Current Size**: 문서의 실제 크기입니다.

❷ **New Size - Width/Height**: 문서의 가로세로 크기를 절댓값으로 설정합니다.

❸ **Relative**: 현재 문서를 기준으로 Width/Height에 변화되는 값을 입력하여 설정할 수 있습니다.

❹ **Anchor**: 확장하거나 축소되는 방향을 설정합니다.

❺ **Canvas extension color**: 문서가 확장되는 경우 늘어난 배경을 처리하는 방법을 설정합니다.

Artboard 살펴보기

포토샵도 일러스트레이터처럼 Artboard(대지) 기능을 제공하는데, 일러스트와는 조금 다르게 Layers 패널에 표시되므로, 레이어의 그룹 개념으로 이해할 수 있습니다.

Layers 패널에서 마우스 오른쪽 버튼을 클릭하고 New Artboard 선택하여 생성하거나 Tools 패널에서 아트보드 도구(□)를 이용하여 Artboard를 추가할 수 있습니다. 도구를 이용하는 경우 포토샵의 캔버스 배경을 드래그하여 원하는 크기로 새로운 Artboard를 생성할 수 있으며, Layers 패널에서 그룹 형태로 구분되어 있는 Artboard를 확인할 수 있습니다. 이 Artboard를 선택하면 Properties 패널에서 관련 설정을 조정하는 것도 가능합니다.

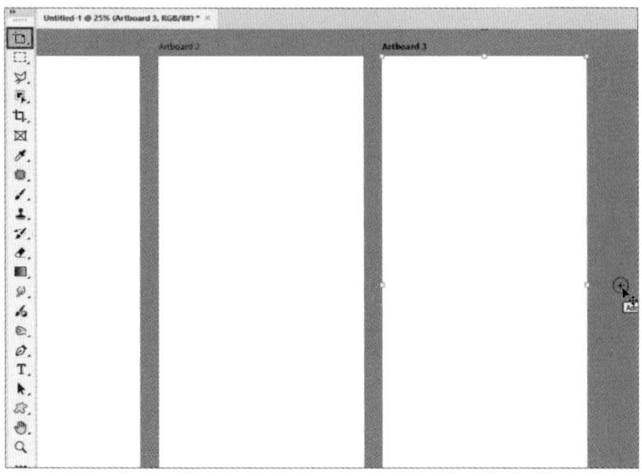

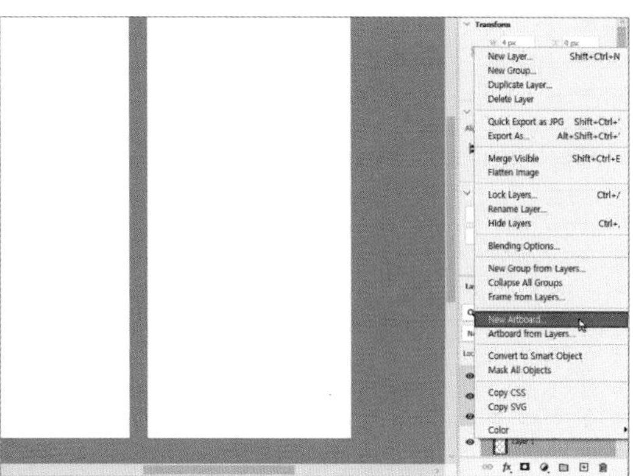

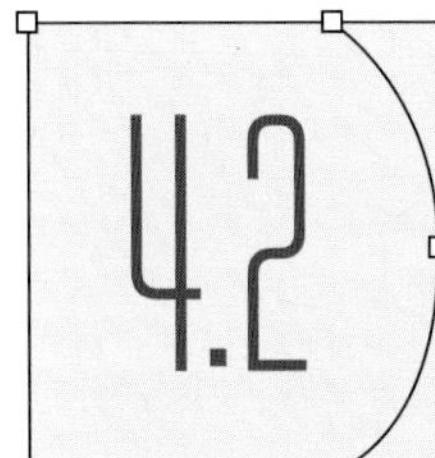

실습 예제 01

4.2 선택 영역 만들고 수정하여 합성하기

• **예제 파일** : 04\선택영역_사무실.jpg • **완성 파일** : 04\선택영역_완성.psd

선택 영역은 합성을 위한 가장 기본적이면서도 중요한 기능입니다. 선택을 정확하게 하면 전체적인 합성 퀄리티도 향상되기 때문에 선택 관련 도구 사용은 매우 중요합니다. 기본적인 사각형 선택 영역 도구를 이용하여 선택 영역을 만들고 합성해 보겠습니다.

01 Ctrl+O를 눌러 04 폴더에서 '선택영역_사무실.jpg' 파일을 불러옵니다. 창문 부분을 보면 옆 건물이 보입니다. 이 부분을 선택 영역으로 지정하여 다른 배경으로 변경하겠습니다.

02 Tools 패널에서 돋보기 도구(🔍)를 선택하고 왼쪽 상단에 있는 창문 부분을 클릭해 확대합니다. 사각형 선택 윤곽 도구(⬚)를 선택하고 창문 크기에 맞춰 드래그하여 사각형 선택 영역을 지정합니다.

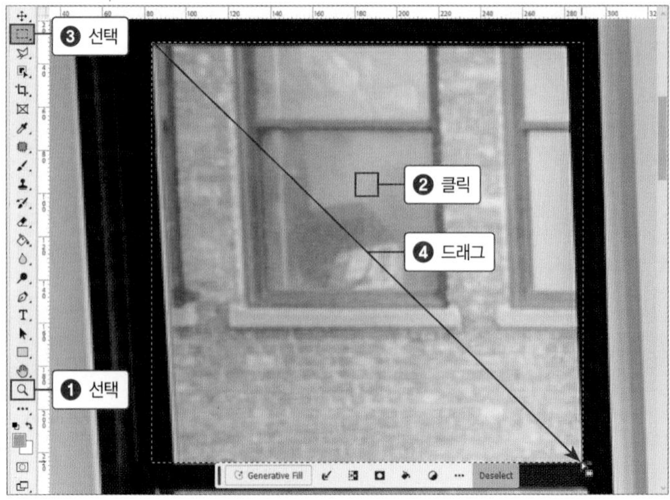

03 선택 영역을 수정하기 위해 메뉴에서 [Select] → Transform Selection을 실행합니다.

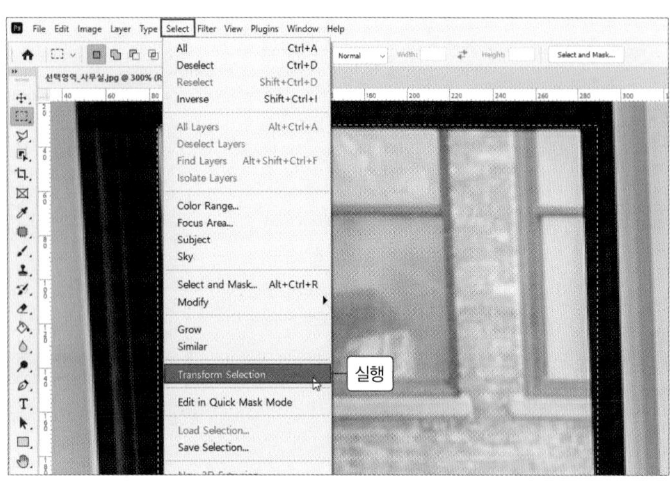

NOTE

선택 영역이 잘못 지정되었다면 작업 표시줄에서 <Deselect> 버튼을 클릭하여 선택 영역을 해제할 수 있습니다. 하지만 선택되지 않은 영역을 클릭하거나 선택 영역 외부에서 다시 선택 영역을 생성하면 이전 선택 영역은 사라지게 됩니다.

04 조절점을 드래그하면 사각형 형태가 유지된 상태에서 크기 조정이 됩니다. 그러나 창은 사각형이 조금 왜곡된 형태이므로 Ctrl를 누른 상태로 각 조절점을 이동해 창문의 모서리에 맞게 영역을 조절합니다. 선택 영역 수정이 완료되면 Enter를 누르거나 작업 표시줄의 <Done> 버튼을 클릭합니다.

TIP 다각형 올가미 도구와 자석 올가미 선택 도구

❶ 다각형 올가미 도구(): 외곽선을 따라 클릭하면 점이 생성되며 점 간에 선을 연결하여 선택 영역을 만들 수 있습니다. 빠른 선택 도구나 오브젝트 선택 도구처럼 복잡한 형태를 빠르게 선택할 수 있도록 도와주는 기능이 없을 때는 펜 도구를 이용하거나 다각형 올가미 도구 등을 이용하여 선택 영역을 합니다. Tools 패널에서 도구를 선택하고 선택하려는 부분으로 이동하여 꼭짓점이나 형태가 변화되는 부분을 따라 클릭하면서 점을 이어갑니다. 그리고 시작한 지점으로 이동하여 다각형 올가미 도구 오른쪽 하단에 ○ 표시가 나타나면 클릭해 선택 영역을 만들 수 있습니다.

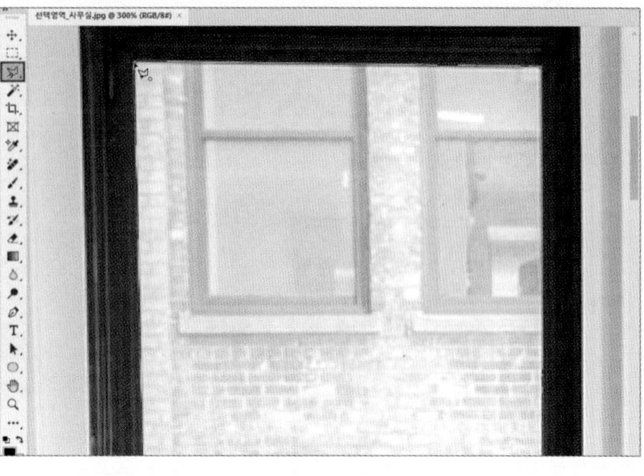

❷ **자석 올가미 도구(** **):** 자동으로 색상과 명도의 차이 부분을 따라가면서 선택 영역을 만들어 주는 기능으로, 드래그만으로도 자동으로 점이 추가되면서 점과 점을 연결하는 선이 표시되면서 선택 영역을 만드는 기능입니다. 그러나 디테일한 선택 영역을 만드는 데 한계가 있기 때문에 옵션바에서 세부 사항을 조절하면서 선택 영역을 만들어야 합니다.
Tools 패널에서 도구를 선택하고 선택하려는 오브젝트의 경계선을 클릭하고 경계선 부근을 따라 드래그하면 자동으로 점이 추가되면서 선택 영역을 만들 수 있습니다.

05

나머지 창도 선택 영역을 지정하기 위해 Shift를 누른 상태에서 사각형 선택 윤곽 도구( )를 이용하여 드래그하면 추가되지만, 이 경우 선택 영역 수정이 전체 선택 영역을 기준으로 적용되기 때문에 선택 영역을 저장하고 새로운 선택 영역으로 만들어야 합니다. 따라서 선택 영역을 저장하기 위해 메뉴에서 [Select] → Save Selection을 실행합니다.

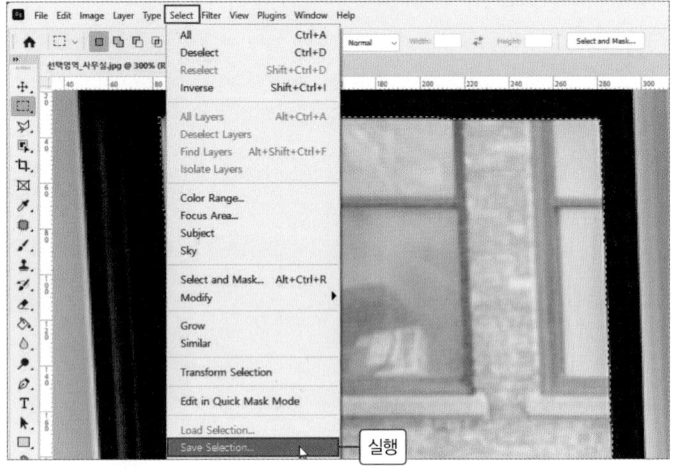

06

Save Selection 대화상자가 표시되면 Channel을 'New'로 지정하고 Name에 'window01'을 입력한 다음 <OK> 버튼을 클릭하여 선택 영역을 저장합니다. Channel 패널에 선택 영역이 저장되고 입력한 이름으로 생성된 채널을 확인할 수 있습니다.

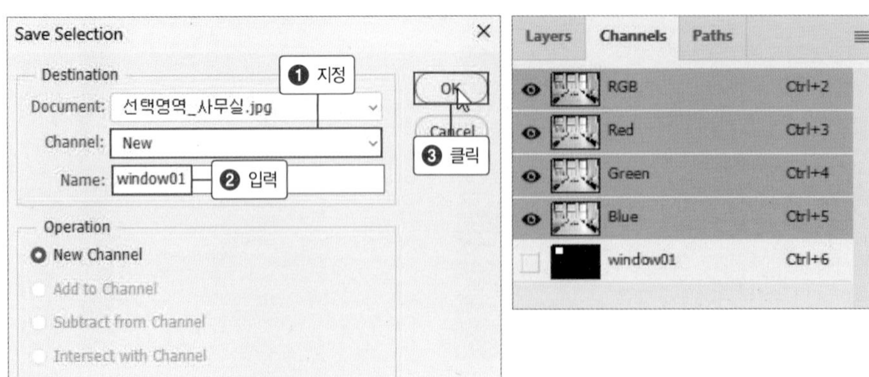

07 같은 방법으로 두 번째 창을 선택 영역으로 지정하고 메뉴에서 〔Select〕 → Save Selection을 실행합니다.

08 Save Selection 대화상자가 표시되면 Channel에 'window01'을 입력하고 Operation을 'Add to Channel'로 선택한 다음 <OK> 버튼을 클릭하여 선택 영역을 저장합니다. 같은 방법으로 전면에 보이는 다른 창들도 선택 영역으로 만들고 같은 방법으로 'window01' 채널에 선택 영역을 추가하여 저장합니다.

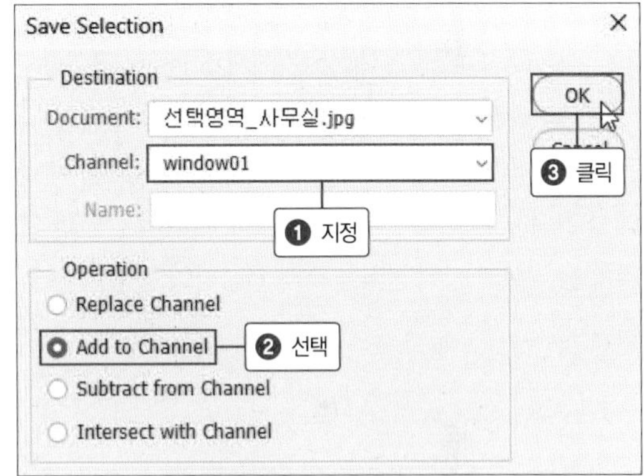

09 Channel 패널에서 'window01' 채널을 선택하면 6개의 창에 해당하는 선택 영역이 'window01' 채널에 저장되어 있는 것을 확인할 수 있습니다. 선택 영역은 흰색으로, 선택되지 않은 영역은 검은색으로 표시됩니다.

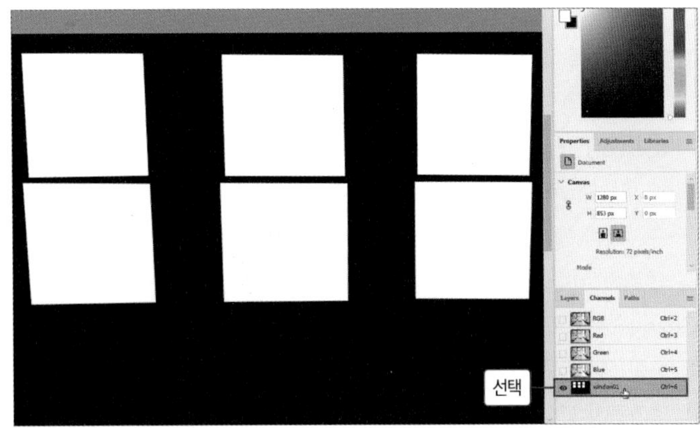

10 같은 방법으로 오른쪽에 있는 창문 윗부분을 선택 영역으로 지정하고 선택 영역을 저장하기 위해 메뉴에서 [Select] → Save Selection을 실행합니다.

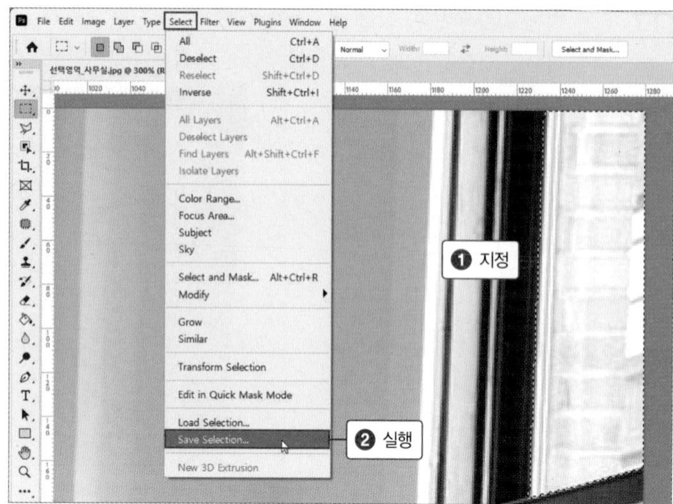

11 Save Selection 대화상자에서 Channel을 'New'로 지정하고 Name에 'window02'를 입력한 다음 <OK> 버튼을 클릭합니다. 선택 영역이 새로운 채널에 추가되어 저장되기 때문에 필요에 따라서 정면과 오른쪽 창 부분의 선택 영역을 각각 저장하여 활용할 수 있습니다.

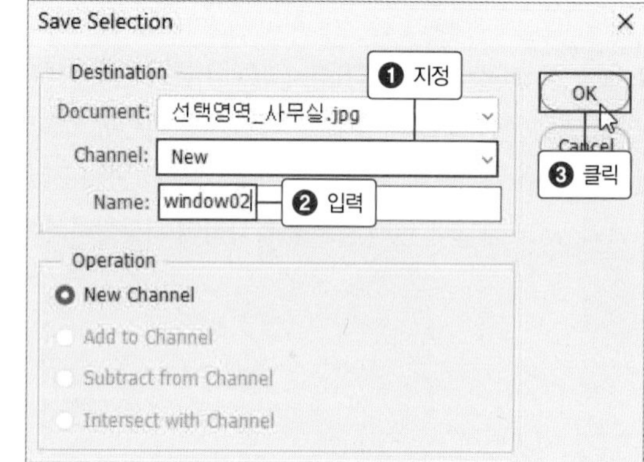

12 오른쪽 아래에 있는 창도 선택 영역으로 지정하고 메뉴에서 [Select] → Save Selection을 실행합니다. Save Selection 대화상자가 표시되면 Channel에 'window02'를 입력하고 Operation을 'Add to Channel'로 선택한 다음 <OK> 버튼을 클릭하여 선택 영역을 두 번째 채널에 추가하여 저장합니다.

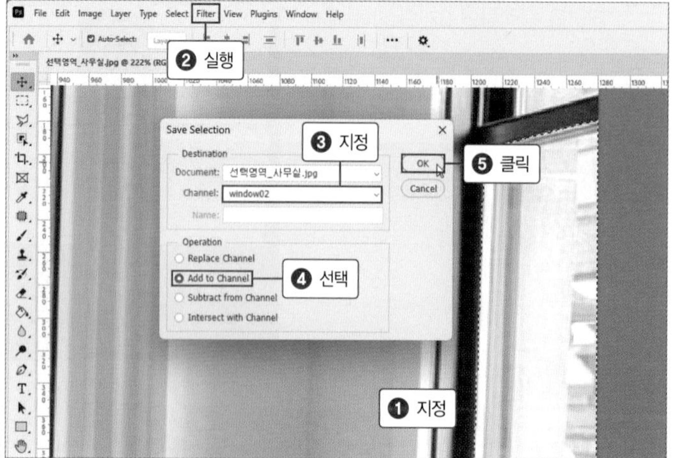

13 선택 영역을 정면 창과 오른쪽 창으로 각각 저장했기에 Channel 패널을 보면 2개의 선택 영역 관련 채널이 생성된 것을 확인할 수 있습니다.

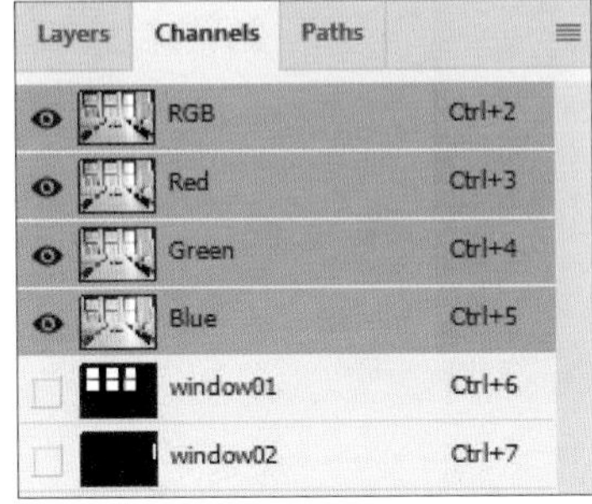

14 정면의 창을 선택 영역으로 지정하여 활용하기 위해 Channel 패널에서 'window01' 채널 선택하고 'Load channel as selection' 아이콘(⬚)을 클릭합니다. 채널의 흰 부분이 선택 영역으로 지정됩니다.

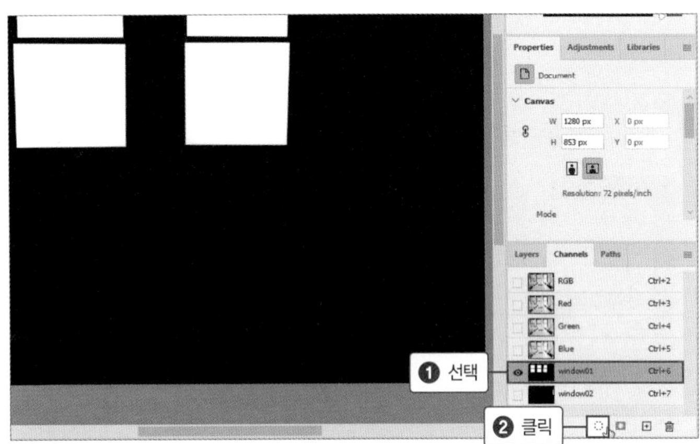

15 이미지를 보면서 선택 영역을 확인하기 위해 Channel 패널의 'RGB' 채널을 선택합니다.

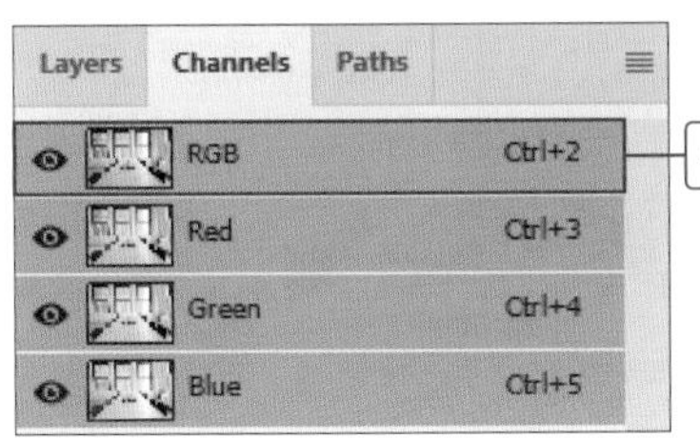

16 Layers 패널을 선택하고 돋보기 도구( )를 이용하여 선택 영역을 확인합니다. 선택 영역에 생성형 AI를 활용하여 배경을 만들기 위해 작업 표시줄에서 '따스한 햇살이 비치는 정원'을 입력하고 <Generate> 버튼을 클릭합니다.

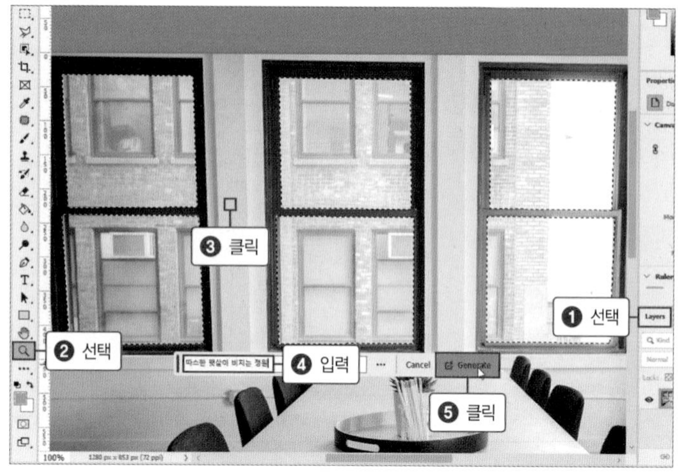

TIP 선택 영역에 다른 이미지 합성하기

선택 영역에 이미지를 합성할 때는 단순히 붙여넣기하는 것이 아니라, 선택 영역 안으로 정확하게 붙여넣기 위해 Paste Into 기능을 사용합니다.

❶ 붙여넣기 할 이미지(정원.jpg)를 포토샵으로 불러옵니다. Ctrl+A를 눌러 전체 선택하고 Ctrl+C를 눌러 복사합니다.

❷ 선택 영역이 지정되어 있는 상태로 메뉴에서 [Edit] → Paste Special → Paste Into(Ctrl+Alt+Shift+V)를 실행합니다.

❸ 선택 영역 안으로 복사한 이미지가 붙여넣기 되며 Layers 패널에 붙여넣은 이미지와 레이어 마스크가 생성됩니다. 자연스럽게 만들기 위해 Ctrl+T를 누른 다음 크기를 조정합니다.

❹ 사각형 선택 영역 내에 다른 이미지가 합성되었습니다.

17 Properties 패널에서 가장 적합한 정원 이미지를 선택합니다. 선택 영역이 여러 개로 분리되어 있어 연결되지 않은 형태로 생성될 수 있으니 자연스럽게 연결된 이미지를 선택합니다.

18 오른쪽 창도 선택 영역을 불러와 합성하기 위해 Channel 패널을 선택합니다. 'window02' 채널을 선택하고 'Load channel as selection' 아이콘( ) 클릭하여 해당 채널을 선택 영역으로 지정한 다음 'RGB' 채널을 선택하여 이미지 상태에서 선택 영역을 확인합니다. 다시 Layers 패널을 선택합니다.

19 작업 표시줄에서 '창문 밖 정원'을 입력하고 <Generate> 버튼을 클릭합니다. 가장 잘 어울리는 적합한 생성형 이미지를 선택하여 완성합니다.

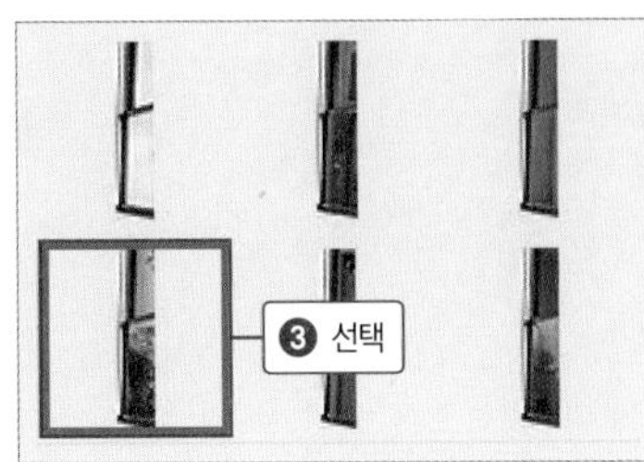

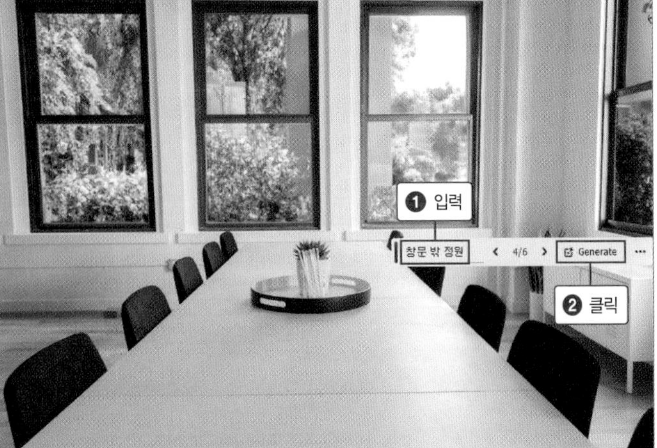

4.3 실습 예제 02 오브젝트 선택 도구로 빠르게 선택 영역 만들어 합성하기

• **예제 파일 :** 04\요가.jpg, 요가배경.jpg • **완성 파일** : 04\요가배경_완성.psd

포토샵에 생성형 AI가 추가되면서 선택 영역도 자동으로 정확하고 빠르게 선택이 가능해졌습니다. 오브젝트 선택 도구를 이용하여 선택 영역을 만들고 합성하는 방법을 알아보겠습니다.

01 Ctrl+O를 눌러 04 폴더에서 '요가.jpg', '요가배경.jpg' 파일을 각각 불러옵니다. 요가하는 사람을 선택 영역으로 만들기 위해 [문서] 탭에서 '요가.jpg'를 선택합니다.

02 Tools 패널에서 오브젝트 선택 도구()를 선택하고 요가하는 사람 부분으로 마우스 커서를 이동하면 테두리를 따라서 분홍색 선이 표시되고 투명도가 적용된 영역이 채워집니다. 이 영역을 클릭합니다.

03 사람을 따라 머리 부분까지 영역이 선택됩니다. 빠른 속도로 선택 영역을 만들 수 있고, 경계선이 명확한 경우 높은 정확도로 선택 영역을 만들 수 있습니다.

NOTE

Ctrl+T를 눌러 자유 변형을 사용하여 크기를 조정해도 됩니다.

04 〔문서〕 탭에서 '요가배경.jpg'를 선택합니다. 사람 뒷모습을 제거하고 배경을 자연스럽게 생성하기 위해 Tools 패널에서 올가미 도구(〔아이콘〕)를 선택합니다. 사람보다 조금 크게 선택 영역을 만들기 위해 이미지보다 조금 더 크게 드래그하여 선택 영역을 지정합니다.

05 선택 영역이 완성되면 작업 표시줄의 프롬프트에 아무것도 입력하지 않은 상태로 <Generate> 버튼을 클릭합니다.

06 Properties 패널에서 생성된 배경 중 가장 자연스럽게 생성된 이미지를 선택합니다.

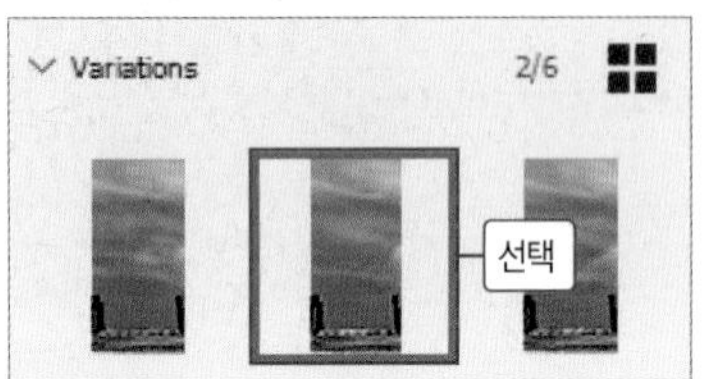

07 [문서] 탭에서 '요가.jpg'를 선택하고 선택 영역으로 지정된 사람을 복사하기 위해 Ctrl+C를 누릅니다.

08 다시 [문서] 탭에서 '요가배경.jpg'를 선택하고 Ctrl+V를 눌러 붙여넣습니다. Tools 패널에서 이동 도구(✥)를 선택하고 원래 인물이 있었던 위치로 붙여넣기 한 인물을 이동합니다.

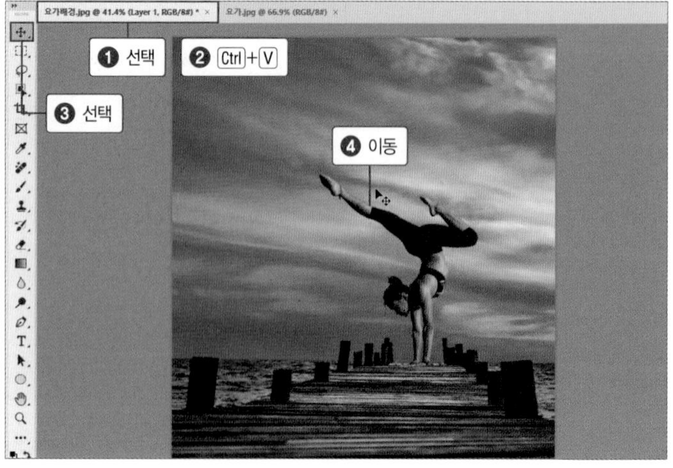

09 크기를 조정하기 위해 메뉴에서 〔Edit〕→ Transform → Scale을 실행합니다.

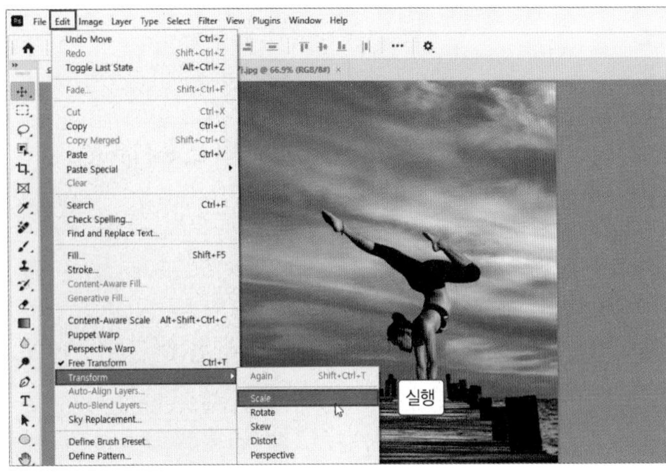

10 기존에 있던 인물의 크기와 비슷하게 만들기 위해 조절점을 드래그하여 크기를 조정합니다. 크기 조정이 완료되면 작업 표시줄에서 <Done> 버튼을 클릭하거나 Enter를 누릅니다.

11 색상이 배경과 어울리지 않기 때문에 보정 레이어를 사용하여 색상을 조정하겠습니다. Adjustment 패널을 선택하고 'Hue/Saturation'을 클릭하여 색상과 채도, 명도를 조정할 수 있는 보정 레이어를 생성합니다.

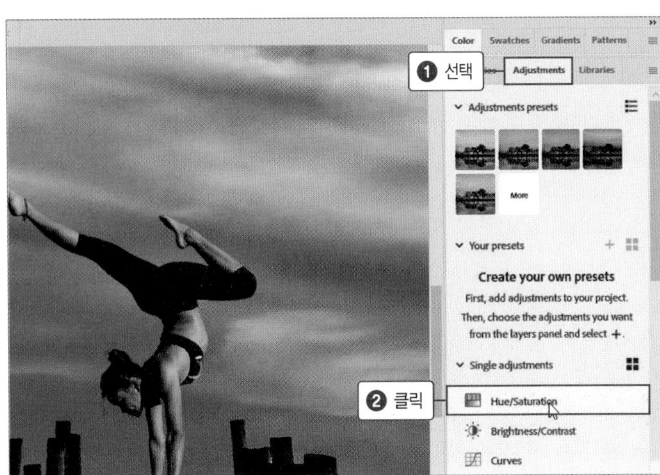

4

포토샵의 기본, 빠른 작업을 위한 선택

12 Properties 패널에 적용한 보정 레이어의 옵션값을 조정할 수 있는 슬라이더가 표시됩니다. 채도를 조정하기 위해 Saturation을 '-50'으로 설정합니다. 채도 값이 조정되었으나 사람 외에 배경도 같이 적용되는 것을 확인할 수 있습니다.

13 요가하는 사람에게만 보정 레이어 효과를 적용하기 위해 Alt를 누른 상태로 '보정' 레이어와 '요가하는 사람' 레이어의 경계선 부분을 클릭합니다. Properties 패널에서 색상과 명도를 조정하기 위해 Hue를 '-15', Lightness를 '-20'으로 설정하여 배경과 자연스럽게 합성되도록 색상을 조정합니다.

14 Tools 패널에서 손 도구(✋)를 더블클릭하여 문서 전체를 확인합니다. 배경과 잘 어울리도록 합성된 것을 확인할 수 있습니다.

NOTE

Lightness를 더 낮춰서 실루엣만 나오도록 보정할 수도 있습니다.

TIP 선택 영역 이동 방법

작업하면서 선택 영역 이동을 해야 하는 경우가 있습니다. 이는 선택된 도구에 따라서 다른 결과를 얻게 됩니다. 선택 관련 도구가 선택되었다면 선택 영역이 이동하지만, 이동 도구가 선택되었다면 선택 영역에 있는 이미지가 같이 이동됩니다.

❶ 사각형 선택 윤곽 도구(⬚)로 시계 부분을 드래그하여 선택 영역이 지정된 상태입니다.

❷ 선택 관련 도구를 이용하여 선택 영역을 드래그하면 선택 영역만 이동됩니다.

❸ 이동 도구(✥)를 이용하여 드래그한 경우 선택 영역에 있는 내용이 이동됩니다. 배경 레이어인 경우 배경색으로 채워지며, 레이어 상태는 투명 상태가 됩니다.

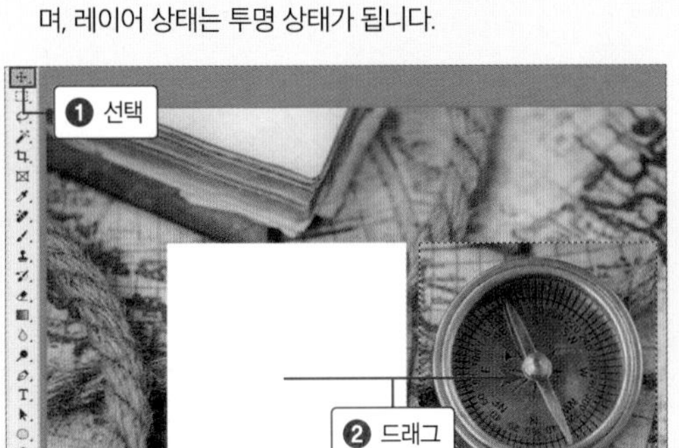

❹ 이동 도구(✥)를 선택하고 Alt를 누른 상태로 이동하면 선택 영역이 복사되어 이동됩니다.

4 포토샵의 기본, 빠른 작업을 위한 선택

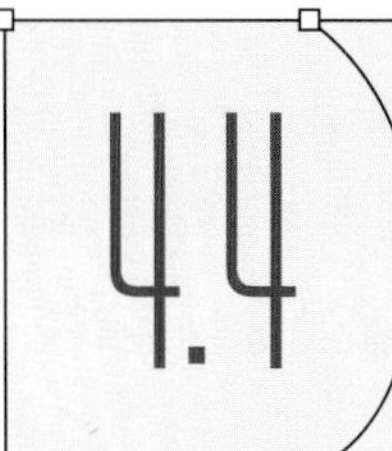

실습 예제 03

빠른 선택 도구를 활용한 이미지 보정하기

• **예제 파일** : 04\빠른선택_소녀.jpg, 빠른선택_배경.jpg • **완성 파일** : 04\빠른선택_완성.psd

과거에는 선택 영역을 만들 때 주로 돋보기 도구와 빠른 선택 도구를 사용했지만, 최근 AI 기술의 발달로 오브젝트 선택 도구를 통해 더 쉽게 선택할 수 있게 되었습니다. 상황에 맞게 적절한 도구를 사용하는 것이 중요하며, 오브젝트 선택 도구로 선택한 후 이를 수정할 수도 있습니다. 또한, 빠른 선택 도구에서 Select Subject 기능을 사용하면 오브젝트 선택 도구와 비슷한 방식으로 활용할 수 있습니다.

01 Ctrl+O를 눌러 04 폴더에서 '빠른선택_소녀.jpg' 파일을 불러옵니다. 선택 영역을 만들기 위해 Tools 패널에서 빠른 선택 도구( )를 선택합니다.

02 그림과 같이 인물 부분을 확대하고 선택할 곳을 칠하듯이 드래그하면 자동으로 비슷한 영역끼리 선택 영역으로 지정됩니다. 좀 더 세밀하게 선택하려면 [를 눌러 브러시를 작게 조절하여 작업합니다.

03 잘못 지정하여 선택 영역을 제거해야 하는 경우에는 Alt를 누릅니다. 이때 브러시에 - 표시가 생기며, 이 상태로 클릭하거나 드래그하면 선택 영역에서 제외됩니다.

TIP **오브젝트 선택 도구**

오브젝트 선택 도구(◩)를 이용하면 좀 더 쉽고 빠른 선택이 가능하지만, 본 예제에서는 학습을 위해 빠른 선택 도구(◩)를 활용하는 예제이므로 빠른 선택 도구(◩)를 이용합니다. 오브젝트 선택 도구(◩)를 이용하여 선택 영역이 만들어진 경우에도 필요에 따라서 선택 영역 수정이 필요합니다. 이 경우 다양한 선택 도구를 사용하거나 빠른 선택 도구를 활용할 수도 있습니다.

04 확대하면서 소녀를 모두 선택 영역으로 지정합니다. 이제 배경 이미지를 직접 생성하고 소녀를 복사한 다음 배경 위에 배치하여 사용하겠습니다.

05 배경을 만들기 위해 파이어플라이(firefly.adobe.com/) 사이트에 접속합니다. 프롬프트 입력 창에 '동화 속 마을에 과자로 만든 집과 요정 친구들'을 입력하고 <생성하기> 버튼을 클릭합니다.

NOTE

파이어플라이 사이트가 아닌 포토샵 내에 있는 Generative Image로도 동일하게 만들 수 있습니다.

06 자동 생성 이미지는 정사각형이므로 가로세로비율을 '와이드스크린(16:9)'로 지정하고 '보케 효과', '겹겹이 쌓인 종이', '디지털 아트'를 선택한 다음 <생성하기> 버튼을 클릭합니다. 생성된 이미지에서 인물 합성 배경으로 적합한 이미지를 다운로드합니다.

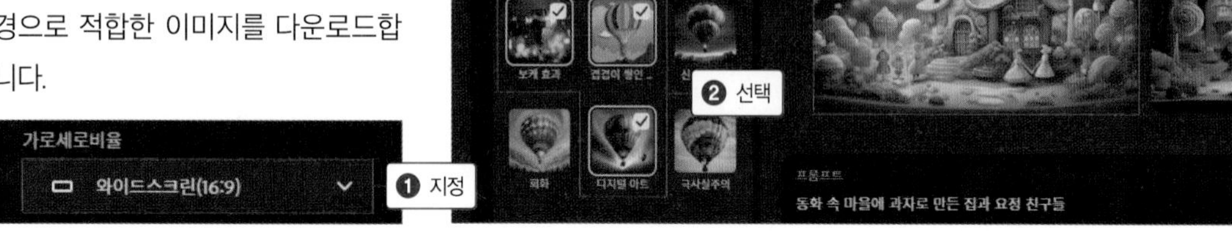

07 포토샵으로 돌아와서 파이어플라이에서 생성한 이미지를 불러옵니다. 만약 적합한 이미지를 생성하지 못했다면 04 폴더에서 '빠른선택_배경.jpg' 파일을 불러옵니다.

08 〔문서〕 탭에서 '빠른선택_소녀.jpg'를 선택하고 Ctrl+C를 눌러 선택 영역을 지정한 소녀를 복사합니다. 다시 〔문서〕 탭에서 '빠른선택_배경.jpg'를 선택하고 Ctrl+V를 눌러 붙여넣은 다음 이동 도구(✥)를 사용하여 적절한 위치에 배치합니다.

09 Layers 패널에서 'Background' 레이어의 '눈' 아이콘(👁)을 클릭하여 숨김 상태로 만들면 소녀의 모서리 부분이 깔끔하게 보이지 않습니다. 레이어의 경계 부분을 조정하기 위해 메뉴에서 〔Layer〕 → Matting → Defringe를 실행합니다. Degringe 대화상자가 표시되면 Width를 '1pixel'로 설정하고 <OK> 버튼을 클릭합니다.

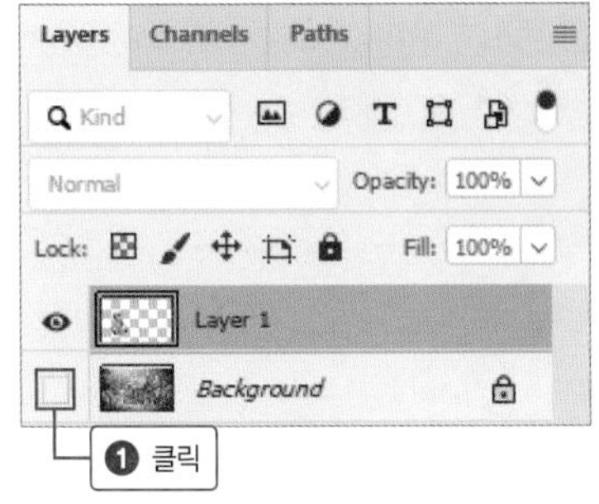

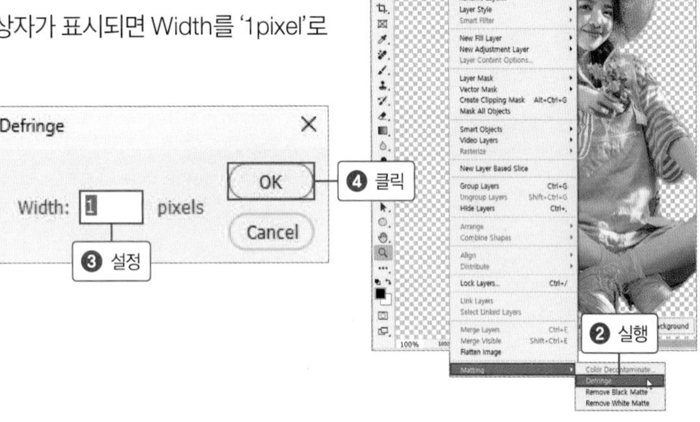

10 다시 'Background' 레이어의 '눈' 아이콘(👁)을 클릭합니다. 동화같은 숲속에 소녀가 앉아 있는 합성 사진을 완성하였습니다.

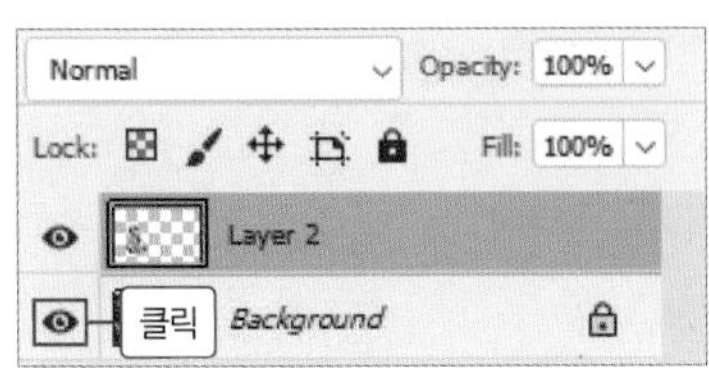

4
포토샵의 기본, 빠른 작업을 위한 선택

4.5

실습 예제 04

퀵 마스크 모드를 활용하여 선택 영역 수정하고 필터 적용하기

• **예제 파일** : 04\퀵마스크.jpg • **완성 파일** : 04\퀵마스크_완성.psd

포토샵에는 레이어 마스크와 퀵 마스크 같은 다양한 마스크 기능이 있습니다. 퀵 마스크 모드는 선택 영역을 만들거나 수정할 수 있으며, 선택 영역을 색으로 표현해 필터나 브러시 효과 등 다양한 방식으로 활용할 수 있습니다. 퀵 마스크 모드를 사용해 간단하게 팝아트 느낌의 배경을 만들어 보겠습니다.

01 Ctrl+O를 눌러 04 폴더에서 '퀵마스크.jpg' 파일을 불러옵니다. 선택 영역을 만들기 위해 Tools 패널에서 오브젝트 선택 도구( )를 선택하고 강아지를 클릭합니다.

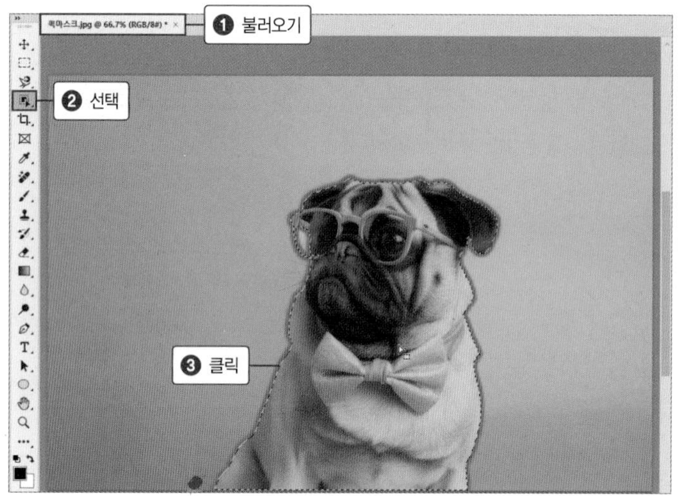

02 Tools 패널에서 돋보기 도구( )를 선택하고 선글라스 부분을 클릭해 확대하면 선택 영역이 잘못되어 있는 것을 확인할 수 있습니다. 선택 영역을 수정하기 위해 퀵 마스크 모드를 활용하겠습니다.

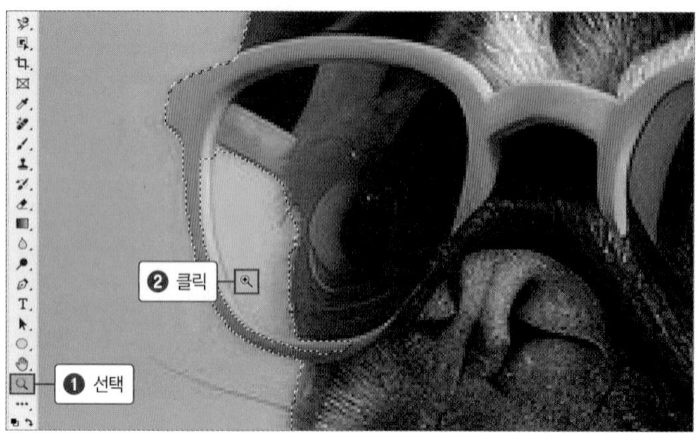

03 Tools 패널에서 '퀵 마스크 모드' 아이콘(◙)을 클릭합니다. 퀵 마스크 모드가 활성화되면서 선택 영역이 아닌 부분은 투명도가 적용된 빨간색으로 적용됩니다. 선택 영역 수정을 위해 다각형 올가미 도구(⊠)를 선택하고 안경 부분에 채워진 빨간색 테두리 영역을 클릭하면서 선택 영역으로 지정합니다.

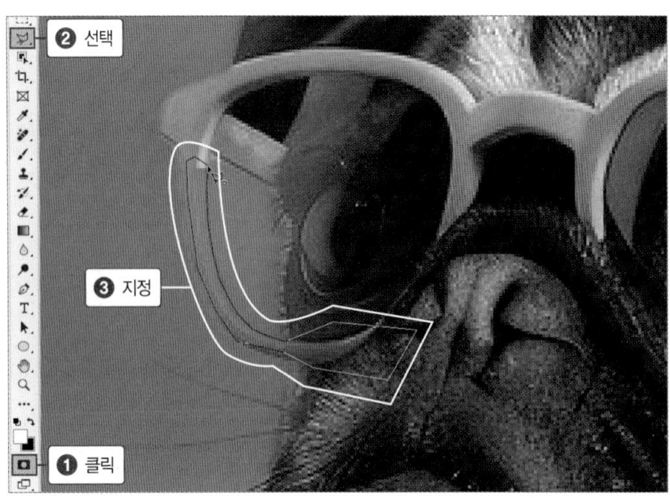

TIP **퀵 마스크 모드로 선택 영역 지정하기**

퀵마스크 모드는 선택 영역과 선택되지 않은 영역을 색으로 표시합니다. 선택 영역으로 바뀌는 부분은 투명하며 선택 영역이 아닌 곳은 투명도가 적용된 빨간색이 채워집니다. 사용자의 필요에 따라서 색은 변경할 수 있습니다.

❶ 해제하고 Tools 패널에서 '퀵 마스크 모드' 아이콘(◙)을 클릭합니다. 선택 영역이 없는 상태에서 퀵 마스크 모드를 활성화하면 〔문서〕 탭에 문서명 옆으로 Quick Mask 표시가 활성화됩니다. 다음 그림은 선택 영역이 없으므로 어떤 색도 채워지지 않은 상태입니다.

❷ 기본적으로 전경색이 흰색, 배경색이 검은색으로 지정됩니다. 지우개 도구(◈)로 선택할 부분을 드래그하면 색이 채워지면서 선택 영역으로 지정할 수 있습니다. 강아지 부분에 색을 채웁니다.

❸ Tools 패널에서 '퀵 마스크 모드' 아이콘(◙)을 다시 클릭하면 마스크가 해제되면서 선택 영역이 완성됩니다.

04 Tools 패널에서 브러시 도구(🖌)를 선택하고 선택 영역에서 제외할 부분을 칠하면, 선택 영역을 해제할 수 있습니다. 브러시 작업을 마치면 선택 영역을 해제하기 위해 Ctrl+D를 누르거나 작업 표시줄에서 <Deselect> 버튼을 클릭합니다.

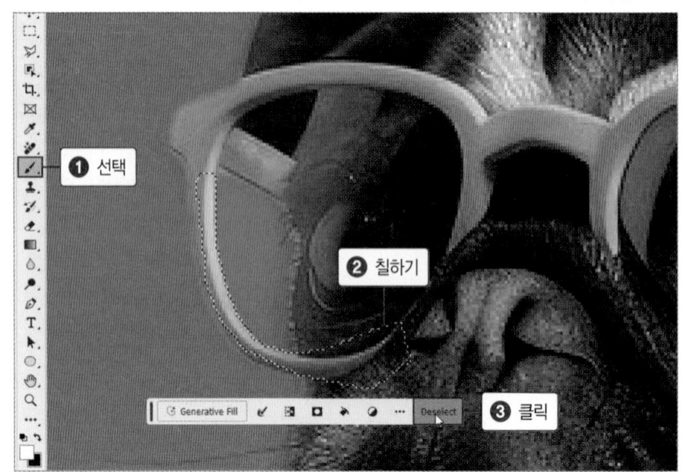

05 Tools 패널에서 '퀵 마스크 모드' 아이콘(◙)을 클릭하여 퀵 마스크 모드를 해제하고 선택 영역이 수정된 것을 확인합니다.

퀵 마스크 모드는 필터를 적용하여 다양한 효과 적용이 가능하므로 효과를 적용해 보겠습니다.

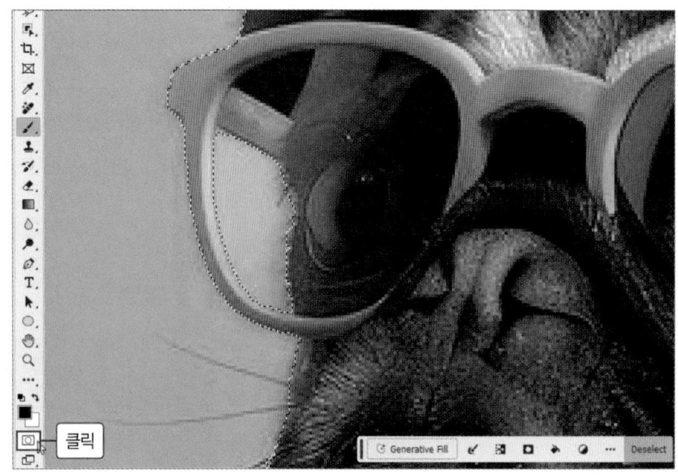

06 선택된 영역의 객체를 복제하기 위해 메뉴에서 [Select] → New → Layer Via Copy를 실행하거나 Ctrl+J를 누릅니다. Layers 패널에 새로운 레이어에 강아지가 복사됩니다.

NOTE

Layer Via Copy는 선택 영역을 자동으로 복사하여 동일한 위치에 레이어를 생성해 붙여넣기하는 기능입니다.

07 새로운 레이어를 배경 레이어와 복사된 레이어 사이에 추가하기

위해 Layers 패널에서 'Background' 레이어를 선택하고 'Create a new layer' 아이콘(⊞)을 클릭합니다.

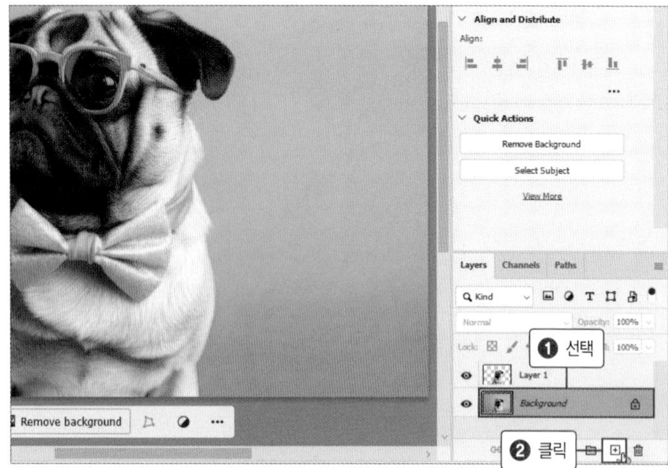

08 추가된 레이어에 퀵 마스크 모드를 활용하여 팝아트 느낌을

적용할 예정이므로 Tools 패널에서 '퀵 마스크 모드' 아이콘(◙)을 클릭합니다.

09 퀵 마스크 모드가 활성화되면 Tools 패널에서 그레이디언트

도구(■)를 선택하고 옵션바에서 그레이디언트 색상 상자를 클릭합니다. 표시되는 메뉴에서 Basics 폴더의 'Black, White'를 선택합니다.

10 옵션바에서 '방사형 그레이디언트' 아이콘(■)을 클릭하고 강아지의 중심부터 외곽으로 드래그하여 그레이디언트를 적용합니다.

11 중앙 부분에 색이 채워져서 선택 영역이 지정되었습니다. 그림과 같이 투명도에 따라서 선택 영역이 점진적으로 생성됩니다.

TIP **퀵 마스크 모드 해제**

이 상태에서 퀵 마스크 모드를 해제하면 색이 채워진 부분을 중심으로 외곽 부분에 선택 영역이 생성됩니다. 해당 영역에 흰색을 채운다면 색이 점진적으로 적용됩니다.

12 팝아트 느낌으로 효과를 적용하기 위해 메뉴에서 [Filter] → Pixelate → Color Halftone을 실행합니다. Color Halftone 대화상자가 표시되면 Max. Radius를 '16pixels'로 설정하고 나머지 채널은 기본값을 유지한 상태로 <OK> 버튼을 클릭합니다.

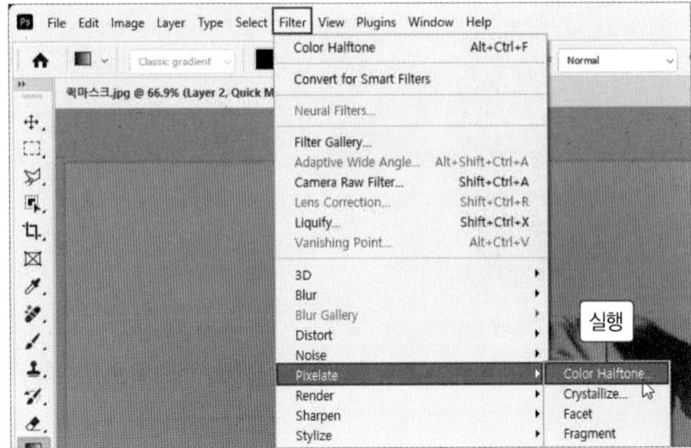

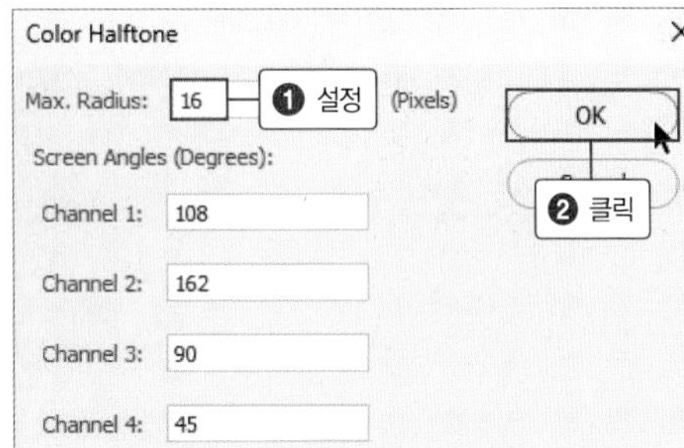

13 색이 채워진 정도에 따라 원의 크기로 표현되어 일명 땡땡이 무늬가 문서에 표시되었습니다.

14 Tools 패널에서 '퀵 마스크 모드' 아이콘(◻)을 클릭하여 퀵 마스크 모드를 해제합니다. 빨간색 부분은 선택되지 않은 영역으로, 색이 채워지지 않은 부분은 선택 영역으로 지정되어 생성됩니다. 선택 영역을 반전하기 위해 작업 표시줄에서 'Invert selection' 아이콘(▣)을 클릭하거나 Ctrl+Shift+I를 눌러 선택 영역을 반전합니다.

15 선택 영역에 색을 채우기 위해 전경색을 기본 설정인 '검은색'으로 지정하고 Alt+Delete를 누르거나 메뉴에서 (Edit) → Fill을 실행하여 검은색으로 채웁니다. 선택 영역을 해제하기 위해 작업 표시줄에서 <Deselect> 버튼을 클릭합니다.

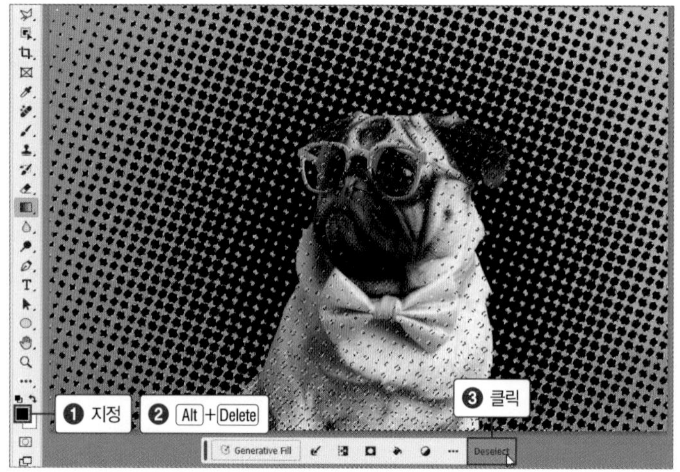

16 적용된 레이어에 그레이디언트 효과를 적용하기 위해 Layers 패널에서 'Add a layer style' 아이콘(fx)을 클릭하고 'Gradient Overlay'를 선택합니다.

TIP **블렌딩 모드를 이용한 효과 적용**

레이어의 블렌딩 모드를 이용하여 효과를 적용할 수 있습니다. 블렌딩 모드를 'Soft Light'로 지정하면 그림과 같이 땡땡이 문양이 적용되어 팝아트 효과가 적용됩니다.

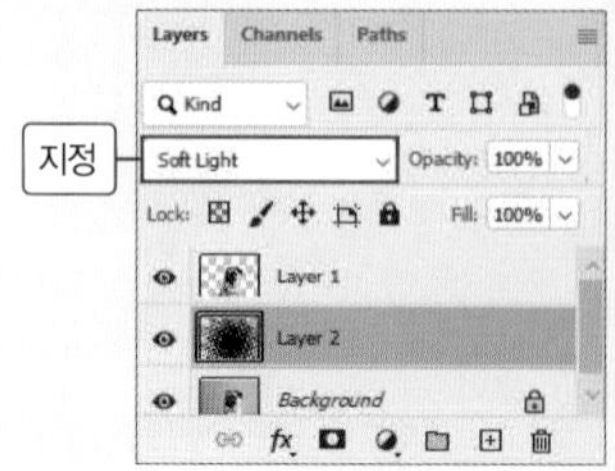

17 Layer Style 대화상자가 표시되면 Gradient의 색상 상자를 클릭하고 Greens 폴더의 첫 번째 위치한 'Green_01'을 선택한 다음 <OK> 버튼을 클릭합니다.

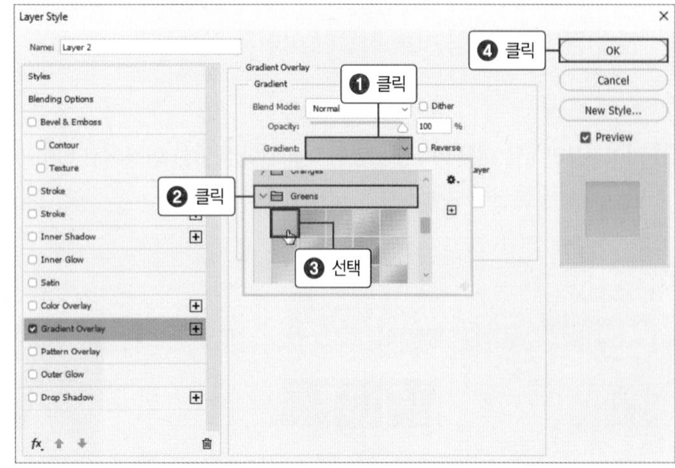

18 검은색 부분에 그레이디언트가 적용되어 팝아트 느낌이 나는 이미지가 완성되었습니다.

TIP **퀵 마스크 모드 색상 변경**

퀵 마스크 모드의 색상은 변경할 수 있습니다. Tools 패널에서 '퀵 마스크 모드' 아이콘()을 더블클릭하면 Quick Mask Options 대화상자가 표시되며 Color에서 색상과 투명도를 조정할 수 있습니다. 색을 변경하면 적색이 아닌 지정된 색으로 설정됩니다. 이처럼 배경색에 따라 퀵 마스크 모드를 확인하기 어려운 경우, 색을 변경하여 활용할 수 있습니다.

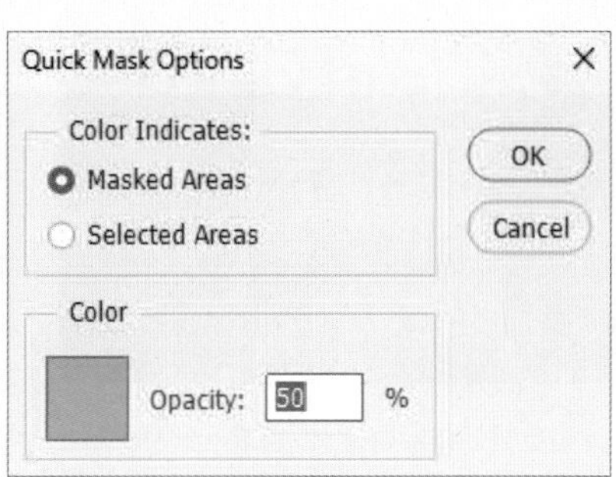

4 포토샵의 기본, 빠른 작업을 위한 선택

연습 문제 | 생성형 AI를 이용한 이미지 생성하기

01 파이어플라이를 이용하여 만들었던 이미지와 동일한 명령어로 이미지를 생성합니다. 조금씩 변경해 보면서 다양한 이미지를 생성해 보세요.

• **예제 및 완성 파일** : 04\연습문제1.psd

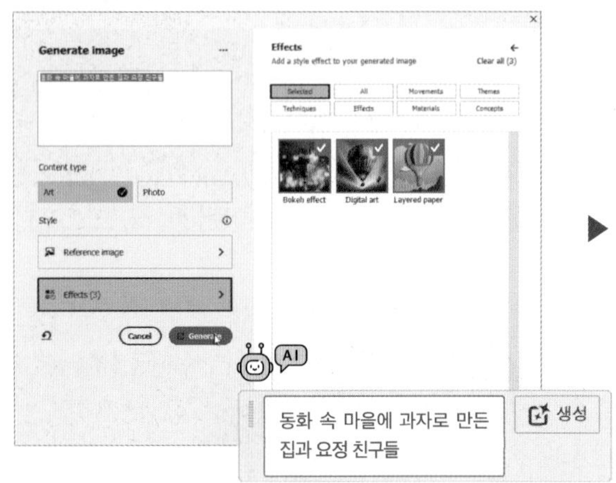

HINT Content type을 'Art', Effects를 'Bokeh effect', 'Digital art', 'Layered paper'를 선택하기

02 생성형 AI를 이용하여 카약을 타는 여성과 숲속 배경 이미지를 만들고 합성해 보세요.

• **예제 및 완성 파일** : 04\연습문제2.psd

HINT 생성형 AI로 카약 타는 여성 생성하기 → 생성형 AI로 카약 타는 숲속 배경 생성하기 → 합성하고 채도, 명도 조절하기

WEEK 05

원하는 형태로 만드는 포토샵의 변형 (1)

학 습 목 표

포토샵은 선택 영역 또는 선택된 이미지 일부분을 원하는 형태로 변형하는 기능을 제공합니다. 기본적인 크기 조절부터 다양한 생성형 AI 활용 기능까지 기술의 발달과 함께 그 기능도 점점 다양해지고 있습니다. 기본적인 크기 조정에서부터 다양한 변형 기능을 활용해 보겠습니다.

5.1 이미지 복구 도구 살펴보기

생성형 AI로 이미지 복구 기능이 간편해졌으나, AI 사용에 제한이 있을 수 있으므로 간단한 복구 작업은 기본 복구 도구를 사용하는 것이 더 효율적입니다. 예전에는 주로 복제 도장 도구를 사용했으나, 현재는 복구 전용 도구들이 제공되어 빠르고 쉽게 복구가 가능해졌습니다. 복구하려는 이미지 상황에 맞게 도구를 선택하기 위해 각 도구에 대해 알아봅시다.

스팟 복구 브러시 도구(Spot Healing Brush Tool,)

문서 내에서 잡티나 작은 결점을 빠르게 제거하는 데 유용한 도구입니다. 복구 브러시 도구와 유사하지만, 별도의 샘플을 지정할 필요 없이 주변 이미지나 패턴을 참고하여 텍스처, 조명, 투명도, 음영 등을 고려해 픽셀을 일치시켜 복구합니다.

스팟 복구 브러시를 사용할 때는 복구할 영역보다 조금 더 큰 브러시 크기로 조정해야 하며, 클릭하거나 드래그하여 간편하게 작업할 수 있습니다.

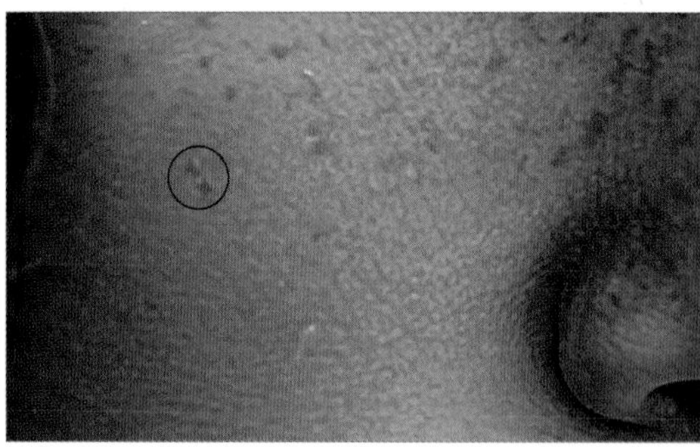
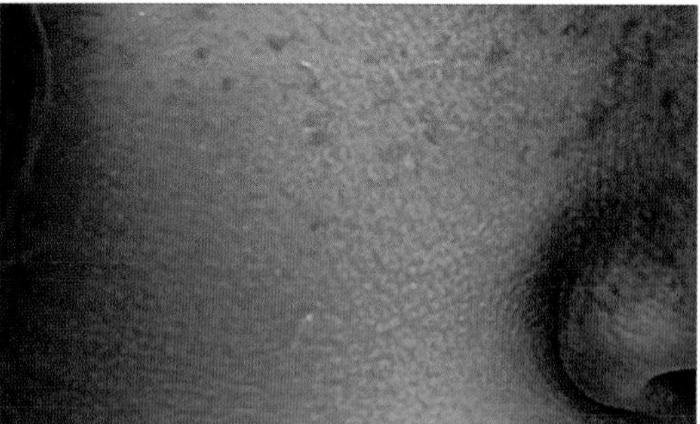

제거 도구(Remove Tool,)

문서에서 불필요한 부분을 제거하는 목적으로 사용되는 복구 도구로, 복구보다는 제거를 기본으로 제거된 부분을 자연스럽게 복구하는 기능입니다. 칠하듯 제거하려는 부분을 여백을 포함하여 영역으로 지정하면 해당 부분이 제거됩니다.

복구 브러시(Healing Bursh Tool,)

복구 브러시 도구는 큰 영역을 보정하거나 소스의 샘플링을 제어할 수 있습니다. 샘플로 설정한 부분의 텍스처, 조명, 투명도 및 음영을 복구 중인 픽셀에 적용합니다. 샘플로 지정된 부분이 붙여넣기하듯이 복구되므로 샘플로 지정하는 부분이 매우 중요하며, 다양한 모양이나 질감이 있는 부분보다는 유사한 영역이 넓게 펼쳐진 부분에 적용하는 것이 유용합니다. Alt를 누른 상태에서 샘플로 사용할 부분을 클릭하고 복구할 부분으로 이동하여 칠하듯 드래그하면 복구됩니다.

패치 도구(Patch Tool,)

선택한 영역을 기준으로 유사한 영역을 붙여넣기하여 복구합니다. 복구 도구처럼 샘플링된 영역을 복사하여 복구하기 때문에 유사한 형태를 갖추어야 하며 샘플 부분의 텍스처, 조명, 음영 등을 복구할 영역과 비슷하게 조정합니다. 선택 도구를 이용하여 복구할 영역을 지정해도 되며 패치 도구로 영역을 설정해도 됩니다. 영역 설정 후 샘플로 활용할 영역으로 드래그하면 손쉽게 복구됩니다.

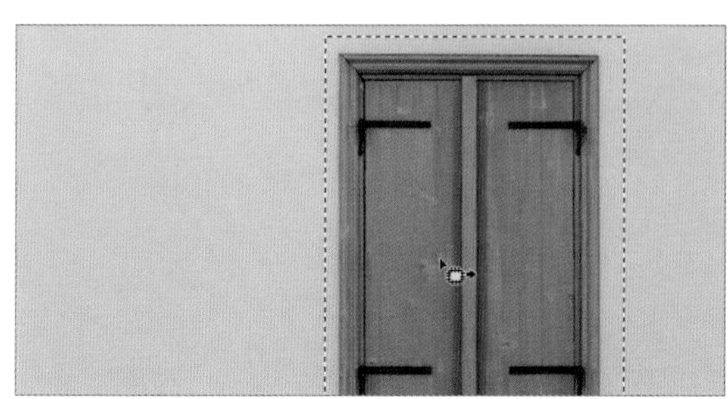
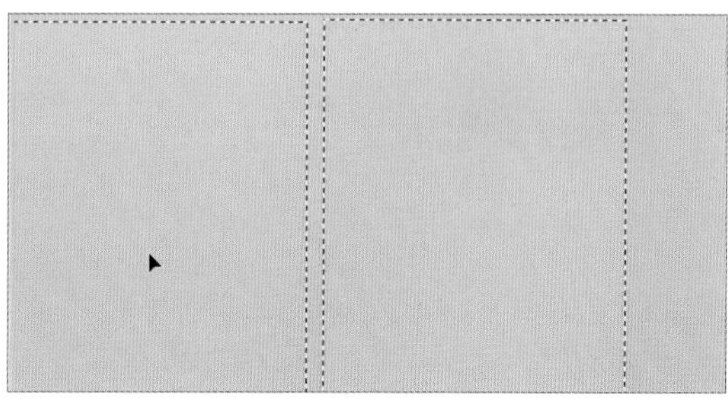

내용 인식 이동 도구(Content-Aware Move Tool,)

문서의 일부분을 선택 및 이동할 수 있는 도구입니다. 내용의 여백 부분이 자연스럽게 일치하도록 복구되며, 다른 부분으로 이동하거나 확대 축소할 때 유용하게 활용될 수 있습니다. 내용으로 인식할 부분을 드래그하듯 선택 영역으로 지정하고 이동 및 크기 축소 확대 등을 수행합니다.

적목 현상 도구(Red Eye Tool,)

사진을 촬영할 때 간혹 눈이 빨갛게 촬영되는 적목 현상을 볼 수 있는데, 야간에 조명을 사용하는 경우 더 잘 나타납니다. 최근에는 카메라 기술 발전으로 자동으로 촬영할 때 적목 현상이 보정되고 있지만, 그래도 종종 사진에서 볼 수 있습니다. 이 도구는 적목 현상이 발생한 눈동자의 크기에 맞춰 브러시를 조정하고 클릭하면 적목 현상이 사라집니다.

TIP 다양한 복구 기능들

기본적인 도구들 외에 Neural Filters를 이용하여 이미지를 자동으로 복구할 수 있으며, 복구에 필요한 테크닉이 필요하면 검색에 'Skin retouch' 또는 'repair'를 검색하면 관련된 도구와 활용법을 확인할 수 있습니다.

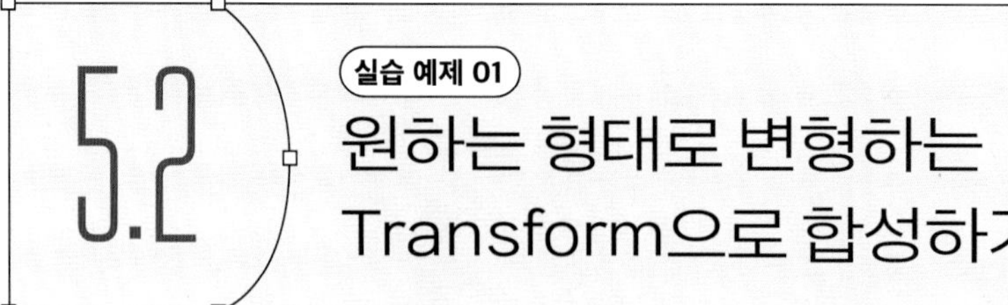

실습 예제 01

5.2 원하는 형태로 변형하는 Transform으로 합성하기

• **예제 파일** : 05\SCALE_BASE.jpg, SCALE_01~04.jpg • **완성 파일** : 05\SCALE_완성.psd

변형 기능은 Transform을 통해 활용할 수 있습니다. 가장 기본적인 크기 조정을 활용한 Scale과 블렌딩 모드를 활용하여 사진 액자로 장식된 벽처럼 합성하여 연출하겠습니다.

01 Ctrl+O를 눌러 05 폴더에서 'SCALE_BASE.jpg', 'SCALE_01~04.jpg' 파일을 불러옵니다.

02 [문서] 탭에서 'SCALE_01.jpg'를 선택하고 에펠탑 사진 전체를 선택하기 위해 메뉴에서 [Select] → All(Ctrl+A)을 실행한 다음 Ctrl+C를 눌러 선택 영역을 복사합니다.

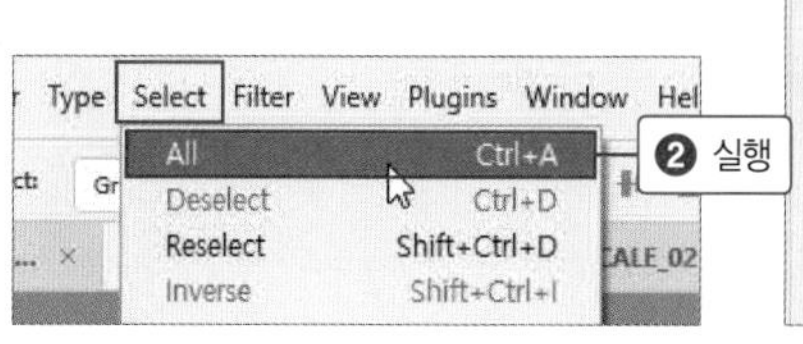

03 [문서] 탭에서 'SCALE_BASE.jpg'를 선택하고 Ctrl+V를 눌러 붙여넣습니다. 복사한 사진이 새로운 레이어로 생성됩니다.

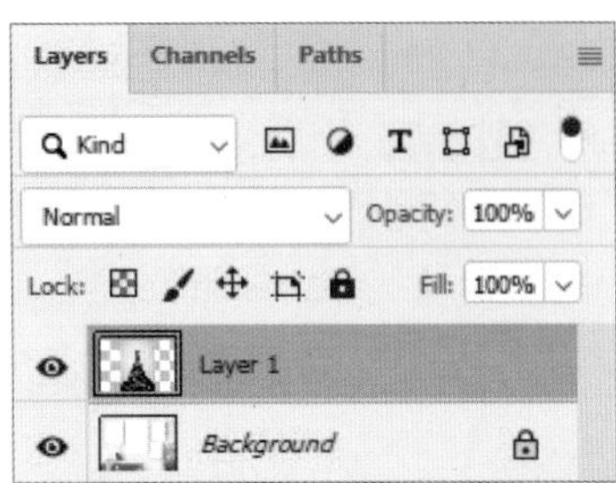

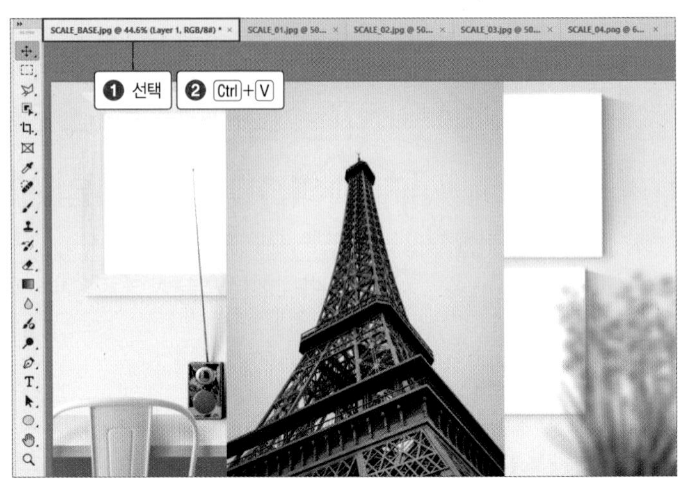

04 크기를 조정하기 위해 메뉴에서 [Edit] → Transform → Scale을 실행합니다.

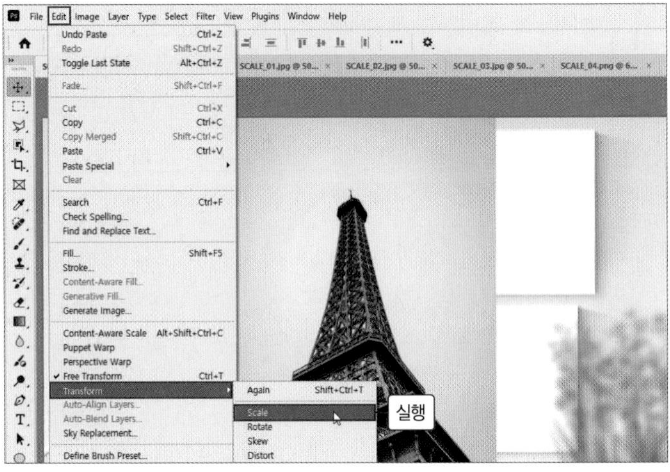

05 조절점이 표시되면 왼쪽 하단의 조절점을 드래그하여 가로세로 비율을 유지한 상태로 조정합니다.

NOTE

포토샵 구버전의 경우 Shift를 누른 상태로 드래그해야 좌우 비율이 유지된 상태로 조절됩니다.

06 왼쪽 액자 부분으로 이동하기 위해 선택된 이미지를 액자 부분으로 드래그하고 화면을 확대하여 위쪽 여백이 잘릴 수 있도록 액자 안쪽에 맞춥니다. 크기 및 위치 조정이 완료되면 작업 표시줄에서 <Done> 버튼을 클릭하여 선택 영역을 해제합니다.

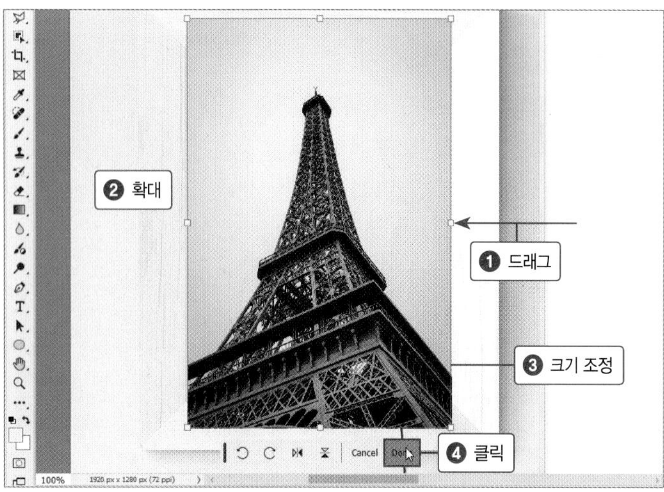

NOTE

크기 조정하는 레이어의 이미지 외곽을 클릭하면 선택 영역이 해제됩니다.

07 에펠탑이 있는 레이어의 '눈' 아이콘(👁)을 클릭하여 숨김 상태로 만들고 Tools 패널에서 사각형 선택 윤곽 도구(⬚)를 선택한 다음 액자 안쪽에 맞춰 드래그해 선택 영역을 지정합니다.

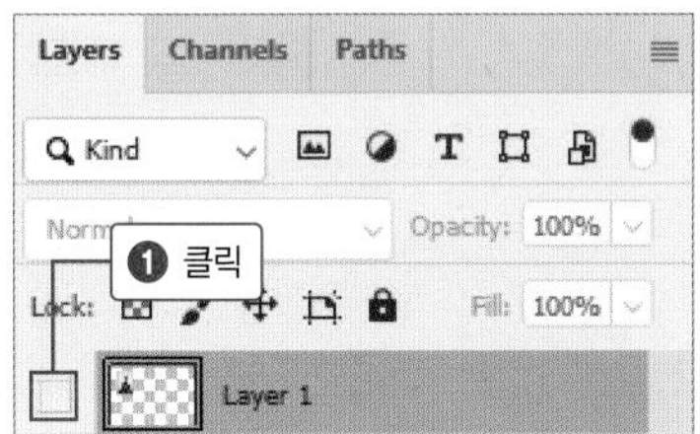

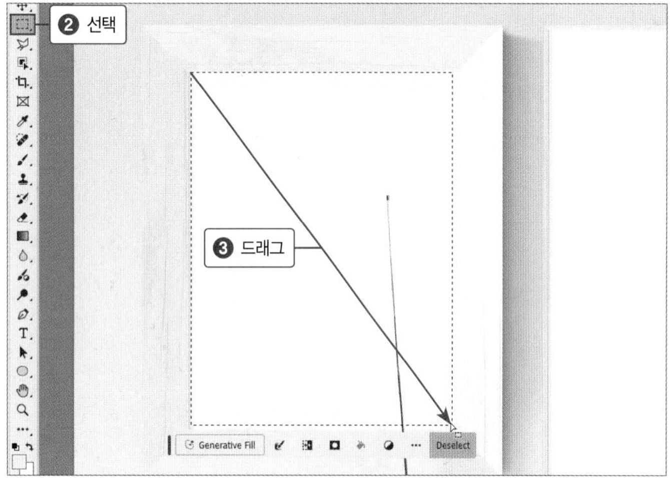

08 Layers 패널에서 'Add layer mask' 아이콘(◘)을 클릭하여 선택 영역에 레이어 마스크를 적용합니다. 액자 안쪽 부분만 사진이 보여 액자 안에 배치된 사진처럼 보입니다. 그러나 약간의 이질감이 있고 안테나가 보이지 않기 때문에 추가적인 작업을 진행해야 합니다.

09 에펠탑이 있는 레이어를 선택하고 블렌딩 모드를 'Multiply'로 지정합니다. 안테나도 보이면서 액자의 안쪽 부분도 사진과 자연스럽게 합성되어 액자 안에 사진이 있는 것과 같은 효과를 줍니다.

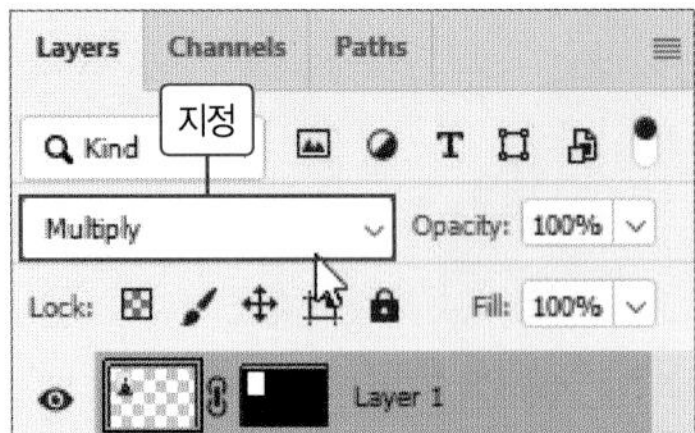

10 먼저 레이어 마스크를 만들고 사진을 붙여넣는 방법으로 합성하겠습니다. Tools 패널에서 사각형 선택 윤곽 도구(⬚)를 선택하고 오른쪽 상단에 있는 액자 안쪽을 드래그하여 선택 영역으로 지정합니다.

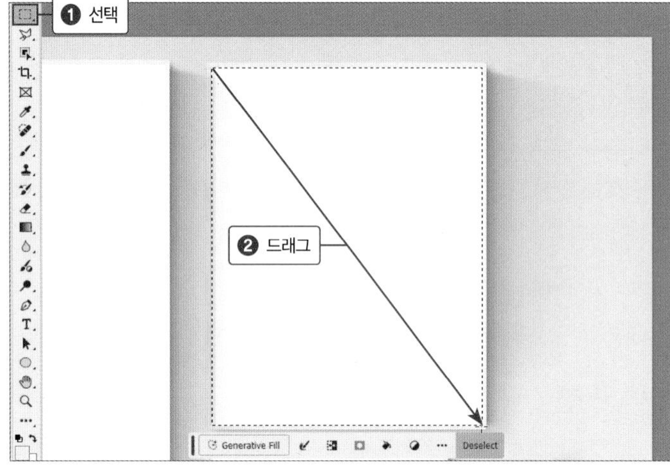

NOTE

정확하게 선택 영역이 생성되지 않는다면 선택 영역을 해제(Ctrl+D)하고 다시 선택하세요.

11 〔문서〕 탭에서 'SCALE_02.jpg'를 선택하고 Ctrl+A를 눌러 전체 선택한 다음 Ctrl+C를 눌러 복사합니다.

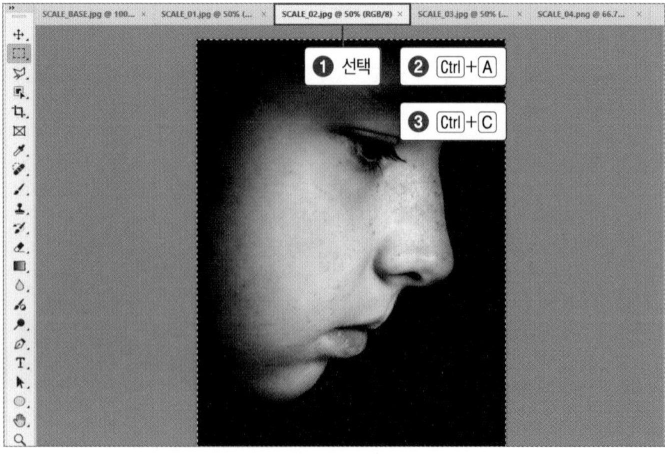

12 [문서] 탭에서 'SCALE_BASE.jpg'를 선택하고 복사된 이미지를 선택 영역 안으로 붙여넣기 위해 메뉴에서 [Edit] → Paste Special → Paste Into(Ctrl+Alt+Shift+V)를 실행합니다.

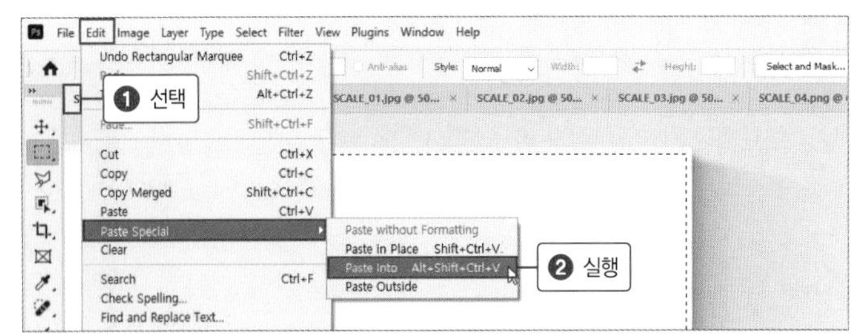

TIP **Paste Special 살펴보기**

❶ **Paste without Formatting**: 텍스트에 속성이 포함되지 않은 상태로 붙여넣기를 할 수 있습니다.
❷ **Paste in Place**: 복사한 동일한 위치에 붙여넣기를 합니다.
❸ **Paste Into**: 선택 영역이 있으면 선택 영역 안으로 붙여넣기를 합니다.
❹ **Paste Outside**: 선택 영역이 있으면 선택 영역 외부로 붙여넣기를 합니다.

❶ Paste without Formatting
❷ Paste in Place Shift+Ctrl+V
❸ Paste Into Alt+Shift+Ctrl+V
❹ Paste Outside

13 Layers 패널에 레이어 마스크와 함께 이미지가 생성됩니다. 에펠탑 사진은 레이어 마스크와 링크되어 있습니다. 반대로 인물 사진은 링크가 해제되어 있어 레이어 마스크와 이미지를 각각 따로 조절할 수 있습니다. 인물 사진이 있는 레이어를 선택하고 메뉴에서 [Edit] → Transform → Scale을 실행합니다.

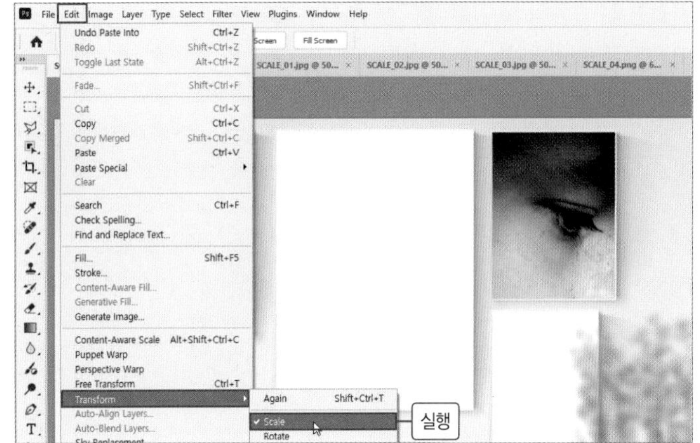

14 꼭짓점에 있는 조절점을 드래그하여 크기를 액자에 맞춰 조정하고 Enter를 누르거나 작업 표시줄에서 <Done> 버튼을 클릭합니다.

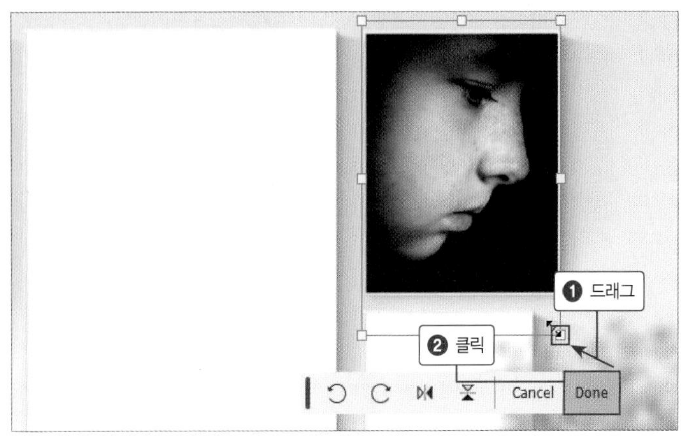

15 액자에 자연스럽게 합성하기 위해 에펠탑과 같은 방법으로 블렌딩 모드를 'Multiply'로 지정합니다.

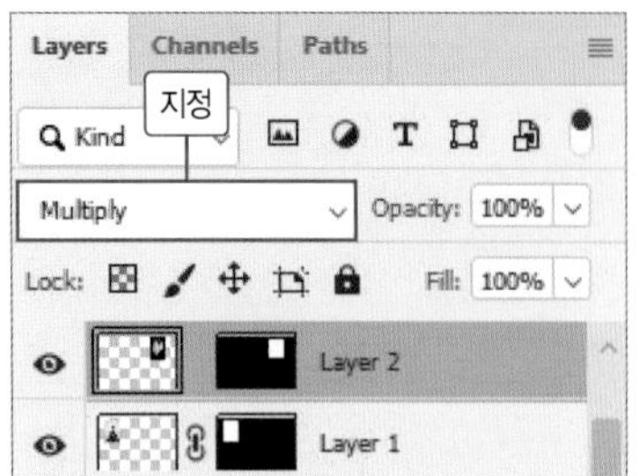

16 새로운 이미지를 액자 형식으로 구성하기 위해 Tools 패널에서 사각형 선택 윤곽 도구( )를 선택하고 오른쪽 하단에 있는 액자 안쪽을 드래그하여 선택 영역으로 지정합니다.

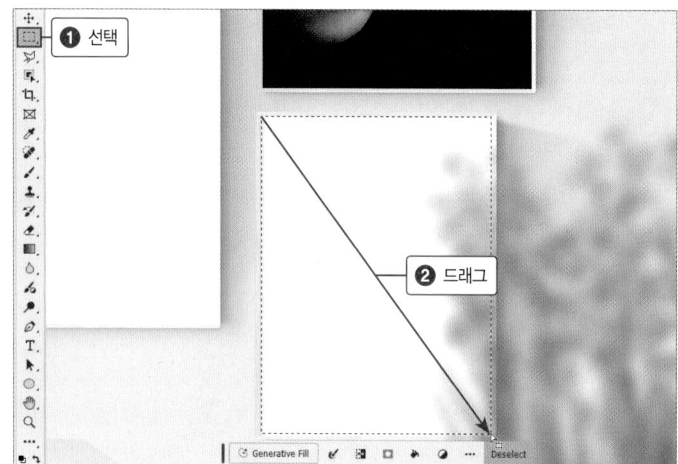

17 [문서] 탭에서 'SCALE_03.jpg'를 선택하고 Ctrl+A를 눌러 전체 선택하고 Ctrl+C를 눌러 복사합니다.

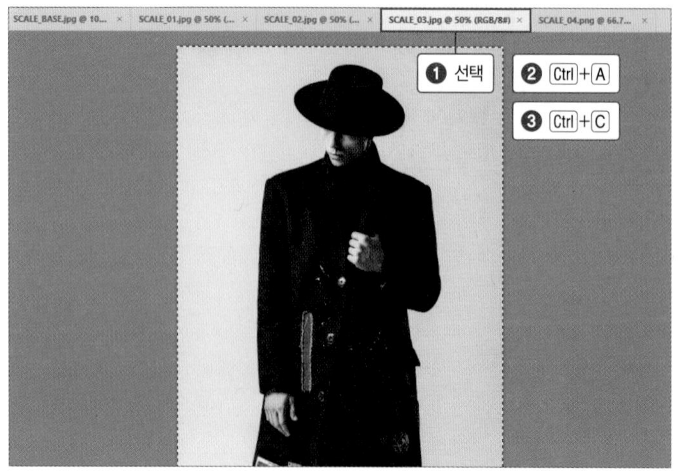

18 〔문서〕 탭에서 'SCALE_BASE.jpg'를 선택하고 복사된 이미지를 선택 영역 안으로 붙여넣기 위해 메뉴에서 〔Edit〕 → Paste Special → Paste Into(Ctrl+Alt+Shift+V)를 실행합니다.

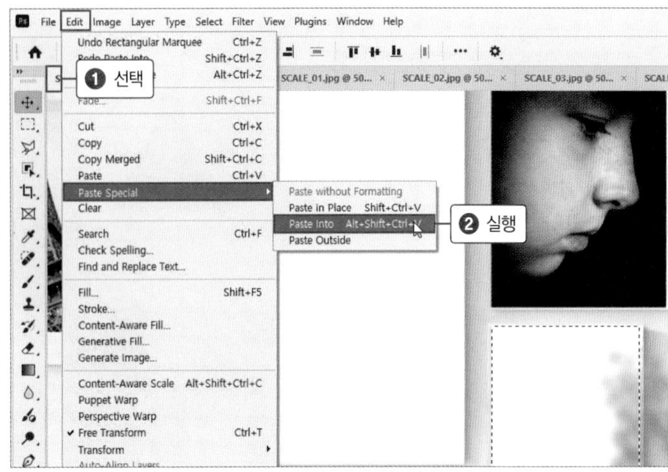

19 Ctrl+T를 눌러 자유 변형을 활성화하고 왼쪽 하단에 있는 조절점을 드래그하여 그림과 같이 모자 일부분에서 손까지 보이도록 크기를 조정합니다. 크기 조정이 완료되면 Enter를 누르거나 작업 표시줄에서 <Done> 버튼을 클릭합니다.

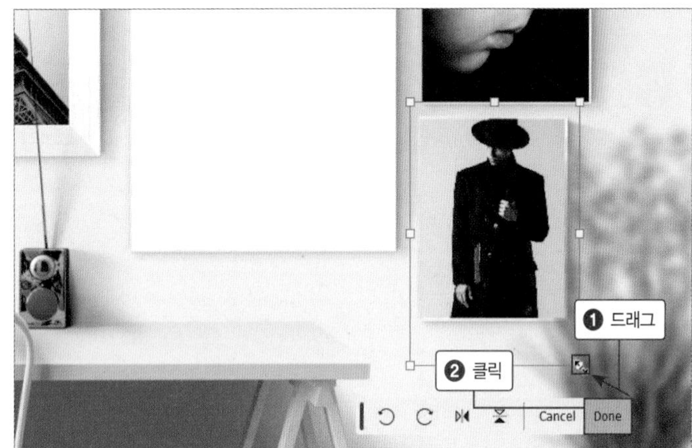

20 액자에 자연스럽게 합성되도록 블렌딩 모드를 'Multiply'로 지정합니다. 배경의 꽃들이 자연스럽게 합성된 것을 확인할 수 있습니다.

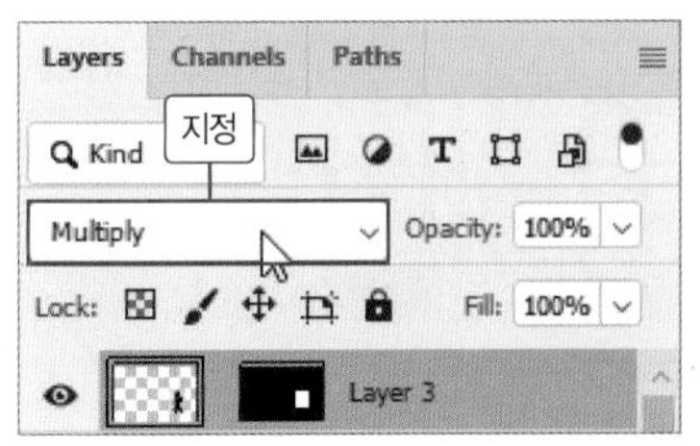

21 같은 방법으로 'SCALE_04.jpg'를 가운데 있는 액자에 합성하고 크기나 위치를 조절하여 배치한 다음 블렌딩 모드를 'Multiply'로 지정하여 완성합니다.

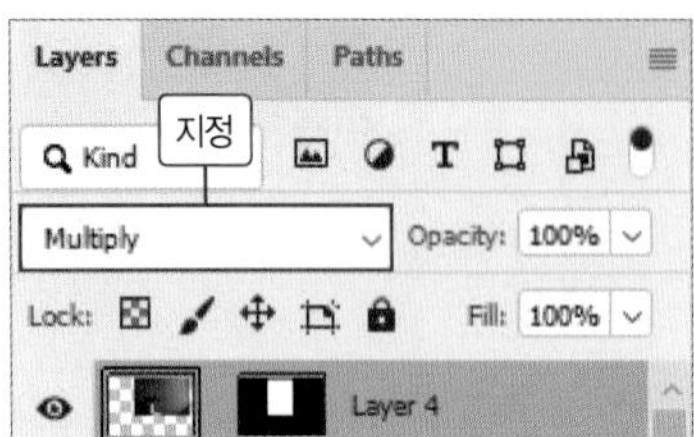

TIP Transform 살펴보기

Tranform에는 기본적으로 변형에 대한 도구들이 있으며 회전과 반전 기능을 포함하고 있습니다. 일부 기능은 Free Transform을 통하여 대체할 수 있습니다. 메뉴의 [Edit] → Transform을 통해 선택할 수 있습니다.

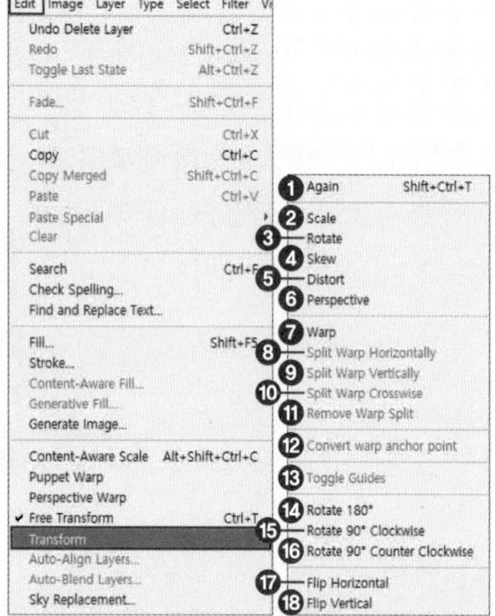

❶ **Again**(Ctrl+Shift+T): 적용했던 변형 기능을 반복 적용합니다.

❷ **Scale**: 크기를 조정하는 기능입니다. 기본적으로 가로세로 같은 비율로 조정됩니다. 비율을 유지하지 않은 상태로 크기를 조정하려면 Shift를 누른 상태로 조절점을 드래그하거나 옵션 바에서 W와 H 사이에 있는 링크를 클릭하여 해제합니다.

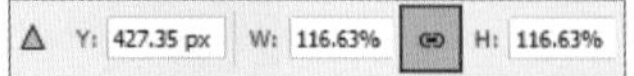

❸ **Rotate**: 조절점을 드래그하면 드래그한 방향으로 회전합니다. Shift를 누른 상태로 드래그하면 15°씩 회전합니다.

❹ **Skew**: 기울이기 기능입니다. 드래그한 방향으로 기울어지며, 선택한 조절점의 변에 있는 다른 조절점들의 간격은 변하지 않고 유지됩니다.

❺ **Distort**: 왜곡하는 기능으로서 조절점의 위치가 드래그한 방향으로 이동됩니다. 인접한 조절점의 위치가 변화되며 나머지 조절점은 변동하지 않습니다. Shift를 누른 상태로 드래그하면, 드래그한 방향으로는 수직 또는 수평을 유지하면서 조정됩니다.

❻ **Perspective**: 원근감을 표현하면서 변형하는 기능입니다. 선택한 조절점을 조정하면 드래그하는 방향의 대칭하는 조절점도 반대 방향으로 조절되어 원근감을 표현하는 형태로 변형됩니다.

❼ **Warp**: 뒤틀기 기능으로 이미지를 원하는 형태로 변형할 수 있습니다. 자연스러운 곡선 형태로 조절점을 기준으로 변형하며 가이드 선을 표시하거나 숨길 때는 옵션바에서 설정을 통해 가이드 선을 표시할 수 있습니다.

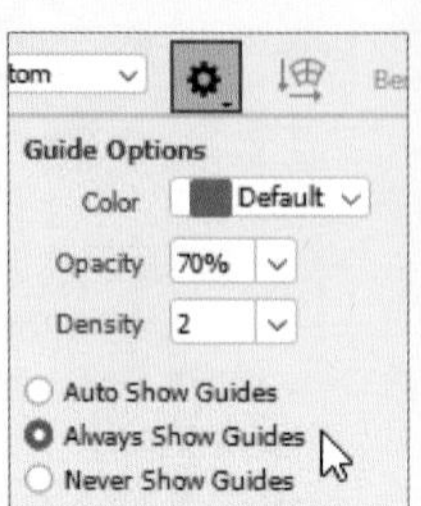

옵션바에서 Warp에서 다양한 형태로 뒤틀기 기능을 설정할 수 있습니다.

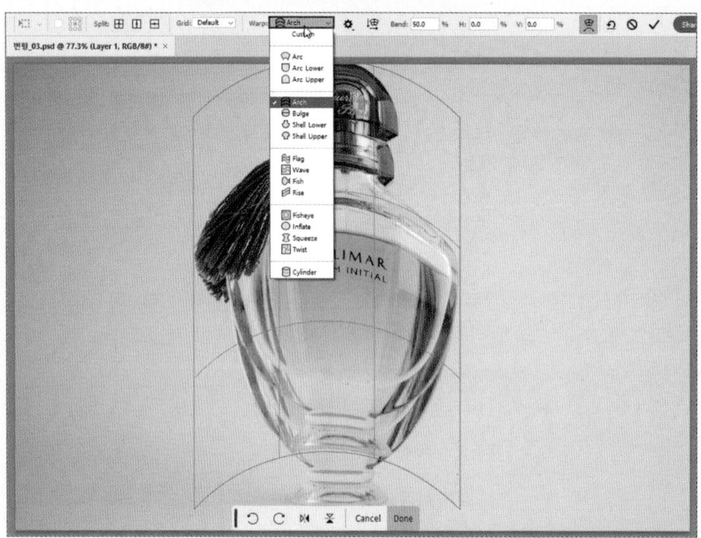

❽ **Split Warp Horizontally**: Warp가 적용되면 활성화되며, 수평 기준선을 추가합니다.
❾ **Split Warp Vertically**: Warp가 적용되면 활성화되며, 수직 기준선을 추가합니다.
❿ **Split Warp Crosswise**: Warp가 적용되면 활성화되며, 수직 수평 기준점과 앵커 포인트를 추가합니다.
⓫ **Remove Warp Split**: Warp가 적용되면 활성화되며, 직전에 생성된 기준선을 제거합니다.
⓬ **Convert warp anchor point**: Warp가 적용되면 활성화되며, 앵커 포인트에 포함된 방향 선을 각각 분리하여 조정할 수 있습니다.
⓭ **Toggle Guides**: Warp가 적용되면 활성화되며 기준선을 보이거나 숨길 수 있습니다.
⓮ **Rotate 180°**: 선택된 이미지를 180° 회전합니다.
⓯ **Rotate 90° Clockwise**: 선택된 이미지를 시계방향으로 90° 회전합니다.
⓰ **Rotate 90° Counter Clockwise**: 선택된 이미지를 반시계 방향으로 90° 회전합니다.
⓱ **Flips Horizontally**: 선택된 이미지를 좌우 반전합니다.
⓲ **Flips Vertically**: 선택된 이미지를 상하 반전합니다.

5.3

실습 예제 02

자유롭게 변형하는 Free Transform으로 원근 효과 만들기

• **예제 파일** : 05\자유변형_01~02.jpg, 자유변형_BASE.jpg • **완성 파일** : 05\자유변형_완성.psd

변형 기능은 다양해 각각 기능에 맞춰 사용하려면 불편함이 있습니다. 이때 Free Transform 기능을 사용하면 이러한 불편함을 줄일 수 있습니다. 이는 Transform에서 크기를 변형할 때 Ctrl, Alt를 누르면서 같이 활용할 수 있습니다. 특히 Ctrl+T 단축키를 사용하여 쉽고 빠르게 변형할 수 있습니다. 자유 변형 기능을 이용하여 원근에 맞춰 합성해 보겠습니다.

01 Ctrl+O를 눌러 05 폴더에서 '자유변형_01~02.jpg', '자유변형_BASE.jpg' 파일을 불러옵니다. 벽면을 가리고 있는 인물 부분을 제외하고 합성하기 위해 조깅하는 사람을 선택해야 합니다. Tools 패널에서 오브젝트 선택 도구(![])를 선택합니다.

02 조깅하는 사람을 선택하기 위해 직접 클릭할 수도 있지만, 영역을 지정해 영역 내에 있는 오브젝트를 선택 영역으로 만들 수도 있습니다. 사람보다 조금 더 크게 드래그하여 선택 영역으로 지정합니다.

03 조깅하는 사람이 선택 영역으로 지정된 것을 확인할 수 있습니다.

04 선택 영역을 복제하여 새로운 레이어에 붙여넣기 위해 새로운 레이어에 자동으로 복사하는 기능을 사용합니다. 메뉴에서 〔Layer〕 → New → Layer Via Copy(Ctrl+J)를 실행합니다.

05 자동으로 Layers 패널에 조깅하는 사람이 복제된 새로운 레이어가 생성됩니다.

NOTE

복사한 레이어를 잠금 상태로 만들면 더 편리합니다.

06 [문서] 탭에서 '자유변형_01.jpg'를 선택합니다. Ctrl+A를 눌러 전체 선택하고 Ctrl+C를 눌러 복사합니다.

07 다시 [문서] 탭에서 '자유변형_BASE.jpg'를 선택하고 Layers 패널에서 'Background' 레이어를 선택한 다음 Ctrl+V를 눌러 조깅하는 사람 아래쪽으로 붙여넣습니다.

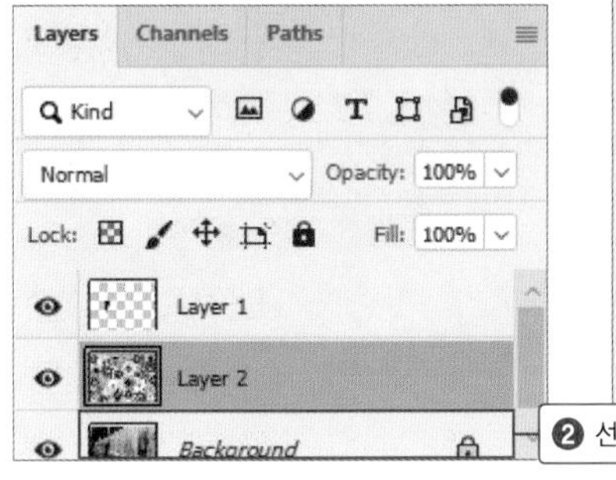

08 크기를 조정하기 위해 메뉴에서 [Edit] → Free Transform(Ctrl+T)를 실행합니다.

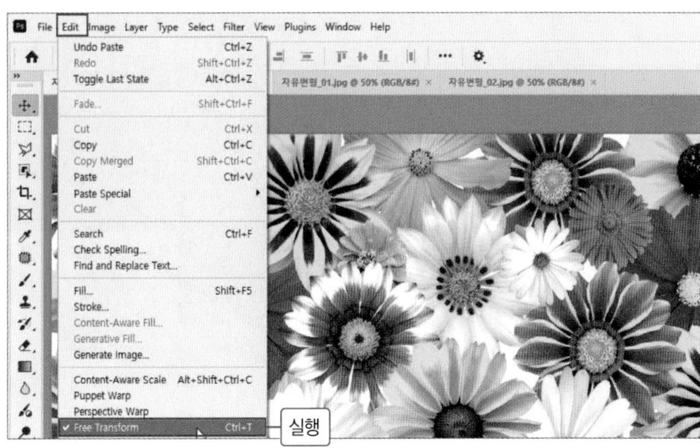

09 그림과 같이 조절점을 드래그하여 크기를 조정합니다.

10 Ctrl과 Shift를 누른 상태로 아래에 있는 조절점을 드래그하여 각각 벽 아랫부분 선에 맞춥니다.

11 같은 방법으로 Ctrl+Shift를 누른 상태로 위에 있는 조절점을 드래그하여 벽 윗부분 선에 맞춥니다. 오른쪽 중앙과 상단 조절점은 캔버스 밖으로 드래그하여 위치를 조정해 원근감을 맞춥니다. 조절이 완료되면 Enter를 누르거나 작업 표시줄의 <Done> 버튼을 클릭합니다.

12 원근감 있게 배치되었으나 이미지가 자연스러워 보이지 않습니다. Layers 패널에서 꽃 배경 레이어의 블렌딩 모드를 'Overlay'로 지정하여 낡은 벽에 그려진 그림과 같은 효과로 만듭니다.

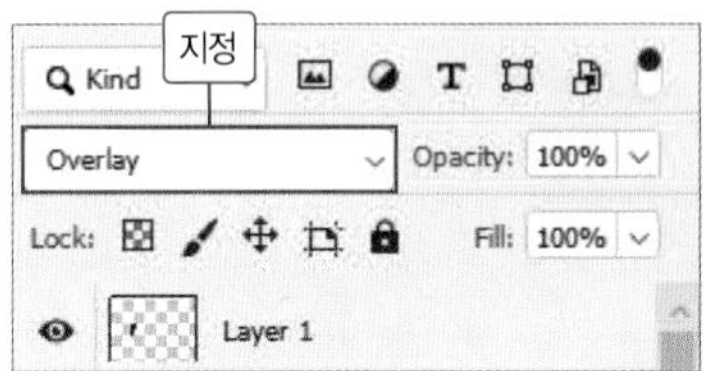

13 조금 더 자연스럽게 만들기 위해 꽃 배경 레이어가 선택된 상태로 Ctrl+J를 눌러 복제하고 복제된 레이어의 블렌딩 모드를 'Darker Color'로 지정한 다음 Opacity를 '70%'로 설정합니다. 조금 더 색이 강조되어 벽의 질감이 보인 상태로 합성됩니다.

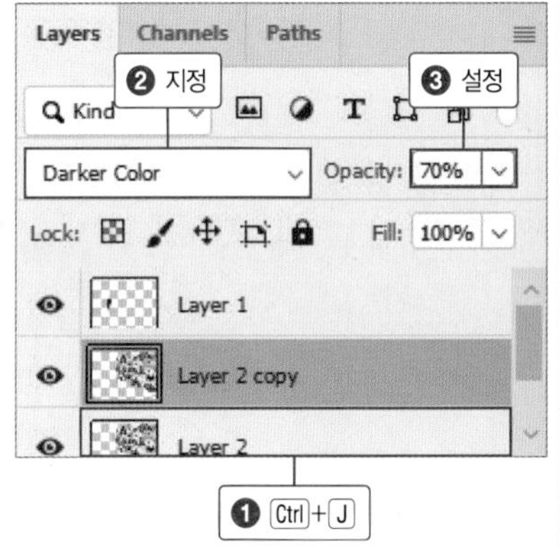

14 〔문서〕 탭에서 '자유변형_02.jpg'를 선택하고 Ctrl+A를 눌러 전체 선택한 다음 Ctrl+C를 눌러 복사합니다. 다시 〔문서〕 탭에서 '자유변형_BASE.jpg' 문서를 선택하고 Ctrl+V를 눌러 붙여넣은 다음 크기를 조정하기 위해 메뉴에서 〔Edit〕 → Free Transform(Ctrl+T)을 실행합니다.

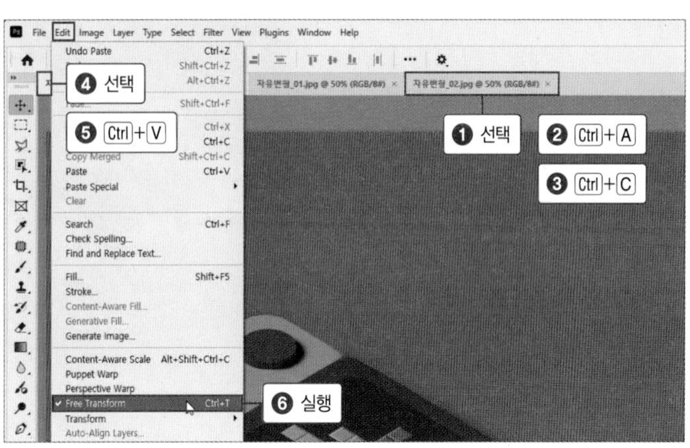

15 꽃 배경을 조절했을 때처럼 Ctrl와 Shift를 누른 상태로 각 조절점을 드래그하여 이동해 위치를 조정하고 Enter를 누르거나 작업 표시줄에서 <Done> 버튼을 클릭합니다.

16 크기 조정이 완료되면 자연스럽게 만들기 위해 Layers 패널에서 블렌딩 모드를 'Overlay'로 지정합니다.

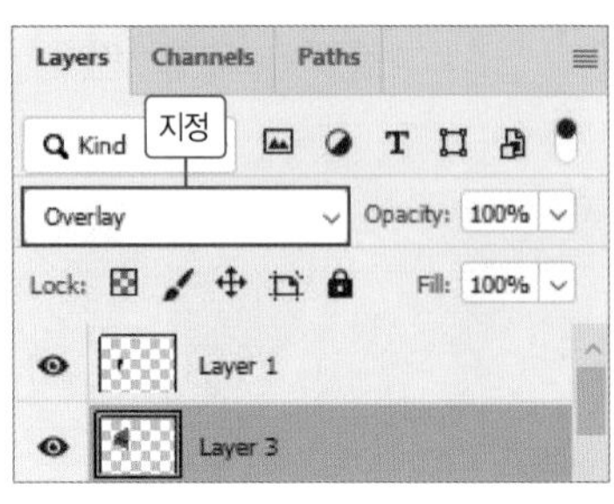

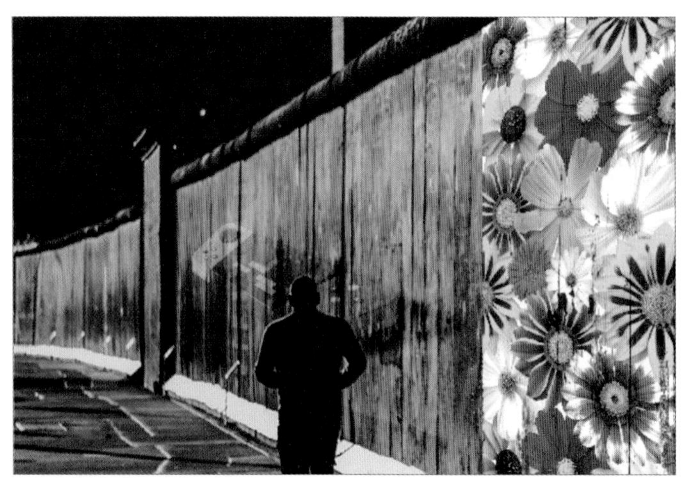

17 Ctrl+J를 눌러 레이어를 복제하고 복제한 레이어의 블렌딩 모드를 'Darker Color'로 지정한 다음 Opacity를 '70%'로 설정하여 완성합니다.

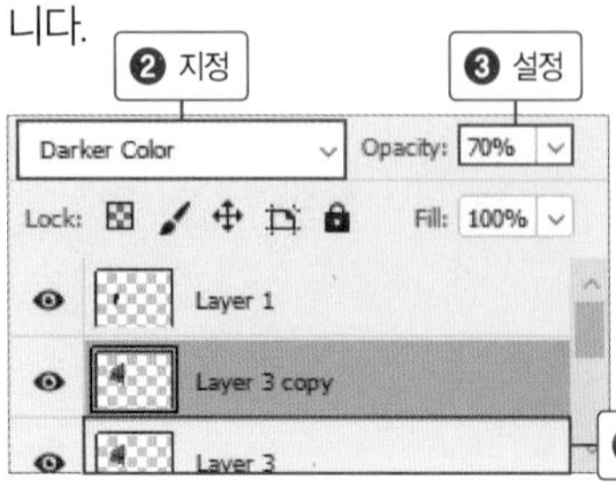

연습 문제 | 변형 기능을 활용한 사진 합성하기

01 생성형 AI와 자유 변형 기능을 이용하여 노트북을 사용하는 사람을 만들고 노트북 화면에는 인공지능 로봇 모습을 합성하세요.

• **예제 및 완성 파일** : 05\소스1~2.jpg, 연습문제1.psd

before

after

HINT 생성형 AI로 의자에 앉아서 컴퓨터 하는 사람 뒷모습 생성하기 → 노트북 화면 선택 영역 지정하기 → Paste into 기능으로 합성하기 → 자유 변형 기능으로 화면 합성하기

02 큐브의 3면에 각각 다른 이미지를 합성해 보세요.

• **예제 및 완성 파일** : 05\소스3~6.jpg, 연습문제2.psd

before

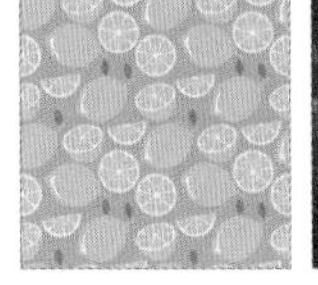

after

HINT 원근감에 맞춰서 자유 변형을 이용하기 → Ctrl을 누른 상태로 각도에 맞춰서 입체감 있게 합성하기

WEEK 06

원하는 형태로 만드는 포토샵의 변형 (2)

학 습 목 표

포토샵은 복구나 합성 외에도 다양한 형태로 변형할 수 있는 기능들이 포함되어 있습니다. 그래서 원하는 형태로 변형하여 다양한 효과를 적용할 수 있으며 이미지를 표현할 수 있습니다. 변형을 통해 이미지를 활용하는 방법을 알아보겠습니다.

6.1 실습 예제 01 Warp를 이용하여 입체감 있게 합성하기

• **예제 파일 :** 06\WARP_01~02.jpg • **완성 파일** : 06\WARP_완성.psd

포토샵에도 3D 기능이 있지만, Warp 기능을 사용하면 입체적인 형태에 더 자연스럽게 이미지를 합성할 수 있습니다. 이번에는 디자인한 결과물을 원통형 와인병의 곡면에 맞춰 합성하기 위해 Warp 기능을 사용하여 평면 그래픽을 입체적으로 합성해 보겠습니다.

01 Ctrl+O를 눌러 06 폴더에서 'WARP_01~02.jpg' 파일을 불러옵니다. 〔문서〕 탭에서 'WARP_02.jpg'를 선택하고 Ctrl+A를 눌러 전체 선택한 다음 Ctrl+C를 눌러 복사합니다.

02 〔문서〕 탭에서 'WARP_01.jpg'를 선택하고 Ctrl+V를 눌러 붙여넣기한 다음 크기를 조정하기 위해 메뉴에서 〔Edit〕 → Transform → Scale을 실행합니다.

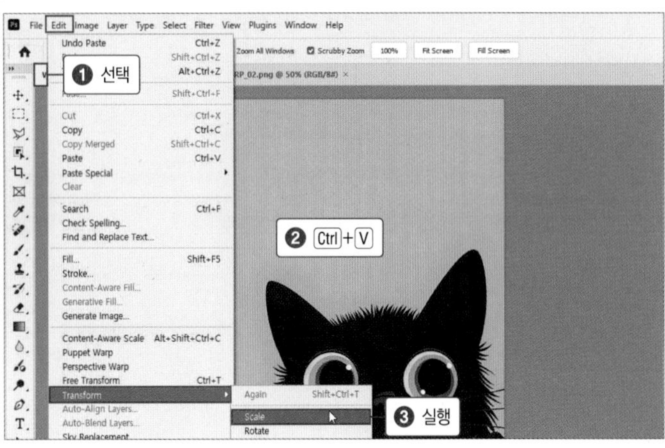

03 조절점을 드래그하여 오른쪽에 있는 와인병보다 조금 더 크게 크기를 조정하고 작업 표시줄에서 <Done> 버튼을 클릭합니다.

04 와인병 라벨의 위치에 맞춰서 조정하기 위해 Layers 패널에서 고양이가 있는 'Layer 1' 레이어를 선택하고 Opacity를 '50%'로 설정하여 투명하게 조절합니다.

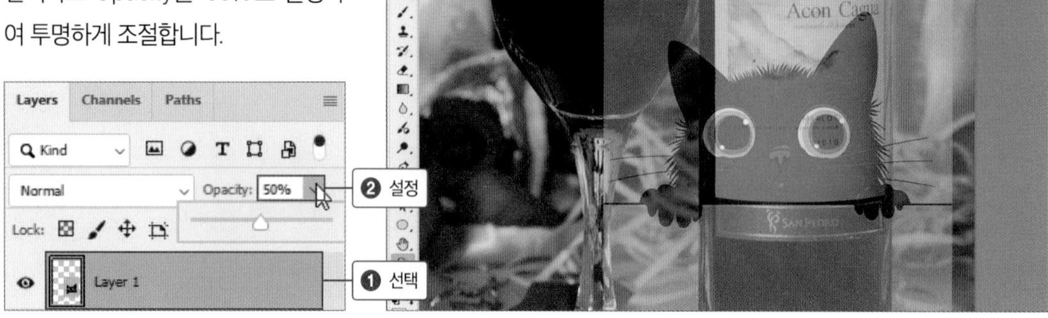

05 Warp를 이용하여 합성하기 위해 메뉴에서 [Edit] → Transform → Warp를 실행합니다.

06 Warp 조절점이 표시되면 옵션 바에서 Warp를 와인 라벨의 모양과 가장 유사한 'Cylinder'로 지정합니다. 고양이 이미지가 원통형에 맞춰 자연스럽게 모양이 변형된 것을 확인할 수 있습니다.

07 오른쪽 상단과 왼쪽 하단에 있는 조절점을 라벨의 모서리에 맞춰 드래그하여 위치를 조정해 크기를 변형합니다.

08 중앙 상단과 하단에 있는 조절점을 라벨의 크기에 맞춰 드래그해 위치를 조정하고, 중앙에 있는 조절점도 중앙선에 맞춰서 조정합니다. 상단과 하단의 곡선이 투시 때문에 차이가 있지만 자연스럽게 모양과 크기가 변형된 것을 확인할 수 있습니다.

09 Enter를 누르거나 작업 표시줄에서 <Done> 버튼을 클릭하여 Warp 변형을 완성하고 Layers 패널에서 Opacity를 '100%'로 설정하여 그림의 투명도를 올립니다.

10 Tools 패널에서 문자 입력 도구(T)를 선택하고 라벨의 위쪽 부분에 'P E T W I N E'을 입력합니다. 작업 표시줄에서 글꼴을 'Noto Sans CJK KR', 글꼴 크기를 '30pt', 색상을 '흰색(#FFFFFF)'으로 지정합니다.

TIP **Noto 서체**

Noto 서체는 Google에서 개발하여 제공하는 오픈 소스 글꼴로서 웹과 모바일에서 최적화되었으며 웹과 모바일 외에 디지털 및 인쇄에서도 무료로 사용할 수 있는 서체입니다. 산세리프, 세리프 모노타입 등의 스타일로 1,000개 이상의 언어와 150개 이상의 문자 체계로 만들어져 있어서 전 세계 대부분의 문자 표현이 가능합니다. CJK 타입의 선체는 어도비와 구글이 동아시아에 속한 여러 글꼴 회사들과 같이 제작하여 2014년도에 공가한 서체로서 한글도 여기에 포함되어 있습니다.

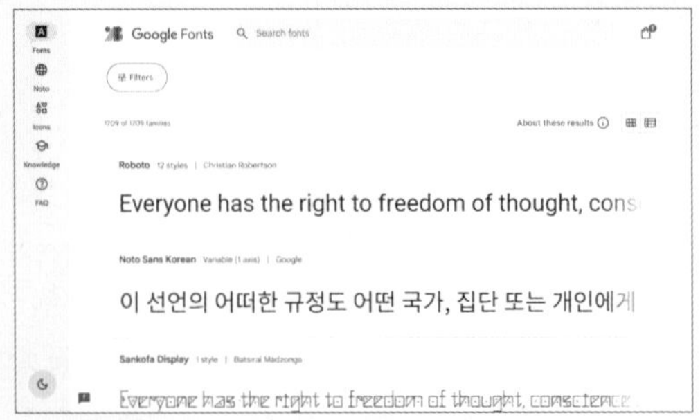

Noto 서체는 고딕 형태의 Sans(Sans-Serif)와 명조 형태의 Serif 서체가 있으며 가로 세로가 동일한 글꼴을 Monospace가 있습니다. 한글은 Sans와 Serif 형태의 글꼴을 제공하고 있으며, 자세한 정보 확인 및 다운로드는 Google Fonts(fonts.google.com/) 사이트에 접속하여 확인 가능합니다.

11 문자 지정 상자의 문자를 드래그하여 블록화한 상태로 선택합니다. 입력된 문자에도 Warp와 같은 변형으로 만들기 위해 옵션바에서 'Create warped text' 아이콘(![icon])을 클릭합니다.

NOTE

문자 입력 도구(T)가 선택된 상태에서는 입력된 문자를 드래그하여 선택하고 서체, 크기, 색상을 변경해야 합니다. 만약 선택 없이 변경하려면 다른 도구를 선택하고 설정해야 전체 문자가 변경됩니다.

12 Warp Text 대화상자가 표시되면 Style을 'Arch'로 지정하고 Bend를 '-4%'로 설정한 다음 <OK> 버튼을 클릭합니다.

NOTE

위치에 따라서 약간의 차이가 있을 수 있으므로 어색하게 배치되었다면, 곡면에 맞춰서 값을 설정합니다.

13 문자를 추가로 입력하기 위해 Enter를 누르고 다시 Tools 패널에서 문자 입력 도구(T)를 선택합니다. 고양이 아랫부분의 공간을 클릭하고 'Cabernet Sauvignon'을 입력합니다.

14 작업 표시줄에서 글꼴 스타일을 'Noto Sans CJK KR', 글꼴 크기를 '18pt', 색상을 '흰색(#FFFFFF)'으로 지정합니다.

Tools 패널의 이동 도구(✥)를 선택하고 그림과 같이 문자의 위치를 조정합니다.

15 문자 지정 상자의 문자를 드래그하여 블록화한 상태로 선택하고 문자를 변형하기 위해 옵션바에서 'Create warped text' 아이콘(⌶)을 클릭합니다. Warp Text 대화상자가 표시되면 Style을 'Arch'로 지정하고 Bend를 '-6%'로 설정한 다음 <OK> 버튼을 클릭합니다.

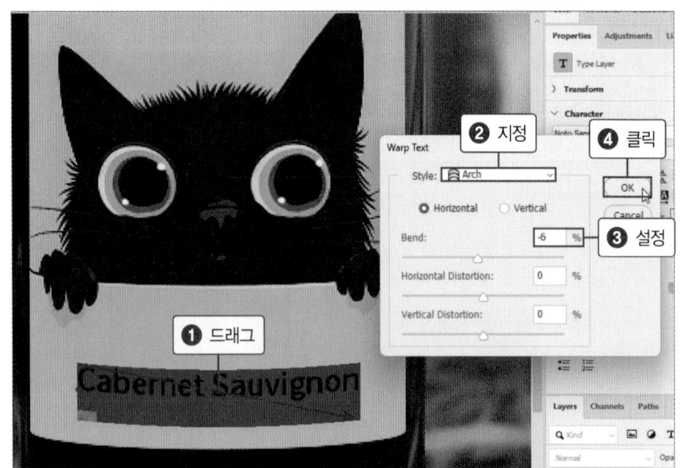

16 Warp를 이용하여 이미지와 텍스트를 자연스럽게 합성해 완성하였습니다.

실습 예제 02

Perspective Warp를 활용하여 자연스런 입체로 합성하기

• **예제 파일** : 06\원근변형.psd • **완성 파일** : 06\원근변형_완성.psd

Perspective Warp는 평면으로 그려진 그림이나 사진을 입체감 있게 표현하는 방법입니다. 이를 활용하여 간단한 평면 그림을 입체감 있는 형태로 만들어 보겠습니다.

01 Ctrl+O를 눌러 06 폴더에서 '원근변형.psd' 파일을 불러옵니다. 입체감 있는 형태로 변형하기 위해 메뉴에서 [Edit] → Perspective Warp를 실행합니다.

02 딸기 우유 전면 부분을 드래그하면 격자가 표시됩니다. 각 모서리에 있는 조절점들을 드래그하여 전면 모양에 맞게 위치를 조정합니다.

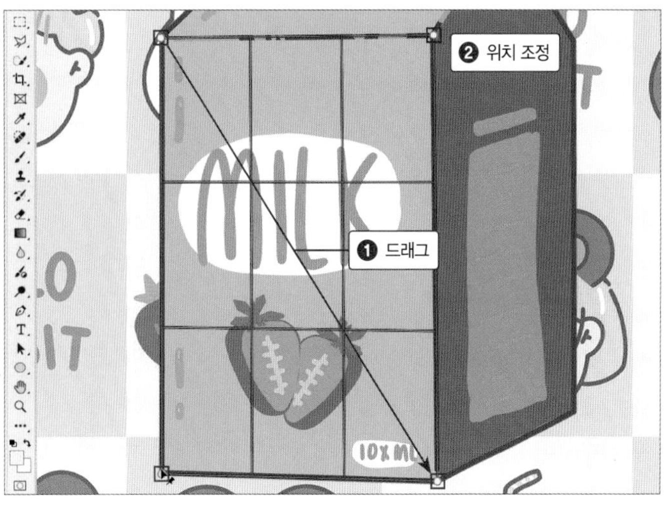

03 추가로 그림과 같이 윗부분과 가까운 위치를 드래그합니다.

이렇게 가까운 위치에 드래그하면 이전에 만들어진 그리드에 자동으로 연계되어 생성됩니다.

04 연결된 그리드의 조절점을 드래그하여 위치를 조정해 그림과 같이 맞춥니다.

만약 그려진 그리드가 이전 그리드와 연동되지 않는다면 조절점을 드래그하여 자동으로 연결합니다.

05 같은 방법으로 위에 있는 부분도 드래그하여 연결하고 모양에 맞춰 조절점 위치를 조정합니다.

06 오른쪽 옆면도 드래그하여 전면 부분, 즉 왼쪽 부분을 연결한 상태로 그림과 같이 조절점의 위치를 조정합니다. Perspective Warp를 모두 완성하면 변형을 위해 옵션바에서 <Warp> 버튼을 클릭합니다.

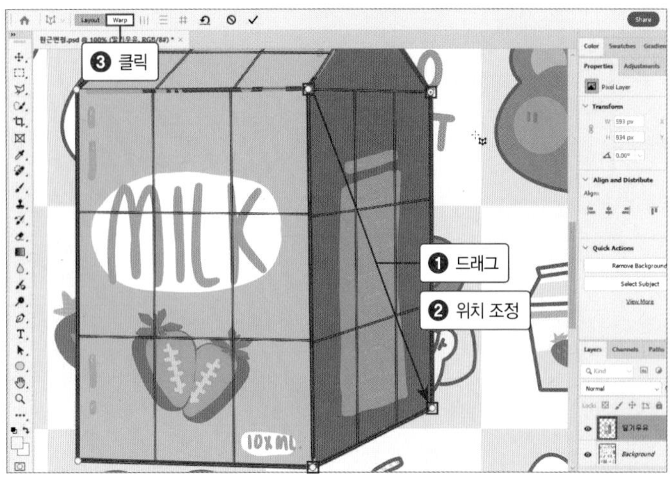

07 그림과 같이 조절점들을 원근에 맞춰 위치를 조정해 입체감 있는 형태로 수정합니다. 수정이 완료되면 Enter를 누르거나 옵션바에 있는 'Commit Perspective Warp' 아이콘(☑)을 클릭합니다.

08 Tools 패널에서 손 도구(✋) 또는 돋보기 도구(🔍)를 더블클릭하여 이미지 전체를 확인합니다. 자연스럽게 원근에 맞춰 변형된 우유팩이 완성되었습니다.

6.3 실습 예제 03 솔리드 컬러와 블렌딩 모드를 활용한 색상 변경하기

• **예제 파일** : 06\색상대체.jpg • **완성 파일** : 06\색상대체_완성.psd

포토샵에는 선택 영역이나 이미지 전체의 색상을 보정하거나 변경할 수 있는 다양한 기능이 있습니다. 상황에 따라 적용 방식이 다르며, 색이 왜곡될 수 있으므로 도구만 사용하는 대신 블렌딩 모드와 보정 레이어를 함께 활용하는 것이 좋습니다. 보정 레이어와 블렌딩 모드를 사용해 색상을 변경하는 방법을 알아보겠습니다.

01 Ctrl+O를 눌러 06 폴더에서 '색상대체.jpg' 파일을 불러옵니다. Tools 패널에서 오브젝트 선택 도구(◪)를 선택하고 소파 위에 얹혀 있는 파란색 담요를 클릭합니다.

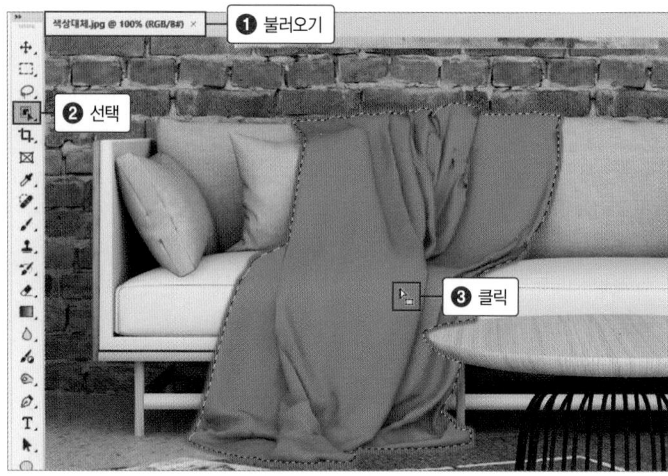

02 Layers 패널에서 'Create a new group' 아이콘(▭)을 클릭하여 새로운 그룹을 추가하고 'Add layer mask' 아이콘(◘) 클릭합니다. 선택 영역대로 그룹에 마스크 효과가 적용되었습니다.

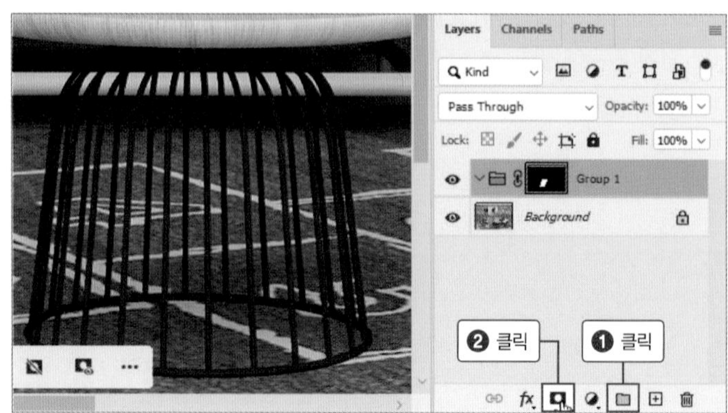

TIP Hue/Saturation을 활용하여 색상을 변경한다면?

Hue/Saturation의 Hue를 이용하여 색상을 변경하면, 색에 따라 대비가 크지 않고 입체감이 사라지는 등 적합하지 않는 색상으로 변경될 수 있습니다. 따라서 예제에서 진행하는 마스크 지정 방법이 더 자연스러울 수 있습니다.

03 Layers 패널에서 'Create new fill or adjustment layer' 아이콘( )을 클릭하고 'Solid Color'를 선택합니다.

04 Color Picker 대화상자가 표시되면 #에 'FF004E'를 입력하여 색상을 진분홍색으로 지정하고 <OK> 버튼을 클릭합니다. 그림과 같이 색상이 합성되지 않고 지정된 컬러로 보입니다.

05 Layers 패널에서 블렌딩 모드를 'Color'로 지정하여 이미지 부분의 모양와 명도를 유지한 상태로 컬러 값을 적용합니다. 밝기를 좀 더 조정하기 위해 Adjustments 패널에서 'Levels'를 클릭합니다.

06 Properties 패널에 Levels이 표시되면 히스토그램에서 White Point를 왼쪽으로 드래그하여 '153'이 되게 조절해 좀 더 자연스럽고 주름이 보이게 만듭니다.

07 같은 방법으로 Adjustments 패널에서 'Hue/Saturation'을 클릭합니다. Properties 패널에 Hue/Saturation이 표시되면 Saturation을 '-20'으로 설정하여 채도를 조금 낮춥니다.

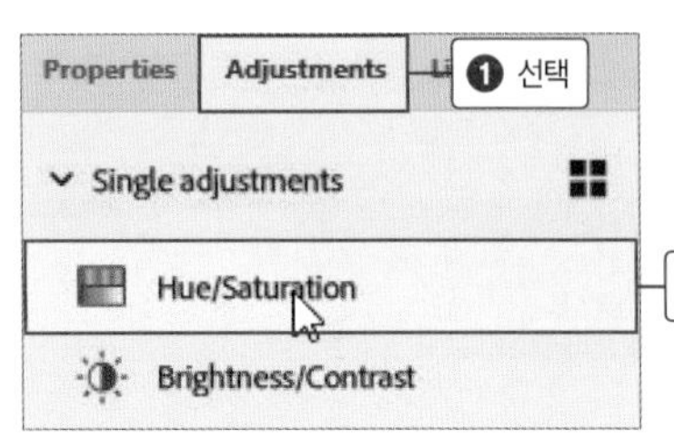

08 Layers 패널에서 'Background' 레이어를 선택하고 Tools 패널에서 오브젝트 선택 도구(![icon])를 선택한 다음 Shift를 누른 상태로 왼쪽에 있는 쿠션 2개를 클릭하여 선택합니다.

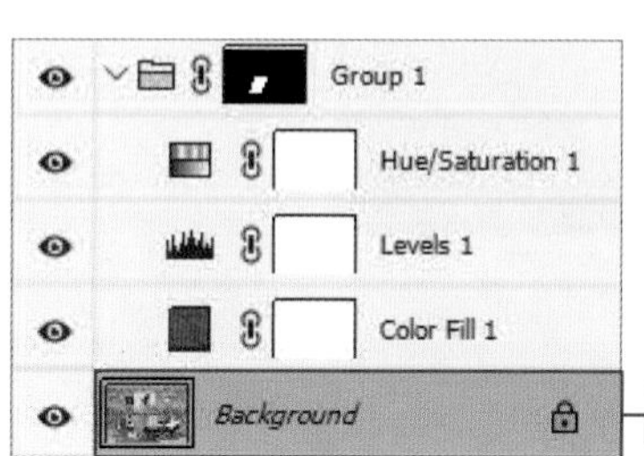

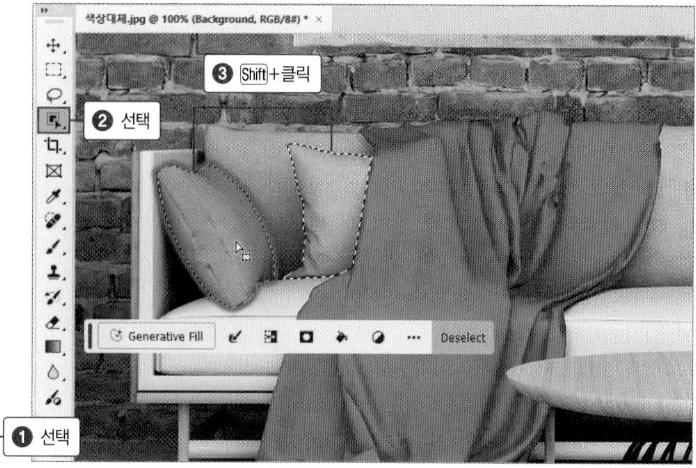

09 Layers 패널에서 'Create a new group' 아이콘(![icon])을 클릭하여 새로운 그룹을 추가하고 'Add layer mask' 아이콘(![icon]) 클릭하여 그룹에 마스크 효과를 적용하여 선택 영역을 마스크로 지정합니다.

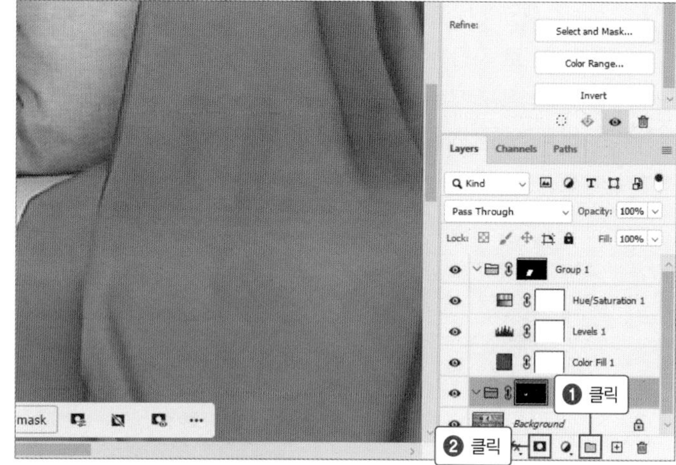

10 색을 적용하기 위해 Layers 패널에서 'Create new fill or adjustment layer' 아이콘(![icon])을 클릭하고 'Solid Color'를 선택합니다.

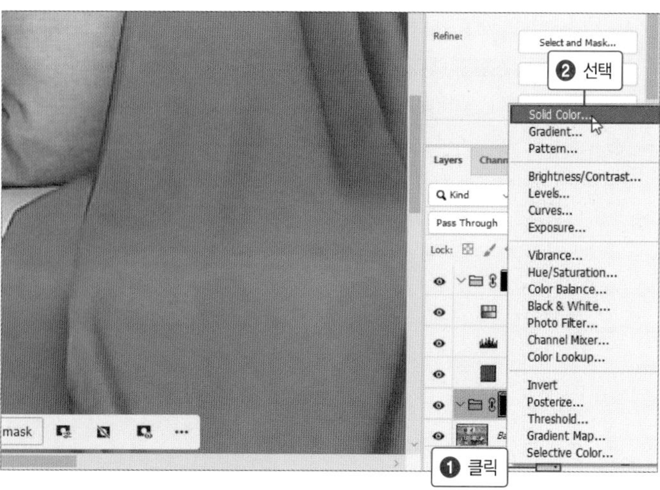

11 Color Picker 대화상자가 표시되면 #에 'DB960F'를 입력하여 색상을 노란색으로 지정하고 <OK> 버튼을 클릭합니다.

12 Layers 패널에서 블렌딩 모드를 'Color'로 지정하여 아래쪽 쿠션 모양에 색상을 적용하고 명도를 조정하기 위해 Adjustments 패널에서 'Levels'를 클릭합니다.

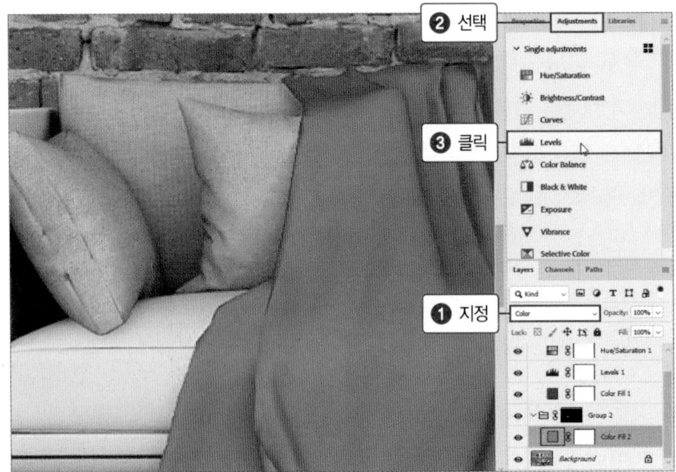

13 Properties 패널에 Levels가 표시되면 히스토그램에서 White Point를 왼쪽으로 드래그하여 '236'으로 조절합니다.

14 오른쪽에도 쿠션을 적용된 그룹에 같이 반영하기 위해 Layers 패널에서 'Background' 레이어를 선택하고 Tools 패널의 오브젝트 선택 도구(□)를 선택한 다음 오른쪽 쿠션을 클릭합니다.

15 쿠션이 적용된 그룹의 레이어 마스크를 클릭하여 선택하고 전경색을 흰색으로 지정한 다음 Alt + Delete를 눌러 전경색을 레이어 마스크에 적용합니다.

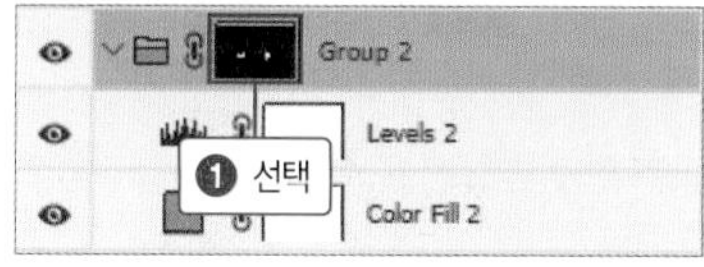

16 전체적으로 색이 변경되어 완성되었습니다. 레이어 마스크에 영역이 지정되었기 때문에 쉽게 색이 변경 및 적용된 것을 확인할 수 있습니다.

연습 문제 | 다양한 방법으로 합성하여 표현하기

01 이미지를 합성하고 블렌딩 모드를 활용하여 자연스럽게 만들어 보세요.

• **예제 및 완성 파일** : 06\소스1~2.jpg, 연습문제1.psd

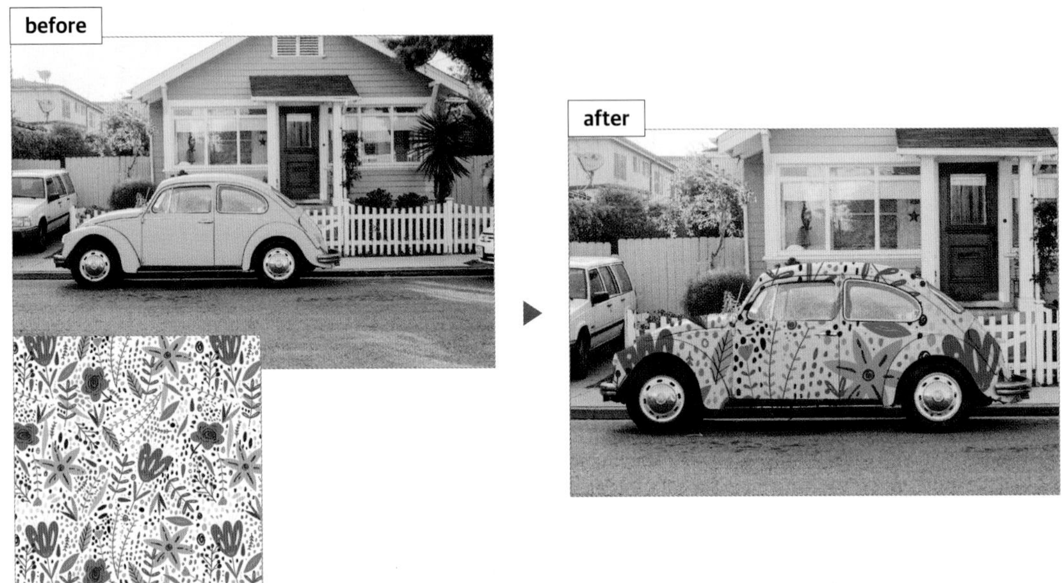

HINT 합성할 부분 선택 영역으로 지정하기 → 클리핑 마스크 또는 레이어 마스크 활용하기 → 블렌딩 모드 Multiply로 지정하기

02 건물의 원근감에 맞춰 텍스트를 합성해 보세요.

• **예제 및 완성 파일** : 06\소스3.jpg, 연습문제2.psd

HINT 텍스트를 입력하고 텍스트를 영역으로 설정하기 → 텍스트를 그림 상태로 복사(Ctrl+C)하기 → [Filter] 메뉴에서 Vanishing Point 실행하기 → 붙여넣기(Ctrl+V)하고 조정하기 → 블렌딩 모드 지정하기

WEEK 07

다양한 색상 적용과 보정 (1)

학 습 목 표

포토샵은 기본적으로 이미지를 편집 보정하는 프로그램으로 사용자는 결국 모니터를 통한 색을 보고 판단하게 됩니다. 따라서 포토샵에서 색의 활용은 매우 중요한 부분입니다. 기본적으로 RGB 색상을 사용하며 사용자의 필요에 따라서 CMYK나 기타 다른 색상 체계를 사용할 수 있습니다. 포토샵에서는 전경색과 배경색의 개념을 가지고 있으며 전경색은 주로 직접적으로 적용하는 색상이며, 배경색은 삭제되거나 전경색과의 연계를 위하여 활용됩니다. 지금부터 다양한 색을 활용하는 여러 가지 기능을 확인하겠습니다.

7.1 주요 필터 살펴보기

포토샵에서는 Blur, Blur Gallery, Distort, Pixelate, Render, Sharpen, Stylize, Video, Other 등의 필터를 통해 다양한 이미지 변형을 할 수 있습니다. 각 필터에는 여러 세부 메뉴가 있어 원하는 효과를 세밀하게 조절할 수 있습니다. 스마트 오브젝트 레이어에 스마트 필터를 적용하면 원본 이미지를 그대로 유지하면서도 필터 속성을 언제든지 수정할 수 있어 효율적입니다.

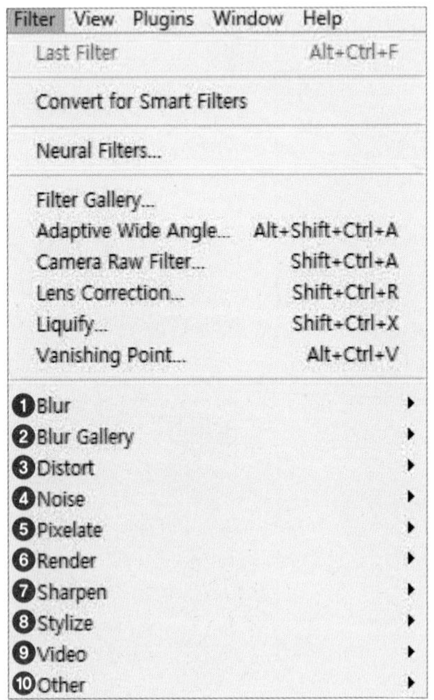

포토샵의 [Filter] 메뉴

❶ 흐림 효과(Blur)

선택 영역이나 전체 이미지를 부드럽게 하거나 흐리게 처리하는 효과를 적용합니다. 가우시안 흐림 효과를 많이 사용하며, 평균, 흐리게, 더 흐리게, 상자, 가우시안, 렌즈. 동작, 방사형, 모양, 스마트, 표면 흐림 효과 등을 적용할 수 있습니다. 흐리게 만드는 것뿐만 아니라 동작 흐림 효과는 빠르게 움직이는 것과 유사한 이미지를 만들 수도 있습니다.

❷ 흐림 효과 갤러리(Blur Gallery)

총 5개의 필터가 포함되어 있어 필드, 조리개, 기울기, 경로, 회전 흐림 효과를 적용할 수 있습니다. 직관적인 컨트롤을 통해 흐림 효과를 적용합니다.

❸ 왜곡(Distort)

이미지를 기하학적으로 변형 및 왜곡하는 도구입니다. 광선 확산, 변위, 유리, 바닷물결, 핀치, 극좌표, 잔물결, 기울임, 구형화, 돌리기, 파동, 지그재그 형태의 왜곡 필터를 포함하고 있습니다.

❹ 노이즈(Noise)

이미지에 임의로 분포되어 있는 색상의 픽셀을 더하거나 삭제할 때 사용되며, 더스크와 스크래치와 같이 이미지에서 문제 있는 부분을 삭제할 수 있습니다. 노이즈 추가, 반점 제거, 더스크와 스크래치, 중간값, 노이즈 감소 필터가 포함되어 있습니다.

❺ 픽셀화(Pixelate)

비슷한 색상 값의 픽셀을 묶어서 다양한 효과를 만드는 기능으로 색상 하프톤, 수정화, 단면화, 분열, 메조틴트, 모자이크, 점묘화와 같은 기능이 포함되어 있습니다.

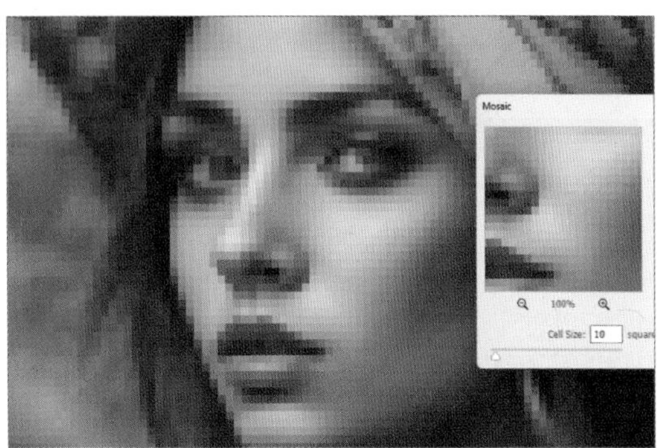

❻ 렌더(Render)

다양한 3D를 응용한 패턴 형태 또는 변형을 만드는 필터입니다. 구름효과, 섬유, 렌즈 플레어와 함께 나무나 액자와 같은 형태를 추가 적용할 수 있습니다.

❼ 선명 효과(Sharpen)

픽셀 간의 대비를 증가시켜 이미지가 선명해 보이도록 처리합니다. 선명, 더 선명하게, 가장자리 선명하게, 스마트 선명, 언샵 마스크 선명 효과가 있습니다. CMYK 및 채널별로 적용이 가능합니다.

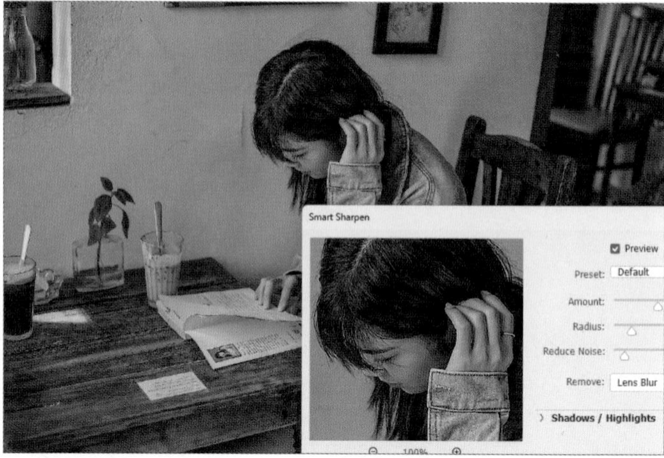

❽ 스타일화(Stylize)

이미지의 픽셀에 페인팅하거나 인상주의 효과를 적용하는 등 기하학적 형태로 변형할 수 있습니다. 확산, 엠보스, 돌출, 가장자리 찾기, 가장자리 광선, 과대 노출, 타일, 윤곽선 찾기, 바람 등의 필터가 있습니다.

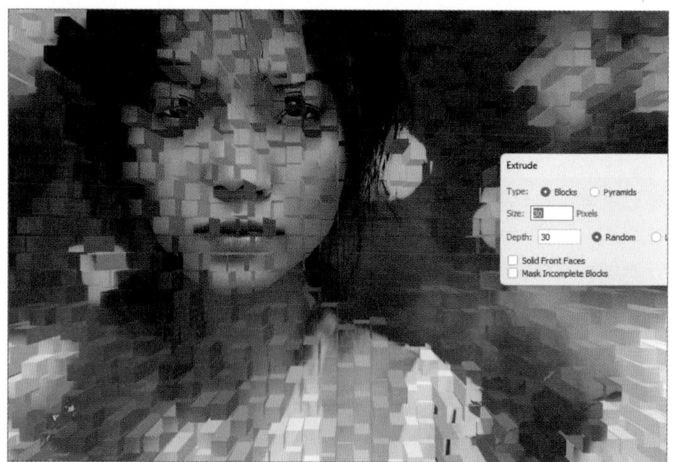

❾ 비디오 필터(Video)

비디오의 인터레이스를 제거하여 영상을 매끄럽게 하거나 번지지 않게 색상 영역을 제한하는 등의 기능을 수행합니다.

De-Interlace...
NTSC Colors

❿ 기타 필터(Other)

사용자 정의 및 오프셋 효과를 적용하는 등의 기타 효과를 적용합니다. 사용자 정의, 하이패스, 최댓값, 최솟값, 오프셋 등의 효과 필터를 적용할 수 있습니다.

Custom...
High Pass...
HSB/HSL
Maximum...
Minimum...
Offset...

실습 예제 01

7.2 전경색과 배경색 설정하고 활용하기

• **완성 파일** : 07\아이콘_완성.jpg

포토샵은 전경색과 배경색의 개념을 가지고 있으며 Color Picker를 통해서 색상을 변경할 수 있습니다. 다양한 색상 모드를 사용할 수 있으며, 색의 미묘한 차이를 통해 다양한 이미지를 표현하고 변화를 만들 수도 있습니다. 전경색을 설정하고 자주 사용하는 색으로 설정하는 방법을 확인해 보겠습니다.

그레이디언트로 입체감 있는 버튼 만들기

01 새로운 문서를 만들기 위해 포토샵 시작 화면에서 <New file> 버튼을 클릭하거나 Ctrl+N을 누릅니다. New Document 대화상자가 표시되면 Width와 Height를 '1280 Pixels'로 설정하고 해상도 단위를 'Pixels/Inch'로 지정한 다음 Resolution을 '72'로 설정한 후 <Create> 버튼을 클릭합니다.

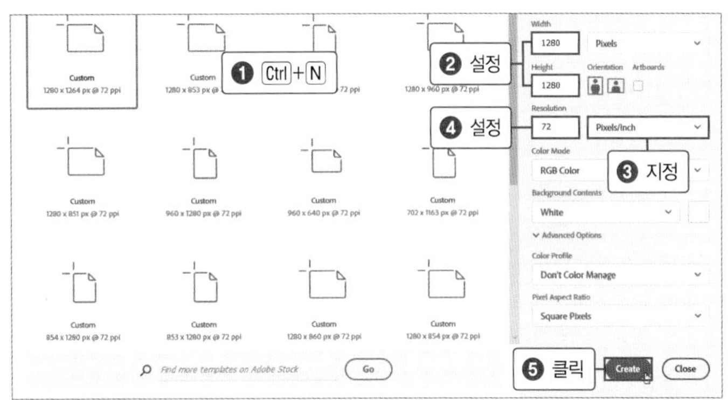

02 색상 설정을 위해 Tools 패널에서 전경색을 클릭하고 Color Picker 대화상자가 표시되면 'R:157', 'G:205', 'B:208'로 설정하거나 #에 '9DCDD0'을 입력한 다음 <OK> 버튼을 클릭합니다.

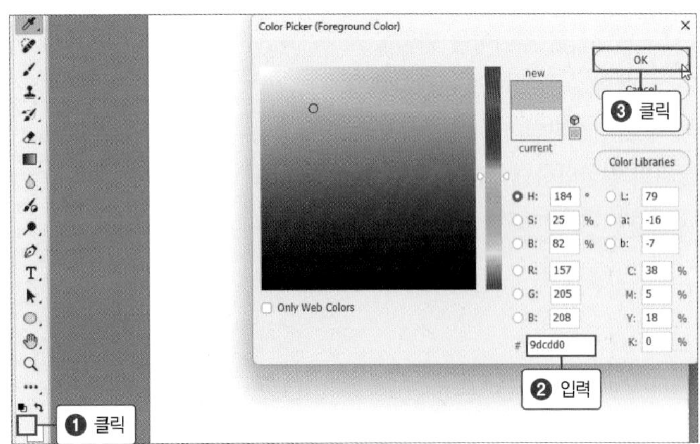

03 전경색 상자와 Color 패널의 색상이 채도 낮은 하늘색으로 변경되었습니다. 전경색을 캔버스에 적용하기 위해 Tools 패널에서 페인트통 도구( )를 선택합니다.

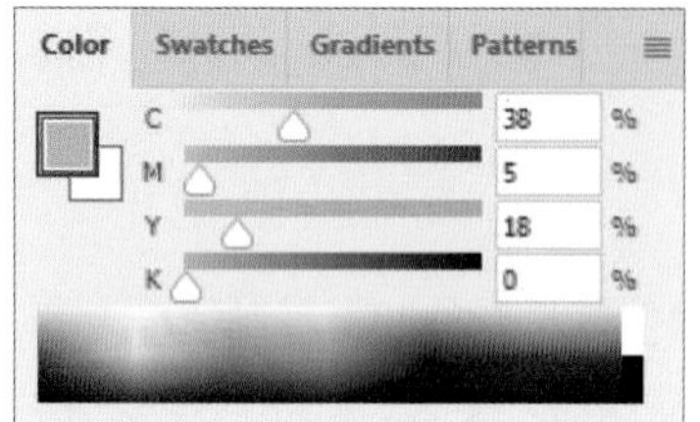

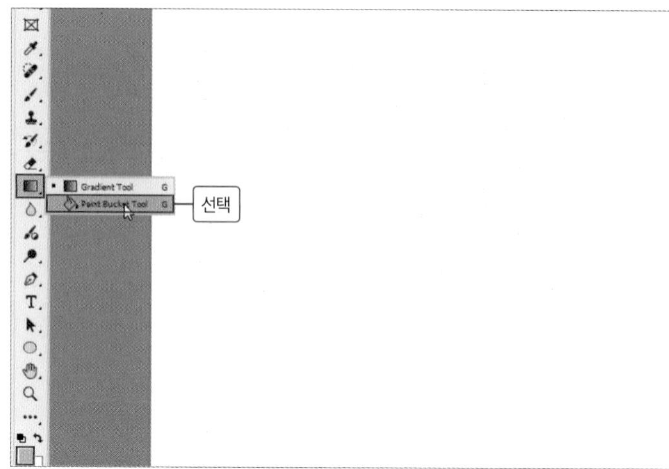

04 캔버스를 클릭하면 전경색이 캔버스 전체에 채워집니다. 페인트통은 클릭하는 지점을 기준으로 유사한 명도와 색상을 가진 영역에 전경색이 채워지지만, 예제에서는 배경 레이어 전체가 흰색이므로 지정된 전경색이 채워집니다.

NOTE

선택 영역이 있다면 선택 영역만 채워지며, 색을 적용하는 레이어에 색상 차이가 나는 영역이 있으면 경계선까지만 색이 채워집니다.

클릭

05 안내선을 추가하는 명령을 사용할 수도 있지만, 눈금자를 통해 적용하는 방법이 더 쉬우므로 눈금자를 활성화하겠습니다. 메뉴에서 [View] → Rulers(Ctrl+R)를 실행합니다.

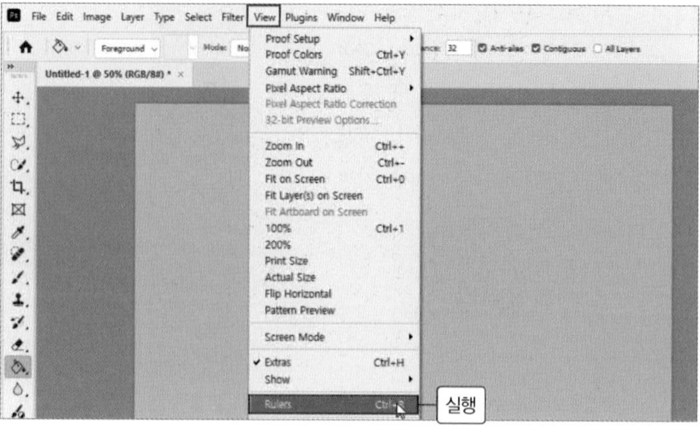

06 상단에 있는 눈금자를 아래로 640px까지 드래그하여 가로 방향의 안내선을 추가합니다. 왼쪽에 있는 눈금자를 오른쪽으로 드래그하여 세로 방향의 안내선도 640px 위치에 만듭니다. 안내선은 수시로 드래그하여 위치를 변경할 수 있습니다.

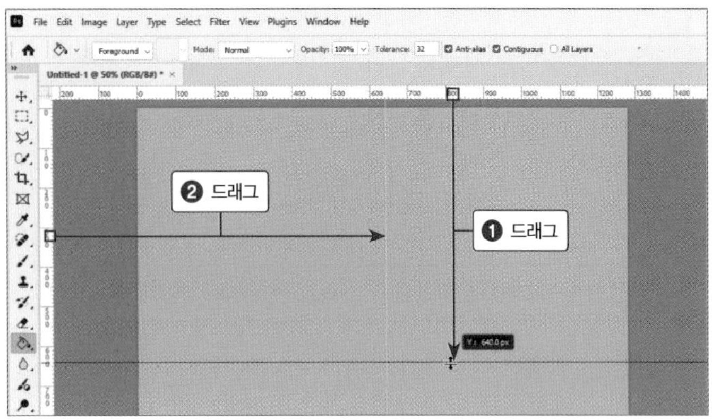

TIP **New Guide를 활용한 안내선 추가하기**

가이드는 눈금자를 이용해 쉽게 만들 수 있지만, 정확한 위치에 배치하기 어려울 때도 있습니다. 이때 New Guide 기능을 사용하면, 안내선을 원하는 위치에 수치로 입력해 정확하게 생성할 수 있습니다.

❶ 안내선을 만들기 위해 메뉴에서 [View] → Guide → New Guide를 실행합니다.

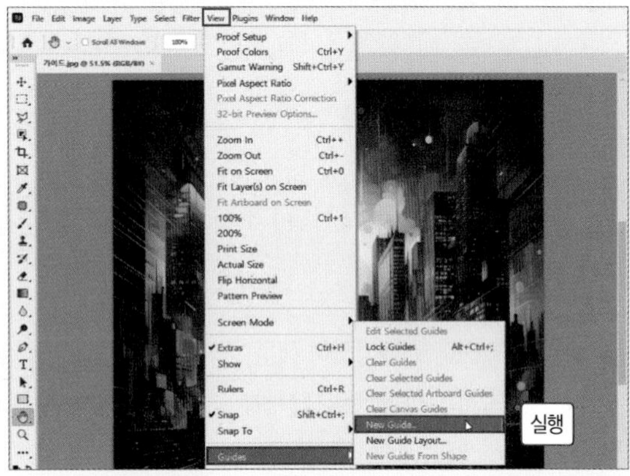

❷ New Guide 대화상자가 표시되면 Orientation을 'Vertical'로 선택하고 Position에 위치를 입력합니다. 안내선 색상을 변경하려면 Color를 원하는 색상으로 지정하고 <OK> 버튼을 클릭하면 해당 위치에 안내선이 생성됩니다.

7 다양한 색상 적용과 보정 (1)

07 Tools 패널에서 원형 선택 윤곽 도구(◯)를 선택하고 Alt + Shift 를 누른 상태로 안내선이 교차하는 중심점을 시작으로 드래그하여 약 '910px' 크기의 선택 영역을 만듭니다.

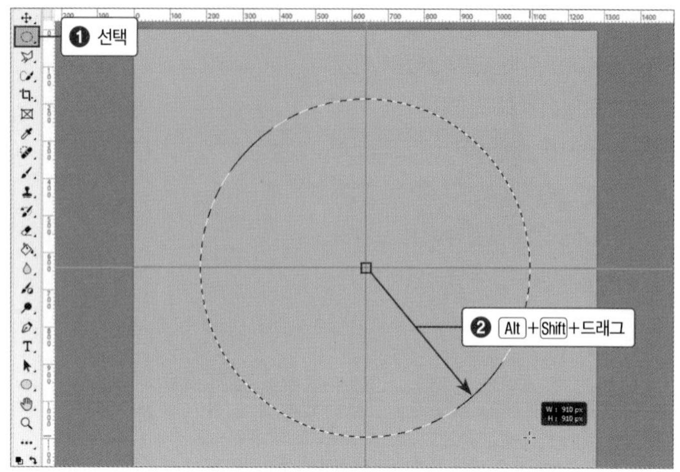

NOTE

Alt 를 누른 상태로 선택 영역을 만들면 드래그를 시작한 점을 중심으로 시작해 방사형으로 선택 영역을 만들 수 있습니다.

NOTE

안내선을 드래그할 때 위치가 같이 조정되거나 필요하다면 안내선을 잠금하여 고정합니다. 안내선은 메뉴의 (View) → Guide → Lock Guide(Ctrl + Alt + ;)를 이용하여 잠그거나 잠금 해제할 수 있습니다.

08 새로운 레이어를 생성하여 색을 채우겠습니다. 레이어를 생성하기 위해 Layers 패널에서 'Create a new layer' 아이콘(⊞)을 클릭합니다.

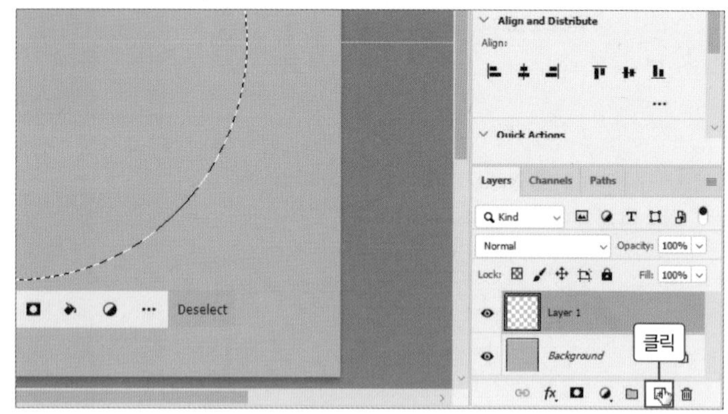

NOTE

자주 사용하는 색상을 Swatches에 저장하면 언제든 쉽게 불러올 수 있습니다. 기본적으로 다양한 색상 조합이 제공되며, 다른 사람들이 만든 Swatches를 가져와 활용할 수 있습니다. 이를 통해 공동 작업 시에도 유용하게 사용할 수 있어, 팀원들과 색상 선택의 일관성을 유지하는 데 큰 도움이 됩니다.

09 Swatches 패널을 살펴보면 사용한 색상들이 가장 상단에 표시되고 여러 색상 그룹을 사전 제공하고 있습니다. 내가 주로 사용하는 색을 모아서 저장한다면 그룹을 활용하는 것이 편리합니다. 그룹을 만들고 저장하기 위해 'Create a new group' 아이콘(□)을 클릭합니다.

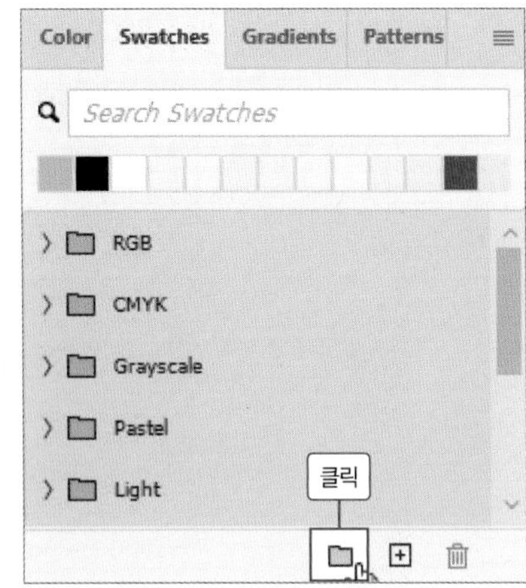

10 Group Name 대화상자가 표시되면 Name에 저장할 그룹명을 입력하고 <OK> 버튼을 클릭합니다.

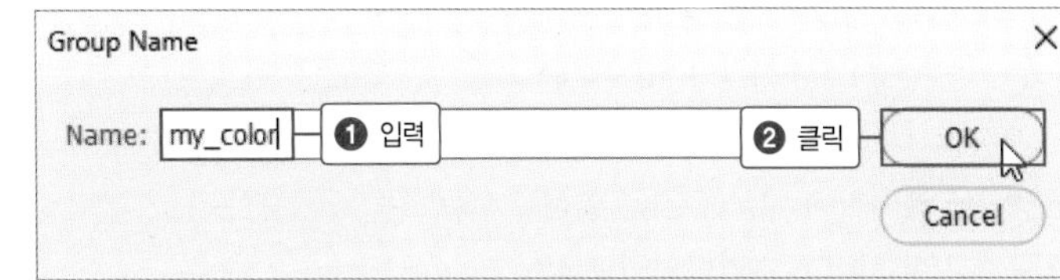

11 Swatches 패널에서 색상을 저장할 그룹을 선택하고 새로운 색상을 선택한 다음 'Create new Swatch' 아이콘(⊞)을 클릭합니다.

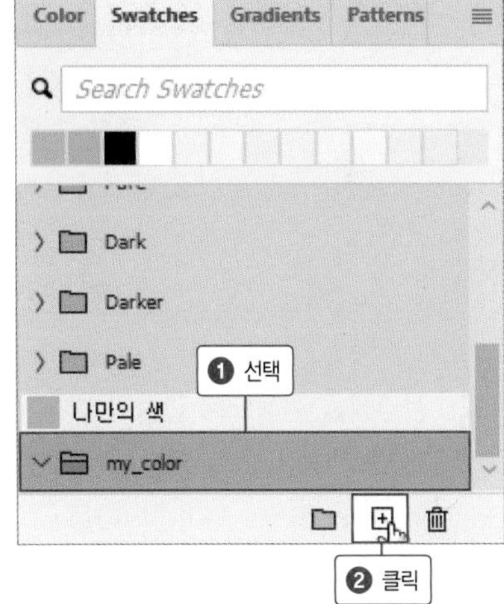

12 Color Swatch Name 대화상자가 표시되면 Name에 저장할 색상 이름을 입력하고 <OK> 버튼을 클릭합니다.

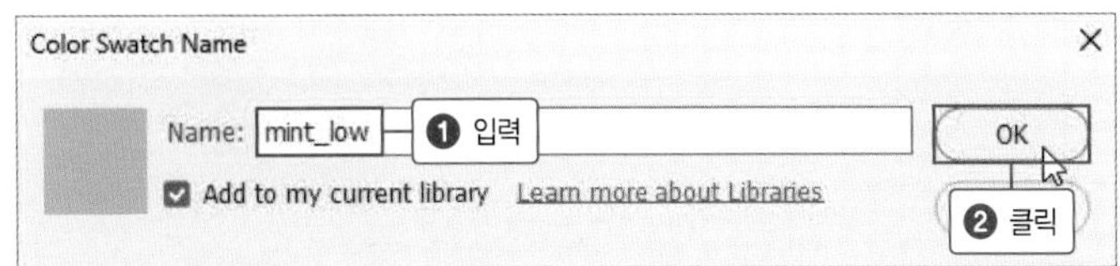

13 Swatches 패널을 확인하면 설정된 그룹에 색상이 저장되어 표시됩니다. 해당 색상을 선택하면 전경색이 지정된 색상으로 변경됩니다.

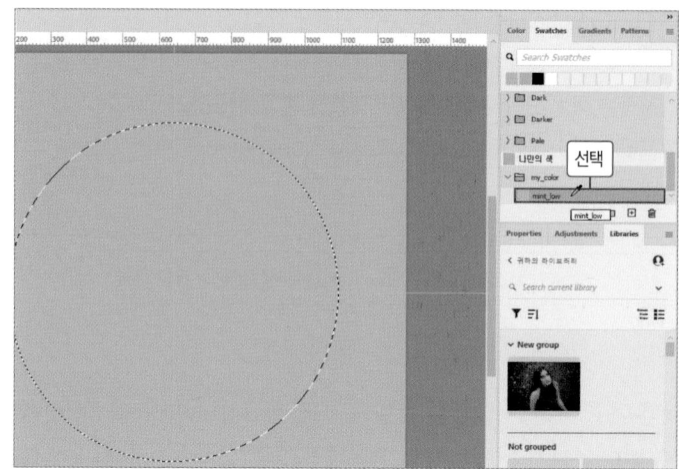

14 Tools 패널에서 'Foreground and Background colors' 아이콘(■)을 클릭하여 색상을 기본 설정으로 초기화합니다. 초기화되면 전경색이 검은색, 배경색이 흰색으로 지정됩니다.

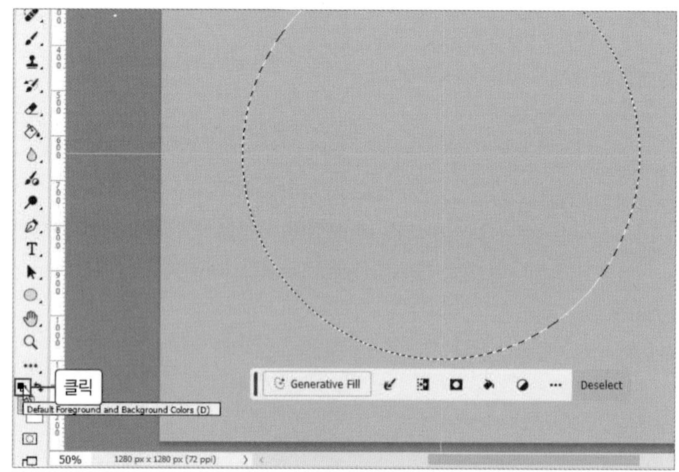

15 전경색을 흰색으로 만들기 위해 'Switch Foreground and Background colors' 아이콘(↰)을 클릭하여 전경색과 배경색을 교체합니다.

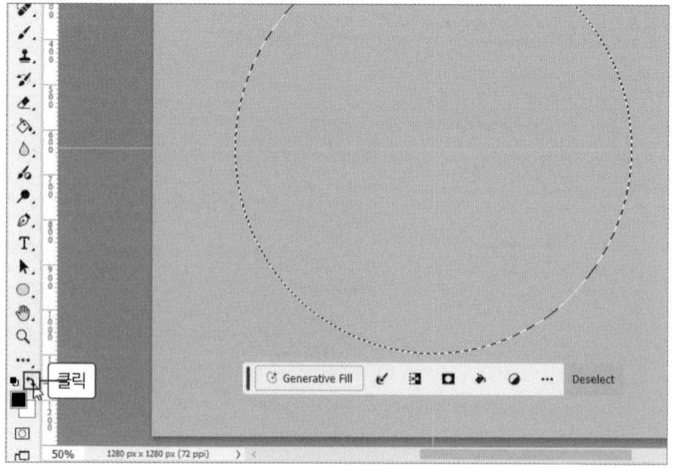

Color Picker에서 흰색을 설정하거나 Color 패널의 색상 스펙트럼에서 색을 변경해도 됩니다.

16 'Layer 1' 레이어에 색을 채우기 위해 Tools 패널에서 페인트통 도구()를 선택하고 선택 영역 내부를 클릭하여 흰색을 적용합니다.

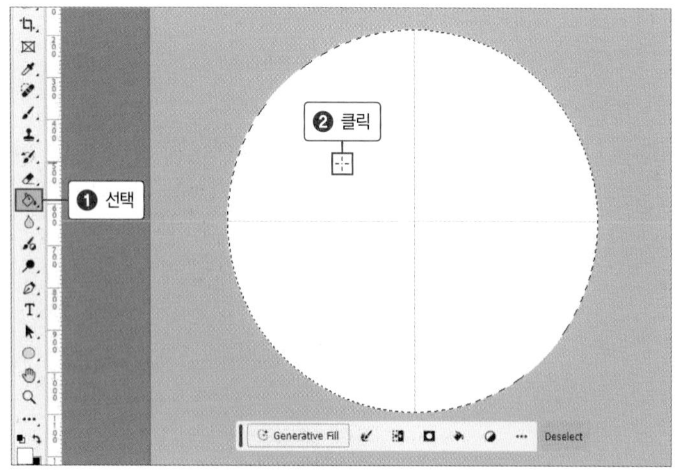

17 기존에 지정했던 영역보다 선택 영역을 조금 작게 만들겠습니다. Tools 패널에서 원형 선택 윤곽 도구()를 선택하고 Alt + Shift 를 누른 상태로 안내선이 교차하는 중심점을 시작으로 드래그하여 '770px' 크기의 선택 영역을 만듭니다.

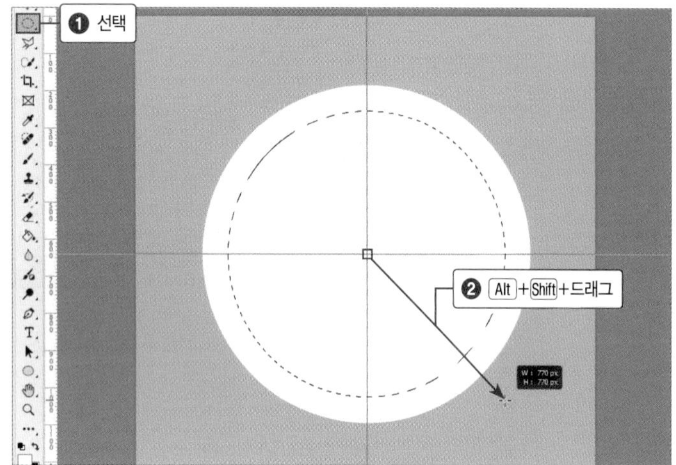

18 Layers 패널에서 'Create a new layer' 아이콘()을 클릭하여 새로운 레이어를 추가하고 저장된 색상을 불러오기 위해 Swatches 패널에서 저장된 'mint_low' 색상을 선택합니다.

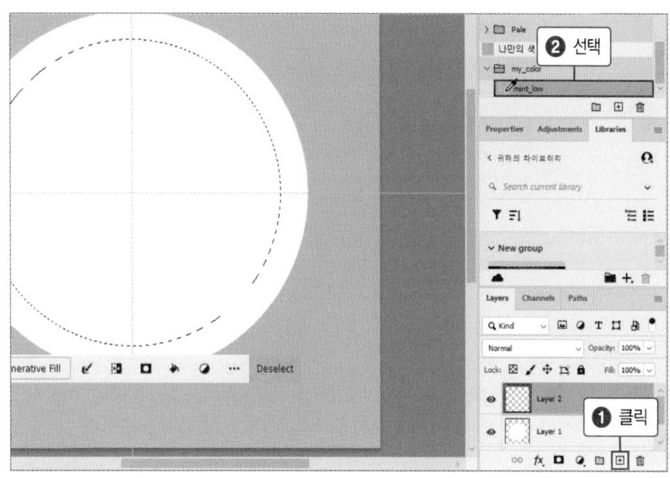

7 다양한 색상 적용과 보정 (1)

19 Tools 패널에서 페인트통 도구(![icon])를 선택하고 선택 영역 안을 클릭하거나 Alt+Delete를 눌러 전경색을 선택 영역에 적용합니다.

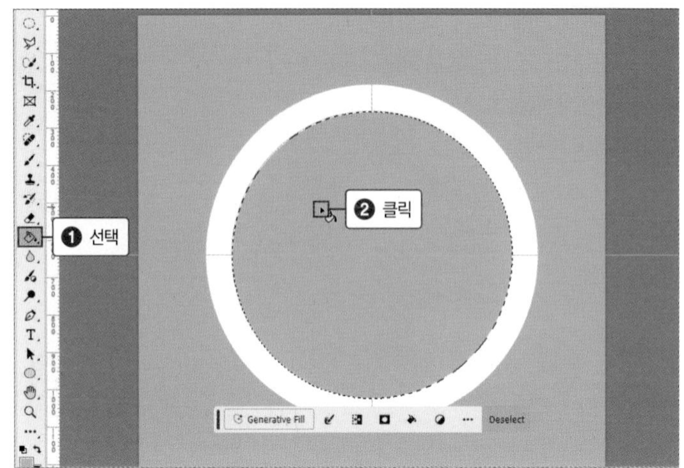

20 현재 지정되어 있는 선택 영역에서 크기를 조금 축소하기 위해 메뉴에서 〔Select〕 → Modify → Contract를 실행합니다.

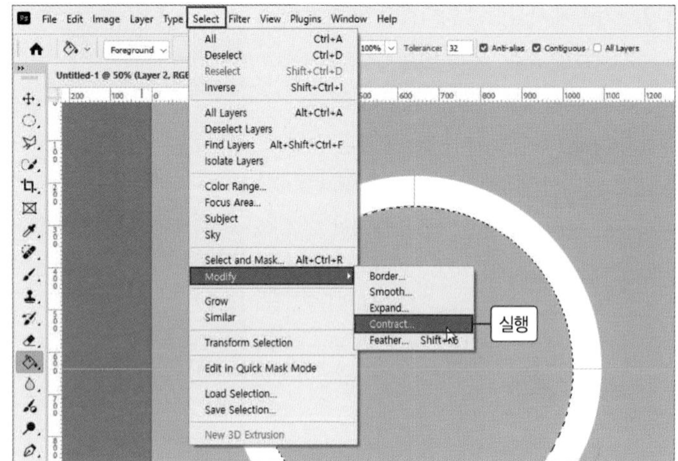

21 Contract Selection 대화상자가 표시되면 20픽셀의 크기를 줄이기 위해 Contract By를 '20'으로 설정하고 <OK> 버튼을 클릭합니다.

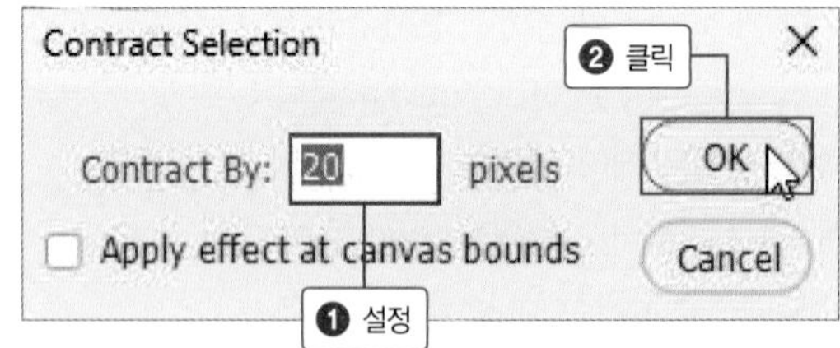

NOTE

❶ **Contract By**: 선택 영역의 크기를 내부로 축소하는 데 사용됩니다. 세부적인 편집이 필요하거나 가장자리를 다듬어야 할 때 유용합니다.

❷ **Apply effect at canvas bounds**: 선택한 효과를 캔버스 경계 내에서만 적용하도록 설정합니다. 이 기능은 문서의 경계 외부에서 불필요한 효과가 생성되지 않도록 제한하는 데 사용되며, 주로 캔버스 내 편집이 필요할 때, 작업 효율을 높일 수 있어 유용합니다.

22 선택 영역이 지정된 크기만큼 줄어든 것을 확인할 수 있습니다. 선택 영역을 이동하기 위해 원형 선택 윤곽 도구(◯)가 선택된 상태로 선택 영역을 위로 드래그하여 흰색 부분에 가깝게 위치를 조정합니다.

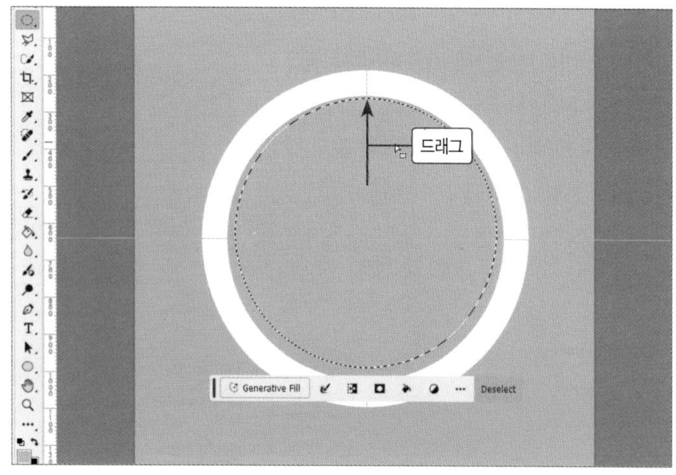

23 전경색을 흰색으로 설정하기 위해 Color 패널에서 스펙트럼 오른쪽의 흰색을 클릭하여 전경색을 흰색으로 지정합니다.

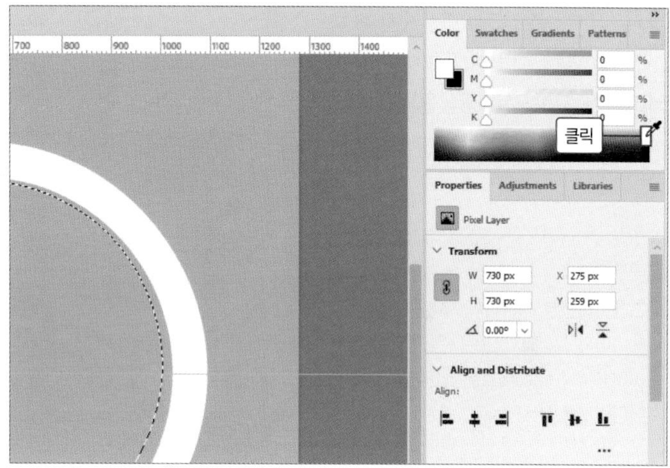

24 Tools 패널에서 그레이디언트 도구(▣)를 선택하고 옵션바에서 그레이디언트 색상 상자를 클릭합니다. 표시되는 메뉴에서 Basic 폴더의 두 번째에 위치한 흰색과 투명도가 적용된 그레이디언트를 선택합니다.

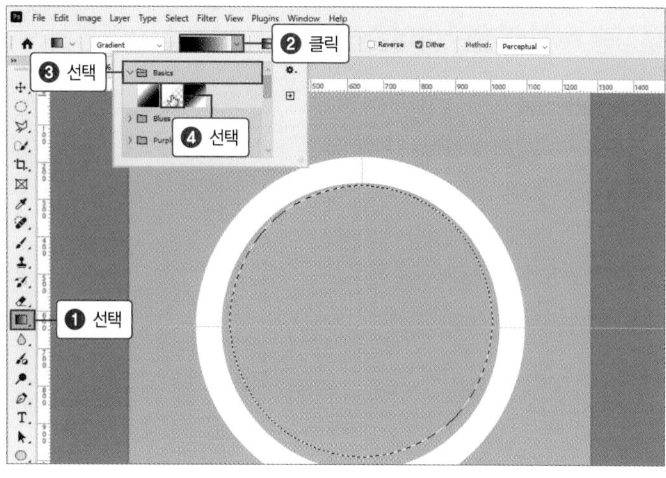

25 옵션바에서 '선형 그레이디언트' 아이콘(▣)를 클릭한 다음 캔버스의 위에서부터 아래로 드래그하여 흰색 그레이디언트를 적용해 반사광을 표현합니다.

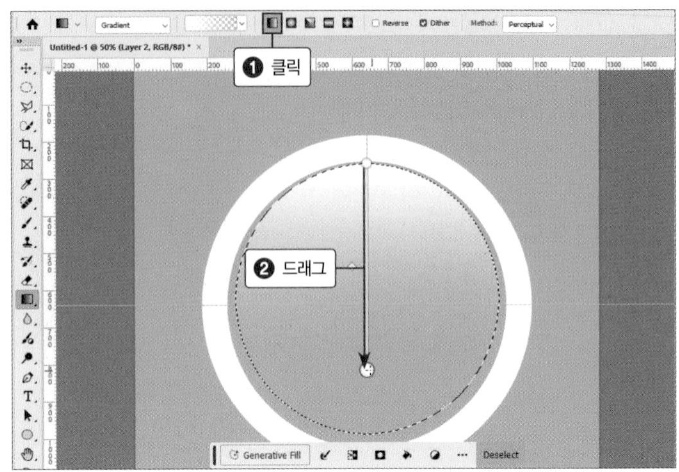

26 그레이디언트가 적용되면 Layers 패널에 'Gradient Fill' 레이어가 자동으로 생성됩니다. Ctrl+D를 눌러 선택 영역을 해제합니다.

NOTE

그레이디언트 레이어가 적용되지 않아 레이어가 생성되지 않는다면 새로운 레이어를 추가하고 새로운 레이어에 그레이디언트를 적용합니다.

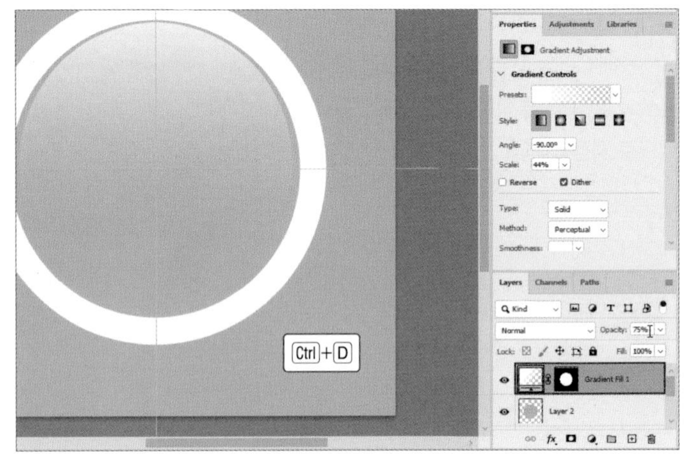

생성형 AI를 이용한 아이콘 만들기

01 안쪽에 아이콘을 생성하겠습니다. 아이콘이 생성될 위치를 지정하기 위해 Tools 패널에서 원형 선택 윤곽 도구(◌)를 선택합니다. Alt+Shift를 누른 상태로 교차선 중심을 시작으로 드래그하여 '630px' 크기로 만듭니다.

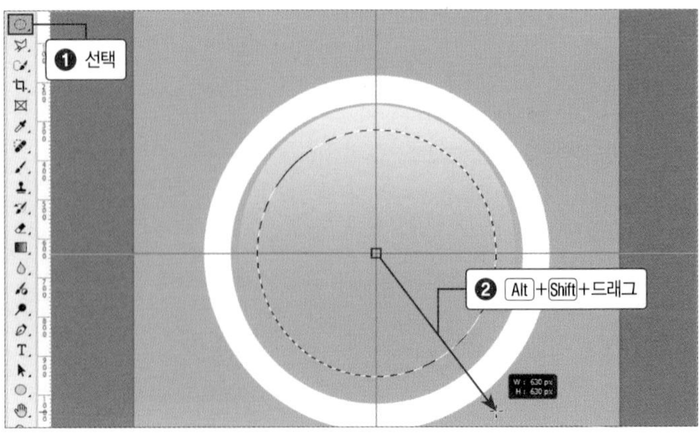

02 생성형 AI를 이용하여 아이콘을 만들기 위해 작업 표시줄에서 '전원 아이콘'을 입력하고 <Generate> 버튼을 클릭합니다.

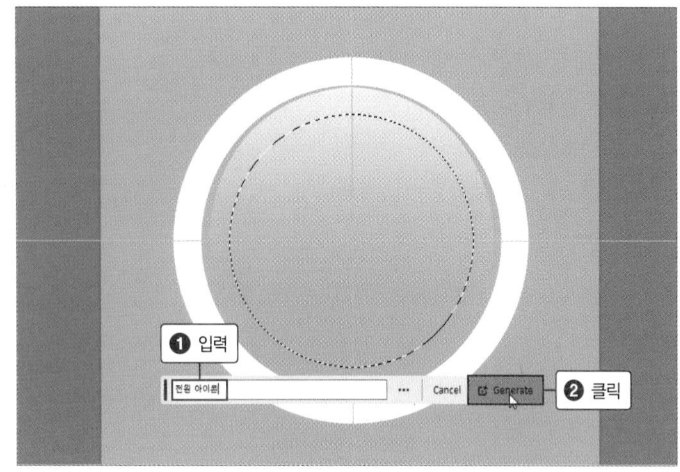

03 Properties 패널에서 생성된 아이콘 중 적합한 아이콘을 선택합니다.

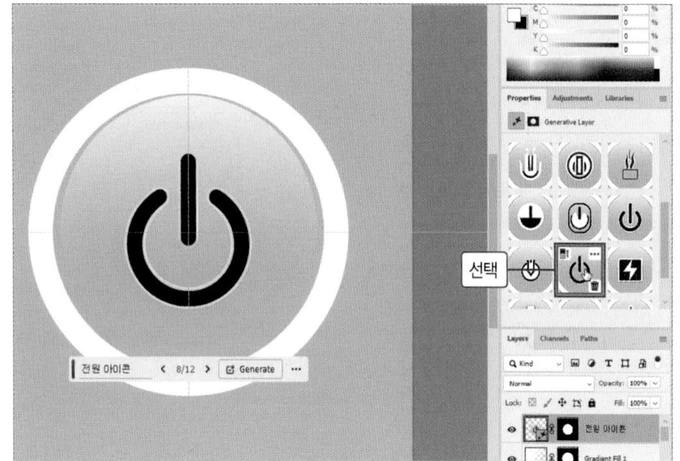

04 추가로 다른 아이콘을 만들기 위해 작업 표시줄에서 '폴더 아이콘'을 입력하고 <Generate> 버튼을 클릭합니다. Properties 패널에서 필요에 따라 생성된 폴더 아이콘 또는 전원 아이콘을 선택하여 활용할 수 있습니다.

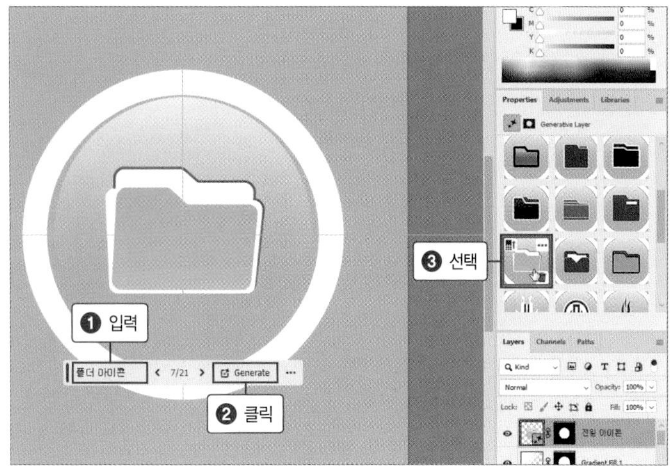

05 볼록한 입체감이 있게 만들기 위해 Layers 패널에서 흰색으로 채워진 원 레이어를 선택하고 메뉴에서 'Add a layer style' 아이콘(fx)을 클릭한 다음 'Bevel & Emboss'를 선택합니다.

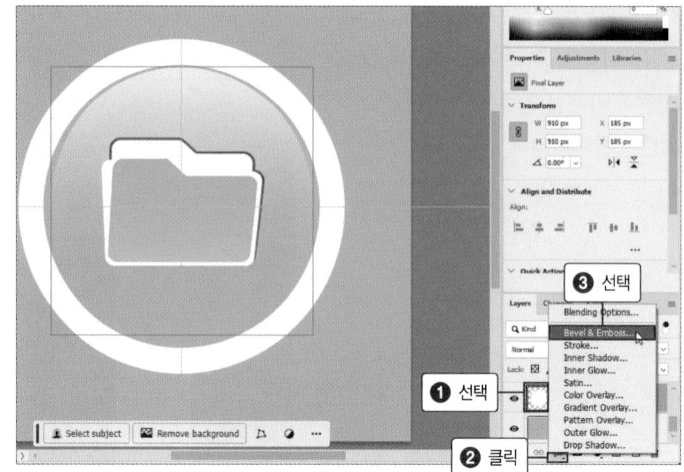

06 Layer Style 대화상자가 표시되면 Structure의 Style을 'Pillow Enboss'로 지정하고 Depth를 '100%', Size를 '20px', Soften을 '5px'로 설정한 다음 <OK> 버튼을 클릭합니다.

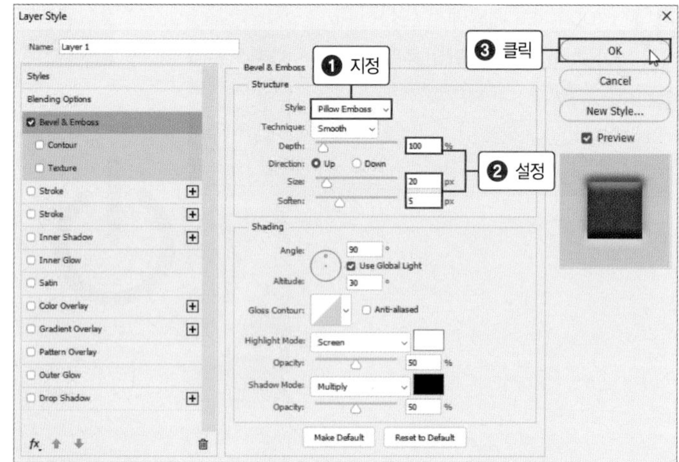

07 흰색 테두리 부분에 그레이디언트가 자동적으로 적용되면서 볼록한 형태의 버튼 모양으로 변경되었습니다.

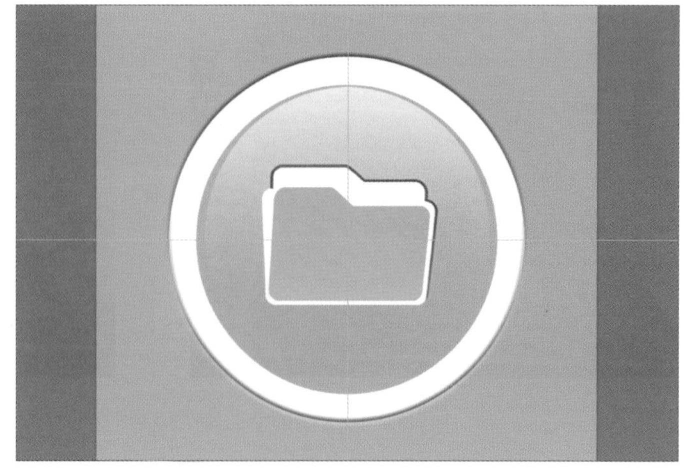

08 05번과 같은 방법으로 하늘색으로 만든 작은 원 레이어를 선택하고 'Add a layer style' 아이콘(fx)을 클릭한 다음 'Bevel & Emboss'를 선택합니다. Layer Style 대화상자가 표시되면 Structure의 Style을 'Pillow Enboss'로 지정하고 Depth를 '100%', Size를 '30px', Soften을 '15px'로 설정한 다음 <OK> 버튼을 클릭합니다.

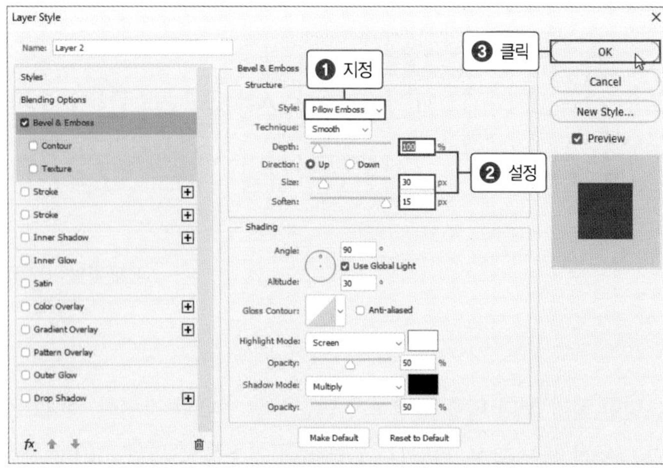

09 안쪽 원에도 입체감을 적용하여 아이콘을 완성하였습니다.

NOTE

레이어 스타일을 활용하면 다양한 형태로 쉽게 표현이 가능하므로 모든 레이어 스타일 활용 방법을 익혀두는 것이 좋습니다.

TIP Color Picker 살펴보기

컬러 피커는 기본적으로 다양한 색상 모드를 이용하여 색을 설정할 수 있으며, 스펙트럼과 피커를 이용하여 색을 선택하고 문서에 적용할 수 있습니다. 설정한 색은 Swathces에 저장할 수 있고 Color Picker에서 색을 선택하기 어렵다면 Color Libraries를 이용하여 다양한 회사에서 제공하는 색을 선택해 사용할 수도 있습니다.

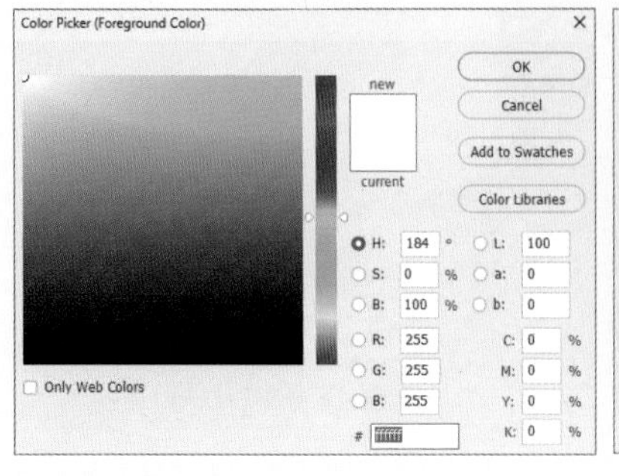

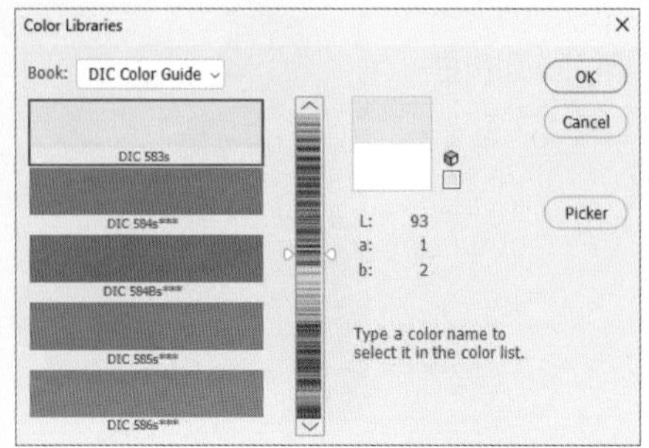

7.3

실습 예제 02

다양한 색 표현과 보정 레이어를 이용한 팝아트 효과 만들기

• **예제 파일** : 07\팝아트.jpg • **완성 파일** : 07\팝아트_완성.psd

유명한 작가 앤디 워홀의 작품은 단순화된 형태와 강렬한 색상으로 표현된 팝아트로 유명합니다. 포토샵의 다양한 색상 활용, 필터, 보정 레이어 기능을 적용해 이러한 팝아트 효과를 구현해 보겠습니다.

이미지 크기 조정하고 흑백 사진으로 만들기

01 Ctrl+O를 눌러 07 폴더에서 '팝아트.jpg' 파일을 불러옵니다. 인물을 선택 영역으로 지정하기 위해 Tools 패널에서 오브젝트 선택 도구( )를 선택하고 캔버스의 인물 얼굴을 클릭합니다.

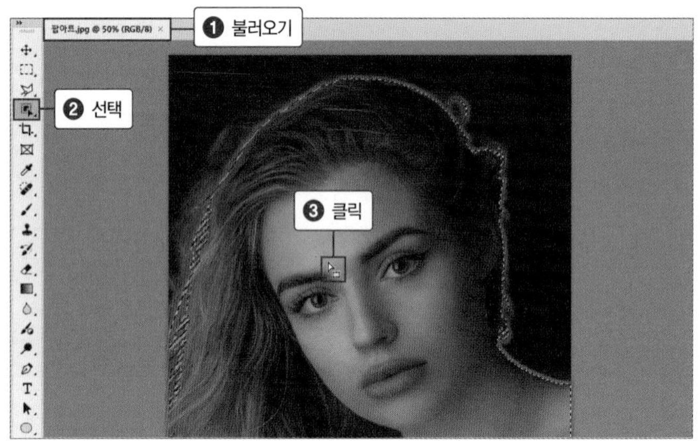

02 새로운 레이어로 선택 영역을 복사하고 붙여넣기 위해 Ctrl+J를 누릅니다. Layers 패널에서 'Background' 레이어의 '눈' 아이콘( )을 클릭하여 선택 영역대로 잘 복제되었는지 확인합니다.

03 정사각형으로 문서를 잘라 활용하기 위해 Tools 패널에서 사각형 선택 윤곽 도구( )를 선택하고 Shift를 누른 상태로 얼굴 부분을 드래그하여 선택 영역으로 지정합니다.

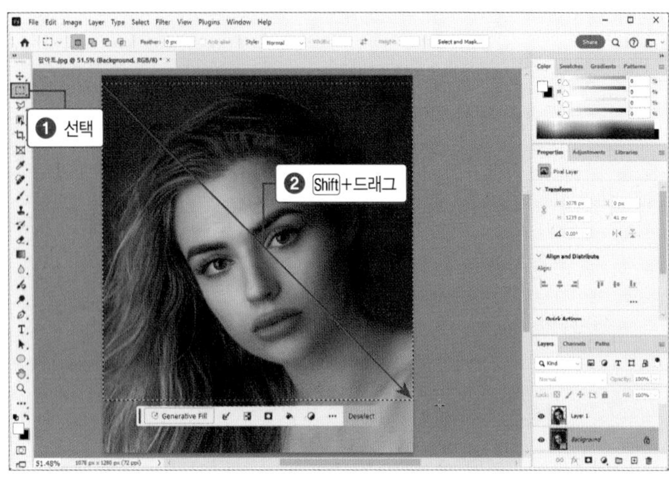

04 선택 영역을 기준으로 문서를 자르기 위해 메뉴에서 [Image] → Crop을 실행합니다.

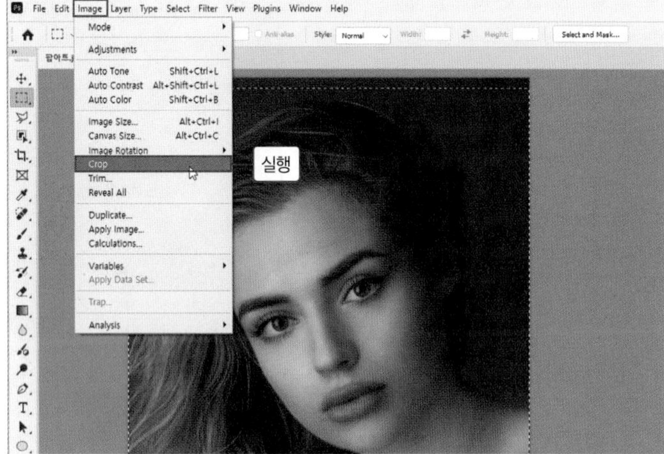

NOTE

문서를 자를 때에는 자르기 도구( )를 사용할 수도 있습니다.

05 선택 영역을 기준으로 문서가 잘렸습니다.

선택 영역을 해제하기 위해 작업 표시줄에서 <Deselect> 버튼을 클릭하거나 Ctrl+D를 누릅니다.

06 전경색과 배경색을 기본 색상으로 만들기 위해 Tools 패널에서 'foreground and background colors' 아이콘(■)을 클릭하여 배경색을 흰색으로 지정합니다.

07 Layers 패널에서 'Background' 레이어를 선택하고 Ctrl+Delete를 눌러 레이어 전체를 흰색으로 적용합니다.

NOTE

Alt+Delete를 누르면 전경색이 선택한 레이어에 적용됩니다.

08 얼굴이 있는 레이어를 선택하고 Ctrl+J를 눌러 새로운 레이어에 복제합니다. 복제를 한 원본 레이어의 이름을 '원본'이라고 변경하고 '눈' 아이콘(👁)을 클릭하여 숨김 상태로 변경합니다.

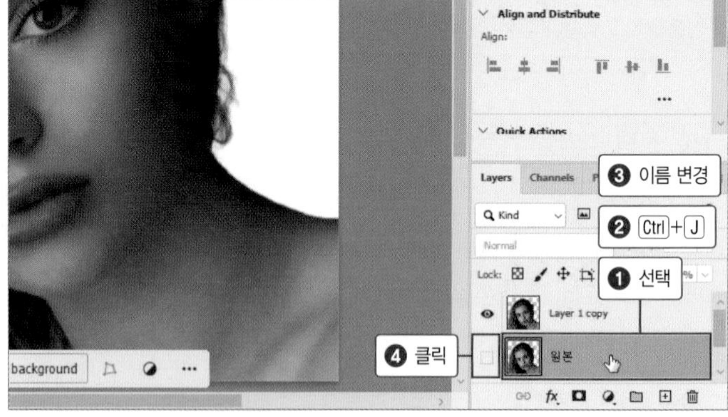

NOTE

별도의 레이어를 보존하는 이유는 작업 중 실수로 인해 원본을 복구해야 할 경우에 대비하기 위함입니다. 따라서 원본을 보관하고, 복사된 레이어에 작업을 진행하는 것이 좋습니다. Ctrl+Z를 눌러 돌아가거나 Revert 하는 방법도 있으나 원본만 다시 살릴 수 없고 진행했던 과정이 취소되기 때문에 작업 효율상 원본을 보관하고 작업하는 것을 추천합니다.

09 복제되어 작업할 레이어의 이름을 '팝아트'로 변경하고 흑백 사진으로 만들기 위해 Properties 패널의 위치에서 'Adjustments'를 선택하여 패널을 표시하고 'Hue/Saturation'을 클릭합니다.

10 Layers 패널에 보정 레이어가 생성되면 Properties 패널에서 Saturation을 '-100'으로 설정하여 흑백 사진으로 만듭니다. 현재 채도가 낮아져서 색상 값만 제거된 것이지 문서 자체가 흑백으로 변경된 것은 아닙니다.

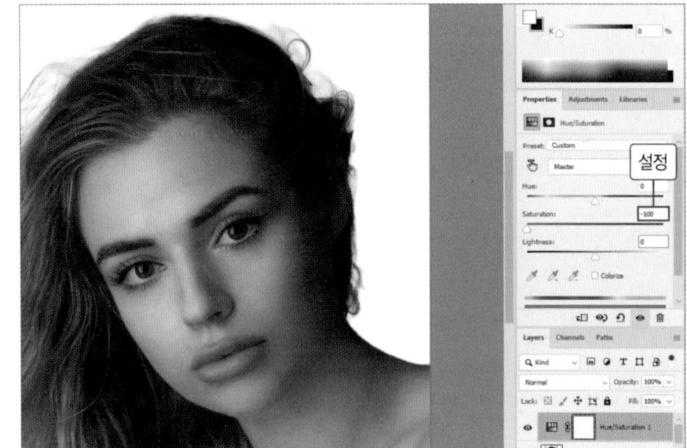

11 명도 대비를 좀 더 강하게 만들기 위해 Adjustment 패널에서 'Levels'를 클릭합니다.

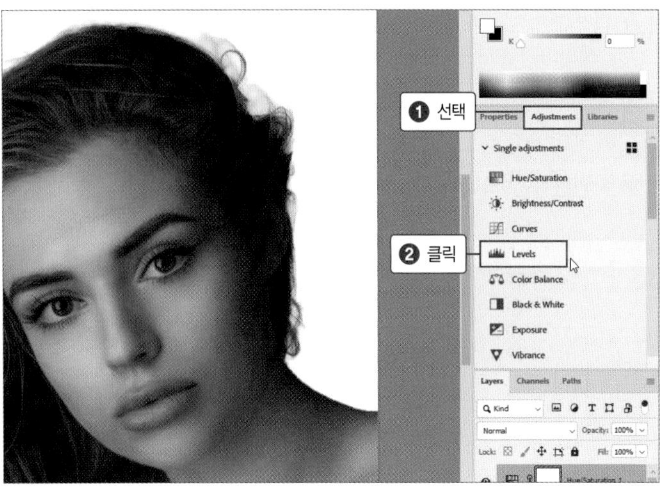

7

다양한 색상 적용과 보정 (1)

12 Layers 패널에 Levels 보정 레이어가 추가로 생성됩니다. Properties 패널에서 검은색을 '30', 중간색을 '2.3', 흰색을 '133'으로 설정하여 대비가 강한 하이키 느낌의 사진으로 만듭니다.

13 작업 효율성을 위해 얼굴과 2개의 보정 레이어를 1개의 레이어로 만들겠습니다. Ctrl 또는 Shift를 누른 상태로 2개의 보정 레이어와 '팝아트' 레이어를 클릭하여 3개 레이어를 모두 선택하고 오른쪽 마우스 버튼을 클릭한 다음 Merge Layers(Ctrl+E)를 실행합니다.

14 Layers 패널을 살펴보면 3개의 레이어가 1개의 레이어로 합쳐지고 보정 레이어의 내용이 얼굴에 적용되어 레이어 이름도 새롭게 설정된 것을 확인할 수 있습니다.

15 합쳐진 레이어의 이름을 '팝아트'로 변경합니다. Tools 패널에서 번 도구()를 선택하고 옵션바에서 브러시 크기를 '30px'로 설정한 다음 눈썹 부분을 칠하듯 드래그하여 대비를 강하게 만듭니다.

16 코의 음영이 있는 부분도 입체적인 느낌을 강조하기 위해 그림과 같이 위아래로 칠하듯 드래그하여 인상을 강하게 만듭니다.

NOTE

좀 더 팝아트 느낌을 만들기 위해서는 단면으로 된 모양으로 만들어 칠하는 것이 더욱 효과적입니다.

17 '팝아트' 레이어를 선택하고 Ctrl+J를 눌러 새로운 레이어에 복제합니다. 복제된 레이어를 선택하고 필터 효과를 이용하여 팝아트의 도트를 만들기 위해 메뉴에서 〔Filter〕 → Filter Gallery를 실행합니다.

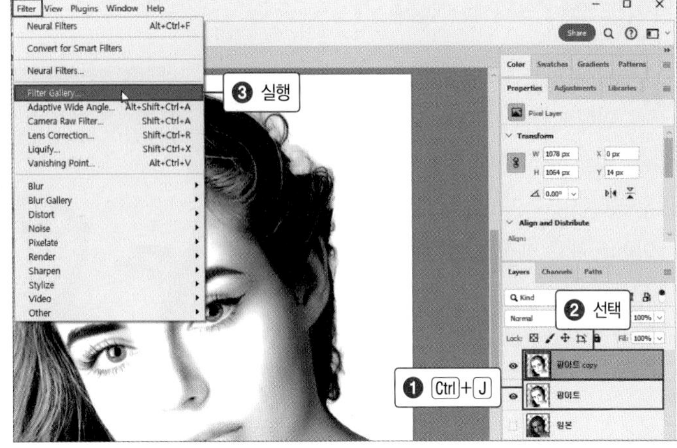

18 Filter Gallery 창이 표시되면 Sketch 폴더를 선택합니다. 하위 속성이 표시되면 'Halftone Pattern'을 선택하고 Size를 '2', Contrast를 '10'으로 설정한 다음 Pattern Type을 'Dot'으로 지정한 후 <OK> 버튼을 클릭합니다.

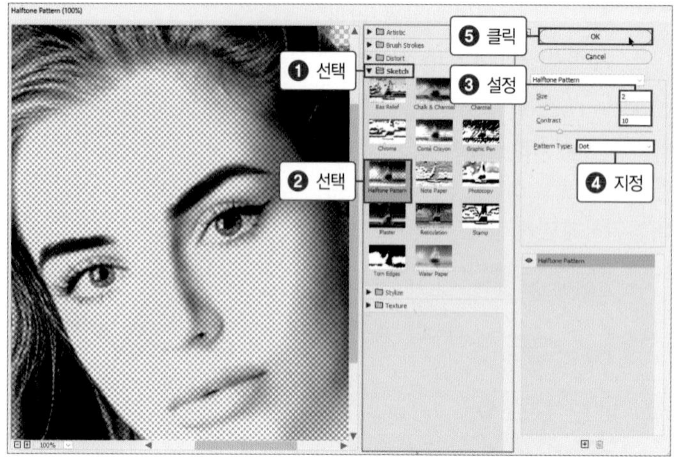

19 얼굴 전체에 작은 점들이 표현되었습니다.

팝아트 스타일의 색 적용하기

01 머리 부분에 색상을 적용하기 위해 Layers 패널에서 'Add a new Layer' 아이콘(⊞)을 클릭하여 새로운 레이어를 추가하고 '팝아트 copy' 레이어와 새로 생성한 레이어의 블렌딩 모드를 'Multiply'로 지정합니다.

02 전경색을 변경하기 위해 Tools 패널에서 전경색의 색상 상자를 클릭합니다. Color Picker 대화상자가 표시되면 채도가 높은 색으로 지정하거나 #에 'FFC000'을 입력하여 노란색으로 지정하고 <OK> 버튼을 클릭합니다.

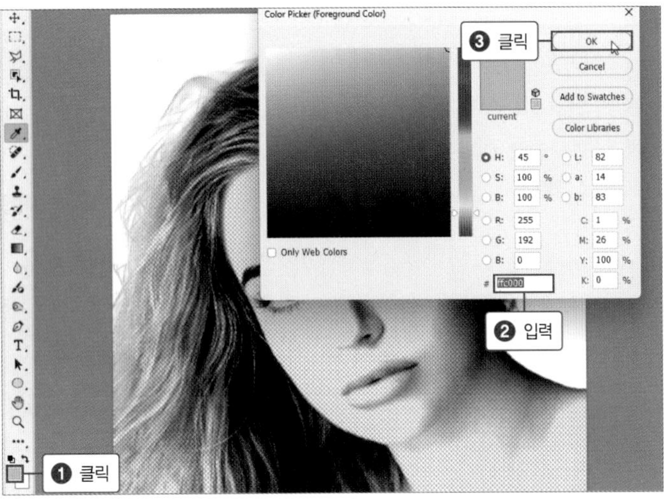

03 Tools 패널에서 브러시 도구( )를 선택하고 옵션바에서 'Toggle the Brush Settings pannel' 아이콘( )을 클릭합니다.

Brush Settings 패널이 표시되면 Size를 '150px', Hardness를 '100%', Spacing을 '1%'로 설정합니다.

04 머리 부분을 드래그하여 노란색 머리가 되도록 칠합니다. 머리 외부는 새로 색을 칠할 것이므로 얼굴로만 경계가 넘어가지 않게 칠하고 Ctrl를 누른 상태로 레이어의 섬네일을 클릭하여 선택 영역을 지정합니다.

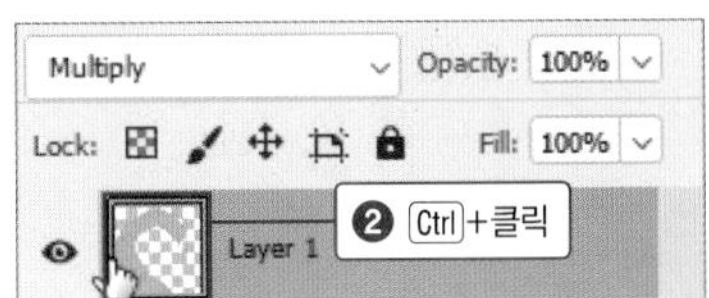

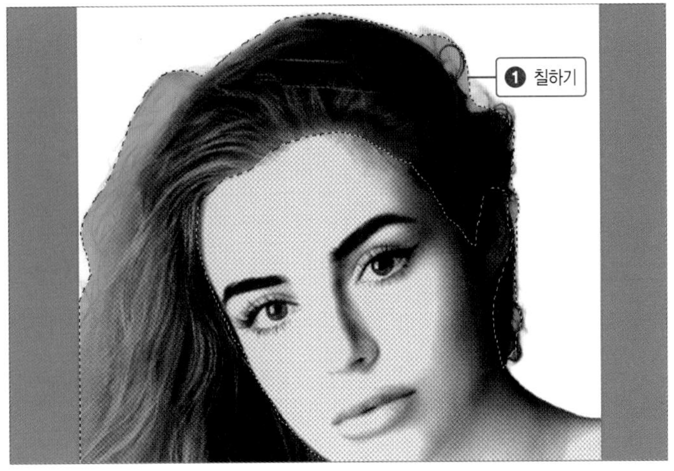

05 작업 표시줄의 'Invert Selection' 아이콘(▣)을 클릭하여 선택 영역을 반전합니다. 선택 영역을 반전했기에 칠한 부분을 제외하고 나머지 영역에 색을 칠할 수 있습니다.

06 얼굴을 칠하기 위해 Layers 패널에서 'Create a new layer' 아이콘(⊞)을 클릭하여 새로운 레이어를 추가하고 Tools 패널에서 전경색 색상 상자를 클릭합니다. Color Picker 대화상자가 표시되면 #에 'FECFCF'를 입력하고 <OK> 버튼을 클릭합니다.

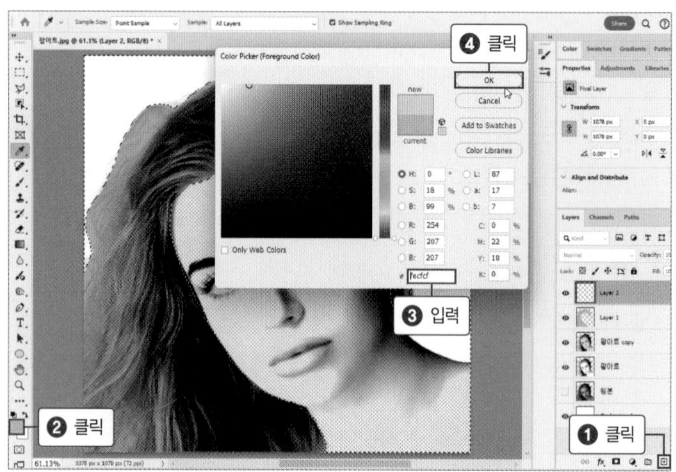

07 Layers 패널에서 새로 생성한 레이어의 블렌딩 모드를 'Multiply'로 지정하고 브러시를 이용하여 얼굴에 색을 칠합니다. 채색 범위가 배경으로 넘어가지 않게 주의하여 색을 칠합니다.

08 같은 방법으로 Layers 패널에서 'Create a new layer' 아이콘(⊞)을 클릭하여 새로운 레이어를 추가하고 블렌딩 모드를 'Multiply'로 지정합니다. 전경색 #에 'FF0000'으로 입력해 색상을 지정하고 입술 부분을 칠합니다.

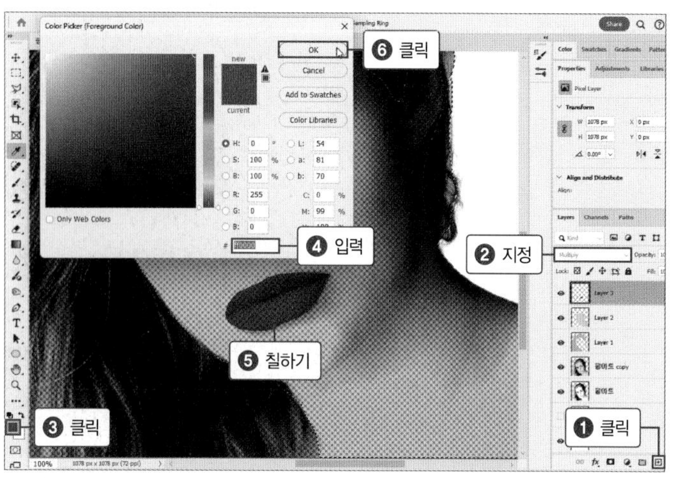

09 눈 부분도 강조된 색을 적용하기 위해 전경색 #에 '00FFCC'를 입력하여 색상을 지정하고 칠합니다.

NOTE

브러시 크기는 [또는]를 누르면서 조정해 칠하고 외곽 부분은 지우개 도구(⌫)로 정리합니다.

10 색상 톤을 조금 낮춰 맞추기 위해 Ctrl+U를 누릅니다.

Hue/Saturation 대화상자가 표시되면 Saturation을 '-40', Lightness를 '-10'으로 설정하여 채도와 명도를 조절하고 <OK> 버튼을 클릭합니다.

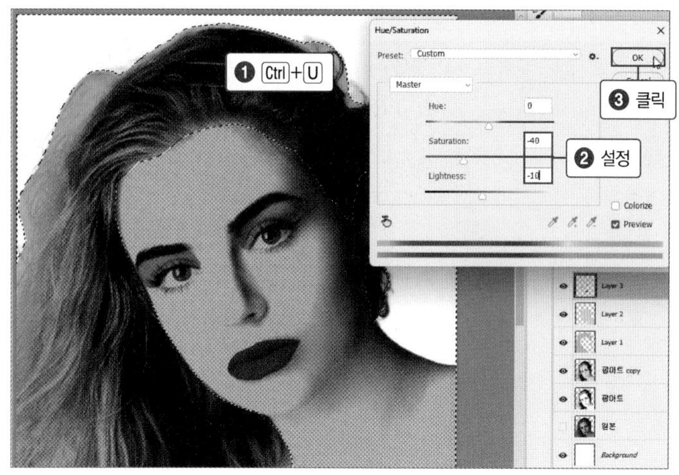

11 Layers 패널에서 'Create a new layer' 아이콘(⊞)을 클릭하여 새로운 레이어를 추가하고 배경을 칠하기 위해 Tools 패널에서 전경색 색상 상자를 클릭합니다. Color Picker 대화상자에서 #에 'FF003C'를 입력하고 <OK> 버튼을 클릭합니다.

12 선택 영역을 해제하기 위해 Ctrl+D를 누르고 배경 부분을 칠합니다. 머리 부분도 잔머리를 지우듯이 칠하여 그림과 같이 배경에 색을 적용합니다.

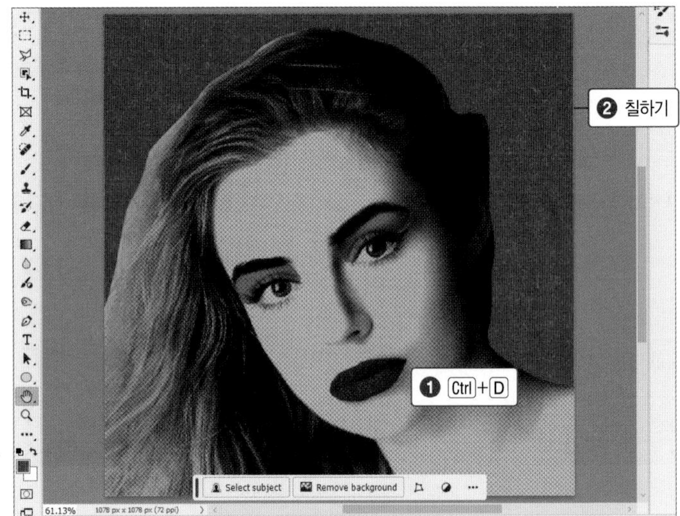

13 문서의 크기를 조정하기 위해 메뉴에서 〔Image〕 → Canvas Size(Ctrl+Alt+C)를 실행합니다.

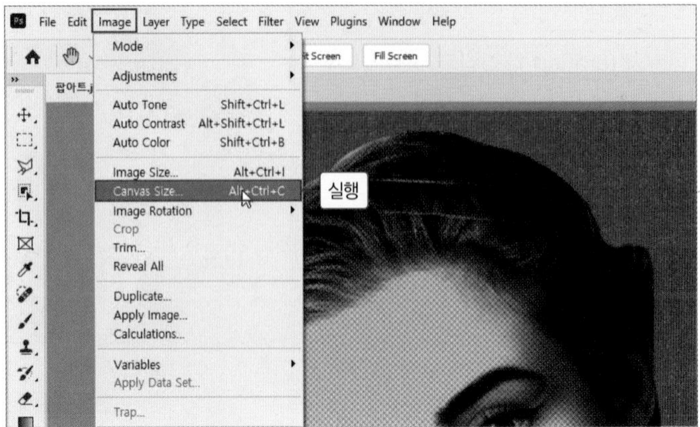

도트를 추가하여 팝아트 완성하기

01 Canvas Size 대화상자가 표시되면 'Relative'를 체크 표시하고 Width와 Height를 '1078 Pixels'로 설정한 다음 Anchor의 왼쪽 상단을 클릭하여 확대되는 방향을 설정한 후 <OK> 버튼을 클릭합니다.

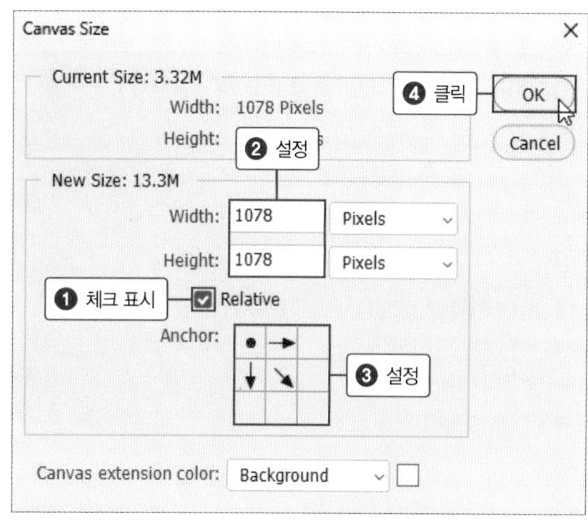

02 작업한 레이어를 그룹으로 만들어 활용하기 위해 Layers 패널에서 원본과 배경 레이어를 제외한 모든 레이어를 선택하고 'Create a new group' 아이콘(□)을 클릭합니다.

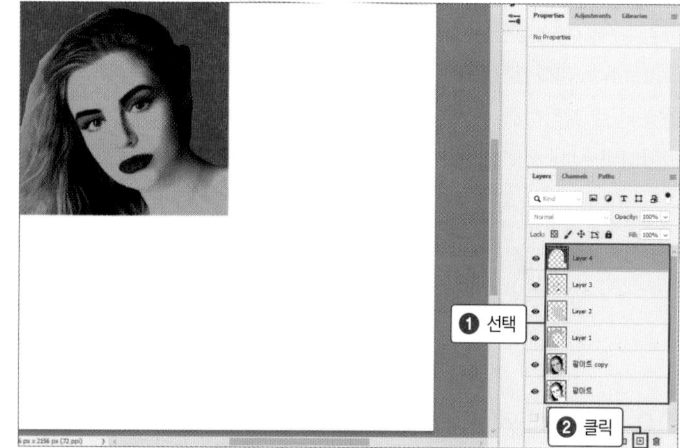

03 폴더에 작업한 모든 레이어가 포함되어 그룹화되어 작업 관리에 유용합니다. Tools 패널에서 이동 도구(✥)를 선택하고 Layers 패널에서 그룹이 선택된 상태로 캔버스에서 Alt+Shift를 누른 상태로 작업된 이미지를 오른쪽으로 드래그하여 폴더를 복제합니다.

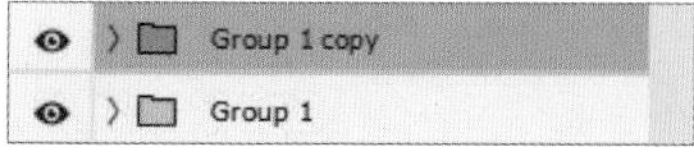

04 같은 방법으로 Layers 패널에서 2개의 그룹을 선택하고 [Alt]+[Shift]를 누른 상태로 아래로 드래그하여 그림과 같이 총 4개의 얼굴 이미지가 배치되도록 복제됩니다.

05 오른쪽 상단에 배치된 이미지의 그룹을 선택하고 색을 변경하기 위해 [Ctrl]+[U]를 누릅니다. Hue/Saturation 대화상자가 표시되면 Hue를 '-41'로 설정하고 <OK> 버튼을 클릭합니다.

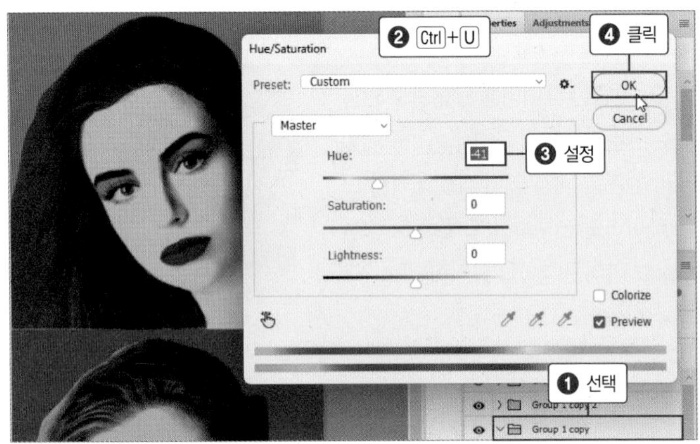

06 같은 방법으로 아래에 있는 2개의 그룹에도 Hue 값을 변경하여 색상을 자유롭게 조정합니다.

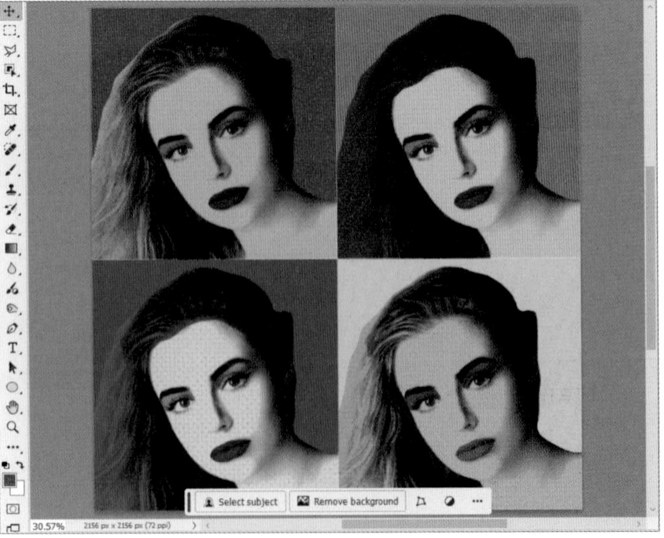

07 퀵 마스크 모드를 활성화하기 위해 Tools 패널에서 '퀵 마스크 모드' 아이콘(◘)을 클릭합니다. 전경색 색상 상자를 클릭하여 Color Picker 대화상자가 표시되면 #에 '7C7C7C'를 입력해 색상을 회색으로 지정하고 <OK> 버튼을 클릭합니다.

NOTE

적용된 색의 밝기에 따라서 도트의 크기가 결정됩니다.

08 Alt+Delete를 눌러 설정한 색상을 캔버스 전체에 적용합니다. 빨간색 투명도가 전체적으로 적용된 것을 확인할 수 있습니다.

NOTE

레이어 마스크는 색처럼 활용할 수 있기 때문에 다양한 효과를 적용할 수 있습니다.

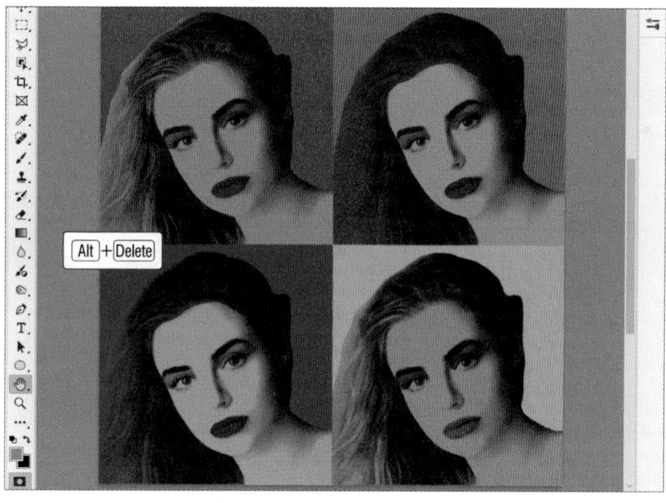

09 도트 형태를 캔버스 전체에 적용하여 선택 영역으로 만들기 위해 메뉴에서 〔Filter〕 → Pixelate → Color Halftone을 실행합니다.

10 Color Halftone 대화상자가 표시되면 Max. Radius를 '12 Pixels'로 설정하고 <OK> 버튼을 클릭합니다.

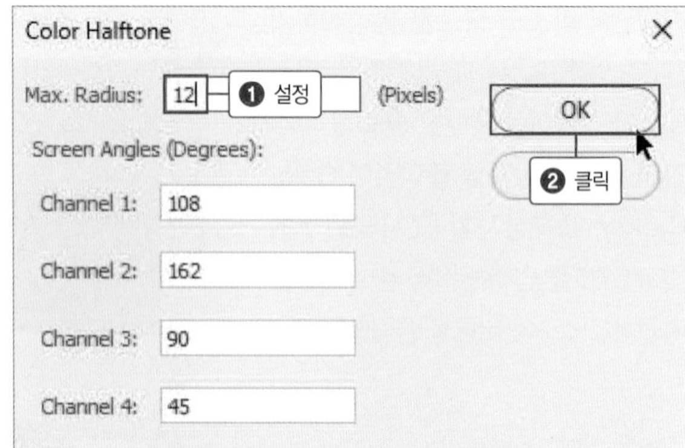

11 퀵 마스크 모드의 색에 도트 형태의 패턴이 적용됩니다. Tools 패널에서 퀵 마스크 모드를 해제하기 위해 '퀵 마스크 모드' 아이콘( )을 클릭합니다.

12 도트가 칠해진 부분이 선택 영역으로 변경됩니다. 그러나 도트가 아닌 배경이 선택되어 있으므로 작업 표시줄에서 'Invert Selection' 아이콘( )을 클릭하여 영역을 반전합니다. 전경색을 검은색으로 설정하기 위해 Tools 패널에서 'Foreground and Background colors' 아이콘( )을 클릭하여 색상을 기본 설정으로 초기화합니다.

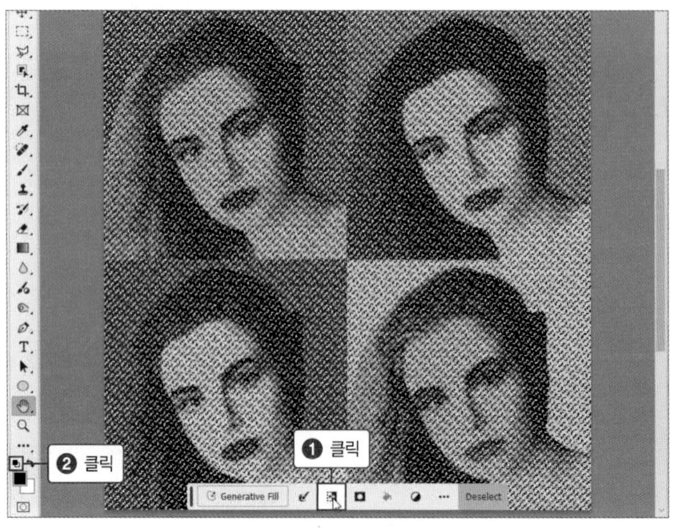

13 Layers 패널에서 'Create a new layer' 아이콘(⊞)을 클릭하여 새로운 레이어를 추가하고 Alt+Delete를 눌러 선택 영역에 검은색을 채웁니다. 그림과 같이 검은색 도트 형태로 변경되면 선택 영역을 해제하기 위해 Ctrl+D를 누릅니다.

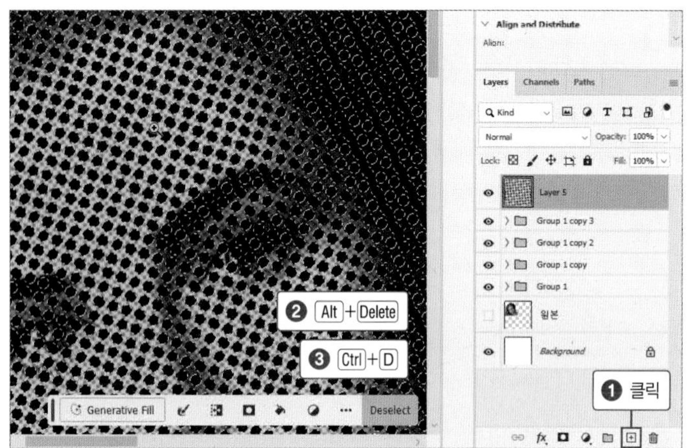

14 도트 패턴이 적용된 레이어의 블렌딩 모드를 'Soft Light'로 지정하여 배경과 색이 혼합되게 만듭니다.

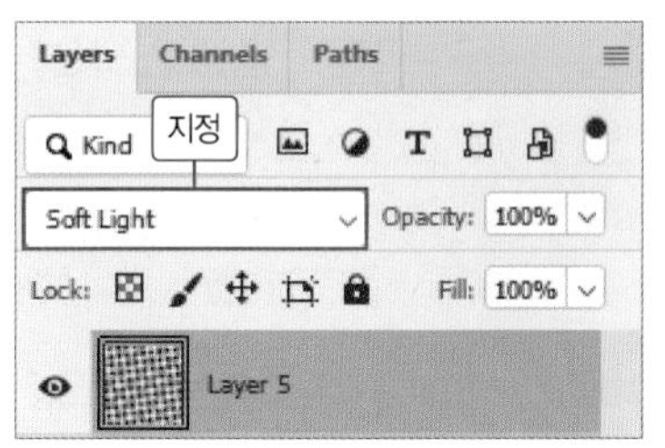

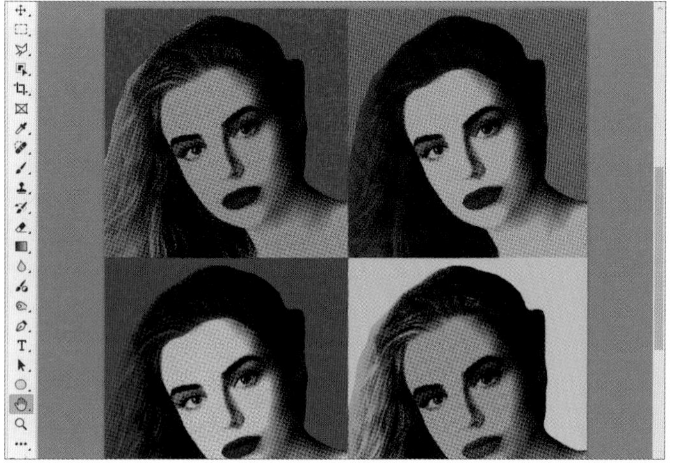

15 검은색 도트를 배경에만 적용하기 위해 Layers 패널의 각 그룹에 있는 배경색이 채워진 레이어의 섬네일을 Ctrl를 누른 상태로 클릭하여 선택 영역으로 지정합니다.

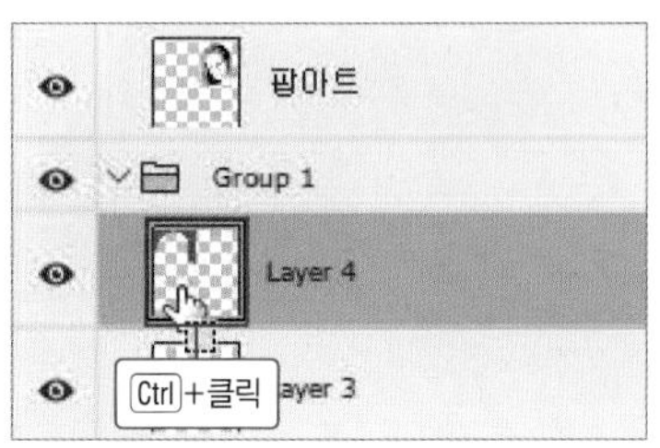

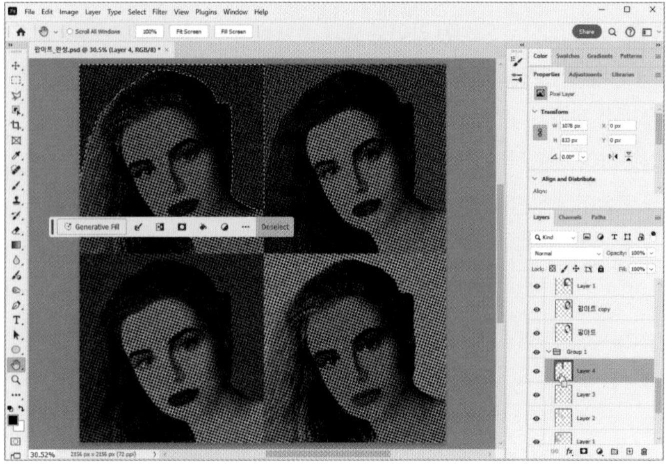

16 같은 방법으로 Ctrl + Shift를 누른 상태로 다른 레이어의 섬네일을 클릭하여 배경을 선택 영역으로 지정합니다. 총 4개의 배경 부분이 선택 영역으로 지정되었습니다.

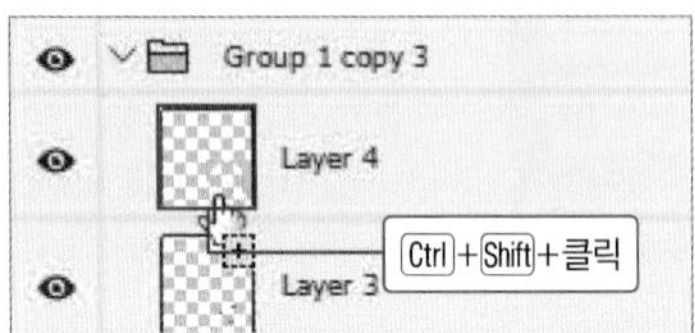

17 검은색 도트 패턴을 배경에만 적용하기 위해 Layers 패널에서 'Add layer mask' 아이콘(◘)을 클릭합니다.

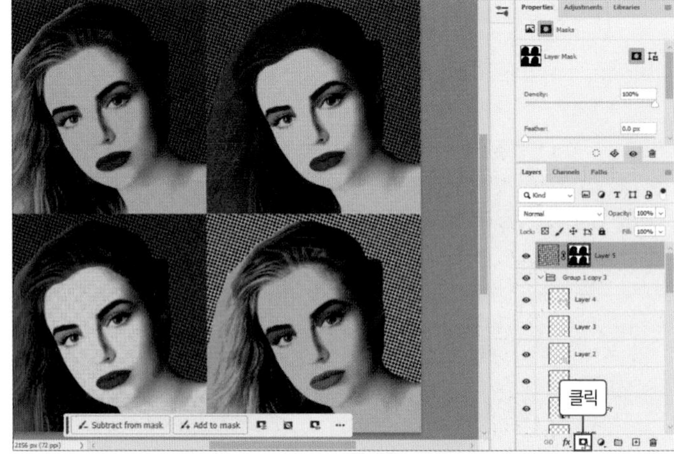

18 전체적으로 완성된 팝아트 효과를 만들었습니다. 색상은 자유롭게 조정하거나 Hue/Saturation을 이용하여 변경하여 자신만의 스타일을 만들어 완성합니다.

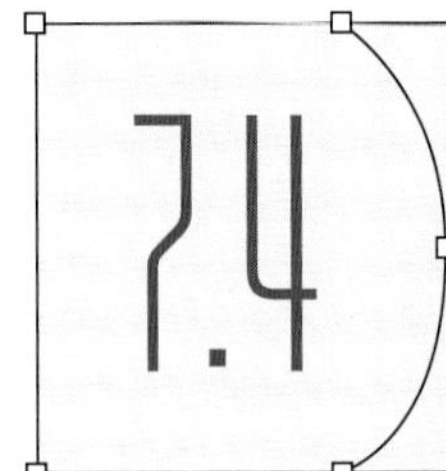

실습 예제 03

Threshold의 색 단순화로 판화 효과 만들기

• **예제 파일** : 07\판화효과.jpg • **완성 파일** : 07\판화효과_완성.psd

사진의 색을 단순화하여 설정된 값을 기준으로 검은색과 흰색으로 변환하는 기능인 Threshold를 사용하면 쉽게 판화 효과를 만들 수 있습니다. 색상 단계가 많을수록 부드럽고 자연스러운 느낌을 얻을 수 있으며, 색을 단순화할수록 독특한 분위기를 연출할 수 있습니다.

01 Ctrl+O를 눌러 07 폴더에서 '판화효과.jpg' 파일을 불러옵니다. 사이버틱한 사진을 확인할 수 있습니다.

02 Layers 패널에서 'Background' 레이어를 선택하고 Ctrl+J를 5번 눌러 5개 레이어를 복제합니다. 'Background' 레이어를 포함하여 총 6개 레이어가 됩니다.

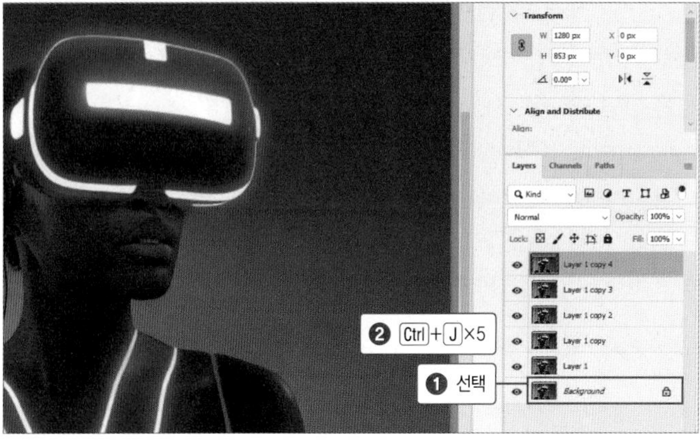

03 'Background' 레이어와 가장 먼저 복제된 'Layer 1' 레이어를 제외하고는 '눈' 아이콘(👁)을 클릭하여 보이지 않게 만듭니다.

'Layer 1' 레이어를 선택하고 색을 명도를 기준으로 단순화하기 위해 메뉴에서 [Image] → Adjustments → Threshold를 실행합니다.

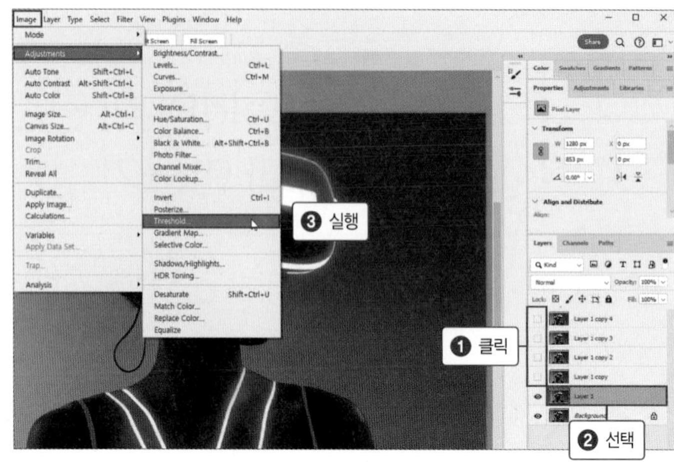

04 Threshold 대화상자가 표시되면 Threshold Level을 '200'으로 설정하고 <OK> 버튼을 클릭합니다.

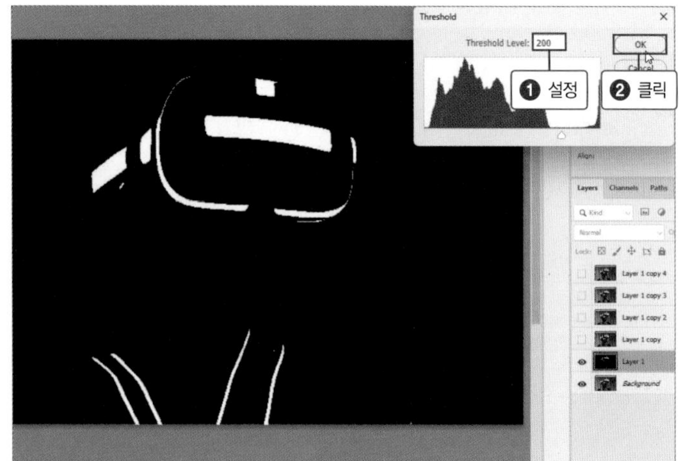

05 Layers 패널에서 'Layer 1 copy' 레이어의 '눈' 아이콘(👁)을 클릭하여 보이게 만들고 선택합니다.

같은 방법으로 메뉴에서 [Image] → Adjustments → Threshold를 실행합니다. Threshold 대화상자가 표시되면 Threshold Level을 '160'으로 설정하고 <OK> 버튼을 클릭합니다.

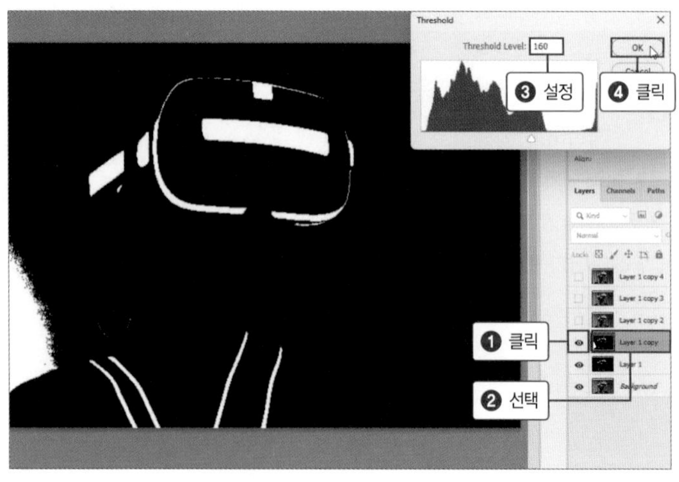

06 같은 방법으로 'Layer 1 copy 2' 레이어의 '눈' 아이콘(👁)을 클릭하여 보이게 만들고 선택합니다. 메뉴에서 [Image] → Adjustments → Threshold를 실행합니다. Threshold 대화상자에서 Threshold Level을 '120'으로 설정하고 <OK> 버튼을 클릭합니다.

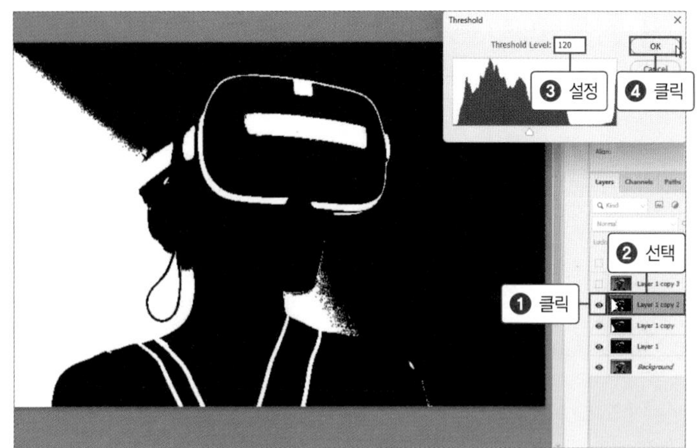

07 같은 방법으로 'Layer 1 copy 3' 레이어도 Threshold 대화상자가 표시되면 Threshold Level을 '80'으로 설정하고 <OK> 버튼을 클릭합니다.

08 'Layer 1 copy 4' 레이어는 Threshold Level을 '40'으로 설정하고 <OK> 버튼을 클릭합니다.

09 다시 Layers 패널에서 'Layer 1' 레이어를 제외한 모든 레이어의 '눈' 아이콘(👁)을 클릭하여 보이지 않게 하고 'Layer 1' 레이어를 선택합니다. 색상을 설정하기 위해 메뉴에서 [Image] → Adjustments → Hue/Saturation(Ctrl+U)을 실행합니다.

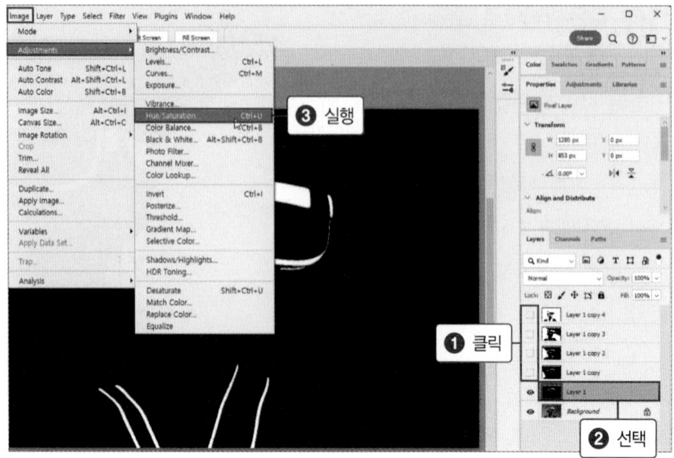

10 Hue/Saturation 대화상자가 표시되면 'Colorize'를 체크 표시하여 흑백을 컬러로 적용할 수 있게 설정을 변경합니다. Hue를 '+200', Saturation을 '25', Lightness를 '80'으로 설정하고 <OK> 버튼을 클릭하여 색상을 지정합니다.

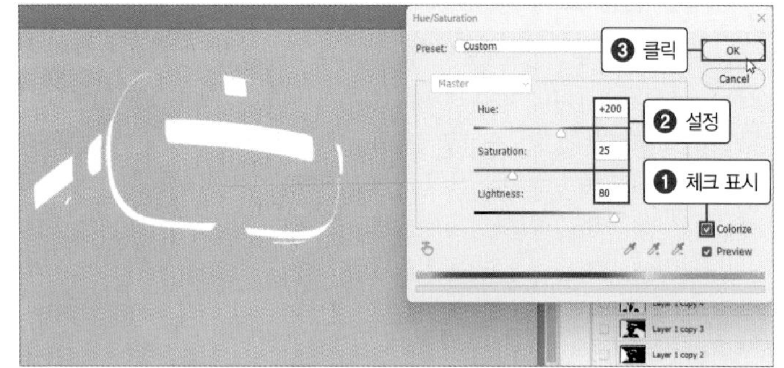

NOTE

5개의 레이어로 만들었다면 Lightness를 5단계로 만들어야 합니다. 100을 기준으로 총 5단계로 나누기 때문에 '80', '60', '40', '20', '0'으로 설정하면서 색을 변경합니다. 100인 경우는 흰색으로 변경되기 때문에 별도로 설정할 필요 없습니다.

11 같은 방법으로 'Layer 1 copy' 레이어의 '눈' 아이콘(👁)을 클릭하여 보이게 만들고 선택한 다음 Ctrl+U를 누릅니다. Hue/Saturation 대화상자가 표시되면 'Colorize'를 체크 표시하고 Hue를 '+200', Saturation을 '25', Lightness를 '60'으로 설정한 다음 <OK> 버튼을 클릭합니다.

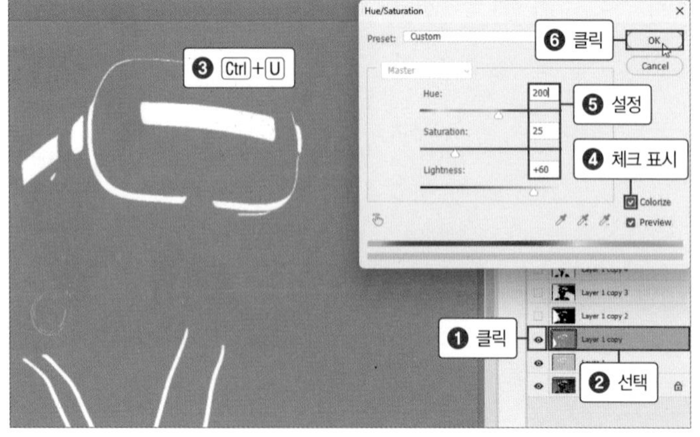

12 아래 레이어의 색과 합쳐지게 설정하기 위해 Layers 패널에서 'Layer 1 copy' 레이어의 블렌딩 모드를 'Multiply'로 지정합니다.

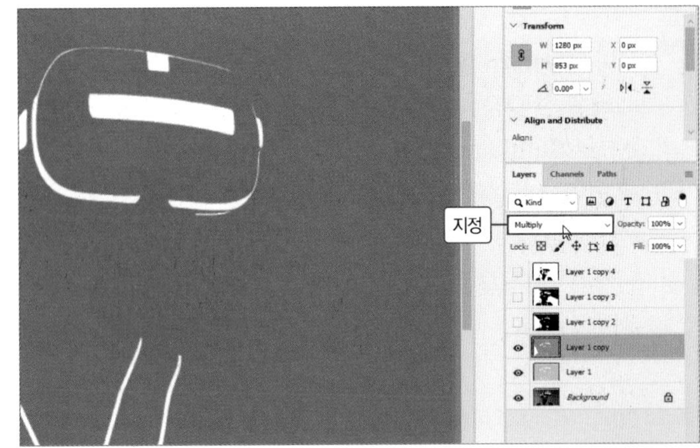

13 같은 방법으로 'Layer 1 copy 2' 레이어의 '눈' 아이콘(👁)을 클릭하여 보이게 만들고 선택한 다음 Ctrl+U를 누릅니다.

Hue/Saturation 대화상자가 표시되면 'Colorize'를 체크 표시하고 Hue를 '+200', Saturation을 '25', Lightness를 '40'으로 설정한 다음 <OK> 버튼을 클릭합니다.

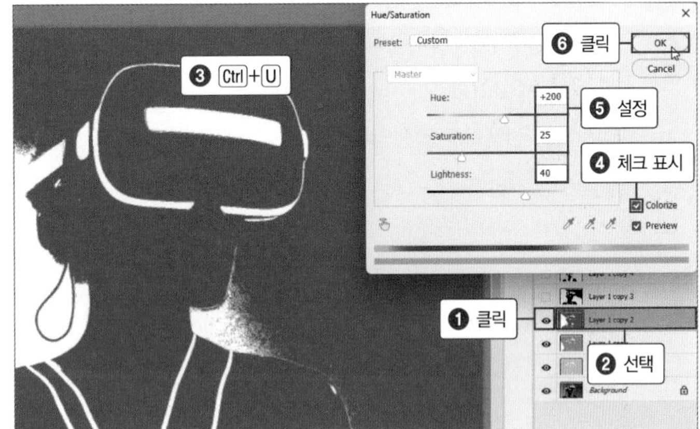

14 판화 효과가 적용되게 Layers 패널에서 'Layer 2 copy' 레이어의 블렌딩 모드를 'Multiply'로 지정합니다.

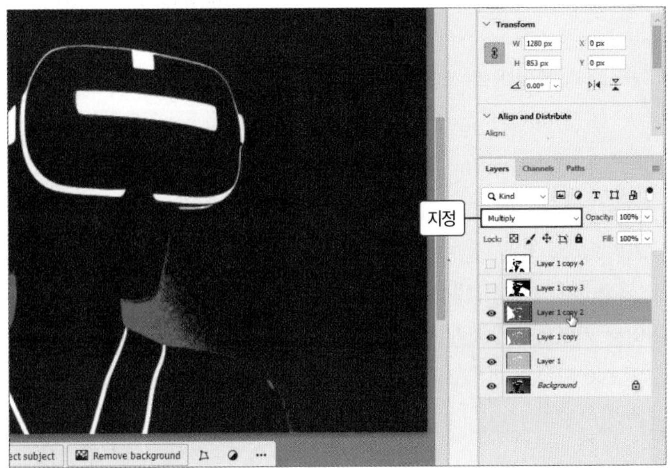

15 'Layer 1 copy 3' 레이어의 '눈' 아이콘(👁)을 클릭하여 보이게 만들고 선택한 다음 Ctrl+U를 누릅니다. Hue/Saturation 대화상자가 표시되면 'Colorize'를 체크 표시하고 Hue를 '+200', Saturation을 '25', Lightness를 '20'으로 설정한 다음 <OK> 버튼을 클릭합니다.

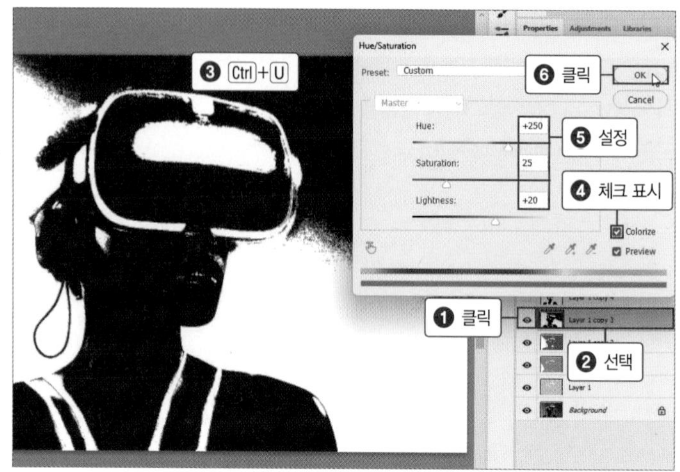

16 Layers 패널에서 'Layer 1 copy 3' 레이어와 'Layer 1 copy 4' 레이어를 선택하고 블렌딩 모드를 'Multiply'로 설정합니다.

NOTE

가장 위에 있는 레이어는 검은색으로 활용하므로 색 변경이 필요 없습니다.

17 전체 레이어의 색상을 변경하기 위해 Adjustments 패널에서 'Hue/Saturation'을 클릭하고 Properties 패널에서 Hue를 '+130', Saturation을 '60', Lightness를 '0'으로 설정하여 색을 변경합니다. 보정 레이어는 기본적으로 자신의 아래 있는 모든 레이어에 효과를 적용하므로 그림과 같이 색이 변경됩니다.

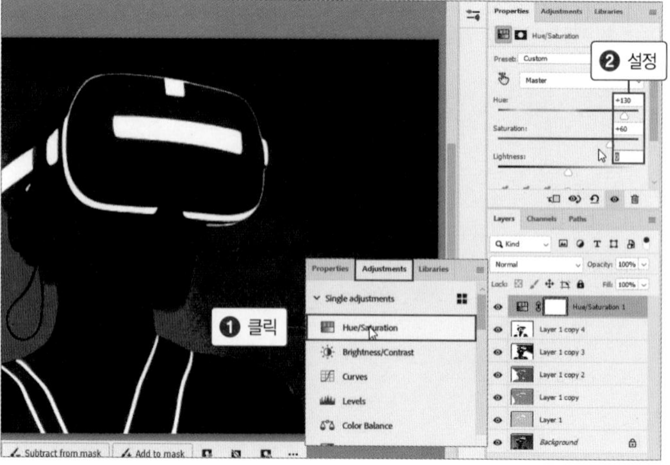

연습 문제 | 다양한 방법으로 색상 활용하기

01 자신의 사진을 이용하여 판화 작품과 같은 효과를 만들어 보세요.

• **예제 및 완성 파일** : 07\소스1.jpg, 연습문제1.psd

before

after

HINT Threshold와 Hue/Suatration 기능 활용하기 → 블렌딩 모드 Multiply로 지정하기

02 팝아트처럼 도트 패턴 무늬로 단순화한 이미지를 만들어 보세요.

• **예제 및 완성 파일** : 07\소스2.jpg, 연습문제2.psd

before

after

HINT 패턴 크기 각자 지정하기 → 필터의 모자이크와 동일하게 설정하기 → 〔Edit〕 메뉴에서 Define Pattern 실행하기 → 패턴 적용의 경우 도장 도구(icon) 또는 Fill 이용하기

WEEK 08

다양한 색상 적용과 보정 (2)

학 습 목 표

보정 기능은 Adjustments에 기본적으로 다양한 기능을 포함하고 있습니다. 해당 기능은 직접 레이어에 적용하지 않고 보정 레이어를 활용할 수도 있습니다. 보정 레이어는 원본을 보존한 상태에서 효과를 적용하기 때문에 레이어가 복잡해지는 단점은 있지만, 작업 효율성을 매우 높이는 과정이라고 할 수 있습니다. 또한, 필터 기능을 통하여도 보정을 할 수 있습니다. 보정 레이어와 필터를 이용하여 색상을 보정하는 방법을 알아보겠습니다.

8.1 Adjustments 색상 보정 기능 알아보기

기본적인 색상 보정 기능은 Adjustments에서 선택할 수 있으며, 보정 레이어나 〔Image〕 메뉴에서도 다양한 보정 옵션을 제공합니다. 메뉴의 색상 보정 관련 주요 기능들을 살펴보겠습니다.

❶ **Brightness/Contrast**: 이미지의 색상을 조정할 수 있습니다. 명도와 대비를 슬라이더로 조정하여 설정할 수 있습니다. 명도는 밝고 어두워지며, 대비는 색상의 범위를 크게 하거나 줄일 수 있습니다.

❷ **Levels**: 색상 채널의 픽셀 분포 범위를 설정하여 색상을 조정하는 기능입니다. 스포이트를 이용하여 세 가지 영역 단계를 선택하여 조정할 수 있습니다.

❸ **Curves**: 색상 채널의 밝은 영역, 중간 영역 및 어두운 영역을 조정할 때 제어과 곡선을 이용하여 색상을 조정합니다. 색상의 값을 유지된 상태에서 조정하기 때문에 원본 이미지 정보가 손실되지 않는 특징이 있습니다.

❹ **Exposure**: 주로 HDR 이미지에 사용하며, 선형 색상 공간에서 연산을 수행하여 색조를 조정합니다.

❺ **Vibrance**: 클리핑이 최소화되도록 채도를 조정하며, 채도를 직접 조정하기 보다 피부톤을 보정하는 등에 활용됩니다.

❻ **Hue/Saturation**: 색의 세 가지 속성인 색조, 채도 및 밝기를 조정할 수 있으며, 다양한 컬러로 활용할 때 사용됩니다.

❼ **Color Balance**: 이미지에 포함된 전체 색상의 혼합 내용을 변경합니다.

❽ **Photo Filter**: 카메라 렌즈에 색상이 적용된 필터를 사용하여 색상을 변경하는 기능입니다. 다양한 컬러의 필터를 제공하여 색상 톤을 변경할 수 있습니다.

❾ **Channel Mixer**: 선택된 컬러 모드의 색상 채널의 값을 기준으로 수정합니다. RGB인 경우 RGB 값을 수정하고, CMYK의 경우 CMYK 값을 수정합니다.

❿ **Selective Color**: 안료의 삼원색인 CMYK 값을 기준으로 개별 색상을 수정합니다.

⓫ **Match Color**: 사진이나 레이어의 색상을 다른 사진 또는 레이어의 색상과 일치시키거나, 선택 영역의 색상을 동일한 이미지나 다른 이미지에 포함된 선택 영역의 색상과 일치시킵니다.

⓬ **Replace Color**: 이미지의 특정 색상을 설정된 색상 값으로 대체합니다.

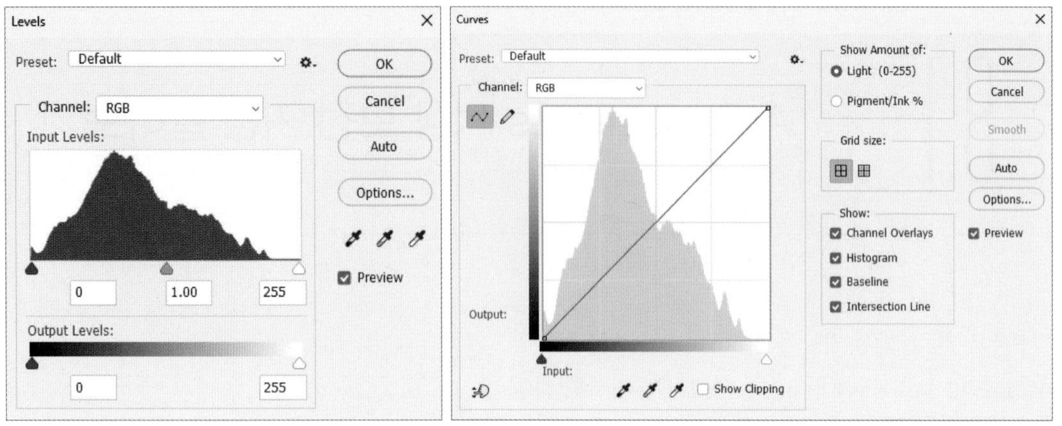

Levels 대화상자

Curves 대화상자

HDR 알아보기

HDR(High Dynamic Range)은 밝기 범위를 확장하여 가장 밝은 영역부터 어두운 영역까지 눈으로 보는 것과 가깝게 표현하는 기술입니다. 여기서 DR은 동적 범위를 의미하며, 실제 가시 세계의 동적 범위는 모니터나 인쇄물 등의 표현 범위보다 훨씬 넓습니다. 사람의 눈은 컴퓨터나 카메라가 재현할 수 있는 것보다 훨씬 다양한 명도 레벨을 감지할 수 있습니다.

포토샵은 32비트 길이(채널당 32비트)의 부동 소수점 표현을 사용해 HDR 이미지의 광도 값을 저장하며, 다양한 노출로 촬영된 사진들을 병합하여 HDR 이미지를 생성할 수 있습니다. 이는 'Merge to HDR Pro' 기능을 통해 구현하는데, 단일 사진으로는 표현할 수 없는 넓은 동적 범위를 보여 줍니다. 현재 HDR10+까지 기술이 발전되어 있으며, 다양한 콘텐츠가 HDR 형식으로 제공되고 있습니다. 최신 카메라의 HDR 모드나 RAW 촬영 기능을 활용해 HDR로 병합할 수 있고, 수동 촬영 시 서로 다른 노출의 3장을 동일한 위치에서 삼각대 등을 이용하여 흔들림 없이 촬영하는 것이 중요합니다

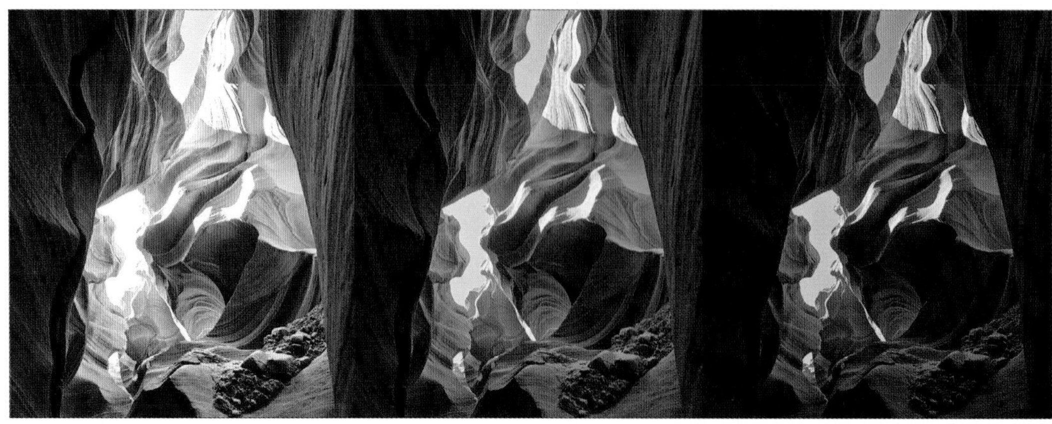

8.2

실습 예제 01

그레이디언트 모드를 활용한 듀오톤 사진 만들기

• **예제 파일** : 08\듀오톤.jpg • **완성 파일** : 08\듀오톤01_완성.psd

점진적인 색 변화는 그레이디언트라고 하며, 이를 활용해 듀오톤 사진을 만들 수 있습니다. 그레이디언트를 직접 레이어에 적용하지 않고 보정 레이어로 설정하면 언제든지 수정이 가능해 유용합니다. 그레이디언트 맵 보정 레이어를 이용해 흑백 및 듀오톤 사진을 만들어 보겠습니다.

01 Ctrl+O를 눌러 08 폴더에서 '듀오톤.jpg' 파일을 불러옵니다. Layers 패널에서 'Create new fill or adjustment layer' 아이콘( )을 클릭하고 'Gradient Map'을 선택합니다.

02 전경색과 배경색을 기준으로 그레이디언트가 적용됩니다. 전경색과 배경색이 기본색으로 지정되어 흑백 사진과 동일하게 적용된 것을 확인할 수 있습니다.

TIP **Reverse**

Properties 패널에서 'Reverse'를 체크 표시하면 검은색과 흰색 그레이디언트가 반전되면서 흑백 필름 효과를 만들 수 있습니다.

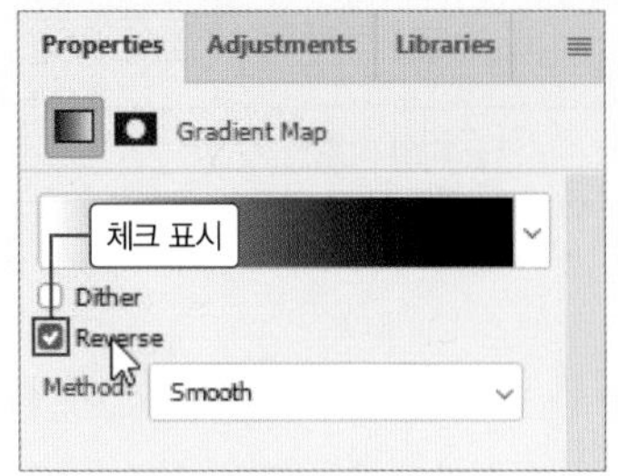

03 그레이디언트에 적용된 색을 변경하여 듀오톤 효과를 만들겠습니다. Properties 패널에서 그레이디언트가 적용된 색상 상자를 클릭하여 Gradient Editor 대화상자를 표시합니다.

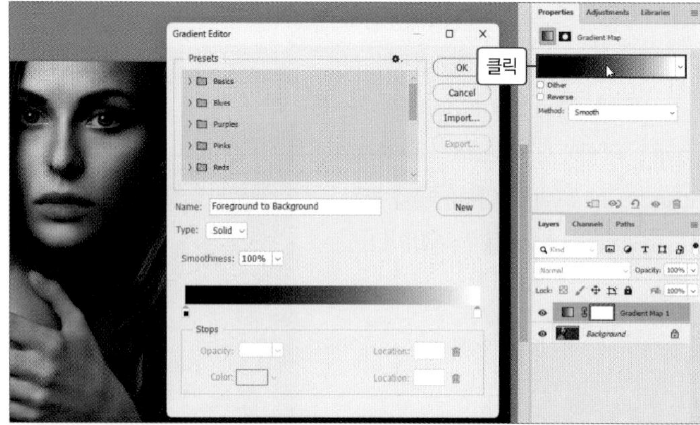

04 그레이디언트 Presets에서 Purples 폴더의 'Purple_17'을 선택하고 <OK> 버튼을 클릭합니다.

05 밝은 부분과 어두운 부분이 반전되어 있기 때문에 Properties 패널에서 'Reverse'를 체크 표시하여 그레이디언트에 적용된 색을 반전합니다.

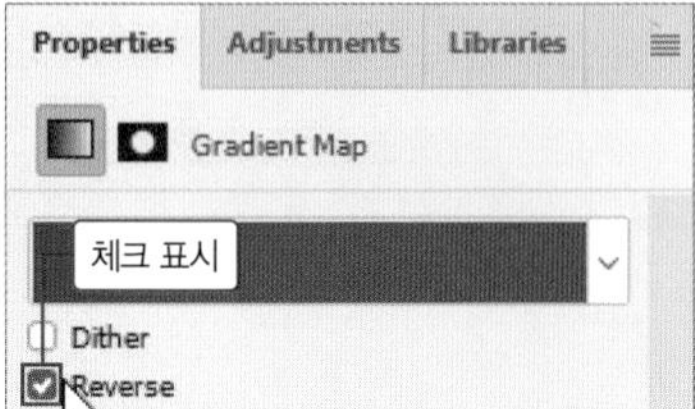

06 원하는 색으로 지정하기 위해 Properties 패널에서 그레이디언트 색상 상자를 클릭합니다. Gradient Editor 대화상자가 표시되면 오른쪽의 Stop Color를 클릭합니다. Color Picker 대화상자가 표시되면 #에 '0F2140'을 입력하여 색을 지정하고 <OK> 버튼을 클릭합니다.

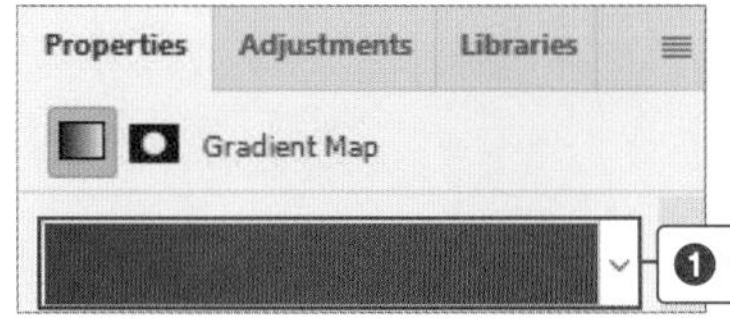

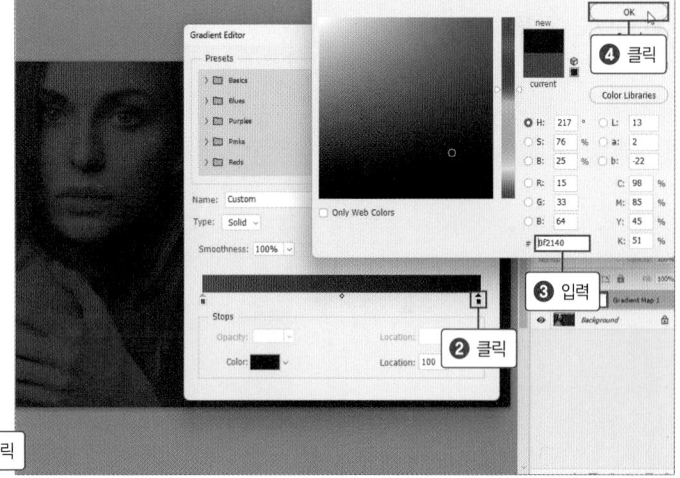

07 왼쪽의 Stop Color도 클릭하고 Color Picker 대화상자가 표시되면 #에 'FFB44A'를 입력하고 <OK> 버튼을 클릭합니다.

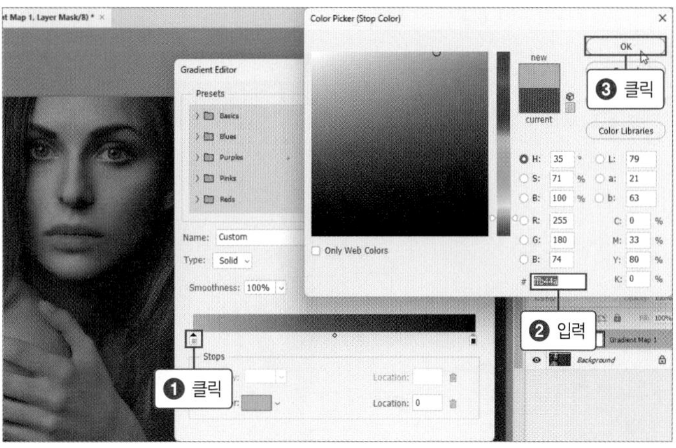

8 다양한 색상 적용과 보정 (2)

08 그레이디언트 색이 바뀌면서 듀오톤 이미지로 적용된 것을 확인할 수 있습니다. 왼쪽이 밝은 부분, 오른쪽이 어두운 부분에 적용되었습니다. 색 설정이 완료되면 <OK> 버튼을 클릭합니다.

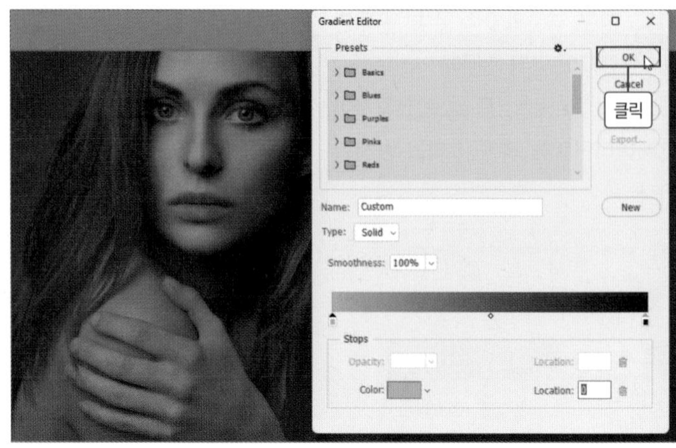

NOTE

이는 'Reverse'를 체크 표시해서 적용된 것입니다. 체크 표시를 해제하면 왼쪽이 어둡게, 오른쪽이 밝게 적용됩니다.

09 명도 대비를 강하게 만들어 강한 느낌의 듀오톤 이미지를 만들겠습니다. Adjustments 패널에서 'Levels'를 클릭합니다.

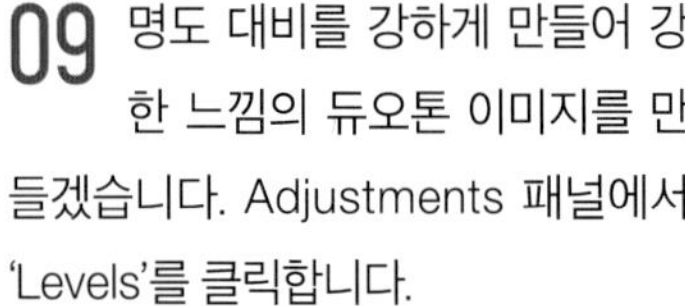

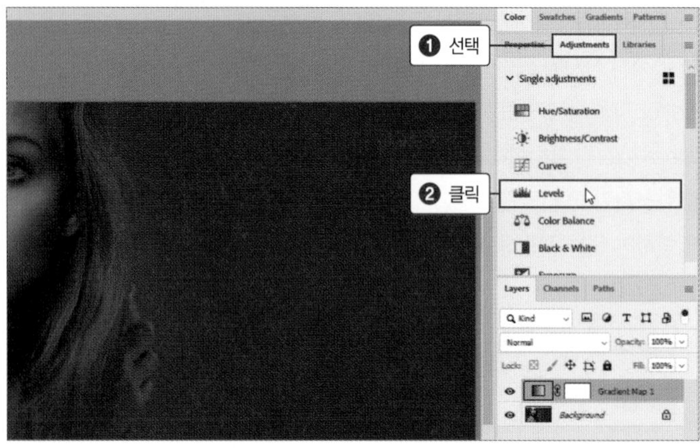

10 Properties 패널에서 Levels의 값을 '32', '1', '195'로 설정하여 명도 대비를 좀 더 강하게 만들어 듀오톤 이미지를 완성합니다.

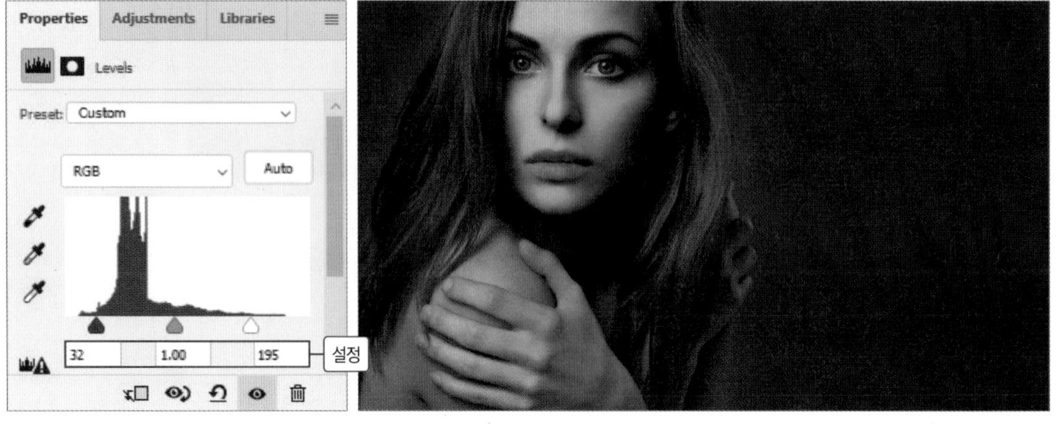

8.3 실습 예제 02 보정 레이어와 블렌딩 모드를 활용한 듀오톤 사진 만들기

• **예제 파일** : 08\듀오톤.jpg • **완성 파일** : 08\듀오톤02_완성.psd

보정 레이어와 블렌딩 모드를 활용해 듀오톤 사진을 만드는 방법도 있습니다. 블렌딩 모드는 다양한 효과를 줄 때 자주 사용되며, 듀오톤 사진 제작 시 특히 효과적인 방법으로 꼽힙니다. 보정 레이어와 블렌딩 모드를 사용해 듀오톤 사진을 만들어 보겠습니다.

01 Ctrl+O를 눌러 08 폴더에서 '듀오톤.jpg' 파일을 선택하고 <열기> 버튼을 클릭하여 불러옵니다. Tools 패널에서 오브젝트 선택 도구()를 선택하고 얼굴 부분을 클릭하여 선택 영역으로 지정합니다.

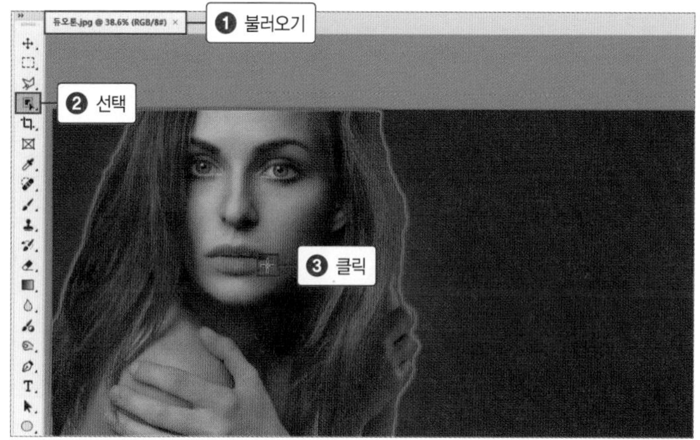

02 선택 영역을 새로운 레이어로 복제하기 위해 Ctrl+J를 눌러 새로운 레이어에 인물만 복제합니다.

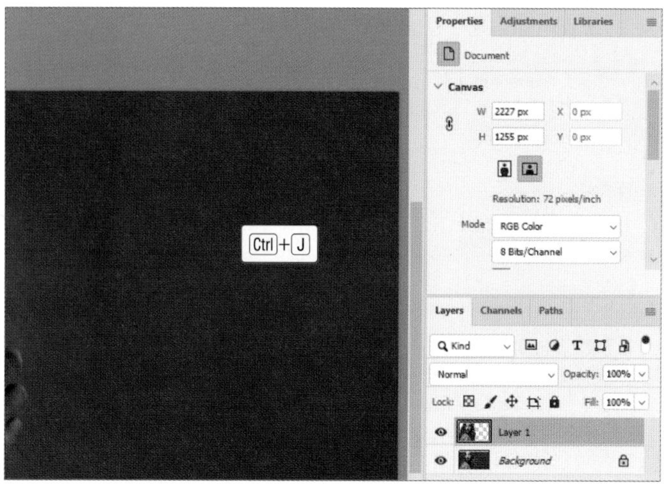

03 이미지를 흑백으로 만들기 위해 Adjustments 패널에서 'Hue/Saturation'을 클릭합니다.

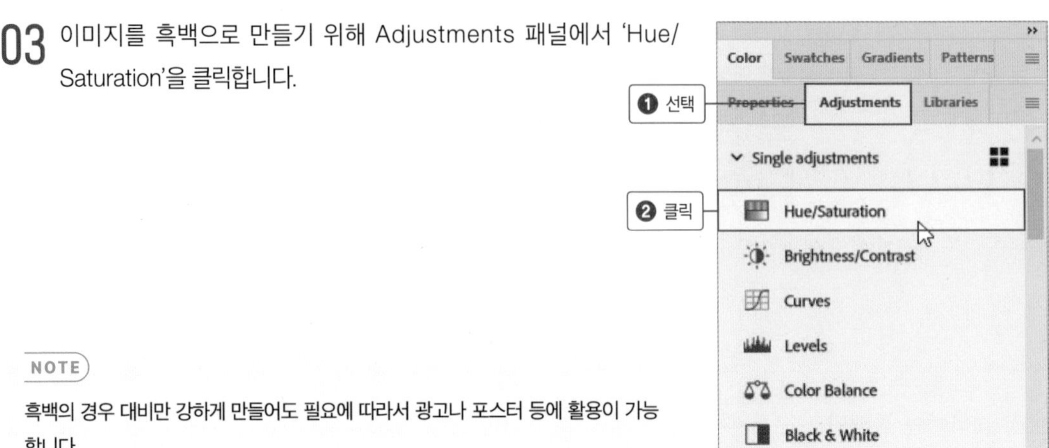

NOTE

흑백의 경우 대비만 강하게 만들어도 필요에 따라서 광고나 포스터 등에 활용이 가능합니다.

04 Properties 패널에서 Saturation을 '-100'으로 설정하여 흑백으로 만듭니다.

05 Adjustments 패널에서 'Levels'를 선택하고 Properties 패널에서 Levels를 '29', '0.86', '179'로 설정하여 명도 대비를 강하게 만듭니다.

06 Layers 패널에서 색상이 적용된 보정 레이어를 적용하기 위해 'Create new fill or adjustment layer' 아이콘( )을 클릭하고 'Solid Color'를 선택합니다.

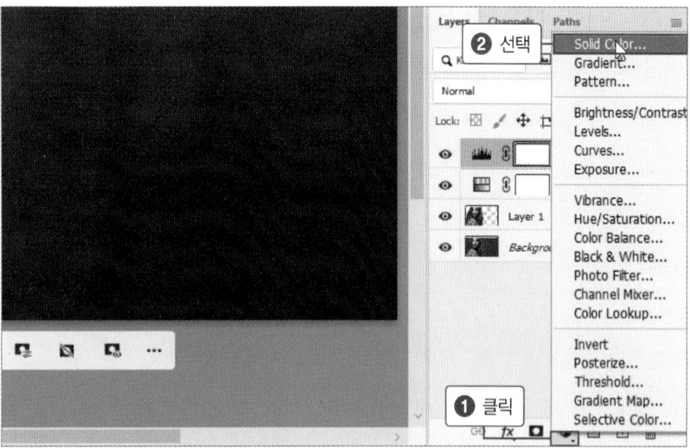

07 Color Picker 대화상자가 표시되면 #에 'FF4254'를 입력하여 색상을 붉은색으로 지정한 다음 <OK> 버튼을 클릭합니다. 문서 전체에 설정된 색상이 적용된 것을 확인할 수 있습니다.

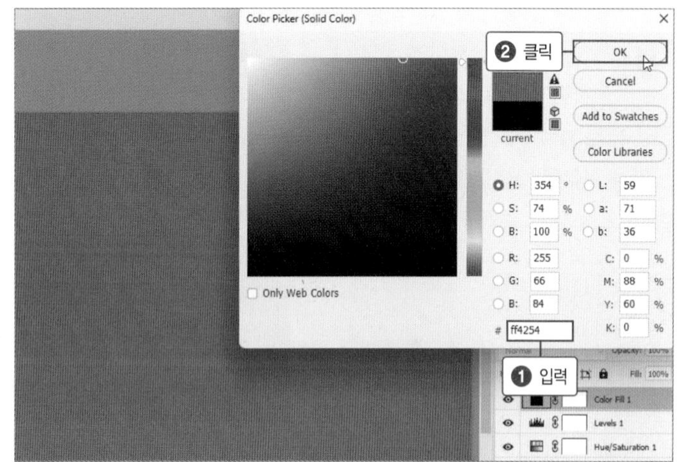

08 다른 레이어에 설정된 색상이 적용되도록 하기 위해 블렌딩 모드를 'Darken'으로 지정합니다. 밝은 영역 위주로 보정 레이어의 색상이 적용된 것을 확인할 수 있습니다.

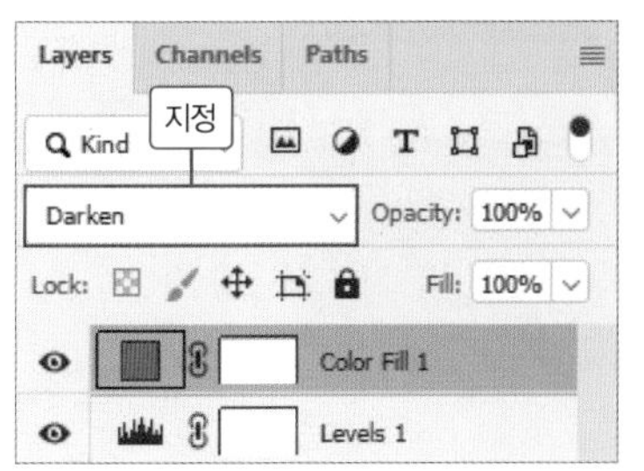

09

06번과 같은 방법으로 'Solid Color' 보정 레이어를 추가합니다. Color Picker 대화상자가 표시되면 #에 '9F252A'를 입력하여 색상을 짙은 하늘색으로 지정하고 <OK> 버튼을 클릭합니다.

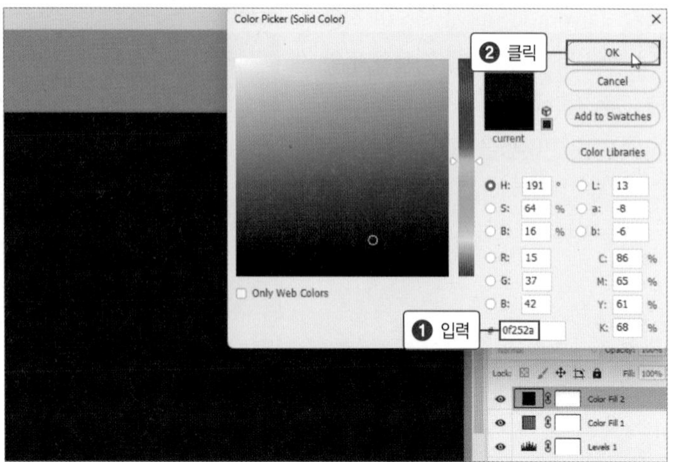

10

블렌딩 모드를 'Lighten'으로 지정하여 전체적으로 강한 적색 톤을 약간 눌러 채도를 낮추고, 파란색 느낌을 가미해 차분한 분위기로 연출합니다.

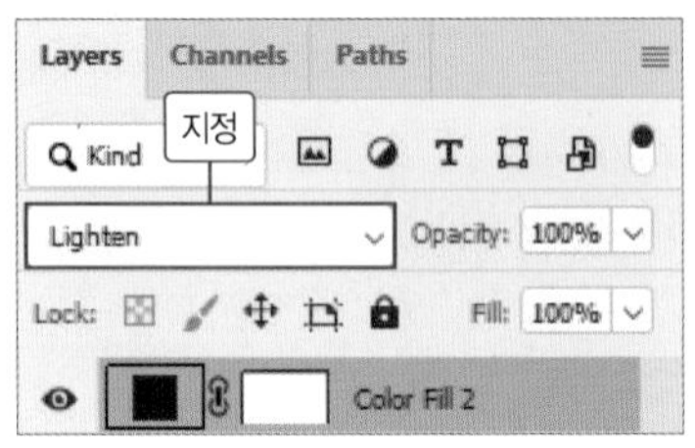

11

Layers 패널에서 'Background' 레이어를 선택하고 'Add a new layer' 아이콘(⊞)을 클릭하여 새로운 레이어를 추가합니다. 새로운 레이어에 색을 채우기 위해 Tools 패널에서 전경색을 클릭합니다. Color Picker 대화상자가 표시되면 #에 '3AA9C4'를 입력하여 색상을 하늘색으로 지정하고 <OK> 버튼을 클릭합니다.

❸ 클릭

12 페인트 통 도구( )로 캔버스를 클릭하여 색을 적용하거나 Alt+Delete를 눌러 설정한 색을 레이어에 채웁니다. 보정 레이어로 인해 설정한 색상이 보이지 않습니다.

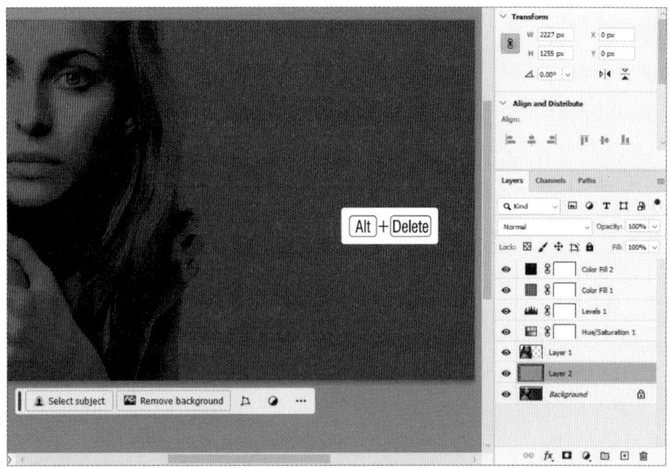

13 보정 레이어를 복사한 얼굴 레이어에만 적용하기 위해 Alt를 누른 상태로 보정 레이어와 얼굴 레이어의 경계선을 클릭하여 클리핑 마스크를 적용합니다. 이제 얼굴 레이어에만 보정 레이어의 효과가 적용됩니다.

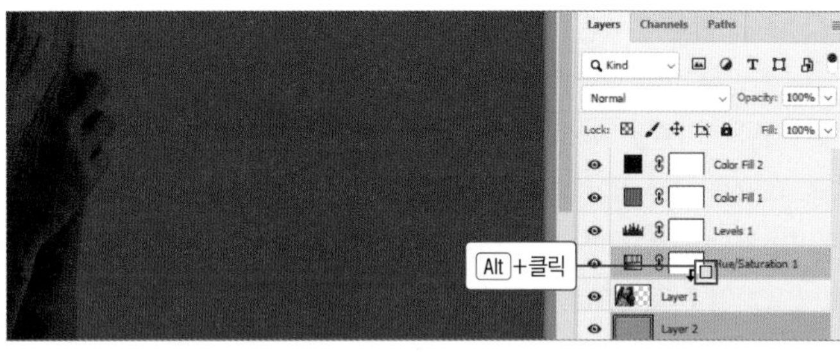

NOTE

클리핑 마스크는 아래 레이어의 영역에 맞춰 위의 레이어가 표시되게 해 마스크와 유사한 효과를 만듭니다. 위 레이어의 내용이 아래 레이어의 특정 영역만 따라 보이거나 숨겨집니다. 원본을 유지하면서 배경을 지우는 방식을 과거에 자주 사용되었고, 일러스트레이터 등에서는 여전히 많이 활용됩니다.

14 같은 방법으로 나머지 3개의 보정 레이어도 얼굴 레이어에만 적용되게 Alt를 누른 상태로 보정 레이어 사이의 경계선을 클릭합니다. 설정했던 색상이 배경색으로 보이며 보색에 가까운 대비로 색다른 분위기로 변경됩니다.

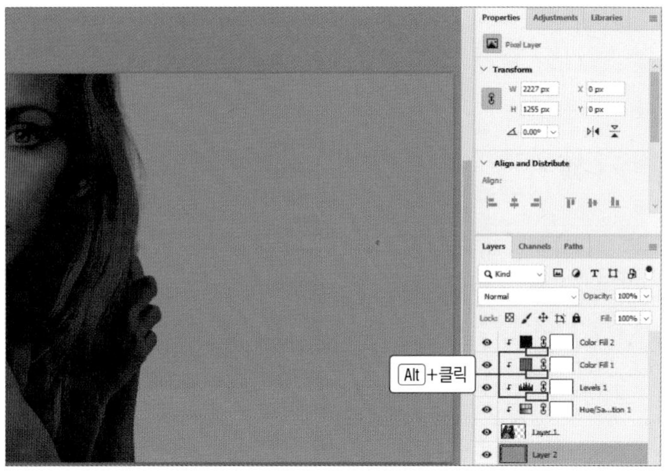

15 Tools 패널에서 문자 입력 도구(T)를 선택하고 캔버스를 클릭한 다음 'Generative AI + Adobe Photoshop'을 입력합니다. 문자 색상을 노란색으로 지정하기 위해 전경색을 클릭하고 Color Picker 대화상자가 표시되면 #에 'FCFF00'을 입력한 다음 <OK> 버튼을 클릭합니다.

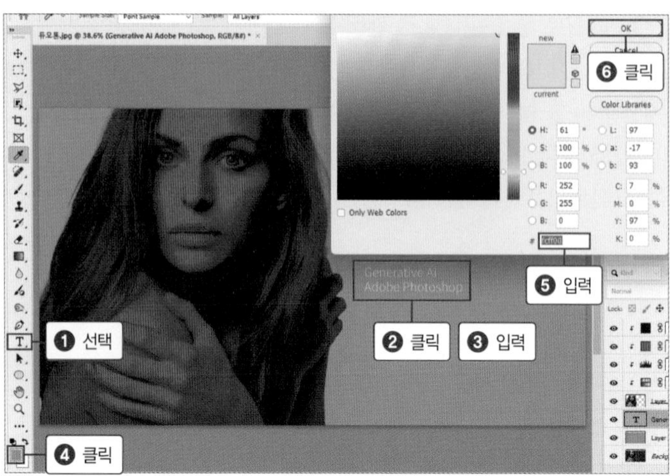

16 텍스트가 선택된 상태로 작업 표시줄 또는 Properties 패널에서 글꼴 스타일을 'Noto Sans CJK KR', 'Light', 글꼴 크기를 '48pt'로 지정하여 완성합니다. 이렇게 보색 대비를 활용하여 시각적으로 주목도가 높은 이미지를 만들 수 있습니다.

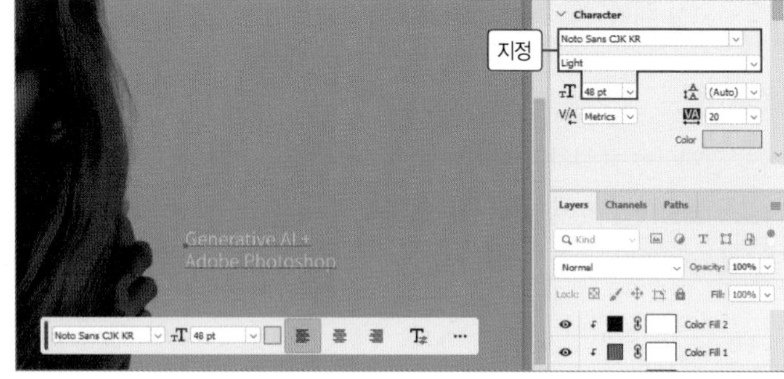

17 배경을 동일한 색상 톤 분위기로 만들고 싶다면, Layers 패널에서 'Layer 2' 레이어를 선택하고 블렌딩 모드를 'Divide'로 지정합니다. 붉은색 배경의 듀오톤으로 만든 인물 사진에 어우러지는 동일 계열로 표현되어 보색과 다른 분위기로 만들 수도 있습니다.

연습 문제 | 다양한 색상 분위기로 연출하기

01 각자 자신의 사진을으로 듀오 톤을 만드는 여러 방법 중 하나를 활용하여 듀오 톤 사진을 만들어 보세요.

• **예제 및 완성 파일** : 08\소스1.jpg, 연습문제1.psd

before

after

HINT 가장 쉬운 방법은 그레이디언트 맵 활용하기

02 듀오 톤과는 다른 듀얼 라이팅 효과 이미지를 만들어 보세요.

• **예제 및 완성 파일** : 08\소스2.jpg, 연습문제2.psd

before

after

HINT

Layers 패널에서 Soild Color 또는 블렌딩 모드 Color 활용하기 → 레이어 마스크에 브러시 또는 지우개 이용하여 조명이 서로 다른 방향에서 온 것 같은 효과 적용하기

WEEK 09

레이어로 활용하는 포토샵

학 습 목 표

포토샵은 다양한 효과와 합성을 가능하게 하는 레이어 기능을 갖추고 있어 이미지를 개별적으로 관리하고 저장할 수 있습니다. 특히 포토샵에서 레이어는 합성 작업에서 중요한 역할을 하며, 작업 파일의 레이어 관리는 필수적입니다. 포토샵에서는 선택이 작업 퀄리티를 높이는 데 도움이 되지만, 레이어 활용은 실력을 향상시키는 데 필수적인 기능입니다. 예제를 통해 레이어 활용 방법을 알아보겠습니다.

9.1 레이어의 개념과 패널 살펴보기

레이어 개념 알아보기

포토샵을 비롯한 다양한 그래픽 프로그램에는 기본적으로 레이어(Layer)라는 개념이 포함되어 있습니다. 영어사전에서 '막', '층'이라는 의미의 명사로 사용되며, '겹겹이 놓다'라는 동사로도 사용됩니다.

레이어는 투명한 필름이나 종이에 그림을 그리고 이 그림들을 겹쳐 하나의 이미지로 표현하는 효과와 유사합니다. 레이어를 활용하면 특정 부분을 쉽게 수정할 수 있을 뿐 아니라, 다양한 효과를 개별적으로 적용할 수도 있어 작업의 유연성과 편의성을 높여줍니다.

레이어로 이루어진 그림

층층이 쌓인 레이어

09 폴더에서 '레이어개념.psd' 파일을 불러오면 Layers 패널에 여러 개로 구성된 레이어를 확인할 수 있습니다. 기본적으로 아래에서 위로 겹치는 형태로 보입니다. 각 레이어의 '눈' 아이콘(👁)을 모두 클릭하여 보이지 않게 만들었다가 아래서부터 하나씩 보이게 만든다면, 다음과 같이 겹겹이 쌓인 형태로 구성되는 것을 확인할 수 있습니다.

❶ 배경

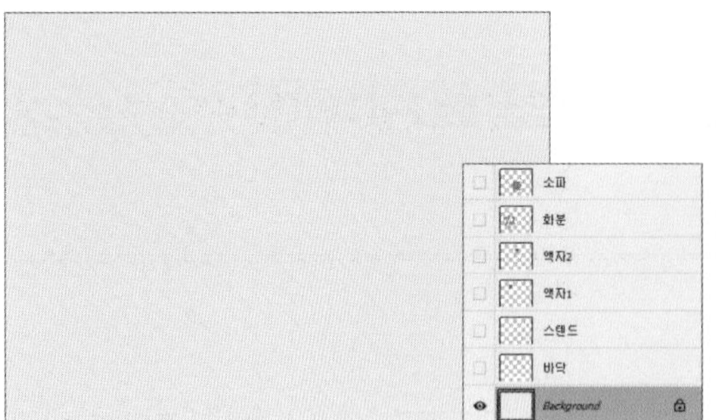

❷ 바닥

❸ 스탠드

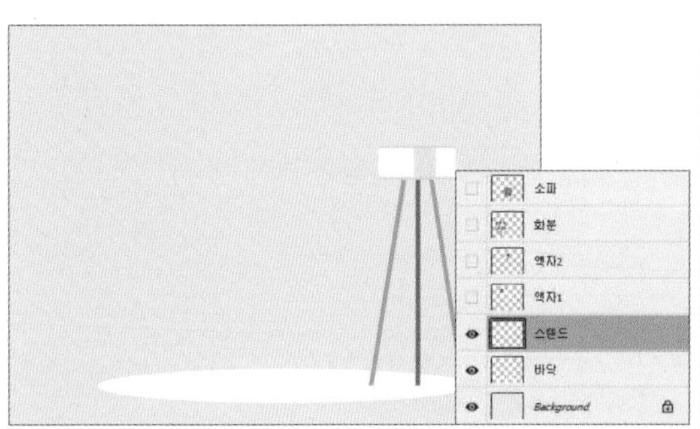

❹ 액자1

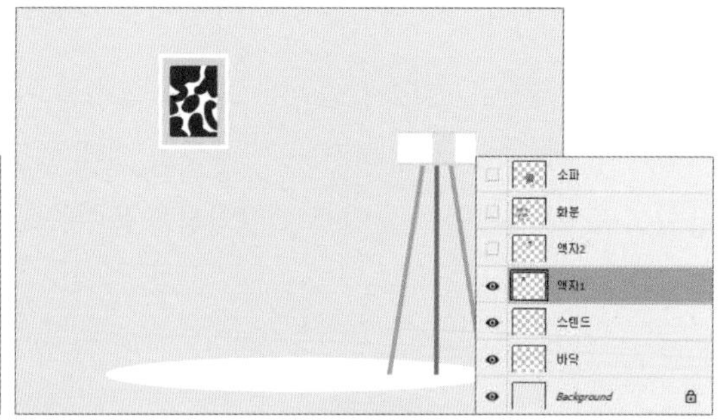

❺ 액자2

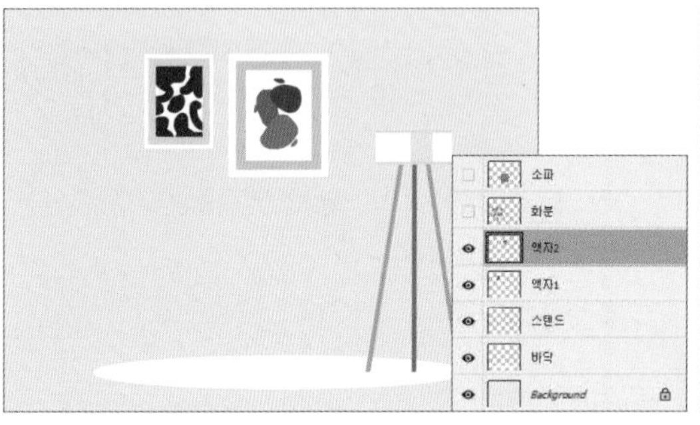

❻ 화분

❼ 소파

레이어는 쌓이는 순서에 따라 보이는 모습이 달라집니다. 예를 들어, '액자1'과 '액자2' 레이어가 가장 위에 있으면 그 아래의 화분 레이어 일부가 가려집니다. 필요한 경우 레이어 순서를 변경하여 겹쳐지는 효과를 다양하게 연출할 수 있습니다.

최근에는 기능 업데이트로 다양한 레이어 형태가 추가되고 있습니다. 과거에는 원본을 보존하려면 레이어를 복사해 작업했지만, 스마트 오브젝트와 스마트 필터 등 기능 덕분에 원본을 따로 저장하지 않아도 편집할 수 있습니다. 또한, 레이어에는 투명도, 블렌딩 모드, 채우기 효과 등 여러 효과를 적용할 수 있으며, 작업에 맞춰 보정 레이어를 활용하거나 그룹 설정으로 레이어를 깔끔하게 정리할 수도 있습니다.

Layers 패널 살펴보기

작업의 종류나 퀄리티에 따라 Layers 패널에 수많은 레이어가 쌓일 수 있으며, 이 패널에서 레이어를 검색하고 정렬할 수 있습니다. 기본적으로 블렌딩 모드, 투명도 조절 등 효과를 제공하며, 주요 효과는 패널 하단에 아이콘 형태로 제공됩니다. 또한, 레이어 관리를 돕는 확장 기능도 지원되어 작업의 효율성을 높일 수 있습니다.

❶ **필터 레이어(Filter layers by type)**: 필터 옵션을 이용하여 레이어를 검색하고 표시할 수 있습니다.

❷ **레이어 블렌딩 모드(Blending Mode)**: 다양한 블렌딩 모드를 설정하여 레이어 간 합성되는 효과를 적용할 수 있습니다(레이어 블렌딩 모드 설명 참고 P.252).

❸ **불투명도(Opacity)**: 레이어의 불투명도를 조정할 수 있으며 레이어에 적용된 효과에도 동일하게 적용됩니다.

❹ **칠 불투명도(Fill)**: Fill의 값을 활용하여 불투명도를 조정할 수 있으나 효과에는 적용되지 않습니다. 즉, 레이어에 적용된 원래 이미지, 모양, 텍스트 등에만 적용됩니다.

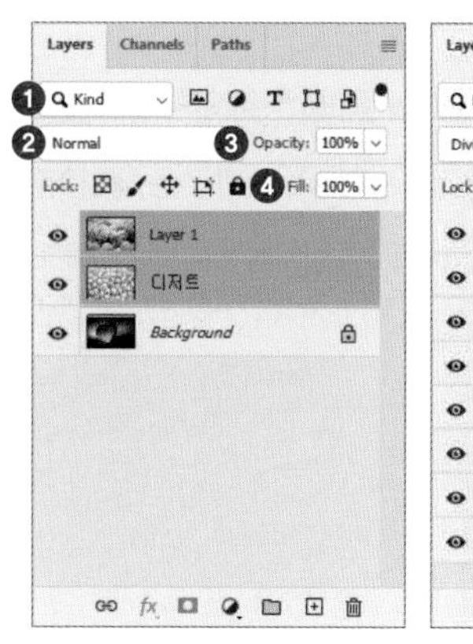

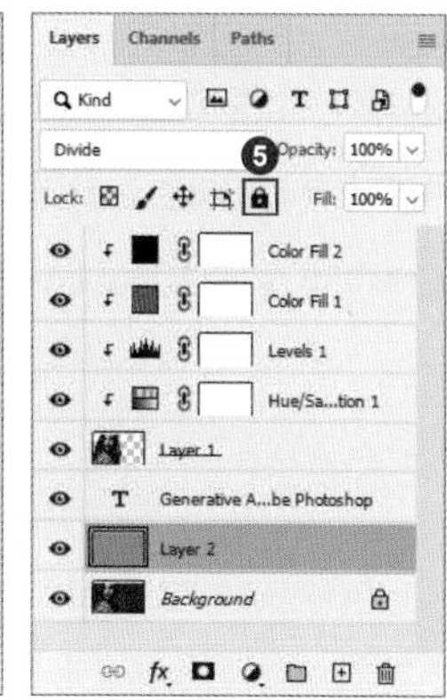

Layers 패널

❺ **레이어 잠금(Lock all attributes)**: 설정된 옵션에 따라서 레이어 자체를 잠그거나 투명 픽셀, 이미지, 위치 등에 대한 잠금 효과를 설정할 수 있습니다.

❻ **링크 레이어(Link layers)**: 선택된 레이어를 서로 연결하여 동시에 이동하도록 설정할 수 있습니다. 2개 이상의 레이어를 선택한 경우에만 활성화됩니다.

❼ **레이어 스타일(Add a layer style)**: 레이어에 그림자, 광선 효과 등을 적용할 수 있는 기능으로 레이어 스타일 대화상자를 통하여 다양한 레이어 스타일을 개별 또는 동시에 적용할 수 있습니다.

New Layer... Shift+Ctrl+N
New Group...
Duplicate Layer...
Delete Layer
Quick Export as PNG Shift+Ctrl+'
Export As... Alt+Shift+Ctrl+'
Merge Down Ctrl+E
Merge Visible Shift+Ctrl+E
Flatten Image
Lock Layers... Ctrl+/
Rename Layer...
Hide Layers Ctrl+,
Blending Options...
New Group from Layers...
Frame from Layers...
New Artboard...
Artboard from Layers...
Convert to Smart Object
Mask All Objects
Create Clipping Mask Alt+Ctrl+G
Copy Layer Style
Clear Layer Style
Copy CSS
Copy SVG
Filter Options
Animation Options
Panel Options...
Close
Close Tab Group

마우스 오른쪽 버튼 클릭 메뉴

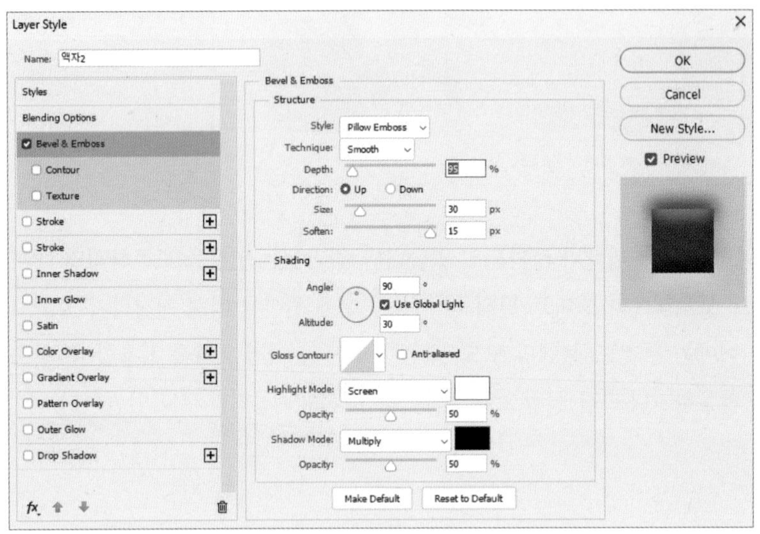

Layer Style 대화상자

❽ **레이어 마스크(Add layer mask)**: 레이어에 마스크효과를 적용하여 레이어의 이미지 손상 없이 마스크를 활용하여 레이어의 일부분을 보이지 않게 할 수 있으며 언제든지 원상태로 복원할 수 있습니다.

❾ **보정 레이어(Create new fill or adjustment layers)**: 레이어에 다양한 보정 효과를 적용하는 레이어를 설정할 수 있습니다. Adjustments 패널에서 보정 레이어를 적용할 수도 있습니다.

❿ **레이어 그룹(Create a new group)**: 레이어 관리를 위한 그룹을 만들 수 있습니다.

⓫ **새로운 레이어(Create a new layer)**: 새로운 레이어를 추가할 수 있습니다.

⓬ **레이어 삭제(Delete layer)**: 선택한 레이어를 삭제합니다.

보정 레이어 메뉴

9.2 실습 예제 01 레이어와 레이어 마스크를 이용한 이미지 합성하기

• **예제 파일** : 09\레이어마스크.jpg • **완성 파일** : 09\레이어마스크_완성.psd

레이어, 레이어 마스크, 스타일 등을 활용해 간단한 합성 효과를 만들어 보겠습니다. 레이어의 투명도 조절과 마스크 기능을 사용하면 동일한 이미지를 다양한 효과로 합성할 수 있으며, 레이어 스타일을 추가하여 한층 풍부한 효과를 연출할 수 있습니다.

01 Ctrl+O를 눌러 09 폴더에서 '레이어마스크.jpg' 파일을 불러옵니다. 가이드를 활용하여 규칙적인 형태의 마스크 효과를 적용할 예정입니다.

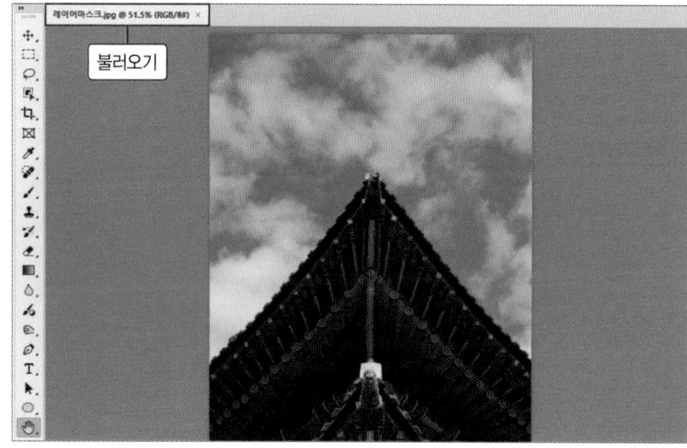

02 규칙적인 가이드를 만들기 위해 메뉴에서 [View] → Guides → New Guide Layout을 실행합니다.

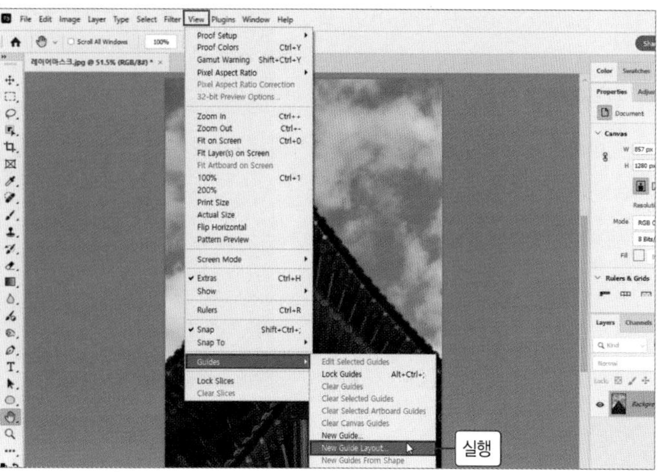

NOTE

웹이나 모바일 디자인 시 그리드를 만들 때 New Guide Layout을 많이 사용합니다.

03 New Guide Layout 대화상자가 표시되면 5개의 컬럼 형태의 마스크를 만들기 위해 Columns의 Number를 '5', Width를 '200px', Gutter를 '20px'로 설정하고 Margin을 체크 표시한 다음 Top을 '0px', Left를 '100px', Bottom을 '20px', Right를 '100px'으로 설정 후 <OK> 버튼을 클릭합니다.

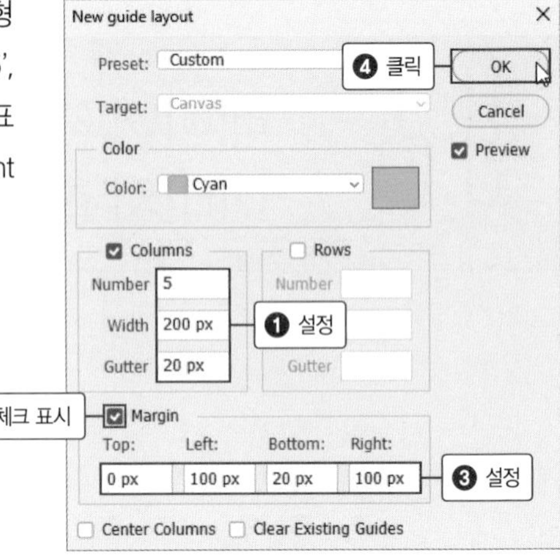

04 그림과 같이 컬럼이 설정되면 레이어를 복제하기 위해 Layers 패널에서 'Background' 레이어를 선택하고 Ctrl+J를 누릅니다. 복제된 레이어의 '눈' 아이콘(👁)을 클릭하여 보이지 않게 한 후 'Background' 레이어를 선택합니다.

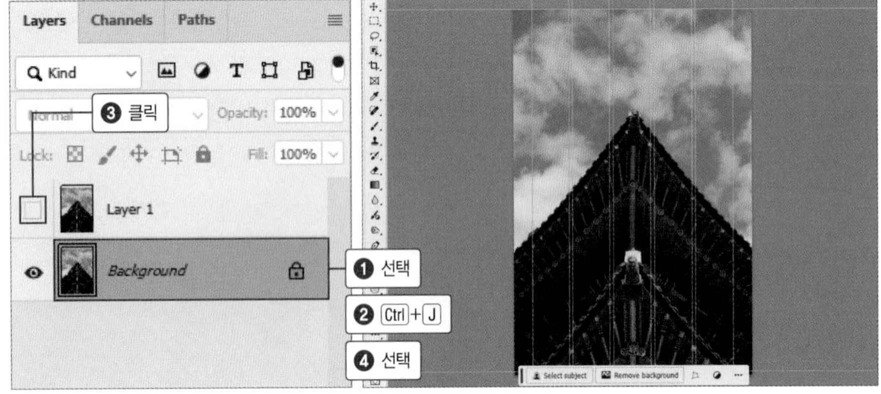

05 'Background' 레이어의 색을 변경하기 위해 보정 레이어를 활용하겠습니다. Layers 패널에서 'Create new fill or adjustment layers' 아이콘(◐)을 클릭하고 'Hue/Saturation'을 선택합니다.

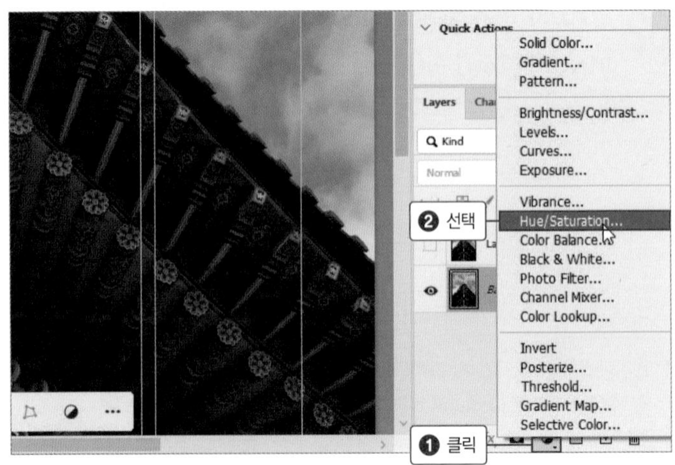

06 Properties 패널이 자동으로 표시되면 Saturation을 '-80'으로 설정하여 흑백에 가깝게 만들고, Lightness를 '+60'으로 설정하여 밝게 만듭니다.

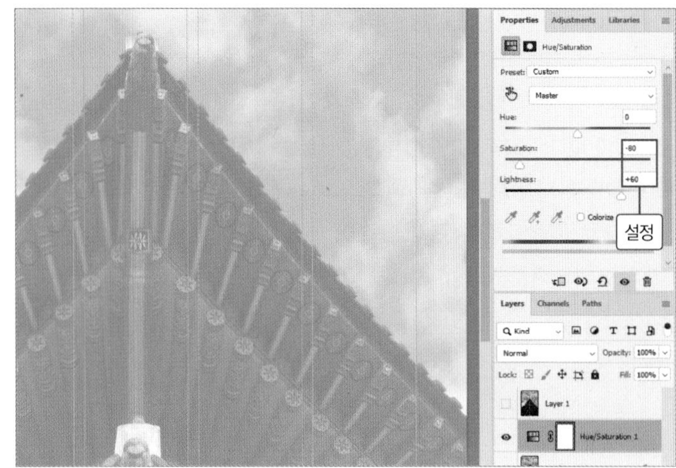

07 Layers 패널에서 'Layer 1' 레이어를 선택하고 Ctrl+J를 눌러 복제한 다음 'Layer 1' 레이어의 '눈' 아이콘(👁)을 클릭하여 보이게 만듭니다. 레이어 마스크를 적용하기 위해 다시 'Layer 1' 레이어를 선택하고 'Add layer mask' 아이콘(◘)을 클릭합니다.

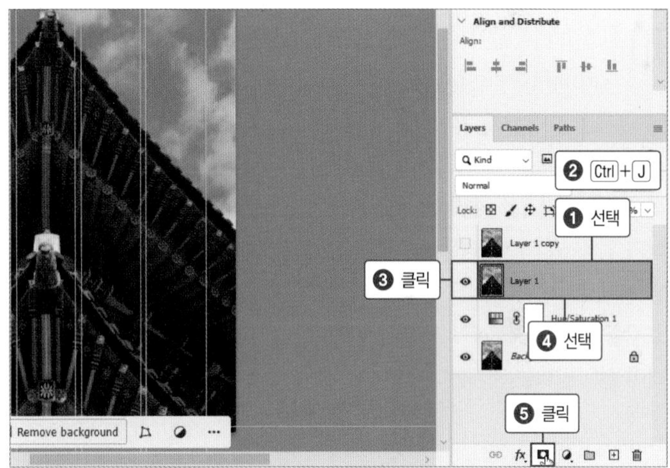

08 Tools 패널에서 그레이디언트 도구(■)를 선택하고 옵션바에서 그레이디언트 색상 상자를 클릭합니다. Basics 그룹에서 'Foreground to Background'를 선택하고 캔버스 위에서 아래로 드래그합니다. 마스크 위는 흰색, 아래는 검은색으로 적용되면서 흰색 부분에 원래 이미지의 색상이 보여 점진적으로 사진이 합성됩니다.

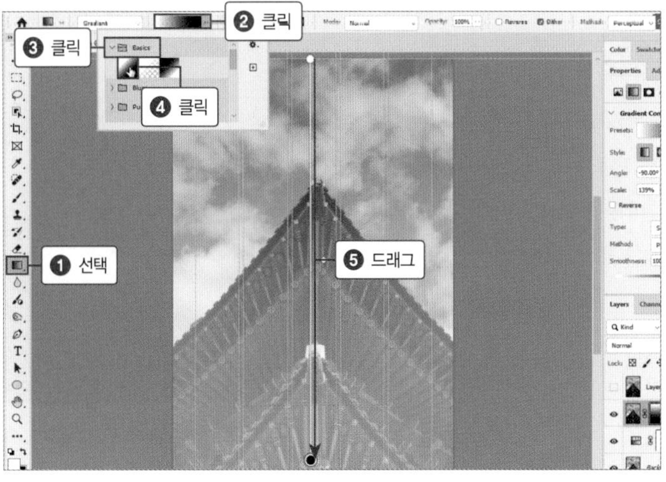

09 Tools 패널에서 사각형 선택 윤곽 도구(⬚)를 선택하고 왼쪽 컬럼 부분을 드래그하여 선택 영역으로 지정합니다. 나머지 칼럼 부분도 선택 영역으로 지정하기 위해 Shift를 누른 상태로 드래그하여 그림과 같이 5개의 선택 영역을 지정합니다.

10 Layers 패널에서 'Add a new group' 아이콘(▭)을 클릭하여 그룹을 추가하고, 'Create a new layer' 아이콘(⊞)을 클릭하여 레이어를 추가합니다. 선택 영역에 색을 적용하기 위해 전경색이 '검은색'으로 지정된 상태로 Alt+Delete를 누르고 작업 표시줄에서 <Deselect> 버튼을 클릭하여 선택 영역을 해제합니다.

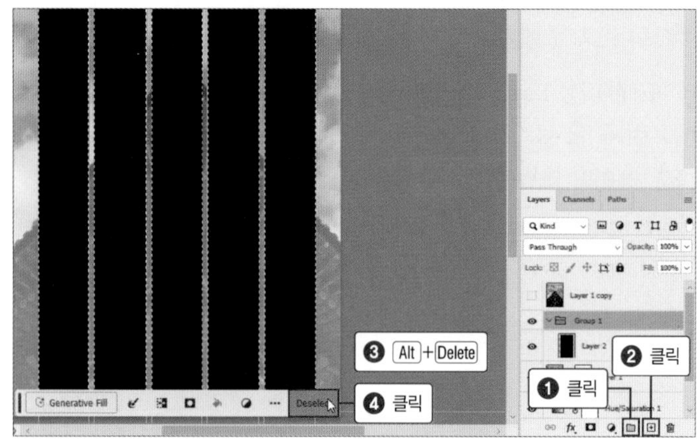

11 'Layer 1 copy' 레이어의 '눈' 아이콘(👁)을 클릭하여 화면에 보이게 합니다. 마스크로 활용하기 위해 Alt를 누른 상태에서 레이어 사이를 클릭하거나 Ctrl+Alt+G를 눌러 클리핑 마스크로 만듭니다.

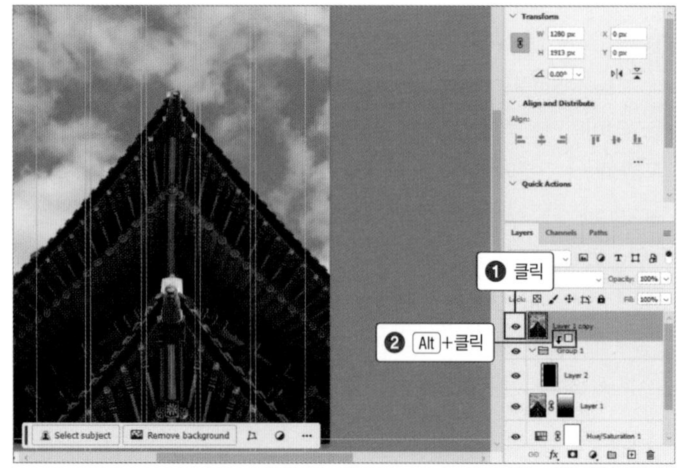

12 문서에서 가이드, 즉 안내선을 비활성화하기 위해 메뉴에서 [View] → Show → Guides(Ctrl+;)를 실행합니다.

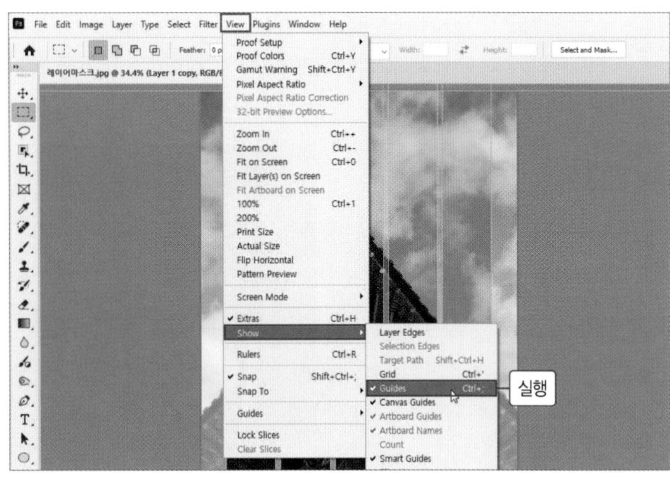

> **NOTE**
>
> 단축키를 외워서 사용하는 것이 좋습니다. 작업 중에 안내선을 보거나 숨기는 동작을 자주 사용합니다.

13 안내선을 제거하면 마스크 영역에 원본 이미지가 적용된 것을 확인할 수 있습니다.

14 문자를 입력하기 위해 Tools 패널에서 문자 입력 도구(T)를 선택합니다. 마스크 영역 왼쪽 하단을 클릭하고 'K'를 입력한 다음 작업 표시줄에서 글꼴 스타일을 '나눔 브러시', 글꼴 크기를 '360pt', 색상을 '흰색'으로 지정합니다.

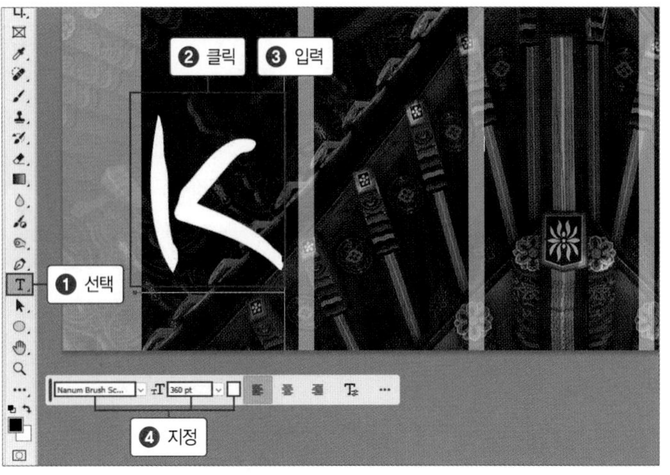

> **NOTE**
>
> 마스크 영역에 맞춰 글꼴 스타일과 글꼴 크기를 자유롭게 지정해도 됩니다.

15 같은 방법으로 'O', 'R', 'E', 'A'를 입력합니다. 이때 글자의 레이어가 각각 달라야 합니다. 입력하고 다른 도구를 선택했다가 다시 입력하거나 옵션바에서 <Commit> 버튼을 클릭하고 다시 입력해 총 5개의 글자 레이어를 만듭니다.

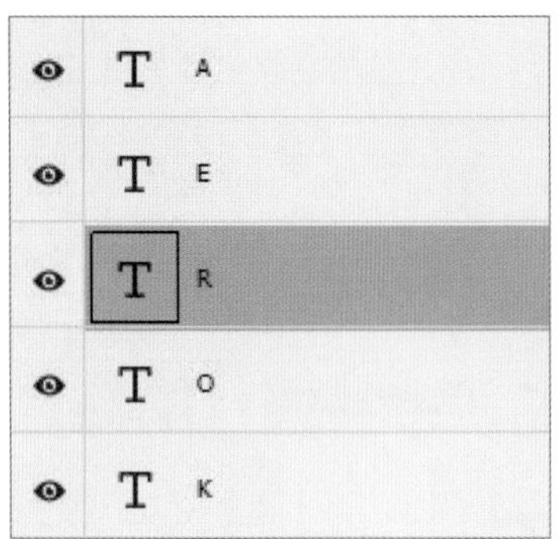

16 Layers 패널에서 입력한 글자 5개의 레이어 모두를 선택하고 'Create a new group' 아이콘(□)을 클릭하여 하나의 그룹으로 묶습니다.

NOTE

Shift 또는 Ctrl을 누른 상태로 레이어를 클릭하면 여러 개의 레이어를 다중 선택할 수 있습니다.

17 추가적인 레이어 스타일 효과를 적용하겠습니다. 5개의 컬럼 형태의 마스크가 있는 레이어를 선택하고 Layers 패널에서 'Add a layer style' 아이콘(fx)을 클릭한 다음 'Drop Shadow'를 선택합니다.

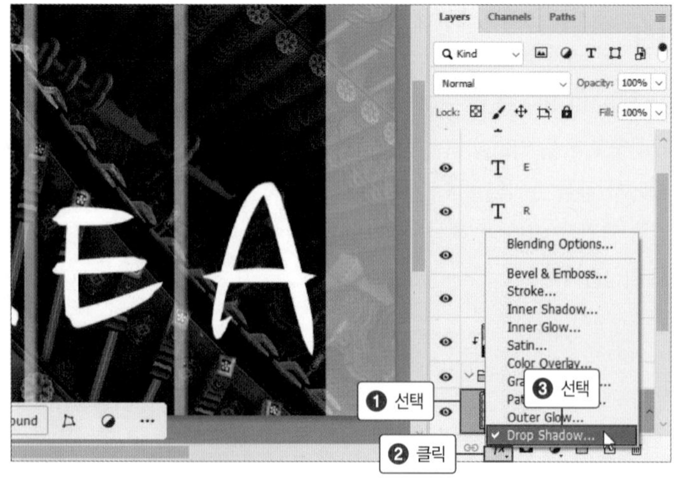

18 Layer Style 대화상자가 표시되면 Blending Mode를 'Multiply'로 지정하고 Opacity를 '75%', Angle을 '30', Distance를 '5px', Spread를 '5px', Size를 '5px'로 설정한 다음 <OK> 버튼을 클릭합니다.

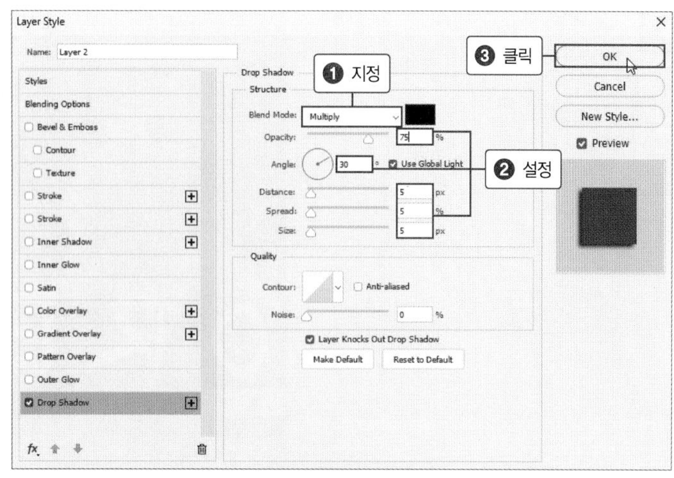

19 문자 부분을 불투명하게 만들기 위해 마스크가 필요합니다. Layers 패널에서 'Add layer mask' 아이콘(◘)을 클릭합니다.

20 마스크가 레이어에 적용되면 Ctrl를 누른 상태로 'K' 레이어의 텍스트 아이콘을 클릭하여 문자 부분을 선택 영역으로 지정하고 Delete를 누릅니다. 레이어 마스크에 글자 부분이 투명하게 적용됩니다.

NOTE

현재 문자 레이어가 위에 있어 투명한 모습이 보이지 않습니다. 확인하기 위해 '눈' 아이콘(◉)을 클릭하면 투명하게 적용된 것을 확인할 수 있습니다.

9 레이어로 활용하는 포토샵

21 같은 방법으로 나머지 문자 부분도 각각 선택 영역으로 지정하고 Delete를 눌러 레이어 마스크에 글자 부분을 투명하게 적용합니다.

22 텍스트 레이어가 있는 그룹의 '눈' 아이콘(👁)을 클릭하여 보이지 않게 합니다. 문자 부분이 투명하게 적용된 것을 확인할 수 있습니다.

23 레이어 스타일 효과를 적용하기 위해 텍스트 레이어가 있는 그룹의 '눈' 아이콘(👁)을 클릭하여 다시 활성화하고 Fill을 '0%'로 설정하여 투명하게 만듭니다. Fill을 조정하면 효과는 100%로 보이지만 레이어에는 투명도가 적용됩니다.

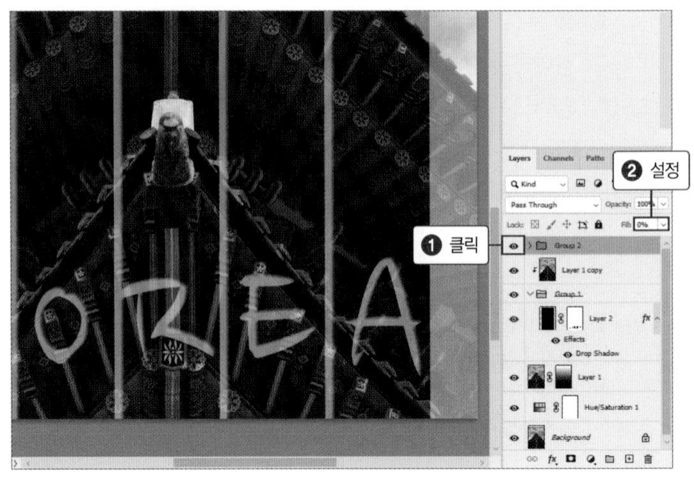

24 레이어 스타일을 적용하기 위해 Layers 패널에서 'Add a layer style' 아이콘(fx)을 선택하고 'Inner Glow'를 선택합니다.

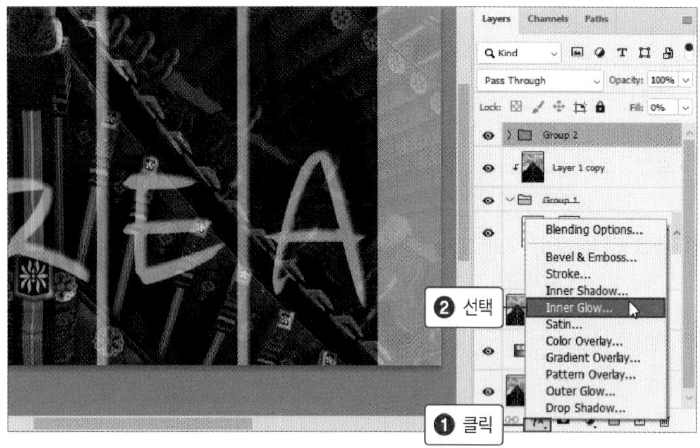

25 Layer Style 대화상자가 표시되면 Blending Mode를 'Screen'으로 지정하고 Opacity를 '75%', Noise를 '0%'로 설정한 다음 색상을 '흰색'으로 지정합니다. 모든 설정이 끝나면 <OK> 버튼을 클릭합니다.

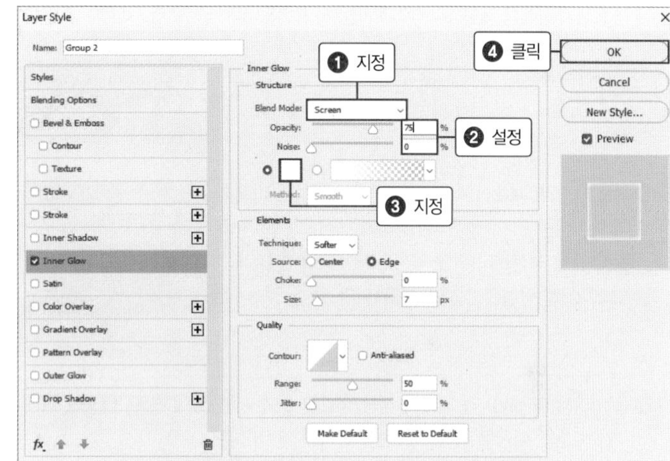

26 문자에 얇은 테두리와 같은 광선 효과가 적용된 이미지가 완성되었습니다.

TIP 레이어 블렌딩 모드 살펴보기

블렌딩 모드는 '혼합 모드'라고도 불리며, 레이어가 겹쳐질 때 색상의 혼합 효과를 조정하는 기능입니다. 각 블렌딩 모드는 색상에 따라 다르게 작용하여 같은 설정이라도 다양한 결과를 낼 수 있어, 최적의 효과를 얻으려면 상황에 맞게 적용해 보는 것이 중요합니다. 블렌딩 모드는 Layers 패널에서 설정할 수 있으며, 주요 모드는 포토샵 사이트의 설명을 참고하여 살펴볼 수 있습니다. 왼쪽 그림에는 투명도 100%, 오른쪽에는 투명도 50%가 적용된 예시를 확인하며 비교해 보세요.

❶ **표준(Normal)**: 기본 모드로서 레이어에 보이는 모습을 그대로 보여 줍니다. 투명도에 따라서 아래쪽 레이어와 겹쳐지면서 보입니다.

❷ **디졸브(Dissolve)**: 픽셀 위치의 불투명도와 색에 따라 점 형태로 아래쪽 레이어의 색상과 겹쳐서 표현됩니다.

❸ **어둡게 하기(Darken)**: 각 채널의 색상 정보를 비교하여 더 어두운 레이어의 색상을 결과 색상으로 보여 줍니다. 혼합 색상보다 밝은 픽셀은 대체되고 혼합 색상보다 어두운 픽셀은 변경되지 않습니다.

❹ **곱하기(Multiply)**: 각 채널의 색상 정보를 보고 기본 색상과 혼합 색상을 곱하여 표현하며 항상 더 어두운 색상이 됩니다. 검은색이나 흰색은 변화가 없고, 페인팅 도구를 이용해 다른 색상으로 획을 그릴수록 점점 더 어두운 색상이 됩니다.

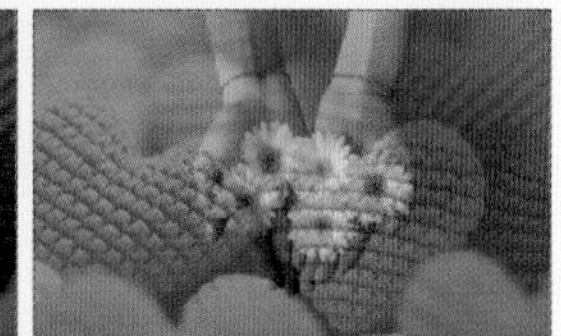

❺ **색상 번(Color Burn)**: 색상 정보를 보고 두 채널 사이의 대비를 증가시켜서 기본 색상을 어둡게 색상을 반영합니다. 흰색과 혼합된 부분은 변화가 없습니다.

❻ **선형 번(Linear Burn)**: 각 채널의 색상 정보를 보고 명도를 감소시켜 기본 색상을 어둡게 해 혼합 색상을 반영합니다. 흰색과 혼합된 부분은 변화가 없습니다.

❼ **어두운 색상(Darker Color)**: 레이어의 색상 값 총합을 비교하고 더 낮은 값의 색상을 표시합니다.

❽ **밝게하기(Lighten)**: 색상 중 더 밝은 색상을 결과 색상으로 선택합니다. 혼합 색상보다 어두운 픽셀은 대체되고 혼합 색상보다 밝은 픽셀은 변경되지 않습니다.

❾ **스크린(Screen)**: 색상 정보를 보고 혼합 색상과 기본 색상의 반전된 색을 곱합니다. 항상 더 밝은 색상이 되며, 검은색으로 스크린하면 색상에 변화가 없고, 흰색으로 스크린하면 흰색이 됩니다. 여러 장의 사진 슬라이드를 서로 포개서 투영하는 것과 유사한 효과가 나타납니다.

❿ **색상 닷지(Color Dodge)**: 색상 정보를 보고 두 채널 사이의 대비를 감소시켜서 기본 색상을 밝게 만듭니다.

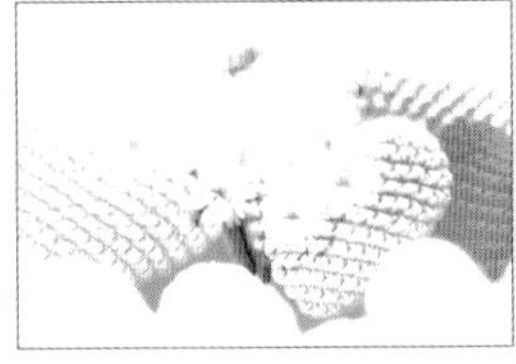
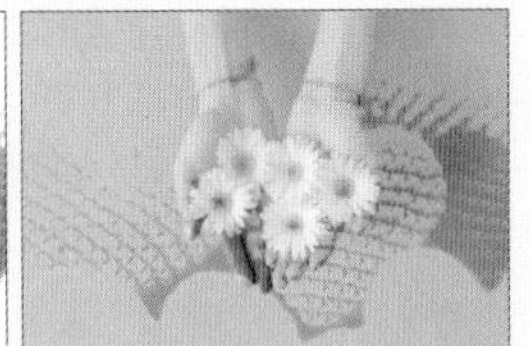

⓫ **선형 닷지(추가) Linear Dodge(Add)**: 각 채널의 색상 정보를 보고 명도를 증가시켜서 기본 색상을 밝게 하여 혼합 색상을 반영합니다. 검은색과 혼합하면 색상 변화가 없습니다.

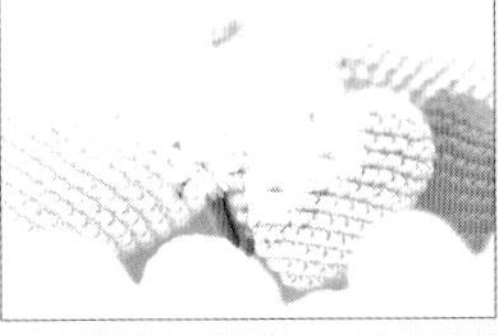

⓬ **밝은 색상(Lighter Color)**: 색상 값 합을 비교하고 더 높은 값의 색상을 표시합니다. '밝은 색상'은 제3의 새로운 색상을 생성하지 않으며, 결과 색상을 만들기 위해 기본 색상과 혼합 색상 중 가장 높은 채널 값을 선택하기 때문에 '밝게 하기' 혼합으로 만들어질 수 있습니다.

⓭ **오버레이(Overlay)**: 기본 색상에 따라 색상을 곱하거나 스크린합니다. 패턴이나 색상은 기본 색상의 밝은 영역과 어두운 영역을 보존하면서 기존 픽셀 위에 겹쳐집니다.

⑭ **소프트 라이트(Soft Light)**: 혼합 색상에 따라 색상을 어둡게 하거나 밝게 하여 확산된 집중 조명을 비추는 것과 유사한 효과를 냅니다. 혼합 색상(광원)이 50% 회색보다 밝으면 이미지는 닷지한 것처럼 밝아지고, 혼합 색상이 50% 회색보다 더 어두우면 이미지는 번한 것처럼 어두워집니다.

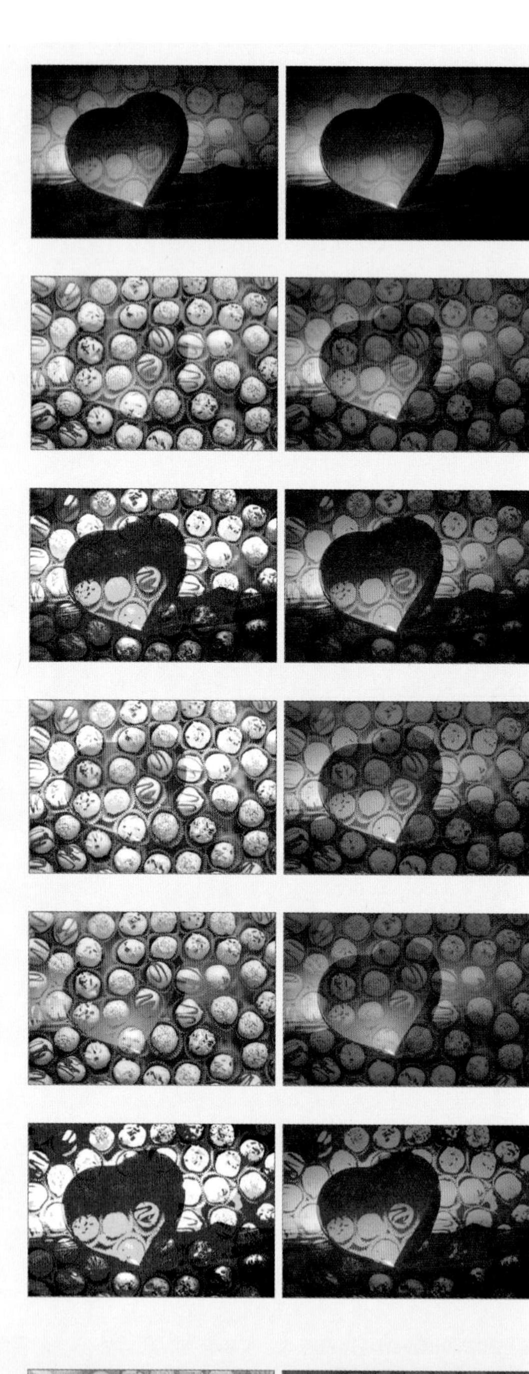

⑮ **하드 라이트(Hard Light)**: 이미지에 강한 집중 조명을 비추는 것과 유사한 효과를 냅니다. 혼합 색상(광원)이 50% 회색보다 밝으면 이미지는 스크린한 것처럼 밝아집니다. 이 모드는 이미지에 밝은 영역을 추가하는 데 유용합니다.

⑯ **선명한 라이트(Vivid Light)**: 혼합 색상에 따라 대비를 증가 또는 감소시켜 색상을 번하거나 닷지합니다. 혼합 색상(광원)이 50% 회색보다 밝으면 대비를 감소시켜 이미지를 밝게 하고, 혼합 색상이 50% 회색보다 어두우면 대비를 증가시켜 이미지를 어둡게 합니다.

⑰ **선형 라이트(Linear Light)**: 혼합 색상에 따라 명도를 증가 또는 감소시켜 색상을 번하거나 닷지합니다. 혼합 색상(광원)이 50% 회색보다 밝으면 명도를 증가시켜 이미지를 밝게 하고, 혼합 색상이 50% 회색보다 어두우면 명도를 감소시켜 이미지를 어둡게 합니다.

⑱ **핀 라이트(Pin Light)**: 혼합 색상이 50% 회색보다 밝으면 혼합 색상보다 어두운 픽셀은 대체되고 혼합 색상보다 밝은 색상은 변화가 없습니다. 혼합 색상이 50% 회색보다 어두우면 혼합 색상보다 밝은 픽셀은 대체되고 혼합 색상보다 어두운 색상은 변화가 없습니다.

⑲ **하드 혼합(Hard Mix)**: 혼합 색상의 빨강, 초록, 파랑 채널 값을 기본 색상의 RGB 값에 추가합니다. 채널의 결과 합계가 255 이상이면 255 값을 받고, 255 미만이면 0 값을 받으므로 모든 혼합 픽셀의 채널 값은 0 또는 255입니다. CMYK 이미지는 모든 픽셀이 기본 감색(녹청, 노랑, 마젠타), 흰색 또는 검정으로 변경됩니다. 최대 색상 값은 100입니다.

⑳ **차이(Difference)**: 각 채널의 색상 정보를 보고 기본 색상과 혼합 색상 중 명도 값이 더 큰 색상에서 다른 색상을 뺍니다. 흰색과 혼합하면 기본 색상 값이 반전되고 검은색과 혼합하면 색상 변화가 없습니다.

㉑ **제외(Exclusion)**: 차이와 유사하지만, 대비가 더 낮은 효과를 냅니다. 흰색과 혼합하면 기본 색상 값이 반전되고, 검은색과 혼합하면 색상 변화가 없습니다.

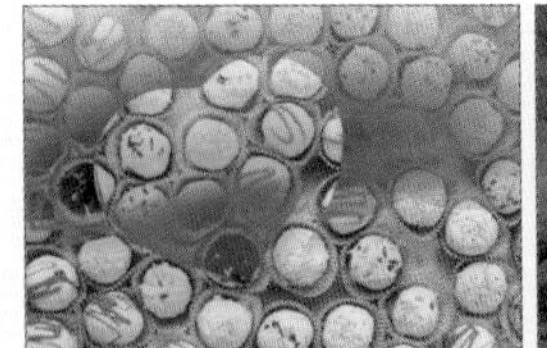
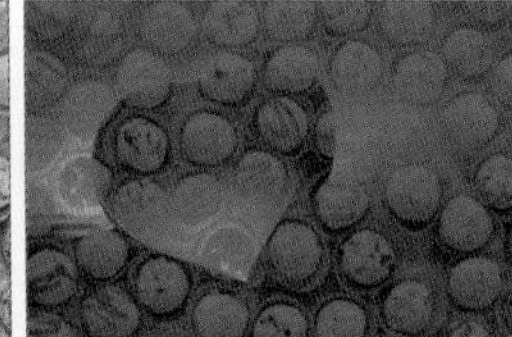

㉒ **빼기(Subtract)**: 각 채널의 색상 정보를 보고 기본 색상에서 혼합 색상을 뺍니다. 8비트 및 16비트 이미지에서는 결과로 산출된 음수 값이 0으로 클리핑됩니다.

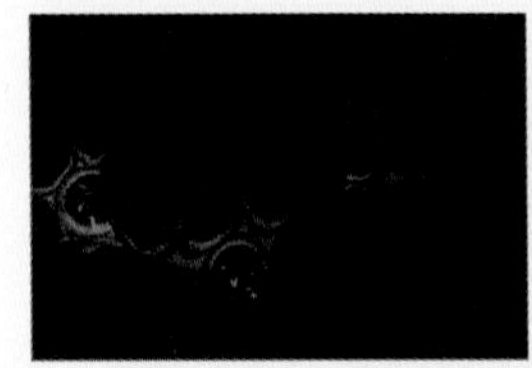
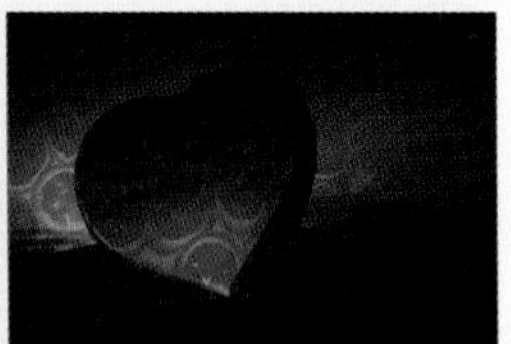

㉓ **나누기(Divide)**: 각 채널의 색상 정보를 보고 기본 색상에서 혼합 색상을 나눕니다.

㉔ **색조(Hue)**: 기본 색상의 광도와 채도 및 혼합 색상의 색조로 결과 색상을 만듭니다.

㉕ **채도(Saturation)**: 기본 색상의 광도와 색조 및 혼합 색상의 채도로 결과 색상을 만듭니다. 이 모드를 사용하여 채도가 0인 영역(회색)을 페인트하면 색상 변화가 일어나지 않습니다.

㉖ **색상(Color)**: 기본 색상의 광도 및 혼합 색상의 색조와 채도로 결과 색상을 만듭니다. 이미지의 회색 레벨을 유지하며 단색 이미지에 색상을 칠하고 컬러 이미지에 색조를 적용하는 데 유용합니다.

㉗ **광도(Luminosity)**: 기본 색상의 색조와 채도 및 혼합 색상의 광도로 결과 색상을 만듭니다. 색상 모드와 반대 효과를 냅니다.

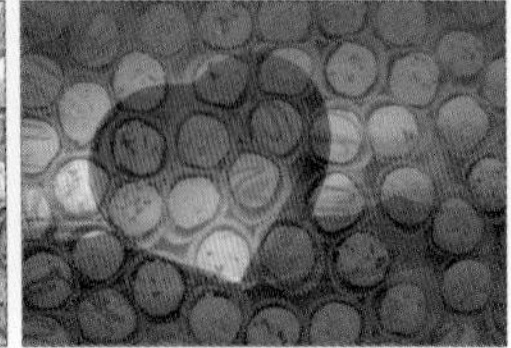

9.3

실습 예제 02

레이어와 마스크와 레이어 그룹을 활용한 텍스트 디자인하기

• **완성 파일**: 09\텍스트레이어_완성.psd

문자는 정보를 전달하는 핵심 디자인 요소입니다. 최근 모바일 환경의 발전으로 픽토그램이나 아이콘처럼 함축적인 시각 요소도 많이 사용되지만, 정확한 정보 전달은 여전히 텍스트가 중심입니다. 텍스트를 정렬하고 다양한 레이어 기능을 활용하여 텍스트 디자인을 만드는 방법을 알아보겠습니다.

01 새로운 문서를 만들기 위해 Ctrl+N를 눌러 New Document 대화상자가 표시되면 Width를 '1280px', Height를 '800px'로 설정하고 <Create> 버튼을 클릭합니다.

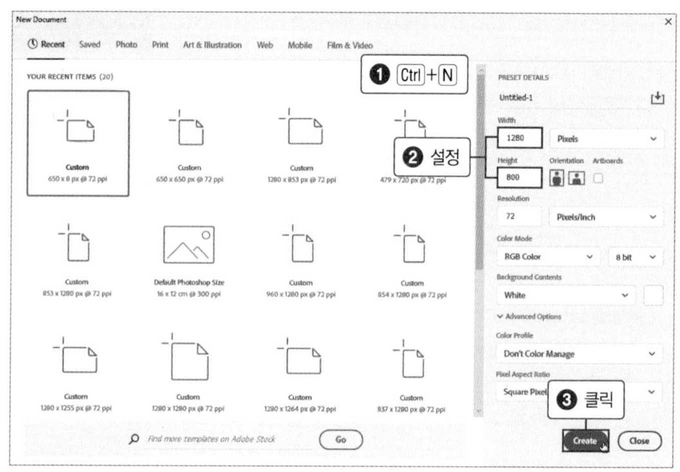

02 Tools 패널에서 전경색을 클릭합니다. Color Picker 대화상자가 표시되면 #에 '004549'를 입력하여 색상을 지정하고 <OK> 버튼을 클릭합니다.

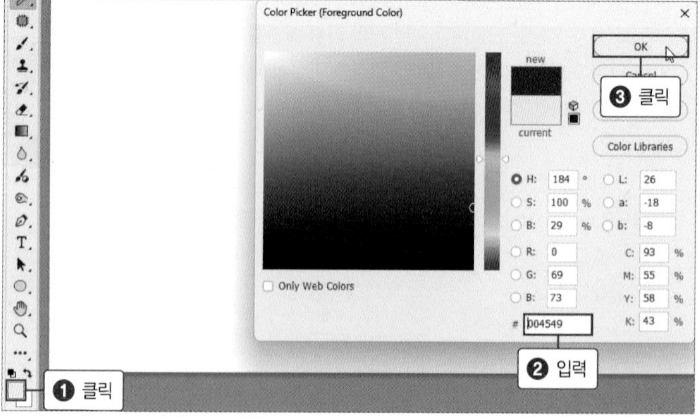

03 같은 방법으로 배경색도 조정하기 위해 Tools 패널에서 배경색을 클릭하여 Color Picker 대화상자가 표시되면 #에 '121416'을 입력하여 색상을 지정하고 <OK> 버튼을 클릭합니다.

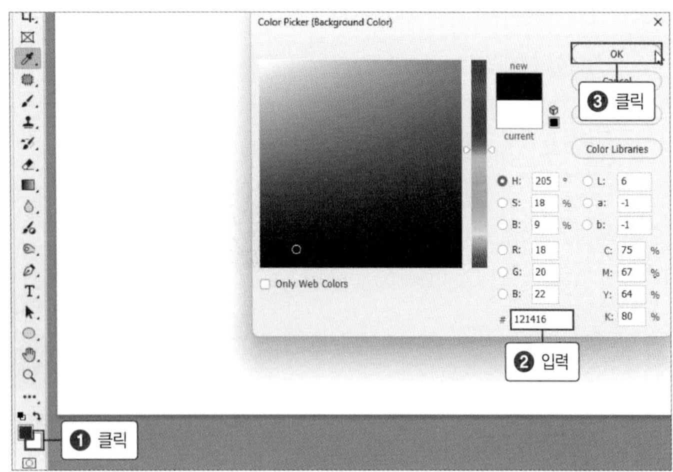

04 Tools 패널에서 그레이디언트 도구(▣)를 선택하고 옵션바에서 그레이디언트 색상 상자를 클릭합니다. Basics 그룹에서 'Foreground to Background'를 선택합니다.

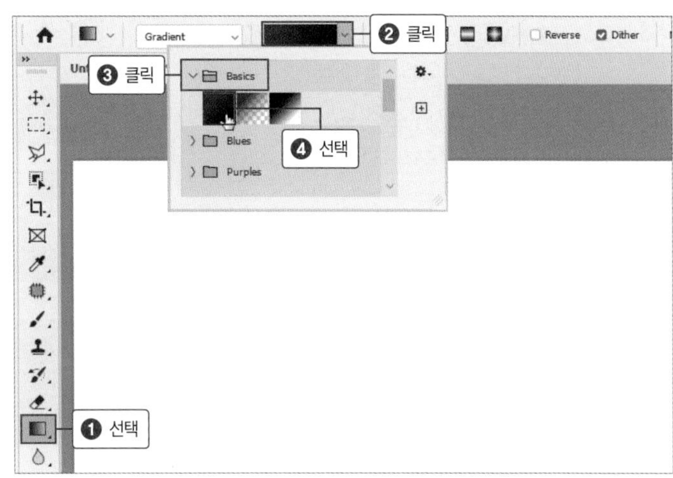

05 옵션바에서 '원형 그레이디언트' 아이콘(▣)을 클릭하고 화면의 왼쪽 상단에서 오른쪽 하단으로 드래그하여 그레이디언트를 적용합니다. Layers 패널에 그레이디언트 레이어가 추가로 생성되면서 적용됩니다.

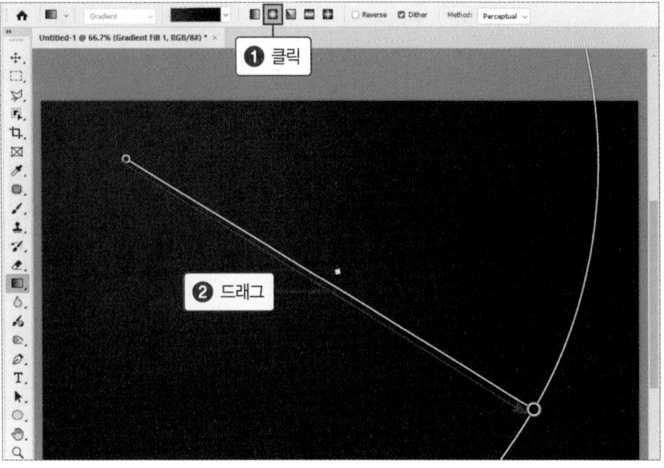

NOTE

버전이 낮은 경우와 설정에 따라서 레이어에 직접 적용될 수 있습니다.

06 Tools 패널에서 문자 입력 도구(T)를 선택하고 캔버스를 클릭한 다음 'P'를 입력합니다. 작업 표시줄에서 글꼴 스타일을 'Noto Sans CJK KR', 글꼴 크기를 '300pt', 색상을 '흰색'으로 지정합니다.

07 Tools 패널에서 이동 도구(✥)를 선택하고 Alt+Shift를 누른 상태로 입력된 문자를 오른쪽으로 드래그하면 문자가 복제되며 새로운 레이어가 생성됩니다.

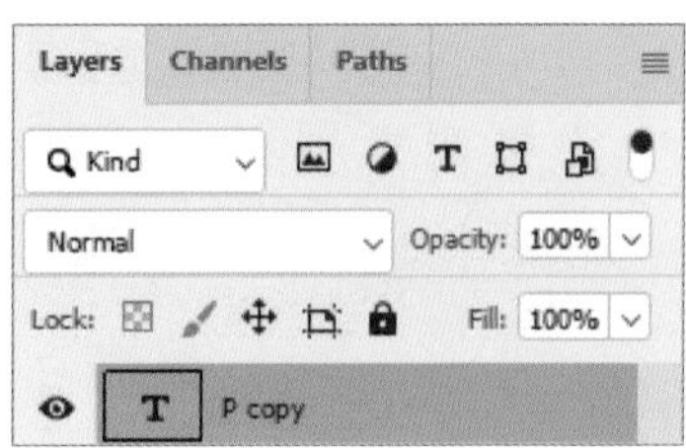

08 같은 방법으로 문자 레이어를 복제하고 각각의 레이어의 문구를 'H', 'O', 'T', 'O'로 수정하여 PHOTO가 되게 만듭니다. 글자들은 간격이 겹쳐지도록 가깝게 위치를 조정합니다.

09 Layers 패널에서 입력된 문자 'P' 레이어를 선택하고 레이어 마스크를 추가하기 위해 'Add layer mask' 아이콘(◘)을 클릭합니다.

10 Tools 패널에서 그레이디언트 도구(◧)를 선택하고 옵션바에서 그레이디언트가 왼쪽은 흰색, 오른쪽은 검은색으로 되어 있는 것을 확인하고 'P' 문자의 왼쪽에서부터 오른쪽으로 드래그합니다.

11 같은 방법으로 나머지 문자 레이어에도 레이어 마스크 효과를 각각 적용하여 왼쪽에서 오른쪽으로 점점 사라지는 문자 효과를 적용합니다.

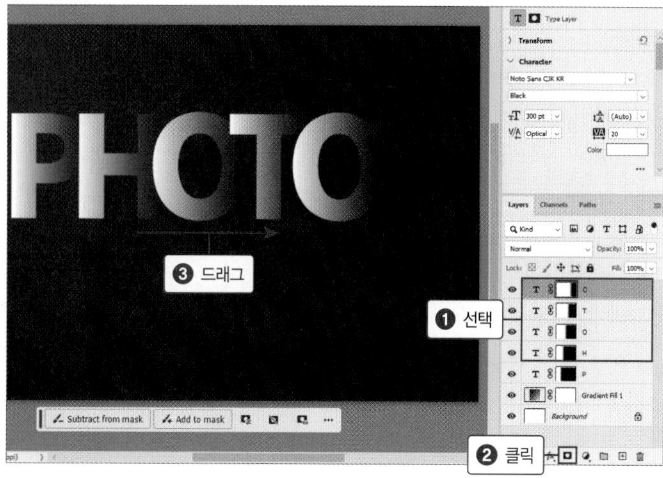

9 레이어로 활용하는 포토샵

12 5개의 문자 레이어를 그룹으로 묶어서 작업을 하기 위해 Layers 패널에서 5개 레이어를 선택하고 'Add a new group' 아이콘(📁)을 클릭합니다.

13 Layers 패널에 그룹이 추가되면서 모든 문자 레이어가 그룹에 포함됩니다.

TIP **그룹의 블렌딩 모드**

그룹에도 블렌딩 모드를 적용 가능합니다. 예를 들어, 그룹의 블렌딩 모드를 'Overlay'로 지정하면 배경색이 혼합되어 표시됩니다.

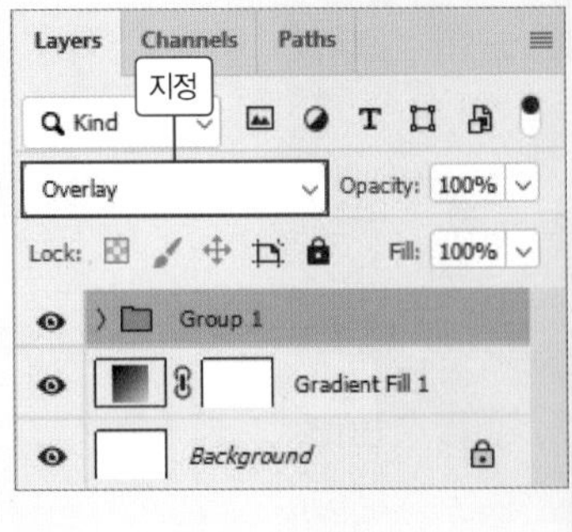

14 Tools 패널에서 이동 도구(✥)를 선택하고 그룹이 선택된 상태로 Alt 를 누른 채 텍스트를 아래로 드래그하여 문자 그룹을 복제합니다. 문자가 서로 붙어 있게 위치를 조정하여 배치합니다.

15 상하가 반전된 그림자 효과를 만들기 위해 복제한 그룹이 선택된 상태로 Ctrl + T 를 눌러 자유 변형 기능을 실행합니다. 작업 표시줄에서 'Flip vertical' 아이콘(⧗)을 클릭합니다.

16 그림자 효과를 위해 투영된 모습처럼 보이기 위해 Opacity를 '40%'로 설정합니다.

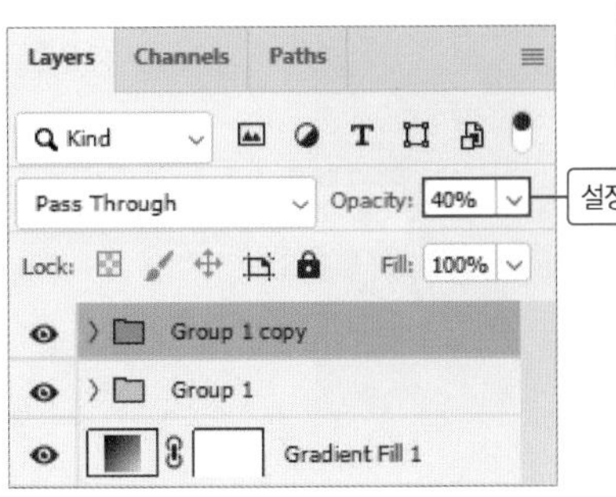

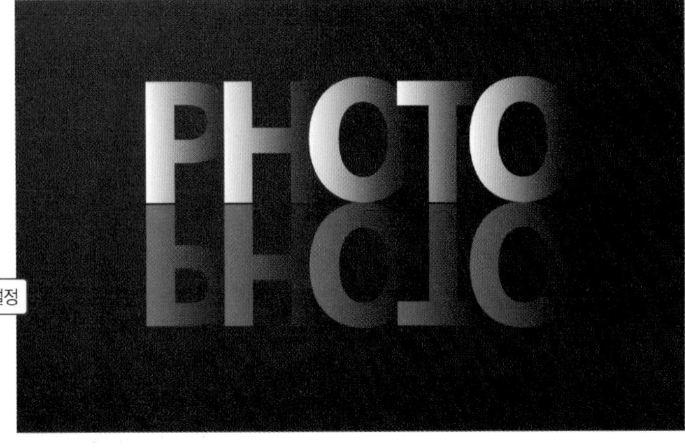

9

레이어로 활용하는 포토샵

17 문자가 정렬되어 있지 않기 때문에 그림자와 문자에 약간의 차이가 있습니다. Layers 패널에서 위에 있는 문자의 그룹인 'Group 1' 그룹의 '>' 아이콘을 클릭하여 하위 레이어를 표시하고 5개의 문자 레이어를 선택합니다. 옵션바에서 '아래쪽 가장자리 맞춤' 아이콘(▙)을 클릭하여 문자 레이어 5개를 텍스트의 아래를 기준으로 정렬합니다.

18 그림자 효과로 만들어진 문자의 그룹인 'Group 1 copy' 그룹도 '>' 아이콘을 클릭하여 하위 레이어를 표시하고 5개의 문자 레이어를 선택합니다. 옵션바에서 '위쪽 가장자리 맞춤' 아이콘(▛)을 클릭하여 상단을 기준으로 문자 레이어를 정렬합니다.

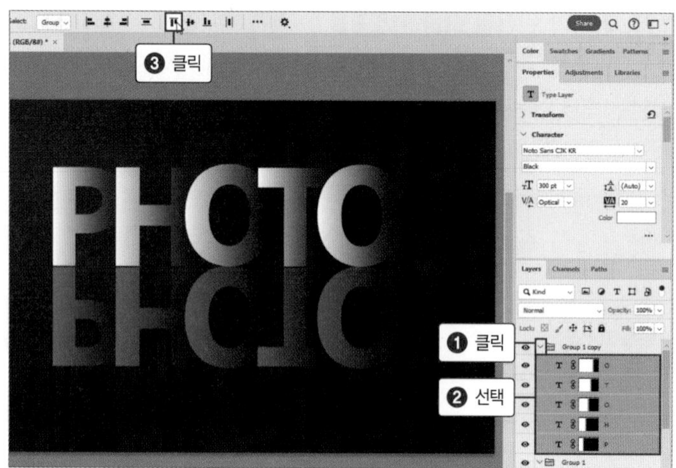

19 정렬이 완료되면 그림과 같이 문자와 그림자로 투영된 부분이 정확하게 일치됩니다. 그림자가 멀어질수록 흐릿해지도록 만들기 위해 'Group 1 copy' 그룹을 선택하고 'Add layer mask' 아이콘(◘)을 클릭하여 레이어 마스크를 적용합니다.

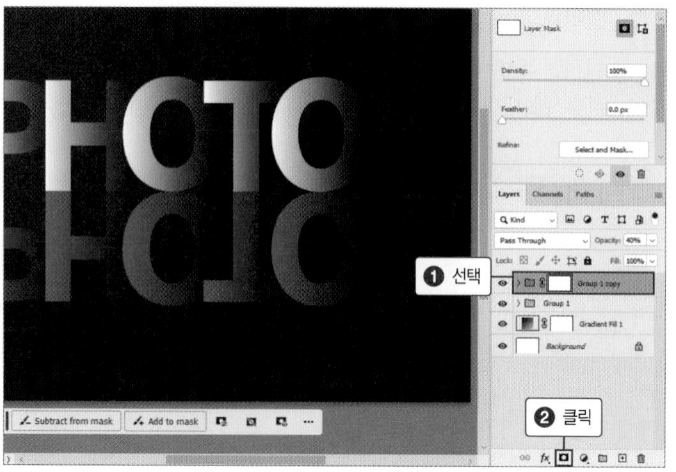

NOTE

살짝 띄우고 그림자를 2개로 만들어서 두께감 있는 유리를 표현할 수도 있습니다.

20 Tools 패널에서 그레이디언트 도구(■)를 선택하고 그림자가 시작하는 부분부터 문자의 끝부분까지 드래그하여 멀어질수록 자연스럽게 문자가 흐려지는 것을 표현합니다.

21 문자에 다른 색상을 적용하려면 각각의 레이어에 텍스트를 수정하거나, 그룹에 색을 지정하여 한 번에 변경하는 방법이 있습니다. 그룹에 색상을 적용하기 위해 Layers 패널에서 'Group 1' 그룹을 선택하고 'Add a adjustments layer' 아이콘(◙)을 클릭한 다음 'Solid Color'를 선택합니다.

22 Color Picker 대화상자가 표시되면 #에 '00F0FF'를 입력하여 색상을 하늘색으로 지정하고 <OK> 버튼을 클릭합니다.

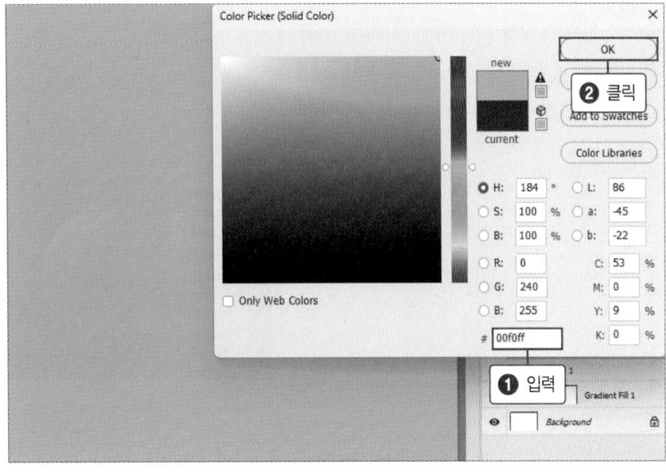

9 레이어로 활용하는 포토샵

23 보정 레이어가 별도의 레이어로 생성되었습니다. Alt를 누른 상태로 보정 레이어와 그룹 사이를 클릭하여 클리핑 마스크로 만듭니다. 보정 레이어가 문자에만 적용됩니다.

24 같은 방법으로 Layers 패널에서 그림자가 있는 'Group 1 copy' 그룹을 선택하고 'Add a adjustments layer' 아이콘(◙)을 클릭한 다음 'Solid Color'를 선택합니다.

25 Color Picker 대화상자가 표시되면 #에 '00F0FF'를 입력하여 색상을 짙은 청록색으로 지정하고 <OK> 버튼을 클릭합니다.

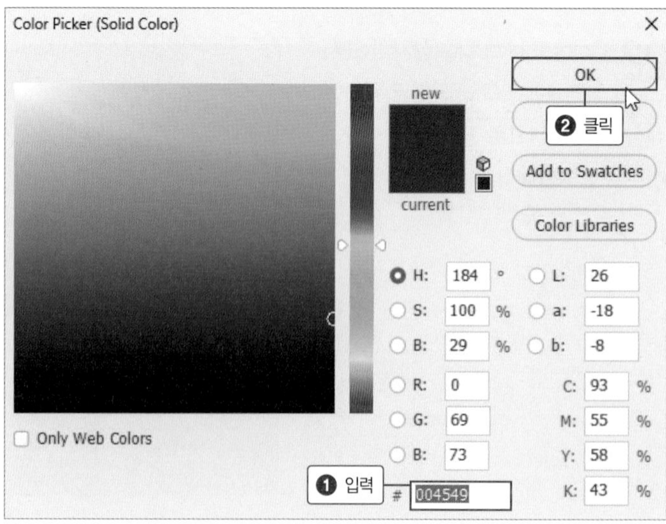

26 클리핑 마스크를 적용하기 위해 Alt를 누른 상태로 보정 레이어와 그림자 레이어 그룹 사이를 클릭하여 보정 레이어의 색상을 적용합니다.

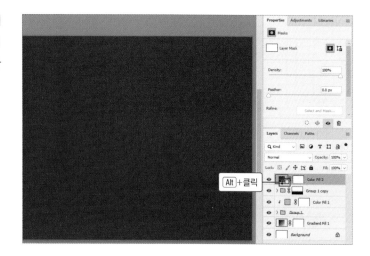

27 레이어 마스크의 보정 레이어에 적용된 색상을 변경하기 위해 보정 레이어의 섬네일 부분을 클릭합니다. Color Picker 대화상자가 표시되면 #에 '00F0FF'를 입력하여 색상을 지정하고 <OK> 버튼을 클릭합니다.

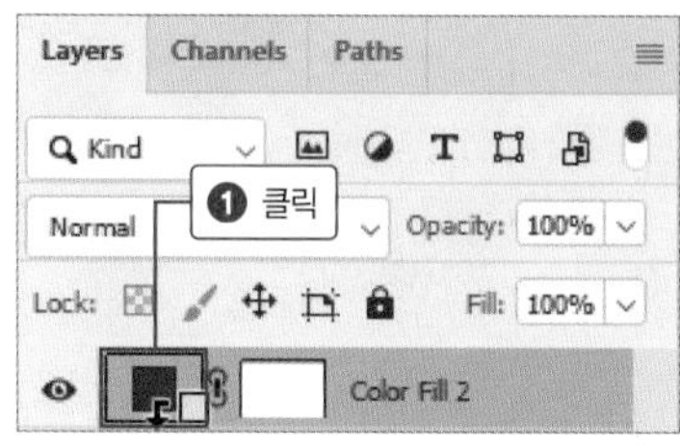

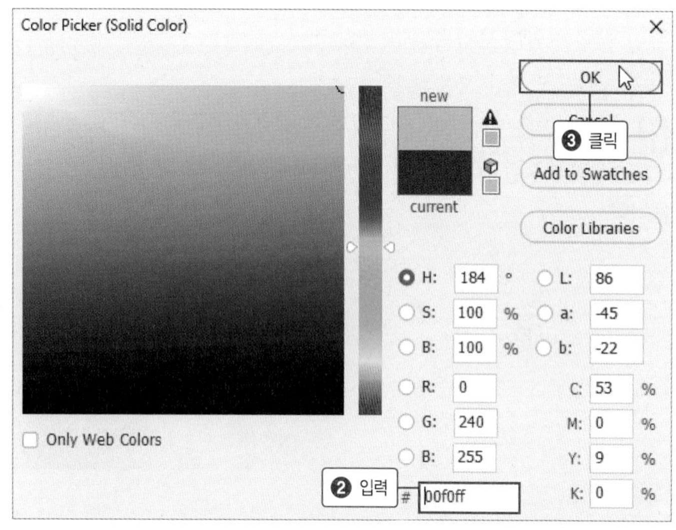

28 텍스트 디자인을 완성하였습니다. 보정 레이어의 색상은 수시로 간단하게 변경 가능하며, 텍스트를 간단하게 투명되거나 그림자 효과를 이용하여 입체감 있는 형태로 만들 수 있습니다.

실습 예제 03

9.4 레이어 스타일을 활용한 텍스트 이미지 합성하기

• **예제 파일** : 09\텍스트효과.jpg • **완성 파일** : 09\텍스트효과_완성.psd

포토샵에서는 흔히 '누끼'라 불리는 배경 제거 작업을 많이 활용하며, 자동 배경 제거 기능도 제공합니다. 생성형 AI 기술의 발달로 더욱 빠르고 정확한 배경 제거가 가능해졌고, 배경을 지운 이미지는 레이어 스타일과 마스크 기능을 통해 광고 등의 이미지 합성에 유용하게 사용할 수 있습니다. 이를 활용한 이미지 합성 방법을 알아보겠습니다.

01 Ctrl+O를 눌러 09 폴더에서 '텍스트효과.jpg' 파일을 불러옵니다.

02 Layers 패널의 'Background' 레이어에서 오른쪽 마우스 버튼을 클릭한 다음 Duplicate Layer를 실행하여 레이어를 복제합니다.

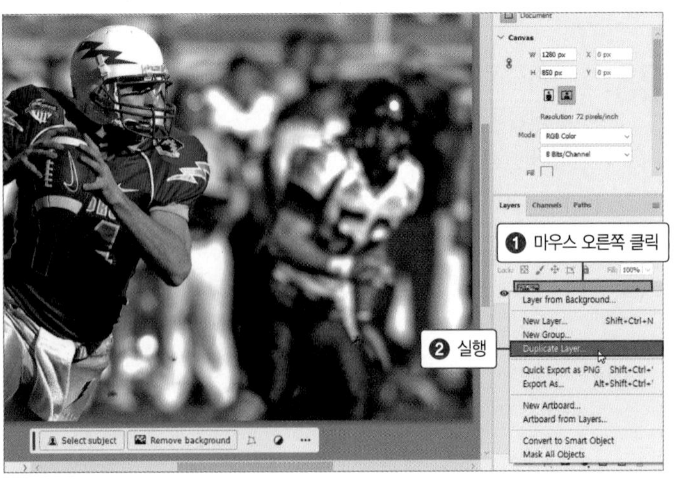

NOTE

Ctrl+J를 눌러도 선택한 레이어를 복제할 수 있습니다.

03 Duplicate Layer 대화상자가 표시되면 As에 '미식축구'를 입력하고 <OK> 버튼을 클릭합니다.

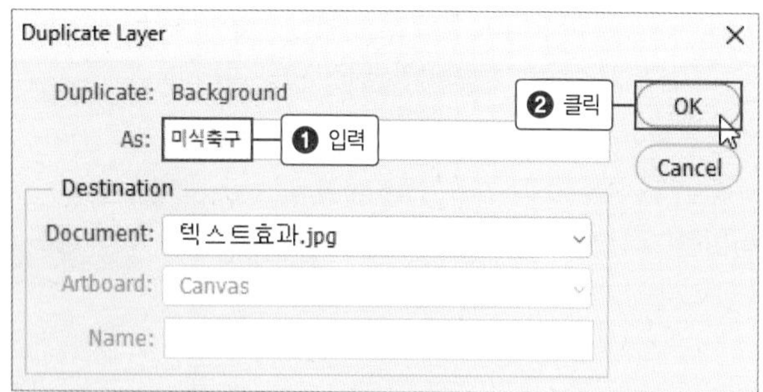

04 Layers 패널에 '미식축구'라는 이름으로 레이어가 생성됩니다. '미식축구' 레이어를 선택하고 Properties 패널에서 Quick Actions 속성의 <Remove Background> 버튼을 클릭하여 배경을 지웁니다.

NOTE

명령 표시줄의 <Remove Background> 버튼을 클릭해도 동일한 효과를 얻을 수 있습니다.

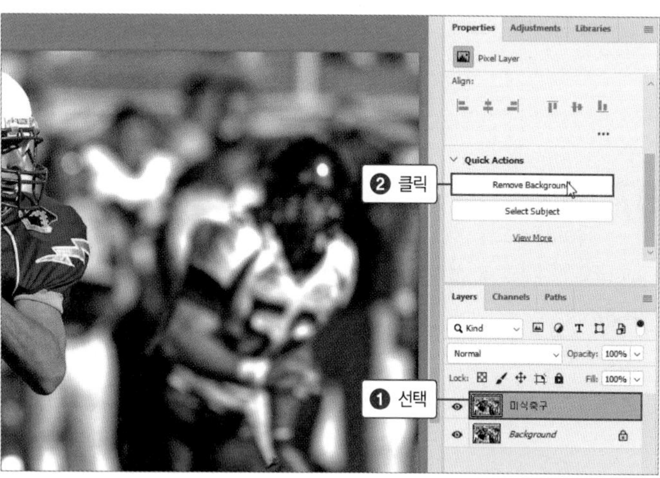

05 'Background' 레이어의 '눈' 아이콘(👁)을 클릭하여 보기 옵션을 해제합니다. 복잡한 배경이 정확도 높게 삭제된 것을 확인할 수 있습니다.

9

레이어로 활용하는 포토샵

06 배경을 확장하여 문자를 입력하고 스타일을 적용하겠습니다. 배경을 확장하기 위해 메뉴에서 [Image] → Canvas Size(Ctrl+Alt+C)를 실행합니다.

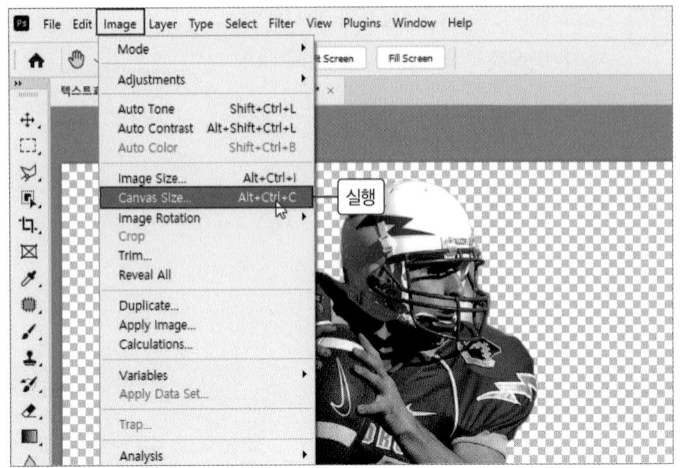

07 Canvas Size 대화상자가 표시되면 'Relative'를 체크 표시하고 Width와 Height를 '200px'로 설정한 다음 <OK> 버튼을 클릭합니다.

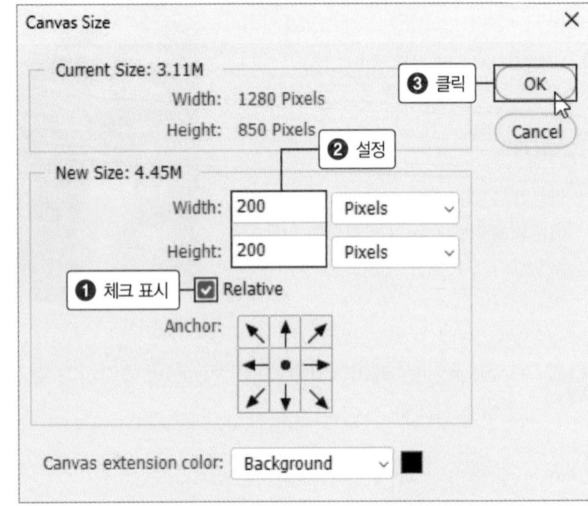

Relative를 체크 표시했을 때, 현재 문서를 기준으로 입력된 크기만큼 문서가 확장됩니다.

08 200px으로 설정했기 때문에 상하좌우 모두 100px씩 늘어난 것을 확인할 수 있습니다. Layers 패널에서 'Background' 레이어를 선택합니다.

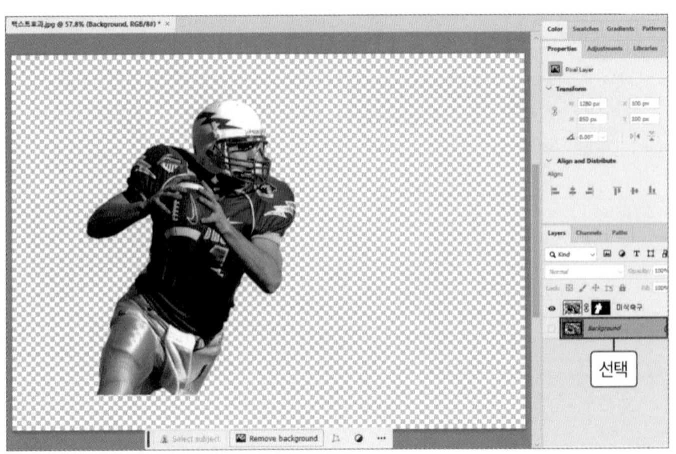

09 Tools 패널에서 문자 입력 도구(T)를 선택하고 캔버스를 클릭하여 'SPORTS'를 입력한 다음 그림과 같이 텍스트를 이미지 하단에 맞춰 배치합니다. Properties 패널에서 글꼴 스타일을 'Impact', 글꼴 크기를 '500pt', VA를 '-25', 장평을 '130%', 색상을 '검은색'으로 지정합니다.

10 Layers 패널에서 입력한 문자 레이어를 선택하고 'Add layer style' 아이콘(fx)을 클릭한 다음 'Gradient Overlay'를 선택합니다.

11 Layer Style 대화상자가 표시되면 Gradient의 색상 상자를 클릭하여 표시되는 메뉴에서 Blue 그룹의 'Blue_18'을 선택합니다.

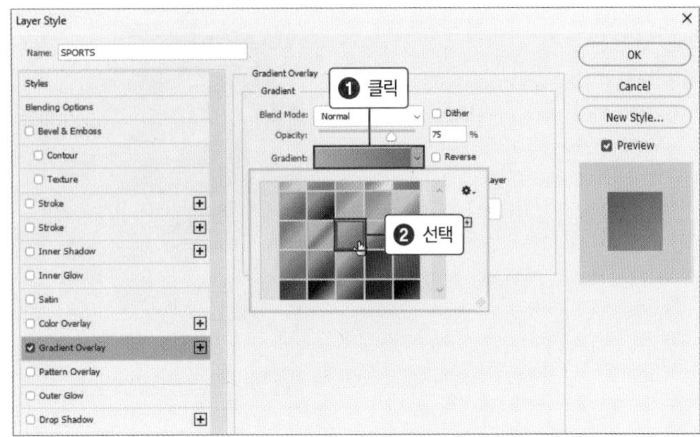

12 Layer style Blend Mode를 'Normal', Opacity를 '75%', Style을 'Linear', Angle을 '90', Scale을 '100%'로 설정하고 <OK> 버튼을 클릭합니다.

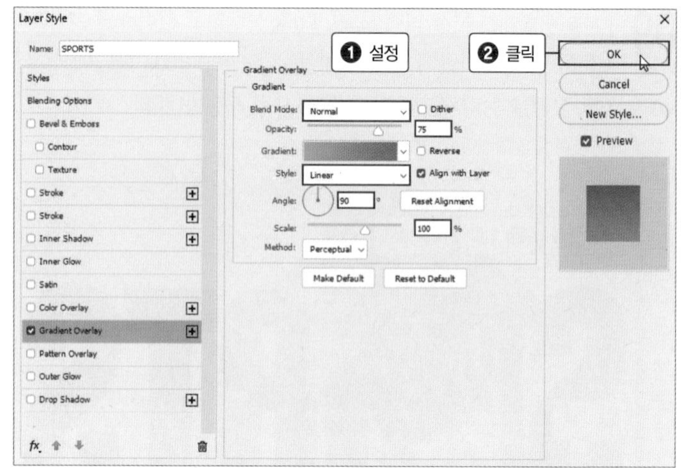

13 검은색 글자에 설정된 그레이디언트가 적용됩니다. 글자 레이어 자체에는 그레이디언트 적용이 어려우므로 이렇게 레이어 스타일 또는 보정 레이어 등을 활용하여 그레이디언트를 적용할 수 있습니다.

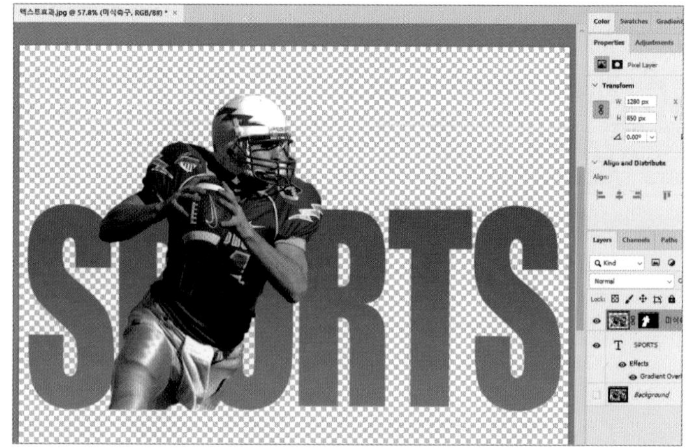

14 레이어를 복제하기 위해 Layers 패널에서 '미식축구' 레이어가 선택된 상태로 Ctrl+J를 누릅니다.

15 복제된 '미식축구 copy' 레이어의 '눈' 아이콘(👁)을 클릭하여 보이지 않게 설정하고 '미식축구' 레이어를 선택합니다. 글자 부분을 선택 영역으로 지정하기 위해 Ctrl을 누른 상태로 'SPORTS' 레이어의 섬네일을 클릭합니다.

16 선택 영역을 반전시키기 위해 작업 표시줄에서 'Inverse Select' 아이콘(◨)을 클릭합니다.

17 선택 영역이 반전되면 Layers 패널에서 '미식축구' 레이어의 레이어 마스크를 클릭합니다. 배경색이 검은색으로 지정되어 있는 것을 확인하고 Ctrl+Delete를 누릅니다. 문자 부분을 제외하고 마스크 효과를 이용해 인물이 제거되었습니다.

18 선택 영역을 해제하기 위해 작업 표시줄에서 <Deselect> 버튼을 클릭합니다.

> **NOTE**
>
> Ctrl+D를 눌러 해제할 수도 있습니다.

19 Layers 패널에서 '미식축구 copy' 레이어의 마스크를 선택하고 마우스 오른쪽 버튼을 클릭한 다음 Apply Layer Mask를 실행합니다.

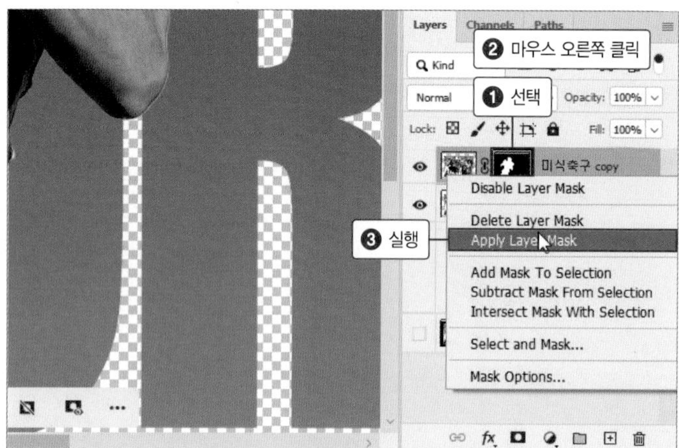

20 레이어 마스크가 사라지면서 마스크 영역을 제외한 부분이 삭제됩니다. 다시 레이어 마스크를 추가하기 위해 Layers 패널에서 'Add layer mask' 아이콘(◘)을 클릭합니다.

21 Tools 패널에서 그레이디언트 도구(▦)를 선택하고 글자 O 상단에서부터 선수의 유니폼의 번호 4 상단까지 드래그합니다. 레이어 마스크에 그레이디언트가 생성되어 아래로 내려오면서 흐릿하게 사라집니다.

22 왼쪽 팔 부분도 삭제하여 문자 모양을 살려주기 위해 Tools 패널에서 사각형 선택 윤곽 도구(⬚)를 선택하고 그림과 같이 드래그하여 선택 영역을 지정한 다음 Delete를 눌러서 삭제합니다. 삭제가 완료되면 선택 영역을 해제하기 위해 작업 표시줄에서 <Deselect> 버튼을 클릭합니다.

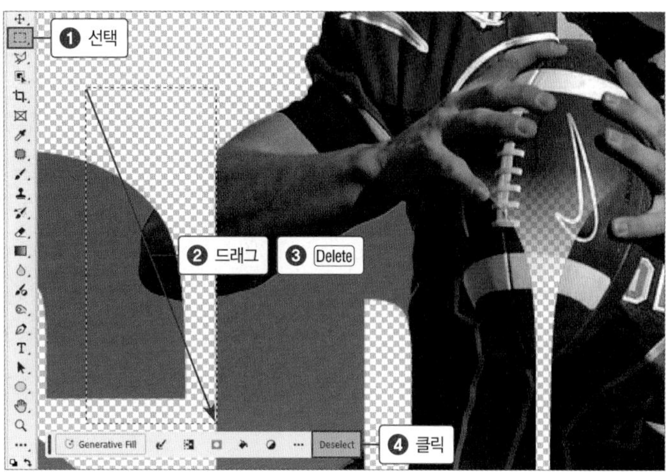

23 그레이디언트가 적용되어 문자 모양이 유지된 상태에서 미식축구 선수가 합성되었습니다.

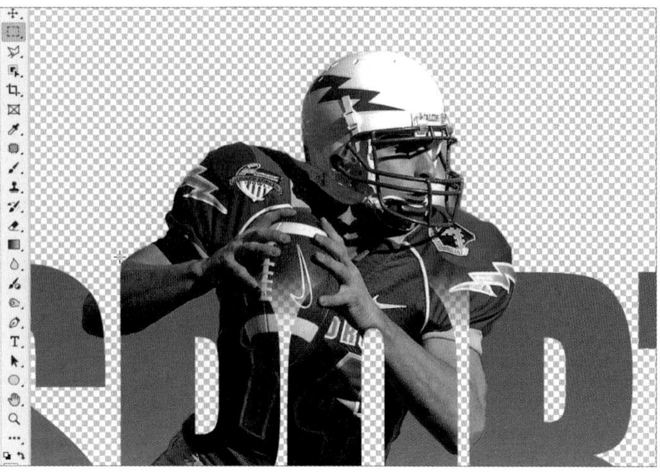

9 레이어로 활용하는 포토샵

24 레이어가 배경 상태면 레이어 스타일 적용이 불가능하기 때문에 레이어 스타일을 적용하려면 일반 레이어로 변경해야 합니다. Layers 패널에서 'Background' 레이어를 더블클릭하고 New Layer 대화상자가 표시되면 <OK> 버튼을 클릭합니다.

25 배경에 스타일을 적용하기 위해 Layers 패널에서 'Add layer style' 아이콘(fx)을 클릭하고 'Gradient Overlay'를 선택합니다.

26 Layer Style 대화상자가 표시되면 Blend Mode를 'Normal', Opacity를 '100%', Gradient를 'Red_03', Style을 'Linear', Angle을 '90', Scale을 '30%'로 설정하고 <OK> 버튼을 클릭합니다. 그레이디언트가 위로 올라가는 형태로 적용됩니다.

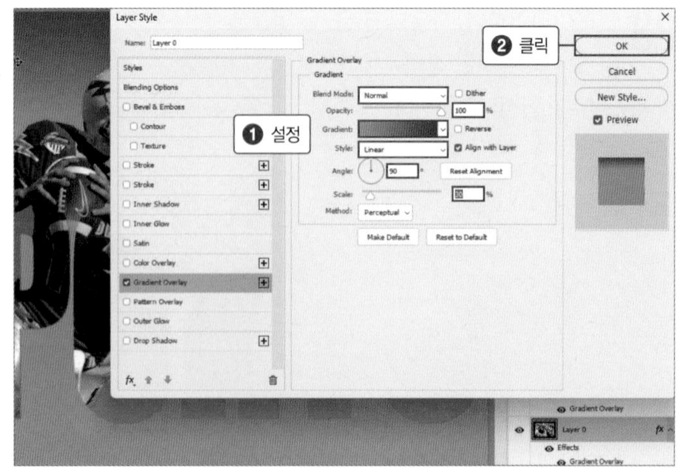

27 Layers 패널에서 문자 레이어 아래의 'Effects'를 더블클릭합니다.

28 Layer Style 대화상자가 표시되면 'Drop Shadow'를 선택하고 Blend Mode를 'Normal', Opacity를 '50%', Angle을 '90', Distance를 '10px', Spread를 '10%', Size를 '20px'로 설정한 다음 <OK> 버튼을 클릭합니다.

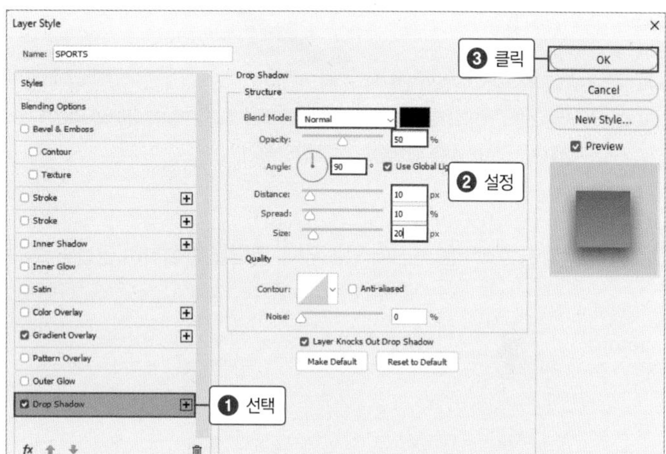

29 텍스트와 레이어 스타일과 마스크를 활용한 이미지 합성을 완성하였습니다.

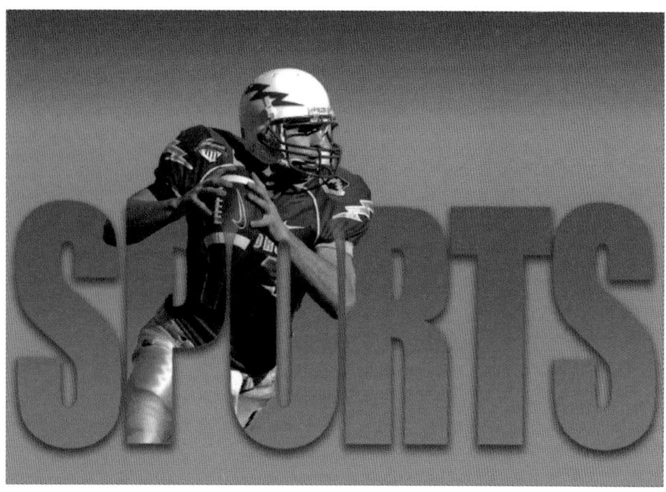

연습 문제 | 사진 합성 응용하기

01 텍스트를 합성하여 광고 등에 활용할 수 있게 만들어 보세요.

• **예제 및 완성 파일** : 09\소스1.jpg, 연습문제1.psd

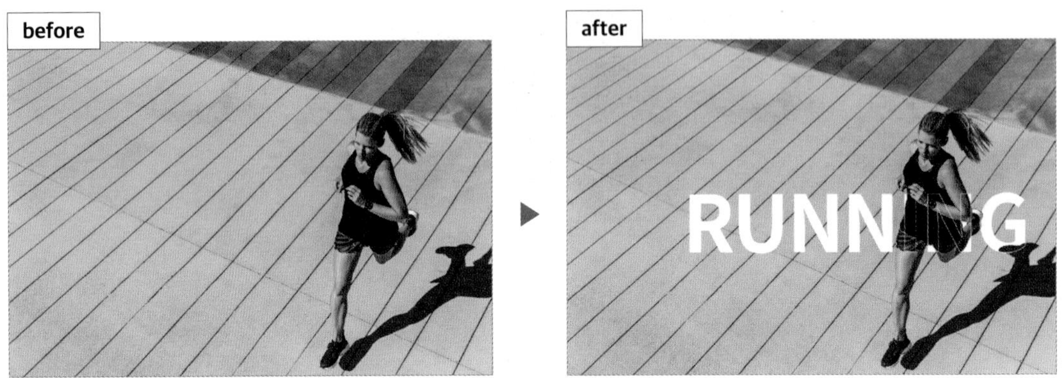

HINT 사람 선택 영역으로 지정하기 → 동일한 텍스트를 사람의 아래와 위로 각각 입력하기 → 위쪽 텍스트 레이어의 Fill을 '0%'로 설정하기 → Stroke를 이용하여 선을 설정하기

02 컵과 같이 자연스러운 곡선이 있는 면에 패턴을 합성하여 만들어 보세요.

• **예제 및 완성 파일** : 09\소스2~3.jpg, 연습문제2.psd

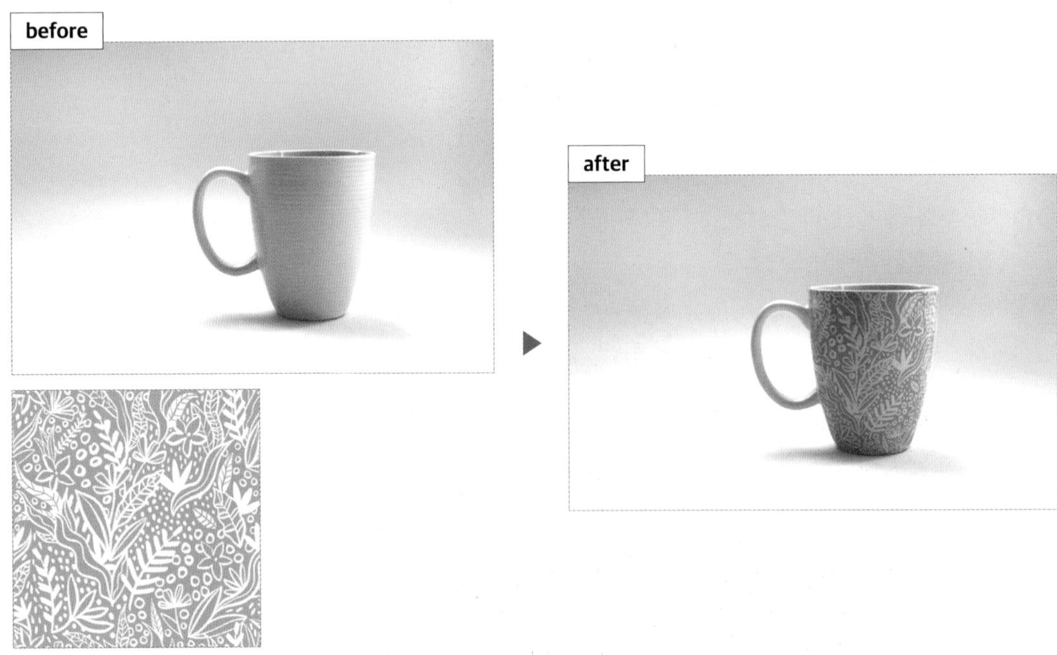

HINT 자유 변형으로 컵 모양을 고려하여 크기 조정하기 → Warp 기능으로 무늬를 컵 모양에 맞춰 변형하기 → 블렌딩 모드 이용하기

WEEK 10

포토샵에서 활용하는 벡터와 문자

학 습 목 표

일러스트레이터의 핵심 기능인 패스를 포토샵에서도 사용할 수 있습니다. 최근 생성형 AI의 발전으로 포토샵에서 패스 사용 빈도가 줄어들었지만, 포토샵과 일러스트레이터의 연계 작업이 수월하며 패스는 여전히 고급 기능 구현에 유용합니다. 이번 장을 통해 고급 작업을 위한 필수 과정인 패스 활용법을 익혀보겠습니다.

10.1 포토샵의 벡터 형태 이미지 알아보기

포토샵은 픽셀 기반의 비트맵 이미지 편집 프로그램이지만, 일러스트레이터처럼 벡터 기반의 패스를 생성할 수 있는 펜 및 모양 도구와 관련 기능도 제공합니다. 벡터는 해상도나 크기에 영향을 받지 않는다는 장점이 있지만, 자연스럽고 부드러운 색상 혼합에는 한계가 있을 수 있습니다. 일러스트레이터가 비트맵 이미지 처리가 제한적인 것에 반해, 포토샵은 기본적인 벡터 기능을 포함해 비트맵과 패스를 조합할 수 있어 비트맵과 패스를 활용하는 작업이 용이합니다.

펜 도구

펜 도구는 기본적으로 6개를 제공하며, 벡터 형태의 패스를 만들 때 사용하고 앵커 포인트를 추가하거나 앵커 포인트 방향선을 조정할 수 있습니다. 펜 도구는 초심자들이 사용하기 어려워하는 도구 중 하나로, 많은 연습이 필요합니다.

❶ **펜 도구(Pen Tool)**: 패스를 생성할 때 사용하며 클릭하면 앵커 포인트가 추가됩니다. 앵커 포인트는 연결하는 직선이 그려지며 패스를 그릴 때 앵커 포인트를 생성하면서 드래그하면 방향선이 생기면서 곡선으로 만들 수 있습니다.

❷ **자유 형태 펜 도구(Freeform Pen Tool)**: 드래그하는 궤적을 따라서 앵커 포인트가 추가되면서 패스가 생성됩니다. 정밀도는 떨어지지만 빠르게 패스를 만들 수 있습니다.

❸ **곡률 펜 도구(Curvature Pen Tool)**: 부드러운 곡선과 직선 형태의 패스를 쉽게 만들 수 있습니다.

❹ **앵커 포인트 추가 도구(Add Anchor Point Tool)**: 패스에 앵커 포인트를 추가합니다.

❺ **앵커 포인트 삭제 도구(Delete Anchor Point Tool)**: 패스에 생성된 앵커 포인트를 삭제합니다.

❻ **앵커 포인트 변환 도구(Convert Point Tool)**: 앵커 포인트를 클릭하면 곡선을 만들기 위해 생성된 방향선이 제거되며 직선 형태로 변경되며 앵커 포인트를 드래그하면 방향선이 추가되어 직선이 곡선으로 변환됩니다.

모양 만들기 도구

모양 만들기 도구는 기본적으로 여러 가지 기하학적 모양을 제공하며, 벡터 방식으로 작업하여 해상도에 영향을 받지 않는 선명한 그래픽을 만들 수 있습니다. 이 도구를 사용하면 직사각형, 원, 다각형 등 다양한 모양을 쉽게 생성하고, 각 모양의 크기와 비율을 자유롭게 조정할 수 있습니다.

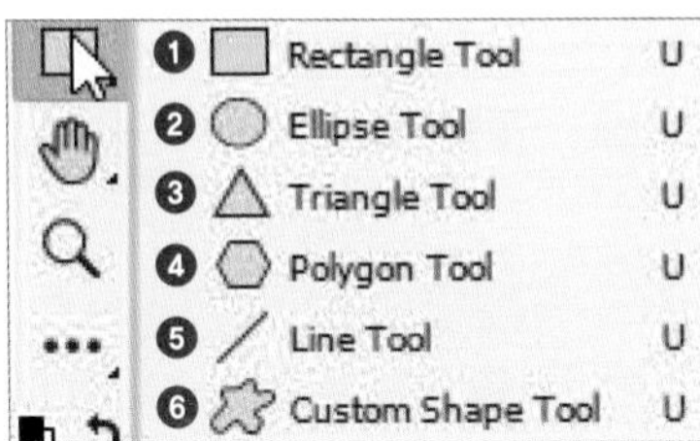

❶ **사각형 도구(Rectangle Tool)**: 사각형 모양으로 된 패스를 만듭니다.

❷ **타원 도구(Ellipse Tool)**: 원형 모양으로 된 패스를 만듭니다.

❸ **삼각형 도구(Triangle Tool)**: 삼각형 모양으로 된 패스를 만듭니다.

❹ **다각형 도구(Polygon Tool)**: 다각형 모양으로 된 패스를 만듭니다.

❺ **선 도구(Line Tool)**: 선 모양으로 된 패스를 만듭니다.

❻ **사용자 정의 모양 도구(Custom Shape Tool)**: 사용자 정의로 만들어진 모양으로 된 패스를 만듭니다.

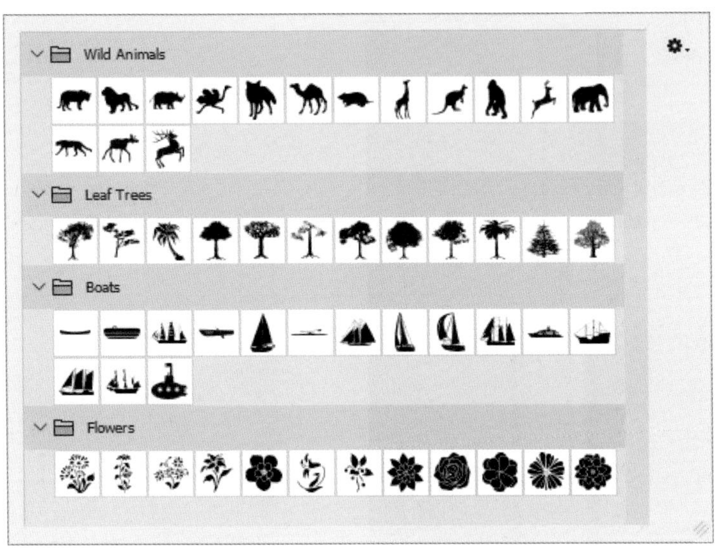

NOTE

사용자 정의 모양 도구는 상단 옵션바에서 모양을 선택할 수 있습니다. 또한, 모양을 선택할 수 있는 메뉴에서 톱니바퀴 모양의 아이콘을 클릭하여 보기 형태를 사용자에 맞게 변경할 수 있고, 기본 모양 외에도 추가 모양이 필요하다면 원하는 모양을 업로드해 가져올 수 있습니다.

10.2 실습 예제 01 스마트 오브젝트 기능으로 자연스러운 이미지 합성하기

• **예제 파일** : 10\book.jpg, LEFT.jpg, RIGHT.jpg • **완성 파일** : 10\book_완성.psd

셰이프 도구와 Warp 기능을 이용하면 곡면이 있는 사물에 자연스럽게 이미지를 합성할 수 있습니다. 이 방법은 이미지를 직접 수정하지 않기 때문에 언제든지 편집이 용이하며, 스마트 오브젝트 기능을 사용하면 특정 부분만 수정할 수도 있어 편리합니다.

인물과 배경을 나누어 레이어 정리하기

01 Ctrl+O를 눌러 10 폴더에서 'book.jpg', 'LEFT.jpg', 'RIGHT.jpg' 파일을 불러옵니다. 그림과 같이 현재 문서는 'book.jpg'가 표시되게 합니다.

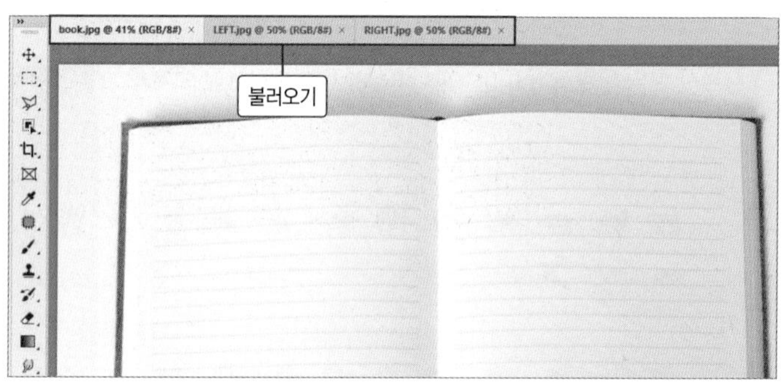

02 책의 왼쪽 부분에 사각형을 그리기 위해 Tools 패널에서 사각형 도구(□)를 선택하고 캔버스를 클릭합니다. Create Rectangle 대화상자가 표시되면 Width를 '800px', Height를 '1200px', Radii를 모두 '0'으로 설정하고 <OK> 버튼을 클릭합니다.

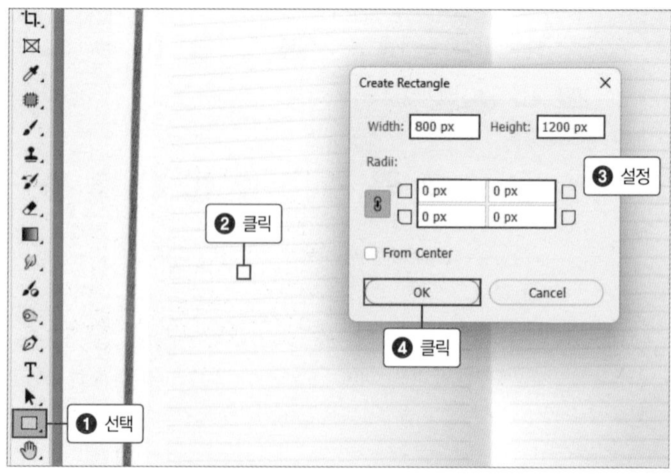

03 Tools 패널에서 이동 도구(✥)를 선택하고 그려진 사각형을 책의 왼쪽 페이지 쪽으로 이동합니다. Layers 패널에서 Opacity를 '50%'로 설정하여 반투명하게 만들고 레이어 이름을 '왼쪽페이지'로 변경합니다.

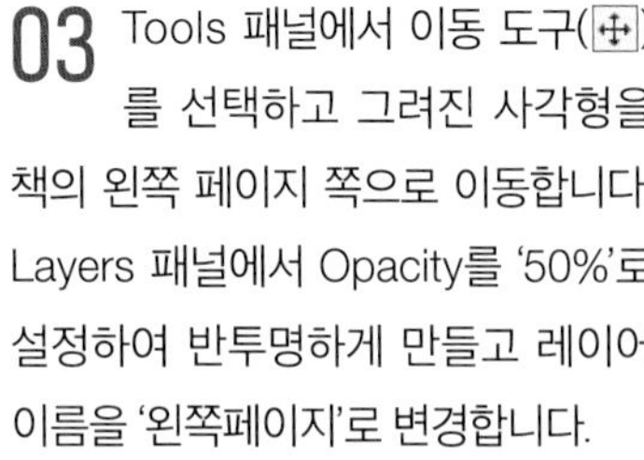

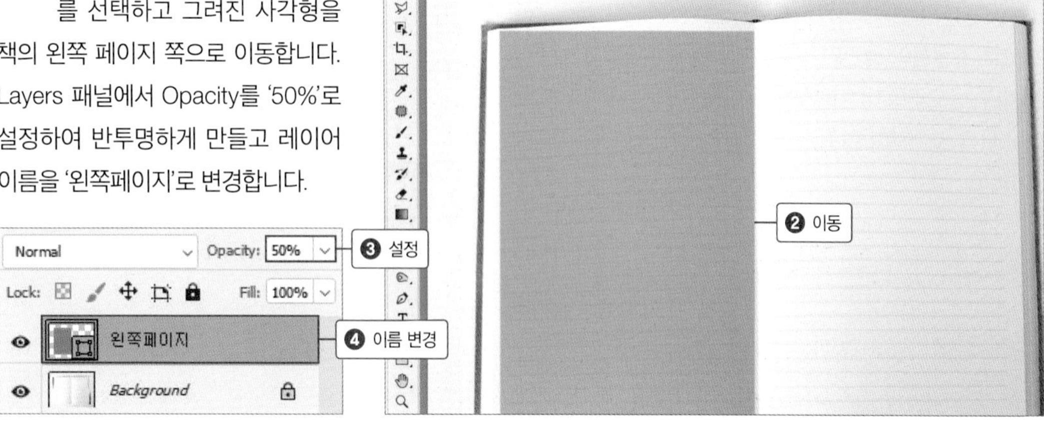

04 이동 도구(✥)가 선택된 상태로 Alt를 누른 채 사각형을 오른쪽으로 드래그하여 복제합니다. 그림과 같이 오른쪽 페이지 위치에 배치하고 복제한 레이어 이름을 '오른쪽페이지'로 변경합니다.

05 '왼쪽페이지' 레이어에서 마우스 오른쪽 버튼을 클릭한 다음 Convert to Smart Object를 실행합니다.

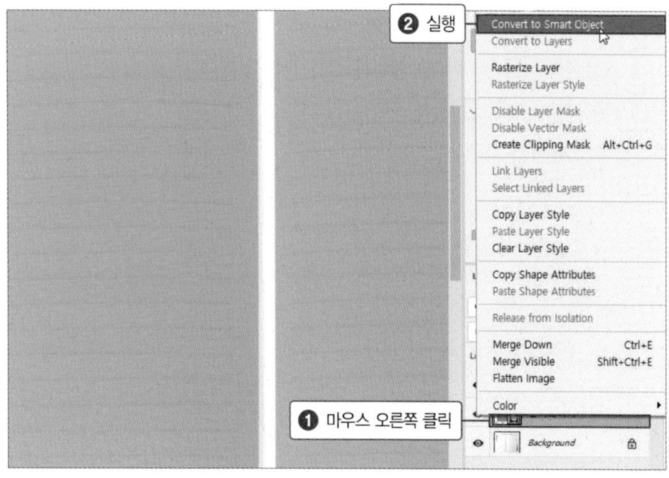

06

Ctrl+T를 눌러 자유 변형 기능을 활성화합니다. 셰이프 주변으로 조절점이 생기면 셰이프 안에서 마우스 오른쪽 버튼을 클릭한 다음 Distort를 실행하여 변형 기능을 활성화합니다.

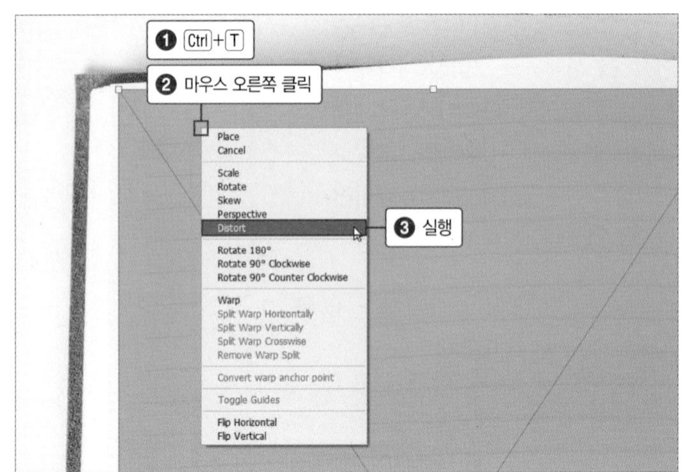

07

각 모서리에 있는 조절점이 책의 왼쪽 페이지에 일치하도록 위치를 조정합니다. 4개의 조절점 배치가 끝나면 마우스 오른쪽 버튼을 클릭한 다음 Warp를 실행합니다.

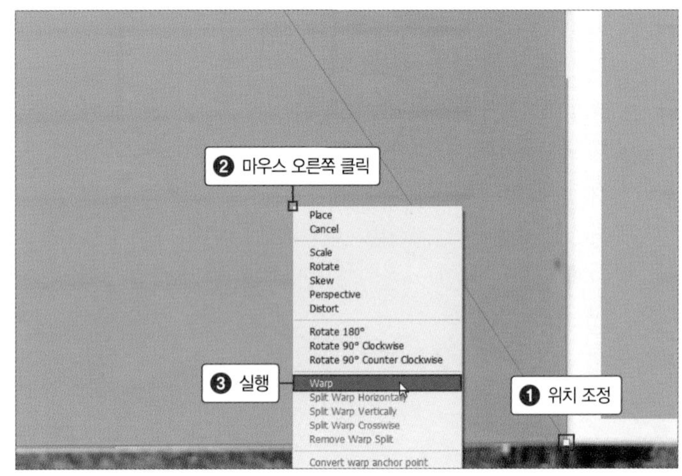

08

각 조절점에 방향선과 방향점이 생성됩니다. 4개의 방향점을 각각 드래그하여 책의 왼쪽 페이지 모양에 맞게 일치시킵니다.

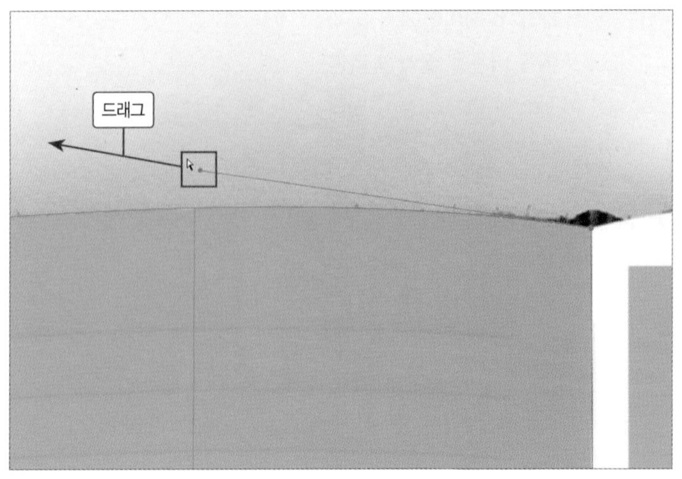

09 Layers 패널에서 '오른쪽페이지' 레이어를 선택하고 Tools 패널에서 패스 선택 도구(▶)를 선택합니다. 옵션바에서 Fill의 색상 상자를 클릭하고 표시되는 메뉴에서 원하는 색상을 선택해 변경합니다. 색상은 결과물에 영향을 주지 않기 때문에 자유롭게 색을 선택하면 됩니다.

10 Layers 패널의 '오른쪽페이지' 레이어에서 마우스 오른쪽 버튼을 클릭한 다음 Convert to Smart Object를 실행합니다.

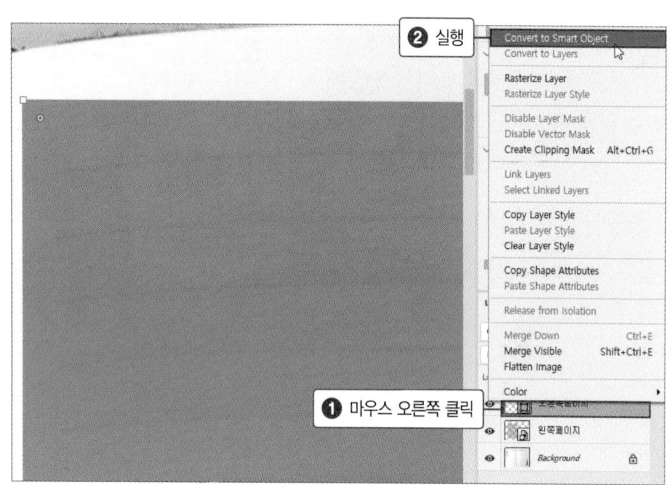

11 Ctrl+T를 눌러 자유 변형 기능을 활성화합니다. 셰이프 주변으로 조절점이 생기면 셰이프 안에서 마우스 오른쪽 버튼을 클릭한 다음 Distort를 실행합니다.

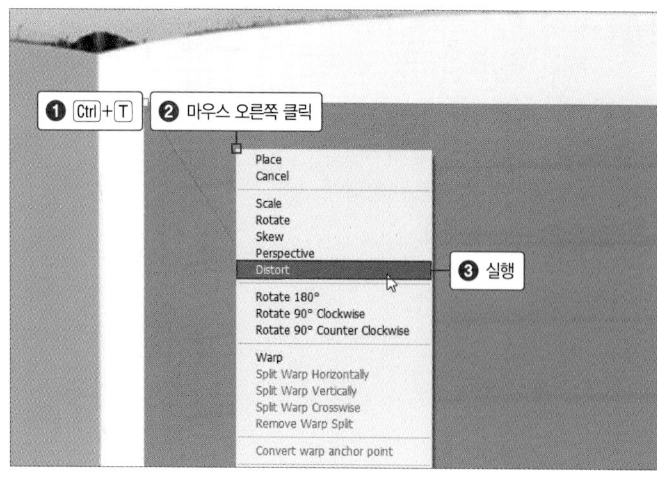

12 변형 기능이 활성화되면 왼쪽 페이지와 같은 방법으로 페이지의 각 모서리를 오른쪽 페이지의 모양에 맞춰서 끝부분을 일치시킵니다. 4개의 조절점 배치가 끝나면 마우스 오른쪽 버튼을 클릭한 다음 Warp를 실행합니다.

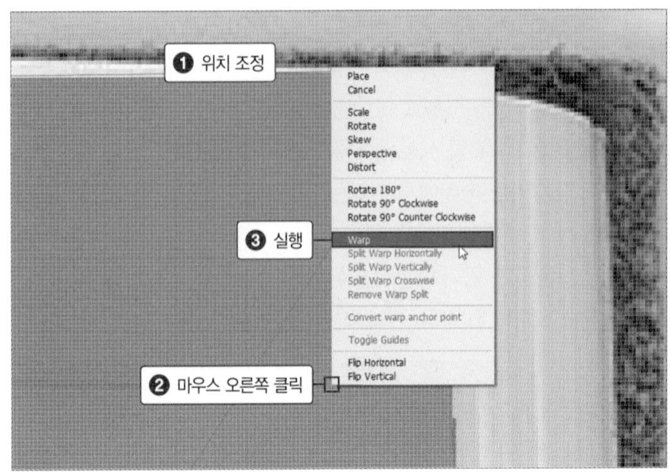

13 4개의 방향점을 각각 드래그하여 책의 오른쪽 페이지 모양에 맞게 일치시킵니다.

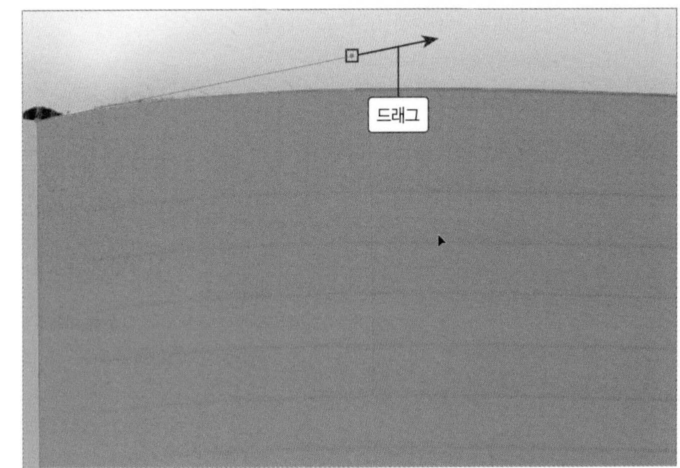

14 그림과 같이 곡면에 맞춰 페이지가 구성됩니다. 사진을 붙여넣을 경우 평면으로 복사되지만, Warp와 스마트 오브젝트를 활용하면 자연스럽게 곡면이나 변형된 형태에 맞춰 붙여넣을 수 있습니다.

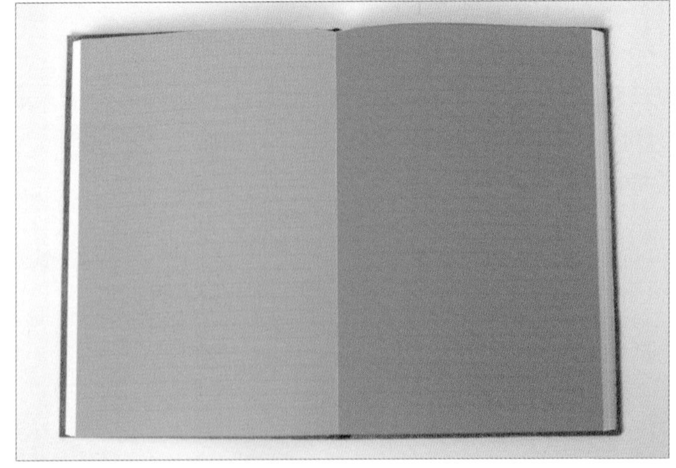

스마트 오브젝트에 이미지 삽입하기

01 왼쪽 페이지에 이미지를 추가하기 위해 Layers 패널에서 '왼쪽 페이지' 레이어의 섬네일을 더블클릭합니다. '왼쪽페이지' 레이어에 속한 셰이프가 새로운 문서로 열리면서 레이어명과 PSD 확장자로 생성됩니다. Layers 패널을 확인하면 패스 상태인 것을 확인할 수 있습니다.

02 (문서) 탭에서 'LEFT.jpg' 문서를 선택하고 Ctrl+A를 눌러 전체 선택하고 Ctrl+C를 눌러 클립보드에 복사합니다.

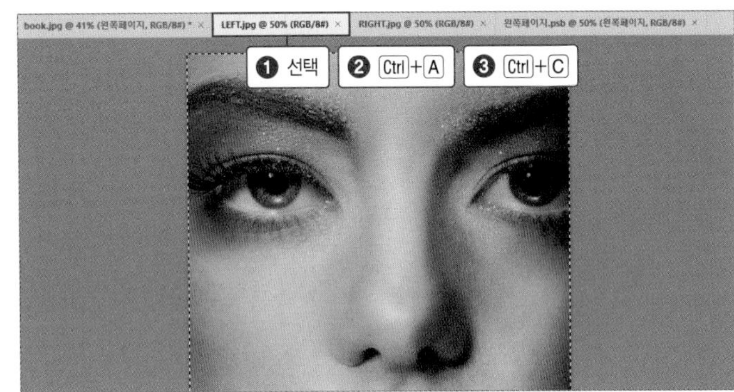

03 (문서) 탭에서 '왼쪽페이지.psb' 문서를 선택하고 Ctrl+V를 눌러 붙여넣기합니다. Layers 패널의 'Layer 1' 레이어에서 마우스 오른쪽 버튼을 클릭하고 Convert to Smart Object를 실행하여 스마트 오브젝트 레이어로 변경한 다음 Ctrl+S를 눌러 작업 중인 'book.jpg' 문서에 적용합니다.

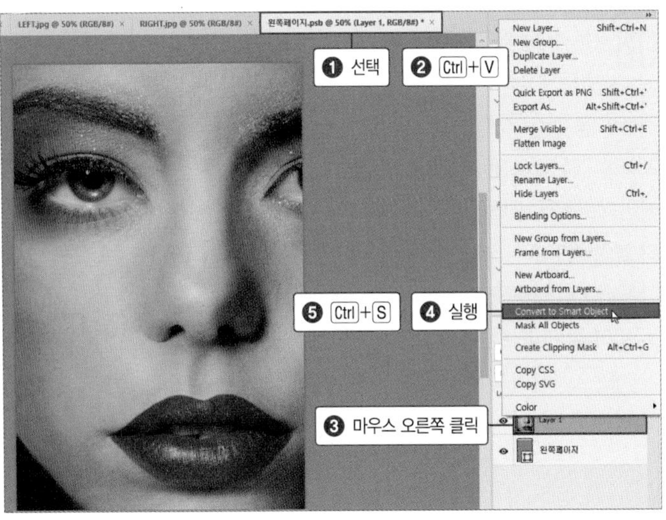

NOTE

크기 조정을 할 때 원본을 유지해야 하므로 이러한 과정을 거칩니다.

10

포토샵에서 활용하는 벡터와 문자

04 [문서] 탭에서 'book.jpg'를 선택합니다. 페이지의 변형이 크지 않아 눈에 확 띄지 않지만, 페이지의 곡면에 따라서 얼굴 사진이 왜곡되어 곡면 형태로 붙여넣어졌습니다. 오른쪽 페이지도 적용하기 위해 '오른쪽 페이지' 레이어의 섬네일을 더블클릭합니다.

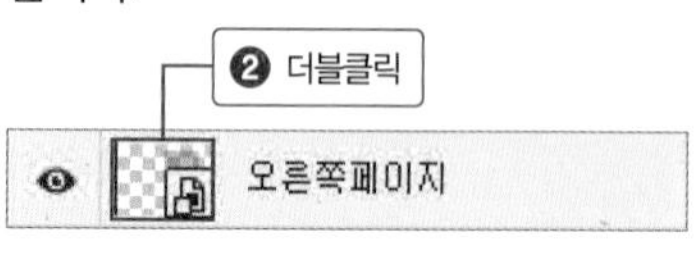

05 '오른쪽페이지.psb' 문서가 생성되었습니다. 오른쪽에 그렸던 셰이프의 모양과 색상이 적용된 것을 확인할 수 있습니다.

06 [문서] 탭에서 'RIGHT.jpg'를 선택하고 Ctrl+A를 눌러 전체 선택한 다음 Ctrl+C를 눌러 클립보드에 복사합니다. 다시 [문서] 탭에서 '오른쪽페이지.psb'를 선택하고 Ctrl+V를 눌러 붙여넣습니다. 크기 변형을 해야 한다면 스마트 오브젝트 레이어로 변경하는 것이 좋으나 오른쪽 페이지는 크기가 거의 일치하기 때문에 Ctrl+S를 눌러 저장합니다.

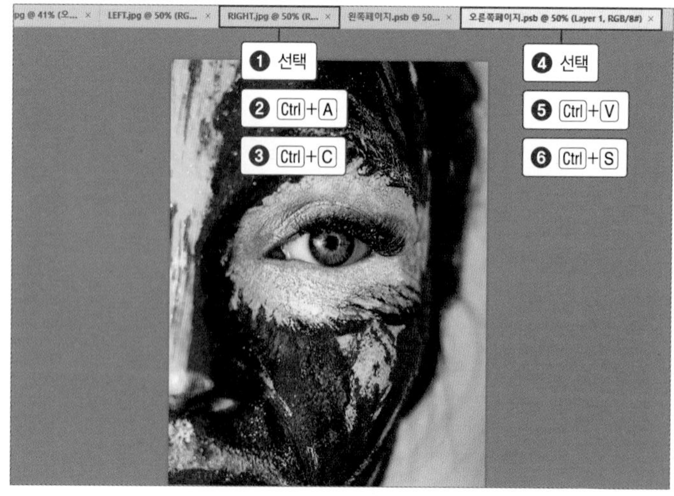

07 다시 〔문서〕 탭에서 '왼쪽페이지.psb'를 선택하고 Ctrl+T를 누릅니다. 좌우 비율이 변형되지 않은 상태로 모서리의 조절점을 드래그하여 얼굴 중심이 문서 중앙과 일치하도록 크기를 조정하고 Ctrl+S를 눌러 저장합니다.

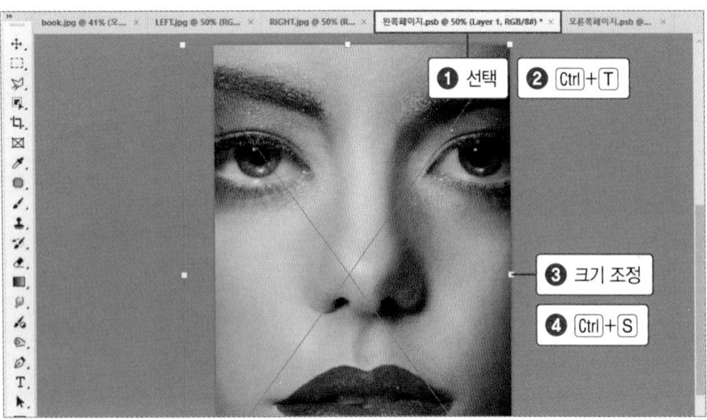

08 〔문서〕 탭에서 'book.jpg'를 선택하고 이미지를 살펴보면 좌우 페이지 모두 곡면에 맞춰서 자연스럽게 배치되었습니다. Layers 패널에서 Ctrl을 누른 상태로 '왼쪽페이지' 레이어의 섬네일을 클릭하여 선택 영역을 지정합니다. 스마트 오브젝트 레이어로 만들었기 때문에 수시로 크기나 이미지를 변경할 수 있습니다.

09 Layers 패널에서 'Create a new layer' 아이콘(⊞)을 클릭하여 새로운 레이어를 생성합니다. Tools 패널에서 브러시 도구(🖌)를 선택하고 옵션바에서 브러시를 'Soft Round', '500px'로 설정한 다음 Shift를 누른 상태로 왼쪽 페이지의 오른쪽 위에서 아래 방향으로 드래그하여 검은색을 칠합니다.

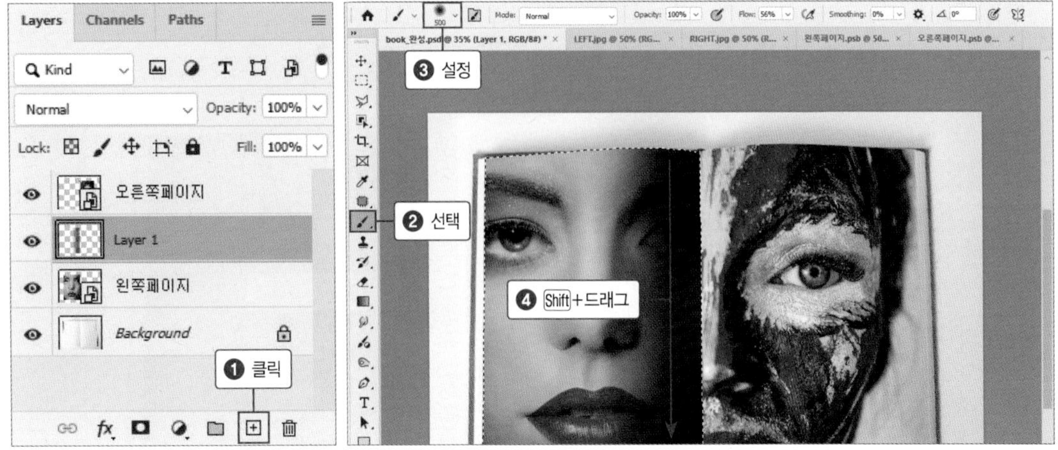

10 그림자처럼 자연스럽게 처리하기 위해 'Layer 1' 레이어의 Opacity를 '20%'로 설정하여 살짝 어두워지게 만듭니다.

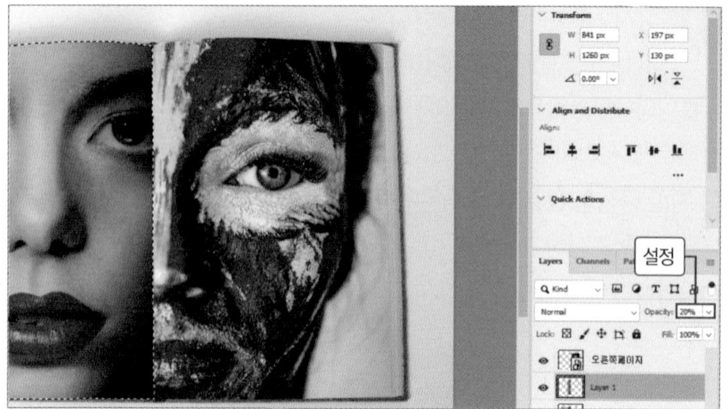

11 오른쪽 페이지도 명암을 표현하여 입체감을 더하기 위해 Ctrl를 누른 상태로 '오른쪽페이지' 레이어의 섬네일을 클릭하여 선택 영역으로 지정합니다.

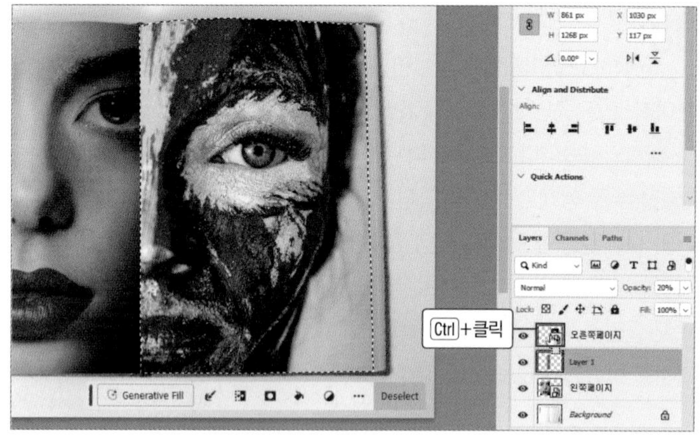

12 Layers 패널에서 'Create a new layer' 아이콘(⊞)을 클릭하여 새로운 레이어를 '오른쪽페이지' 레이어 위로 추가하고 브러시 크기를 '900px'로 설정한 다음 Shift를 누른 상태로 선택 영역의 오른쪽에 위에서 아래로 드래그하여 칠합니다.

13 Layers 패널에서 'Layer 2' 레이어의 Opacity를 '20%'로 설정하여 자연스럽게 페이지 끝부분이 어두워지게 만들고 'Create a new layer' 아이콘(⊞)을 클릭하여 새로운 레이어를 하나 더 추가합니다.

14 옵션바에서 브러시 크기를 '150px'로 설정하여 변경하고 Tools 패널에서 전경색을 '흰색'으로 지정한 다음 선택 영역 왼쪽 위에서 아래로 드래그하여 흰색을 칠합니다. Layers 패널에서 'Layer 3' 레이어의 Opacity를 '20%'로 설정하여 흰색과 검은색이 적용되게 만듭니다.

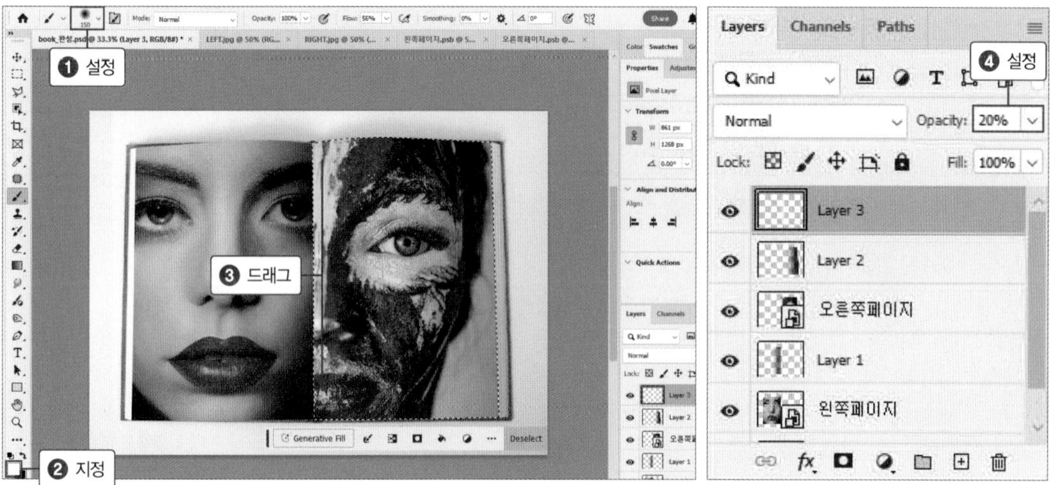

15 선택 영역을 해제하기 위해 작업 표시줄에서 <Deselect> 버튼을 클릭하거나 Ctrl+D를 눌러 선택 영역을 해제해 완성합니다.

10 포토샵에서 활용하는 벡터와 문자

10.3 실습 예제 02 셰이프를 활용한 브러시 만들기

• **완성 파일**: 10\브러시_완성.psd

포토샵에서는 직접 만든 형태를 브러시나 패턴으로 지정해 사용할 수 있습니다. 패턴은 반복적인 형태로 쓰는 것이 일반적이지만, 브러시는 다양한 응용이 가능해 활용 범위가 넓습니다. 지금부터 셰이프를 이용해 직접 브러시를 만들어 사용하는 방법을 살펴보겠습니다.

01 새로운 문서를 만들기 위해 Ctrl+N을 누릅니다.

New Document 대화상자가 표시되면 Width와 Height를 '1280'으로 설정하고 <Create> 버튼을 클릭합니다.

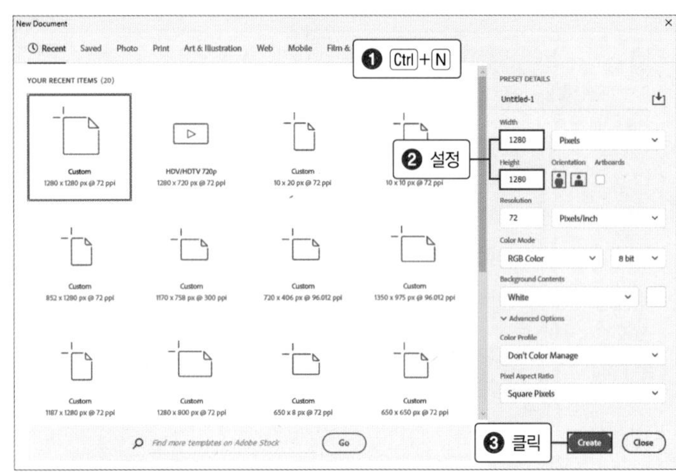

02 Tools 패널에서 사각형 선택 도구(▭)를 선택하고 캔버스를 클릭합니다. Create Rectangle 대화상자가 표시되면 Width를 '200px', Height를 '400px'로 설정하고 4개의 모서리를 서로 다르게 적용하기 위해 Radii의 '링크 해제' 아이콘(🔗)을 클릭하여 해제한 다음 왼쪽 상단부터 '0px', '400px', '200px', '200px'로 설정한 후 <OK> 버튼을 클릭합니다.

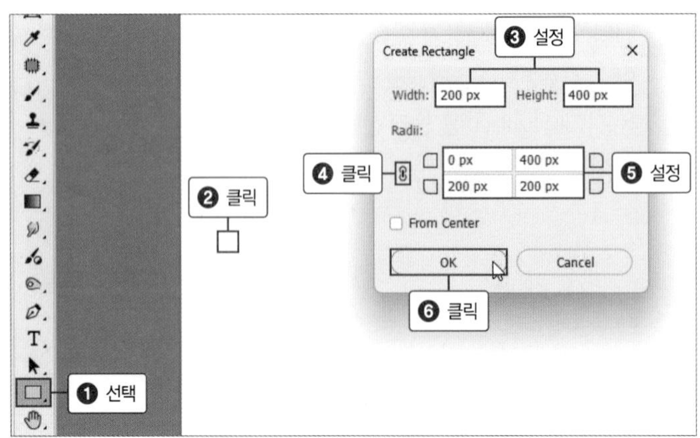

03 색상을 적용하기 위해 옵션바 또는 Properties 패널에서 Fill의 색상 상자를 클릭하고 표시되는 메뉴에서 '그레이디언트' 아이콘(■)을 선택한 다음 Basic 그룹에서 검은색, 흰색으로 적용된 'Black, White' 그레이디언트를 선택합니다.

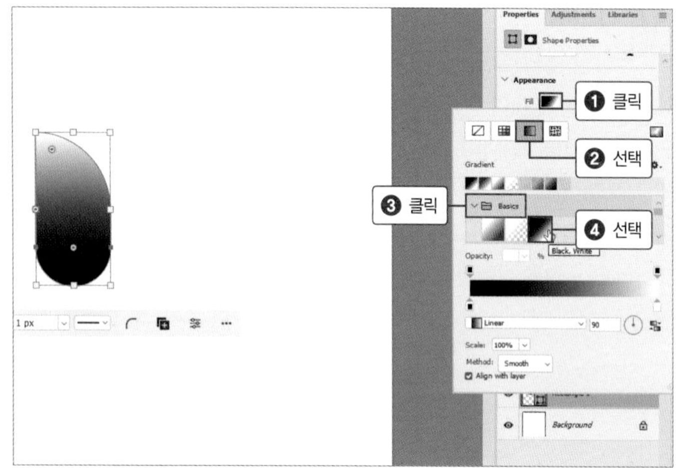

04 그레이디언트 오른쪽에 하단에 있는 흰색 Color Spot을 클릭하고 Color Picker 대화상자가 표시되면 H를 '0', S를 '0', B를 '80'으로 설정하여 밝은 회색으로 지정한 다음 <OK> 버튼을 클릭합니다.

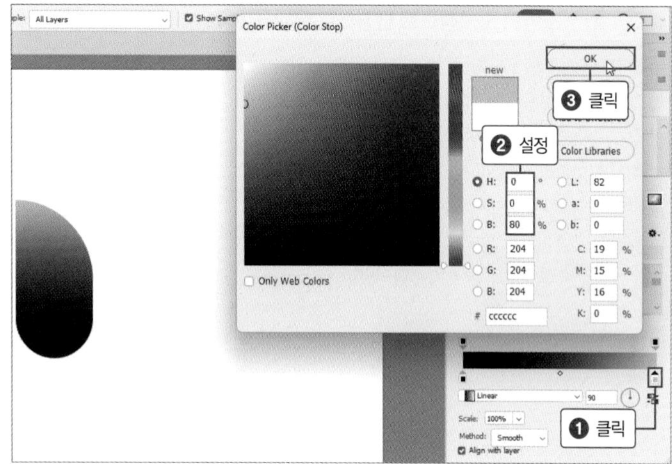

05 Layers 패널에서 그레이디언트 셰이프의 Opacity를 '50%'로 설정하여 반투명하게 만듭니다.

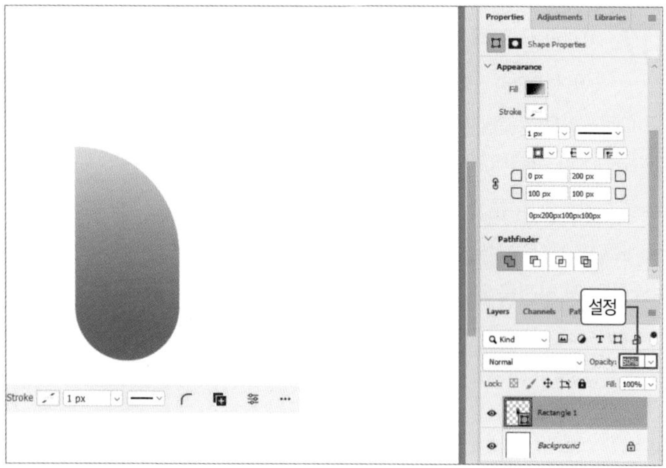

06 그려진 셰이프를 패스 상태가 아닌 스마트 오브젝트로 변경해야 회전할 때 색이 정상적으로 적용되므로 변경하겠습니다. Layers 패널의 'Rectangle 1' 레이어에서 오른쪽 마우스 버튼을 클릭하고 Convert to Smart Object를 실행합니다.

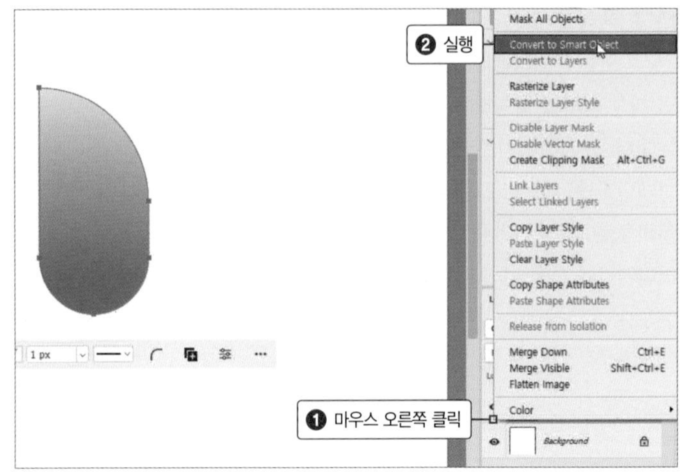

TIP 스마트 오브젝트로 변경하지 않았을 경우

스마트 오브젝트 레이어로 변경하지 않고 회전하면, 그레이디언트는 초기 설정인 위에서 아래 방향으로 그대로 적용됩니다. 예를 들어, 그림과 같이 180° 회전하면 그레이디언트는 여전히 위에서 아래로 어두워지게 됩니다. 따라서 색상이 회전 방향에 맞게 적용되도록 하려면 스마트 오브젝트 레이어로 변환해 설정하는 것이 필요합니다.

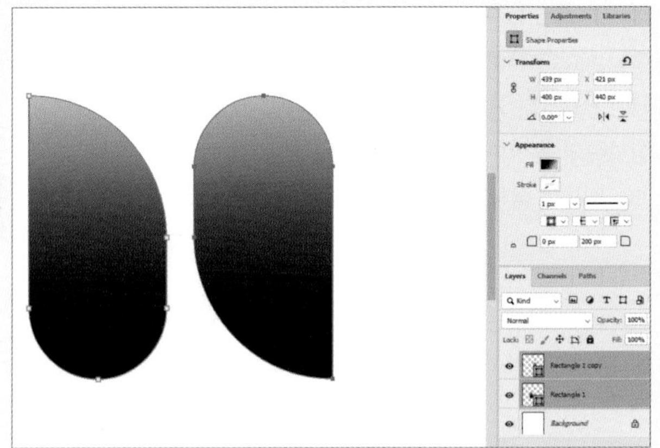

07 복제하기 위해 Layers 패널의 'Rectangle 1' 레이어를 선택하고 Ctrl+J를 누릅니다. 복제된 셰이프 레이어가 선택된 상태로 Ctrl+T를 누르고 Shift를 누른 상태로 조절점을 드래그하여 45° 각도로 회전한 다음 Enter를 눌러 회전을 완료합니다.

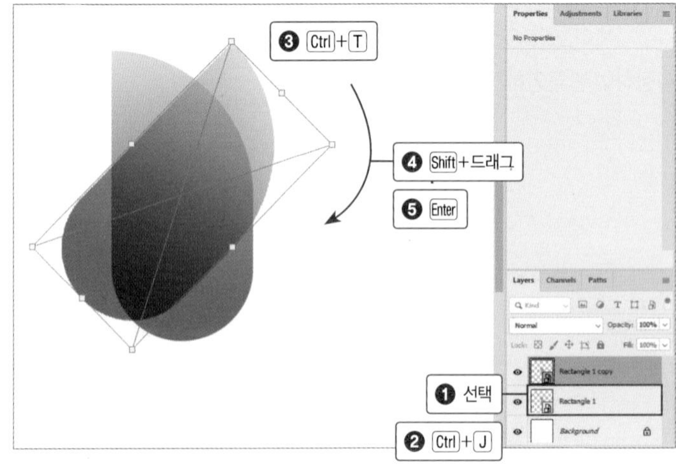

08 Tools 패널에서 이동 도구(✥) 또는 패스 선택 도구(▶)를 선택하고 그림과 같이 복제된 셰이프를 오른쪽 상단으로 이동합니다.

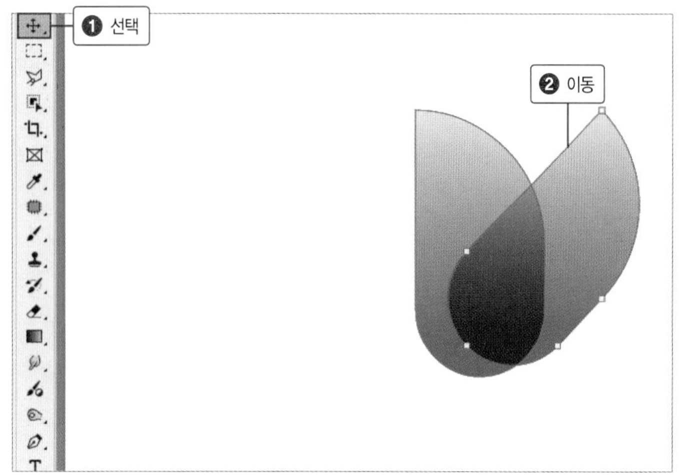

09 정렬하여 정확하게 위치를 맞추기 위해 Layers 패널에서 2개의 레이어를 선택하고 이동 도구(✥)를 선택합니다. 옵션바에 정렬 기능이 나타나면 왼쪽 정렬과 아래쪽 정렬을 각각 클릭하여 위치를 정확하게 맞춥니다.

10 45° 회전한 레이어를 선택하고 Ctrl+J를 눌러 복제합니다. 그리고 Ctrl+T를 눌러 자유 변형을 활성화하고 45° 더 회전하여 90° 각도가 되게 만든 다음 Enter를 누릅니다.

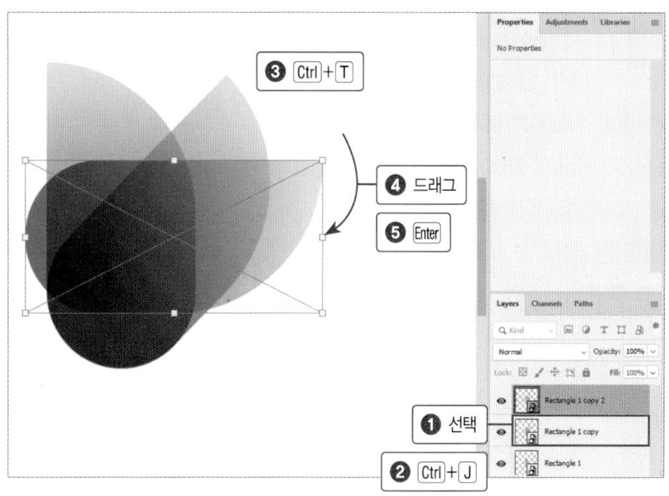

11 Tools 패널에서 이동 도구(✥)를 선택하고 복제된 레이어를 오른쪽 상단으로 이동한 다음 정렬하기 위해 Layers 패널에서 45° 회전한 레이어와 함께 선택합니다. 옵션바에서 왼쪽 정렬과 아래쪽 정렬을 각각 클릭하여 그림과 같이 정렬합니다.

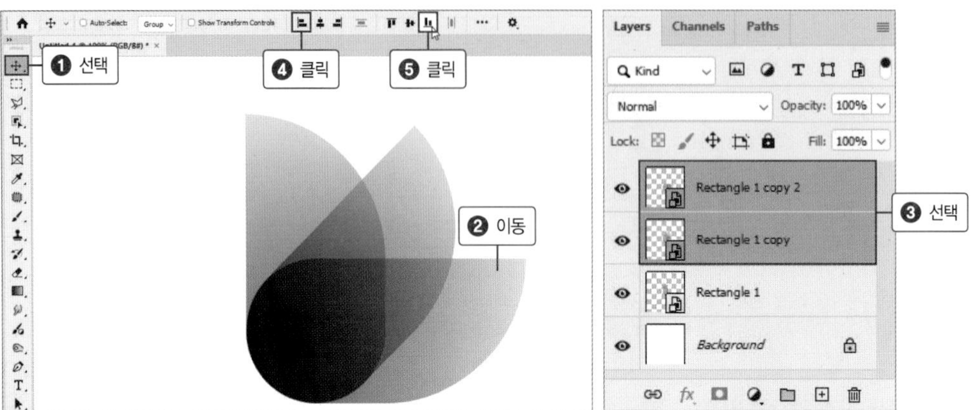

12 같은 방법으로 나머지도 복제하고 회전 및 정렬하여 그림과 같이 총 8개의 셰이프가 겹쳐진 형태를 만듭니다.

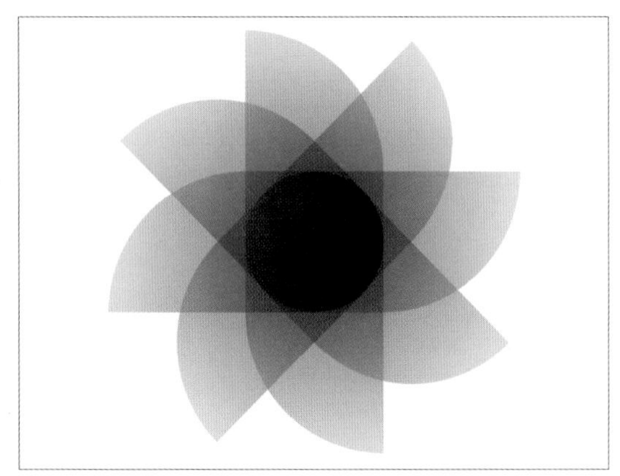

13 현재 보이는 형태를 브러시로 만들기 위해 메뉴에서 [Edit] → Define Brush Preset을 실행합니다. Brush Name 대화상자가 표시되면 Name에 '바람개비 600'을 입력하여 이름을 설정하고 <OK> 버튼을 클릭합니다.

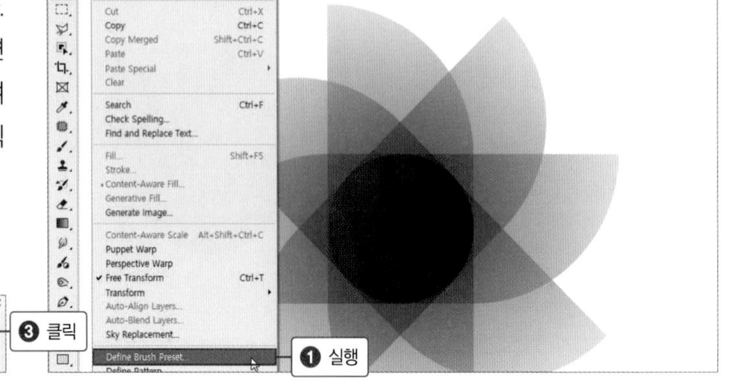

14 Tools 패널에서 브러시 도구(🖌)를 선택하고 옵션바에서 Brush Preset을 클릭하여 브러시 리스트를 확인해 등록한 브러시를 선택합니다.

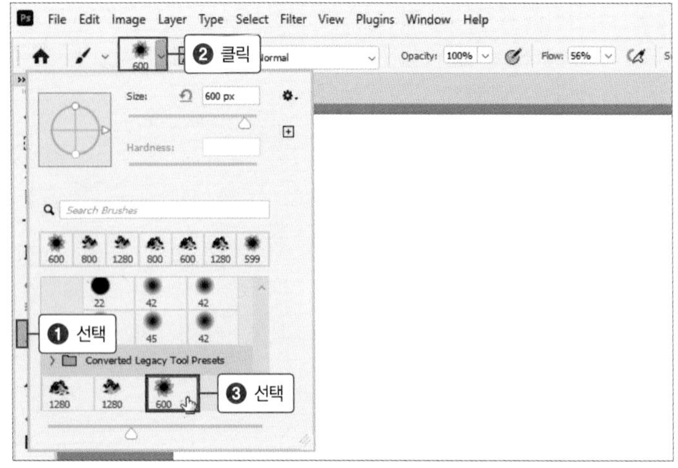

15 브러시 설정을 변경하기 위해 메뉴에서 (Window) → Brush Settings를 실행합니다.

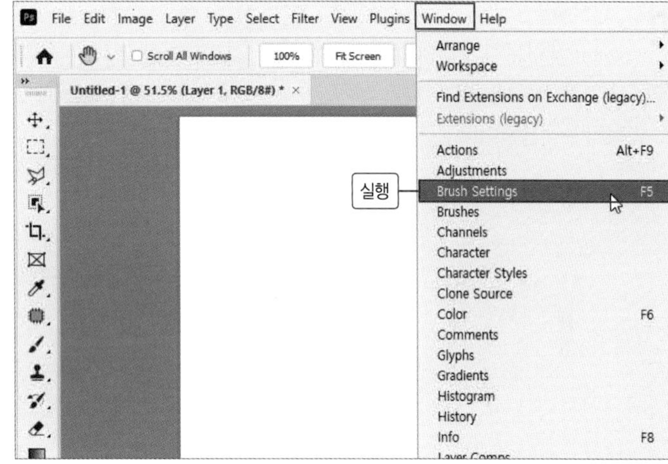

16 Brush Settings 패널이 활성화됩니다. 브러시가 적용될 때 브러시 크기가 변화되는 적용을 하기 위해 'Shape Dynamics'를 선택하고 Size Jitter를 '100%', Minimum Diameter를 '0%', Angle Jitter를 '50%', Roundness Jitter를 '0%'로 설정합니다.

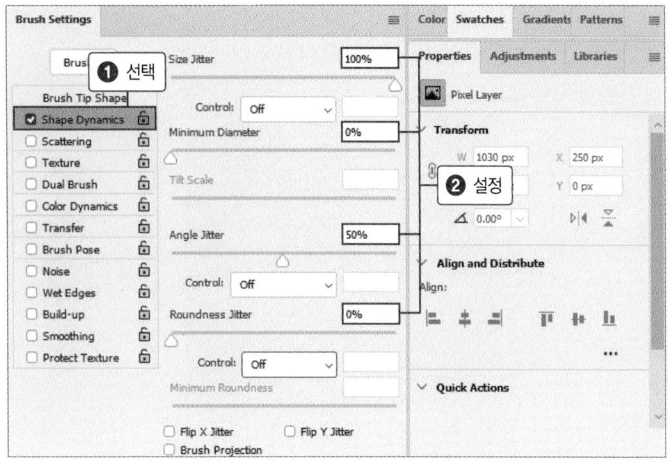

17 브러시를 흩뿌려지듯 적용하기 위해 'Scattering'을 선택하고 Scatter를 '600%', Count를 '5', Count Jitter를 '15%'로 설정합니다.

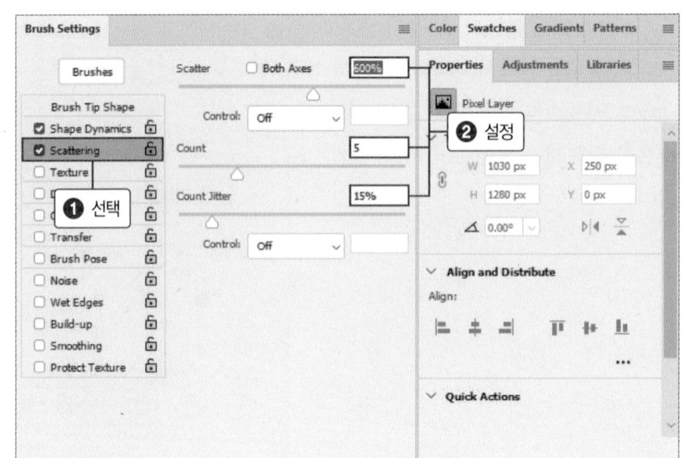

18 전경색을 원하는 색상으로 지정하고 캔버스에서 드래그합니다. 브러시가 흩뿌려지면서 다양한 크기로 변화되어 적용됩니다.

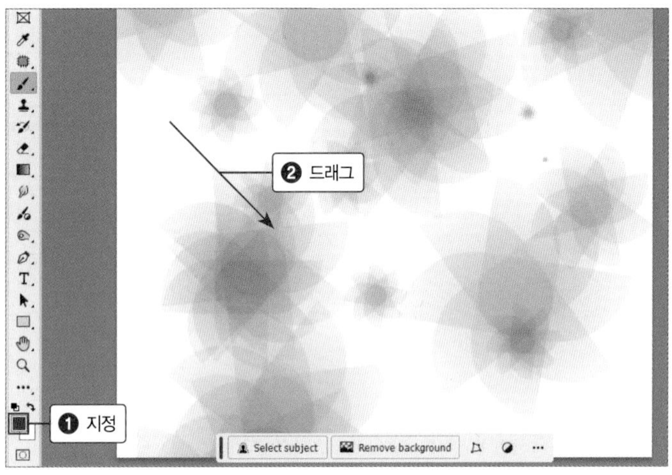

19 다양한 색상으로 변경하여 적용하면 그림과 같이 포장지나 배경 등으로 사용할 수도 있습니다.

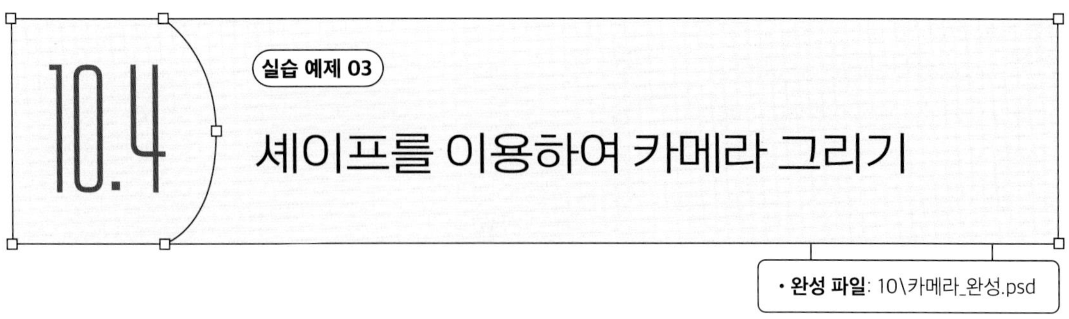

셰이프를 이용하여 카메라 그리기

• **완성 파일**: 10\카메라_완성.psd

일러스트와 마찬가지로 포토샵에서도 셰이프 도구를 사용해 간단한 아이콘이나 픽토그램을 만들 수 있습니다. 셰이프 도구를 활용해 카메라 모양의 아이콘을 그려보겠습니다.

카메라 렌즈 틀 그리기

01 새로운 문서를 만들기 위해 Ctrl+N을 누릅니다.

New Document 대화상자가 표시되면 Width를 '1700', Height '1280'으로 설정하고 <Create> 버튼을 클릭합니다.

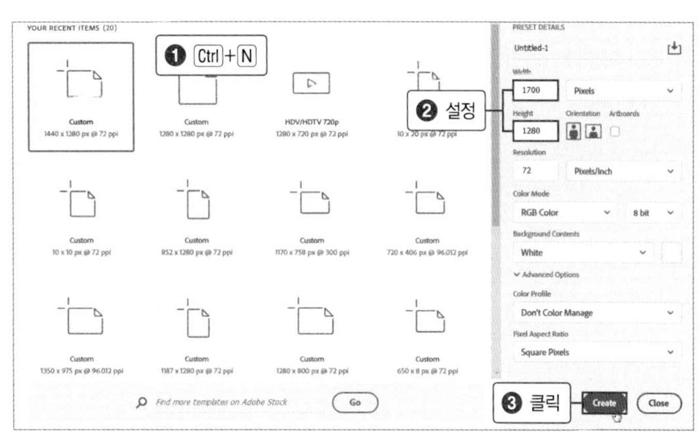

02 Tools 패널에서 타원 도구(◯)를 선택합니다. 옵션바에서 Fill을 'None'으로 선택하여 색상을 제거하고 Stroke를 원하는 색상으로 지정한 다음 굵기를 '1px'로 지정합니다.

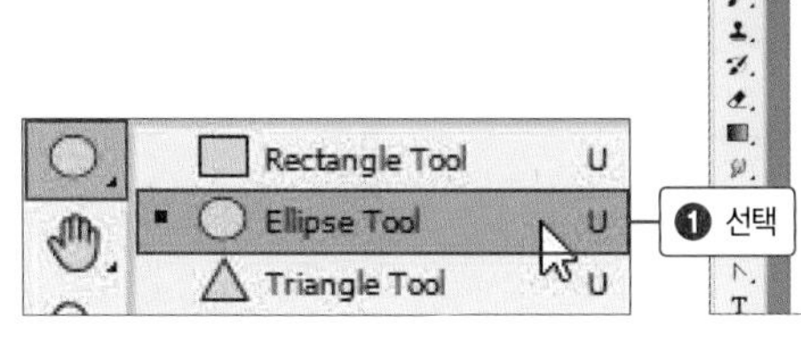

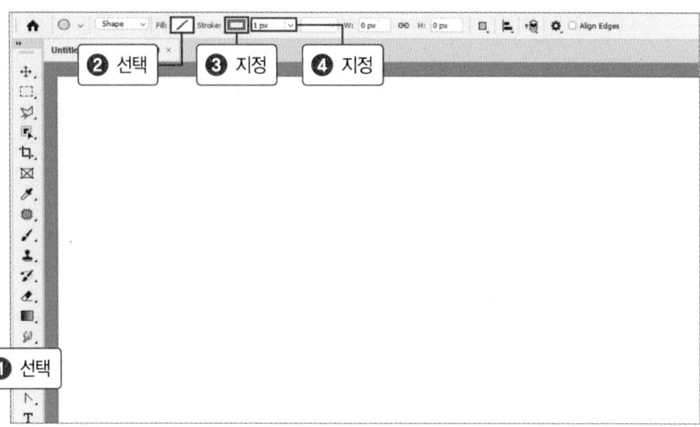

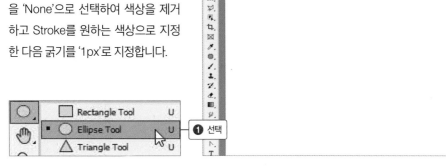

03 원을 그리기 위해 캔버스를 클릭합니다. Create Ellipse 대화상자가 표시되면 Width와 Height를 '1000px'로 설정하고 <OK> 버튼을 클릭합니다.

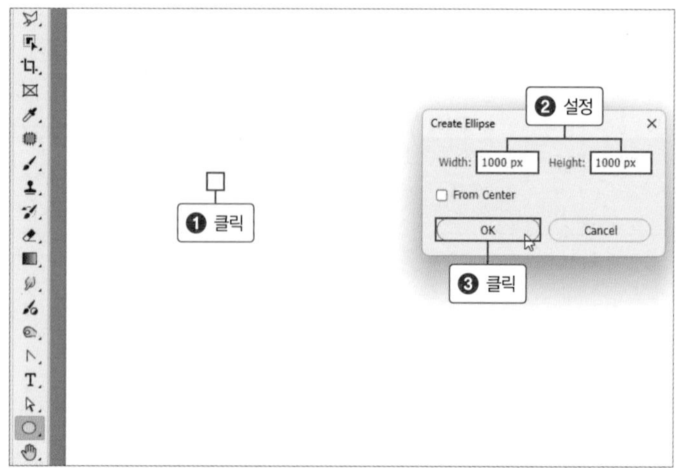

04 지름이 1000px인 정원이 그려졌습니다. 추가로 원을 그리기 위해 다시 한번 타원 도구( )가 선택된 상태로 캔버스를 클릭합니다. Create Ellipse 대화상자가 표시되면 Width와 Height를 '300px'로 설정하고 <OK> 버튼을 클릭합니다.

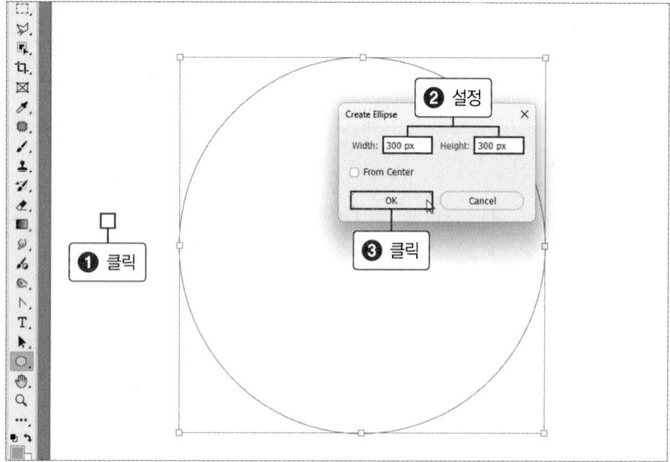

05 2개의 타원 셰이프를 문서 중앙에 정렬하기 위해 Layers 패널에서 2개의 셰이프 레이어를 모두 선택하고 Tools 패널에서 이동 도구( )를 선택합니다. 옵션바에서 'Align and Distribute' 아이콘( )을 클릭하고 Align To를 'Canvas'로 지정하여 문서 기준으로 정렬한 다음 Align에서 '좌우 정렬' 아이콘( )과 '상하 정렬' 아이콘( )을 클릭하여 문서 중앙으로 배치합니다.

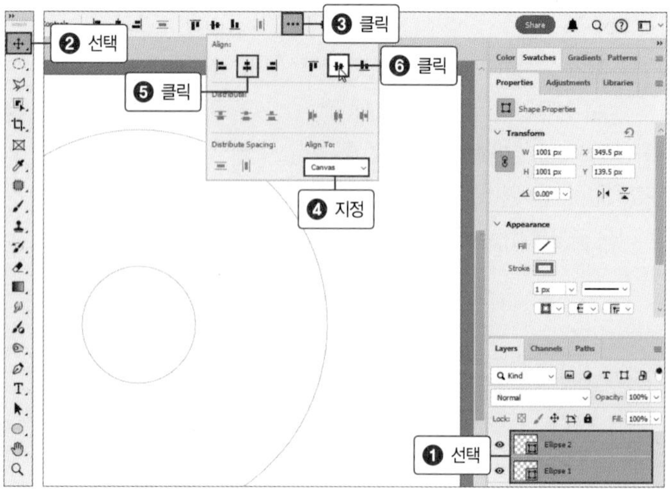

06 안내선을 사용하기 위해 Ctrl+R을 누릅니다. 그림과 같이 안내선을 가로와 세로로 드래그하여 캔버스 중앙에 교차하는 안내선을 생성합니다.

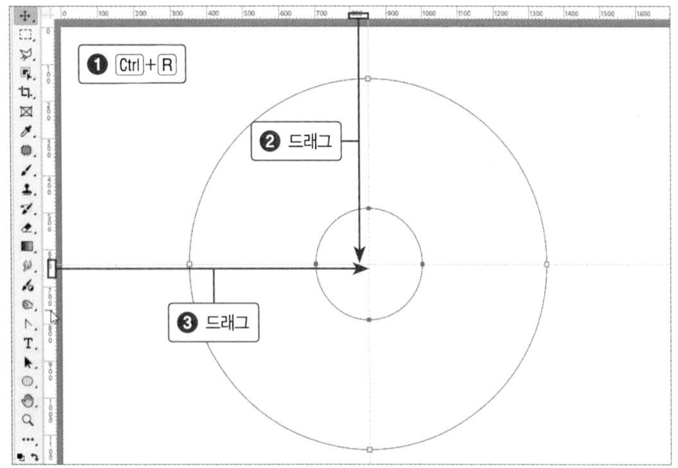

07 Tools 패널에서 선 도구(／)를 선택하고 캔버스 왼쪽을 클릭하고 Shift를 누른 채 오른쪽으로 드래그하여 직선을 그립니다.

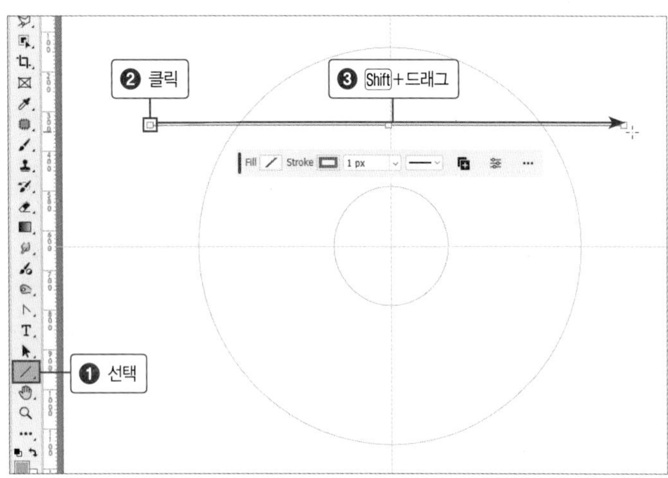

08 Properties 패널의 Transform에서 선의 길이를 조정하기 위해 W를 '1200px'로 설정하고 각도를 변경하기 위해 Angle을 '45'로 입력하여 사선으로 회전합니다.

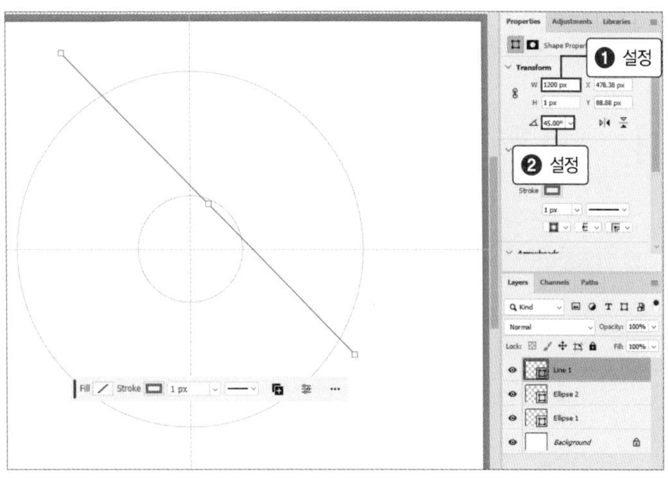

10

포토샵에서 활용하는 벡터와 문자

09 Layers 패널에서 'Line 1' 레이어를 선택하고 Ctrl+J를 눌러 복제합니다. 선을 회전시키기 위해 Properties 패널의 Transform에서 Angle을 '135'로 설정하여 반대로 회전합니다.

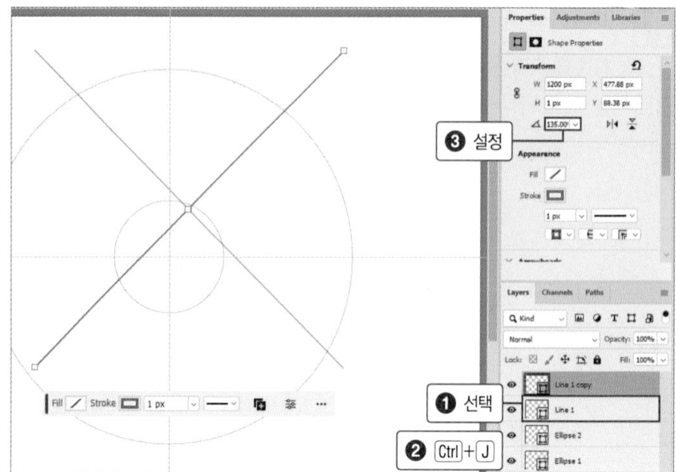

10 캔버스 중앙에 정렬하기 위해 Layers 패널에서 4개 레이어 모두 선택하고 Tools 패널에서 이동 도구()를 선택합니다. 옵션바에서 'Align and Distribute' 아이콘()을 클릭하고 Align To를 'Canvas'로 지정하여 문서 기준으로 정렬한 다음 Align에서 '좌우 정렬' 아이콘()과 '상하 정렬' 아이콘()을 클릭하여 문서 중앙으로 배치합니다.

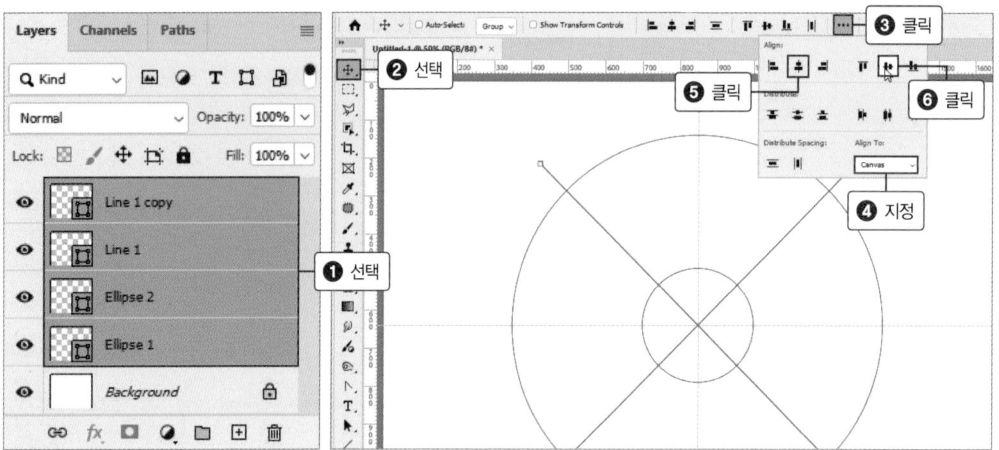

11 Layers 패널에서 'Ellipse 1' 레이어를 선택하고 Ctrl+J를 눌러 복제한 다음 가장 위로 레이어의 위치를 이동합니다.

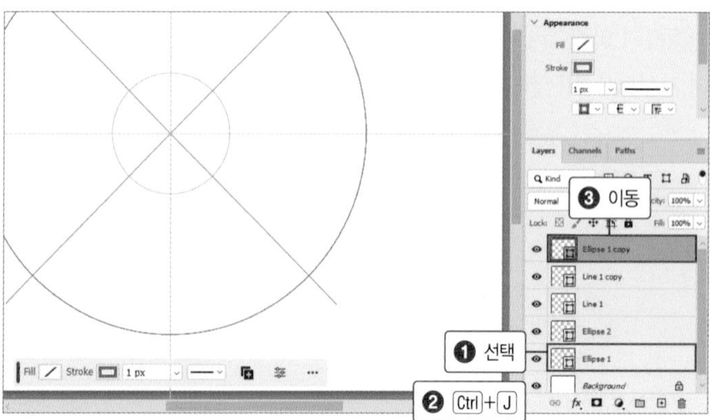

12 복제된 레이어를 제외한 4개의 셰이프 레이어를 선택하고 '자물쇠' 아이콘(🔒)을 클릭하여 잠금 상태로 만듭니다.

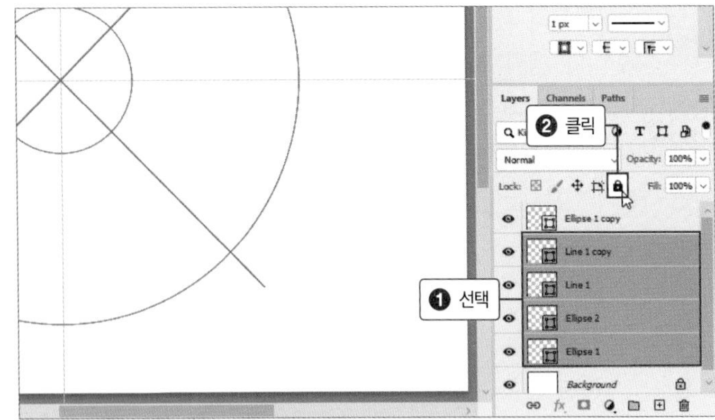

카메라 렌즈 내부 그리기

01 셰이프에 생성된 패스에서 앵커 포인트와 패스를 삭제하기 위해 Tools 패널에서 직접 선택 도구(↖)를 선택하고 그림과 같이 왼쪽 상단에서 오른쪽 하단으로 드래그합니다.

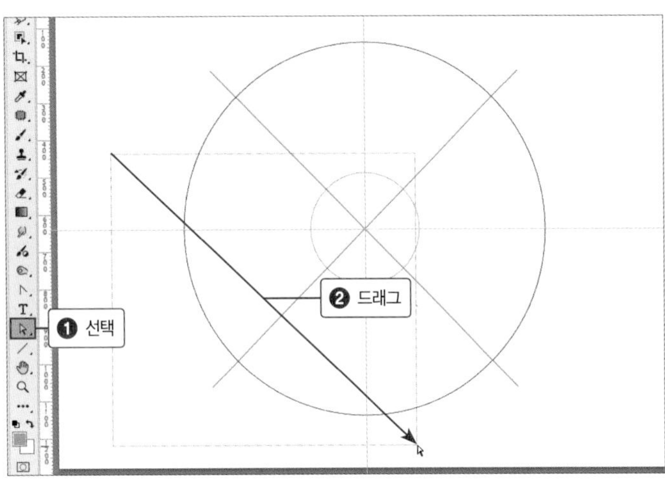

02 6시, 9시 위치에 있는 앵커 포인트의 색이 변경된 것을 확인하고, 나머지 2개의 앵커 포인트는 선택이 되어 있지 않아 흰색인 것을 확인합니다.

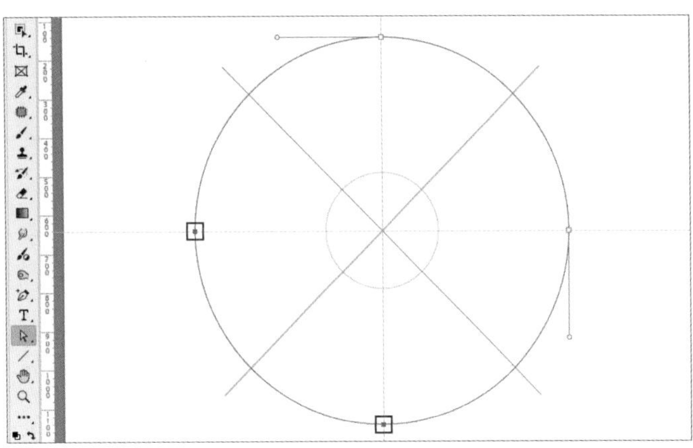

03 Delete를 눌러 앵커 포인트를 삭제합니다. 앵커 포인트가 삭제되면서 셰이프에서 패스 상태로 변경 변경한다는 내용의 대화상자가 표시되면 <Yes> 버튼을 클릭합니다.

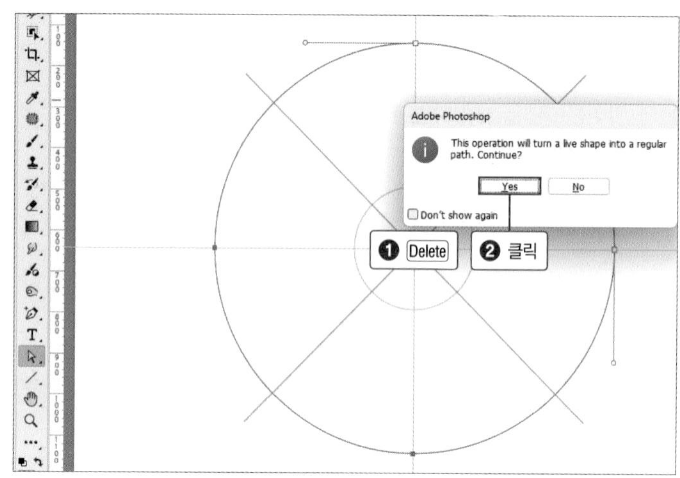

04 앵커 포인트가 삭제되면서 선택되지 않았던 앵커 포인트와 그 사이에 연결된 패스만 남아 있는 것을 확인할 수 있습니다.

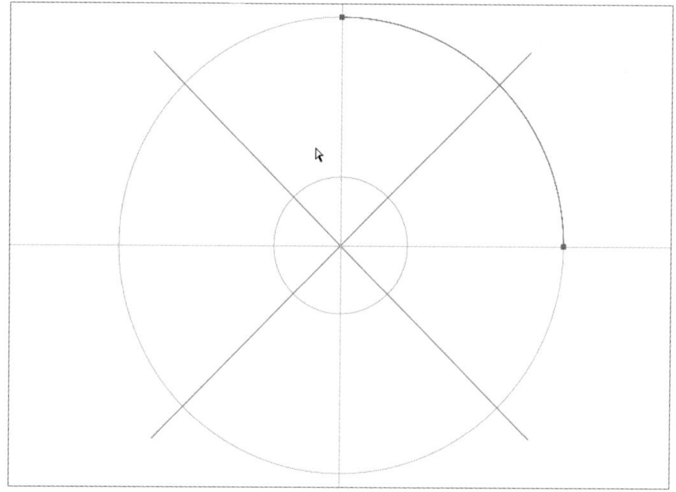

NOTE

패스 모두가 삭제되었다면 패스 선택 도구(▶)를 이용하여 선택했거나 선택을 잘못한 것입니다. 이러한 경우 Ctrl+Z를 눌러 다시 이전 단계를 반복하여 선택하고 오른쪽 부분만 남도록 삭제합니다.

05 대각선이 가로지른 위치에 앵커 포인트를 추가하기 위해 Tools 패널에서 기준점 추가 도구(✒)를 선택합니다.

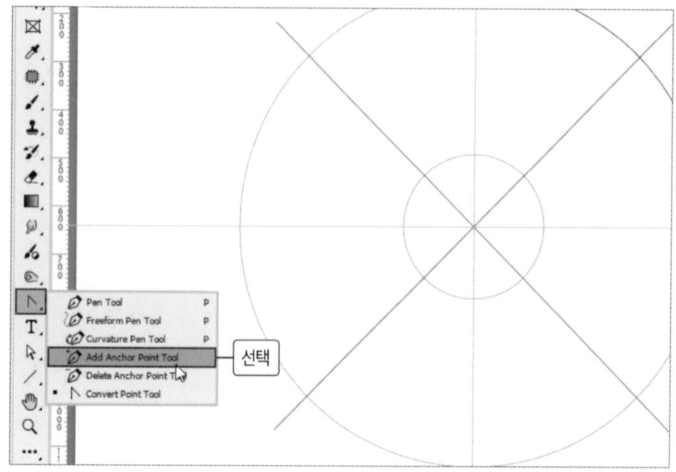

06 돋보기 도구( )를 이용하거나 왼쪽 하단의 확대 비율에 '400'을 입력하여 캔버스를 확대하고 패스와 대각선이 만나는 점을 정확하게 클릭하여 앵커 포인트를 추가합니다.

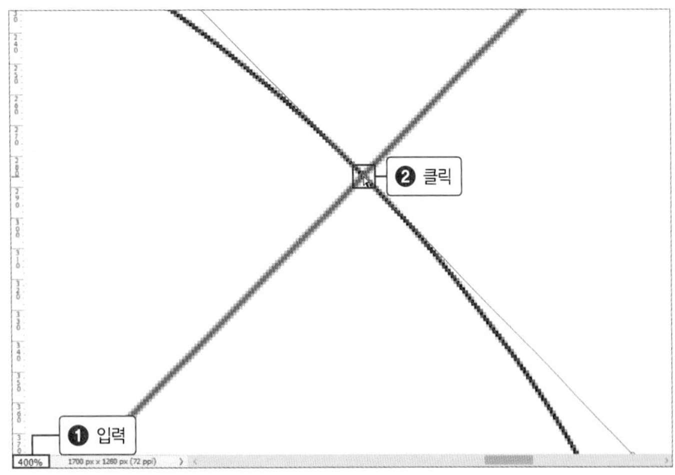

07 Tools 패널에서 직접 선택 도구( )를 선택하고 오른쪽 하단에 있는 앵커 포인트를 클릭하여 선택한 다음 Delete를 눌러 해당 앵커 포인트를 삭제합니다.

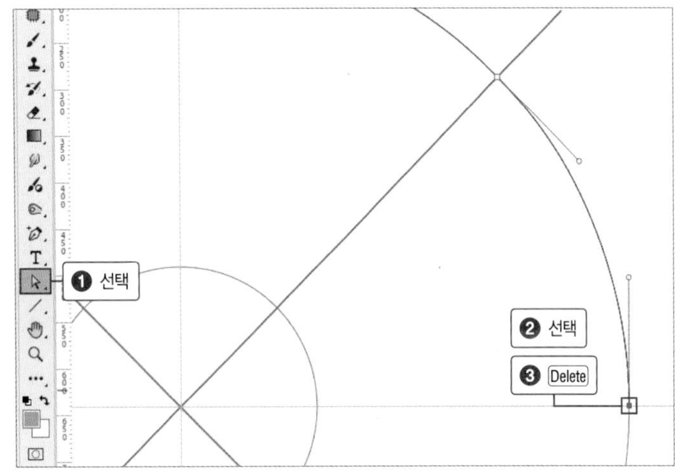

08 남아 있는 패스에 연결하여 곡선을 만들기 위해 Tools 패널에서 펜 도구( )를 선택합니다.

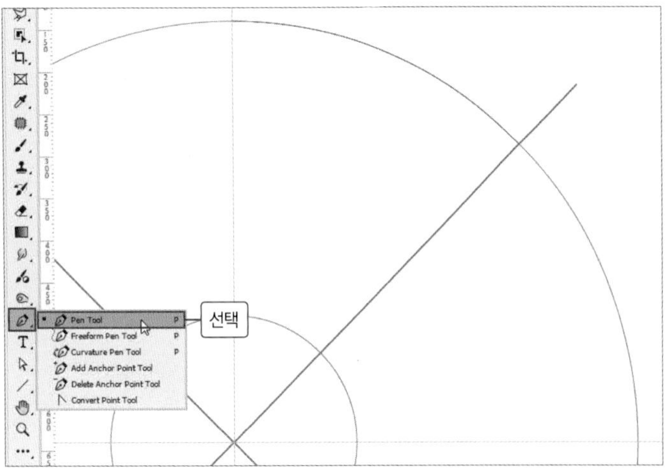

10 포토샵에서 활용하는 벡터와 문자

09 커서를 12시 위치에 있는 앵커 포인트로 이동하면 펜 도구(🖊)를 나타내는 아이콘 아래쪽에 해당 패스와 펜 툴로 생성되는 패스가 연결된다는 의미인 대각선(/)이 표시됩니다. 이 대각선 표시를 확인하고 클릭합니다.

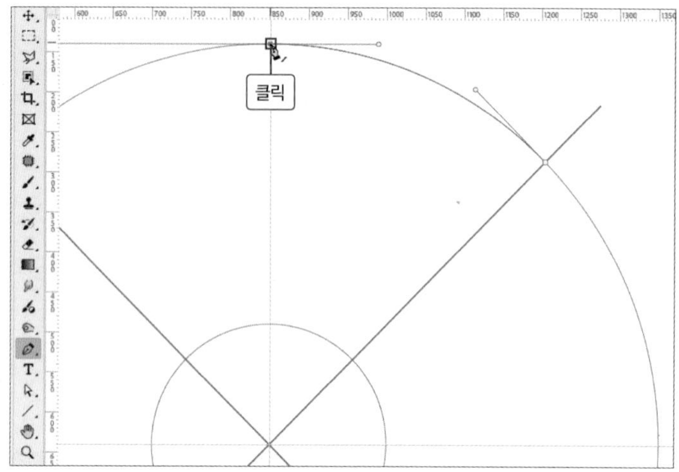

10 작은 원과 가로 방향의 안내선이 교차하는 왼쪽 부분을 클릭하여 패스 선을 생성합니다. 자동으로 12시에 있는 앵커 포인트의 방향 선에 영향을 받아 곡선이 생성됩니다.

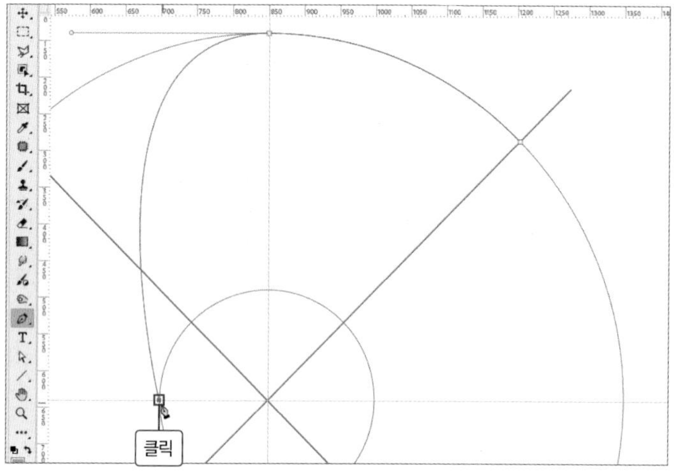

11 오른쪽 상단에 있는 패스의 끝 앵커 포인트 위치로 이동하면 캔버스의 펜 도구(🖊)를 나타내는 아이콘 아래쪽에 패스가 완성된다는 의미인 원(o)이 표시됩니다. 원 표시를 확인하고 클릭하여 패스를 완성합니다.

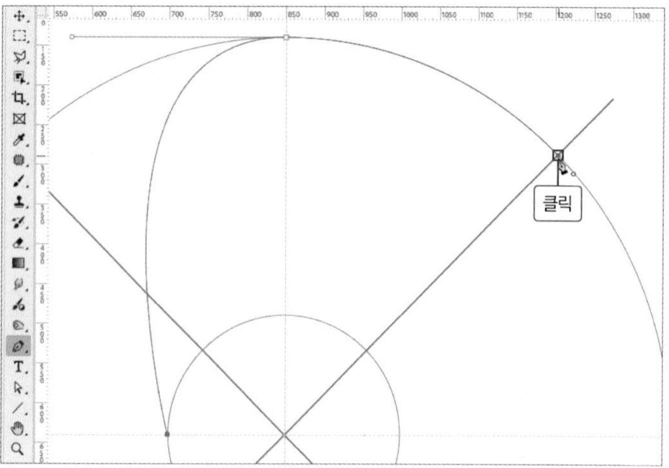

12 기존 패스의 방향 선 때문에 곡선 형태로 전체를 연결한 패스가 생성되었습니다. 캔버스를 확대하여 앵커 포인트가 정확하게 위치한 것을 확인합니다. 위치가 어긋났다면 Tools 패널에서 직접 선택 도구( )를 선택하고 조정합니다.

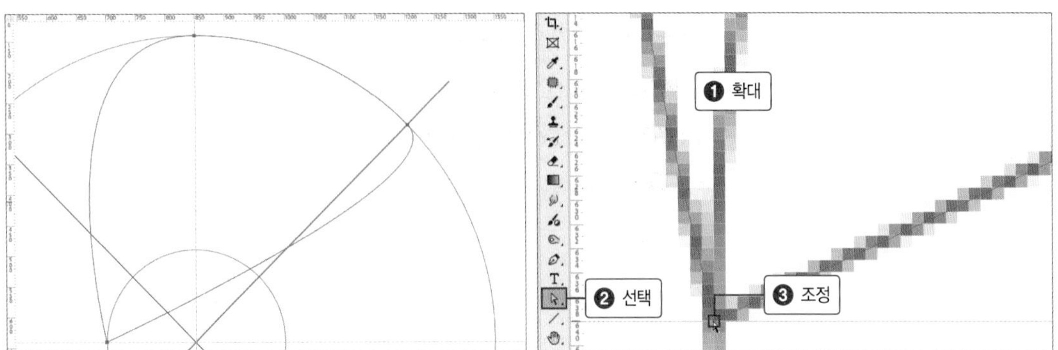

13 패스의 모양을 변경하기 위해 Tools 패널에서 기준점 변환 도구( )를 선택합니다.

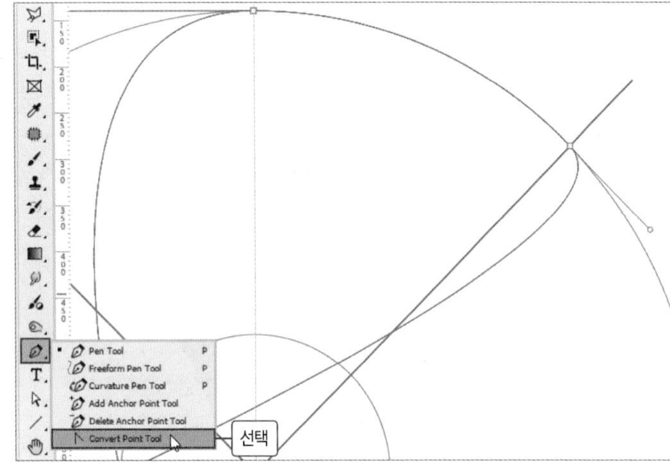

14 오른쪽 앵커 포인트에 적용된 아래 방향선의 방향점을 그림과 같이 왼쪽으로 드래그하여 곡선을 변형합니다. 작은 원의 패스와 대각선이 만나는 위치에 변형된 패스의 위치가 일치하도록 조정합니다.

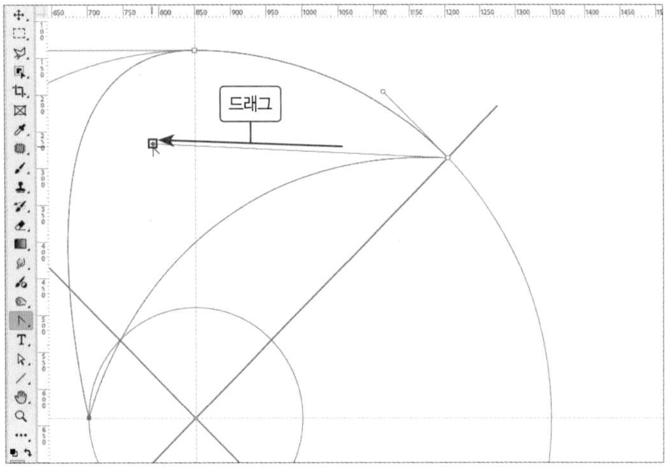

10 포토샵에서 활용하는 벡터와 문자

15 조금 더 확대하여 정확하게 패스가 작은 원 패스와 대각선이 만나는 점과 일치하도록 방향점을 세부 조정합니다.

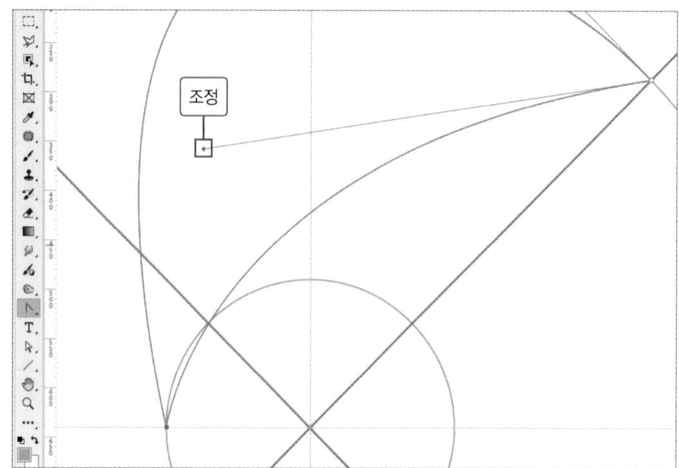

16 패스에 색을 적용하기 위해 옵션바에서 Fill의 색상 상자를 클릭하고 표시되는 메뉴에서 '그레이디언트' 아이콘(■)을 클릭합니다. Basic 그룹의 'Black, White'를 선택하여 그레이디언트를 적용하고 왼쪽에 있는 Color Spot을 클릭합니다. Color Picker 대화상자가 표시되면 H를 '0', S를 '0', B를 '10'으로 설정하고 <OK> 버튼을 클릭합니다.

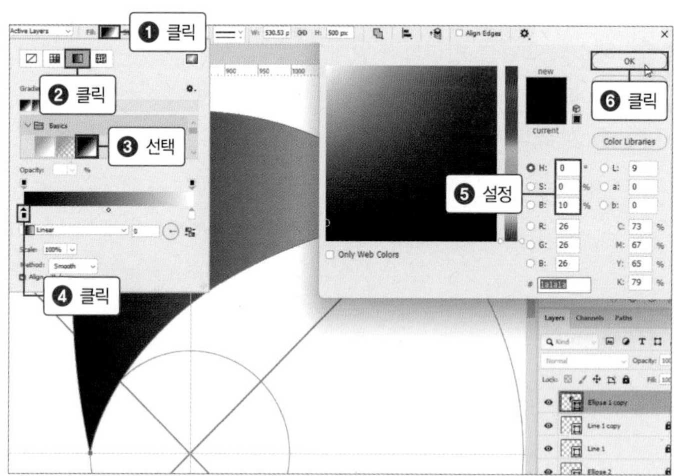

17 선의 색상을 제거하기 위해 옵션바에서 Stroke의 색상 상자를 클릭하고 'No Color' 아이콘(☐)을 클릭합니다. 카메라 렌즈가 될 기준 틀을 완성했습니다.

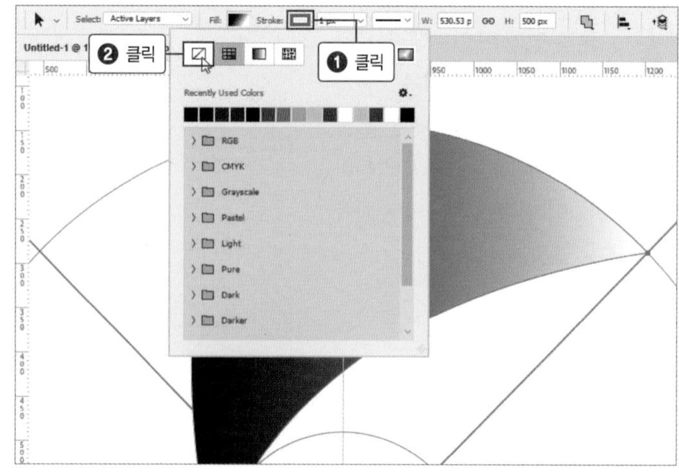

NOTE

색이 제거되면 선 자체가 사라지게 되면서 선의 속성도 같이 삭제됩니다.

카메라 렌즈 완성하기

01 현재 셰이프 레이어 상태이므로 회전해도 그레이디언트 색은 기본 설정을 유지합니다. 설정을 변경하여 색도 같이 회전하도록 만들겠습니다. 'Ellipse 1 copy' 레이어에서 오른쪽 마우스 버튼을 클릭하고 Convert to Smart Object를 실행하여 스마트 오브젝트 레이어로 변경합니다.

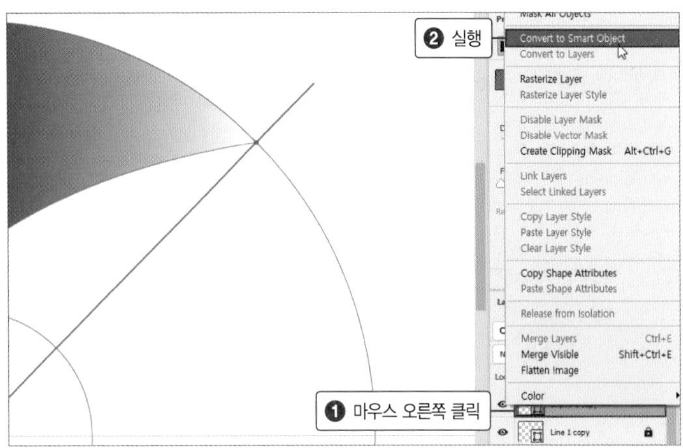

02 회전한 모양을 만들기 위해 Ctrl+J를 눌러 레이어를 복제합니다. 복제된 레이어의 패스를 회전하기 위해 Ctrl+T를 누르고 드래그하여 45° 회전한 다음 Enter를 누릅니다.

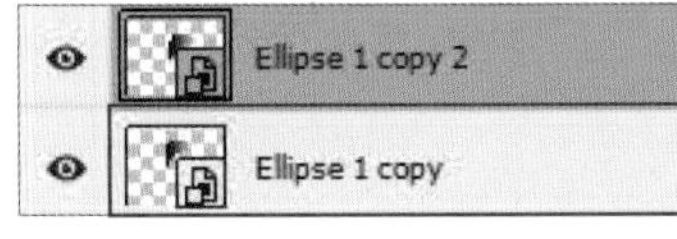

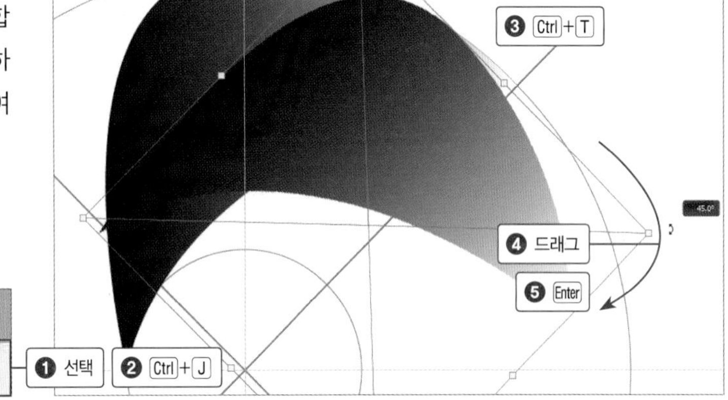

03 Tools 패널에서 이동 도구(✥)를 선택하고 바깥쪽 큰 원과 안쪽 작은 패스에 맞춰서 위치를 조정합니다.

> **NOTE**
>
> 패스가 서로 만나지 않아 흰색 면이 보일 경우, 패스의 정확한 위치와 회전을 확인해야 합니다. 모양에 문제가 있다면, 패스의 섬네일을 더블클릭하여 모양을 수정할 수 있습니다.

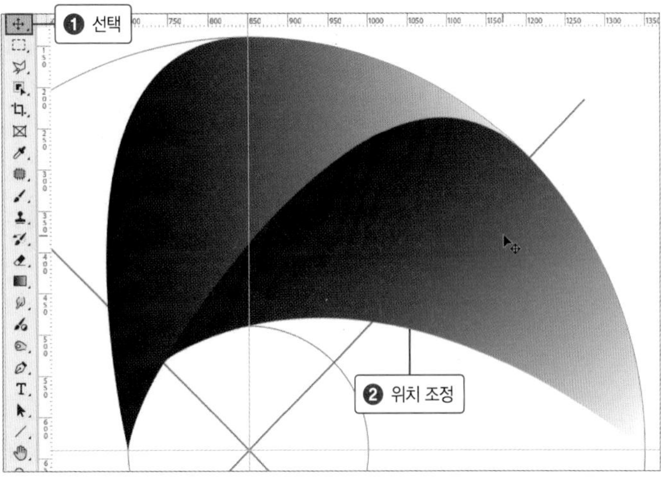

10 포토샵에서 활용하는 벡터와 문자

04 같은 방법으로 Ctrl+J를 눌러 레이어를 복제하고 Ctrl+T를 눌러 추가로 45°를 회전하여 90° 회전한 형태로 만든 다음 Enter를 누릅니다.

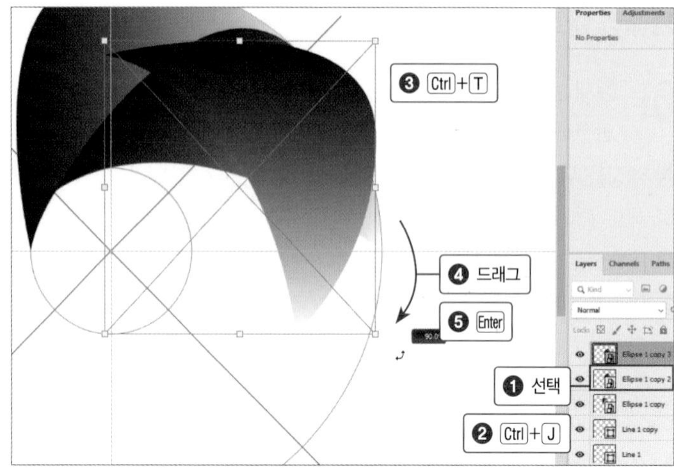

05 그림과 같이 오른쪽 아래에 배치되게 바깥쪽 큰 원과 안쪽 작은 원의 위치를 고려하여 이동 도구(✥)로 위치를 조정합니다.

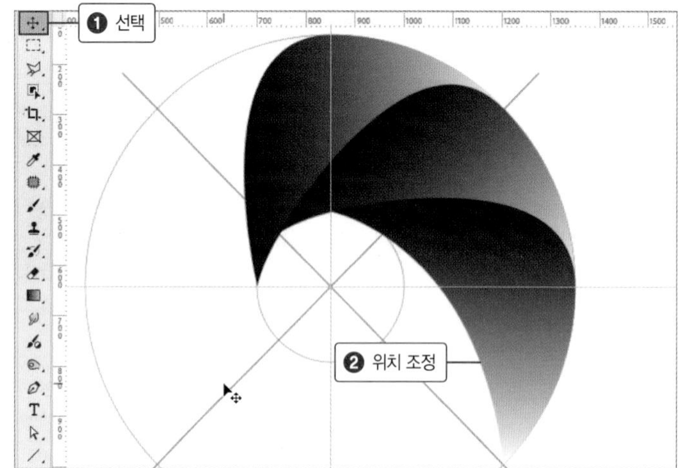

06 같은 방법으로 복제하여 총 4개의 셰이프를 배치하고 Layers 패널에서 4개의 레이어를 선택합니다.

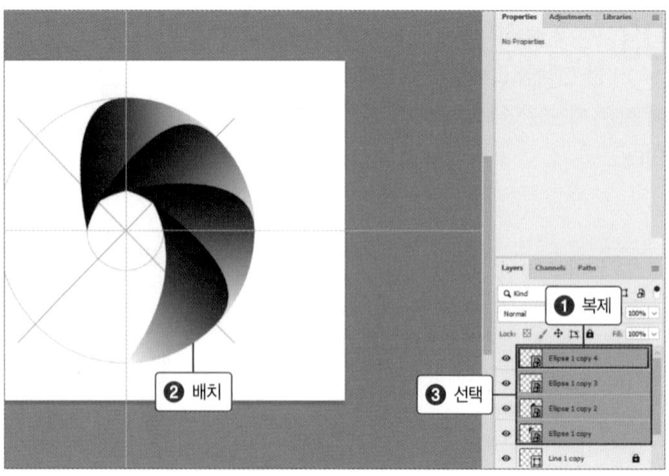

07 Ctrl+J를 눌러 레이어 4개를 모두 복제하고 Ctrl+T를 누른 다음 아래로 드래그하여 180° 회전합니다.

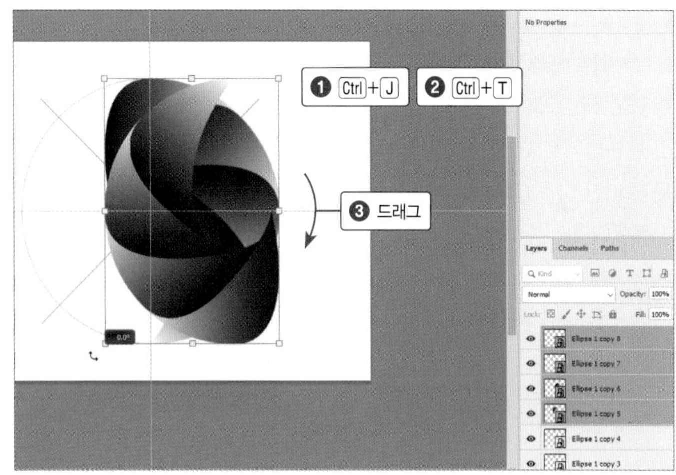

08 원에 맞춰 왼쪽에 배치하고 Enter를 누릅니다. 안내선을 숨기기 위해 메뉴에서 [View] → Show → Guides(Ctrl+;)를 실행합니다.

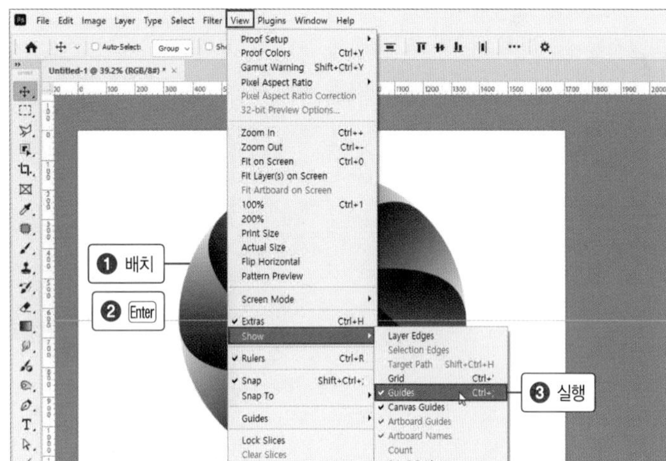

09 12시 방향에 있는 처음 그려진 셰이프가 가려진 것을 확인할 수 있습니다. 해당 부분을 수정하기 위해 첫 번째 셰이프를 선택하고 Ctrl+J를 눌러 복제합니다.

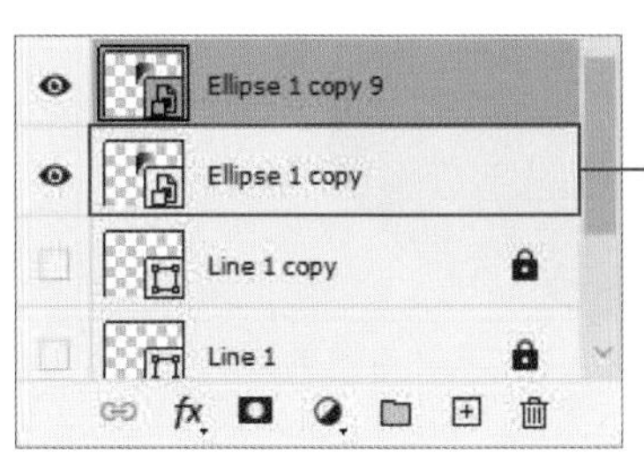

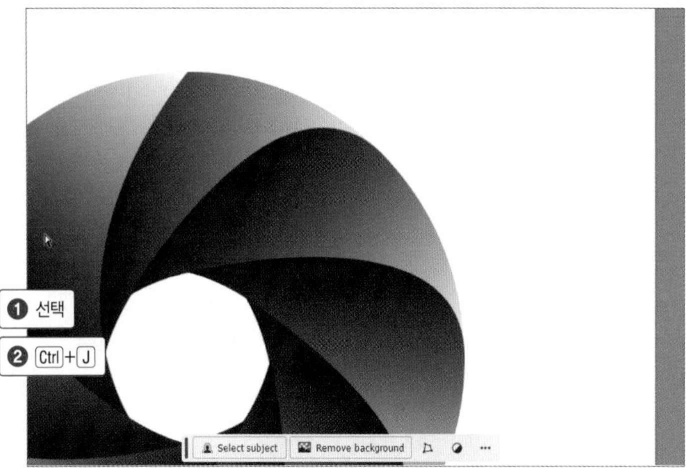

10 복제한 셰이프 레이어를 가장 위로 드래그하여 이동하고 스마트 오브젝트 레이어에서 일반 레이어로 변환하기 위해 오른쪽 마우스 버튼을 클릭한 다음 Convert to Layers를 실행합니다.

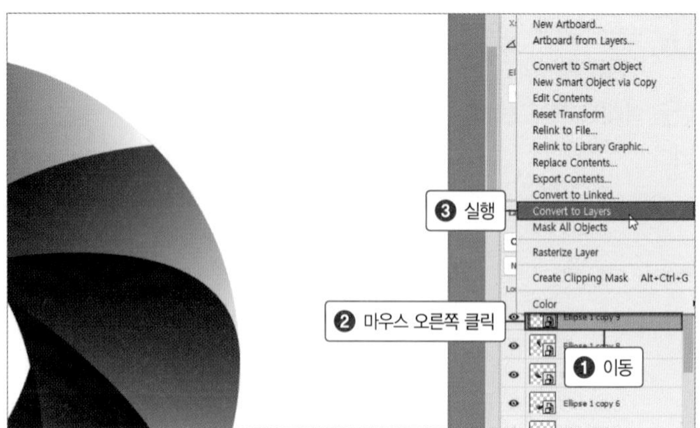

11 Tools 패널에서 직접 선택 도구( )를 선택하고 그림과 같이 방향점을 조정하여 패스가 두 번째 셰이프랑 겹치지 않도록 안쪽으로 이동합니다.

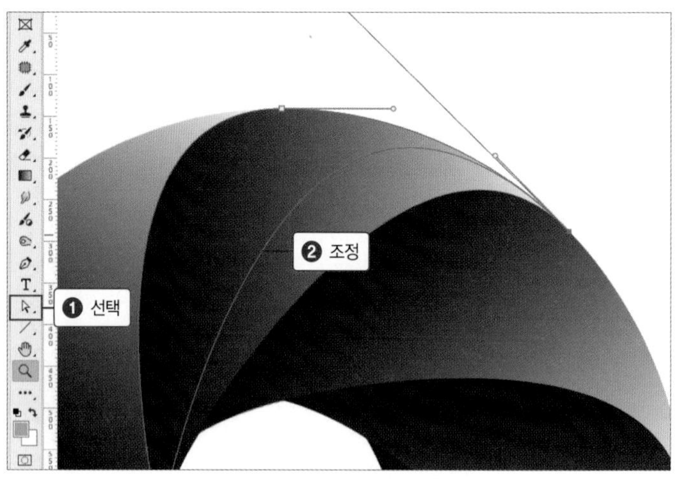

12 Layers 패널에서 셔터를 표현한 셰이프 레이어 9개를 모두 선택하고 'Create a new group' 아이콘( )을 클릭하여 그룹화합니다.

Ellipse 1 copy 5
Ellipse 1 copy 4
Ellipse 1 copy 3
Ellipse 1 copy 2
Ellipse 1 copy
Line 1 copy
❶ 선택
❷ 클릭

13 그룹화에서 가장 상단의 셰이프 레이어를 선택하고 Tools 패널에서 타원 도구(◯)를 선택한 다음 캔버스를 클릭합니다. Create Ellipse 대화상자가 표시되면 Width와 Height를 '1000px'로 입력하고 <OK> 버튼을 클릭합니다.

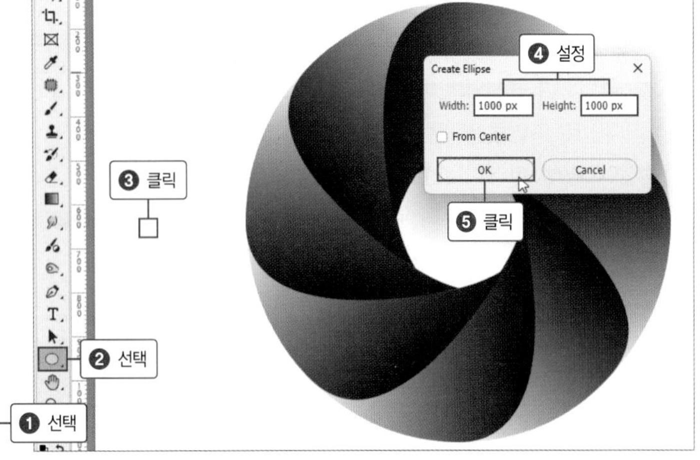

14 Properties 패널에서 Fill을 'No Color', Stroke를 '검은색', 선의 두께를 '55px'로 설정하여 검은색 테두리를 만들고 V를 눌러 이동 도구(✥)를 선택한 다음 셔터 테두리에 일치하도록 위치를 이동합니다.

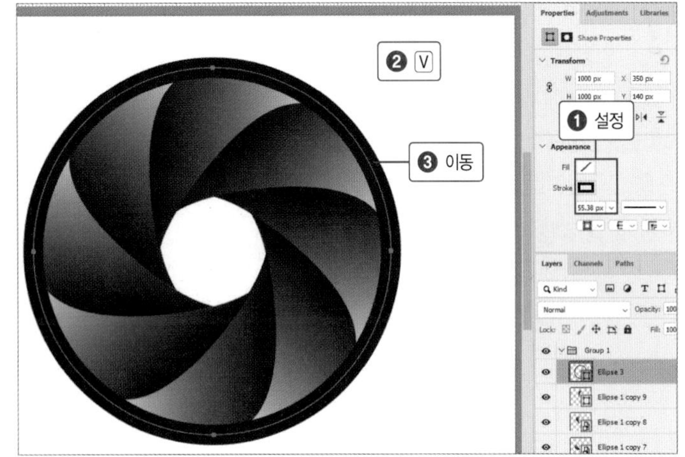

15 조금 작은 원을 만들기 위해 13번과 같은 방법으로 캔버스를 클릭합니다. Create Ellipse 대화상자가 표시되면 Width와 Height를 '950px'로 입력하고 <OK> 버튼을 클릭합니다.

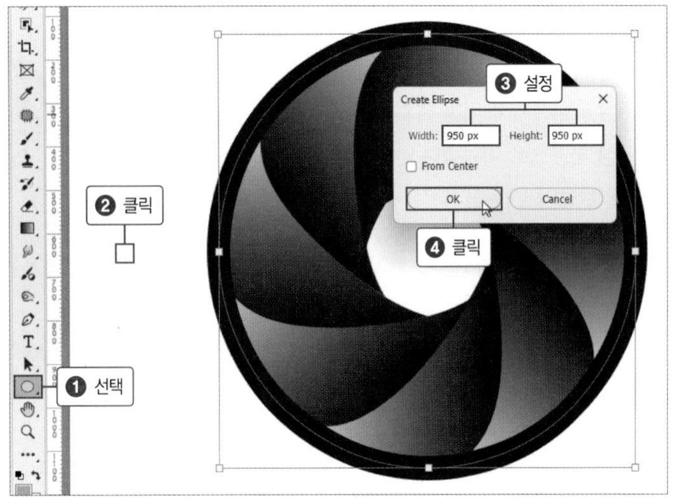

10 포토샵에서 활용하는 벡터와 문자

16 옵션바에서 Fill을 'No Color'로 설정합니다. Stroke의 색상 상자를 클릭하여 표시되는 메뉴에서 '그레이디언트' 아이콘(■)을 클릭하고 '검은색, 흰색' 그레이디언트를 선택한 다음 Angle을 '135', 선의 두께를 '10px'로 설정하여 테두리를 만듭니다.

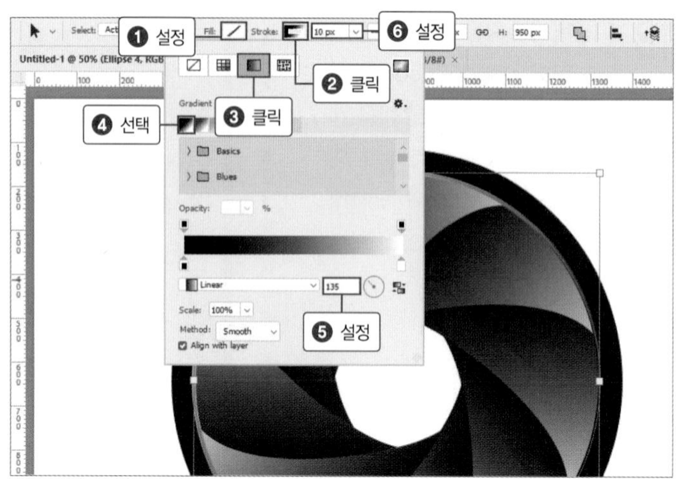

17 만들어진 원형이 셔터 테두리에 일치하도록 위치를 이동합니다. Layers 패널에서 새로 추가한 원형 레이어들을 선택하고 오른쪽 마우스 버튼을 클릭한 다음 Convert to Smart Object를 실행하여 스마트 오브젝트 레이어로 만듭니다.

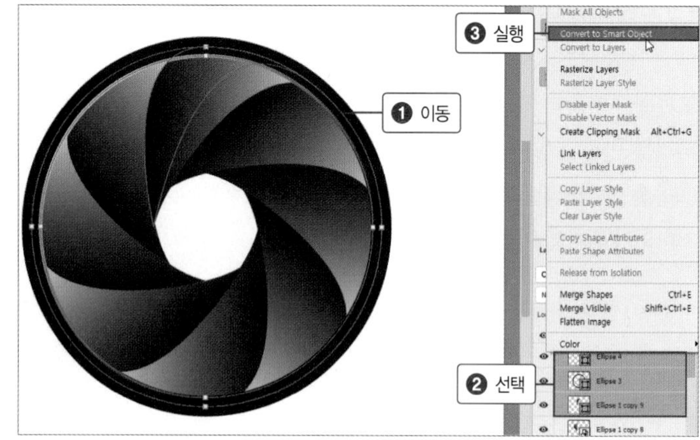

18 타원 도구(◯)를 이용하여 중앙 부분에 검은색 원을 만들어 흰색 부분이 보이지 않게 만듭니다. Layers 패널에서 레이어 위치를 그룹의 가장 하단으로 이동하여 안쪽에 검은색으로 보이게 만듭니다.

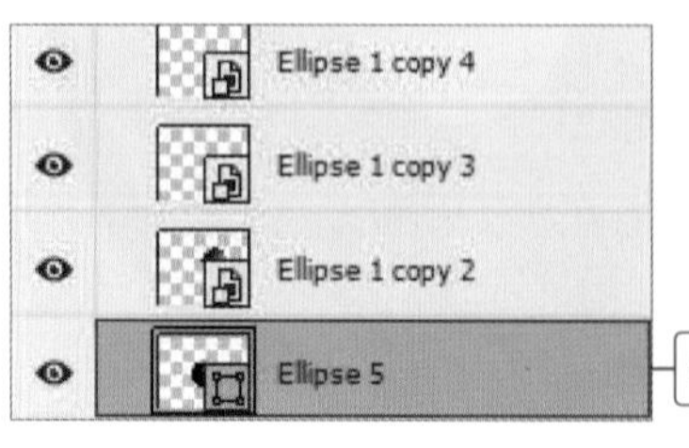

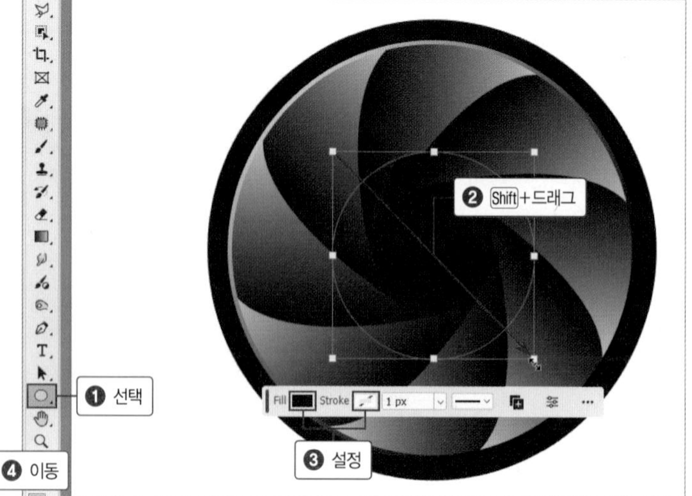

19 그룹을 선택하고 Ctrl+T를 눌러 변형 상태로 만듭니다. 옵션바에서 W를 '700px'로 설정하여 크기를 축소해 렌즈를 완성합니다.

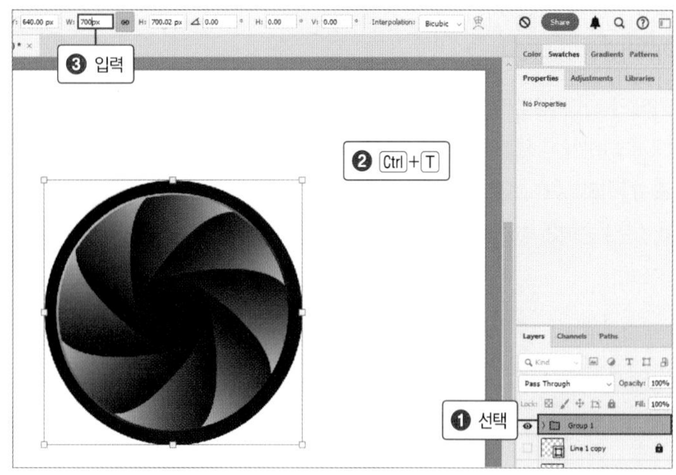

카메라 바디 그리기

01 카메라 바디 부분을 그리기 위해 Tools 패널에서 사각형 도구(□)를 선택하고 옵션바에서 Fill의 색상 상자를 클릭한 다음 표시되는 메뉴에서 'Color Picker' 아이콘(□)을 클릭합니다. Color Picker 대화상자가 표시되면 #에 'CCCCCC'를 입력하여 색을 지정하고 <OK> 버튼을 클릭합니다.

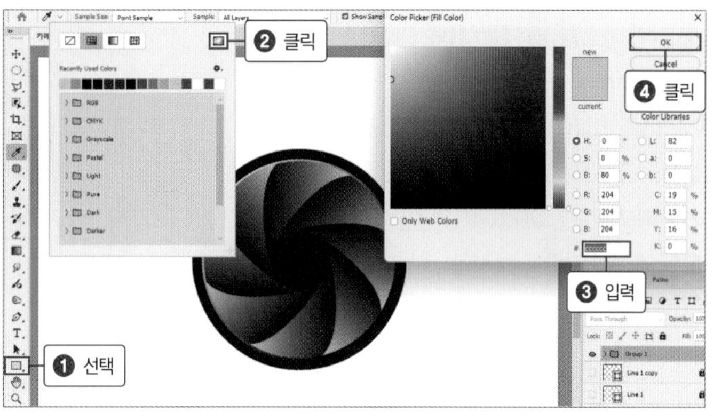

02 캔버스를 클릭하여 Create Rectangle 대화상자가 표시되면 Width를 '1100px', Height를 '640px'로 설정하고 모서리를 동그랗게 처리하기 위해 Radii의 '링크' 아이콘(□)을 클릭하여 활성화하고 '20px'을 설정한 다음 <OK> 버튼을 클릭합니다.

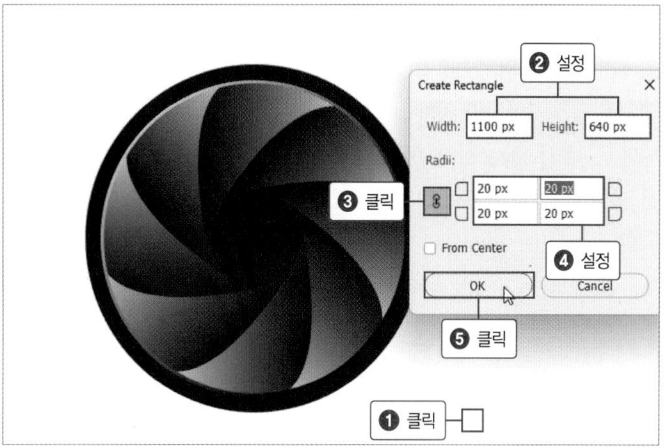

03 모서리가 20px만큼 둥그런 직사각형이 생성되었습니다. 이는 카메라 바디 부분이므로 Layers 패널에서 레이어 위치를 셔터 아래로 이동하고 V를 눌러 이동 도구(✥)를 선택한 다음 카메라 렌즈 위치에 맞춰 이동합니다.

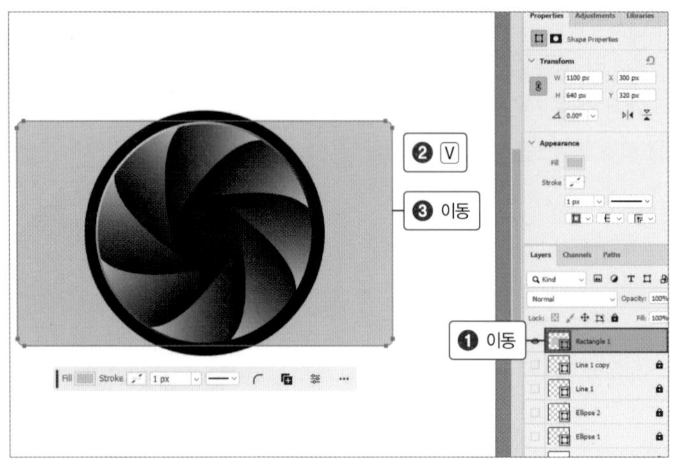

04 카메라 바디 왼쪽편에 그립을 위한 장식을 만들기 위해 Tools 패널에서 사각형 도구(□)를 선택하고 캔버스를 클릭합니다. Create Rectangle 대화상자가 표시되면 Width를 '60px', Height를 '560px'로 설정하고 모서리를 동그랗게 처리하기 위해 Radii를 '20px'로 설정한 다음 모든 <OK> 버튼을 클릭합니다.

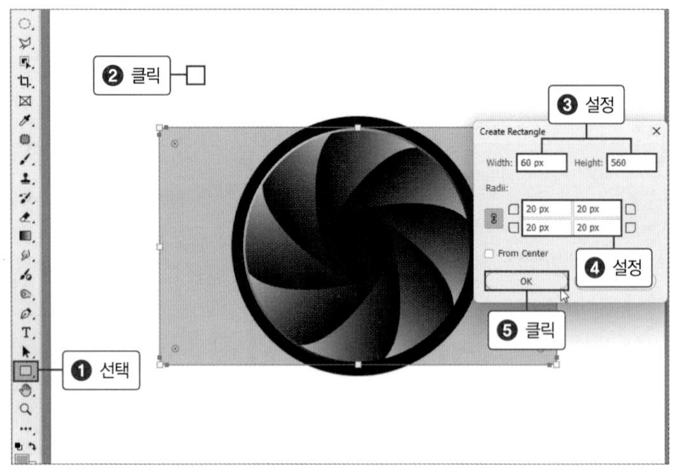

05 V를 눌러 이동 도구(✥)를 선택하고 새로 생성된 셰이프를 카메라 바디의 왼쪽으로 이동합니다. 입체감 있게 표현하기 위해 Layers 패널에서 'Add a layer style' 아이콘(fx)을 클릭하고 'Bevel & Emboss'를 선택합니다.

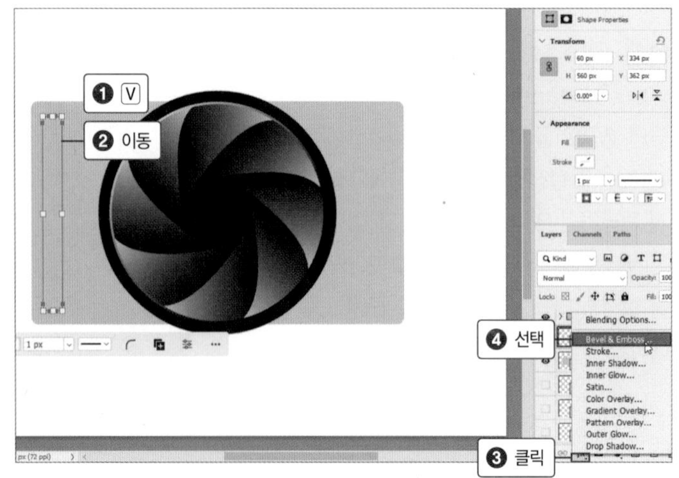

06 Layer Style 대화상자가 표시되면 Style을 'Inner Bevel'로 지정하고 Depth를 '100%', Size를 '10px', Soften을 '15px'로 설정한 다음 <OK> 버튼을 클릭합니다.

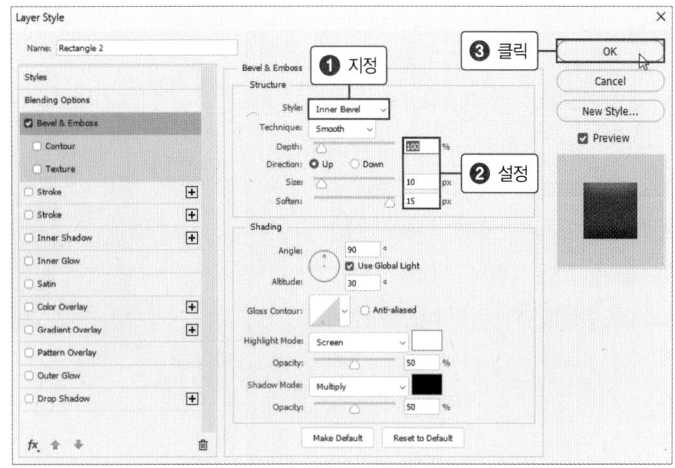

07 추가적으로 셰이프를 만들기 위해 Tools 패널에서 사각형 도구(▭)를 선택하고 캔버스를 클릭합니다. Create Rectangle 대화상자가 표시되면 Width를 '300px', Height를 '60px'로 설정하고 모서리를 동그랗게 처리하기 위해 Radii를 '30px'로 설정한 다음 <OK> 버튼을 클릭합니다.

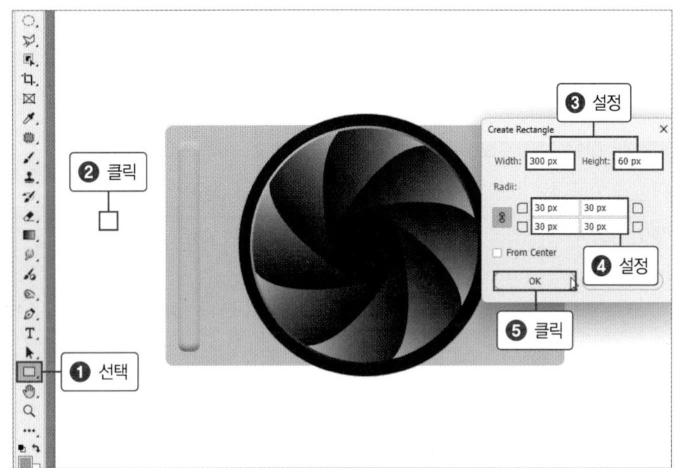

08 Tools 패널에서 패스 선택 도구(▶)를 선택하고 옵션바에서 Fill의 색상 상자를 클릭하여 색상을 '검은색'으로 지정한 다음 그림과 같이 셰이프의 위치를 오른쪽 상단으로 이동합니다.

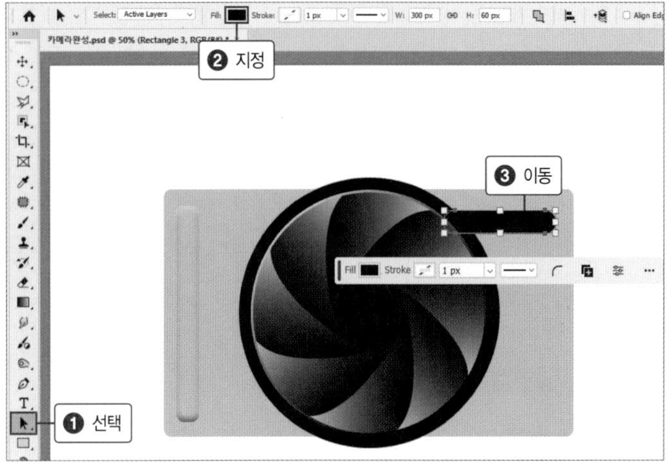

10 포토샵에서 활용하는 벡터와 문자

09 셰이프를 만들기 위해 Tools 패널에서 사각형 도구(▢)를 선택하고 캔버스를 클릭합니다. Create Rectangle 대화상자가 표시되면 Width를 '140px', Height를 '20px'로 설정하고 Radii의 '링크' 아이콘(🔗)을 클릭한 다음 '10px', '10px', '0px', '0px'로 설정한 후 <OK> 버튼을 클릭합니다.

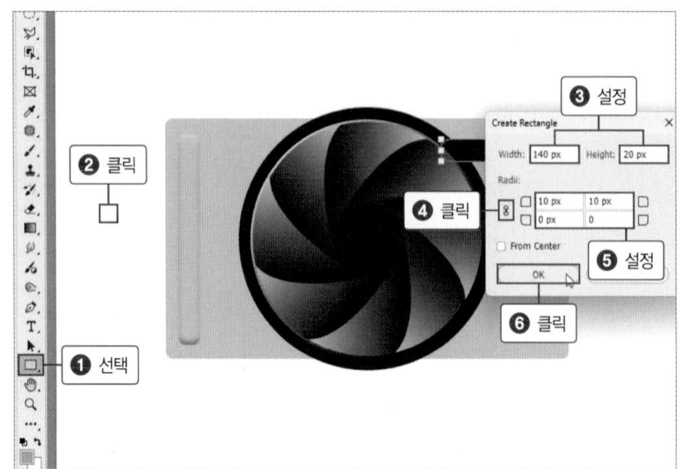

10 Tools 패널에서 패스 선택 도구(▶)를 선택하고 작업 표시줄에서 Fill을 '진한 회색(#999999)'으로 지정한 다음 셰이프의 위치를 왼쪽 상단으로 이동합니다. Layers 패널에서 레이어의 위치를 바디보다 아래쪽으로 이동하여 위쪽만 보이도록 만듭니다.

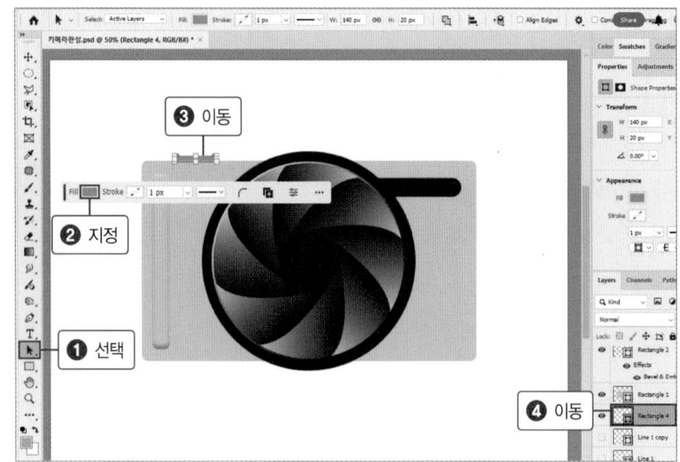

11 Layers 패널에서 렌즈를 그린 셔터 그룹을 선택하고 Tools 패널에서 이동 도구(✥)를 선택합니다. →를 눌러 셔터의 위치를 오른쪽으로 조금 이동해 카메라 모양을 완성합니다.

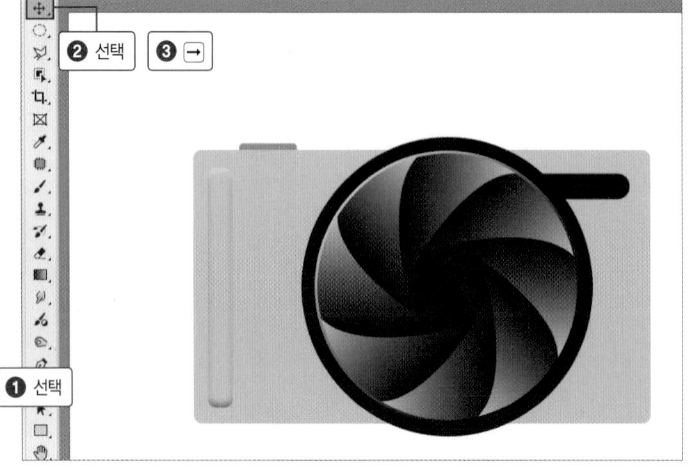

연습 문제 | 형태에 맞춘 합성 방법 연습하기

01 Warp를 활용하여 책과 같이 다중으로 표현된 곡선에 자연스럽게 합성해 보세요.

• **예제 및 완성 파일** : 10\소스1~3.jpg, 연습문제1.psd

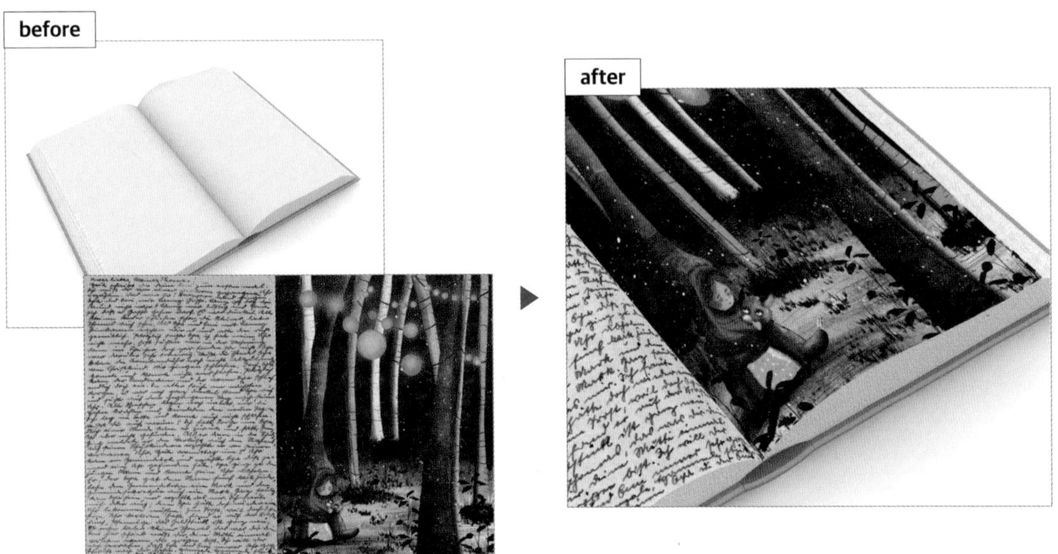

HINT 스마트 오브젝트 레이어로 변경하기 → 각 페이지에 적용하기 위해 왼쪽과 오른쪽을 각각 만들어 이미지 복사하기 → Wrap 기능으로 책의 곡면에 맞춰서 수정하기

02 생성형 AI를 이용하여 책에 어울리는 배경을 만들어 보세요.

• **예제 및 완성 파일** : 10\소스3~6.jpg, 연습문제2.psd

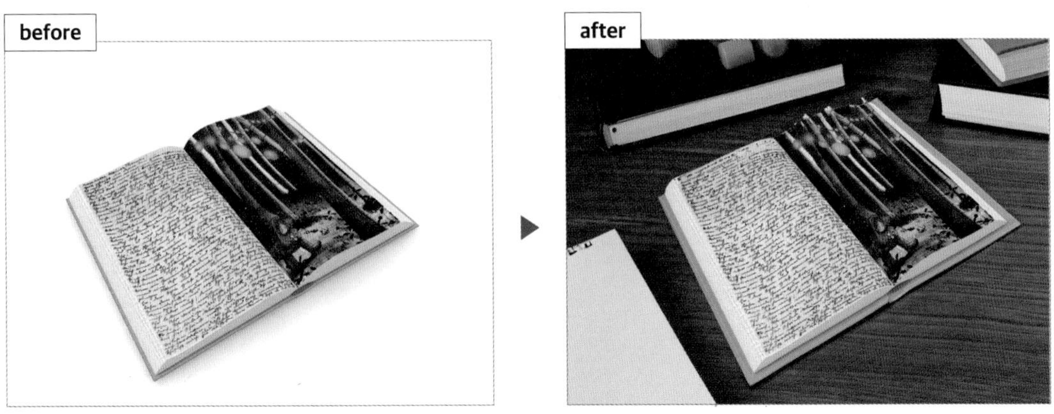

HINT 책을 선택하고 선택 영역을 반전하기 → '나무로 된 책상, 만연필, 연필, 잉크, 책과 노트'를 입력하여 생성하기

WEEK 11

포토샵으로 만드는 디자인

학 습 목 표

포토샵은 기본적으로 다양한 기능을 제공하여 여러 분야에서 결과물을 제작할 수 있으며, 사용자 정의 설정을 통해 다양한 표현이 가능합니다. 이러한 이유로 사용자가 원하는 결과를 도출하고 표현하는 데 최적화된 프로그램이라 할 수 있습니다. 직접 다양한 설정과 제작 과정을 진행해 보겠습니다.

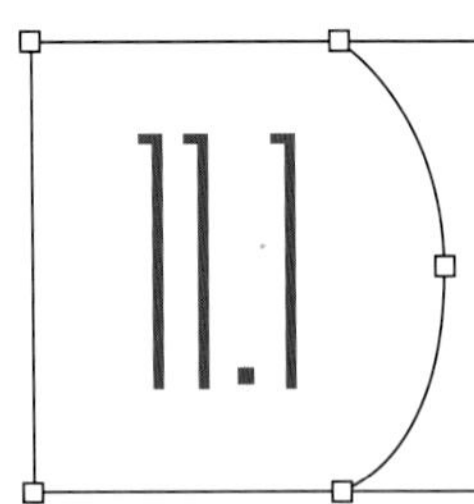

11.1 펜 도구로 패스 생성하기

포토샵에서는 일러스트레이터의 벡터 이미지처럼 패스를 생성할 수 있으며, 이를 위한 기본 도구도 포함되어 있습니다. 펜 도구를 이용해 패스를 만드는 방법을 알아보겠습니다.

직선 그리기

펜 도구를 이용한 기본 패스 생성은 직선을 그리는 것에서 시작합니다. Tools 패널에서 펜 도구( )를 선택하고 문서를 클릭하면 기준점이 되는 앵커 포인트가 생성되며, 추가로 앵커 포인트를 클릭하면 이들이 직선으로 연결된 패스가 만들어집니다. 여러 번 클릭하며 앵커 포인트를 연속적으로 이어가면서 원하는 패스 형태를 만들 수 있으며, 최종적으로는 시작점을 클릭해 닫힌 패스를 완성해야 합니다. 커서를 시작점 근처로 이동했을 때, 펜 도구 아래에 '○' 표시가 나타나면 클릭하여 완전한 패스를 만들 수 있습니다. 필요에 따라 패스는 열린 형태로도 남길 수 있지만, 색을 채우거나 선택 영역으로 전환하려면 닫힌 패스로 생성해야 합니다.

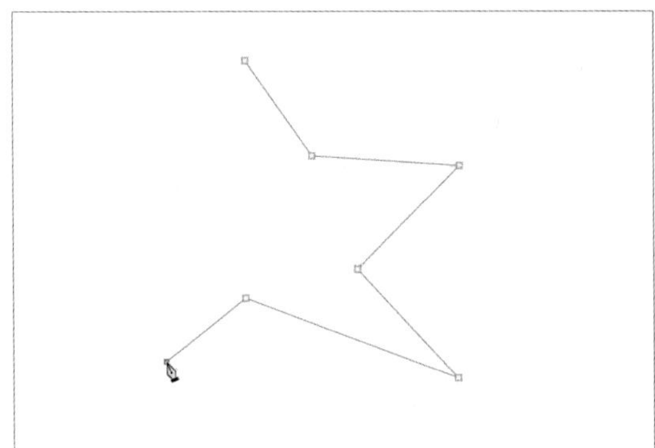

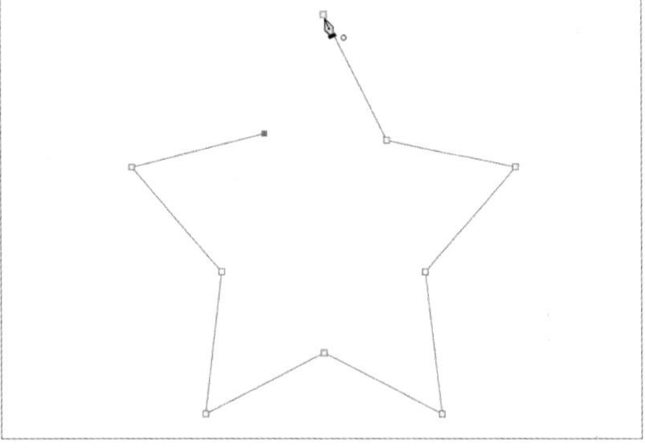

NOTE

직선을 그릴 때 Shift를 누른 상태로 직선의 끝 지점을 클릭하면 완벽한 수평선, 수직선 또는 45° 각도의 직선을 그릴 수 있습니다. 또한, 직선의 끝 점에서 다시 Shift를 누른 상태로 클릭하면 여러 직선을 연결할 수도 있습니다.

곡선 그리기

곡선 형태의 패스를 생성하려면 앵커 포인트를 추가하고 다음 앵커 포인트를 추가하기 전에 방향선과 방향점을 설정해야 합니다. 방향선의 길이와 방향점의 위치에 따라 곡선이 만들어집니다. 앵커 포인트를 클릭하고 이동하면 곡선을 만들 수 없으며, 클릭하면서 드래그하여 원하는 방향으로 이동하면 방향선이 생성되고, 이에 따라 곡선이 형성됩니다. 패스를 만들 때부터 곡선 형태를 지정할 수 있으며, 이후 생성되는 앵커 포인트는 이전 앵커 포인트에 설정된 방향선과 방향점의 영향을 받아 곡선으로 이어집니다. 또한, 직선 형태의 패스를 만들다가 중간에 곡선 패스를 추가하는 것도 가능합니다.

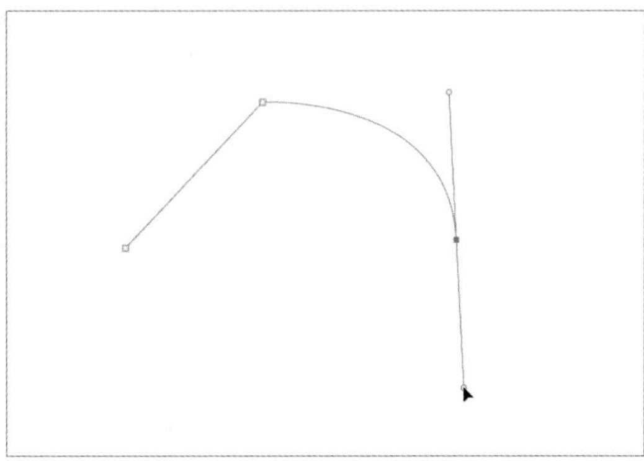

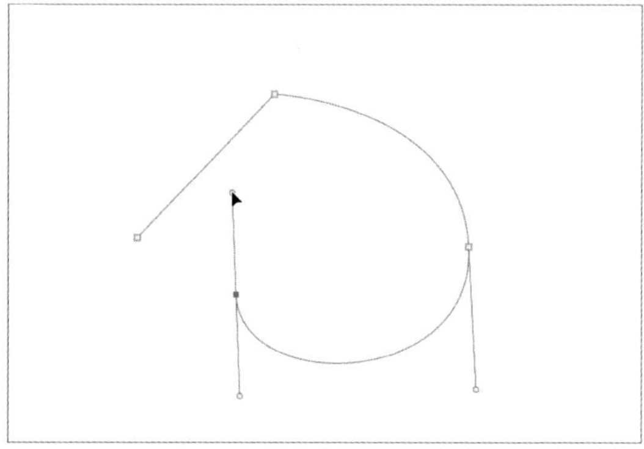

꺾인 곡선 만들기

곡선을 만들기 위해 앵커 포인트를 추가하고 드래그할 때, Alt를 누른 상태로 드래그하면 서로 연결된 방향선이 끊어져 각각 조정할 수 있으며, 서로 다른 기울기를 가진 곡선으로 만들 수 있습니다. 이미 곡선 형태로 만들어져서 서로 연결된 방향선이라면, 기준점 변환 도구( )를 이용하여 꺾인 형태의 곡선으로 만들거나 직선 형태 및 곡선 형태의 앵커 포인트로 자유롭게 변경하여 만들 수 있습니다.

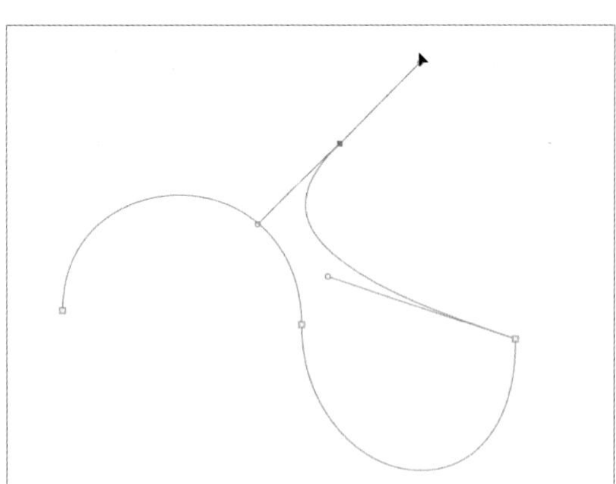

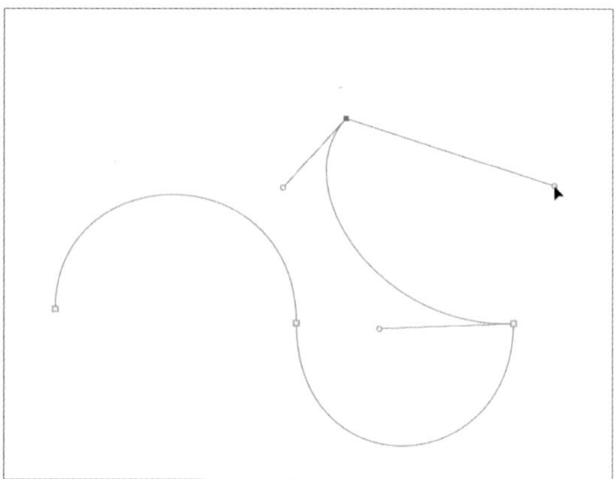

11.2 실습 예제 01 생성형 AI를 활용한 유화 만들기

• **예제 파일 :** 11\페인팅효과.jpg • **완성 파일** : 11\페인팅효과_완성.psd

생성형 AI는 다양한 형태 변형과 기술적 표현을 쉽고 빠르게 가능하게 해 줍니다. 특히 회화적 표현이나 재질 변환을 고품질로 빠르게 구현할 수 있어, 복잡한 필터나 레이어 합성 없이도 회화 효과를 만들 수 있습니다. 생성형 AI를 이용해 사진을 유화 느낌으로 변환해 보겠습니다.

01 Ctrl+O를 눌러 11 폴더에서 '페인팅효과.jpg' 파일을 불러옵니다. 컬러풀한 여성의 사진을 확인할 수 있습니다.

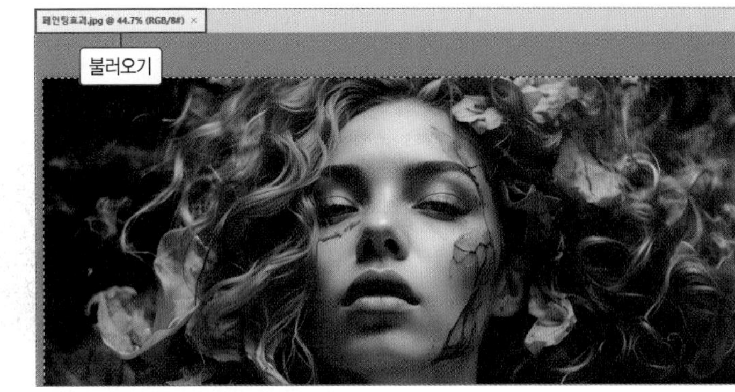

02 회화적 표현을 위해 Channels 패널을 선택하여 표시합니다. 채널을 확인하면 RGB 채널과 각 색상별 채널을 확인할 수 있습니다. 과거에 비해서 채널 활용도가 낮아졌지만, 포토샵의 고급 스킬을 위해 채널을 활용하는 경우가 많습니다.

11 포토샵으로 만드는 디자인

예제에 직접 프롬프트를 입력한 경우

생성형 AI를 활용하여 회화적 표현을 만들기 위해 프롬프트 'oil painitng'을 입력하면 원하는 형태가 아닌 전혀 다른 이미지로 변환될 수 있습니다.

❶ 본 예제에 명령을 입력하기 위해 Ctrl+A를 눌러 이미지 전체를 선택하고 작업 표시줄에 'oil painitng'을 입력하고 <Generate> 버튼을 클릭합니다.

❷ 생성된 유화 효과를 보면 원본과는 전혀 다른 모습의 유화적 표현으로 변경됩니다. 따라서 원본의 형태를 유지하여 회화적 표현을 만들거나 다른 효과를 만들려면 채널을 활용해야 합니다. 본 예제에서는 채널을 활용하여 원본의 형태를 유지한 상태에서 회화적 표현을 만들겠습니다.

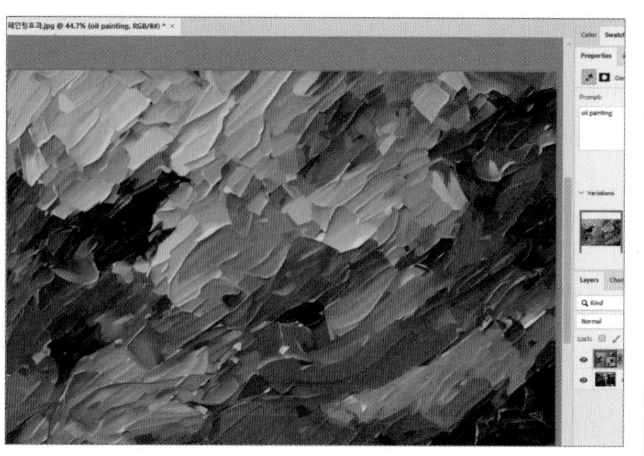

03 Channels 패널에서 'Create new channel' 아이콘(⊞)을 클릭하여 새로운 채널을 추가합니다. 추가된 채널은 알파 채널로 생성되며 나머지 채널은 숨김 상태로 설정됩니다.

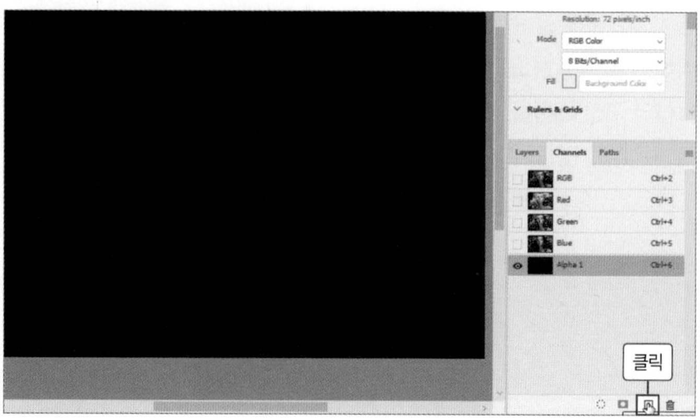

04 Tools 패널에서 전경색을 클릭합니다. Color Picker 대화상자가 표시되면 #에 '4D4D4D'를 입력하여 색상을 진한 회색으로 지정하고 <OK> 버튼을 클릭합니다.

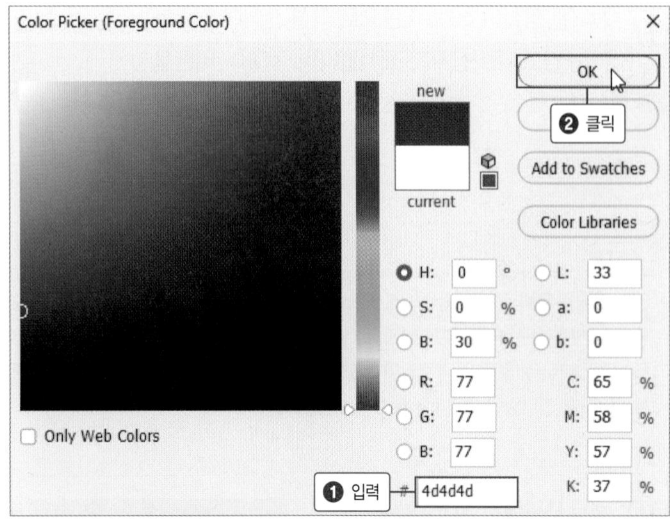

05 설정한 색을 알파 채널에 적용하기 위해 Tools 패널에서 페인트통 도구(🪣)를 선택하고 문서를 클릭합니다.

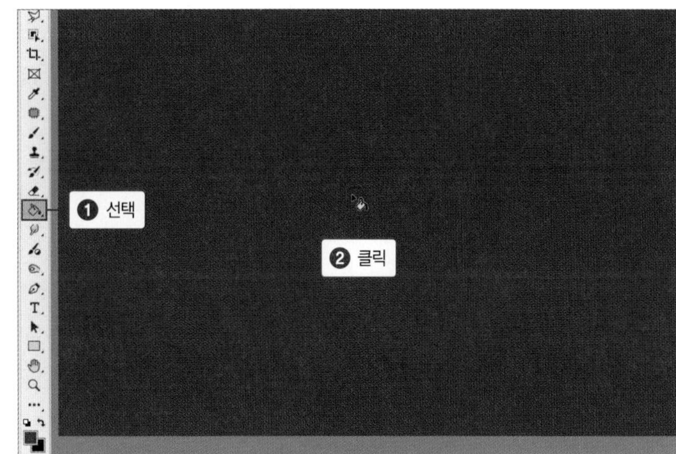

06 채널에 적용된 색을 기준으로 선택 영역으로 만들기 위해 Ctrl을 누른 상태로 알파 채널의 섬네일을 클릭합니다.

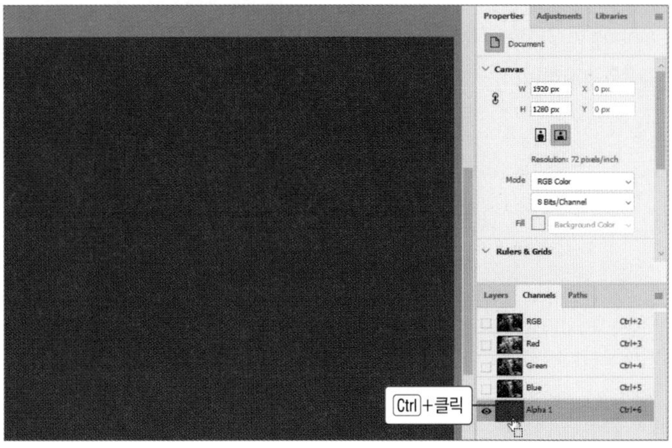

11 포토샵으로 만드는 디자인

07 선택된 픽셀이 50% 미만으로 픽셀 선택이 부족하다는 경고 대화상자가 표시됩니다. <OK> 버튼을 클릭합니다.

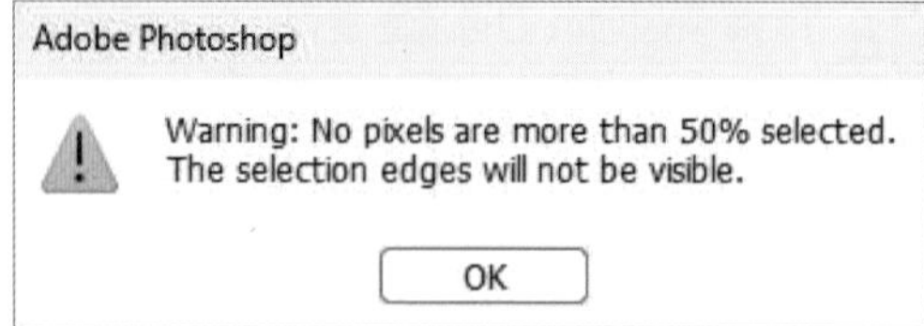

NOTE

알파 채널은 흑백 값으로 픽셀의 투명도를 나타냅니다. 이를 퍼센트(%)로 구분 한다면 검은색을 0%, 흰색을 100%라고 할 수 있습니다. 예제에서는 알파 채널을 회색으로 지정했으므로 1%에서 99% 사이, 즉 부분적으로 선택되기 때문에 이러한 경고 문구가 표시되는 것입니다. 이렇게 알파 채널이 부분적으로 선택된 상태로 생성형 AI를 활용한다면 원하는 효과가 부분적으로 적용되므로 원하는 이미지에 스타일만 변경하여 생성할 수 있습니다.

08 채널 패널에서 RGB 채널을 클릭하여 예제 파일이 다시 보이도록 만듭니다. 이때 알파 채널은 자동으로 숨김 상태로 설정됩니다.

09 Layers 패널을 선택하여 표시하고 작업 표시줄에서 'oil painting'을 입력한 다음 <Generate> 버튼을 클릭합니다.

10 사진이 유화로 그린 듯한 느낌으로 변형됩니다. 적절한 유화 변형이 없다면 Properties 패널에서 <Generate> 버튼을 클릭하여 추가적으로 생성합니다.

프롬프트에 따른 스타일 효과 살펴보기

• **수채화 효과** : 'Water color painting'을 입력하면 수채화로 그린 듯한 사진으로 변형됩니다.

• **크레용 효과** : 'crayon drawing'을 입력하고 생성하면 색연필과 같은 재료로 그린 듯한 효과로 만들어집니다. 그림과 같이 부분 확대를 하면 표현된 부분을 더 자세히 확인할 수 있습니다.

• **스테인드 글라스 효과** : 'Stained glass'를 입력하면 고전적인 유리화 느낌의 스타일로 변형됩니다.

• **연필 스케치 효과** : 'Pencil Sketch'를 입력하면 연필로 그린 듯한 질감의 스타일로 변형됩니다.

11 이목구비는 조금 선명하게 보이게 할 필요가 있습니다.

Tools 패널에서 지우개 도구( )를 선택하고 옵션바에서 브러시를 'Soft Round', '800px'로 설정하고 Opacity를 '50%', Flow를 '100%'로 설정합니다.

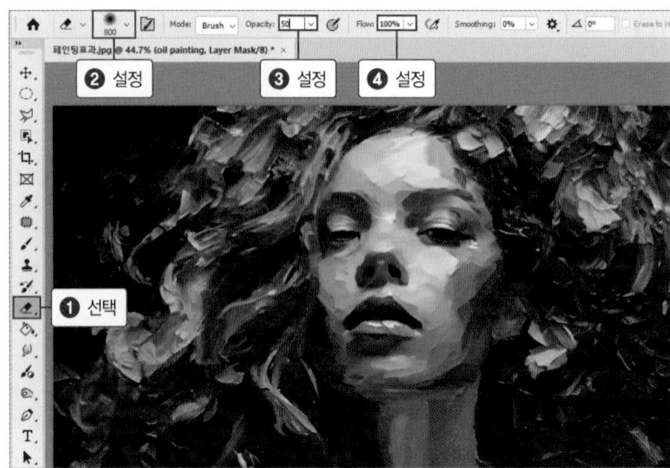

12 Layers 패널에서 레이어 마스크를 선택하고 얼굴 부분을 살짝 칠하듯 문질러 얼굴 부분에 적용된 유화 표현을 지워 약하게 만듭니다.

13 브러시 크기를 작게 조정하기 위해 [[ ]를 눌러 눈 크기와 비슷하게 브러시 크기를 축소하거나 옵션바에서 브러시 크기를 '300px'로 설정합니다. 눈 부분만 한 번 더 문질러 지워 사실적으로 완성합니다.

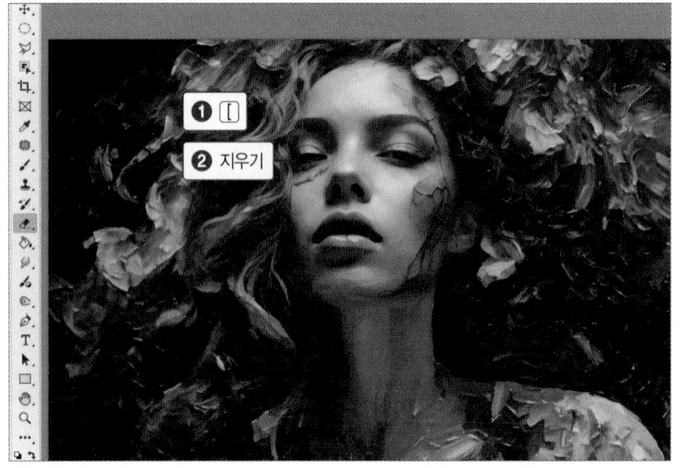

11.3 실습 예제 02 셰이프 도구를 이용하여 심볼 만들기

• **완성 파일** : 11\G심볼_완성.psd

기업을 상징하는 기호는 심볼 또는 엠블럼이라고 하며, 글자로 표현한 형태는 로고타이프라고 합니다. 이렇게 만든 기업이나 브랜드의 상징을 CI 또는 BI라고 부릅니다. 다양한 크기에 대응할 수 있도록 주로 벡터 형태로 제작하며, 포토샵에서도 벡터 기능을 활용하여 만들 수 있습니다.

셰이프 도구로 심볼 형태 만들기

01 새로운 문서를 만들기 위해 Ctrl+N을 눌러 New Document 대화상자가 표시되면 Width를 '1700', Height '1280'으로 설정하고 <Create> 버튼을 클릭합니다.

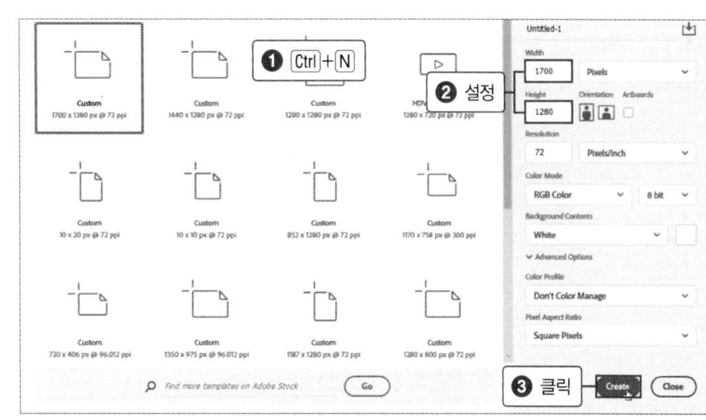

02 Tools 패널에서 타원 도구( )를 선택합니다. 옵션바에서 Fill을 원하는 색상으로 지정하고 Stroke를 'No color'로 설정하여 테두리를 제거합니다. 캔버스를 클릭하고 Create Ellipse 대화상자가 표시되면 Width와 Height를 '800px'로 입력하고 <OK> 버튼을 클릭합니다.

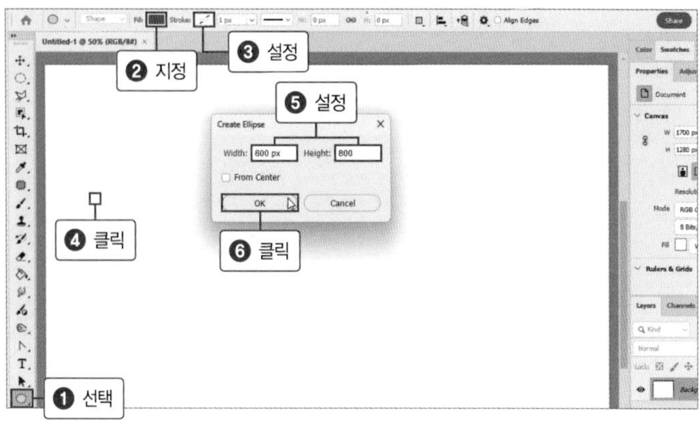

03 800픽셀 크기의 셰이프가 생성됩니다. 생성된 위치가 문서의 중앙이 아니기 때문에 옵션바에서 'Align' 아이콘()을 클릭합니다. 표시되는 메뉴에서 문서를 기준으로 정렬하기 위해 Align To를 'Canvas'로 지정하고 Align에서 '좌우 정렬' 아이콘()과 '상하 정렬' 아이콘()을 클릭하여 캔버스 중앙에 위치하도록 정렬합니다.

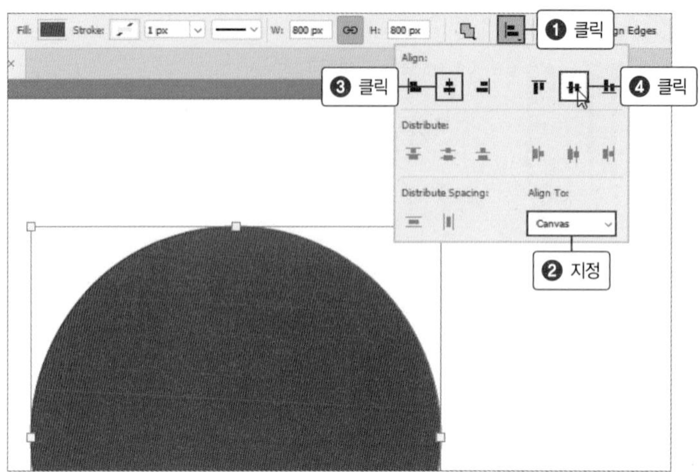

04 추가로 생성한 원형 셰이프는 현재 셰이프의 일부 영역을 제거하는 용도로 사용됩니다. Layers 패널에서 'Background' 레이어를 선택하고 옵션바에서 'Path Operation' 아이콘()을 클릭한 다음 'Substract From Shape'를 선택합니다.

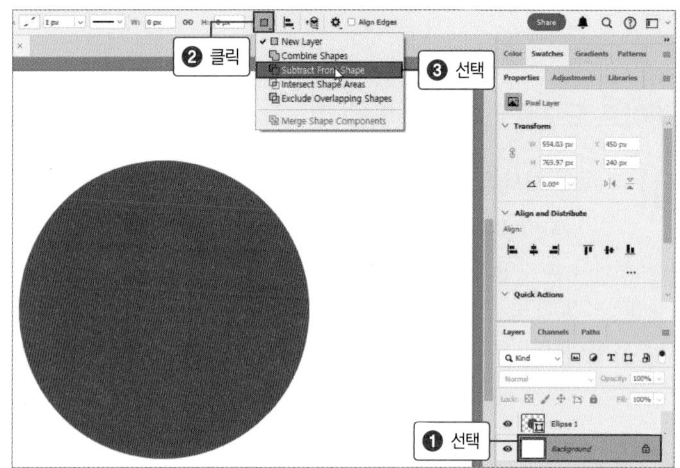

TIP **배경 레이어를 선택하지 않았을 경우**

'Background' 레이어를 선택하지 않고 'Substract From Shape'를 선택하면 적용된 색이 반전되어 배경에 적용됩니다. 따라서 꼭 'Background' 레이어를 선택한 상태, 즉 셰이프가 선택되지 않은 상태에서 옵션을 적용해야 합니다.

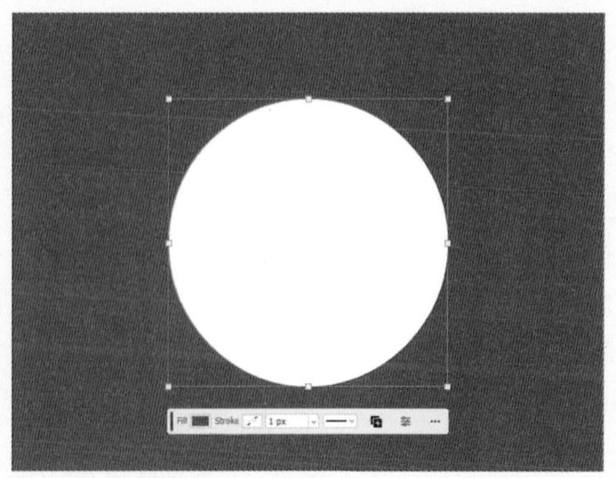

05 다시 'Ellipse 1' 레이어를 선택하면 커서에 '-' 표시가 나타나 기존 셰이프에서 영역이 제거된다는 것을 확인할 수 있습니다.

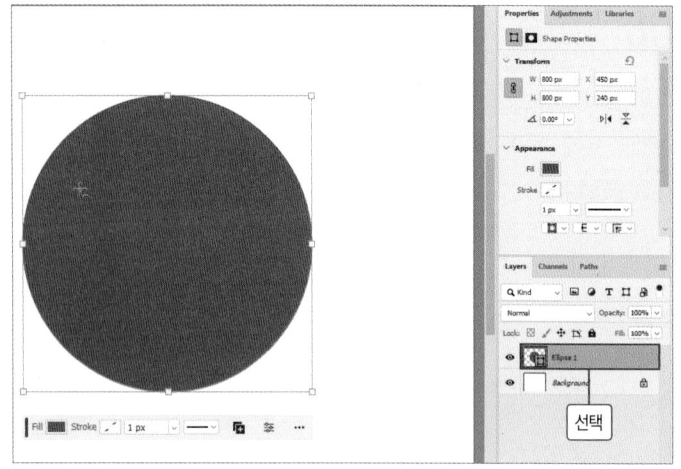

06 캔버스를 클릭하여 Create Ellipse 대화상자가 표시되면 기존보다 작은 원형 셰이프를 만들기 위해 Width와 Height를 '500px'로 입력하고 <OK> 버튼을 클릭합니다.

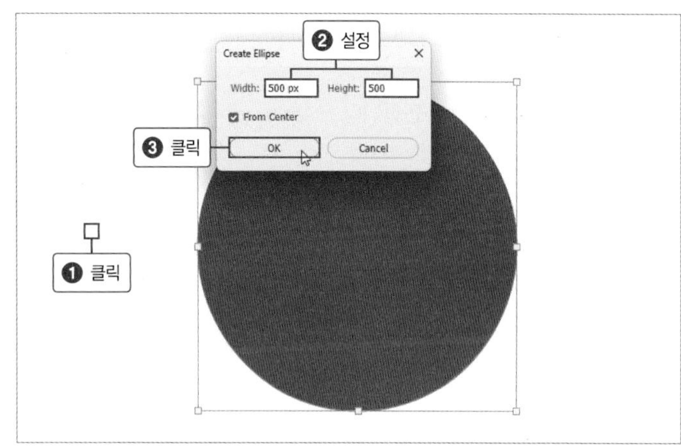

07 작은 원도 중앙에 맞춰 정렬하기 위해 옵션바에서 'Align' 아이콘(▤)을 클릭합니다. 표시되는 메뉴에서 Align To를 'Canvas'로 지정하고 Align에서 '좌우 정렬' 아이콘(▤)과 '상하 정렬' 아이콘(▤)을 클릭하여 캔버스 중앙에 위치하도록 정렬합니다. 도너츠와 같은 형태로 셰이프가 만들어진 것을 확인할 수 있습니다.

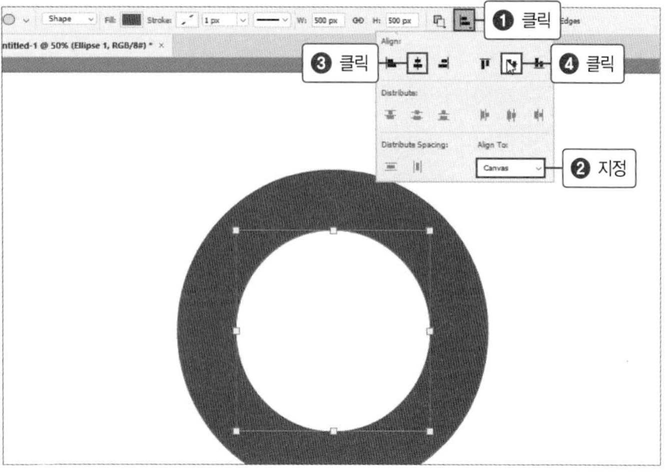

11 포토샵으로 만드는 디자인

08 Tools 패널에서 선 도구(◻) 선택하고 작업 표시줄에서 Fill을 '검은색'으로 지정합니다. Shift를 누른 상태로 드래그하여 '1px' 두께의 수평선을 만듭니다.

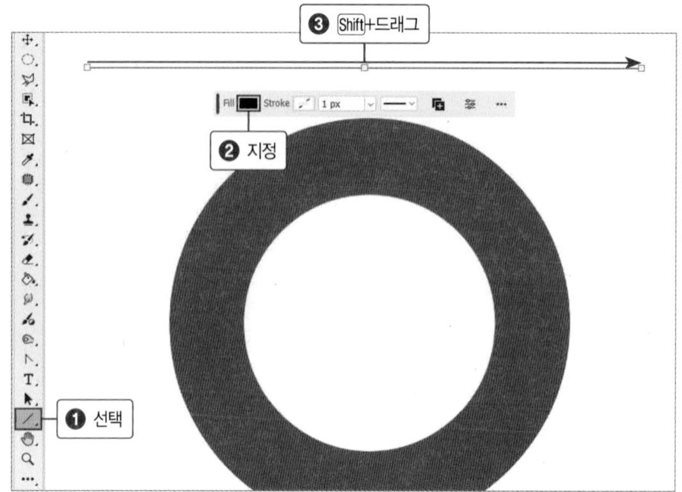

09 생성된 선을 회전하기 위해 Properties 패널에서 Angle을 '135'로 설정하여 사선 형태로 만듭니다.

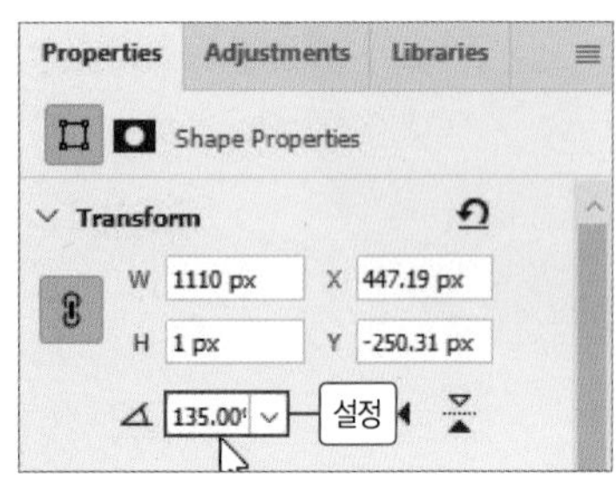

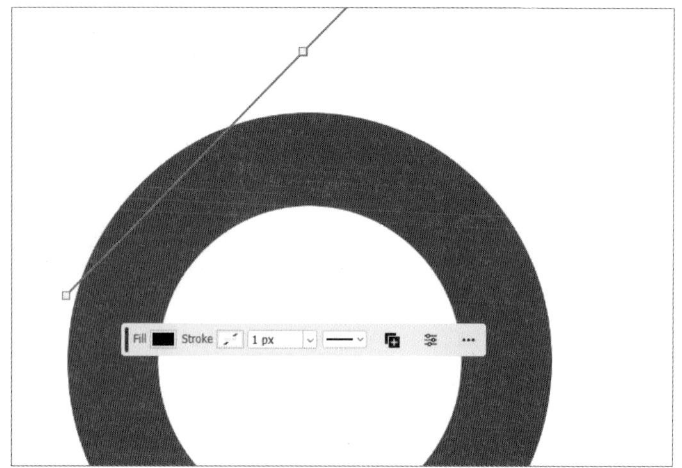

10 생성된 선을 중앙 정렬하기 위해 옵션바에서 'Align' 아이콘(◻)을 클릭합니다. Align To를 'Canvas'로 지정하고 Align에서 '좌우 정렬' 아이콘(◻)과 '상하 정렬' 아이콘(◻)을 각각 클릭하여 문서 중앙에 위치하도록 정렬합니다.

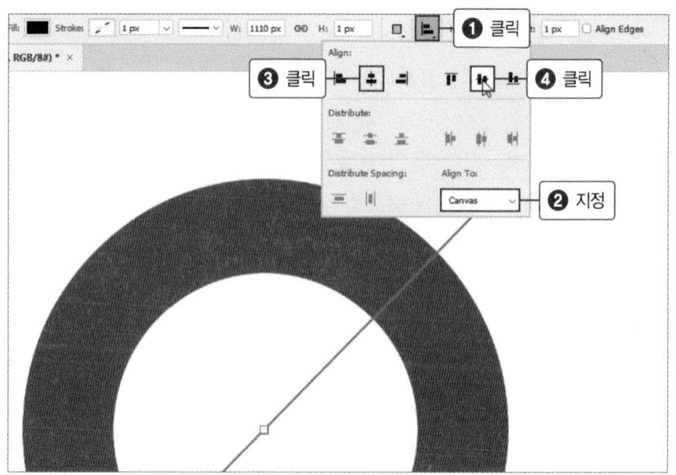

11 같은 방법으로 수평선을 생성하고 Align을 활용하여 문서의 중앙에 정렬합니다.

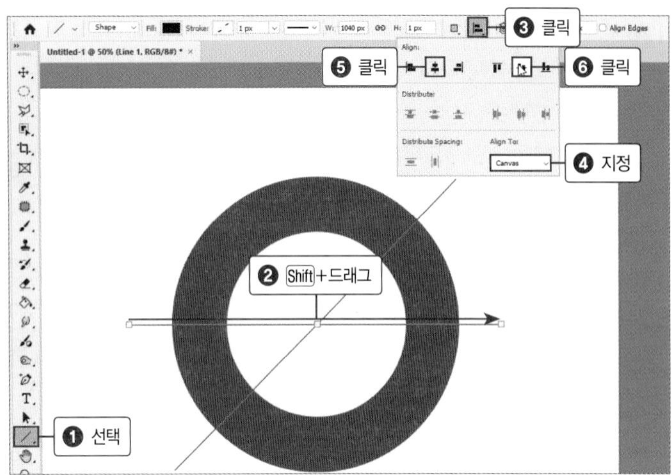

12 생성된 선이 있는 레이어는 잠금 상태로 만들고 Tools 패널에서 폴리곤 도구(⬡)를 선택합니다. 오른쪽의 일부분을 제거하기 위해 옵션바에서 'Path Operation' 아이콘(▣)을 클릭하고 'Substract From Shape'를 선택합니다.

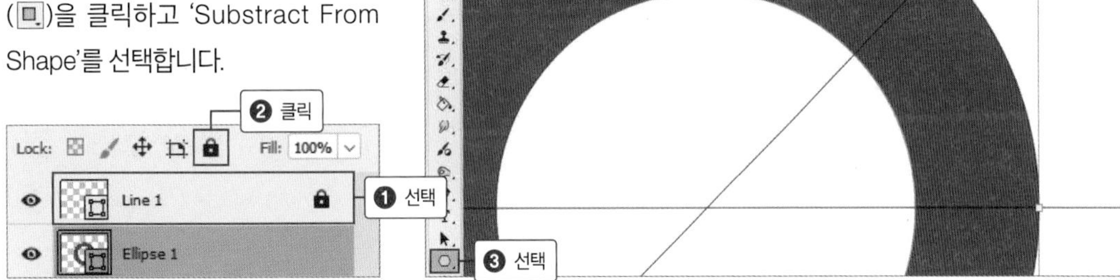

13 Layers 패널에서 원이 그려져 있는 'Ellipse 1' 레이어를 선택하고 문서를 클릭합니다. Create Polygon 대화상자가 표시되면 Width와 Height를 '400px', Number of Sides를 '3'으로 설정하고 <OK> 버튼을 클릭합니다.

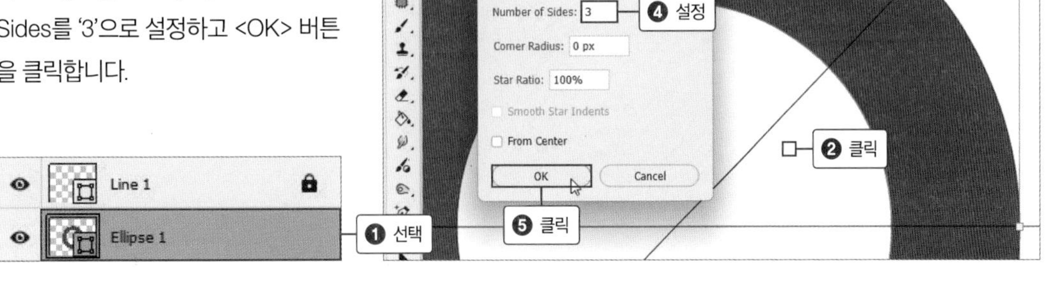

14 삼각형을 정삼각형 모양으로 맞춰서 조정하겠습니다. Tools 패널에서 직접 선택 도구(![icon])를 선택하고 삼각형의 왼쪽 하단 꼭짓점을 원의 중앙에 맞게 이동하고 위쪽에 있는 점을 오른쪽으로 드래그하여 이동합니다. 이동을 시작하면 대화상자가 표시되는데 이는 셰이프 모양이 변형된다는 것을 확인하는 것이므로 <Yes> 버튼을 클릭합니다.

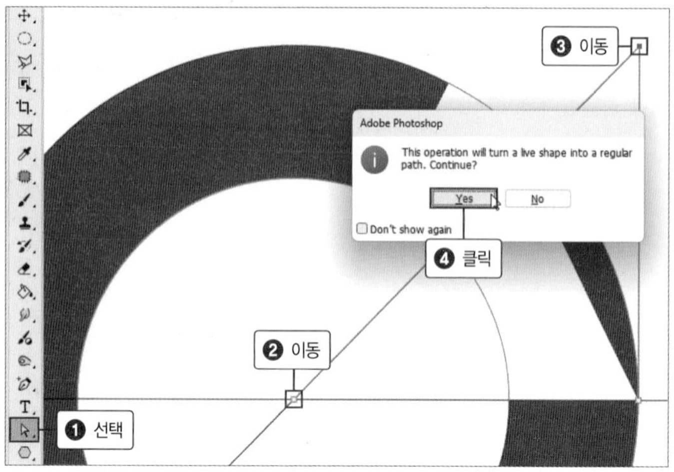

심볼에 그레이디언트 적용하기

01 가이드로 만든 선에 맞춰서 삼각형이 만들어지면 그림과 같이 오른쪽이 빈 원형이 생성됩니다. C 모양으로 만들고 해당 레이어에 색을 그레이디언트로 적용하기 위해 'Add a layer style' 아이콘(fx)을 클릭한 다음 'Gradient Overlay'를 선택합니다.

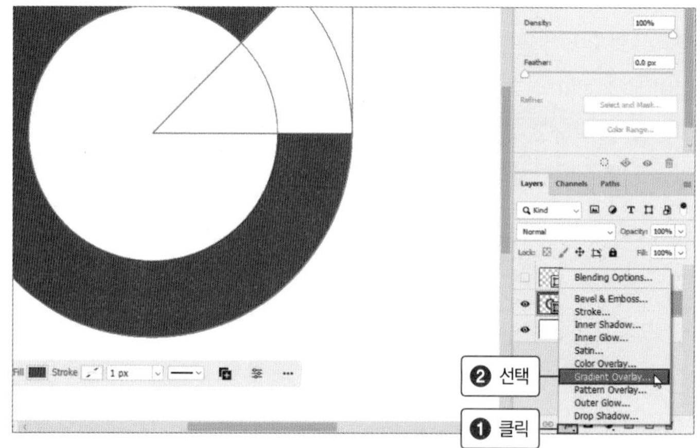

02 Layer Style 대화상자가 표시되면 Opacity를 '100%'로 설정하고 Style을 'Liner'로 지정한 다음 Angle를 '125', Scale을 '100'으로 설정합니다. 색을 설정하기 위해 Gradient의 색상 상자를 클릭합니다.

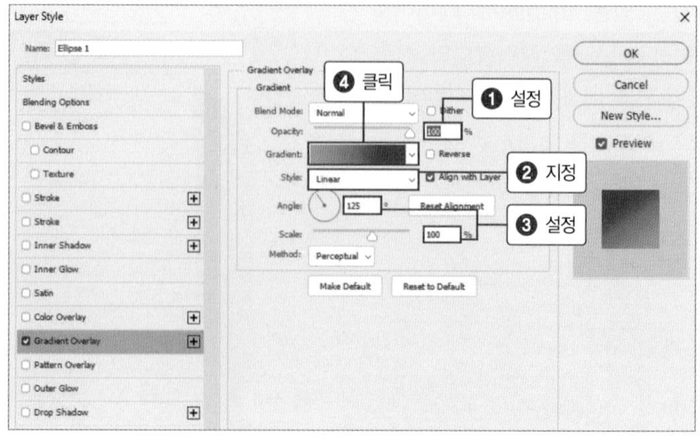

03 Gradient Editor 대화상자가 표시되면 그레이디언트 하단에 있는 Color Stop을 클릭하고 Color Picker 대화상자에서 색상을 지정한 다음 <OK> 버튼을 클릭합니다. 예제에서는 왼쪽 색상을 '#0BBAFB', 오른쪽 색상을 '#295692'로 입력하여 색상을 지정하였습니다.

04 오른쪽에 적용된 색상의 위치를 조정하기 위해 오른쪽 Color Stop을 선택하고 Location을 '75'로 설정합니다.

05 중앙에 있는 작은 조절점은 중간색의 위치입니다. 해당 점을 선택하고 Location을 '65'로 설정하여 색이 적용되는 위치랑 범위를 조정한 다음 <OK> 버튼을 클릭합니다.

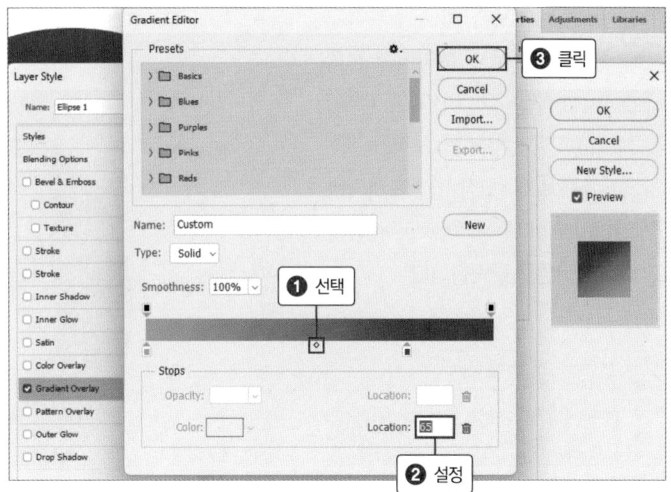

06 그레이디언트가 적용된 것을 확인하고 Layer Style 대화상자에서 <OK> 버튼을 클릭합니다.

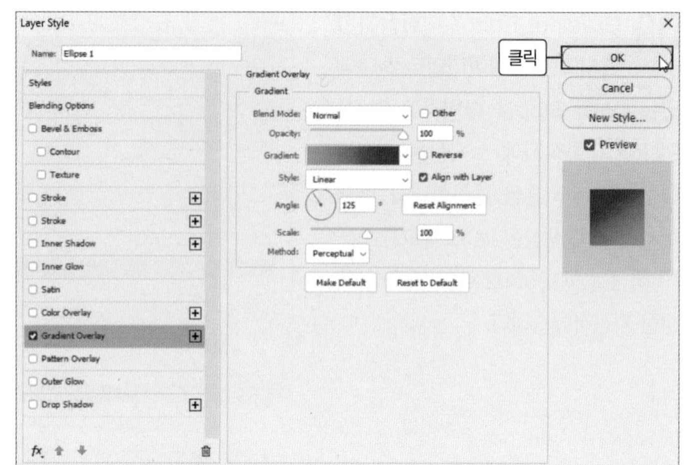

07 Layers 패널에서 선이 적용된 레이어를 선택하고 '자물쇠' 아이콘()을 클릭하여 잠금을 해제합니다. Tools 패널에서 패스 선택 도구()를 선택하고 사선으로 된 선을 선택한 다음 Properties 패널에서 Angle을 '112.5'로 설정하여 회전합니다.

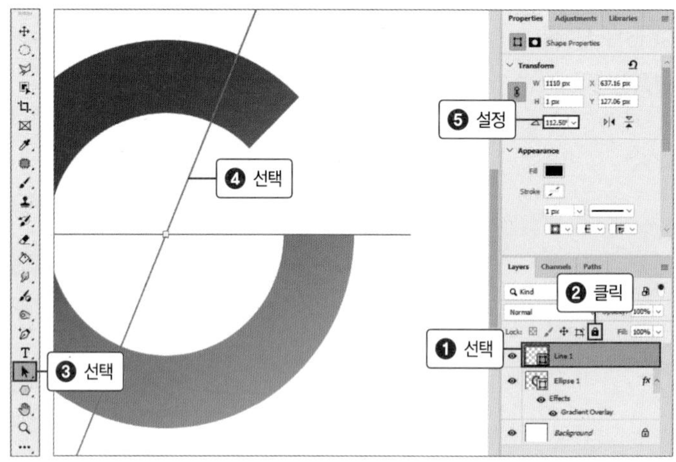

08 원형 셰이프를 새로 추가하기 위해 'Ellipse 1' 레이어를 선택하고 Tools 패널에서 타원 도구()를 선택한 다음 캔버스를 클릭합니다. Create Ellipse 대화상자가 표시되면 Width와 Height를 '800px'로 설정하고 <OK> 버튼을 클릭합니다.

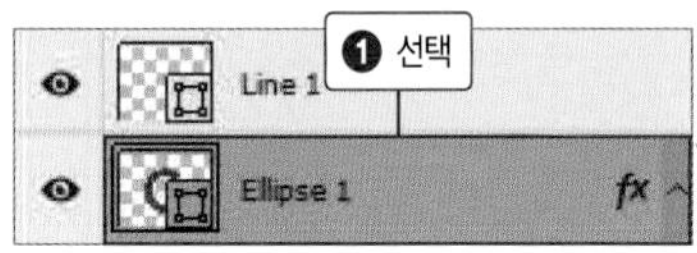

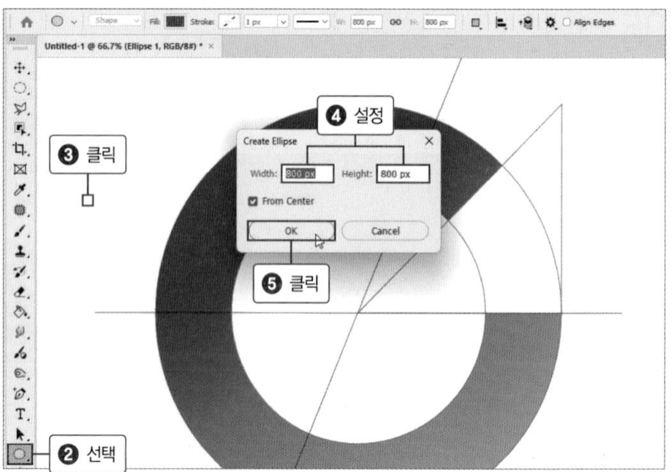

09 새로운 레이어 새로운 셰이프가 추가되면 옵션바의 Align 기능을 이용하여 캔버스 중앙으로 설정해 배치하고 'Path Operation' 아이콘(▣)을 클릭한 다음 'Substract From Shape'를 선택합니다.

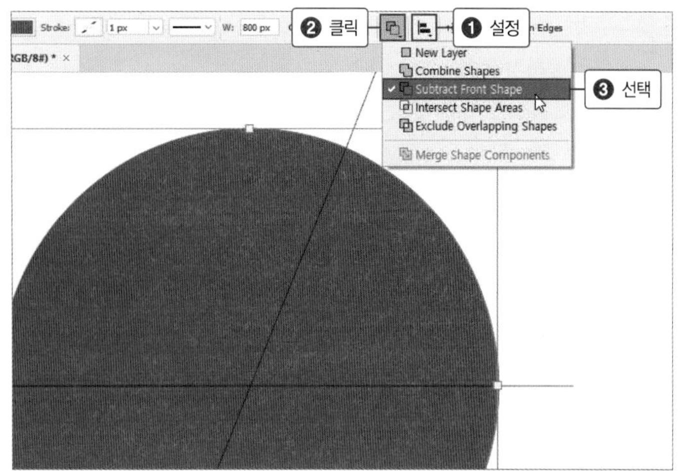

10 새로운 원을 추가하기 위해 캔버스를 클릭합니다. Create Ellipse 대화상자가 표시되면 Width와 Height를 '800px'로 설정하고 <OK> 버튼을 클릭합니다.

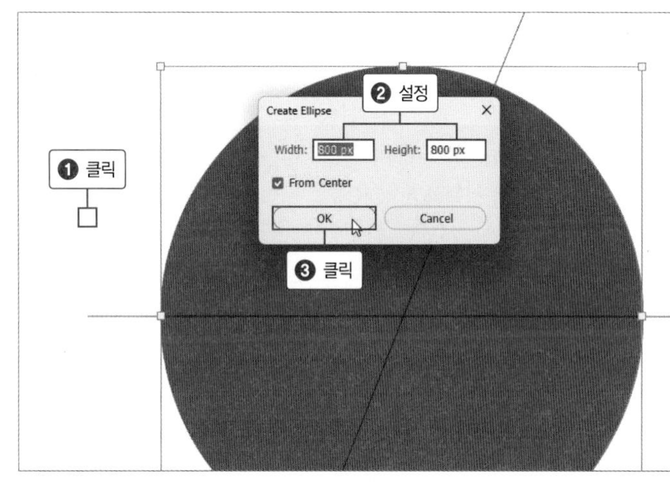

11 Tools 패널에서 패스 선택 도구(↖)를 선택하고 그림과 같이 생성한 원의 위치를 이동합니다.

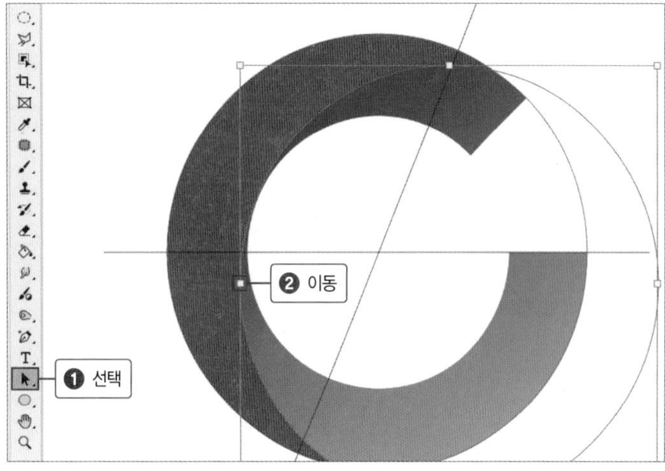

11 포토샵으로 만드는 디자인

12 추가된 셰이프에 그레이디언트를 적용하기 위해 Layers 패널에서 'Add a layer style' 아이콘(fx)을 클릭하고 'Gradient Overlay'를 선택합니다.

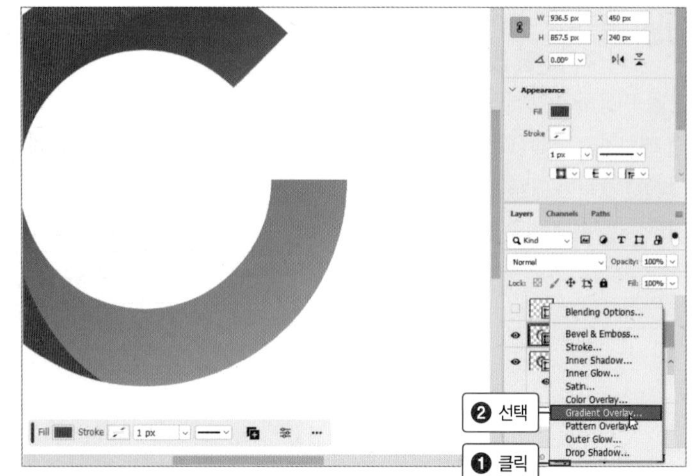

13 Layer Style 대화상자가 표시되면 Gradient의 색상 상자를 클릭합니다. Gradient Editor 대화상자가 표시되면 Presets의 Greens 그룹에서 'Green_27'을 선택하고 <OK> 버튼을 클릭합니다.

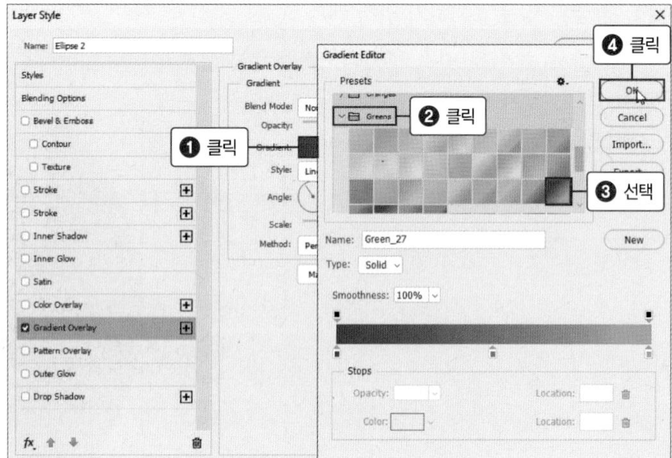

14 Layer Style 대화상자에서 Opacity를 '100%'로 설정하고 Style을 'Liner'로 지정한 다음 Angle을 '125', Scale을 '100'으로 설정하고 <OK> 버튼을 클릭합니다.

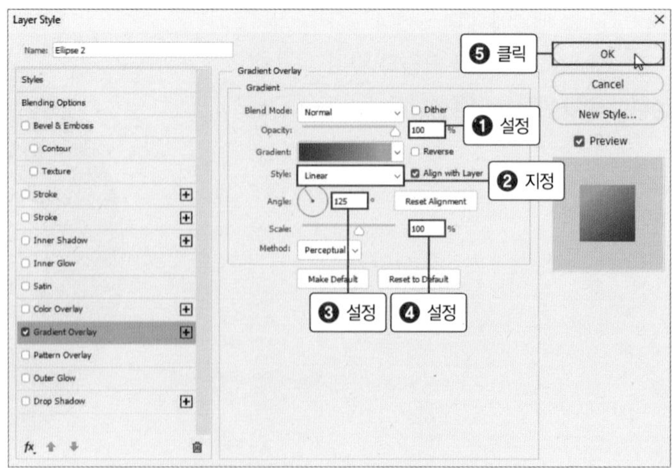

15 글자 모양을 G 형태로 완성하기 위해 Layers 패널에서 'Background' 레이어를 선택하고 Tools 패널에서 사각형 도구(□)를 선택한 다음 캔버스를 클릭합니다. Create Rectangle 대화상자가 표시되면 Width와 Height를 '150px'로 설정하고 <OK> 버튼을 클릭합니다.

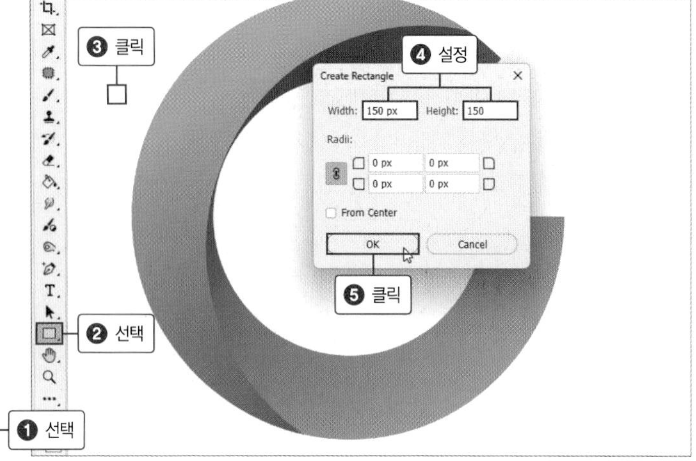

16 사각형 셰이프가 생성되면 Tools 패널에서 패스 선택 도구(▶)를 선택하고 그림과 같이 이동하여 G 문자가 되도록 기호 형태를 완성합니다.

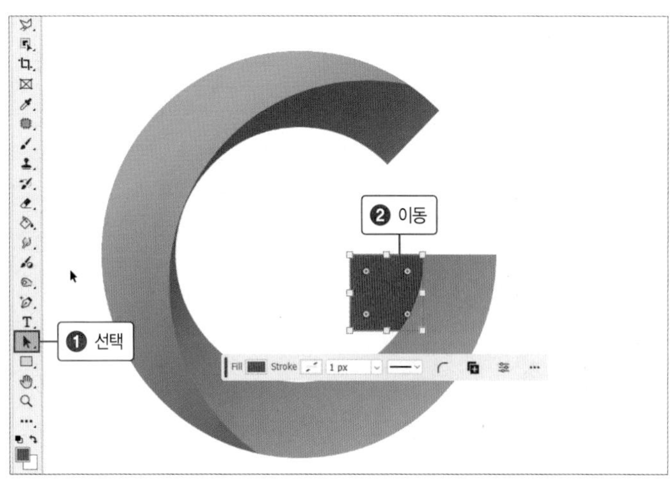

17 그레이디언트를 적용하기 위해 Layers 패널에서 'Add a layer style' 아이콘(fx)을 클릭하고 'Gradient Overlay'를 선택합니다.

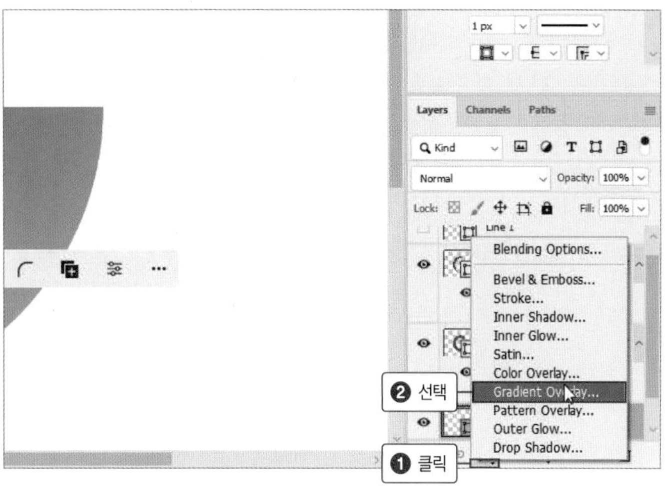

18 Layer Style 대화상자가 표시되면 Gradient의 색상 상자를 클릭합니다. Gradient Editor 대화상자가 표시되면 Presets의 Blues 그룹에서 'Blue_19'를 선택하고 <OK> 버튼을 클릭합니다.

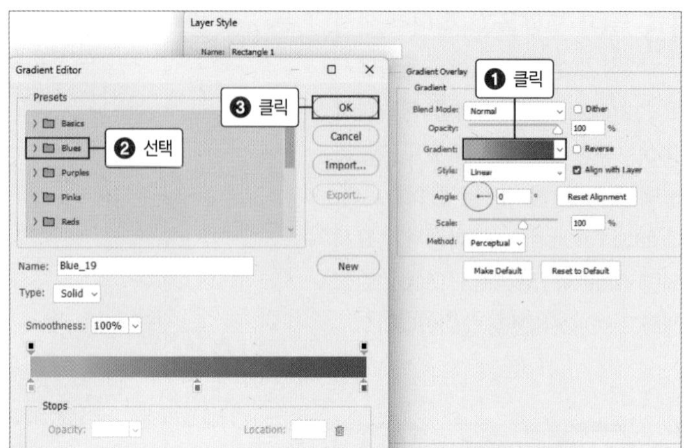

19 Layer Style 대화상자가 표시되면 Opacity를 '100%'로 설정하고 Style을 'Liner'로 지정한 다음 Angle을 '0', Scale을 '100'인 것을 확인한 후 <OK> 버튼을 클릭하여 가로 방향 그레이디언트를 적용합니다.

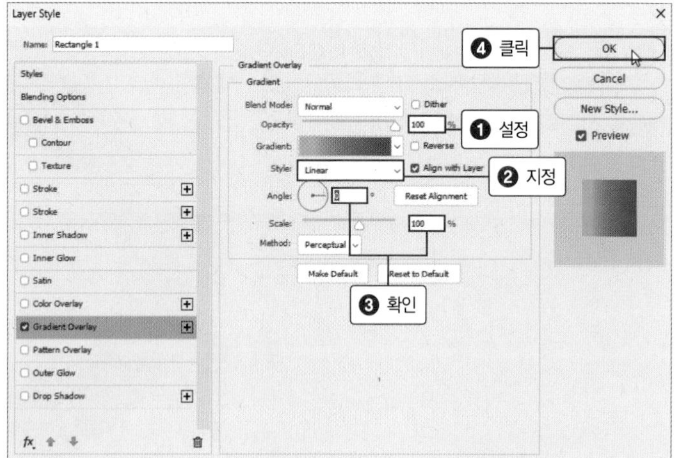

20 한쪽 모서리를 동그랗게 만들기 위해 Properties 패널에서 '링크' 아이콘()을 클릭하여 해제하고 왼쪽 하단 값을 '50px'로 설정합니다.

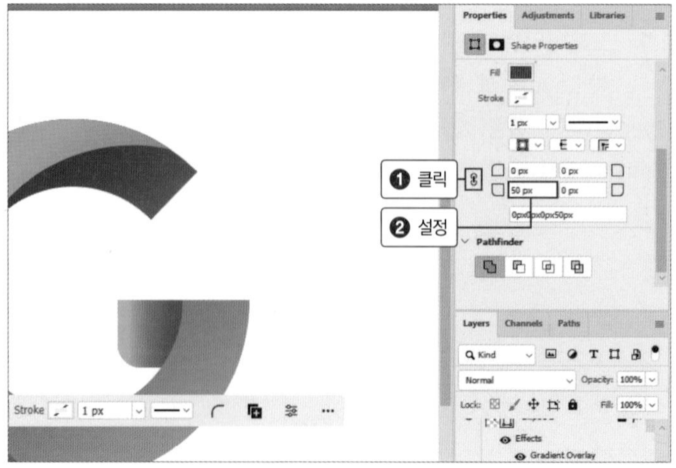

21 최종적으로 심볼이 완성되었습니다. 색상과 셰이프 모양을 다양하게 조정하여 다양하게 표현해 보세요.

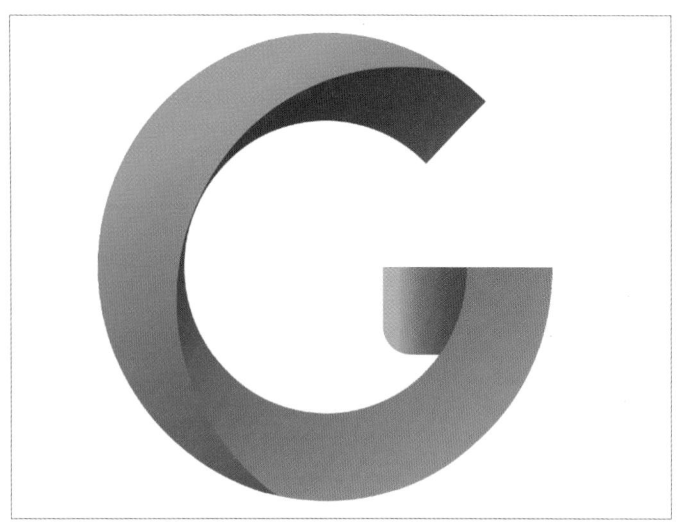

TIP **이전 버전에 있던 사용자 셰이프 추가하기**

최신 버전으로 업그레이드되면서 기존에 잘 사용했던 셰이프가 사라졌습니다. 기존 셰이프들을 추가하려면 우선 Shapes 패널을 활용해야 하므로 메뉴에서 〔Window〕→ Shapes를 실행하여 Shapes 패널을 포토샵에 추가해야 합니다.

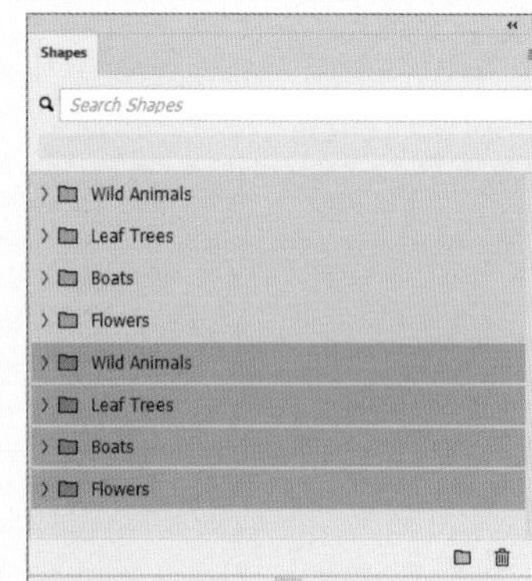

Shapes 패널

Shapes 패널이 표시되면 기존에 사용하던 셰이프를 추가하기 위해 '확장 메뉴' 아이콘(≡)을 클릭하고 'Legacy Shapes and More'를 선택합니다.

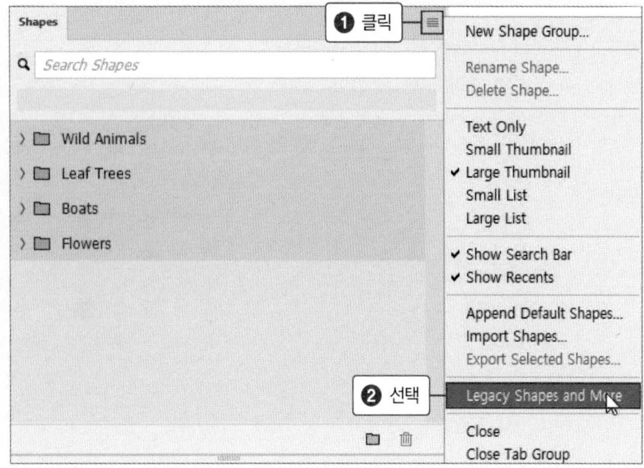

Shape 패널을 보면 Legacy Shapes and More 그룹이 생성되며, 그룹 내에 '2019 Shapes'와 'All legacy Default Shapes' 그룹이 있는 것을 확인할 수 있습니다.

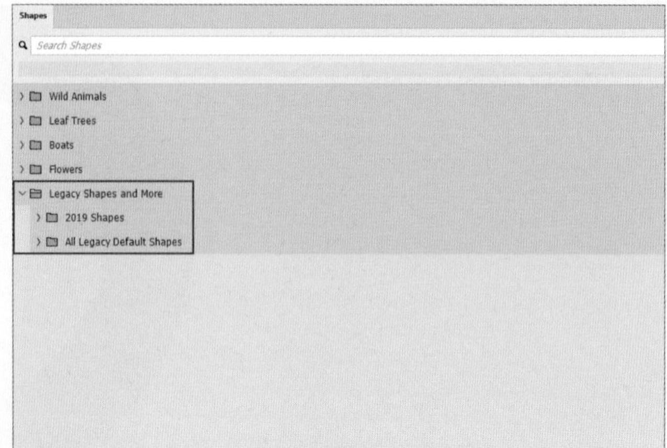

해당 그룹을 확인하면 기존에 사용하던 각각의 셰이프들을 확인할 수 있습니다. Shapes 패널에서 셰이프 또는 그룹을 선택하고 삭제하는 것도 가능합니다.

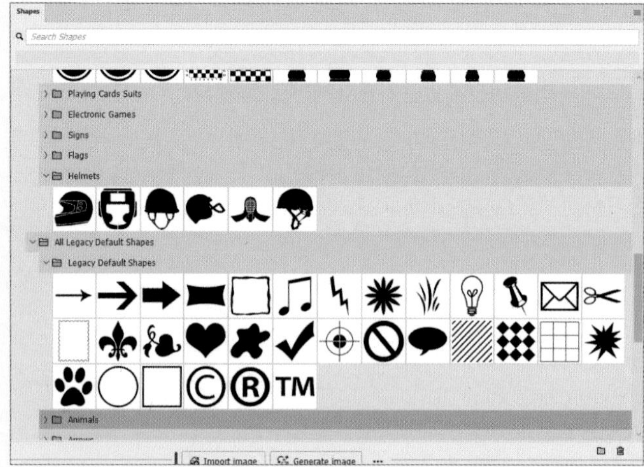

만약 초기 상태 셰이프를 표시하려면 Tools 패널에서 사용자 정의 모양 도구()를 선택하고 옵션바의 Shape를 클릭하여 표시되는 메뉴에서 '설정' 아이콘()을 클릭하고 'Append Default Shapes'를 선택하면 최신 버전의 포토샵 기본 설정 셰이프를 추가할 수 있습니다.

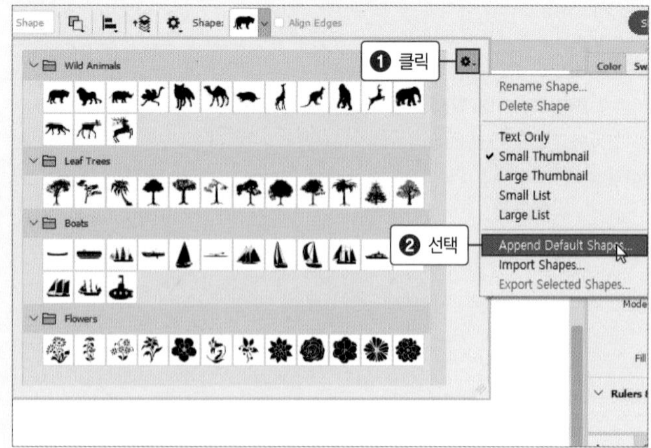

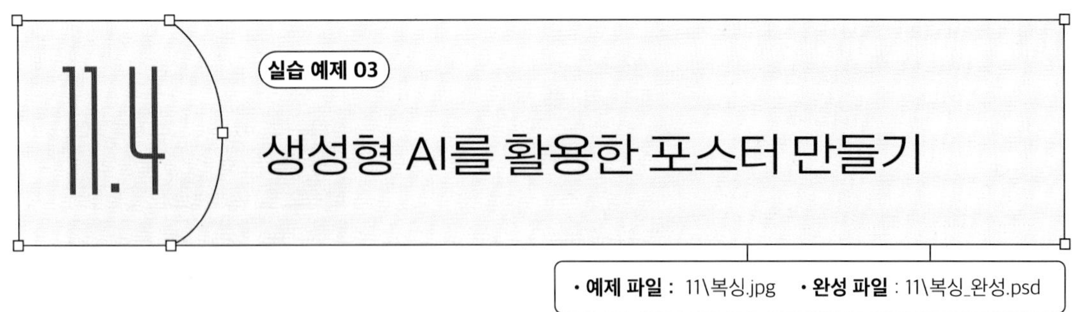

실습 예제 03

11.4 생성형 AI를 활용한 포스터 만들기

• **예제 파일** : 11\복싱.jpg • **완성 파일** : 11\복싱_완성.psd

생성형 AI를 활용해 사용자 정의 브러시를 만들고 강렬한 느낌의 포스터를 제작해 보겠습니다. 생성형 AI는 다양한 사용자 정의 브러시를 쉽게 생성할 수 있어, 이전 버전에서 표현하기 어려웠던 효과를 통해 다양한 작품을 완성하는 데 효과적입니다.

화염 브러시 생성하여 적용하기

01 화염 브러시를 만들기 위해 Ctrl+N을 누릅니다.

New Document 대화상자가 표시되면 Width와 Height를 '1280'으로 설정하고 <Create> 버튼을 클릭합니다.

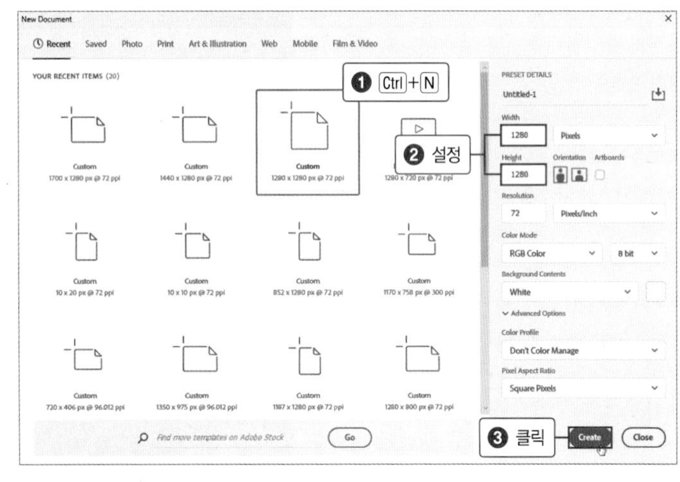

02 새로운 문서가 생성되면 화염 이미지를 생성형 AI로 만들기 위해 작업 표시줄에서 <Generate image> 버튼을 클릭합니다.

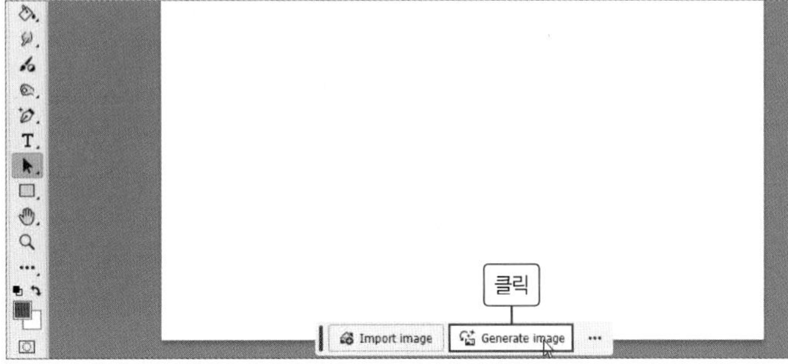

03 Generate image 창이 표시되면 '화염, 검은 배경'을 입력하고 <Generate> 버튼을 클릭합니다.

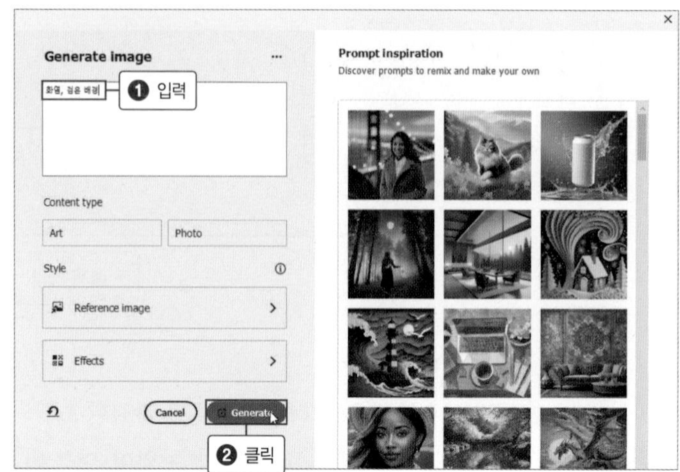

04 생성형 AI를 활용한 화염들이 생성됩니다. 3개의 브러시로 사용할 화염을 생성하기 위해 Properties 패널에서 <Generate> 버튼을 클릭하여 다양한 이미지를 생성합니다.

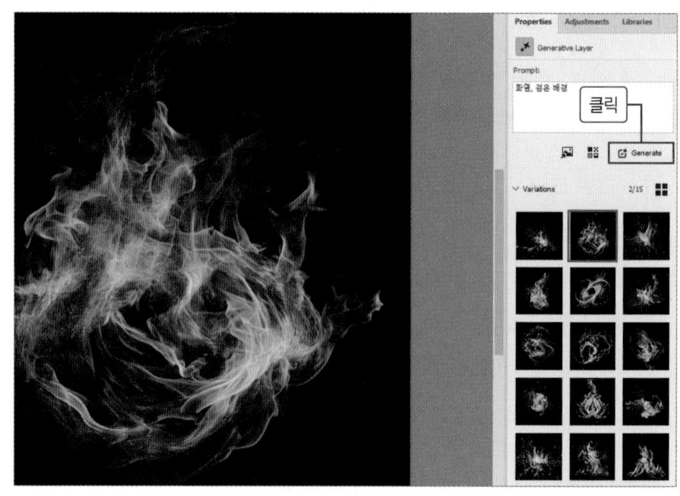

05 브러시로 사용하기 위해 색을 반전시켜야 합니다. Properties 패널에서 마음에 드는 이미지를 선택하고 반전하기 위해 Layers 패널에서 'Create new fill or adjustment layer' 아이콘(◙)을 클릭한 다음 'Invert'를 선택합니다.

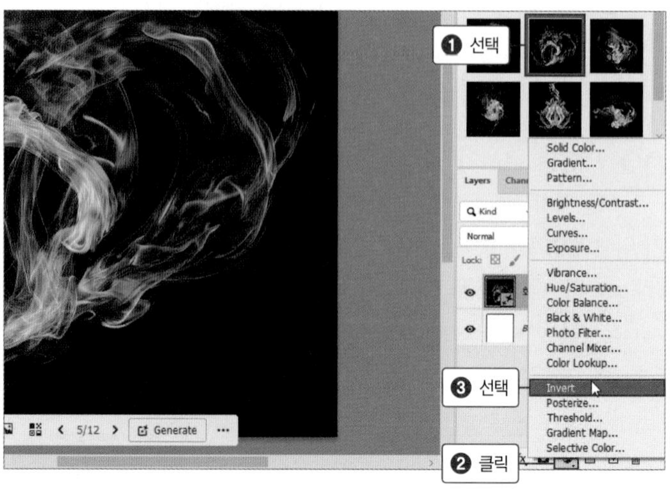

NOTE

Adjustments의 Invert를 선택해도 동일한 효과를 적용할 수 있습니다.

06 색이 반전되면 메뉴에서 [Edit] → Define Brush Preset을 실행합니다.

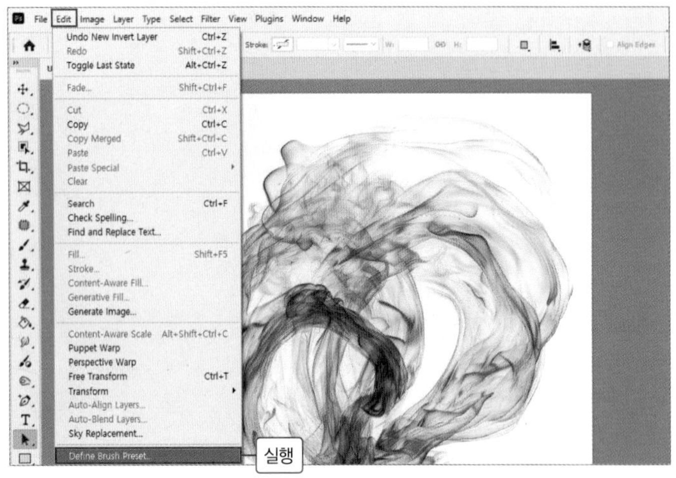

07 Brush Name 대화상자가 표시되면 브러시 이름을 설정하기 위해 Name에 '화염01'을 입력하고 <OK> 버튼을 클릭합니다.

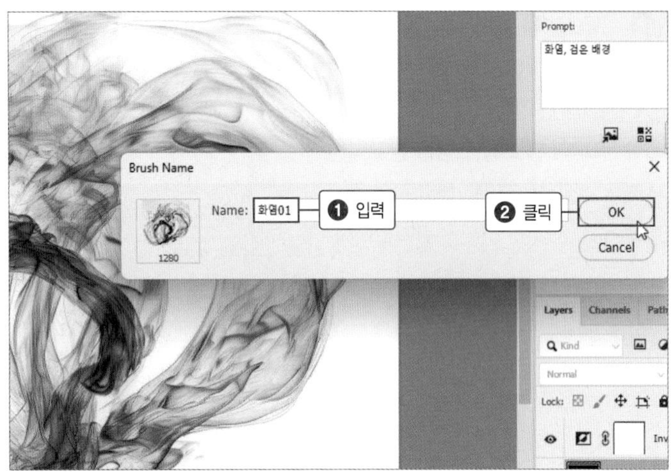

08 Properties 패널에서 다른 화염을 선택하고 메뉴에서 [Edit] → Define Brush Preset을 실행합니다. Brush Name 대화상자에서 브러시 이름을 설정하기 위해 Name에 '화염02'를 입력하고 <OK> 버튼을 클릭합니다. 같은 방법으로 3~4개의 화염 브러시를 만듭니다.

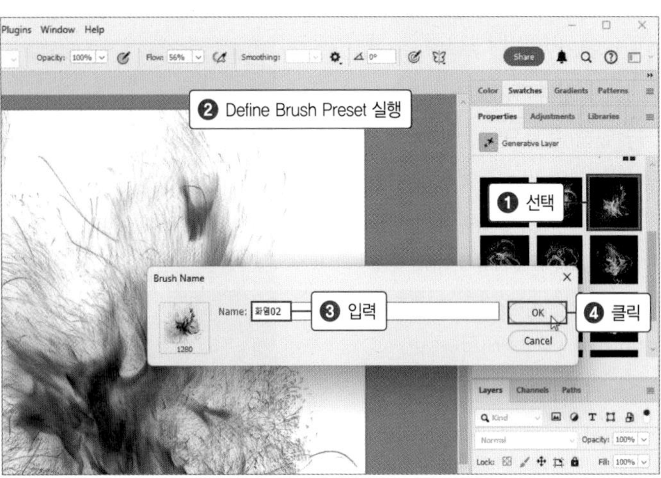

09 Ctrl+O를 눌러 11 폴더에서 '복싱.jpg' 파일을 불러옵니다.

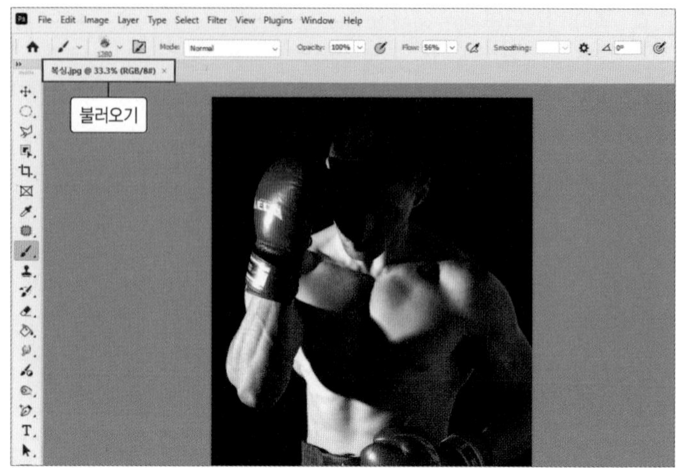

10 배경을 확장하여 포스터를 만들기 위해 Tools 패널에서 자르기 도구( )를 선택합니다. 캔버스의 왼쪽 부분이 더 넓도록 그림을 참고하면서 좌우 조절점을 드래그하고 작업 표시줄의 <Generate> 버튼을 클릭합니다.

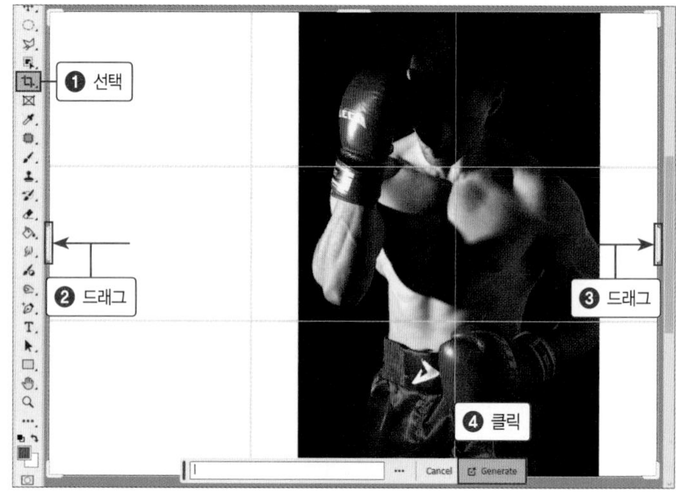

11 잘려있는 팔 부분과 배경이 생성되어 자연스러운 이미지가 생성되었습니다. Properties 패널에서 생성된 이미지들 중에서 배경은 전체적으로 어둡고 사물이 없는 이미지를 선택합니다. 원하는 이미지가 나오지 않는다면 <Generate> 버튼을 클릭하여 이미지 생성을 반복합니다.

12 화염을 문서에 적용하기 위해 Tools 패널에서 전경색을 클릭하고 Color Picker 대화상자가 표시되면 #에 'FF8400'을 입력하여 색상을 주황색으로 지정한 다음 <OK> 버튼을 클릭합니다.

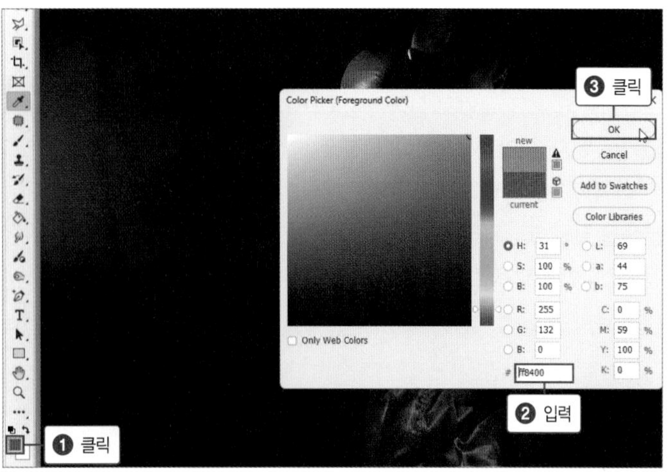

13 Layers 패널에서 'Create a new layer' 아이콘(⊞)을 클릭하여 새로운 레이어를 추가하고 Tools 패널에서 브러시 도구(🖌)를 선택합니다. 옵션바에서 Brush Preset을 클릭하여 표시되는 메뉴에서 '화염' 브러시를 선택하고 브러시 크기를 '1900px'로 설정합니다.

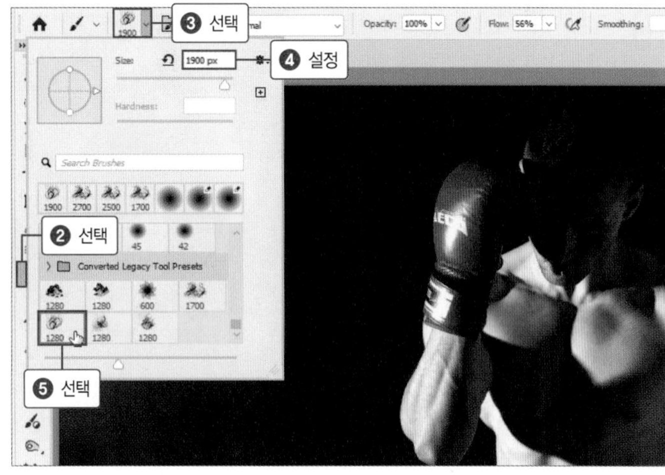

14 문서를 드래그하지 말고 클릭하여 화염 브러시를 적용합니다. 생성한 브러시 종류를 적절하게 사용하며 복싱 선수의 얼굴 부분은 적용되지 않도록 합니다.

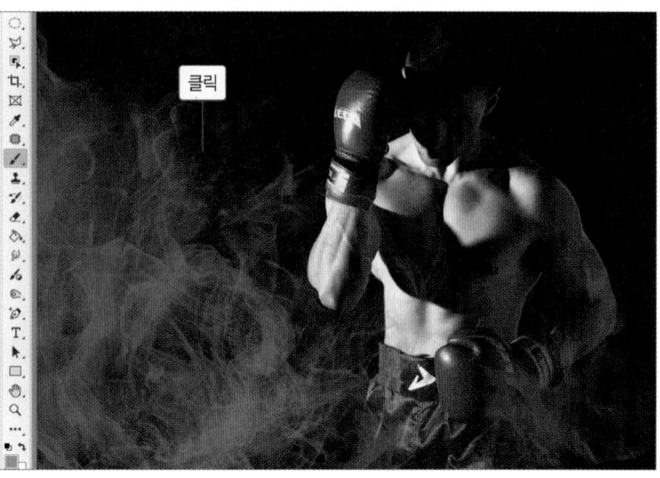

15 Tools 패널에서 지우개 도구(⌫)를 선택하고 옵션바에서 브러시를 'Soft Round'로 설정한 다음 크기를 '500px'으로 설정합니다. 적용된 화염을 보면서 어색하게 칠해진 부분들을 지웁니다. 특히 얼굴 부분에 적용되었다면 지우개로 지워줍니다.

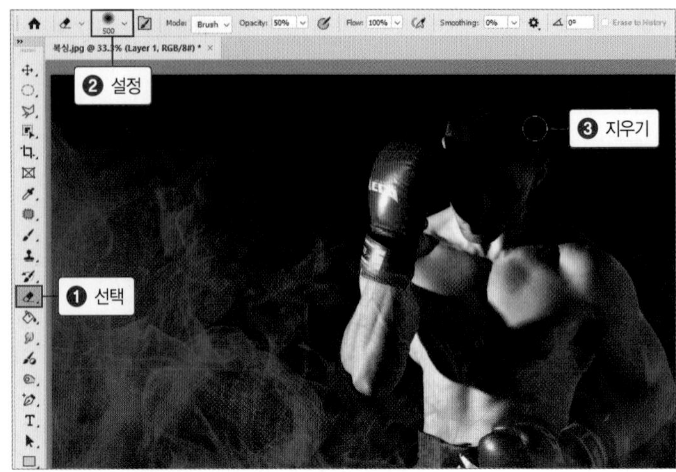

16 브러시로 적용된 부분이 화염이라기보다는 연기처럼 보이기 때문에 추가적인 작업이 필요합니다. Layers 패널에서 생성형 AI로 만들어진 'Generative Expand' 레이어를 선택하고 'Create a new layer' 아이콘(⊞)을 클릭합니다.

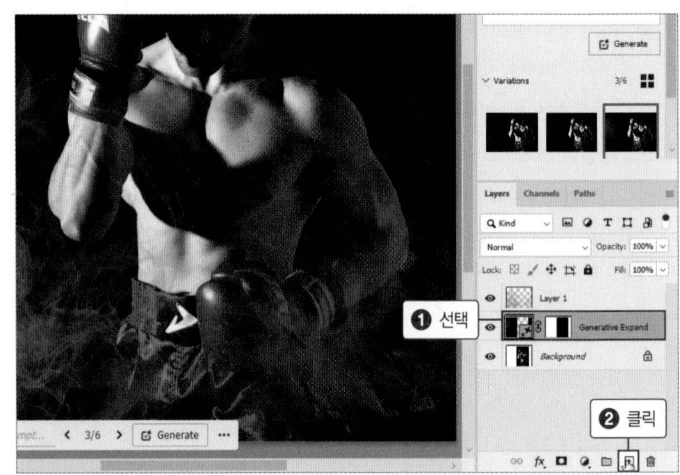

17 새로운 레이어가 추가되면 추가된 레이어에 검은색을 채우기 위해 메뉴에서 [Edit] → Fill(Shift+F5)을 실행합니다.

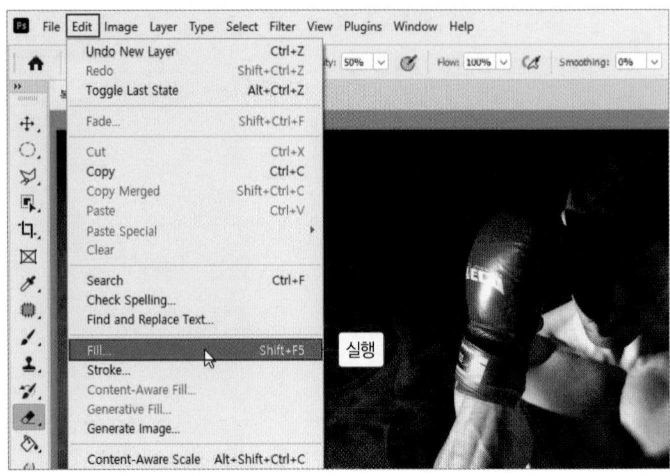

18 Fill 대화상자가 표시되면 Contents를 'Black'으로 지정하고 <OK> 버튼을 클릭합니다.

19 Layers 패널에서 Ctrl를 누른 상태로 화염이 적용된 'Layer 1' 레이어의 섬네일을 클릭하여 화염 부분을 선택 영역으로 지정합니다.

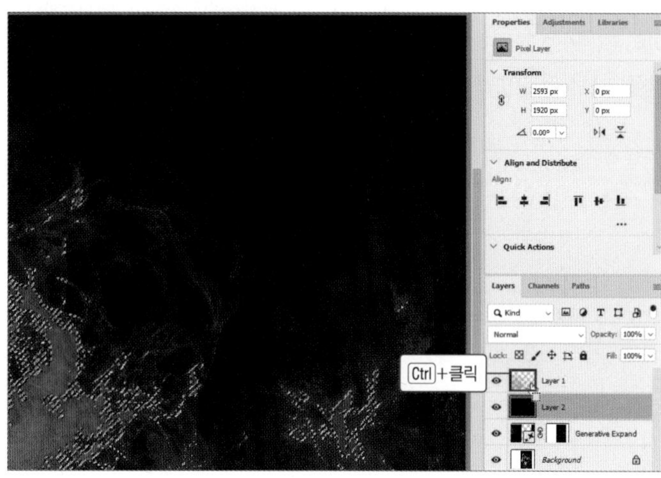

20 'Layer 1' 레이어를 선택하고 작업 표시줄에 '화염'을 입력한 다음 <Generate> 버튼을 클릭합니다. 화염 모양을 유지한 상태에서 선택된 영역을 기준으로 좀 더 현실적인 화염 모양을 만들 수 있습니다.

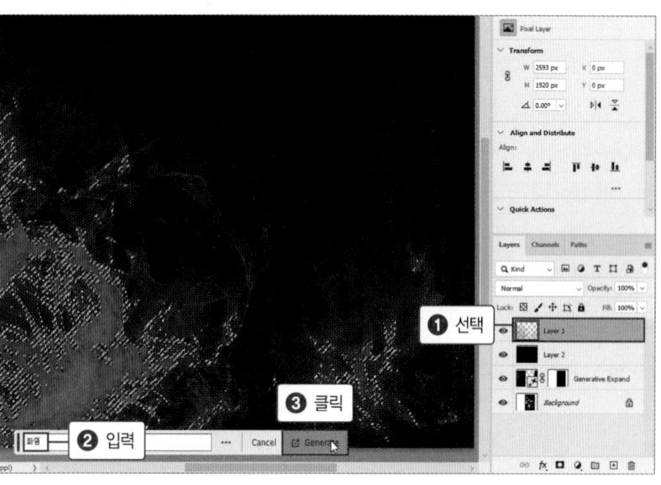

11

포토샵으로 만드는 디자인

21 Properties 패널에서 가장 적합한 화염을 선택하고 레이어의 블렌딩 모드를 'Screen'으로 지정합니다. 그림과 같이 생성된 이미지가 브러시로 만들어진 화염과 자연스럽게 합성됩니다.

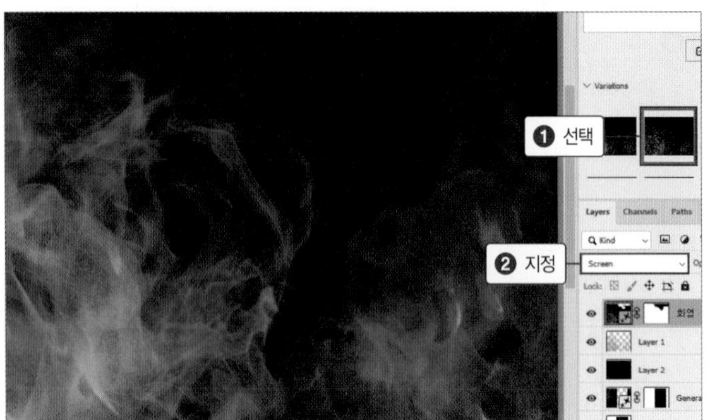

22 Layers 패널에서 검은색으로 채워진 'Layer 2' 레이어의 '눈' 아이콘(👁)을 클릭하여 숨김 상태로 만들고 합성된 모습을 확인합니다.

문구를 추가하여 포스터 완성하기

01 Layers 패널에서 'Generative Expand' 레이어를 선택하고 Tools 패널에서 문자 입력 도구(T)를 선택한 다음 캔버스를 클릭하여 'FIGHT'를 입력합니다. 옵션바나 작업 표시줄에서 글꼴 스타일을 'Noto Sans CJK KR', 'Black', 글꼴 크기를 '800pt', 색상을 '흰색'으로 지정합니다.

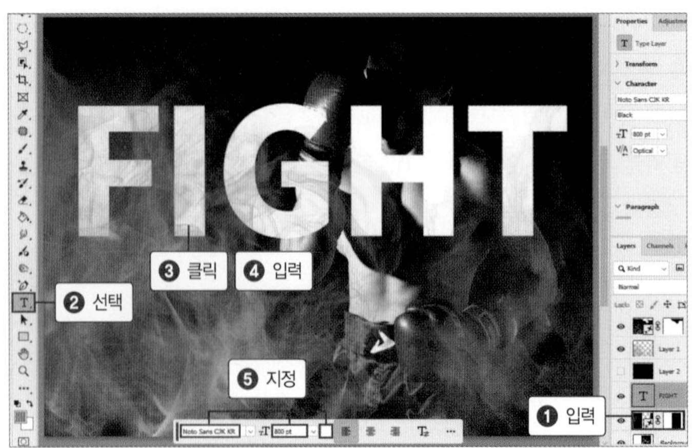

02 Tools 패널에서 오브젝트 선택 도구(![icon])를 선택하고 Layers 패널에서 'Background' 레이어를 선택한 다음 캔버스에서 복싱 선수를 클릭하여 선택 영역으로 지정합니다.

03 생성형 AI로 만든 배경에 팔의 잘린 부분이 포함되어 있습니다. 이 레이어를 선택하고 Shift를 누른 상태로 생성된 팔 부분을 클릭하여 복싱 선수 전체를 선택 영역으로 지정합니다.

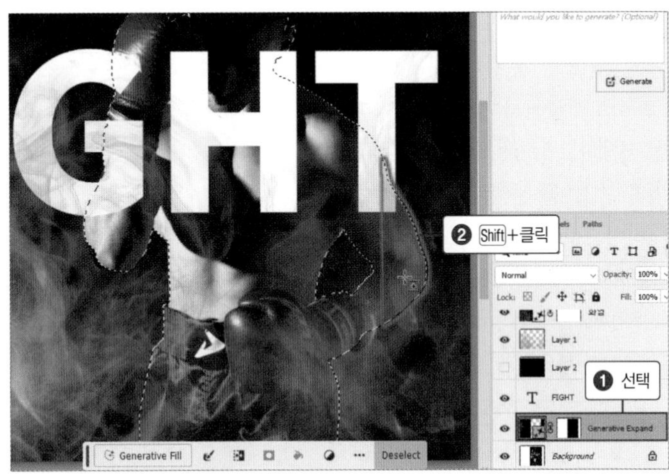

04 Layers 패널에서 문자를 입력한 'FIGHT' 레이어를 선택하고 'Add layer mask' 아이콘(![icon])을 클릭하여 선택 영역을 기준으로 레이어 마스크를 만듭니다.

05 레이어 마스크가 만들어졌지만 복싱 선수 부분에 문자가 보입니다. 레이어 마스크를 선택하고 메뉴에서 〔Image〕 → Adjustments → Invert(Ctrl+I)를 실행하여 영역을 반전합니다.

06 영역이 반전되어 복싱 선수 뒤쪽으로 문자가 배치됩니다. Layers 패널에서 가장 상단 레이어를 선택하고 Tools 패널에서 문자 입력 도구(T)를 선택한 다음 캔버스 클릭하여 'BOXING TOURNAMENT SUNDAY, DEC 21TH START AT 09:00AM'을 입력합니다. 글꼴 스타일과 크기는 자유롭게 조정합니다.

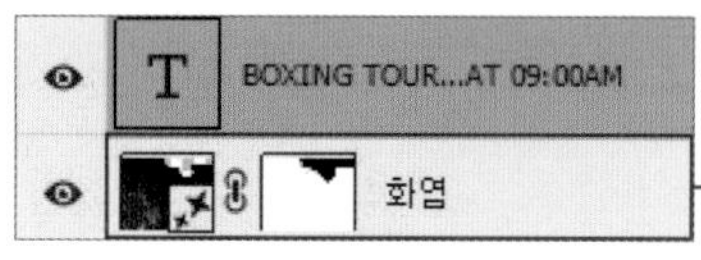

07 추가로 입력한 글지 레이어의 블렌딩 모드를 'Soft Light'로 지정하여 포스터를 완성합니다.

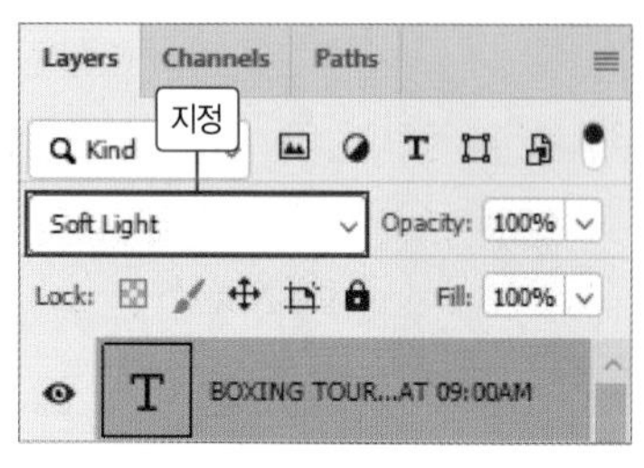

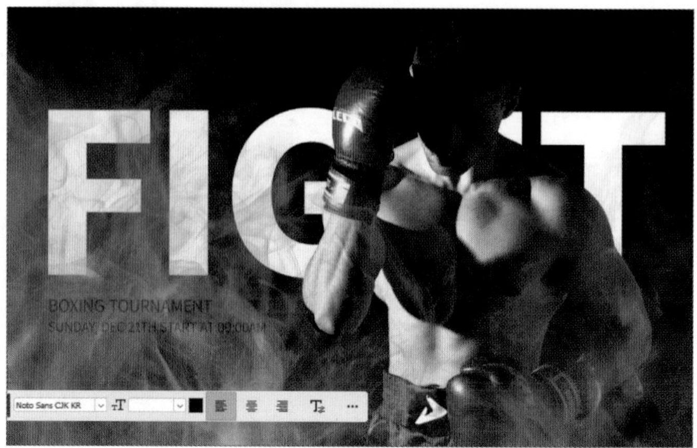

연습 문제 | 다양한 이미지 편집과 합성 응용하기

01 생성형 AI를 이용하여 따뜻한 온기가 느껴지는 수증기 브러시를 만들고 커피 사진에 적용하여 간단한 광고 이미지를 만들어 보세요.

• **예제 및 완성 파일** : 11\소스1.jpg, 연습문제1.psd

HINT 생성형 AI 이미지 만들기 → 반전하기 → 브러시로 설정하기 → 사진에 적용하기 → 텍스트 적용하여 완성하기

11 포토샵으로 만드는 디자인

02 벡터 또는 셰이프 도구를 이용하여 간단하게 로고 또는 심벌을 만들어 보세요. 다음 예시와 같이 자유롭게 자신만의 브랜드를 고려하여 만들어 보세요.

• **예제 및 완성 파일** : 11\연습문제2.psd

HINT 셰이프 도구 이용하기 → 그레이디언트 오버레이로 색상 적용하기

WEEK 12

다양한 효과를 활용한 포트폴리오 제작

학 습 목 표

포토샵 기능을 활용해 포트폴리오용 작업을 진행해 보겠습니다. 먼저 펜 도구로 벡터를 생성하는 방법을 익히고, 다중 노출 효과를 위한 레이어와 마스크 활용, 그레이디언트 및 레이어 스타일을 적용해 광고 전단지를 제작해 보겠습니다. 다양한 효과 사용이 요구되므로 반복 학습이 필요합니다. 이 장은 각 기능 설명과 함께 작업 과정을 안내해 결과물을 완성할 수 있도록 돕는 데 중점을 두겠습니다.

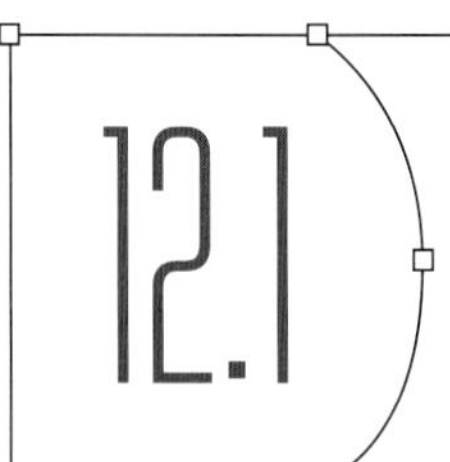

문자 이해하고 활용하기

문자는 사람들이 정보를 읽을 수 있기 때문에 커뮤니케이션을 하는 매우 중요한 요소가 될 수 있습니다. 또한, 시각적 메시지 외에 디자인 요소로 중요하게 활용될 수 있으므로 문자 입력을 활용하기 위한 다양한 방법과 기능을 확인해야 합니다.

문자 추가와 배치하기

포토샵에서는 기본적으로 문자 입력을 위해 문자 도구(T)를 선택하거나 단축키 T를 눌러 입력할 수 있습니다. 기본적으로는 가로 입력이 기준이며 수직으로 입력하려면 세로 문자 도구(↓T)를 선택하여 입력해야 합니다. 문자를 입력하면 Layers 패널에 문자 레이어가 자동으로 생성됩니다. 문자 입력하고 옵션바에서 '✓' 아이콘을 클릭하거나 Esc를 누르면 문자 입력 상태를 종료할 수 있습니다.

문서에 문자를 입력하기 위해서는 포인트 문자를 이용하는 방법과 단락을 이용하는 두 가지 방법이 있습니다.

❶ 문자 도구(T)를 이용하여 문자를 입력할 위치를 클릭하고 문자를 입력합니다.

Lorem Ipsum

❷ 문자 도구(T)를 이용하여 캔버스를 드래그하면 단락이 생성되며 단락을 기준으로 문자를 입력하여 자동으로 줄 바꿈이 됩니다. 단, 단락이 표시할 수 있는 문자보다 더 많이 입력하면 일부 문자가 보이지 않을 수 있습니다.

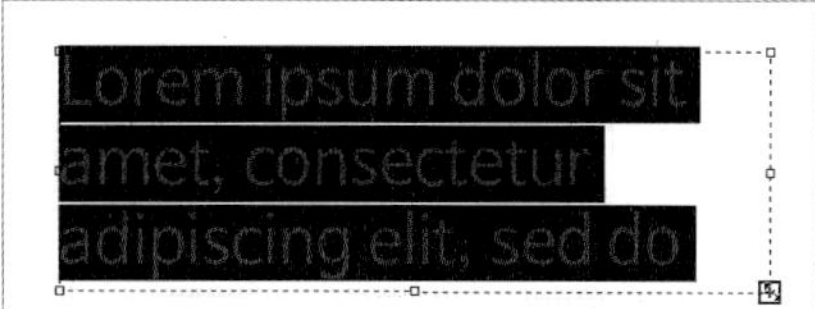

문자 수정 및 편집하기

입력된 문자를 수정하려면 문자 도구를 이용하여 해당 문서 부분을 클릭하고 수정할 수 있습니다. 일부 영역을 드래그하여 블록화하고 해당 부분 수정도 가능합니다. 글꼴이나 색상, 정렬 등 문자의 스타일을 수정 편집하는 경우라면 두 가지 방법을 활용할 수 있습니다.

❶ 선택된 도구와 관계없이 문자가 입력된 레이어를 선택하면 문서 내에 해당 레이어에 속한 문자 전체가 선택되며 Character 패널과 Paragraph 패널을 활용하여 변경할 수 있습니다. 옵션바, 작업 표시줄 또는 Properties 패널에서도 설정을 변경할 수 있습니다.

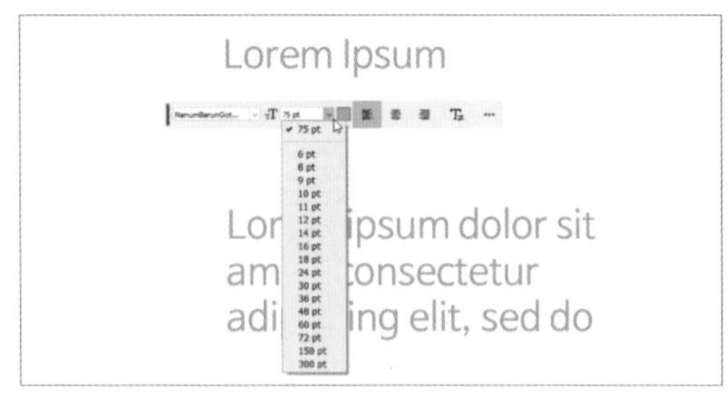

❷ 문자의 일부분을 수정하거나 일부 문자의 속성을 변경하려면 해당 문자를 드래그하여 블록화 선택해야 합니다. 블록이 선택되면 해당 부분에 ❶과 같은 방법으로 부분 문자 속성이나 문자 수정이 가능합니다.

패스를 따라 입력하는 문자

펜 도구 또는 모양 도구를 이용하여 패스의 가장자리를 따라서 문자를 입력할 수 있고, 닫힌 형태의 패스에는 내부에 문자를 입력할 수도 있습니다. 문자 도구를 이용하여 패스 위에 커서를 위치하고 클릭하면 문자를 입력할 수 있는 상태가 유지됩니다.

❶ 패스를 클릭하면 자동으로 기본 문자가 입력되며 패스 전체에 문자가 표시됩니다. 해당 상태에서 문자를 입력하면 문자가 패스를 따라 입력됩니다.

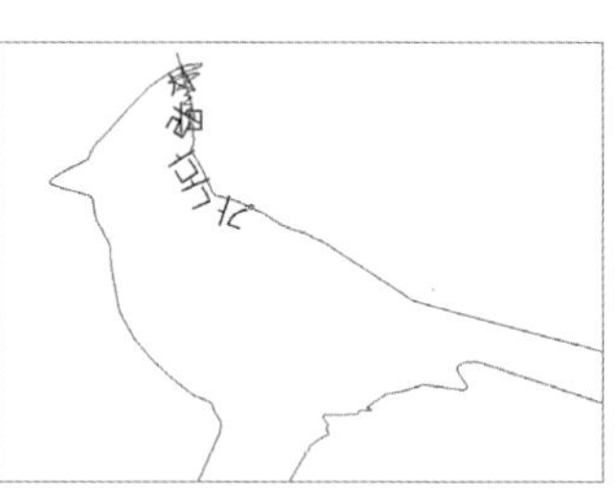

❷ 문자 도구(T)로 패스를 클릭할 때 입력될 영역을 드래그하면, 드래그한 영역에만 문자를 입력할 수 있습니다.

❸ 선택 도구(✥)로 패스에 입력된 문자를 패스 바깥쪽으로 드래그하면 문자가 패스의 영역 외부에 입력됩니다.

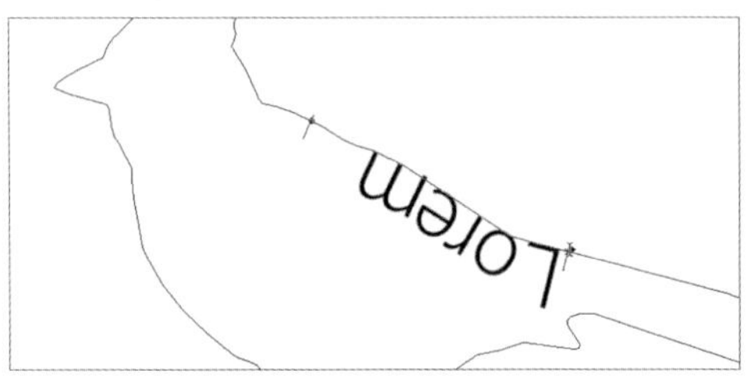

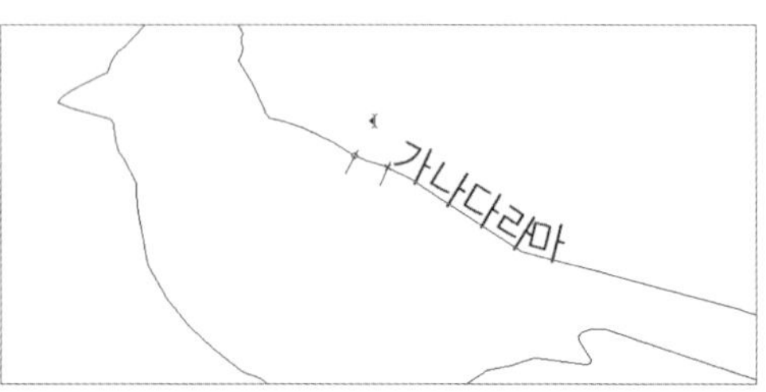

12.2 실습 예제 01 펜 도구를 이용하여 심볼 만들기

• **완성 파일** : 12\벡터로고완성.psd

일러스트레이터에서 기본적으로 사용하는 펜 도구는 벡터 형태의 패스를 만들 때 사용합니다. 포토샵에도 기본적인 펜 도구를 포함하고 있으며 일러스트레이터에서 할 수 있는 작업을 진행할 수 있습니다. 펜 도구를 이용하여 책을 상징하는 심볼을 만들어 보겠습니다.

책 모양의 심볼 가이드라인 그리기

01 새로운 문서를 만들기 위해 Ctrl+N을 눌러 New Document 대화상자가 표시되면 Width를 '1700', Height '1280'으로 설정하고 <Create> 버튼을 클릭합니다.

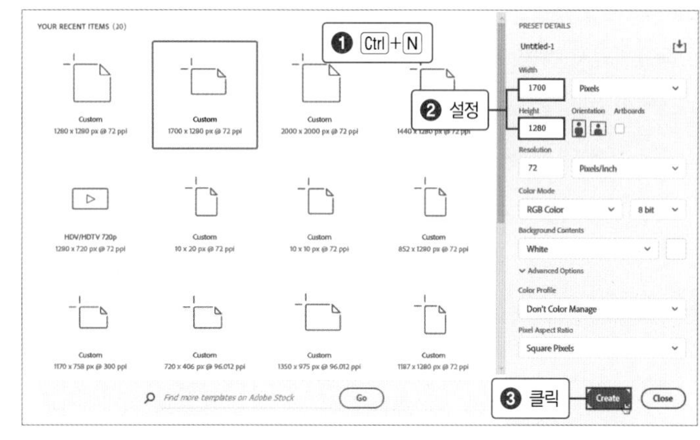

02 그리드를 표시하기 위해 메뉴에서 [View] → Show → Grid(Ctrl+')를 실행합니다.

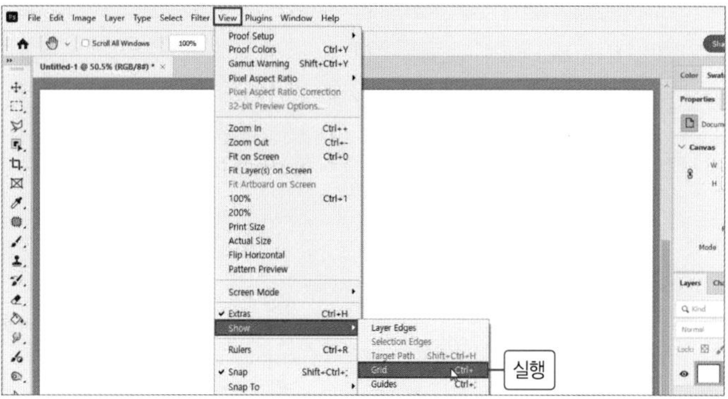

TIP **그리드(격자) 환경설정**

메뉴에서 [Edit] → Preferences → Guides, Grid & Slices를 실행하면 환경설정으로 이동하며 Grid 항목에서 간격이나 색상 형태 등을 조정할 수 있습니다.

03 Tools 패널에서 펜 도구( )를 선택하고 옵션바에서 'Shape'로 지정합니다. 패스를 만들기 위해 캔버스 상단을 클릭하고 7시 방향으로 드래그하면서 방향선과 방향점을 만듭니다.

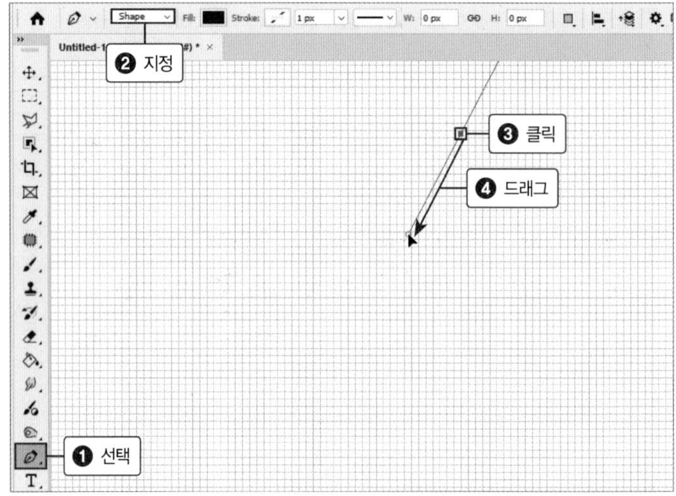

04 그림과 같이 7시 방향으로 일정 거리만큼 이동하여 클릭하고 같은 방향으로 드래그하여 패스를 곡선으로 만듭니다.

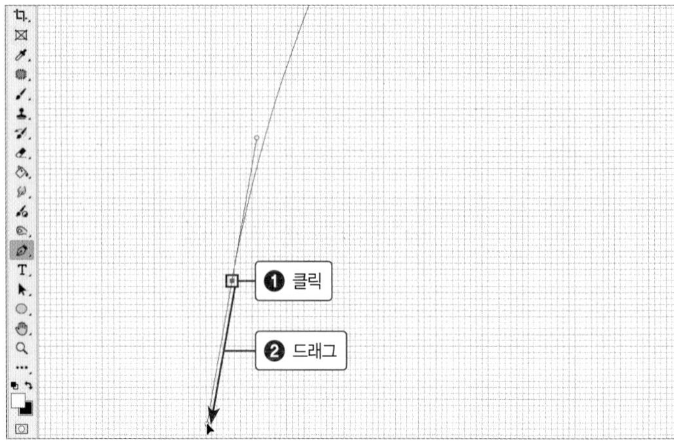

05 그린 곡선은 중앙에 구분선으로 사용할 예정이므로 옵션바에서 Fill을 'No Color', Stroke를 원하는 색으로 지정하고 Layers 패널에서 'Shape 1' 레이어의 '자물쇠' 아이콘(🔒)을 클릭하여 잠금 상태로 설정합니다. 구분선을 기준으로 왼쪽 상단을 클릭하고 다시 5시 방향으로 클릭한 다음 드래그하여 곡선을 만듭니다.

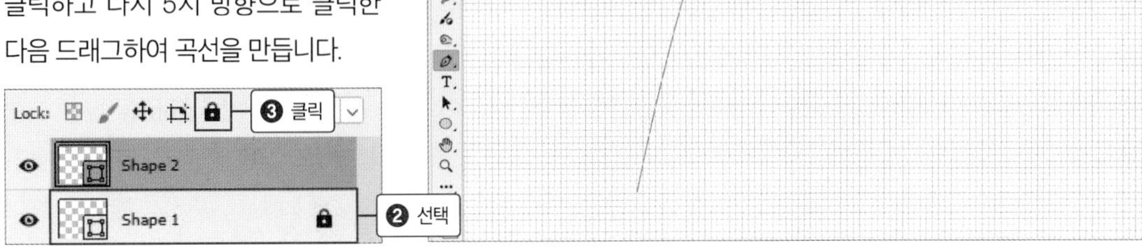

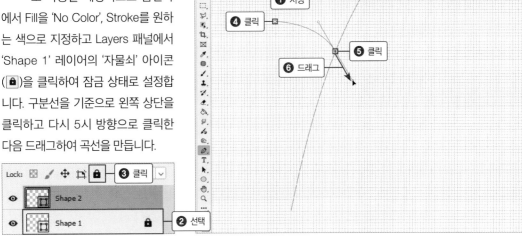

06 Alt를 누른 상태로 생성한 앵커 포인트를 클릭하여 5시 방향의 방향점과 방향선을 제거합니다.

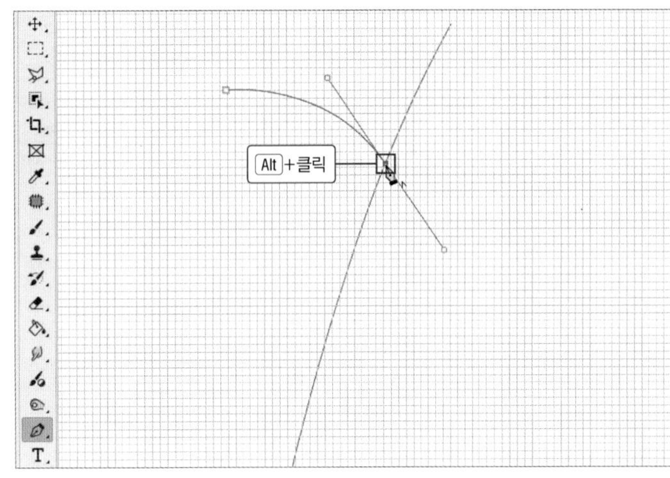

07 다시 Tools 패널에서 펜 도구(✒)를 선택하고 그림과 같이 오른쪽 상단으로 이동하여 3시 방향을 클릭하고 길게 드래그하여 곡선을 만듭니다.

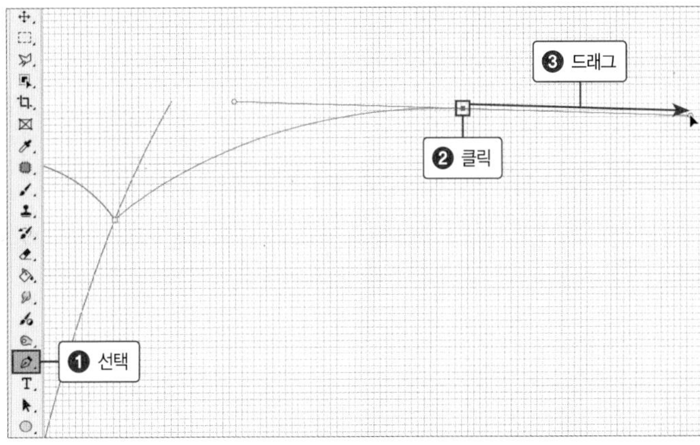

08 Alt를 누른 상태로 앵커 포인트를 클릭하고 드래그하여 그림과 같이 다음 패스를 생성합니다. 책을 펼친 듯한 모양이 되도록 2개의 앵커 포인트를 생성하면서 패스를 만듭니다.

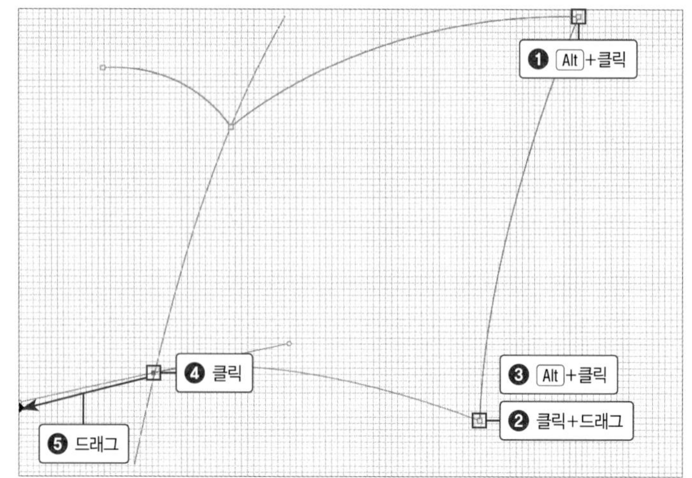

09 그림을 참고하면서 책 모양을 고려하여 왼쪽 부분의 패스를 생성하고 처음 시작한 점과 최종 종료점을 일치하여 클릭해 셰이프 형태로 만듭니다.

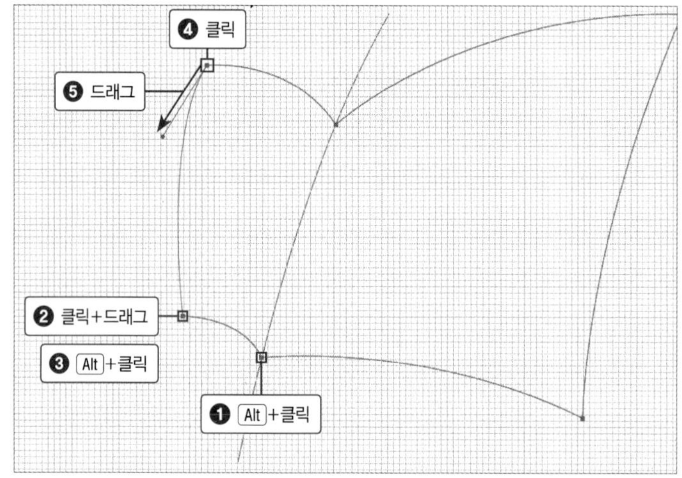

10 현재 Fill이 'No Color'로 선택되어 있기 때문에 패스를 따라서 선만 생성된 것을 확인할 수 있습니다.

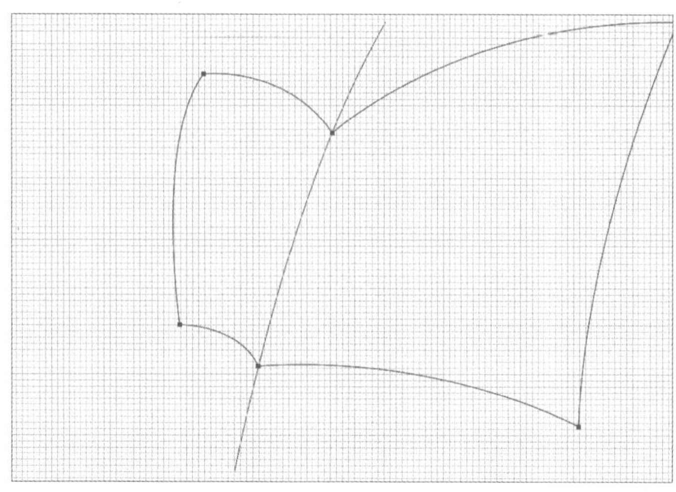

11 안내선을 만들기 위해 Ctrl+R을 눌러 눈금자를 표시합니다. 간격을 고려하여 3등분하기 위해 Tools 패널에서 사각형 선택 윤곽 도구(⬚)를 선택하고 겹쳐진 점을 고려하여 드래그하여 영역을 지정한 다음 상단에 있는 눈금자를 2번 드래그하여 그림과 같이 안내선을 만듭니다.

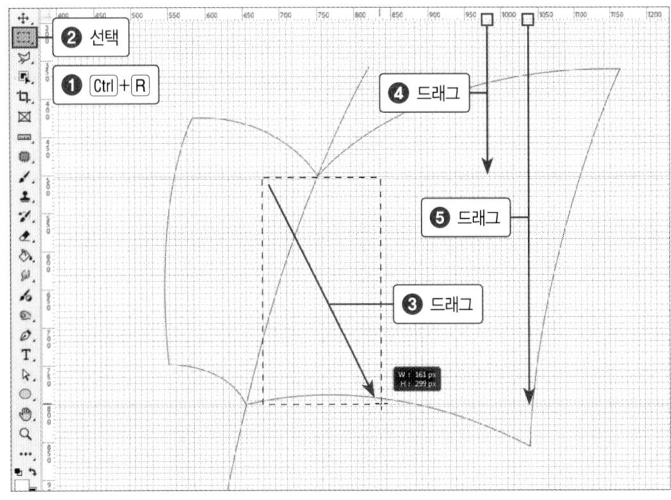

NOTE

영역을 지정할 때 H에 높이가 표시됩니다.

TIP **포토샵에서 길이 재는 방법**

만들어진 패스의 크기를 확인하는 방법은 여러 가지가 있습니다. 그중에서도 Tools 패널에서 눈금자 도구(📏)를 선택하고 안쪽 가이드 선에 있는 2개의 앵커 포인트의 거리를 확인하기 위해 위에 겹쳐진 부분을 클릭하고 아래로 드래그하여 기준선을 만듭니다. 설정한 자의 길이가 옵션바에 표시되어 길이를 쉽게 확인할 수 있습니다.

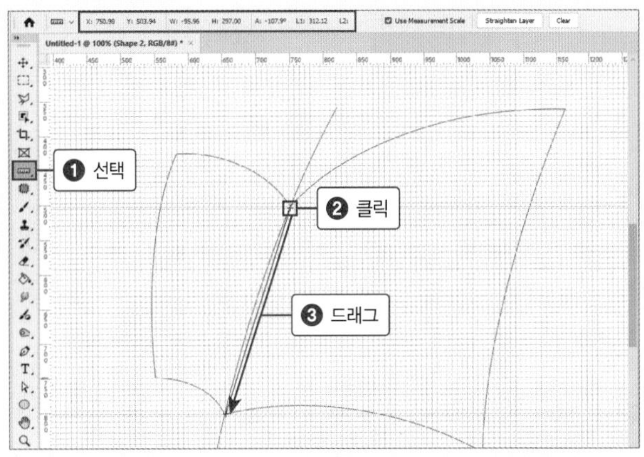

12 3등분할 영역을 고려하여 상단에 있는 눈금자를 드래그하여 그림과 같이 안내선을 만듭니다. 예제에서는 '80px'의 높이와 '30px'의 간격으로 총 6개의 안내선을 만들었습니다.

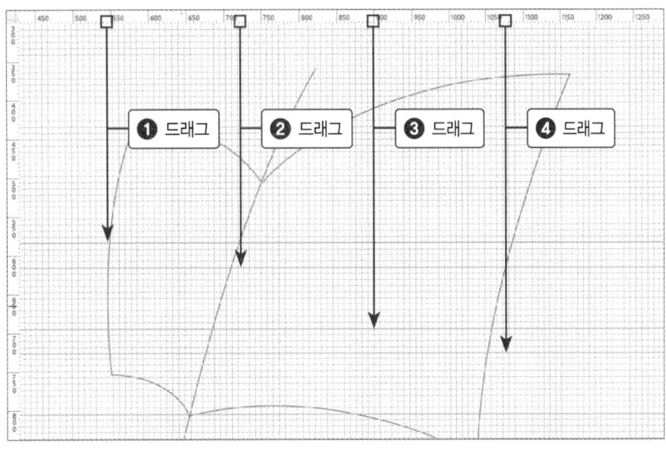

13 격자를 화면에서 숨기기 위해 메뉴에서 〔View〕 → Show → Grid(Ctrl+')를 실행하여 비활성화 합니다.

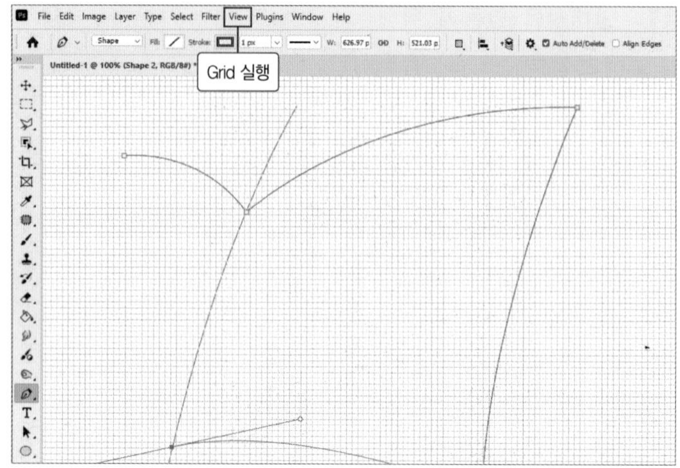

14 Layers 패널에서 'Shape 2' 레이어를 선택하고 Ctrl+J를 눌러 복제한 다음 원본 레이어의 '눈' 아이콘(눈)을 클릭하여 숨김 상태로 만듭니다. Tools 패널에서 기준점 삭제 변환 도구(도구)를 선택하고 왼쪽 상단과 하단에 있는 앵커 포인트를 클릭하여 책의 왼쪽 부분에 생성된 패스를 삭제합니다.

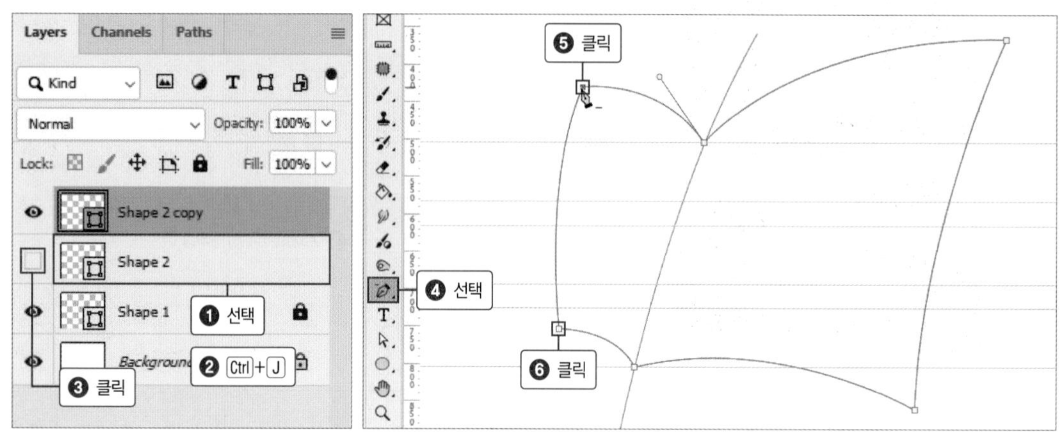

15 Tools 패널에서 직접 선택 도구(도구)를 선택하고 중앙에 그려진 가이드 선에 맞춰서 모양이 일치되도록 상단에 있는 방향점을 드래그합니다.

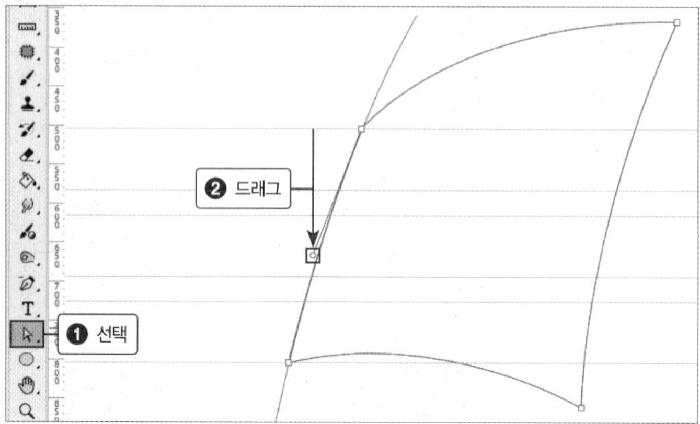

16 Layers 패널에서 'Shape 2 copy' 레이어의 '눈' 아이콘(👁)을 클릭하여 숨김 상태로 만들고 'Shape 2' 레이어의 '눈' 아이콘(👁)을 클릭하여 보기 상태로 변경합니다. Tools 패널에서 기준점 삭제 변환 도구(✎)를 선택하고 오른쪽 상단과 하단의 앵커 포인트를 클릭하여 제거합니다.

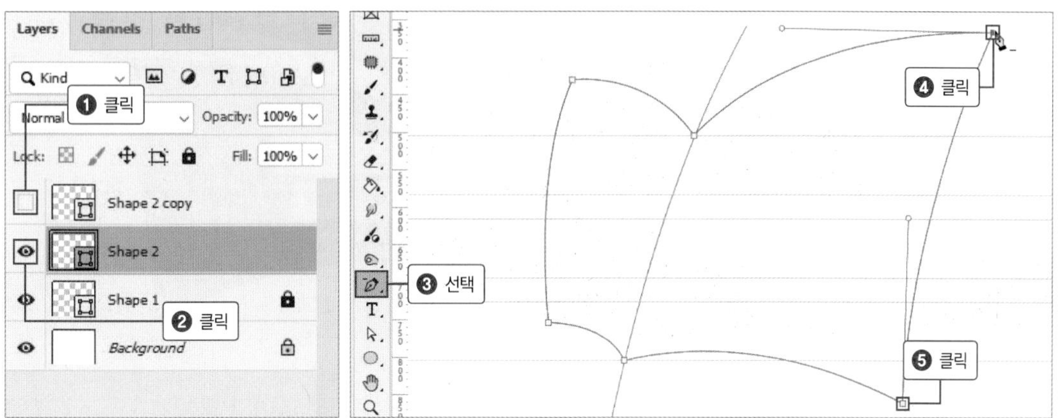

17 같은 방법으로 직접 선택 도구(↖)를 이용하여 가이드 아래쪽에 있는 앵커 포인트의 방향점을 드래그하여 가이드 선에 일치합니다.

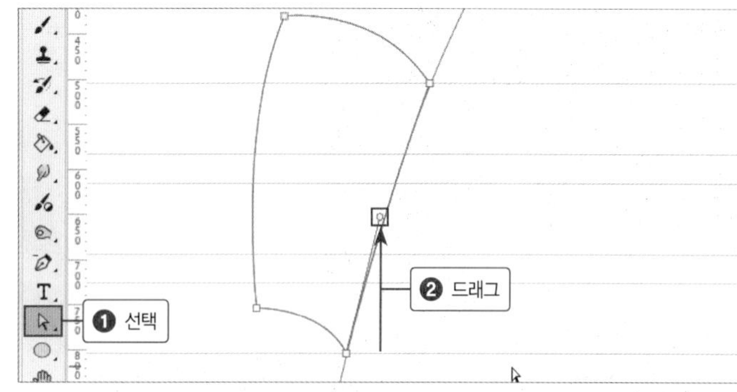

책 심볼에 띠 모양 색상 적용하기

01 Layers 패널에서 '눈' 아이콘(👁)을 클릭하여 모든 레이어를 보기 상태로 변경하고 'Shape 2 copy' 레이어를 선택한 다음 옵션바에서 Fill의 색상 상자를 클릭하여 원하는 색으로 지정합니다. 추가적으로 패스를 변형하기 위해 옵션바에서 'Path Operation' 아이콘(⧉)을 클릭하고 'Subtract Shape'를 선택합니다.

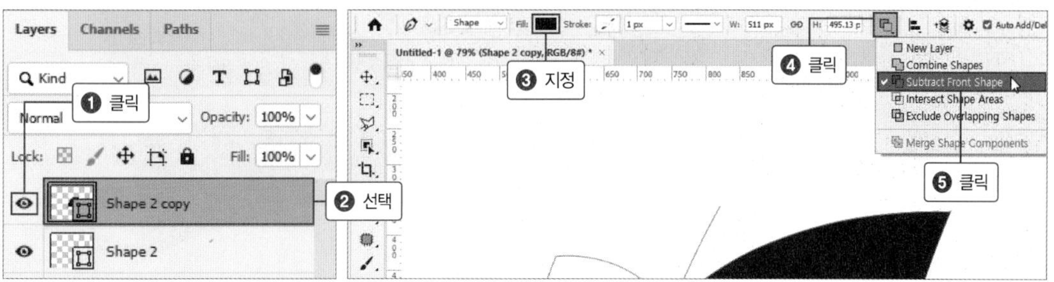

02 Tools 패널에서 펜 도구(펜 아이콘)를 선택하고 그림을 참고하여 가이드와 안내선이 겹쳐진 점을 클릭하고 드래그하여 띠 형태의 패스를 만듭니다.

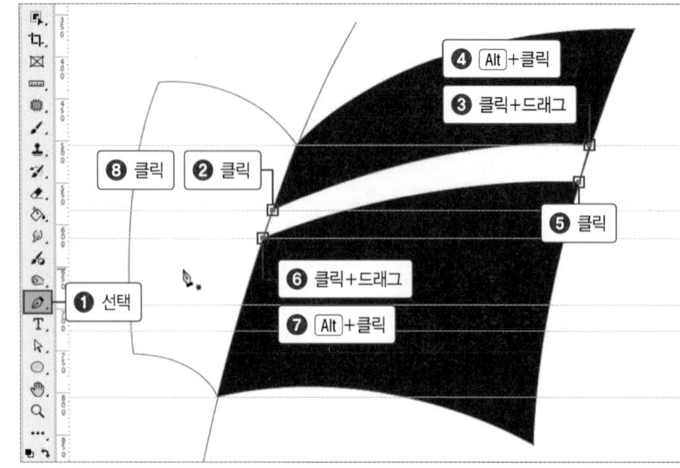

NOTE

Subtract Front Shape는 선택된 모양(셰이프)에서 앞에 위치한 모양을 빼서 영역을 제거할 때 사용합니다. 이 기능을 활성화하고 그려야 예제와 같이 띠 형태의 패스를 만들 수 있습니다.

03 같은 방법으로 아래쪽 띠도 만들어 줍니다.

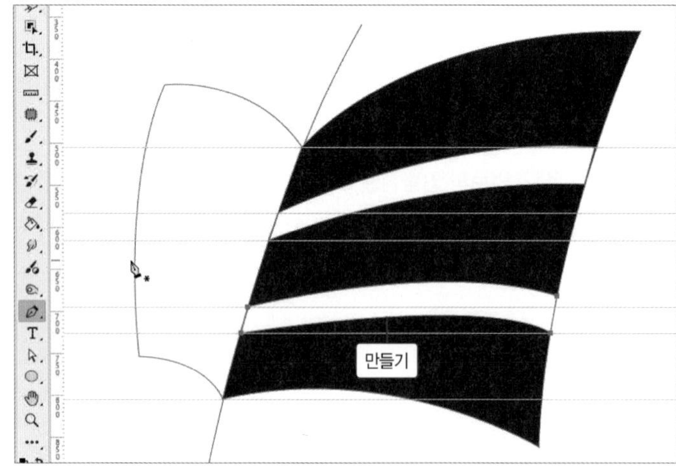

NOTE

Alt를 이용하여 방향선을 한쪽만 만드는 방법을 활용하면 띠 형태의 패스를 만들 때 유리합니다.

04 Tools 패널에서 직접 선택 도구(직접 선택 아이콘)를 선택하고 띠 모양 곡선이 자연스러워지도록 조정합니다.

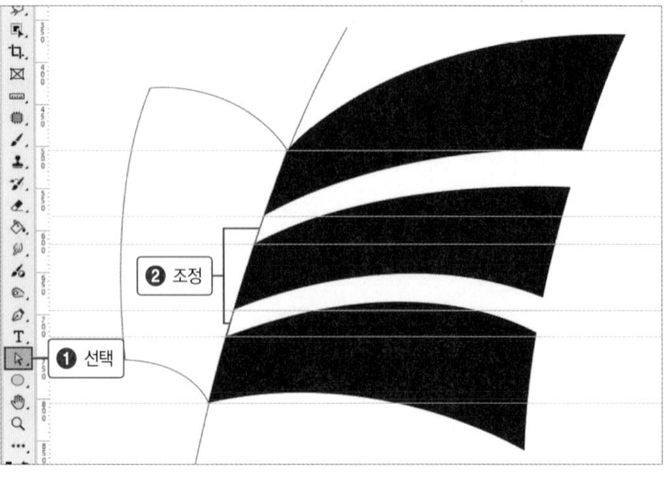

05 Layers 패널에서 'Shape 2' 레이어를 선택하고 옵션바에서 Fill의 색상 상자를 클릭하여 원하는 색상으로 지정한 다음 띠 형태를 만들어 변형하기 위해 'Path Operation' 아이콘(◰)을 클릭하고 'Subtract Front Shape'를 선택합니다.

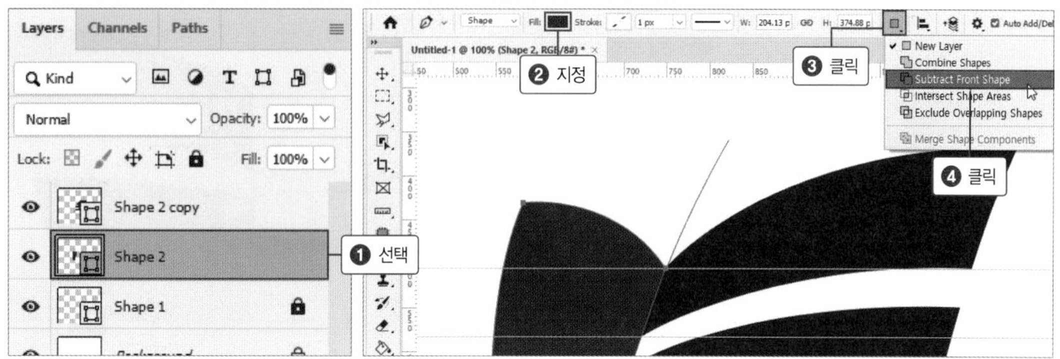

TIP **반전 현상 해결**

'Subtract Front Shape'를 선택했을 때 그림과 같이 색이 반전된다면 Ctrl+Z를 눌러 취소하고 다시 옵션바에서 'Subtract Front Shape'를 선택하여 적용합니다.

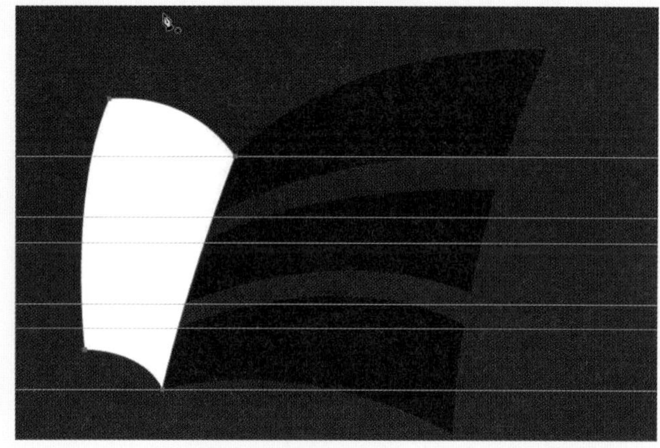

06 Tools 패널에서 펜 도구(✒)를 선택하고 오른쪽 패스와 같이 왼쪽 패스도 띠 형태의 패스를 2개 만들어 그림과 같이 중앙 띠가 연결된 형태로 만듭니다.

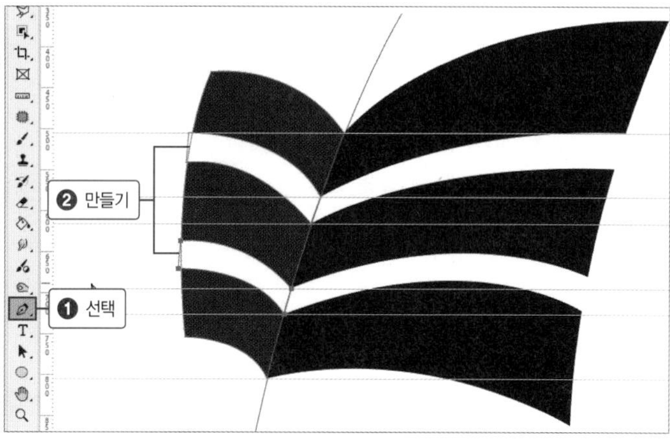

07 안내선을 숨기기 위해 메뉴에서 〔View〕 → Show → Guides(Ctrl+;)를 실행합니다.

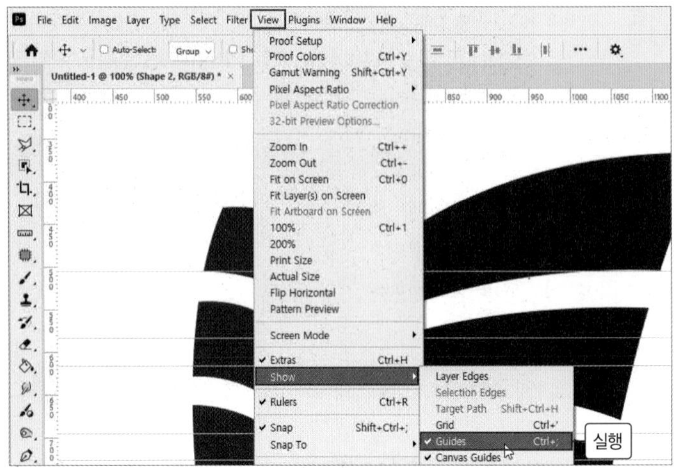

08 형태가 완성되었습니다. 전체적인 모양을 확인하고 형태가 어색하다면 Tools 패널에서 직접 선택 도구(↖)를 선택하고 방향점을 조정합니다. 모든 작업이 끝나면 Layers 패널에서 가이드로 사용한 'Shape 1' 레이어의 '눈' 아이콘(👁)을 클릭하여 숨김 상태로 만듭니다.

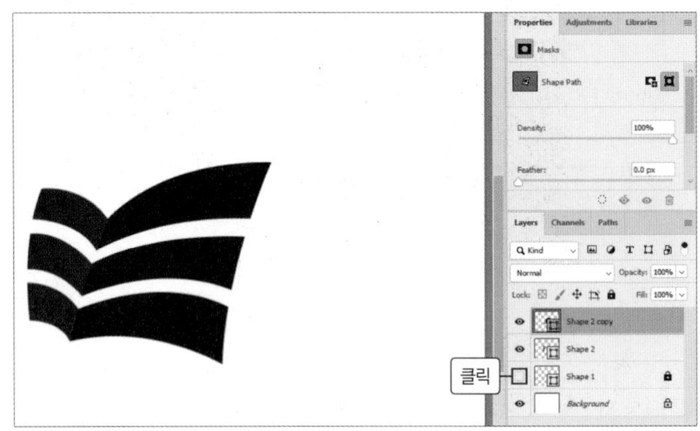

그레이디언트로 색상 효과 적용하기

01 오른쪽 패스에 그레이디언트를 적용하기 위해 Layers 패널에서 'Shape 2 copy' 레이어를 선택하고 'Add a layer style' 아이콘(fx)을 클릭한 다음 'Gradient Overlay'를 선택합니다.

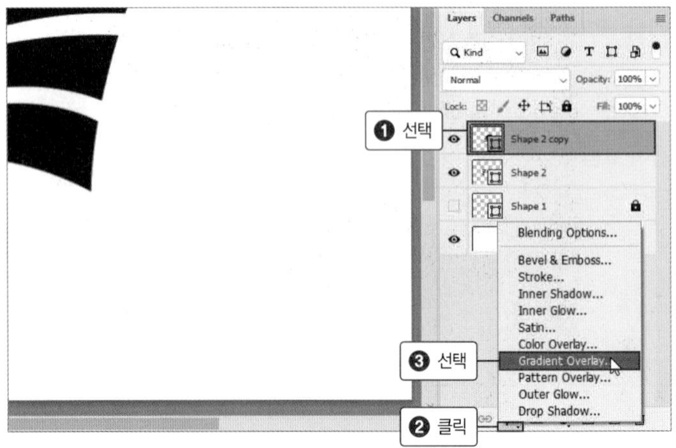

02 Layer Style 대화상자가 표시되면 Gradient의 색상 상자를 클릭합니다. Gradient Editor 대화상자가 표시되면 Pinks 그룹의 'Pink_13'을 선택하고 <OK> 버튼을 클릭합니다.

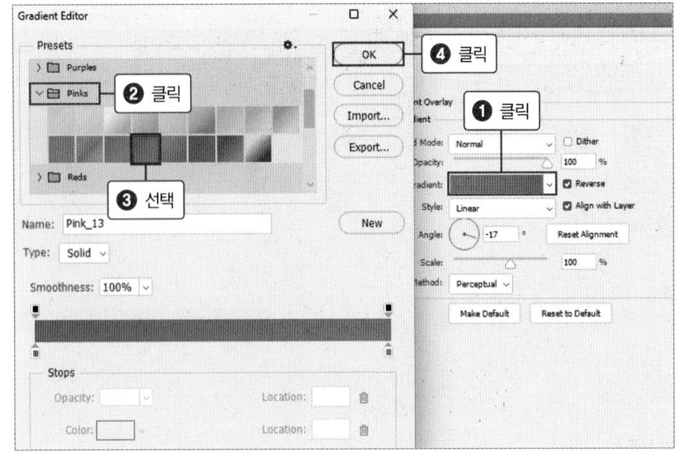

03 Layer Style 대화상자에서 Opacity를 '100%'로 설정하고 Style을 'Liner'로 지정한 다음 Angle을 '-18'로 설정 후 <OK> 버튼을 클릭합니다.

NOTE

사용자마다 생성된 패스가 조금 다를 수 있습니다. 패스의 방향에 맞춰 Angle 값을 조정합니다.

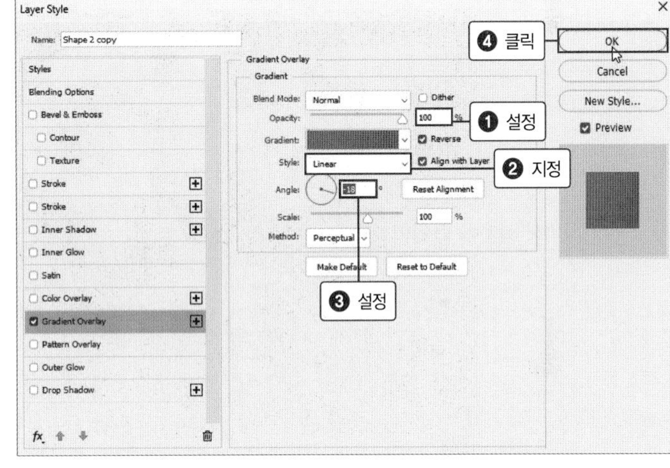

04 왼쪽 패스에도 그레이디언트를 적용하기 위해 Layers 패널에서 'Shape 2' 레이어를 선택하고 'Add a layer style' 아이콘(fx)을 클릭한 다음 'Gradient Overlay'를 선택합니다.

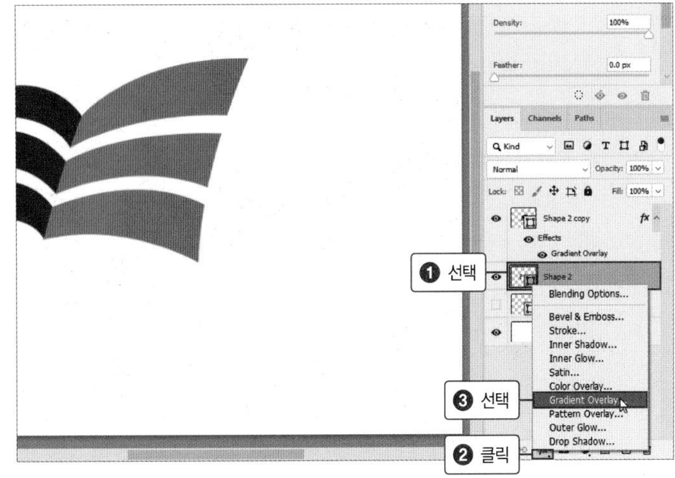

05 Layer Style 대화상자가 표시되면 Gradient에 적용된 색상 상자를 클릭합니다. Gradient Editor 대화상자가 표시되면 Blues 그룹의 'Blue_27'을 선택하고 <OK> 버튼을 클릭합니다.

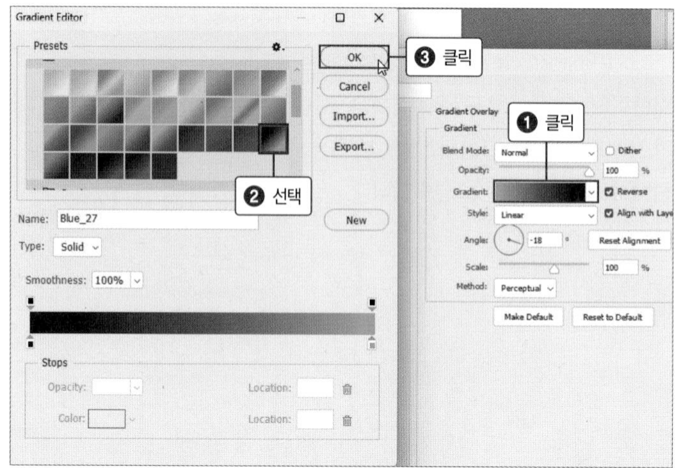

06 다시 Layer Style 대화상자에서 Opacity를 '100%'로 설정하고 Style을 'Liner'로 지정한 다음 Angle을 '-17'로 설정합니다. 적용된 그레이디언트를 추가로 조정하기 위해 다시 Gradient의 색상 상자를 클릭합니다.

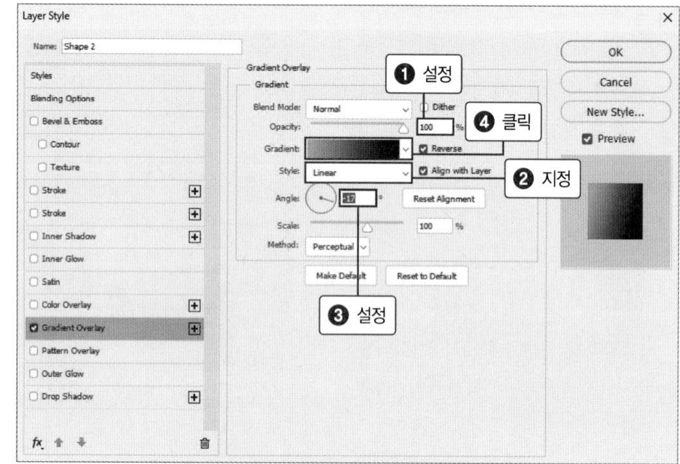

07 Gradient Editor 대화상자가 표시되면 좌우측의 Color Stop을 안쪽으로 조금씩 이동하고 중앙에 있는 점을 왼쪽으로 드래그하여 그레이디언트가 적용되는 범위와 색의 변화를 조정한 다음 <OK> 버튼을 클릭합니다. Layer Style 대화상자에서도 <OK> 버튼을 클릭합니다.

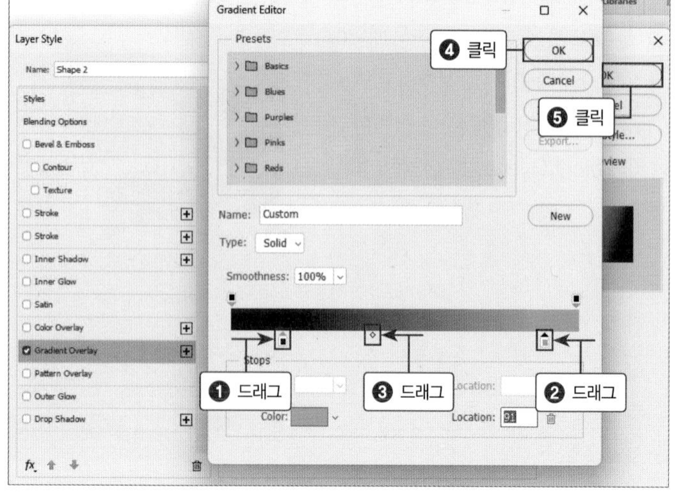

08 최종적으로 적용된 그레이디언트 컬러와 형태를 확인합니다. 2개의 패스를 그룹으로 만들기 위해 Layers 패널에서 'Shape 2' 레이어와 'Shape 2 copy' 레이어를 선택하고 'Create a new group' 아이콘(▭)을 클릭합니다.

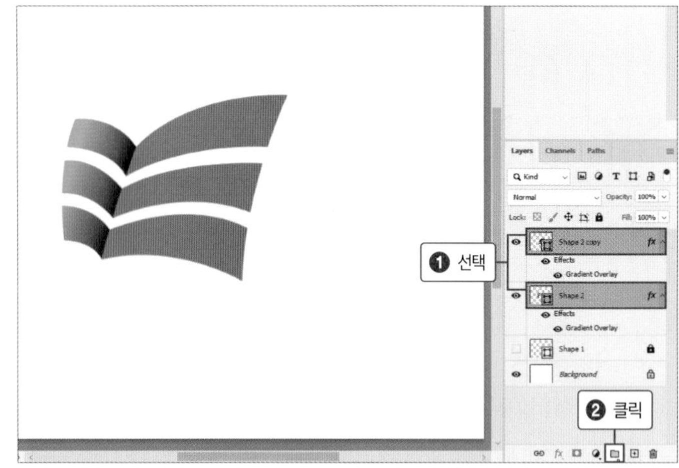

09 그룹이 생성되면 그룹을 스마트 오브젝트로 변경하기 위해 메뉴에서 〔Layer〕 → Smart Objects → Convert to Smart Object를 실행합니다.

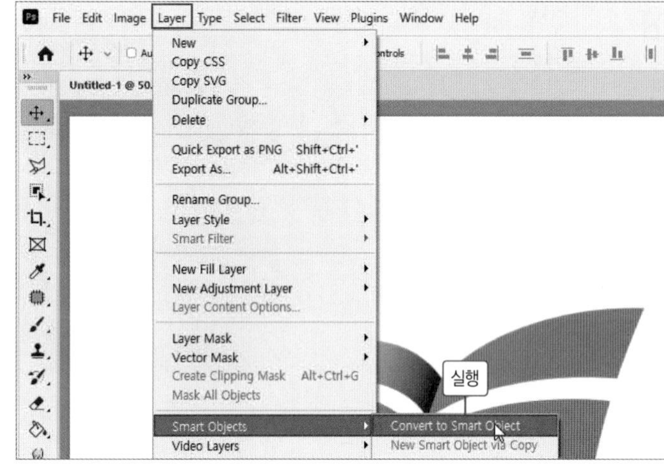

10 그룹이 스마트 오브젝트 레이어로 변경되면서 완성되었습니다. 완성된 심볼의 크기를 조정해도 그레이디언트가 변하지 않는 것을 확인할 수 있습니다.

12.3

실습 예제 02

레이어 스타일을 활용한 다중 노출 이미지 만들기

• **예제 파일** : 12\여성얼굴.jpg, base01.jpg, base02.jpg • **완성 파일** : 12\다중노출_완성.psd

다중 노출 이미지는 여러 사진을 겹쳐 몽환적인 분위기와 메시지를 전달하는 데 효과적이며, 포스터, 광고, 배경 이미지 등으로 활용됩니다. 몽환적인 분위기의 다중 노출 이미지를 만들어 보겠습니다.

01 Ctrl+O를 눌러 12 폴더에서 'base01.jpg' 파일을 불러옵니다.

02 그림을 좌우 반전하기 위해 메뉴에서 [Image] → Image Rotation → Flip Canvas Horizontal을 실행합니다.

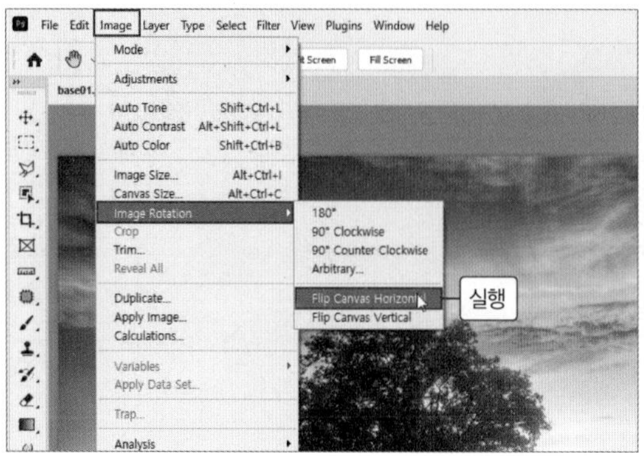

03 예제를 추가로 불러오기 위해 Ctrl+O를 눌러 12 폴더에서 '여성얼굴.jpg' 파일을 불러옵니다. Tools 패널에서 오브젝트 선택 도구(![])를 선택하고 인물 부분을 클릭하여 선택 영역으로 지정합니다.

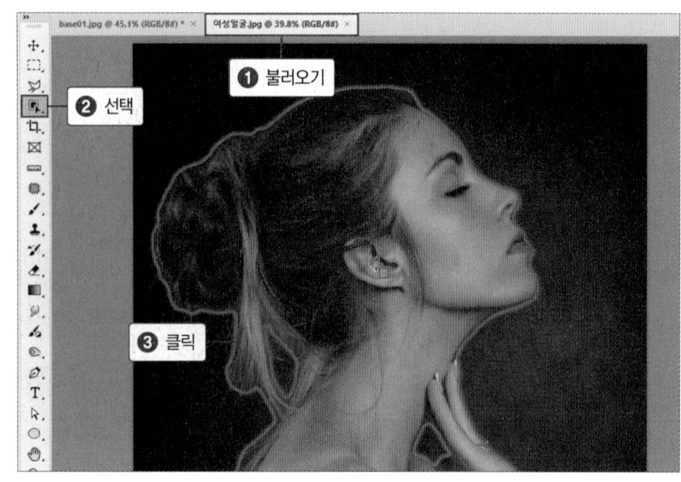

NOTE

Remove background를 이용하여 배경을 제거하여 활용할 수 있습니다. 그러나 오브젝트 선택 도구(![])를 이용하면 조금 더 세밀하게 선택되므로 예제에서는 도구를 사용하였습니다.

04 인물 위주로 선택 영역이 지정된 것을 확인하고 Ctrl+C를 눌러서 클립보드에 복사합니다.

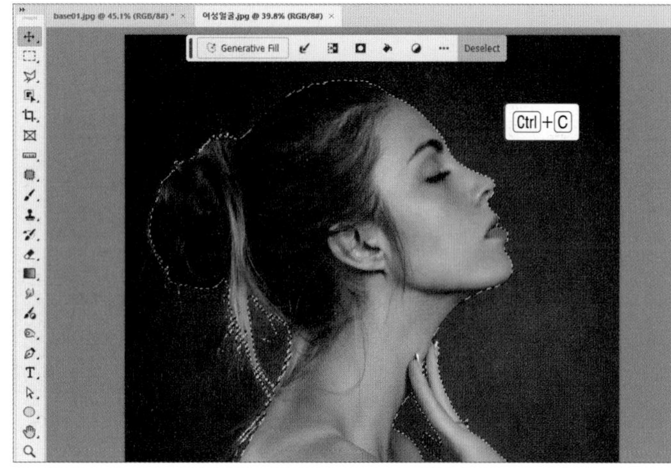

05 [문서] 탭에서 'base01.jpg'를 선택하고 Ctrl+V를 눌러 복사한 여성 얼굴을 붙여넣습니다.

06 Tools 패널에서 자르기 도구(⌗)를 선택하고 조절점을 드래그하여 그림과 같이 만듭니다. 생성형 AI를 활용하기 위해 작업 표시줄에서 <Generate> 버튼을 클릭합니다.

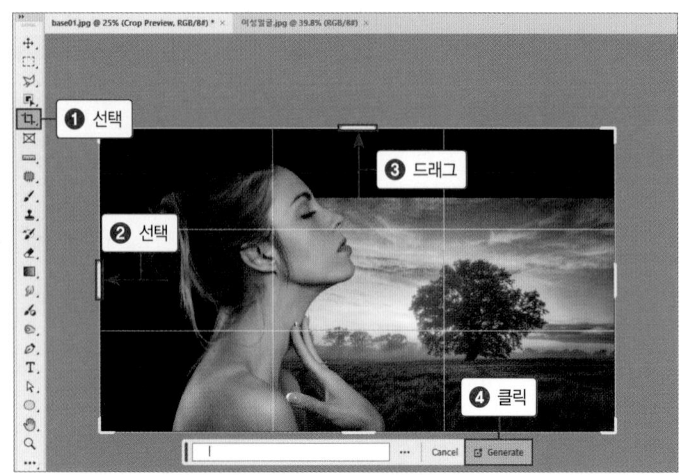

07 생성된 배경 중 적절한 이미지를 선택하여 그림과 같이 캔버스를 확장합니다.

08 Layers 패널에서 여성 얼굴이 있는 'Layer 1' 레이어를 선택합니다. 이미지의 채도를 제거하여 흑백 이미지로 만들기 위해 메뉴에서 [Image] → Adjustments → Desaturate(Ctrl+Shift+U)를 실행합니다.

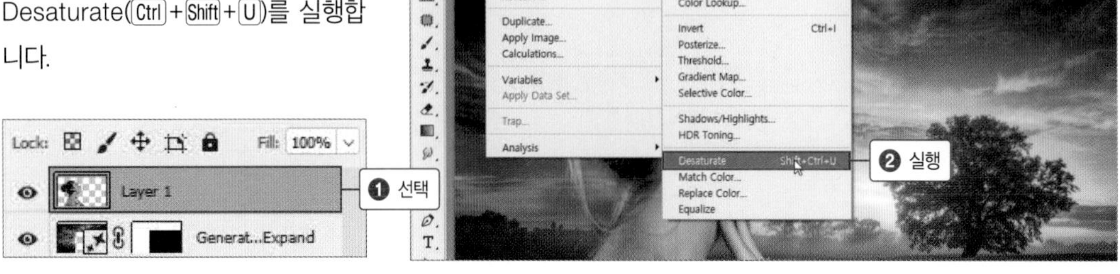

09 Layers 패널에서 'Create a new layer' 아이콘(⊞)을 클릭하여 새로운 레이어를 추가하고 'Layer 1' 레이어 아래로 이동합니다.

전경색이 흰색으로 지정되어 있는 것을 확인하고 Alt+Delete를 눌러 레이어 전체를 흰색을 채웁니다.

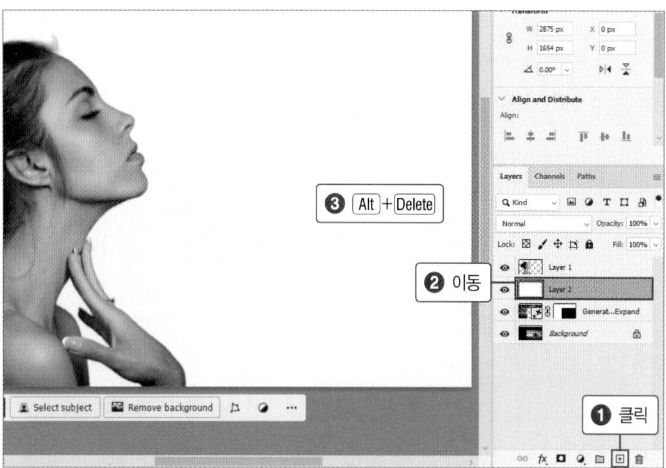

10 레이어 마스크를 추가하기 위해 Layers 패널에서 'Add layer mask' 아이콘(◘)을 클릭하고 레이어 마스크를 선택한 다음 Ctrl+Delete를 눌러 검은색을 적용합니다. Tools 패널에서 브러시 도구(🖌)를 선택하고 옵션바에서 브러시를 'Soft Rounded', '1900px'로 설정한 다음 인물 주변을 드래그하여 칠합니다.

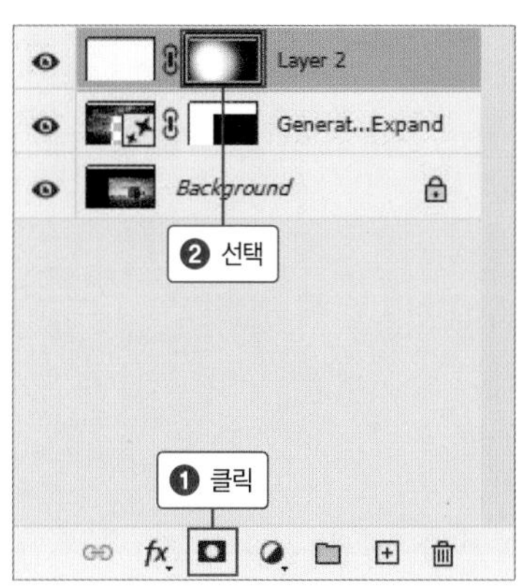

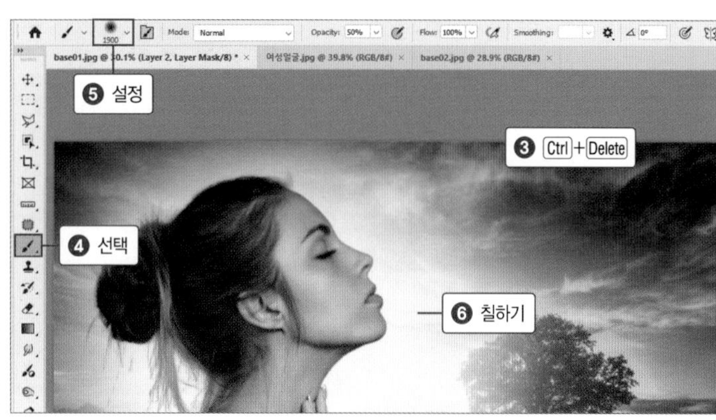

11 Ctrl+O를 눌러 12 폴더에서 'base02.jpg' 파일을 불러오고 Ctrl+A를 눌러 문서 전체를 선택한 다음 Ctrl+C를 누릅니다.

12 [문서] 탭에서 'base01.jpg'를 선택하고 Ctrl+V를 눌러 붙여넣습니다. 붙여넣은 레이어로 인해 다른 이미지들이 보이지 않기 때문에 Layers 패널에서 Opacity를 '50%'로 설정합니다.

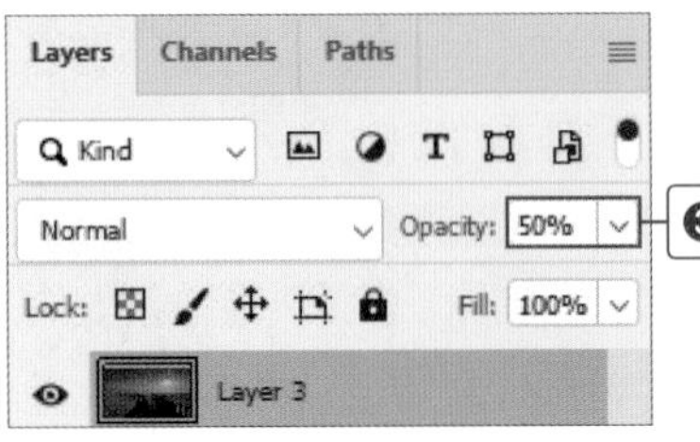

13 크기를 변형하기 위해 Ctrl+T를 누릅니다. 이미지의 조절점을 드래그하여 여성 얼굴에 맞춰 크기를 조정하고 Enter를 누릅니다.

14 Layers 패널에서 Ctrl를 누른 상태로 여성 얼굴이 있는 'Layer 1' 레이어의 섬네일을 클릭하여 선택 영역으로 만듭니다.

15 Layers 패널에서 노을 사진이 있는 'Layer 3' 레이어를 선택하고 'Add layer mask' 아이콘(◘)을 클릭합니다.

16 선택 영역에 따라 레이어 마스크가 생성됩니다. Opacity를 '100%'로 설정하고 이목구비를 남기기 위해 'Layer 1' 레이어를 가장 위로 이동합니다.

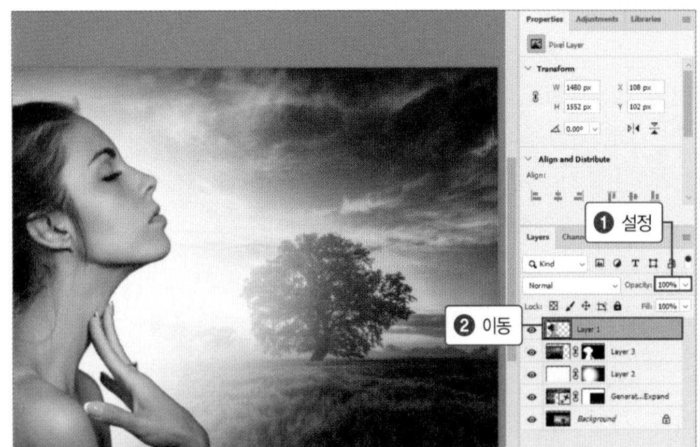

17 레이어 마스크를 적용하기 위해 'Add layer mask' 아이콘(◘)을 클릭하고 Tools 패널에서 지우개 도구(◈)를 선택합니다. 옵션바에서 브러시를 'Soft Rounded', '400~600px' 정도로 설정하고 얼굴 이목구비를 제외한 나머지 부분을 문질러 지웁니다.

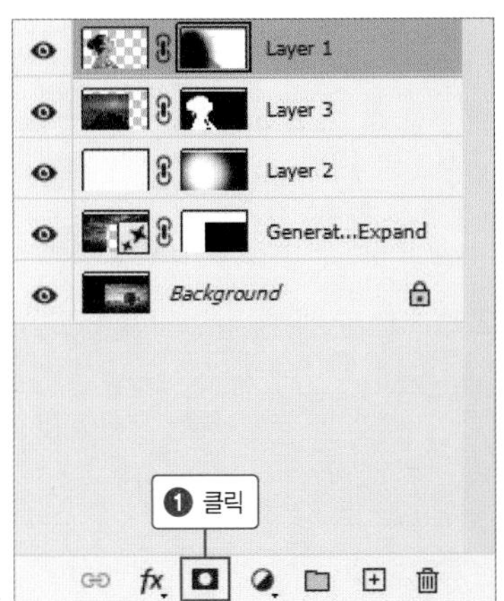

12

다양한 효과를 활용한 포트폴리오 제작

18 Layers 패널에서 'Create a new layer' 아이콘(⊞)을 클릭하여 새로운 레이어를 생성하고 'Layer 2' 레이어 위로 이동한 다음 Opacity를 '50%'로 설정합니다. 전경색이 흰색으로 지정되어 있는 것을 확인하고 Alt+Delete를 눌러 그림과 같이 조금 더 환한 느낌이 나도록 배경을 조정합니다.

19 생성형 AI를 이용하여 장식적인 이미지를 추가하기 위해 'Layer 1' 레이어를 선택하고 Ctrl+A를 눌러 전체 영역을 지정합니다. 작업 표시줄에서 '날아가는 여러 마리 새, 검은 배경'을 입력하고 <Generate> 버튼을 클릭합니다.

20 Properties 패널에서 적합한 AI 이미지를 선택하고 블렌딩 모드를 'Screen'으로 지정합니다.

21 인물 부분은 AI 이미지를 제외시키겠습니다. Layers 패널에서 Ctrl을 누른 상태로 여성 얼굴이 있는 'Layer 1' 레이어의 섬네일 부분을 클릭하여 선택 영역으로 지정합니다.

22 생성형 AI로 만든 이미지 레이어의 레이어 마스크를 선택하고 배경색이 검은색으로 지정되어 있는 것을 확인한 다음 Ctrl+Delete를 눌러 선택 영역을 검은색으로 채웁니다.

> **NOTE**
>
> 전경색이 검은색이라면 Alt+Delete를 누르고, 배경색이 검은색이라면 Ctrl+Delete를 눌러 색을 채웁니다.

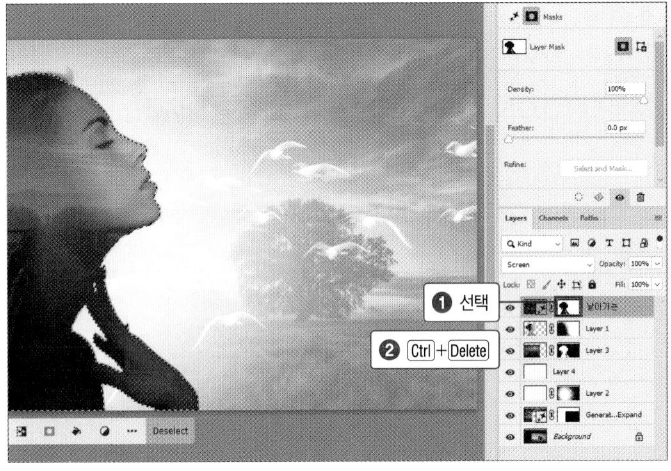

23 선택 영역을 해제하기 위해 작업 표시줄에서 <Deselect> 버튼을 클릭하거나 Ctrl+D를 눌러 완성합니다.

12

다양한 효과를 활용한 포트폴리오 제작

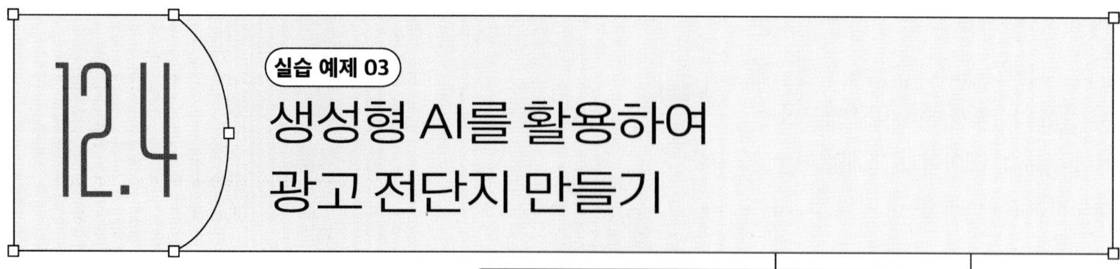

12.4 실습 예제 03 생성형 AI를 활용하여 광고 전단지 만들기

• **예제 파일 :** 12\canbus_01~04.jpg • **완성 파일** : 12\광고_완성.psd

생성형 AI와 레이어 스타일을 활용해 귀여운 자동차 광고 전단지를 만들어 보겠습니다. 생성형 AI를 사용하면 선택 영역을 설정하거나 이미지를 찾을 필요 없이 빠르게 저작권 문제 없이 작업할 수 있어 효율적입니다.

그레이디언트로 자동차 그림자 구성과 배치하기

01 Ctrl+O를 눌러 12 폴더에서 'canbus_01~04.jpg' 파일을 불러옵니다.

02 광고를 제작할 새로운 문서를 만들기 위해 Ctrl+N을 눌러 New Document 대화상자가 표시되면 Width를 '1080', Height '1920'으로 설정하고 <Create> 버튼을 클릭합니다.

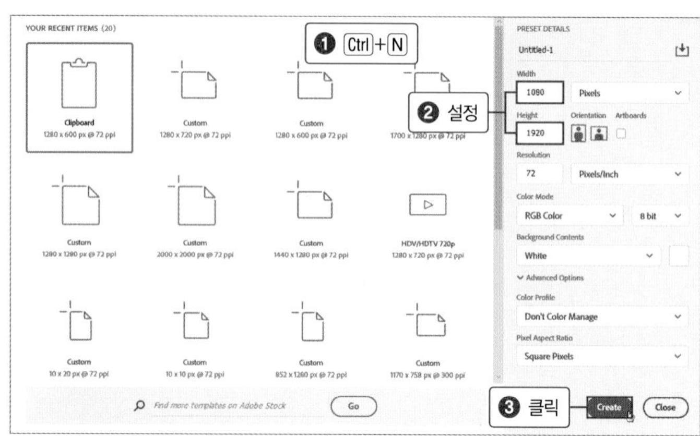

03 새로운 안내선을 원하는 위치에 만들기 위해 메뉴에서 (View) → Guides → New Guide를 실행합니다.

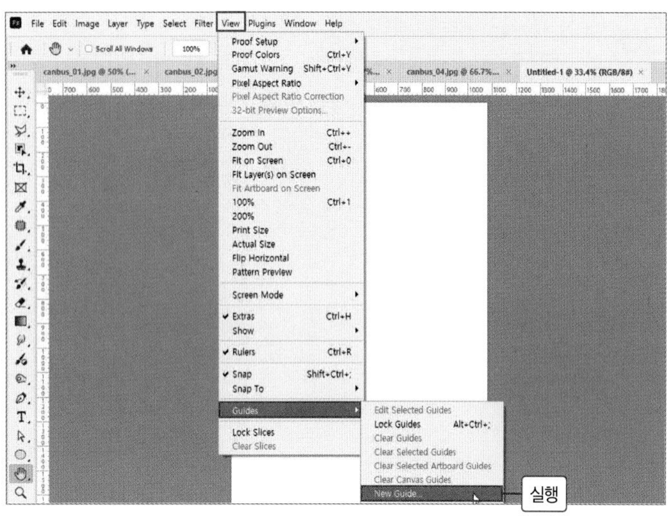

TIP 눈금자와 New Guide 명령

눈금자에서 드래그하여 안내선을 만드는 경우, 정확한 위치에 배치하기가 어렵습니다. Snap 기능이 설정된 경우 문서 중앙에 안내선을 만드는 것은 쉽지만, 정확한 위치에 안내선을 그릴 때는 New Guide 명령을 활용하는 것이 좋습니다.

04 New guide 대화상자가 표시되면 가로 방향의 안내선을 만들기 위해 Orientation에서 'Horizontal'을 선택하고 Position을 '1660'으로 설정한 다음 <OK> 버튼을 클릭합니다.

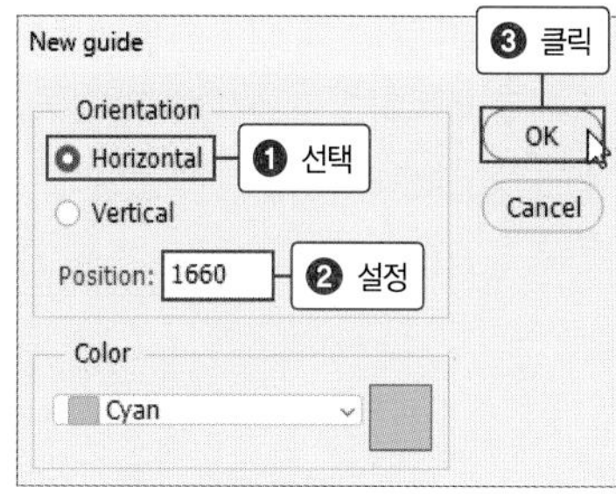

12 다양한 효과를 활용한 포트폴리오 제작

05 [문서] 탭에서 'canbus_01.jpg'를 선택하고 Tools 패널에서 오브젝트 선택 도구( )를 선택합니다. 왼쪽에 있는 자동차를 클릭하여 선택 영역으로 지정합니다.

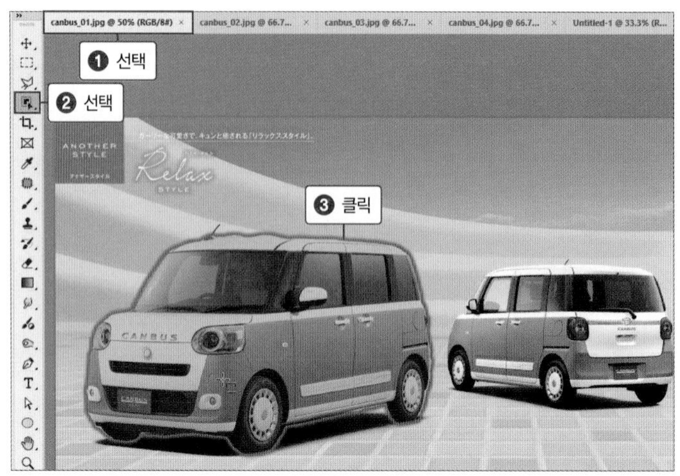

06 Tools 패널에서 돋보기 도구( )를 선택하고 해당 부분을 클릭하여 확대해 선택 영역이 정확하게 지정되었는지 확인합니다. 선택 영역이 정확하지 않다면 선택 영역을 수정하고 Ctrl+C를 눌러 복사합니다.

07 [문서] 탭에서 'Untitled-1'을 선택하고 Ctrl+V를 눌러 자동차를 붙여넣습니다. 자동차를 안내선 위로 배치하고 Layers 패널에서 'Background' 레이어를 선택합니다.

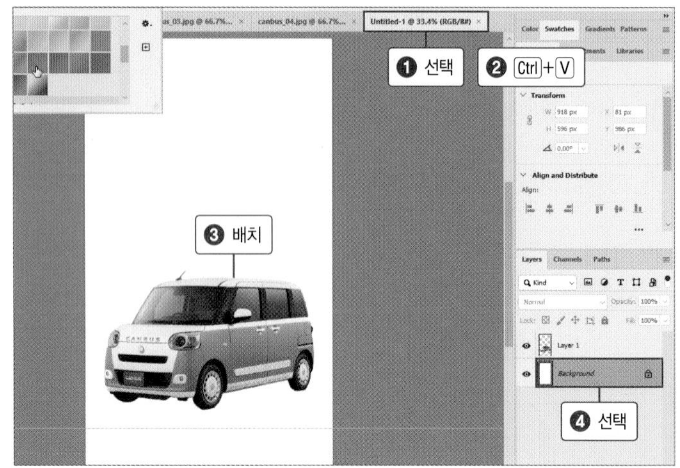

08 Tools 패널에서 그레이디언트 도구(◧)를 선택합니다. 옵션바에서 그레이디언트 색상 상자를 클릭하고 Preset에서 Pinks 그룹의 'Pink_12'를 선택합니다.

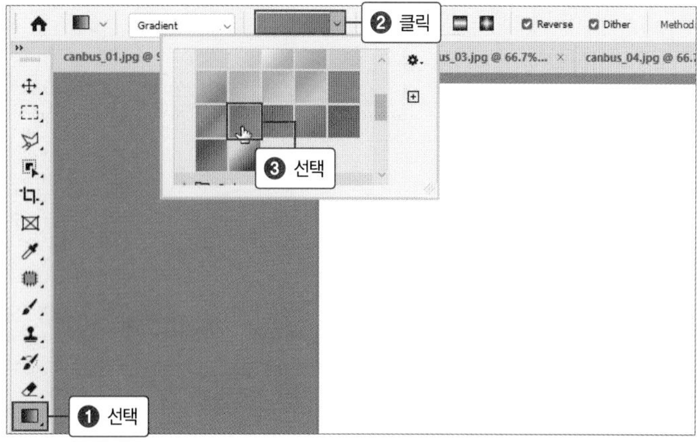

09 캔버스 아래에서 위로 드래그하면 그레이디언트 레이어가 생성되고, 자동차 색상과 어울리는 그레이디언트가 적용됩니다.

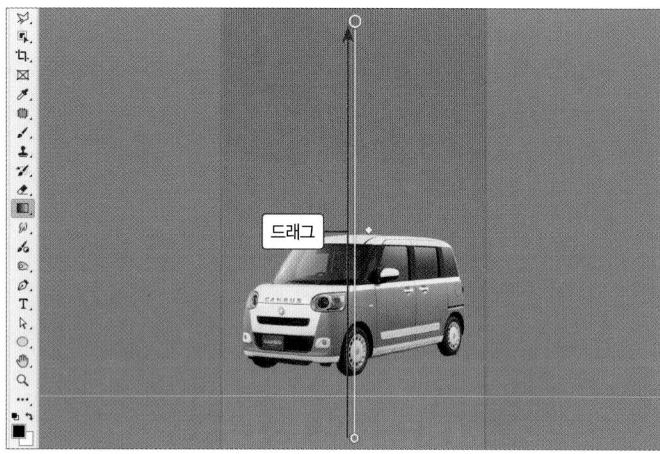

10 Tools 패널에서 문자 입력 도구(T)를 선택하고 캔버스를 클릭한 다음 'CANBUS'를 입력합니다. Properties 패널에서 글꼴 스타일을 'Noto Sans CJK KR', 'Regular', 글꼴 크기를 '300px', 색상을 '흰색'으로 지정합니다. Tools 패널에서 이동 도구(✥)를 선택하고 그림과 같이 자동차 뒤로 배치합니다.

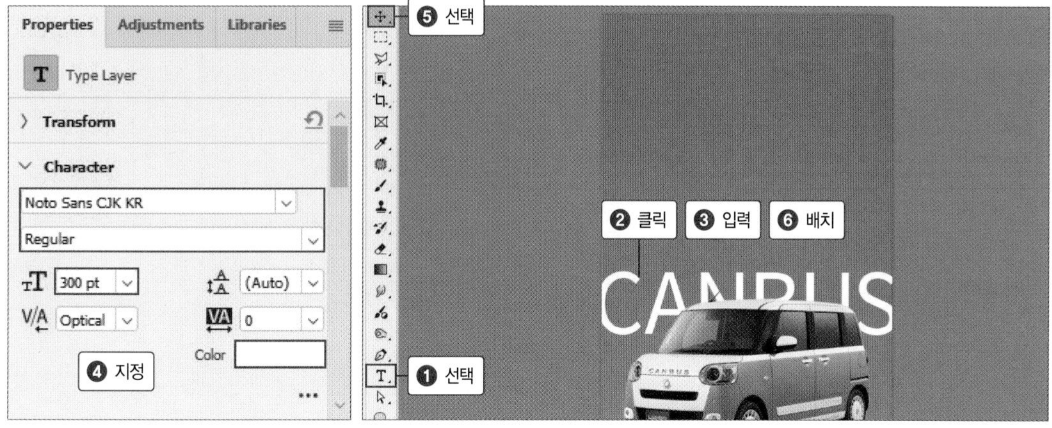

11 Layers 패널에서 'CANBUS' 레이어의 Opacity를 '30%'로 설정하여 배경과 어울리게 자연스럽게 만듭니다.

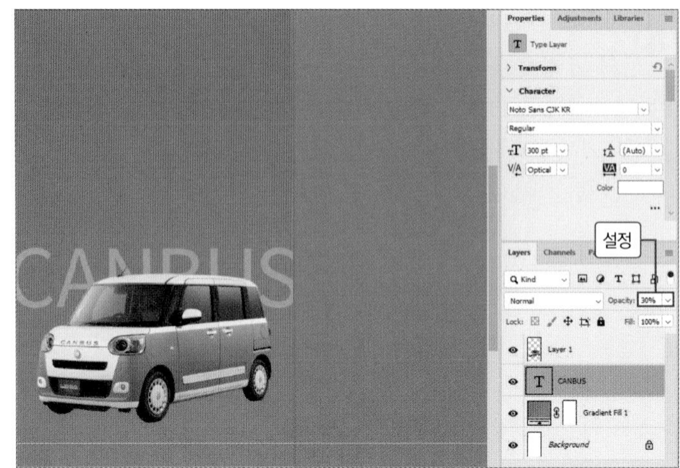

12 'Gradient Fill' 레이어를 선택하고 Ctrl+J를 눌러 복제한 다음 가장 위로 레이어 위치를 변경합니다.

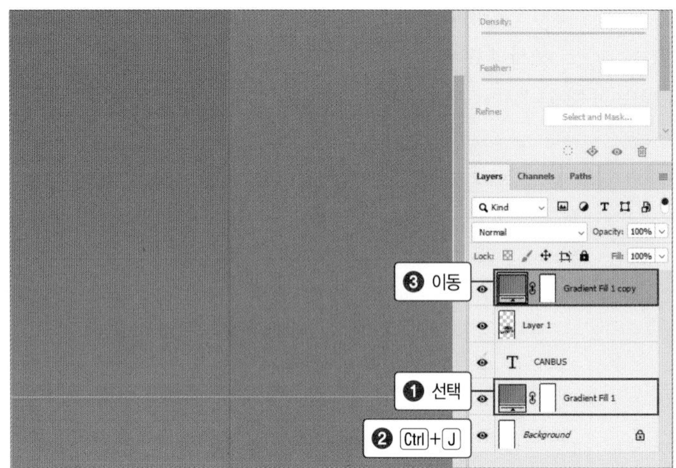

13 복제한 그레이디언트에 적용되어 있는 레이어 마스크를 선택하고 Tools 패널에서 전경색을 '검은색'으로 지정한 다음 그레이디언트 도구(■)를 선택합니다. 옵션바에서 그레이디언트 색상 상자를 클릭하고 흰색에서 검은색으로 변경되는 그레이디언트를 선택한 다음 안내선부터 자동차 타이어까지 드래그합니다.

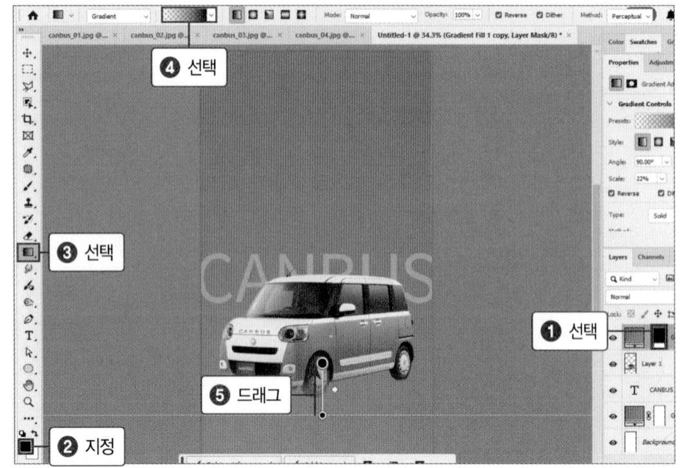

14 복제된 그레이디언트 레이어가 아래만 보입니다. 자동차에 그림자를 만들기 위해 Tools 패널에서 사각형 도구(□)를 선택하고 Layers 패널에서 'CANBUS' 레이어를 선택합니다. 전경색이 검은색인 것을 확인하고 자동차 아래를 드래그하여 자동차 크기와 비슷하게 사각형을 만듭니다.

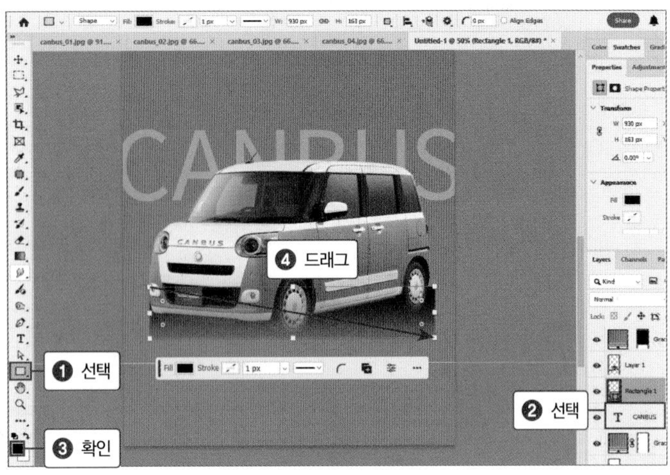

15 'Gradient Fill copy' 레이어의 '눈' 아이콘(👁)을 클릭하여 숨김 모드로 변경합니다. Tools 패널에서 직접 선택 도구(↖)를 선택하고 왼쪽 하단에 있는 앵커 포인트를 오른쪽으로 드래그하여 이동합니다. Adobe Photoshop 대화상자가 표시되면 이동과 동시에 셰이프가 변경된다는 메시지를 확인하고 <OK> 버튼을 클릭합니다.

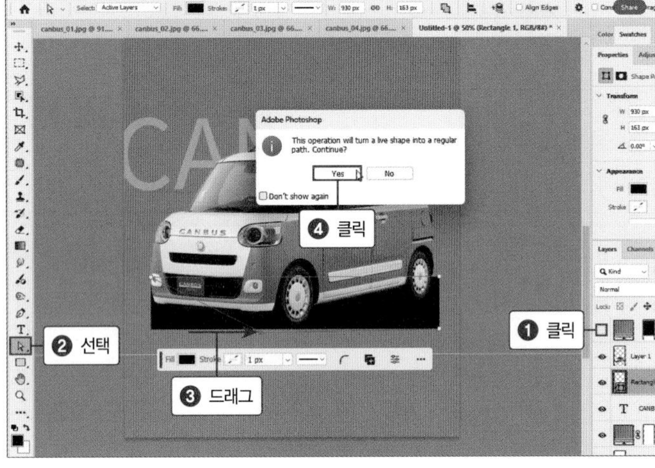

16 그림과 같이 사각형 셰이프를 자동차의 그림자 형태로 변형합니다.

17 그림자 모양을 부드럽게 번지도록 만들기 위해 메뉴에서 [Filter] → Blur → Gaussian Blur를 실행합니다.

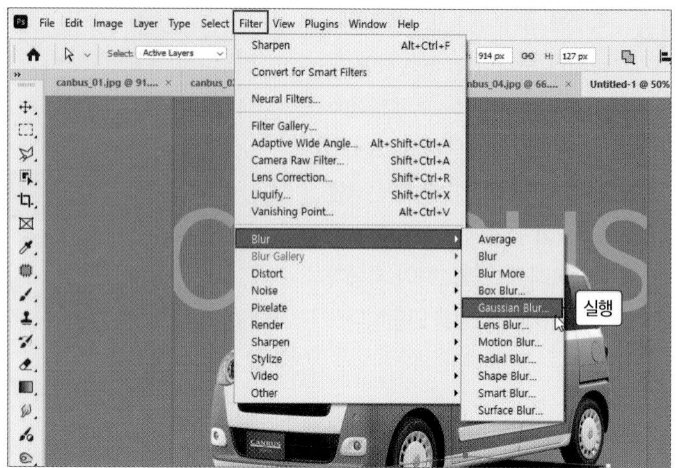

18 필터를 적용하기 전에 Adobe Photoshop 대화상자가 표시되면 스마트 오브젝트로 변경할 것인지 묻는 내용을 확인하고 스마트 오브젝트 레이어로 변경하기 위해 <Convert To Smart Object> 버튼을 클릭합니다.

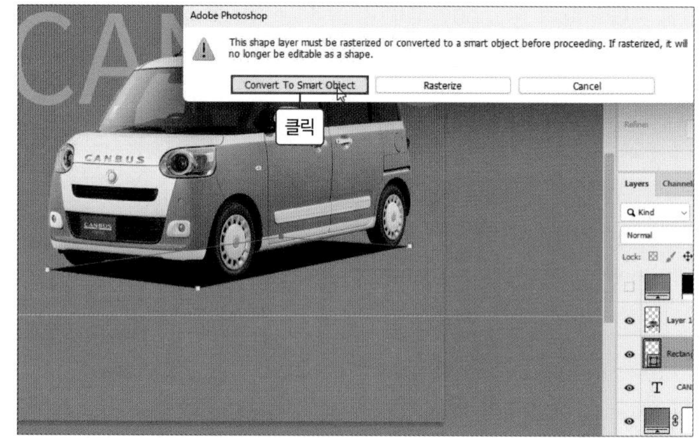

19 Gaussian Blur 대화상자가 표시되면 Radius를 '8'로 설정하고 <OK> 버튼을 클릭합니다.

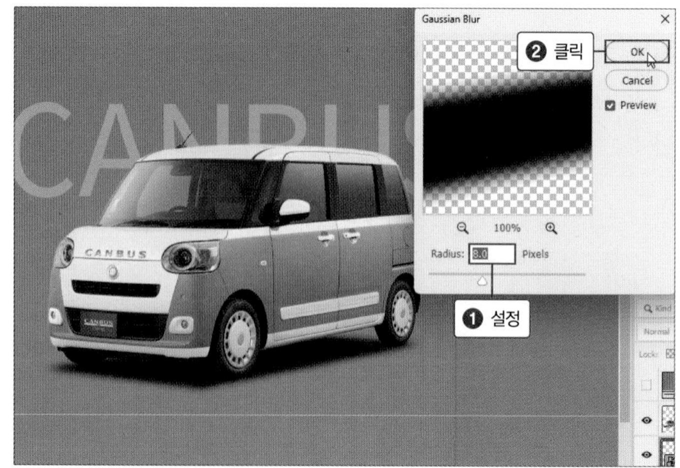

20 그림자 크기가 조금 작게 변형되었습니다. 크기를 조정하기 위해 Ctrl+T를 누릅니다. Adobe Photoshop 대화상자가 표시되면 임시로 레이어가 수정 가능한 상태로 변경된다는 메시지를 확인하고 <OK> 버튼을 클릭합니다.

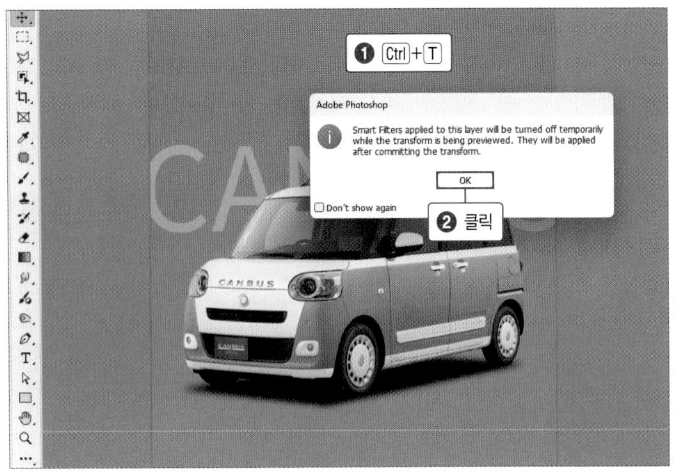

21 Blur 크기를 고려하여 자동차에 어울리게 조절점을 드래그하여 조금 크게 크기를 조정하고 Enter를 누릅니다.

TIP **스마트 오브젝트 수정**

스마트 오브젝트 상태에서 형태를 수정하기 위해 레이어를 더블클릭하면 오브젝트가 새로운 문서로 열리며 수정할 수 있습니다. 그러나 적용된 그림자의 모습을 확인하면서 수정하는 것은 어려우므로 자유 변형 기능을 이용하여 수정하는 것이 더 유용합니다.

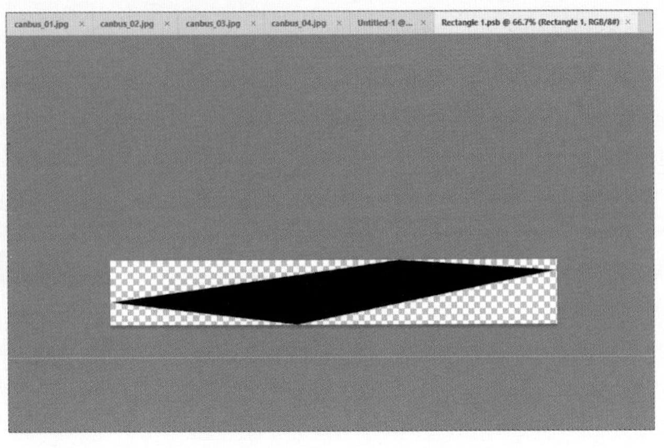

22 자동차 그림자 수정이 완료되면 Layers 패널에서 'Gradient Fill copy' 레이어의 '눈' 아이콘( )을 클릭하여 보기 모드로 변경하여 자연스러운 그림자를 확인합니다.

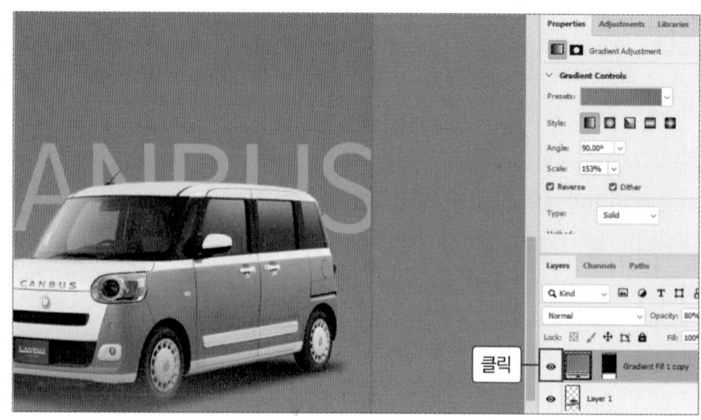

추가 이미지와 광고 문구 배치하기

01 [문서] 탭에서 'canbus_01.jpg'를 선택하고 Tools 패널에서 오브젝트 선택 도구( )를 선택한 다음 자동차 뒷모습을 클릭하여 선택 영역으로 지정합니다. 선택 영역을 다른 문서로 복사하기 위해 Ctrl+C를 눌러 클립보드에 복사합니다.

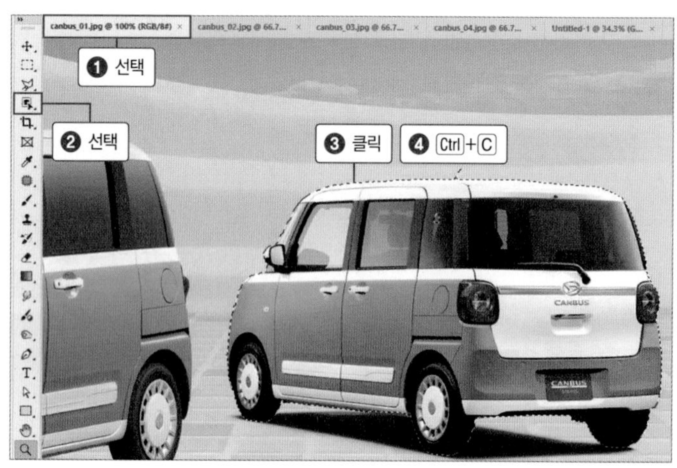

02 [문서] 탭에서 'Untititled-1'을 선택합니다. Layers 패널에서 'Gradient Fill' 레이어를 선택하고 Ctrl+V를 눌러 복사한 자동차 뒷모습을 문자 아래쪽에 배치합니다.

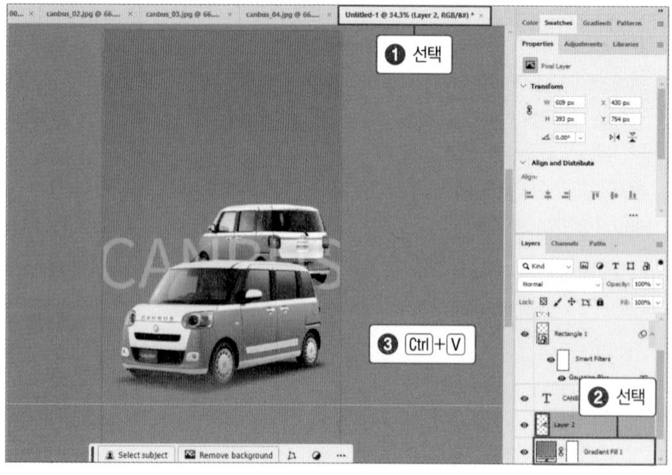

03 'Gradient Fill 1 copy' 레이어를 선택합니다. Tools 패널에서 문자 입력 도구(T)를 선택하고 Properties 패널에서 글꼴 스타일을 'Noto Sans CJK KR', 'Light', 글꼴 크기를 '200pt', 색상을 '흰색'으로 지정합니다. 캔버스를 클릭하고 'CANBUS'를 입력한 다음 문서 상단 중앙에 배치합니다.

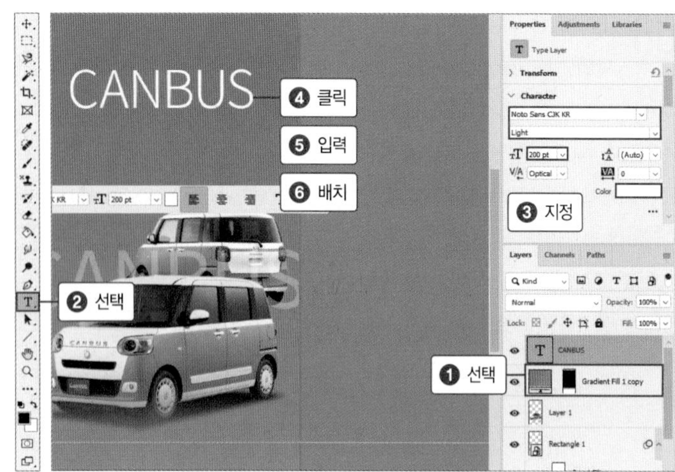

04 추가적으로 자동차의 회사명을 임의로 추가하기 위해 캔버스를 클릭하고 'PHOTOSHOP'을 입력합니다. Properties 패널에서 글꼴 스타일을 'Noto Sans CJK KR', 'Regular', 글꼴 크기를 '60pt', 색상을 '흰색'으로 지정하고 'CANBUS' 문자 위로 배치합니다.

05 같은 방법으로 캔버스를 클릭하고 'Relax'를 입력합니다. Properties 패널에서 글꼴 스타일을 'Ink Free', 'Regular', 글꼴 크기를 '200pt', 색상을 '검은색(#242424)'으로 지정합니다. 입력된 문자에 스타일을 적용하기 위해 Layers 패널에서 'Add a layer style' 아이콘(fx)을 클릭하고 'Outer Glow'를 선택합니다.

06 Layer Style 대화상자가 표시되면 Structure에서 Blend Mode를 'Screen', Opacity를 '100%', Noise를 '0', 색상을 '흰색', Elements에서 크기를 설정하기 위해 Techinque를 'Softer', Spread를 '10%', Size를 '15px', Quality에서 Range를 '50%'로 설정합니다.

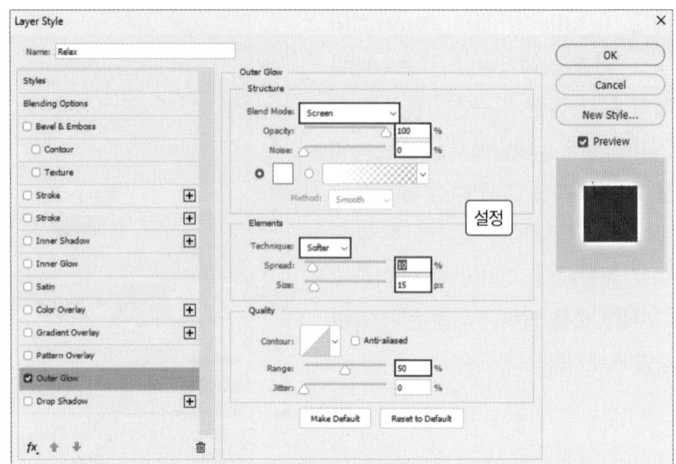

07 적용된 색을 변경하기 위해 Styles에서 'Color Overlay'를 선택합니다. Color Overlay의 색을 변경하기 위해 Blend Mode를 'Normal'로 지정하고 색상 상자를 클릭합니다. Color Picker 대화상자가 표시되면 캔버스에서 Relax 문자가 입력된 옆을 클릭하여 색상을 지정하고 <OK> 버튼을 클릭합니다.

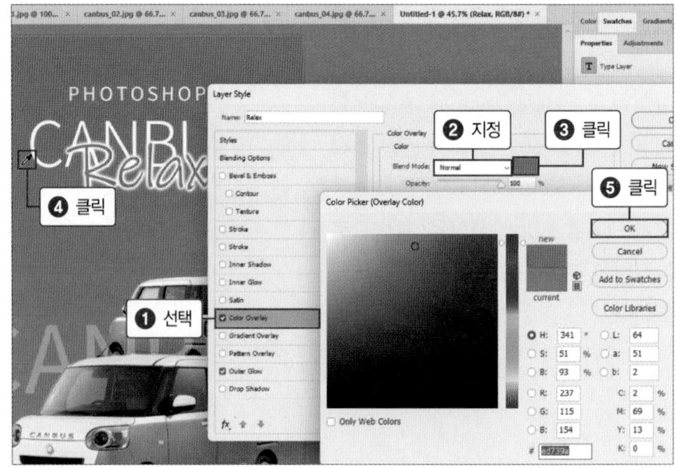

08 Opacity를 '100%'로 설정하고 <OK> 버튼을 클릭하여 외부 광선 효과와 색상 변경 기능을 레이어 스타일로 설정합니다.

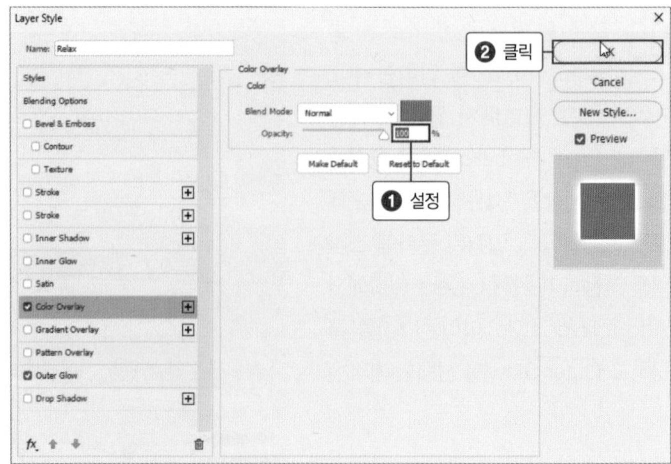

TIP **레이어 Fill**

Color Overlay를 사용하지 않고 레이어의 Fill을 '0%'로 설정하면 배경에 있는 색상이 보이기 때문에 비슷하게 적용되지만, 바탕에 있는 흰색 글씨가 보여 가독성이 떨어집니다.

09 Tools 패널에서 문자 입력 도구(T)를 선택하고 Properties 패널에서 글꼴 스타일을 'Noto Sans CJK KR', 'Medium', 글꼴 크기를 '24pt', 자간을 '100', 색상을 '흰색'으로 지정합니다. Relax 문자 아랫부분의 캔버스를 클릭하고 'STRIPES STYLE'을 입력합니다.

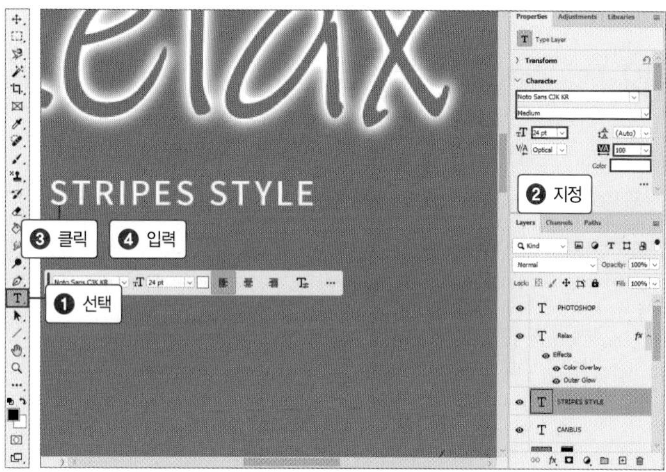

10 글자 간격이 일정하지 않아 보입니다. Properties 패널에서 Kerning을 'Metrics'로 지정합니다.

12

다양한 효과를 활용한 포트폴리오 제작

안내선을 활용하여 세부 이미지 배치하기

01 아래쪽에 사진을 규칙적으로 배치하기 위해 안내선을 활용할 예정입니다. Layers 패널에서 가장 위에 있는 레이어를 선택하고 안내선을 활성화하기 위해 메뉴에서 [View] → Guides → New Guide Layout을 실행합니다.

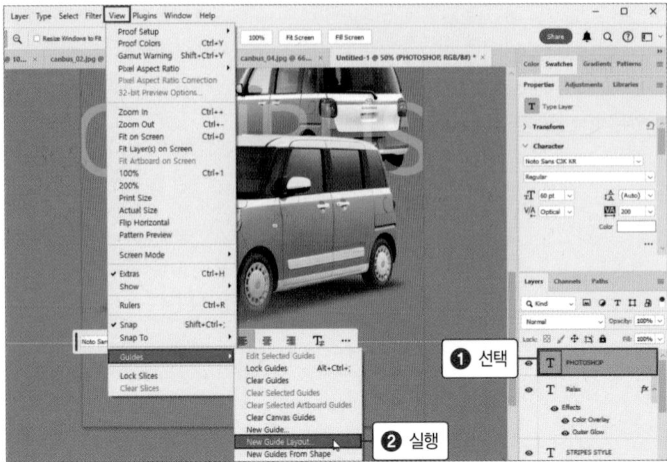

02 New guide layout 대화상자가 표시되면 좌우측 여백과 가로 방향 안내선을 만들기 위해 Margin의 Top을 '1680px', Left, Right, Bottom을 '40px'로 설정합니다. 가로 310px의 사진을 3개 배치하고 35px 간격으로 만들기 위해 Columns의 Number를 '3', Width를 '310px', Gutter를 '35px'로 설정합니다. 마지막으로 높이 200px의 안내선을 만들기 위해 Row의 Number를 '1', Height를 '200px'로 설정하고 <OK> 버튼을 클릭합니다.

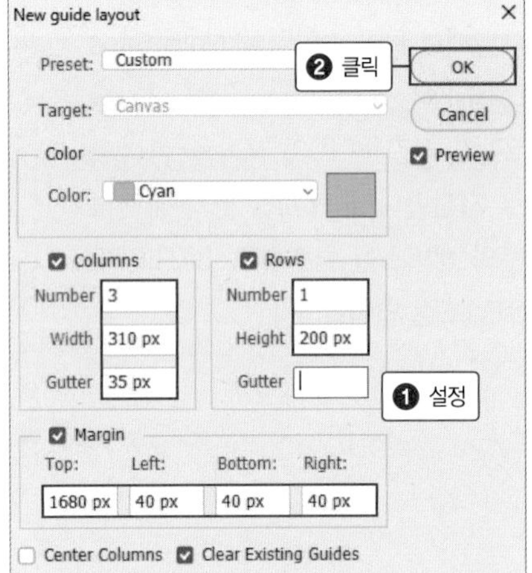

03 Tools 패널에서 사각형 도구(▢)를 선택하고 옵션바에서 Set radius of rounded corners를 '10px'로 설정한 다음 Fill을 원하는 색상, Stroke를 'No Color'로 지정합니다. 안내선 크기에 맞춰 왼쪽 하단을 드래그하여 사각형을 만듭니다.

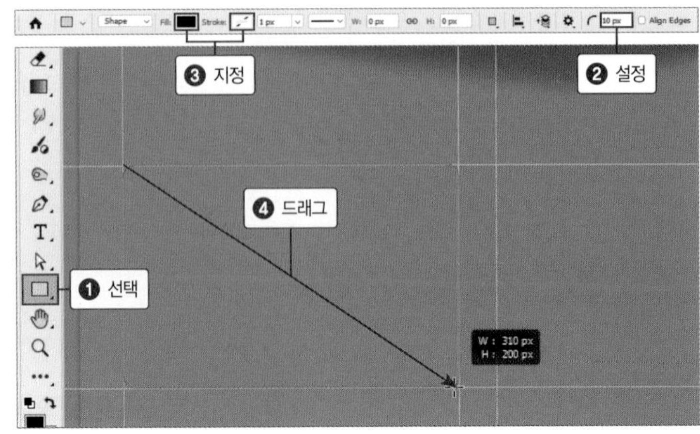

04 같은 방법으로 모서리가 둥근 사각형을 추가로 2개 만듭니다.

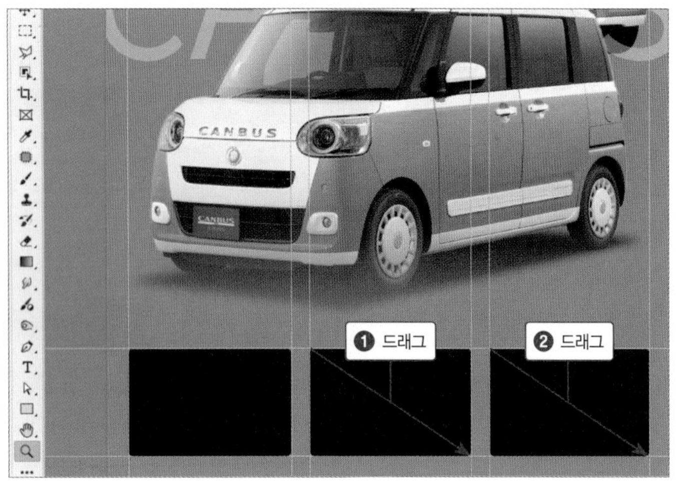

05 〔문서〕 탭에서 'canbus_02.jpg'를 선택하고 Ctrl+A를 눌러 전체 영역을 지정하고 복사하기 위해 Ctrl+C를 누릅니다.

06 〔문서〕 탭에서 'Untitled-1'를 선택합니다. Layers 패널에서 가장 왼쪽에 있는 'Rectangle 2' 레이어를 선택하고 Ctrl+V를 눌러 복사한 이미지를 해당 레이어 위로 붙여넣습니다.

12

다양한 효과를 활용한 포트폴리오 제작

07 크기를 조정하기 위해 Ctrl+T를 누르고 이미지가 사각형 영역 내에 배치되도록 안내선을 참고하여 조정한 다음 Enter를 누릅니다.

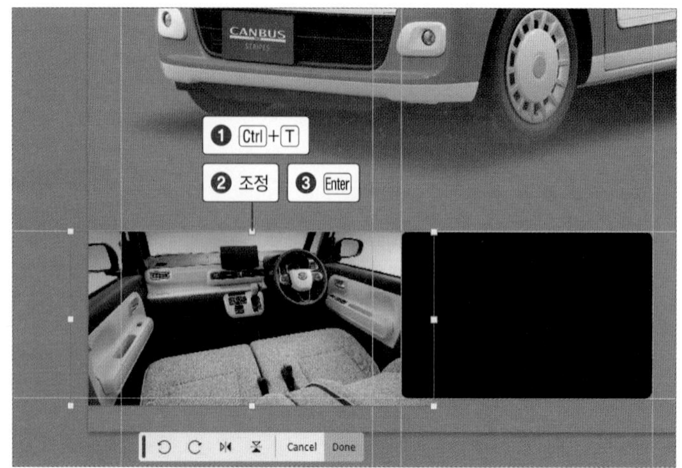

08 크기를 조정한 레이어에서 마우스 오른쪽 버튼을 클릭하고 Create Clipping Mask(Ctrl+Alt+G)를 실행합니다. 사각형 영역만 이미지가 보이기 때문에 필요한 영역 내에서만 사진을 적용할 수 있습니다.

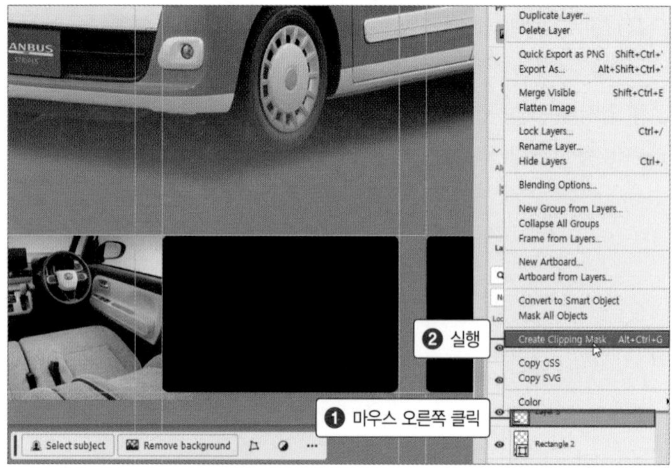

09 같은 방법으로 'canbus_03.jpg'의 이미지를 복사하고 중앙에 그려진 사각형 레이어를 선택한 다음 Ctrl+V를 눌러 붙여넣습니다. Ctrl+T를 눌러 왼쪽 그림과 비슷한 크기와 형태가 되도록 조정한 다음 Enter를 누릅니다.

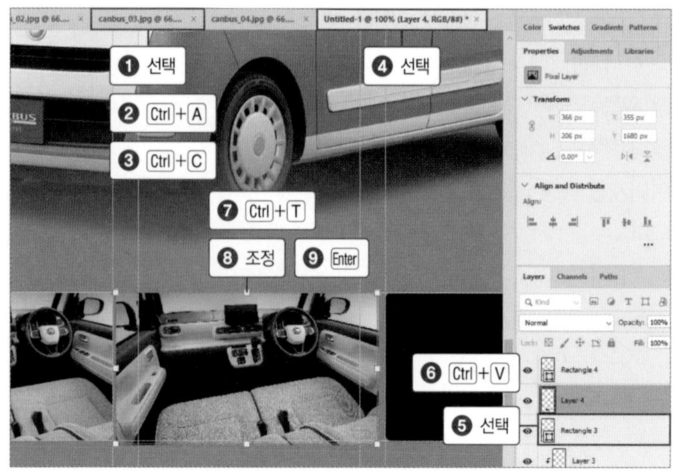

10 클리핑 마스크 효과를 적용하기 위해 Alt를 누른 상태로 복사된 사진 레이어와 중앙에 그려진 사각형 레이어의 경계선을 클릭합니다.

11 같은 방법으로 'canbus_04.jpg'의 이미지도 3번째 사각형에 배치하여 그림과 같이 3개의 자동차 인테리어 사진을 하단에 적용합니다.

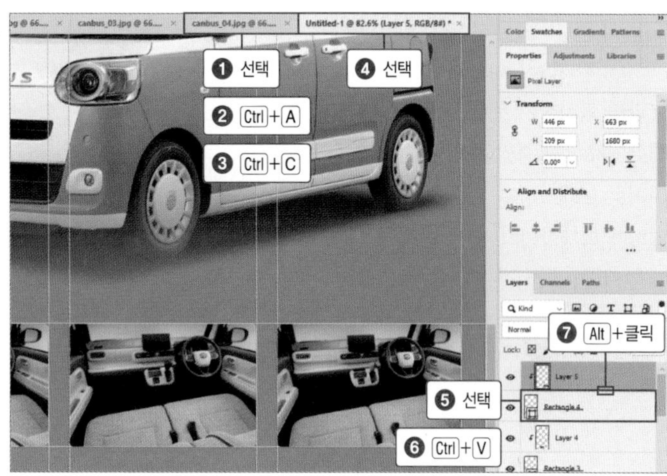

12 Layers 패널에서 그림자 효과를 적용하기 위해 첫 번째 사각형인 'Retangle 2' 레이어를 선택하고 'Add a layer style' 아이콘(fx)을 클릭한 다음 'Drop Shadow'를 선택합니다.

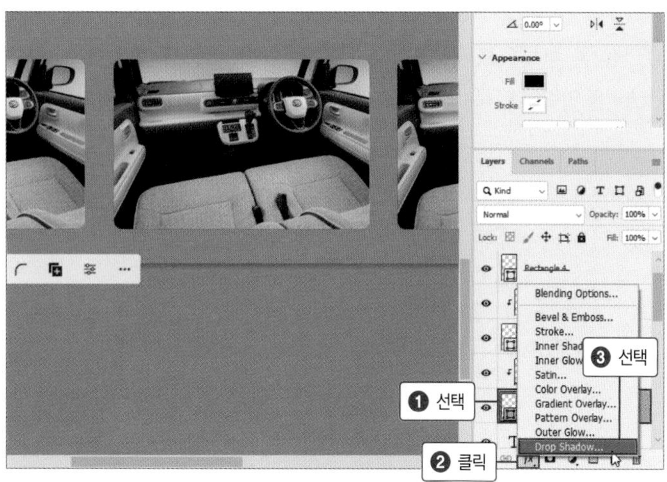

13 Layer Style 대화상자가 표시되면 Blending Mode를 'Multiply', 색상을 '검은색', Opacity를 '50%', Angle을 '135', Distance를 '5px', Spread를 '5%', Size를 '5%'로 설정하고 <OK> 버튼을 클릭합니다.

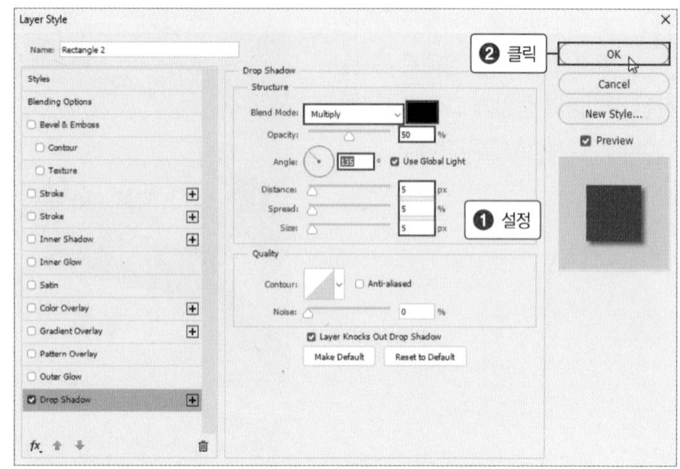

14 캔버스에 그림자가, 레이어에 Effects가 적용됩니다. 그림자 효과를 복사하기 위해 Alt를 누른 상태로 Effect를 중앙에 있는 사각형 레이어로 드래그하여 그림자 효과를 동일하게 복제합니다. 같은 방법으로 가장 오른쪽 사각형에도 적용합니다.

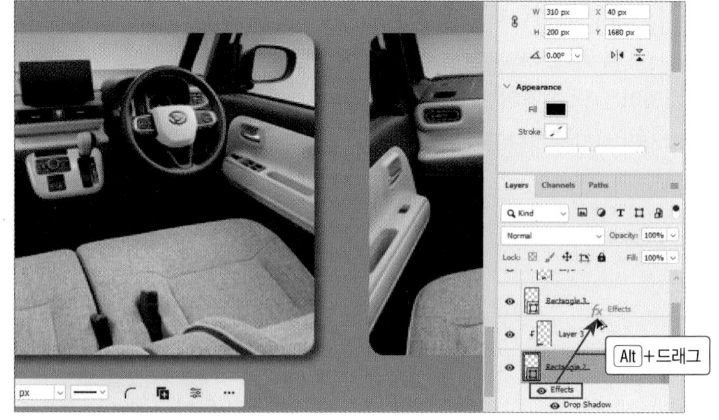

15 Tools 패널에서 문자 입력 도구(T)를 선택하고 Properties 패널에서 글꼴 스타일을 'Noto Sans CJK KR', 'Regular', 글꼴 크기를 '24pt', 자간을 '0', 색상을 '흰색'으로 지정합니다. 왼쪽 인테리어 이미지 상단을 클릭하고 'Interior Color'를 입력한 다음 Layers 패널에서 Opacity를 '70%'로 설정합니다.

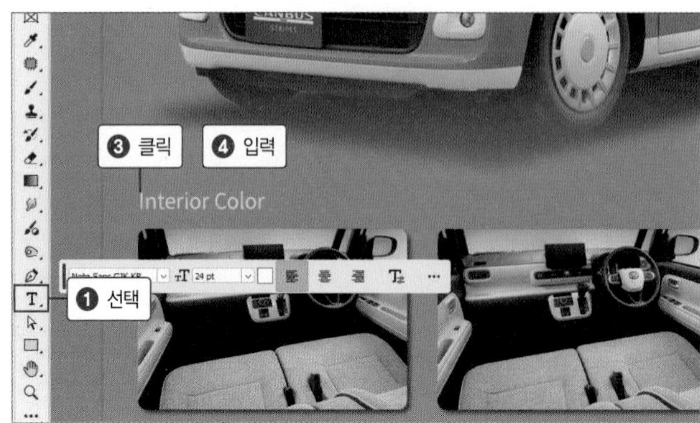

16 같은 방법으로 글꼴 스타일을 'Noto Sans CJK KR', 'Bold', 글꼴 크기를 '18pt', 자간을 '0', 색상을 '흰색'으로 지정하고 'PINK', 'BEIGE', 'MINT'를 각각 입력하여 그림과 같이 배치합니다.

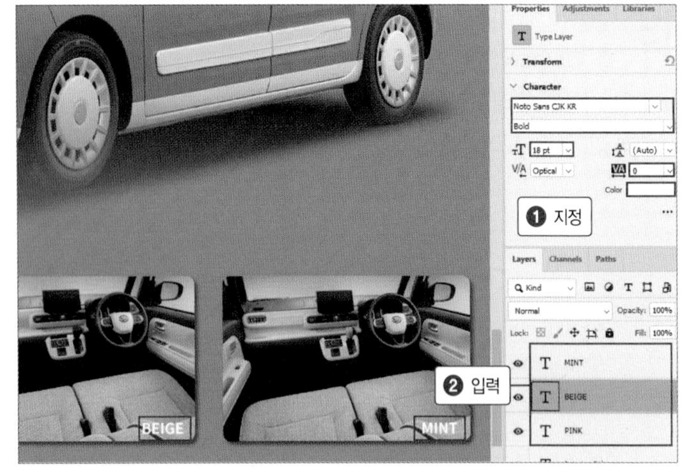

17 편안함을 강조하기 위해 이미지를 배경에 합성하여 사용하겠습니다. Layers 패널에서 'Gradient Fill' 레이어를 선택하고 Ctrl+A를 눌러 전체 선택합니다. 작업 표시줄에서 '매우 편안한 나의 거실'을 입력하고 <Generate> 버튼을 클릭합니다.

18 생성된 이미지 중에서 편안한 분위기에 적합한 이미지를 선택합니다. 적합한 이미지가 없다면 Properties 패널에서 <Generate> 버튼을 클릭하여 추가로 생성합니다.

12

다양한 효과를 활용한 포트폴리오 제작

19 Layers 패널에서 블렌딩 모드를 'Screen'으로 지정합니다. 바탕에 적용된 그레이디언트 색상에 맞춰서 이미지의 색이 적용됩니다.

20 '매우 편안한 나의 거실 2' 레이어의 Opacity를 '40%'로 설정하여 자연스럽게 배경에 이미지를 합성합니다.

21 자동차 광고 전단지를 완성하였습니다.

연습 문제 | 생성형 AI를 활용한 포트폴리오 만들기

01 생성형 AI와 오브젝트 선택 도구를 활용하여 아파트 광고 포스터를 만들어 보세요.

• **예제 및 완성 파일** : 12\소스1.jpg, 연습문제1.psd

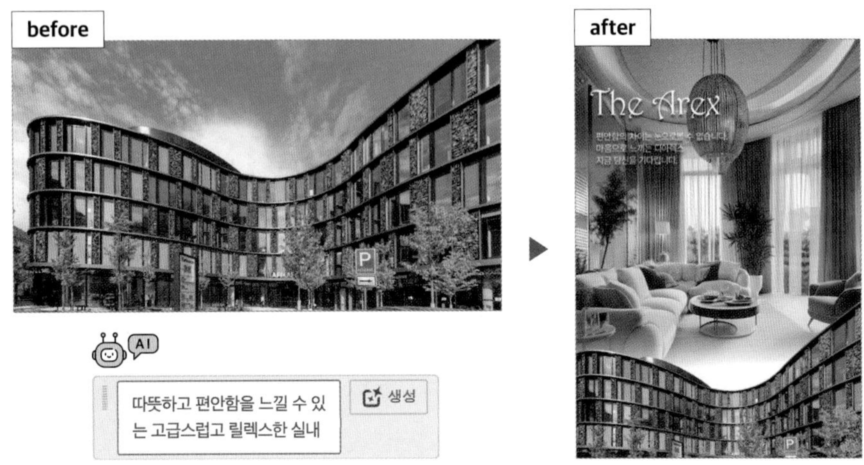

HINT AI로 배경 이미지 만들기 → 건물 배경에 오브젝트 선택 도구와 레이어 마스크 활용하기 → 광고 문구를 입력하여 포스터 완성하기

02 생성형 AI를 이용하여 배경과 이미지를 만들고 음료수 광고 이미지를 만들어 보세요.

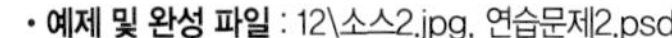

• **예제 및 완성 파일** : 12\소스2.jpg, 연습문제2.psd

before
after
No Brand
100% Pure
ORANGE JUICE
ORANGE JUICE
AI
파란 물결 가득한 배경과 오렌지 주스병, 자연슬처운 그림자 효과, 스튜디오에서 촬영한 사진, 조명 효과, 시원한 느낌
생성

HINT AI로 이미지 만들기 → 이미지에 텍스트 입력하기 → 오브젝트 선택 도구로 오렌지 선택하기 → 오렌지 주스와 배경에 맞춰 색 보정하기

WEEK 13

포토샵을 활용한 디자인 포트폴리오 제작

학 습 목 표

포토샵의 모든 기능을 책으로만 익히기에는 한계가 있으므로 다양한 결과물을 만들어 보며 응용하는 과정이 필요합니다. 특히, 작업 목적에 따라 생성형 AI나 간단한 테크닉을 활용하여 효과적인 작품을 만들 수 있습니다. 마지막 주차에는 포트폴리오용 포토샵 응용 작품을 제작해 보겠습니다.

13.1 포토샵으로 활용하거나 만들 수 있는 포트폴리오

포토샵은 거의 모든 2D 그래픽 작업을 수행할 수 있는 정도로 발전하였으며, 기본적인 영상 편집 도구로도 충분히 활용할 수 있습니다. 전문적인 디자이너에서부터 다양한 분야에 활용 가능하며, 전문적인 도구 활용에 제한적일 때 특히 효과를 발휘할 수 있습니다.

사진 합성 및 편집

기본적으로 사진을 수정 및 편집할 수 있으며 작가가 원하는 상상을 표현할 수도 있습니다. 사진 합성과 편집은 생성형 AI로 조금 더 쉽게 할 수 있으며, 특히 직접 그리거나 구할 수 없는 사진 등을 직접 생성하여 합성도 가능하기 때문에 다양한 사진 작품을 만들 수 있습니다.

광고 또는 포스터 제작

포토샵은 어떤 정보를 제공하기 위한 목적으로 제작하는 포스터에 사용됩니다. 포스터는 일러스트레이터를 활용하기도 하지만, 포토샵에서 제작하는 경우도 많으며 광고 목적으로 만들기도 합니다. 광고와 포스터는 사진 편집이나 합성을 통한 결과물일 수도 있으나 직접 그림을 그려서 만들 수도 있습니다.

출처 : www.20thcenturystudios.com/

캘리그래피 또는 그림 제작

상점 등을 방문하면 손으로 쓴 글씨로 가격이나 상품을 표시하는 것을 볼 수 있습니다. 이러한 글씨를 POP 디자인이라고 하며, POP 디자인이나 광고 등에서 독특한 손글씨로 표현한 아름다운 글꼴 등을 만들 수 있습니다.

로고, 심볼, 캐릭터 및 아이콘 제작

포토샵에서도 벡터 도구를 이용하여 그리거나 비트맵 형태로 생성하여 활용할 수 있습니다. 벡터 이미지의 차가운 느낌을 다양한 리터치를 통하여 다양한 변화나 따뜻한 느낌으로 표현도 가능합니다.

UI 디자인

웹과 모바일, 그 외의 다양한 디스플레이의 UI 즉 사용자 인터페이스 디자인에 활용됩니다. 인터페이스 특성상 반복적인 내용 표현에 한계가 있지만 최근 대지 기능 등으로 한 파일에 여러 페이지의 디자인을 만들 수 있으므로 인터페이스 디자인에도 활용할 수 있습니다.

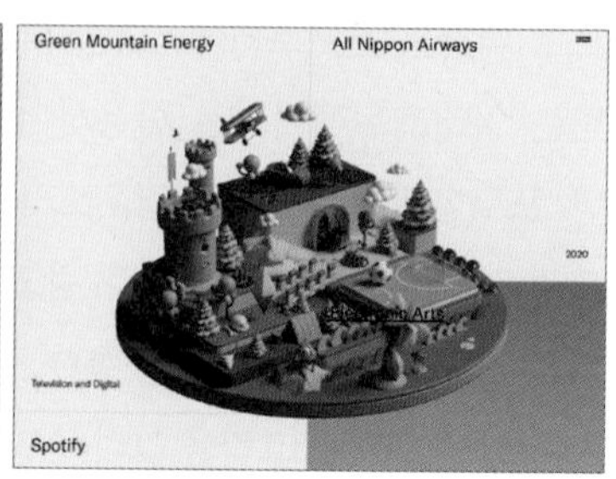

출처 : showcase.studiothis.co.uk/soul-street/ 출처 : petertarka.com/

13.2 실습 예제 01 포토샵을 활용한 모바일 UI Design 1

• **예제 파일** : 13\profile.jpg, icon.ai • **완성 파일** : 13\UI_01.psd

최근 다양한 UI 저작 도구가 출시되면서 디자인 작업이 간편해졌습니다. Adobe XD 역시 이를 위해 제공되지만, 포토샵은 웹과 모바일 디자인에서 오래전부터 사용되어 왔습니다. 속도 면에서는 한계가 있을 수 있지만, 다양한 표현이 가능하다는 장점이 있습니다. 특히, 최근에는 UI 디자인에 적합한 프리셋과 아트보드 기능이 추가되어 더욱 유용해졌습니다. 포토샵을 사용하여 UI 디자인 작업을 진행해 보겠습니다.

아트보드 배치와 안내선 설정하기

01 새로운 문서를 만들기 위해 Ctrl+N을 누릅니다.

New Document 대화상자가 표시되면 〔Mobile〕 탭을 선택하고 'Android 1080p'를 선택한 다음 <Create> 버튼을 클릭합니다.

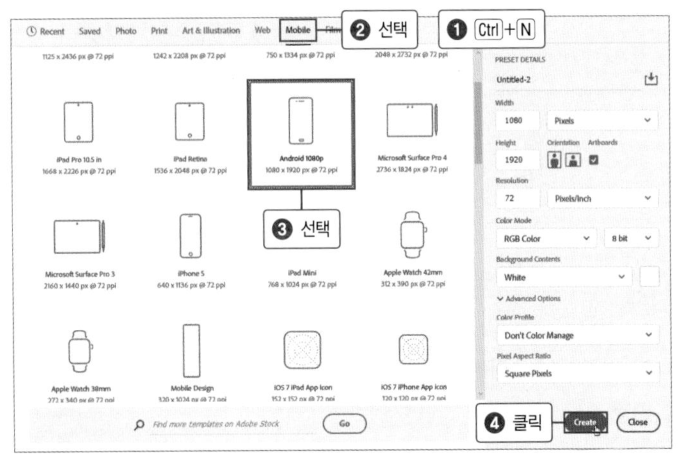

02 안드로이드 크기에 맞춰 아트보드가 생성됩니다. 아트보드별로 동일 문서 내에서 여러 이미지 작업이 가능합니다. 아트보드를 추가로 만들기 위해 Layers 패널의 'Layer 1' 레이어에서 오른쪽 마우스 버튼을 클릭하고 New Artboard를 실행합니다.

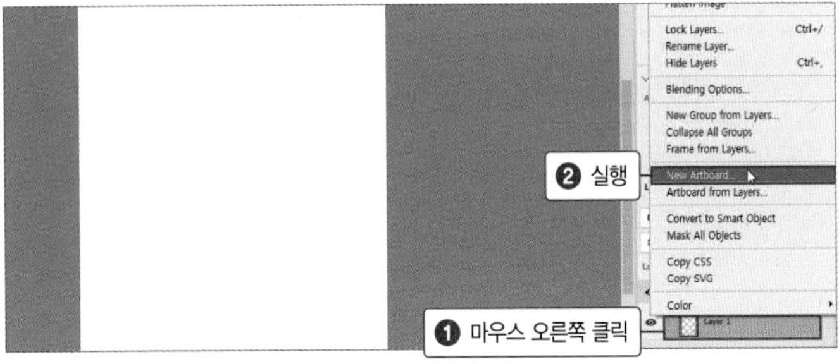

03 New Artboard 대화상자가 표시되면 <OK> 버튼을 클릭합니다. Layers 패널을 살펴보면 아트보드 단위로 그룹이 추가되어 추가된 문서를 선택하거나 확인할 수 있습니다.

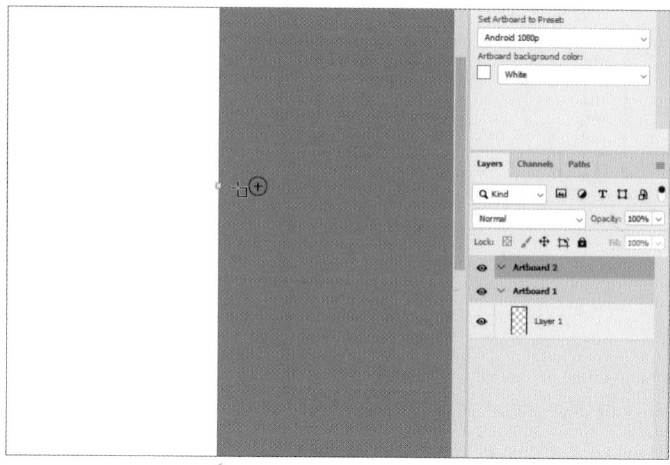

TIP **아트보드 도구를 이용하여 아트보드 추가하기**

Tools 패널에서 이동 도구()의 확장 위치에 아트보드 도구()가 있습니다. 아트보드 도구()를 선택하면 아트보드 옆으로 + 표시가 활성화되며, 이를 클릭하면 클릭한 방향에 아트보드가 추가됩니다.

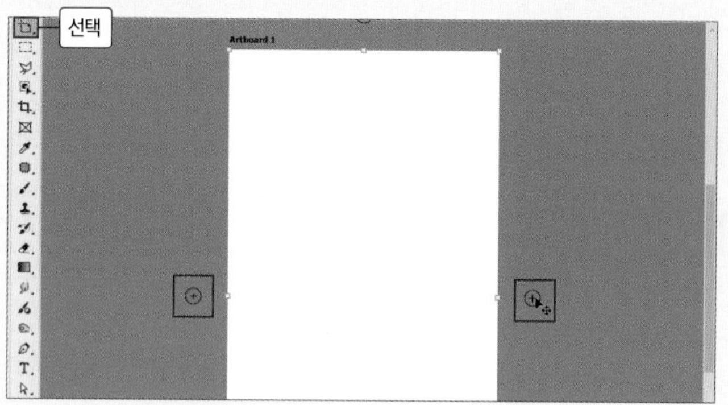

04 아트보드를 선택하고 드래그하면 아트보드가 위치가 이동됩니다. 간격이 너무 가까우면 작업할 때 불편할 수도 있지만 비교하면서 보기 위해는 가깝게 배치하는 것이 유리하기 때문에 필요에 따라서 간격을 조정합니다.

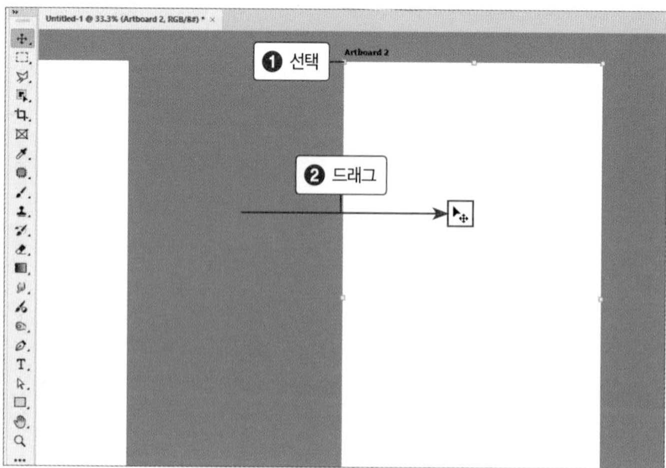

05 배경 색상을 설정하기 위해 Layers 패널에서 'Artboard 1'을 선택하고 Properties 패널에서 Artboard background color의 색상 상자를 클릭합니다. Color Picker 대화상자가 표시되면 #에 '18191C'를 입력하여 색을 지정하고 <OK> 버튼을 클릭합니다.

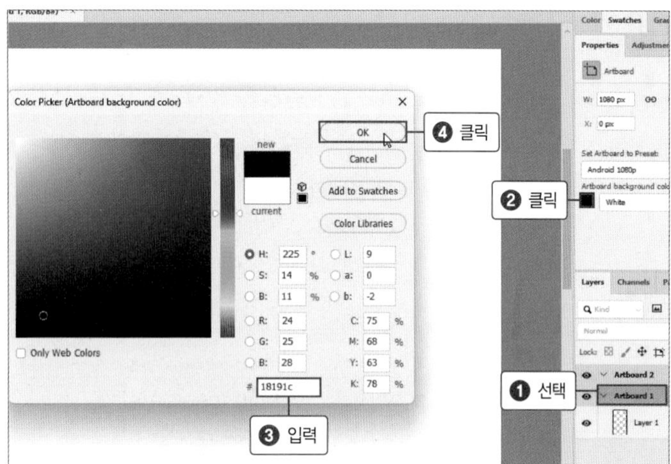

06 같은 방법으로 'Artboard 2'를 선택하고 Properties 패널에서 Artboard background color의 색상 상자를 클릭합니다. Color Picker 대화상자가 표시되면 #에 '18191C'를 입력하여 색을 지정하고 <OK> 버튼을 클릭합니다.

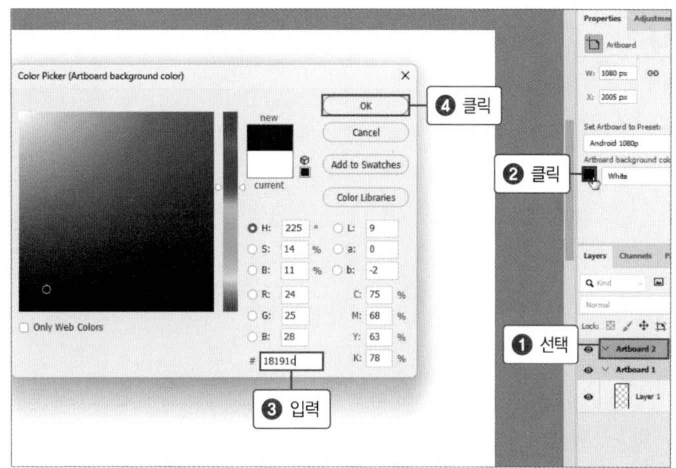

07 Layers 패널에서 'Artboard 1'을 선택하고 가이드를 4컬럼 그리드 규격에 맞춰서 만들기 위해 메뉴에서 [View] → Guides → New Guide Layout을 실행합니다.

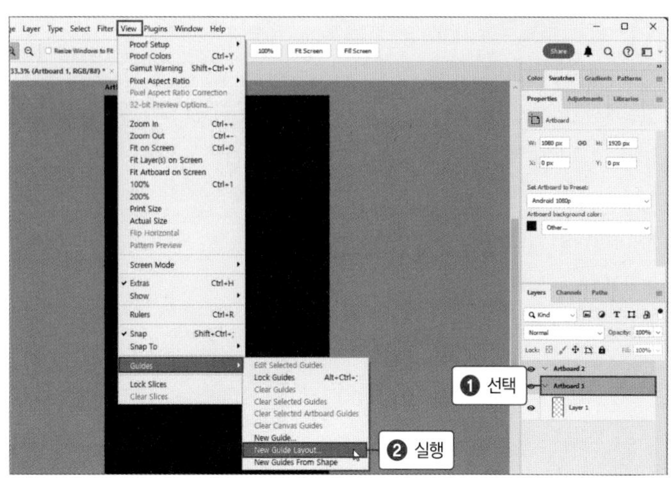

08 New guide layout 대화상자가 표시되면 Columns의 Number를 '4', Width를 '210px', Gutter를 '48px'로 설정하여 컬럼 크기가 210px에 간격이 48px인 4개의 안내선을 만듭니다. 또한, 외부 여백을 설정하기 위해 Margin의 모든 항목을 '48px'로 설정하고 <OK> 버튼을 클릭합니다.

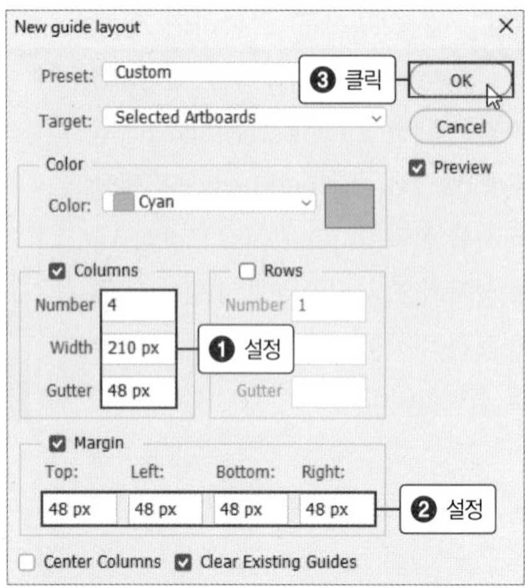

09 설정한 크기로 4개의 컬럼이 안내선으로 만들어집니다.

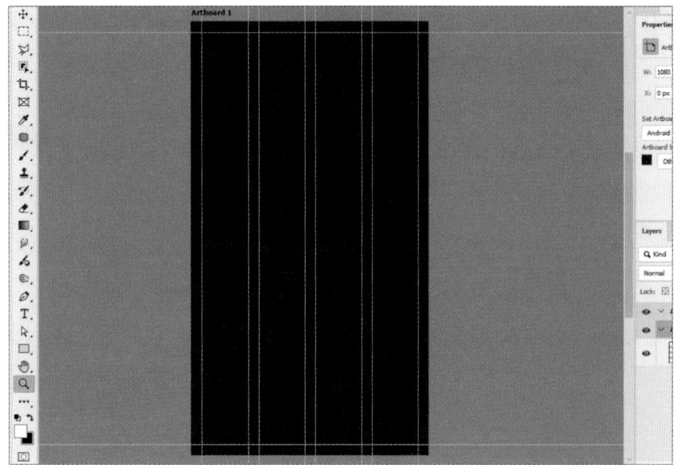

NOTE

모바일은 4컬럼, 웹은 12 또는 16컬럼을 많이 사용합니다.

10 같은 방법으로 Layers 패널에서 'Artboard 2'을 선택하고 메뉴에서 [View] → Guides → New Guide Layout을 실행합니다. New guide layout 대화상자가 표시되면 Columns의 Number를 '4', Width를 '210px', Gutter를 '48px', Margin의 모든 항목을 '48px'로 설정하고 <OK> 버튼을 클릭합니다.

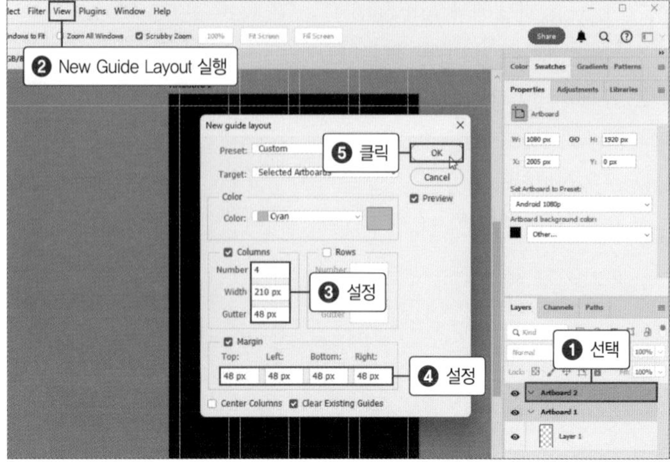

11 추가적으로 안내선을 만들기 위해 Layers 패널에서 'Artboard 1'을 선택하고 메뉴에서 [View] → Guides → New Guide를 실행합니다.

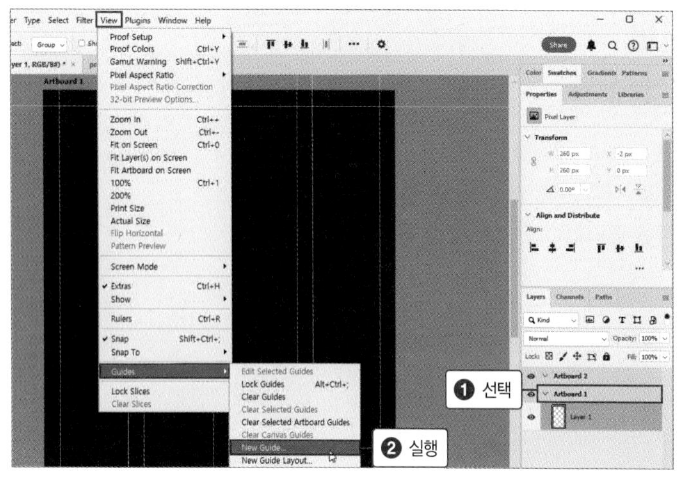

12 New guide 대화상자가 표시되면 수평 방향 160px 위치의 안내선을 추가하기 위해 Orientation을 'Horizontal'으로 선택하고 Position을 '160px'으로 설정한 다음 <OK> 버튼을 클릭합니다.

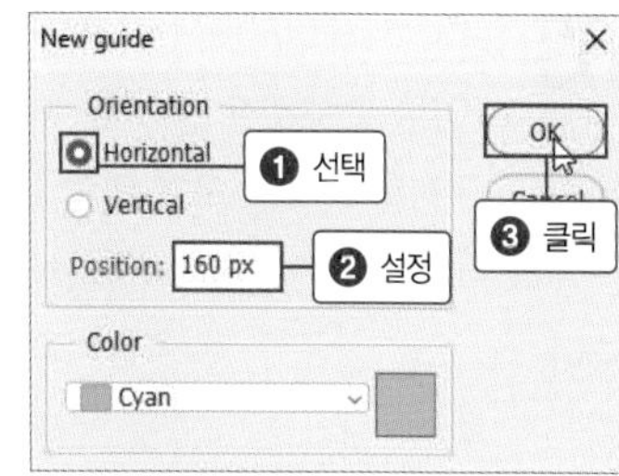

안내선을 기준으로 아이콘 배치하기

01 안내선 위치를 고려하여 시계와 배터리, 전파 등의 아이콘 등을 표현하겠습니다. Tools 패널에서 문자 입력 도구(T)를 선택하고 캔버스를 클릭하여 '10:25'을 입력한 다음 작업 표시줄에서 글꼴 스타일을 'Noto Sans CJK KR', 글꼴 크기를 '46pt', 색상을 '#F3F3F3'으로 지정합니다.

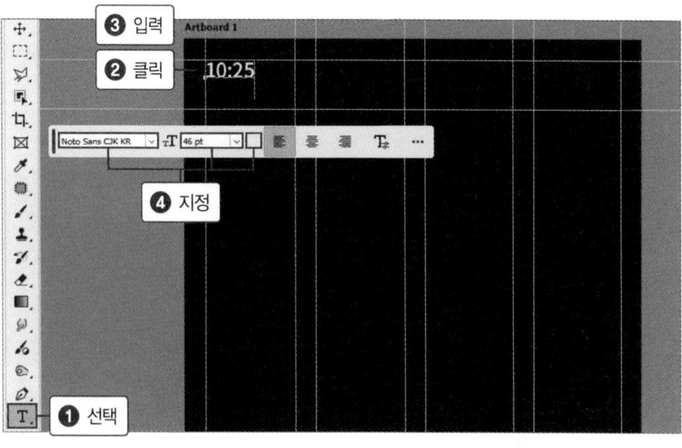

NOTE

웹이나 모바일을 디자인할 경우 순수한 블랙이나 흰색은 잘 사용되지 않습니다. 화면을 직접 보기 때문에 명도 대비로 인한 눈부심이나 가독성이 떨어지는 등의 문제가 발생할 수 있기 때문에 사용 시 이 점을 고려하여 색상을 지정하길 바랍니다.

02 Ctrl+O를 눌러 13 폴더에서 일러스트레이터에서 제작한 안테나 및 배터리 모양의 아이콘이 있는 'icon.ai' 파일을 불러옵니다. Import PDF 대화상자가 표시되면 <OK> 버튼을 클릭합니다.

03 일러스트레이터에서 미리 만든 아이콘을 새로운 문서로 불러왔습니다. 전체 선택을 하기 위해 Ctrl+A를 누르고 Ctrl+C를 눌러 복사합니다.

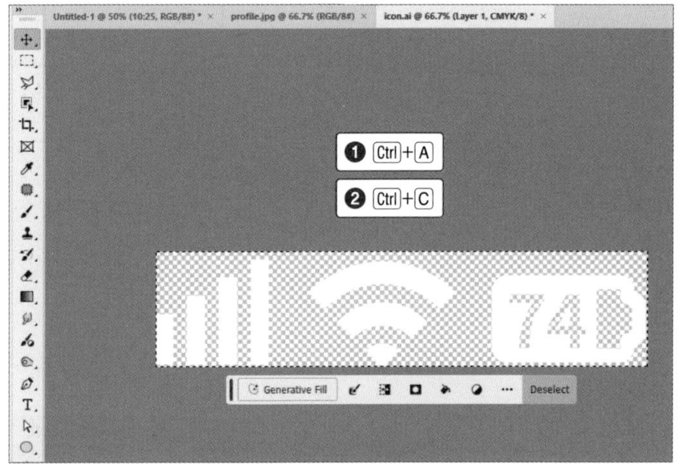

NOTE

복사가 끝나면 [문서] 탭에서 'icon.ai'의 '×'를 클릭하여 닫아도 됩니다.

04 [문서] 탭에서 'Untitled-1'을 선택하고 Ctrl+V를 눌러 붙여넣습니다. Layers 패널에서 아이콘이 있는 레이어를 선택하고 마우스 오른쪽 버튼을 클릭한 다음 Convert to Smart Object를 실행하여 스마트 오브젝트 레이어로 변경합니다.

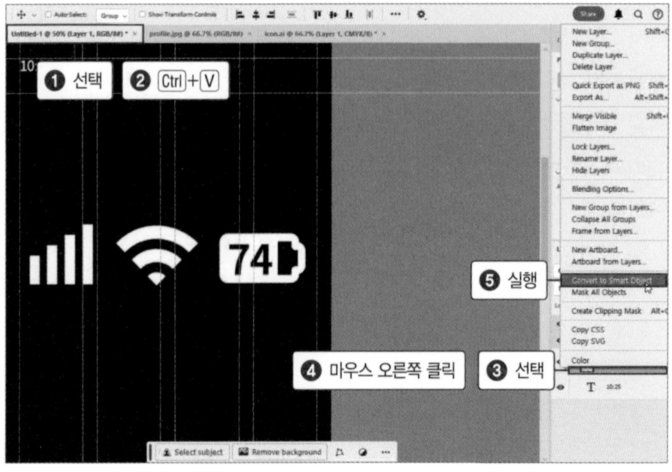

05 크기를 변형하기 위해 Ctrl+T를 눌러 크기를 조정하고 위치도 오른쪽 상단으로 이동합니다.

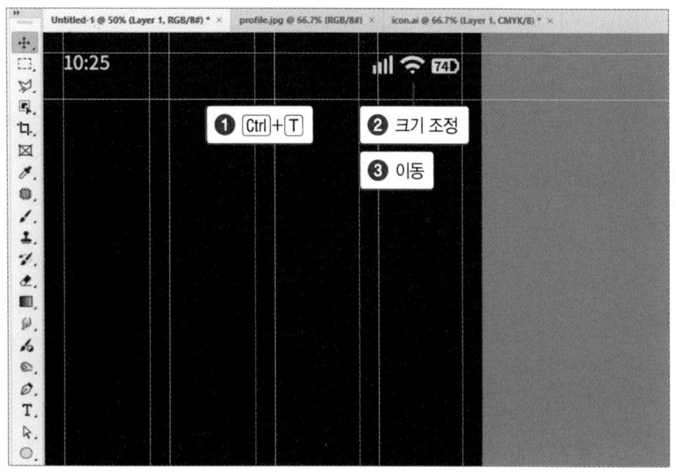

TIP **일러스트레이터 파일 직접 불러오기**

일러스트레이터에서 작업한 예제 'icon.ai' 파일을 문서 내로 드래그하면 Open As Smart Object 대화상자가 표시됩니다. <OK> 버튼을 클릭하면 문서에 스마트 오브젝트로 불러올 수 있습니다.

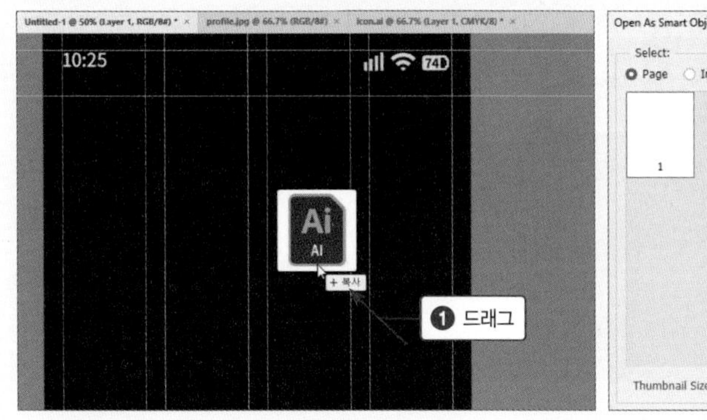

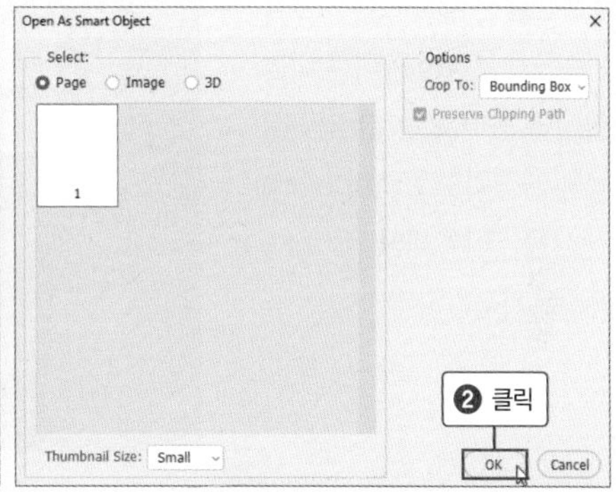

이미지가 아닌 스마트 오브젝트로 바로 생성되기 때문에 제작된 일러스트레이터의 크기 설정을 그대로 가져오게 됩니다.

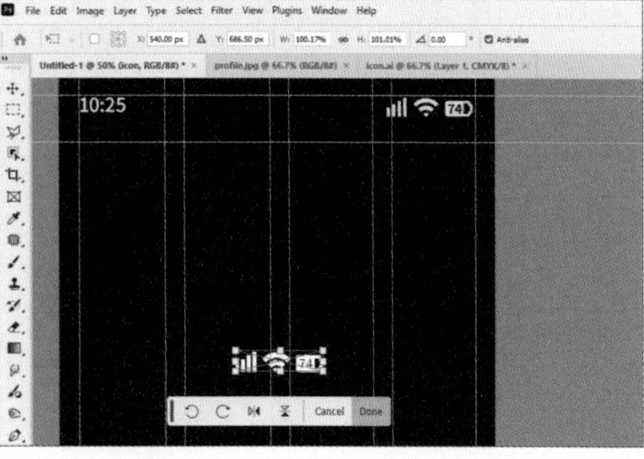

13

포토샵을 활용한 디자인 포트폴리오 제작

인물 사진 프로필과 앱 이름 추가하기

01 문서에 원형 셰이프를 그리기 위해 Tools 패널에서 타원 도구(◯)를 선택하고 캔버스를 클릭합니다. Create Ellipse 대화상자가 표시되면 Width와 Height를 '144px'로 설정하고 <OK> 버튼을 클릭합니다.

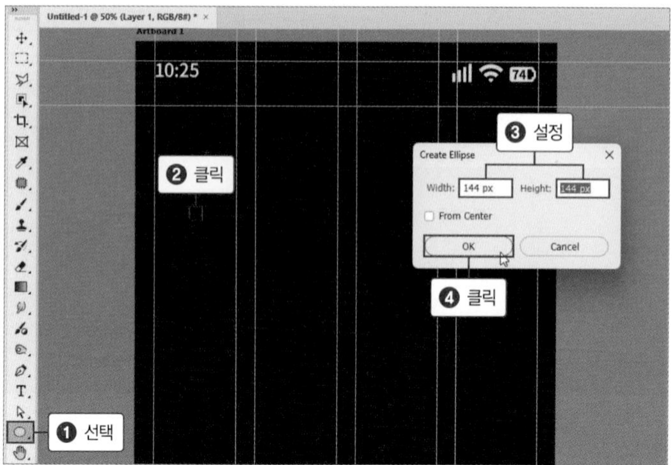

02 V를 눌러 이동 도구(✥)를 선택하고 생성된 셰이프를 오른쪽 안내선을 기준으로 40px 아래로 이동하여 배치합니다. 셰이프는 클리핑 마스크로 사용할 예정이므로 Properties 패널에서 색상을 '기본 색상', Stroke를 'No Color'로 지정합니다.

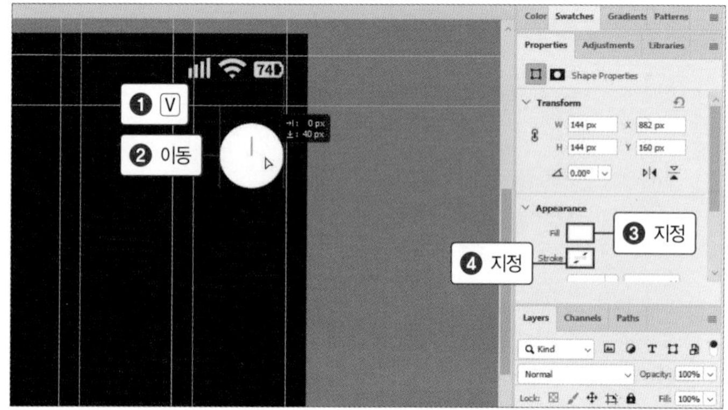

03 Ctrl+O를 눌러 13 폴더에서 'profile.jpg' 파일을 불러오고 Ctrl+A를 누른 다음 Ctrl+C를 눌러 클립보드에 복사합니다.

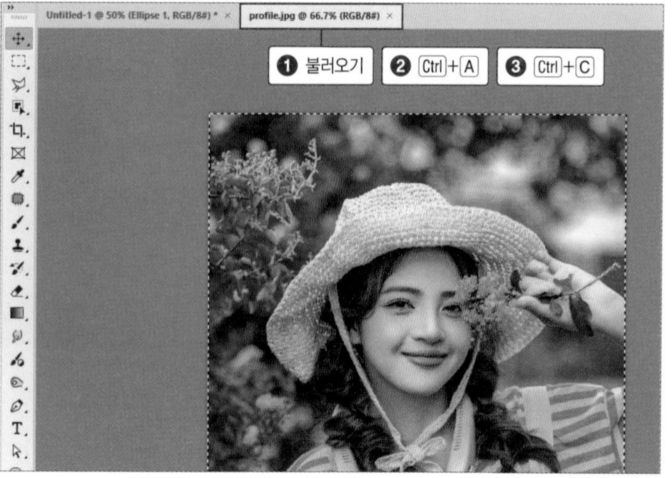

04 [문서] 탭에서 'Untitled-1'을 선택하고 Ctrl+V를 눌러 붙여넣습니다. 붙여넣은 이미지를 원형 셰이프 위치로 이동한 다음 Layers 패널에서 Alt를 누른 상태로 두 레이어 사이를 클릭하여 클리핑 마스크를 적용합니다.

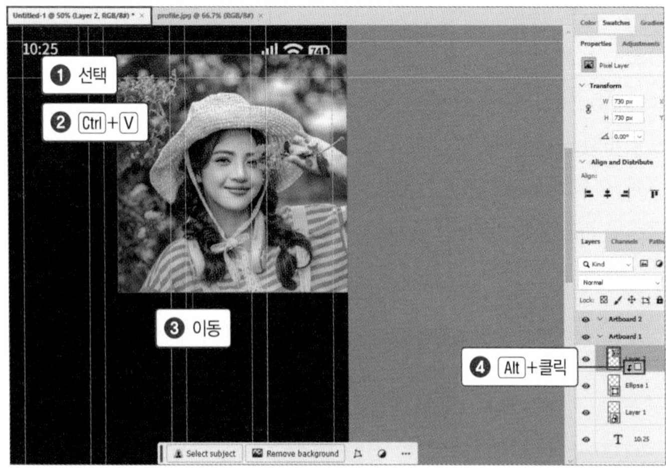

05 클리핑 마스크가 적용되면 Ctrl+T를 눌러 그림과 같이 원형 부분에 인물 얼굴이 보이게 크기와 위치를 조정하고 작업 표시줄의 <Done> 버튼을 클릭합니다.

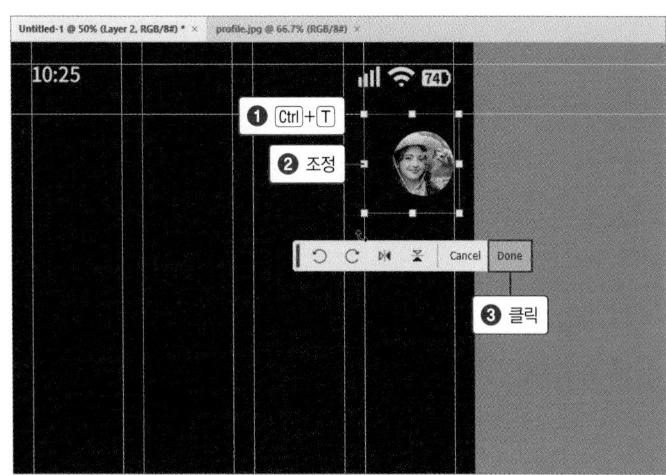

06 앱 이름을 입력하기 위해 Tools 패널에서 문자 입력 도구(T)를 선택하고 캔버스를 클릭하여 'My HomeCon'을 입력합니다. 옵션바에서 글꼴 스타일을 'Noto Sans CJK KR', 'Medium', 글꼴 크기를 '72pt', 색상을 '#F3F3F3'으로 지정하고 그림과 같이 안내선에 맞춰 문자의 위치를 조정합니다.

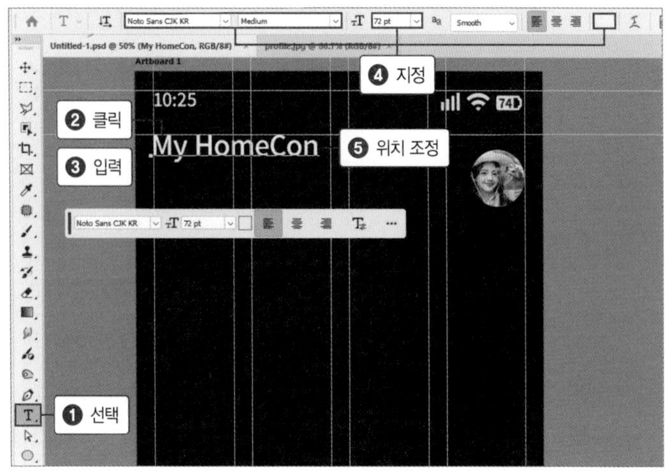

13 포토샵을 활용한 디자인 포트폴리오 제작

07 같은 방법으로 앱 이름 아래에는 제품 회사명을 입력합니다. 'Adobe Photoshop Electronics'를 입력하고 글꼴 스타일을 'Noto Sans CJK KR', 'Regular', 글꼴 크기를 '36pt', 색상을 '#D7EF3A'로 지정합니다.

셰이프로 모바일 앱의 틀 형태 만들기

01 사각형 셰이프를 만들기 위해 Tools 패널에서 사각형 도구(□)를 선택합니다. 캔버스를 클릭하여 Create Rectangle 대화상자가 표시되면 Width를 '1080px', Height를 '1600px'로 설정하고 모서리를 둥글게 만들기 위해 Radii를 '48px'로 설정한 다음 <OK> 버튼을 클릭합니다.

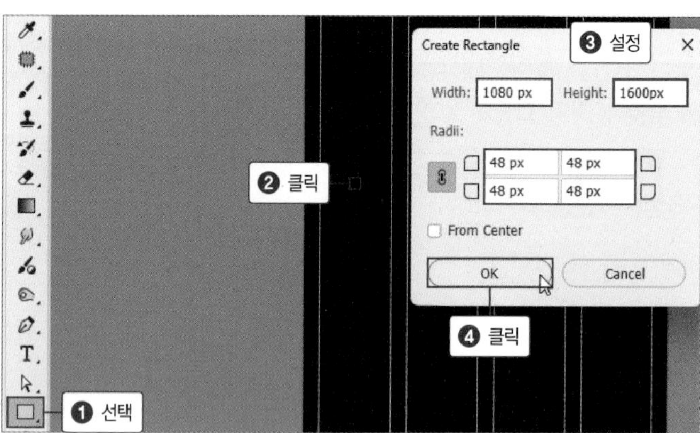

02 Properties 패널에서 Fill의 색상 상자를 클릭하고 'Color Picker' 아이콘(▣)을 클릭합니다. Solid Color 대화상자가 표시되면 #에 'B0AB9E'를 입력하고 <OK> 버튼을 클릭합니다. 위치를 조정하기 위해 Transform의 X를 '0px', Y를 '450px'로 설정합니다.

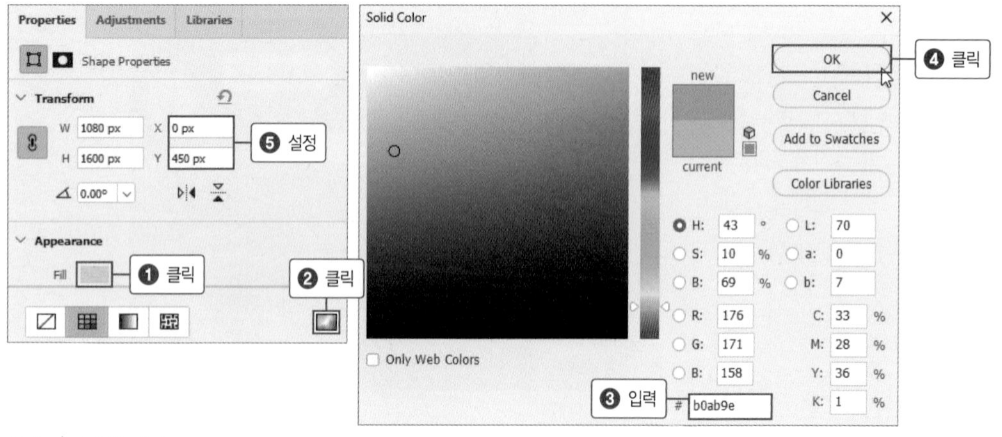

03 두 번째 셰이프를 새로 그리기보다 기존 셰이프 레이어를 복제하여 사용하겠습니다. Layers 패널에서 'Rectangle 1 copy' 레이어를 선택하고 Ctrl+J를 누릅니다.

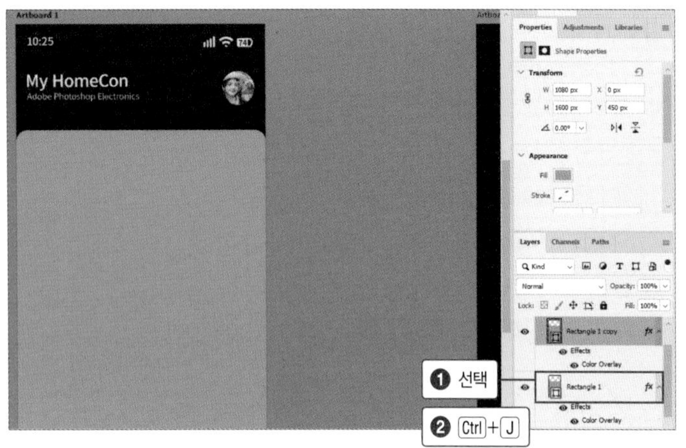

04 복제한 셰이프 레이어의 색상을 변경하기 위해 Properties 패널에서 Fill의 색상 상자를 클릭하고 'Color Picker' 아이콘을 클릭합니다. Solid Color 대화상자가 표시되면 #에 'D7D8D0'을 입력하여 색을 지정하고 <OK> 버튼을 클릭합니다.

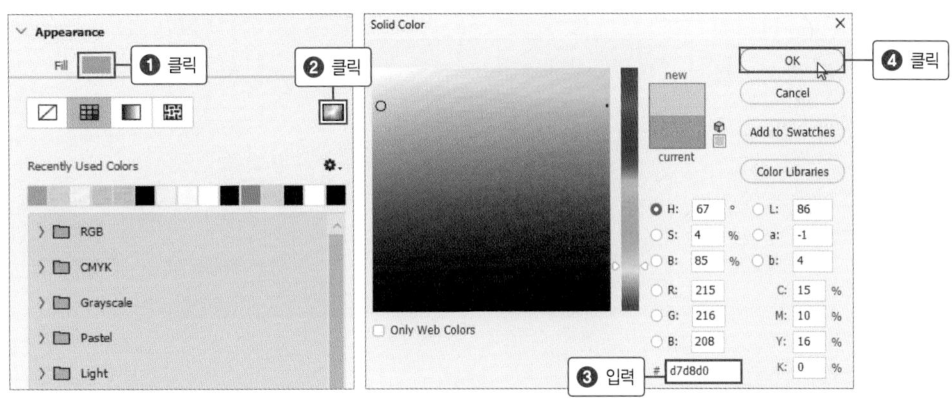

05 Properties 패널의 Transform에서 X를 '0px', Y를 '750px'로 설정하여 위치를 변경하고 추가로 셰이프 레이어를 복제하기 위해 Layers 패널에서 'Rectangle 1 copy' 레이어를 선택한 다음 Ctrl+J를 누릅니다.

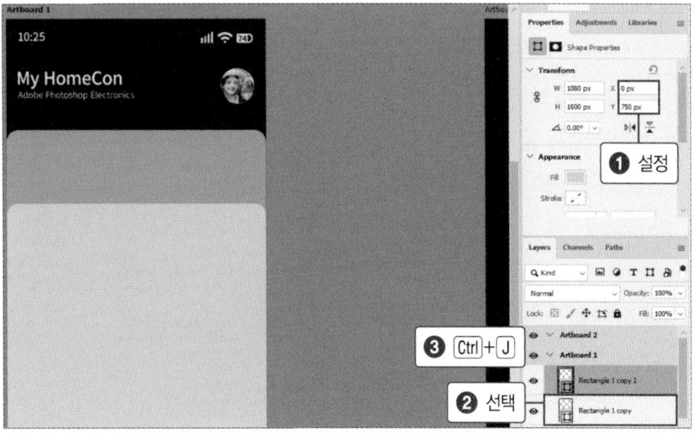

06 복제한 셰이프 레이어의 색상을 변경하기 위해 Properties 패널에서 Fill의 색상 상자를 클릭하고 'Color Picker' 아이콘(▣)을 클릭합니다. Solid Color 대화상자가 표시되면 #에 'E46431'을 입력하여 색을 지정하고 <OK> 버튼을 클릭합니다.

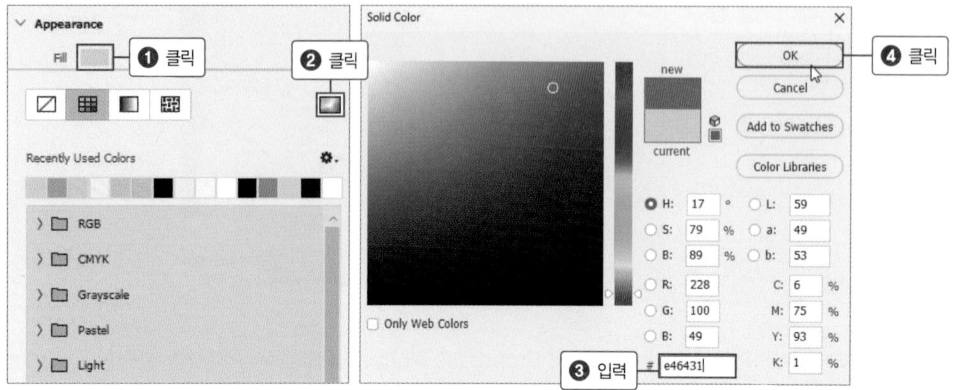

07 색상을 변경한 셰이프의 위치를 변경하기 위해 Properties 패널의 Transform에서 X를 '0px', Y를 '1620px'로 설정합니다.

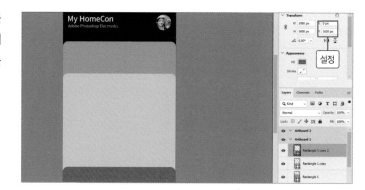

기온 관련 UI 디자인하기

01 Layers 패널에서 첫 번째로 그린 셰이프 레이어를 선택하고 Tools 패널에서 문자 입력 도구(T)를 선택합니다. 셰이프 왼쪽 상단에 'Air Conditioner'를 입력하고 옵션바에서 글꼴 스타일을 'Noto Sans CJK KR', 'Regular', 글꼴 크기를 '72pt', 색상을 '#202020'으로 지정합니다.

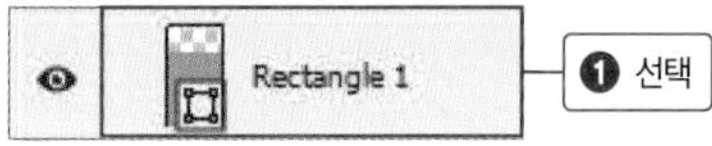

02 같은 방법으로 오른쪽에 '24'를 입력하고 Properties 패널에서 글꼴 스타일을 'Noto Sans CJK KR', 'Light', 글꼴 크기를 '260pt', 색상을 '#202020'으로 지정합니다. V를 눌러 이동 도구(✥)를 선택하고 안내선을 고려하여 아래쪽이 살짝 가려지게 배치합니다.

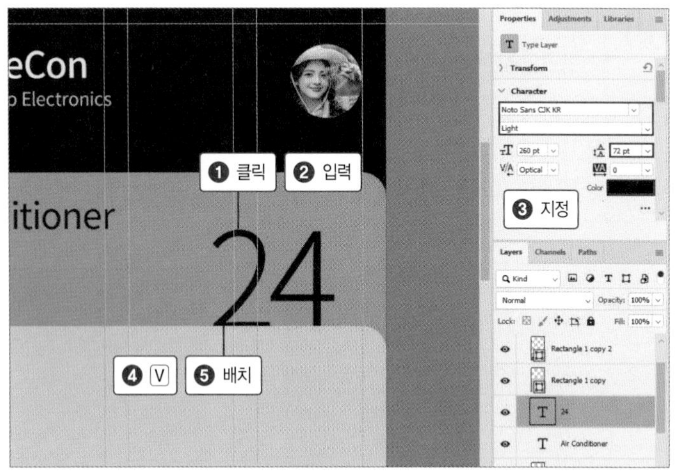

03 셰이프를 이용하여 단위를 입력하기 위해 Tools 패널에서 타원 도구(◯)를 선택하고 옵션바에서 Fill을 'No Color', Stroke를 '#202020', 크기를 '10px'로 지정하고 캔버스를 클릭합니다. Create Ellipse 대화상자가 표시되면 Width와 Height를 '36px'으로 설정하고 <OK> 버튼을 클릭합니다.

04 Tools 패널에서 이동 도구(✥)를 선택하고 생성한 온도 표시 단위를 '24'로 입력한 다음 오른쪽 상단 안내선에 맞춰 이동해 정렬합니다.

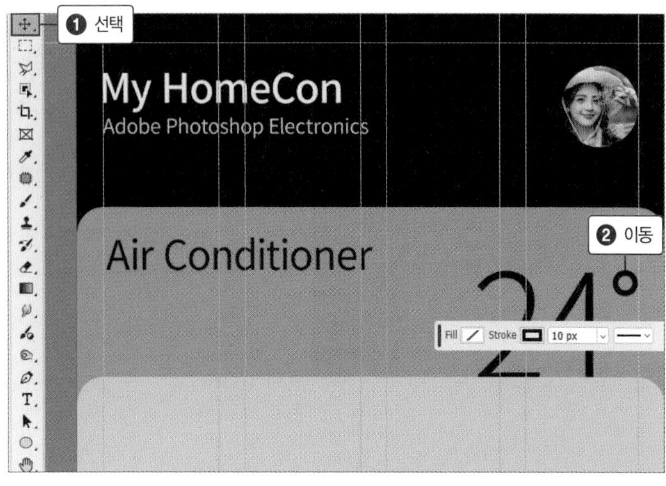

05 Tools 패널에서 사용자 정의 모양 도구( )를 선택합니다. 옵션바의 Shape를 클릭하여 표시되는 메뉴에서 Nature 폴더의 '눈 꽃송이' 셰이프를 선택합니다.

06 캔버스를 클릭하여 Create Custom Shape 대화상자가 표시되면 Width와 Height를 '210px'로 설정하고 <OK> 버튼을 클릭합니다.

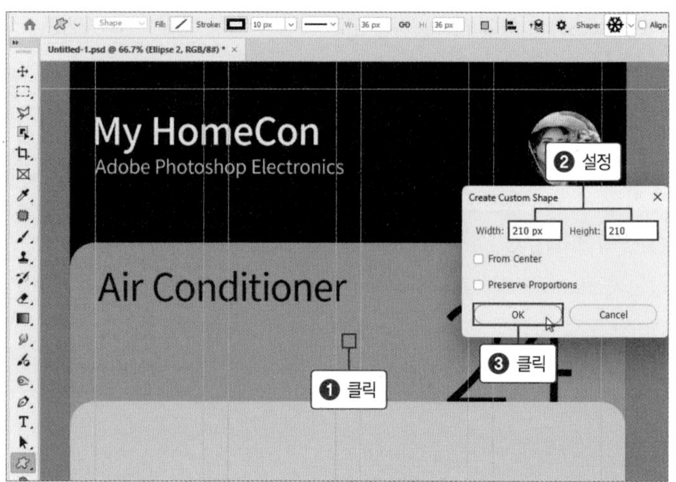

07 선 형태로 표시되었지만, 색이 너무 강해 보입니다. Layers 패널에서 Opacity를 '10%'로 설정하여 자연스럽게 보이게 만듭니다.

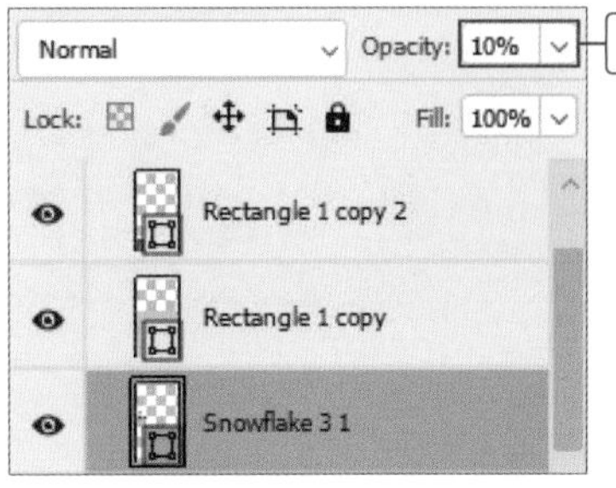

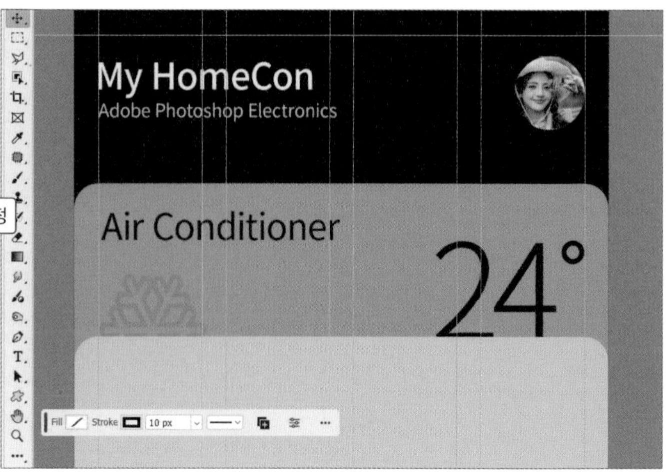

공기 청정 UI 디자인하기

01 Layers 패널에서 'Rectangle 1 copy 2' 레이어를 선택하고 Tools 패널에서 문자 입력 도구(T)를 선택합니다. 캔버스를 클릭하고 'Air Purifier'를 입력한 다음 옵션바에서 글꼴 스타일을 'Noto Sans CJK KR', 'Regular', 글꼴 크기를 '72pt', 색상을 '#202020'으로 지정합니다. 문자의 위치를 안내선에 맞춰 이동합니다.

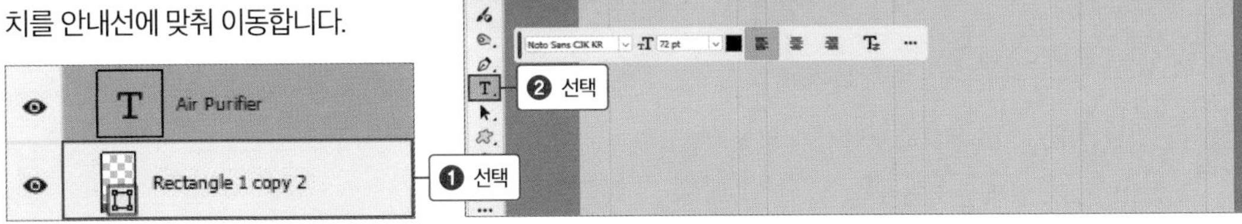

02 조작하는 휠을 만들기 위해 Tools 패널에서 타원 도구(◯)를 선택하고 캔버스를 클릭합니다. Create Ellipse 대화상자가 표시되면 Width와 Height를 '984px'로 설정하고 <OK> 버튼을 클릭합니다.

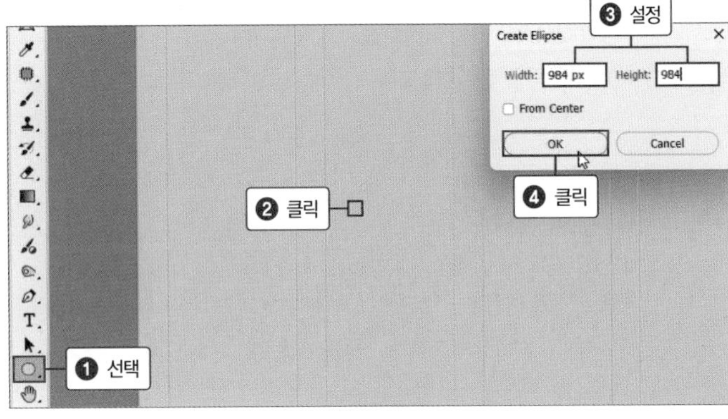

03 그려진 원형 셰이프의 색상을 변경하기 위해 Properties 패널에서 Fill의 색상 상자를 클릭하고 'Color Picker' 아이콘(▣)을 클릭합니다. Solid Color 대화상자가 표시되면 #에 '202020'을 입력하고 <OK> 버튼을 클릭합니다.

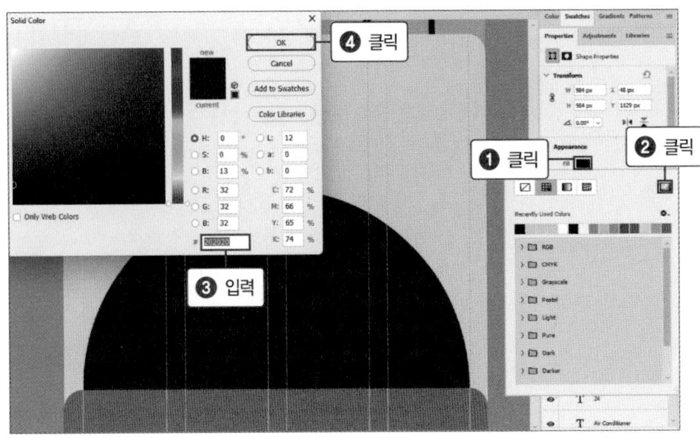

04 그림과 같이 원형 셰이프를 주황색 부분에 가려지는 형태로 배치합니다.

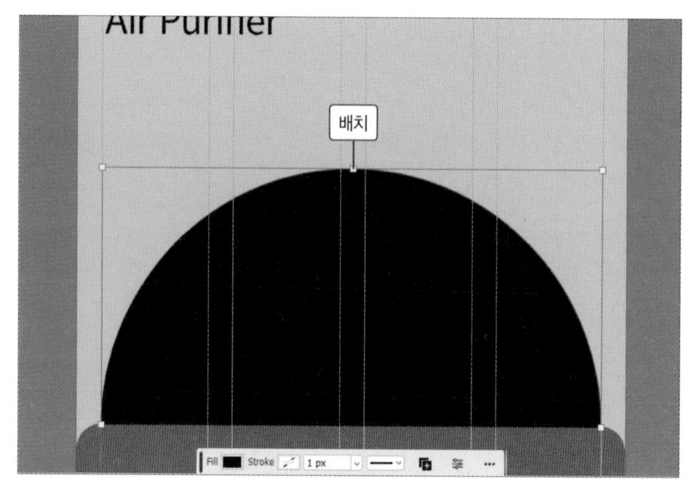

05 추가로 조작 부분을 표시하는 원을 만들기 위해 캔버스를 클릭합니다. Create Ellipse 대화상자가 표시되면 Width와 Height를 '96px'로 설정하고 <OK> 버튼을 클릭합니다.

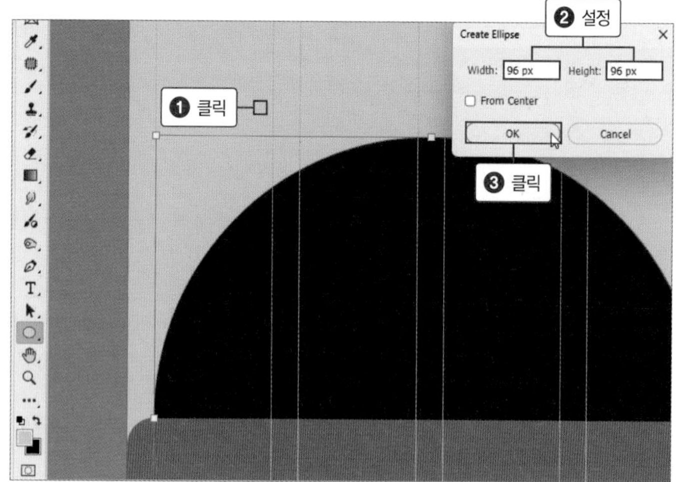

06 그림과 같이 검은색 큰 원의 안쪽의 경계선에 가깝게 생성한 원을 배치합니다.

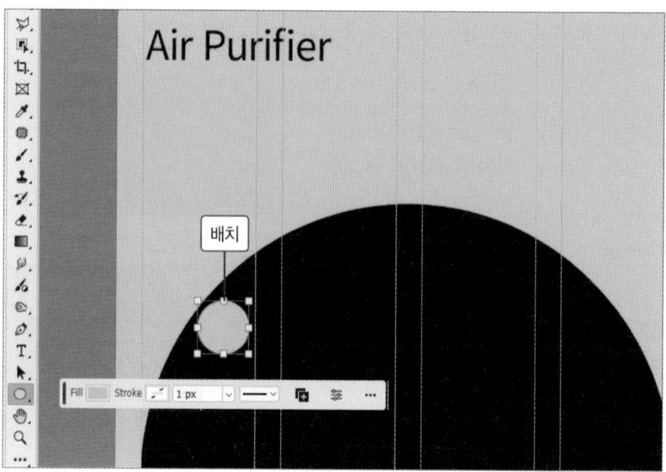

07 좌우에 문자를 입력하기 위해 Tools 패널에서 문자 입력 도구(T)를 선택하고 왼쪽과 오른쪽에 각각 'SLOW', 'POWER'를 입력하여 배치합니다. 옵션바에서 글꼴 스타일을 'Noto Sans CJK KR', 'Regular', 글꼴 크기를 '24pt', 색상을 '#D7D8D0'으로 지정합니다.

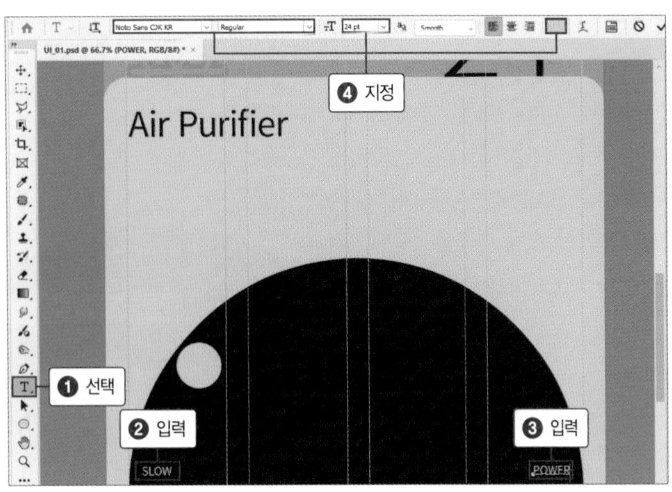

08 같은 방법으로 중앙에 현재 오염도를 나타내는 숫자를 추가하기 위해 '08'을 입력하고 배치합니다. 옵션바에서 글꼴 스타일을을 'Noto Sans CJK KR', 'Light', 글꼴 크기를 '240pt', 색상을 '#D7D8D0'으로 지정합니다.

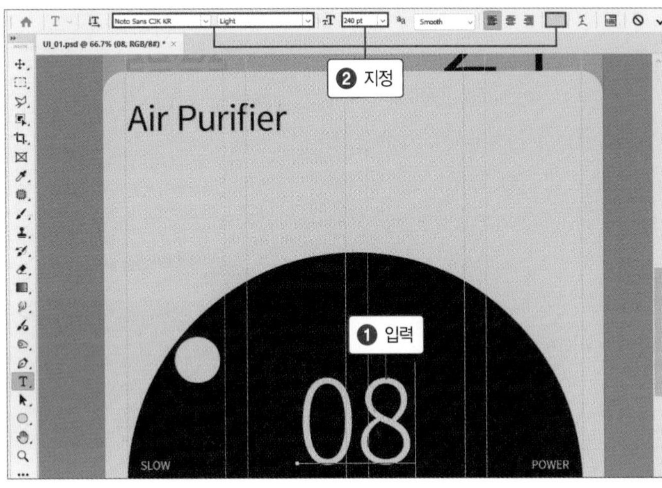

09 같은 방법으로 입력한 '08' 위로 'PM2.5'와 '%'를 입력하여 추가합니다. Properties 패널에서 글꼴 스타일을 'Noto Sans CJK KR', 'Regular', 글꼴 크기를 '36pt', 색상을 '#D7D8D0'으로 지정합니다.

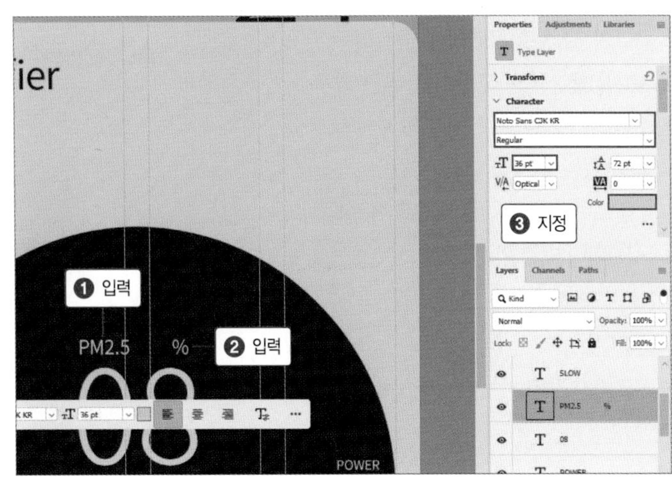

13 포토샵을 활용한 디자인 포트폴리오 제작

10 사각형 셰이프 오른쪽 상단에 현재 상태를 추가 표시하기 위해 '24 Enter 54'를 입력합니다. Properties 패널에서 글꼴 스타일을 'Noto Sans CJK KR', 'Regular', 글꼴 크기를 '120pt', 줄 간격을 '150pt', 색상을 '#202020'으로 지정합니다.

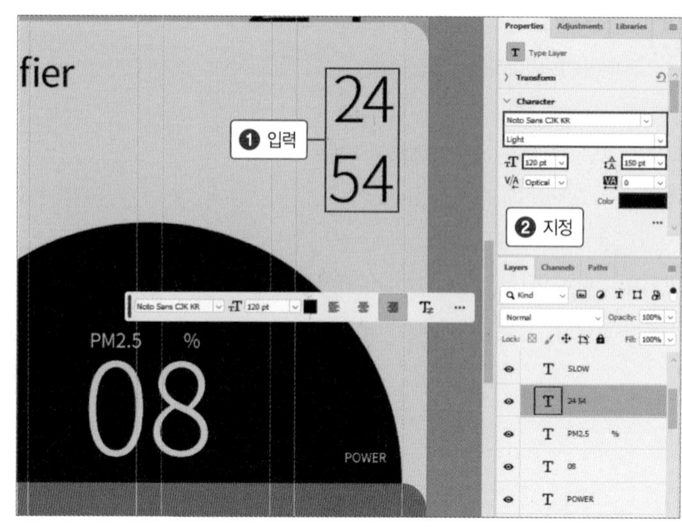

NOTE

레이어를 분리하지 않기 위해 Enter를 이용하여 하나의 레이어에 줄바꿈 형태로 입력하였습니다.

11 입력한 숫자 옆에 'Temperature Enter Humidity'를 입력하여 추가합니다. 글꼴을 'Noto Sans CJK KR', 'Regular', 크기를 '24pt', 줄 간격을 '150px', 색상을 '#202020'으로 지정합니다.

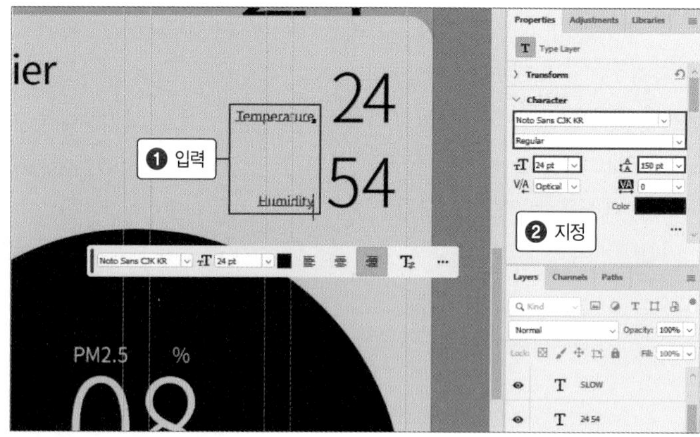

12 11번에서 입력한 문자를 복제하기 위해 Tools 패널에서 이동 도구(✥)를 선택하고 Alt를 누른 상태로 레이어를 위로 드래그합니다. 입력되어 있는 문구를 그림과 같이 '℃ Enter %'로 변경하고 글꼴 크기를 '36pt'로 지정하여 변경합니다.

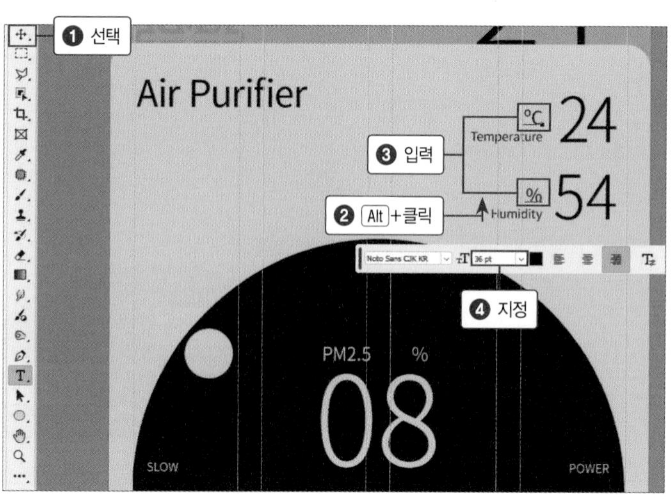

NOTE

온도 표시 기호는 ㅁ+한자를 누르면 나오는 특수 문자입니다.

13 추가로 원형 셰이프를 추가하기 위해 왼쪽에 작은 원형 셰이프와 같은 크기로 만들거나 Alt를 누른 상태로 드래그하여 복제합니다. 추가로 만든 원형 셰이프의 색상을 '#202020'으로 지정하여 변경합니다.

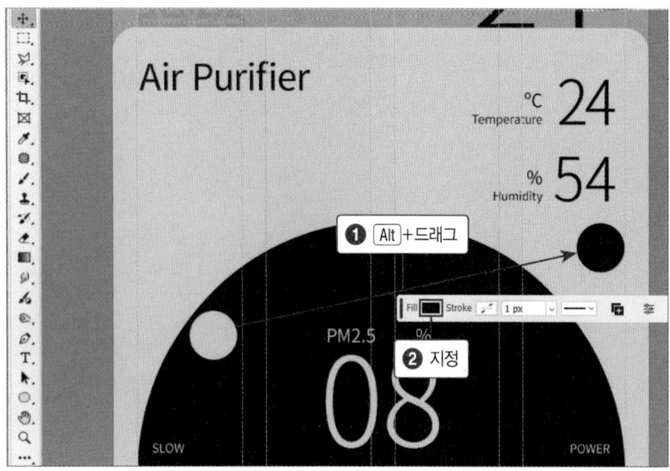

14 Tools 패널에서 문자 입력 도구(T)를 선택하고 캔버스를 클릭하여 'more'를 입력합니다. 글꼴 스타일을 'Noto Sans CJK KR', 'Regular', 글꼴 크기를 '24pt', 색상을 '#D7D8D0'으로 지정합니다.

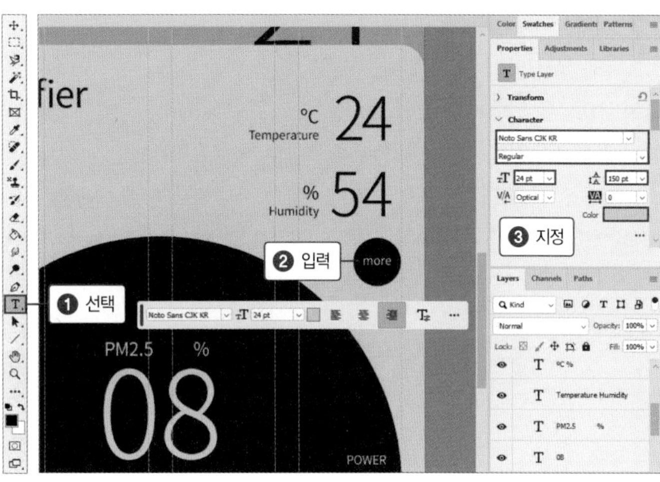

15 Tools 패널에서 사용자 정의 모양 도구( )를 선택하고 옵션 바의 Shape에서 Objects 그룹의 '우산' 셰이프를 선택합니다.

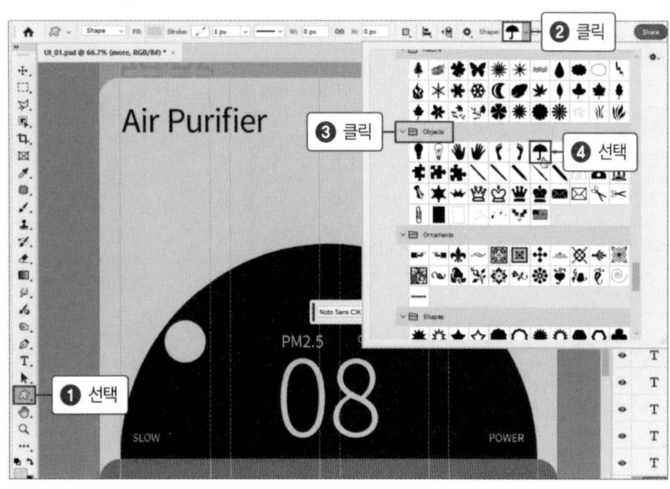

13

포토샵을 활용한 디자인 포트폴리오 제작

16 그림과 같이 왼쪽에 드래그하여 적절한 크기로 모양을 추가합니다. 크기가 크거나 작으면 Ctrl+T를 눌러 크기를 변형하여 조정합니다.

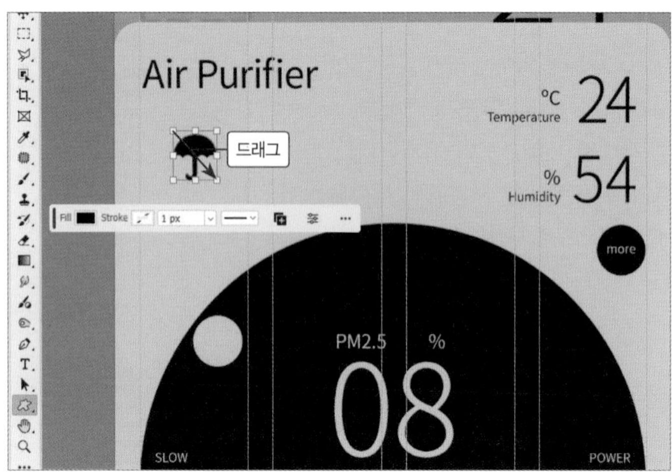

17 우산 밑에 날짜를 표시하기 위해 문자 입력 도구(T)를 이용하여 '10/3'을 입력하고 작업 표시줄에서 글꼴 스타일을 'Noto Sans CJK KR', 'Bold', 글꼴 크기를 '36pt', 색상을 '#202020'으로 지정합니다.

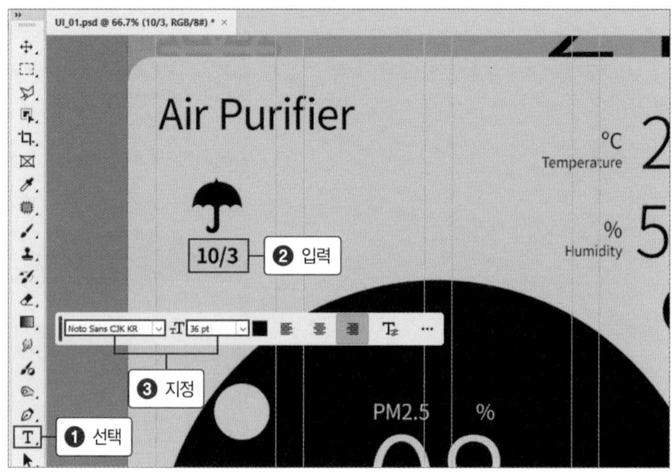

18 공기 청정 UI를 완성하여 전체 디자인을 완성하였습니다. 추가로 하단의 주황색 부분은 각자 적절해 보이는 형태로 디자인해 보세요. 일반적으로 내비게이션이 들어갈 수 있으나 추가적인 제품 제어를 고려하는 것이 좋습니다.

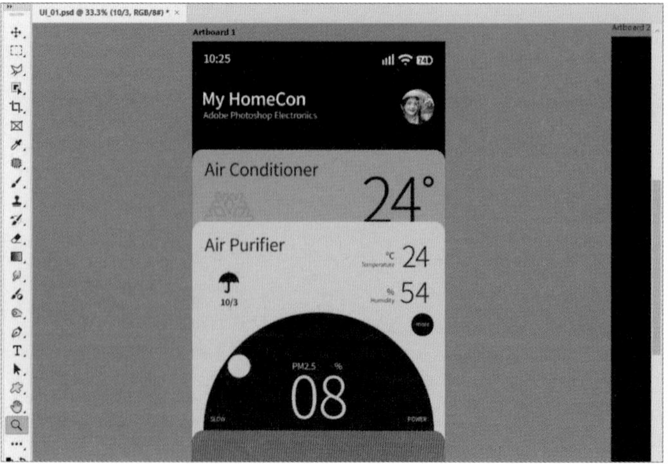

13.3

실습 예제 02

포토샵을 활용한 모바일 UI Design 2

• **예제 파일 :** 13\UI_01.psd • **완성 파일** : 13\UI_02.psd

이전 예제에서 설정한 아트보드 2에 유사한 형태의 컨트롤러 디자인을 완성하겠습니다. 디자인 아이덴티티는 유지하되, 과거 아이팟의 휠 스크롤 디자인을 참고하여 심플하면서도 강렬한 컬러를 사용해 인상적인 디자인을 구현해 보겠습니다.

01 Ctrl+O를 눌러 13 폴더에서 'UI_01.psd' 파일을 불러오거나 이전 예제를 이어 진행합니다. 두 번째 아트보드를 선택하기 위해 Layers 패널에서 'Artboard 2'를 선택합니다.

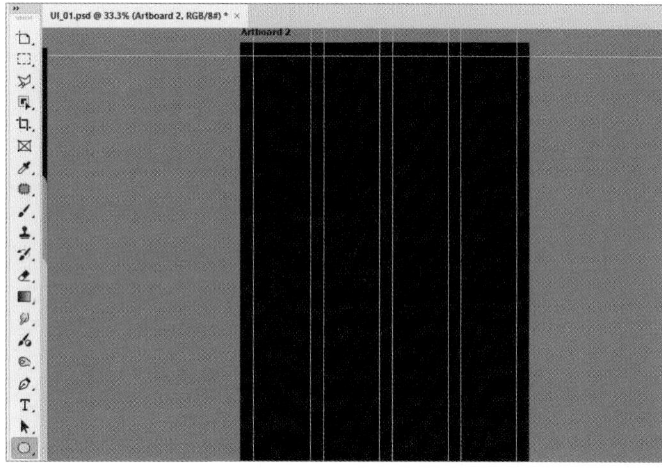

02 하단에 휠스크롤 형태로 사용할 원형 셰이프를 추가하기 위해 Tools 패널에서 타원 도구(◯)를 선택하고 좌우 안내선을 고려하여 Shift를 누른 상태로 캔버스를 드래그해 정원을 그린 다음 작업 표시줄에서 Fill을 '#EE4C28'로 지정합니다.

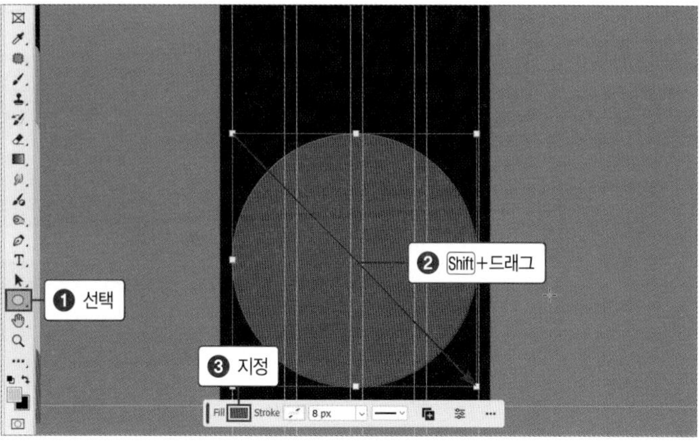

13
포토샵을 활용한 디자인 포트폴리오 제작

03 휠 스크롤 위치를 표시할 원형을 추가로 그리기 위해 캔버스를 클릭합니다. Create Ellipse 대화상자가 표시되면 Width와 Height를 '279px'로 설정하고 <OK> 버튼을 클릭합니다. 작업 표시줄에서 Fill을 '#202020'으로 지정하고 그림과 같이 위치를 조정합니다.

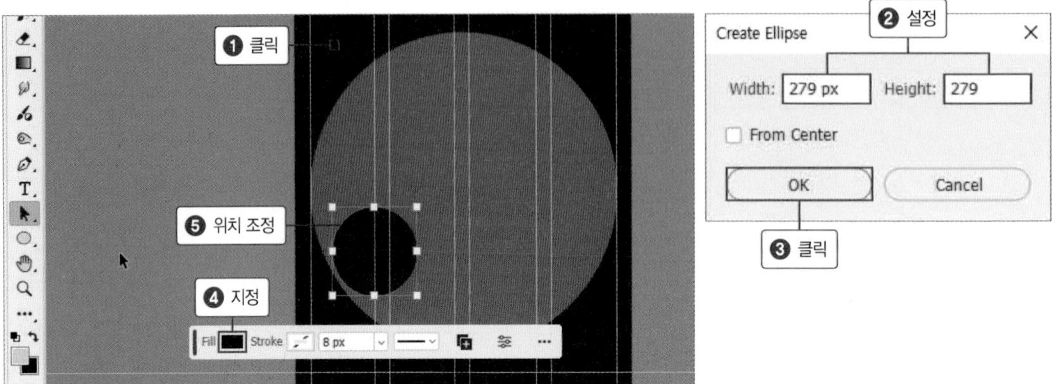

04 원형 셰이프 중앙에 현재 작동되는 상황이나 강도 등의 표시를 위해 Tools 패널에서 문자 입력 도구(T)를 선택하고 캔버스를 클릭한 다음 '45'를 입력합니다. 옵션바에서 글꼴 스타일을 'Noto Sans CJK KR', 'Regular', 글꼴 크기를 '240pt', 색상을 '#202020'으로 지정합니다.

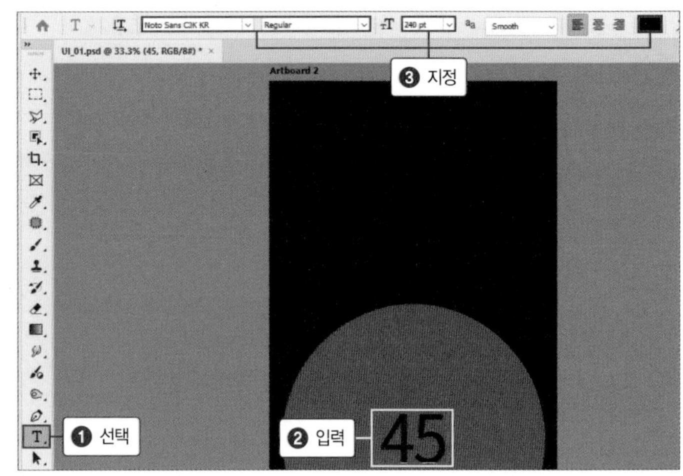

05 같은 방법으로 상단에 'Air Purifier'를 입력하여 추가하고 글꼴을 'Noto Sans CJK KR', 'Regular', 크기를 '160pt', 색상을 '#F3F3F3'으로 지정한 다음 안내선을 고려하여 문자의 위치를 배치합니다.

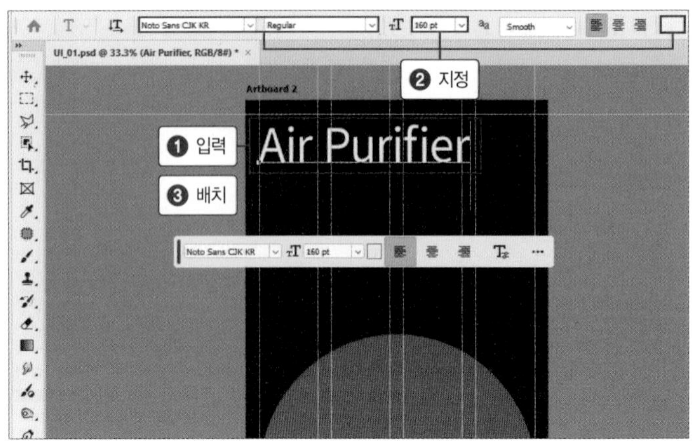

06 추가로 작은 원을 그려서 좌우로 이동하는 버튼을 만들 예정입니다. Tools 패널에서 타원 도구(⬭)를 선택하고 캔버스를 클릭합니다. Create Ellipse 대화상자가 표시되면 Width와 Height를 '120px'를 입력하고 <OK> 버튼을 클릭합니다.

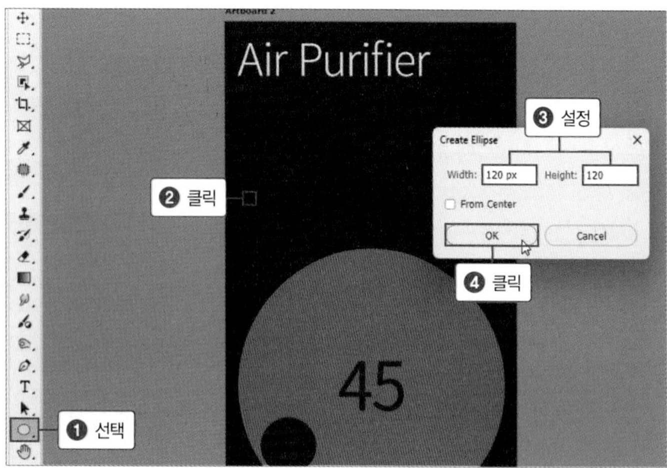

07 V를 누르고 그린 원형 셰이프를 왼쪽 상단으로 이동합니다. 색상을 변경하기 위해 Properties 패널의 Fill을 '#F3F3F3'으로 지정하고 버튼을 자연스럽게 보이기 위해 Layers 패널에서 Opacity를 '10%'로 설정합니다.

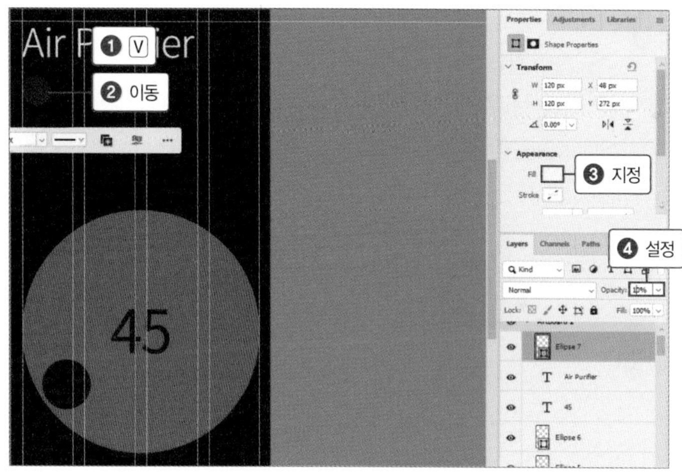

08 버튼을 복제하기 위해 이동 도구(✥)가 선택되어 있는 상태로 Alt를 누른 채 원형 셰이프를 오른쪽으로 이동해 복제합니다.

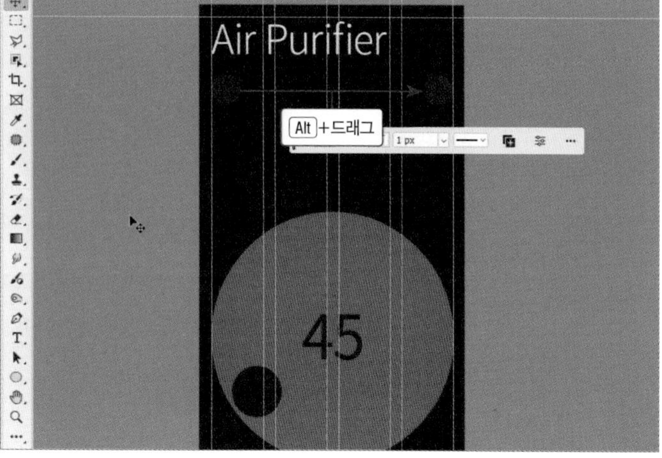

NOTE

잘 복제되지 않는다면 Ctrl+J를 눌러 레이어를 복제하고 이동하세요.

09 화살표로 사용할 아이콘을 추가하기 위해 Tools 패널에서 사각형 도구(▭)를 선택합니다. 옵션 바에서 Fill을 'No Color', Stroke를 '#F3F3F3', '4px'로 지정하고 Shift를 누른 상태로 그림과 같이 원형 버튼 위에 적절한 크기로 드래그하여 정사각형을 그립니다.

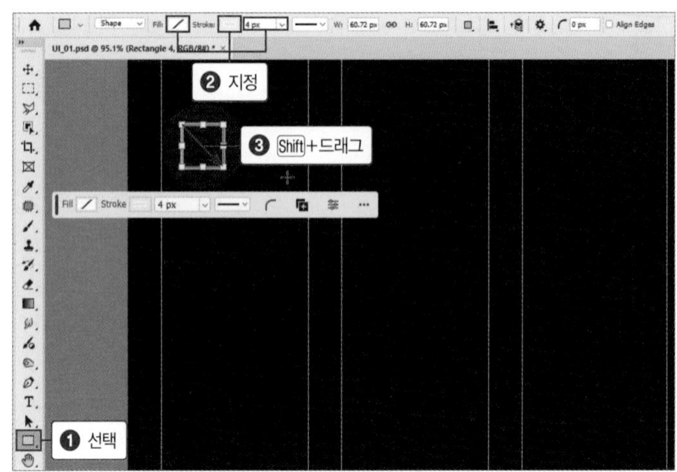

10 Ctrl+T를 눌러 45° 회전하고 Enter를 누릅니다. Tools 패널에서 이동 도구(✥)를 선택하고 Alt를 누른 상태로 회전한 셰이프를 오른쪽으로 드래그하여 복제합니다.

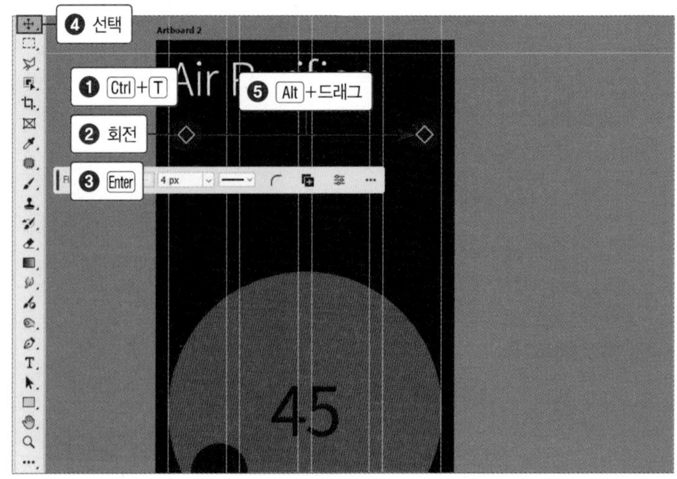

11 왼쪽 버튼은 왼쪽으로 이동하는 모양으로 만들겠습니다. Tools 패널에서 직접 선택 도구(↖)를 선택하고 오른쪽 꼭짓점에 있는 앵커 포인트를 선택한 다음 Delete를 누릅니다. Adobe Photoshop 대화상자가 표시되면 모양이 변경된다는 확인 메시지를 확인하고 <Yes> 버튼을 클릭합니다.

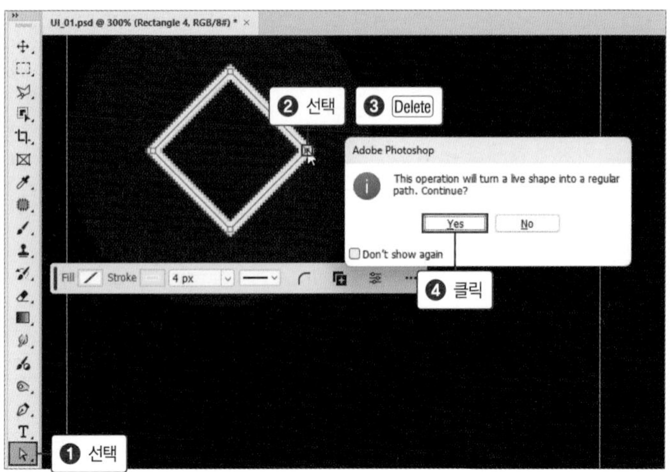

12 Tools 패널에서 이동 도구(✥)를 선택하고 원형 버튼에 잘 어울리게 방향 아이콘의 위치를 이동합니다. 예제에서는 방향성을 고려하여 중앙보다 약간 왼쪽에 배치하였습니다.

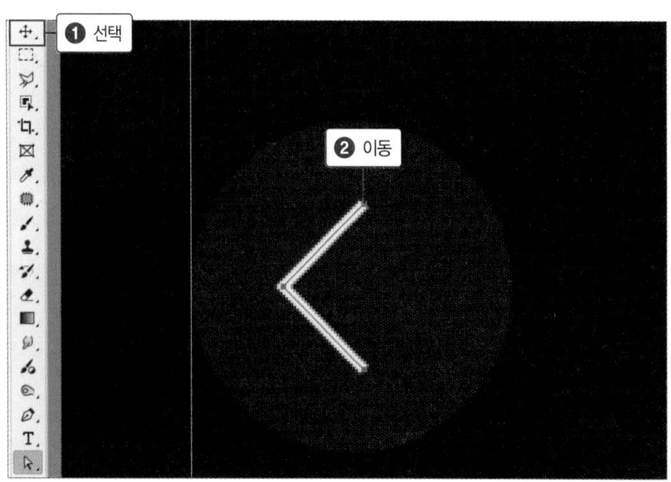

13 같은 방법으로 오른쪽 버튼은 왼쪽 앵커 포인트를 삭제하고 위치를 조정하여 오른쪽 방향 버튼으로 만듭니다. 방향키로 만든 두 셰이프를 자연스럽게 만들기 위해 Layers 패널에서 두 방향키가 있는 레이어를 선택하고 Opacity를 '50%'로 설정합니다.

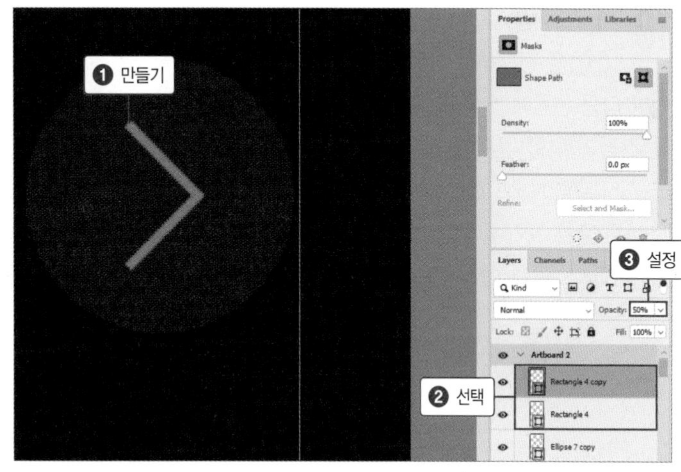

14 휠 부분에 장식을 추가하기 위해 Tools 패널에서 타원 도구(◯)를 선택하고 캔버스를 드래그하여 Width와 Height가 '488px'인 원형을 만듭니다. 작업 표시줄에서 Fill을 'No Color', Stroke를 '#202020', '4px'로 지정하고 휠 중앙에 배치합니다.

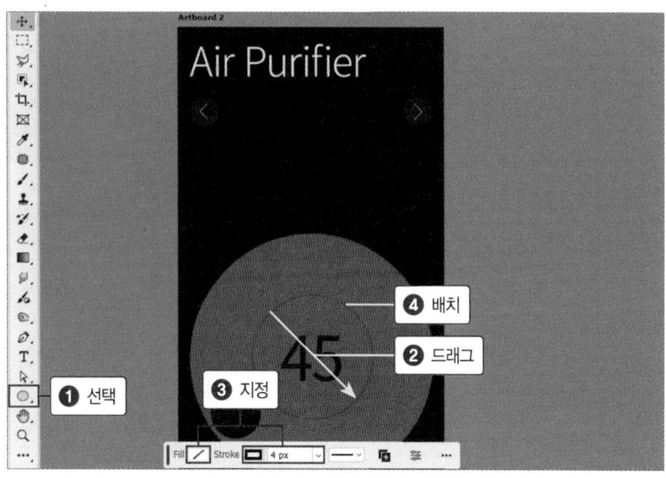

13 포토샵을 활용한 디자인 포트폴리오 제작

15 가로선을 추가하기 위해 Tools 패널에서 선 도구(/)를 선택합니다. 그림과 같이 Shift를 눌러 가로선을 그린 다음 작업 표시줄에서 Stroke를 '#F3F3F3'으로 지정합니다.

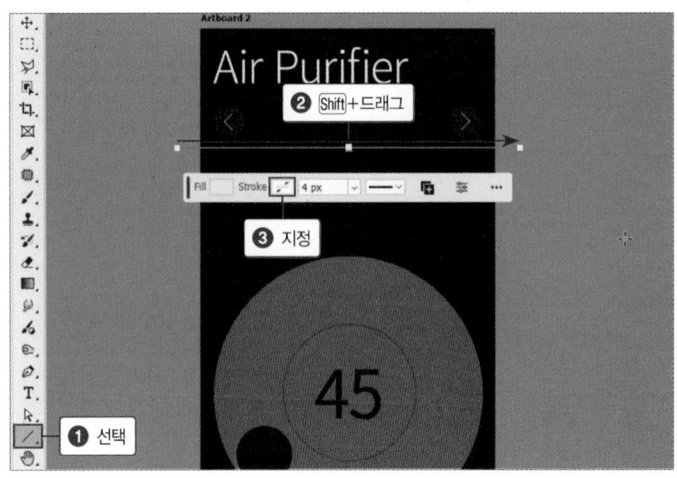

16 Tools 패널에서 문자 입력 도구(T)를 선택하고 캔버스를 클릭한 다음 왼쪽에 '24', 오른쪽에 '57'을 각각 입력합니다. 옵션바에서 글꼴 스타일을 'Noto Sans CJK KR', 'Light', 글꼴 크기를 '160pt', 색상을 '#F3F3F3'으로 지정합니다.

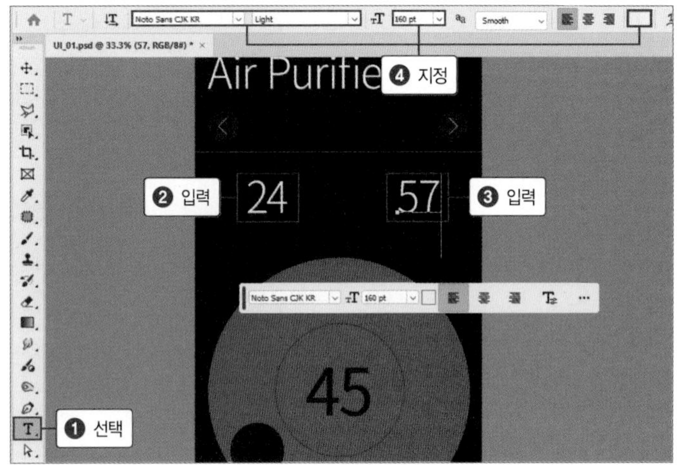

17 같은 방법으로 '24' 왼쪽에 'Temperature', '57' 왼쪽에 'Humidity'를 입력하고 글꼴 스타일을 'Noto Sans CJK KR', 'Light', 글꼴 크기를 '30pt', 색상을 '#F3F3F3'으로 지정한 다음 그림과 같이 입력한 4개의 문자를 아래쪽으로 정렬되도록 위치를 이동하여 배치합니다.

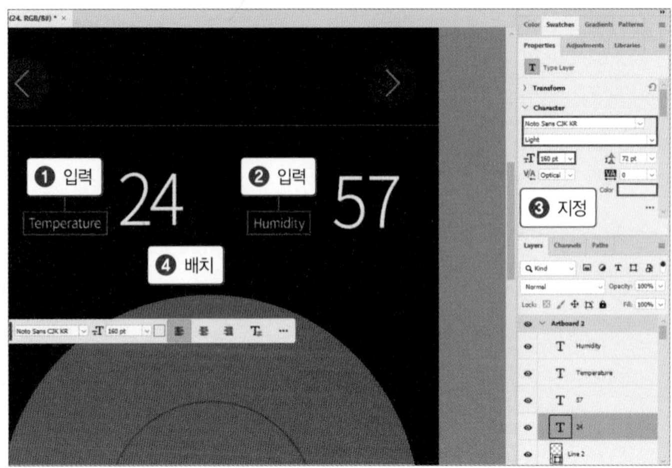

18 왼쪽 버튼 오른쪽에는 'Air Conditioner'를 입력합니다. Properties 패널에서 글꼴 스타일을 'Noto Sans CJK KR', 'Regular', 글꼴 크기를 '36pt', 색상을 '#F3F3F3'으로 지정합니다.

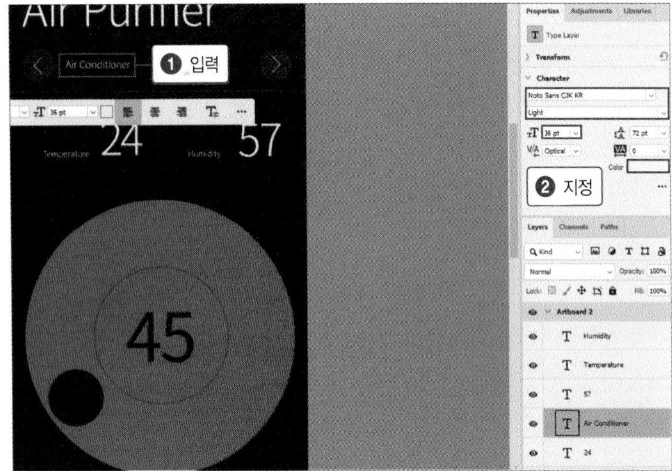

19 같은 스타일로 오른쪽 버튼의 왼쪽에 'Robot Vacuum'을 입력하고 문자와 버튼을 정렬합니다.

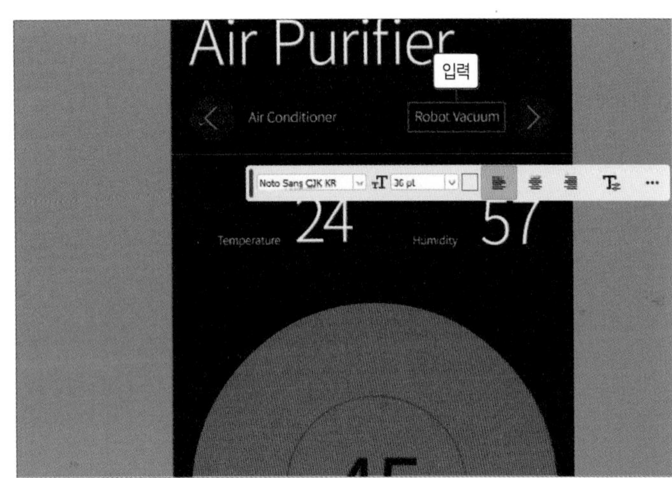

20 버튼을 추가하기 위해 Tools 패널에서 이동 도구(✥)를 선택하고 오른쪽에 있는 버튼의 원형 셰이프를 Alt를 누른 상태로 아래로 드래그하여 복제합니다.

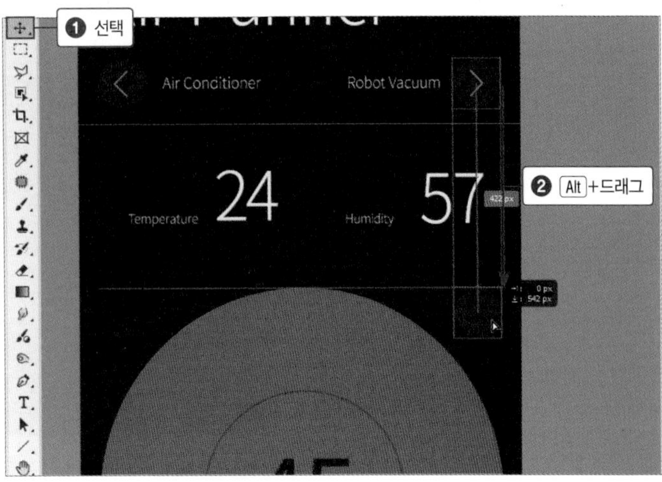

13
포토샵을 활용한 디자인 포트폴리오 제작

21 그래프 모양의 아이콘으로 만들기 위해 Tools 패널에서 사각형 도구(□)를 선택하고 드래그하여 작은 막대그래프를 그린 다음 작업 표시줄에서 Fill을 '#F3F3F3'으로 지정합니다. 총 3개를 만들 예정이므로 참고하여 크기를 조정합니다.

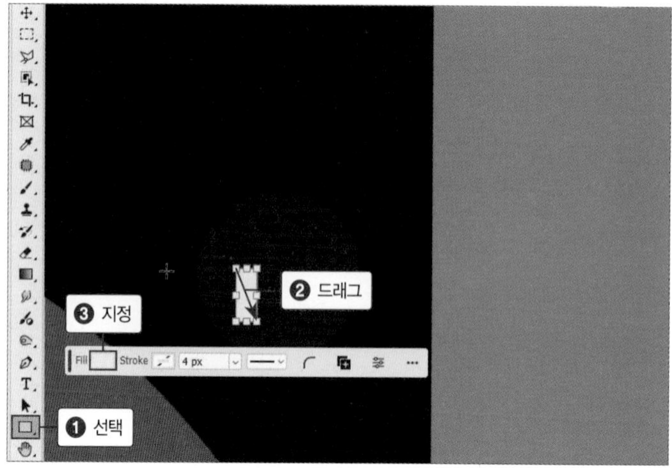

22 조금씩 길이가 길어지는 형태로 총 3개의 막대그래프를 만들고 위치를 조정하여 배치합니다.

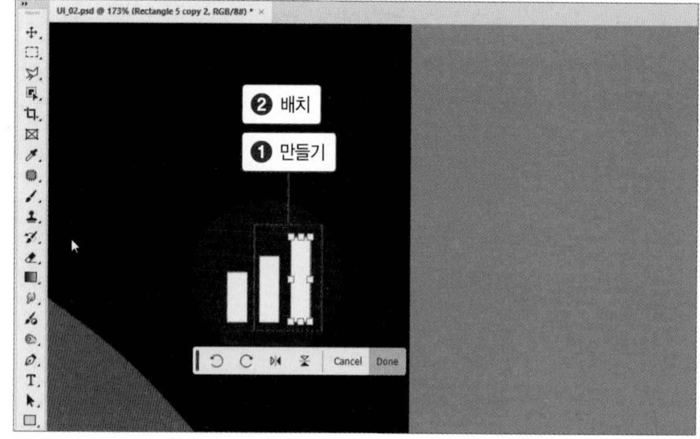

23 완성된 공기 정화기 컨트롤러 UI를 완성하였습니다. 장식을 강조하여 디자인할 수도 있지만 예제와 같이 심플한 형태라도 정렬과 컬러를 이용하여 효과적인 디자인을 만들 수 있습니다.

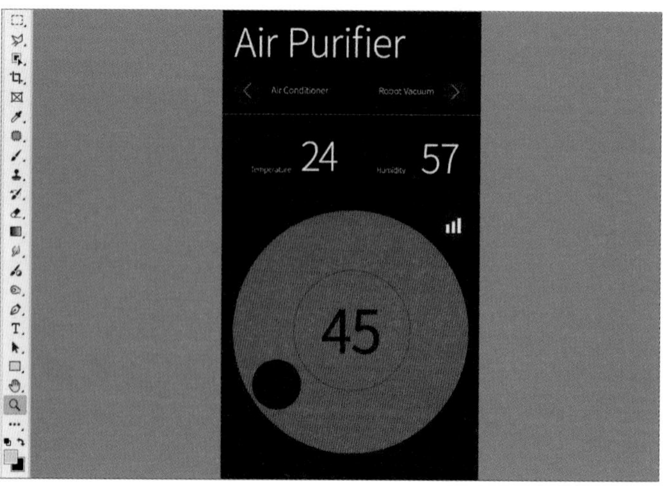

연습 문제 | 포토샵으로 인터페이스 디자인하기

01 예제로 진행한 모바일 디자인 하단에 버튼 디자인을 추가해 보세요. 일러스트레이터나 포토샵 벡터 도구를 이용하여 아이콘을 그리거나 인터넷 등에서 무료 아이콘을 활용합니다.

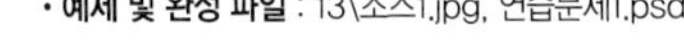
• **예제 및 완성 파일** : 13\소스1.jpg, 연습문제1.psd

아이콘 출처 : 안드로이드 매테리얼 가이드
(www.material.io)

HINT 아이콘 배치하기 → 정렬 기능으로 아이콘의 위치를 정렬하기 → 아이콘과 텍스트를 같이 표시하기

02 여러 이미지를 이용하여 카드 형태의 웹디자인을 해 보세요.

• **예제 및 완성 파일** : 13\소스2~14.jpg, 연습문제2.psd

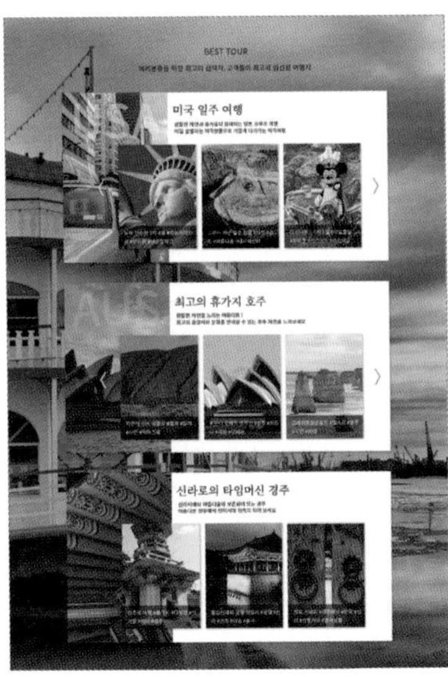

HINT 사각형 셰이프와 클리핑 마스크를 활용하기 → 사진의 크기나 위치 설정하기

찾아보기

T

U

V

W

Z